선사禪師님의 걸망에는 늘 꽃삽이 있었고
산비탈을 오르는 눈길과 빙판길에서
꽃삽은 불목하니가 된 선사의 손에 의해
일삽이 되어 있었다

방방곡곡 때와 장소
108참회 법당이 따로 없네
팔만사천八萬四千 금구옥언金口玉言
씨줄과 날줄로 꿰어
동서남북 가림없이
걸어주고 건네주며

참되게 사는 법을
일러주고 쥐어주며
불보살佛菩薩 화신化身으로
제도중생 서원하여
가까이 더 가까이
오늘도 함께 하시는
무량한 자비광명慈悲光明

찬호여
순호여
올연이여
불멸不滅의 나침반이여
조계曹溪의 거두巨頭시여
아! 청담대종사靑潭大宗師

청담 순호 선사 평전

청담순호선사 평전

1판 1쇄 발행 | 2016년 8월 23일

편저 | 방남수·임병화
펴낸이 | 김경배
펴낸곳 | 화남출판사
편집 | 이진의·정지은
본문 디자인 | 서진원

등록 | 제 2014-000182호
주소 | 서울시 마포구 토정로 222 한국출판콘텐츠센터 419호
전화 | 02-3142-4787
이메일 | jisubala@hanmail.net

종이 | 엔페이퍼
인쇄 | 한영문화사

ISBN 978-89-6203-121-8   (03220)

* 화남출판사는 시간여행출판사(070-4032-3664)의 브랜드입니다.
* 이 책의 내용에 대한 재사용은 저작권자와 시간여행의 서면 동의를 받아야만 가능합니다.
* 잘못 만들어진 도서는 구입한 곳에서 바꾸어 드립니다.

이 도서의 국립중앙도서관 출판예정 도서목록(CIP)은 서지정보유통지원시스템 홈페이지(http://seoji.nl.go.kr)와 국가자료 공동목록시스템(http://www.nl.go.kr/kolisnet)에서 이용하실 수 있습니다. (CIP제어번호 : CIP2016017262)

青潭 淳浩 禪師

청담순호선사 평전

방남수
임병화

편저

시간여행

\ 치사 \

근·현대 한국불교사에서 청靑 자 담潭 자 스님의 위치는 확고합니다. 스님께서는 불교정화 운동의 주역이자 선지식善知識이셨으며, 인욕忍辱보살로 회자되고 있습니다. 불법홍포와 정통正統불교에 기초한 한국불교의 재확립에 전심전력하셨습니다. 평생 마음 법문法門과 강연講演을 하셨고, 경전經典이나 어록語錄을 강설하기도 하셨습니다. 청담 스님께서는 불교쇄신을 위해 맡았던 종단 행정직에만 충실했던 것이 아닙니다. 철저한 수행修行과 한국불교를 바로 세우려는 원력願力을 바탕으로 포교·교육·사회복지에 많은 노력을 기울여 불교의 초석礎石을 다지기도 하셨습니다.

청담 스님께서는 세연世緣의 사슬을 벗고, 오직 중생교화와 정법불교의 큰 원력으로 발심發心하여 출가出家하셨습니다. 한국불교의 전통적 사유思惟 앞에 법계法界의 진리를 깨우치시고 예토穢土를 정토淨土로 가꾸시고자 호법護法보살로 나투시었습니다. 이는 곧 지장地藏보살의 대원력과 관음觀音보살의 대자대비와 다르지 않다 하겠습니다.

청담 스님께서는 천千이면 천千, 만萬이면 만萬 보는 사람마다 환희심을 낼 만큼 원융圓融하신 위신력威神力과 자비심을 구비하셨습니다. 그리고 대하는 사람마다 마음 법문을 설하시어 정법正法에 귀의토록 하고 발심케 하시었으니 이는 설법제일 부루나존자와 다르지 않다 하겠습니다.

석가모니 부처님께서는 깨치신 분이시면서 중생으로서는 도저히 상상할 수 없는 32상을 갖추신 복혜양족福慧兩足이시었기에 모든 중생이 그 자비광명으로 해탈解脫을 얻을 수 있었습니다. 청담 스님 또한 일거수일투족一擧手一投足이 여법如法하시고 범부凡夫로서는 감당키 어려운 인행忍行을 몸소 실행하심으로써 종도宗徒의 사표師表가 되는 올곧은 수행자로, 이 또한 불행佛行에 어긋나지 않으셨습니다.

불교의 역사는 정통正統이요, 정법正法이어야만 한다고 주장하시던 청담 스님께서는 강학講學과 수행을 본행本行으로 섬기는 비구比丘종단을 건전케 하시었습니다. 또한, 이를 융창하여 불교의 중흥과 민족 번영의 거울이 되게 하고자 한평생 분투하시며 오늘에 이르는 정통 불교와 한국불교의 정화淨化에 앞장선 분이십니다.

청담 스님께서는 불굴의 정화 의지와 예지叡智로 대한불교조계종 총무원장에 취임하시어 종단 발전과 민족정신 개조에 전념하시고, 종정宗正에 오르시어 종도宗徒들의 정신적 귀의처로 그 역할을 다하셨습니다. 또한 중생의 교화사업과 종단의 미래를 위해 교육, 포교, 역경의 종단 3대 지표를 설정하시고 청정종단으로 자리 잡게 하셨습니다.

청담 스님은 대원불교전문강원에서 한영漢永 대강백으로부터 대교과大教科까지 경학經學을 연찬研鑽하시었습니다. 덕숭산 정혜사 선원에서 만공滿空 대선사에게서 생멸生滅이 끊어진 법계法界의 진여眞如를 찾고자 수행하시어 오도悟道를 하시었습니다. 설법하시는 '마음' 법문은 불음佛音과 같고, 행하시는 일이

금강역사金剛力士와 같으며, 뜻하시는 바는 항상 보살행菩薩行이셨습니다.

일필휘지一筆揮之로 글씨를 쓰시고, 걸림이 없는 자유분방한 시詩에는 문학성이 담겨져 있으며, 경전經典과 어록語錄의 강좌는 그 핵심을 쉽게 풀어내어 중생을 불법으로 이끄시었습니다. 인연이 다하도록 정화하시고자 하는 원력은 오늘의 대한불교조계종을 반석 위에 올려 놓으셨으니, 이는 자비심과 호국護國 사상, 인류평화의 마음이 항상 자리했기 때문입니다.

청담 스님께서는 자리에 몸져눕는 한이 있더라도 종단과 불교와 민족을 염려하셨습니다. 스님께서 세우신 원력으로 한국불교와 조계종단曹溪宗團의 발전을 지키고자 여생을 바치심은 부처님의 자비심과 다르지 않다 하겠습니다.

《청담靑潭 순호淳浩 선사 평전》은 부처님께서 설하신 팔만대장경을 하나로 묶은 '마음' 법문의 진수眞髓요, 선禪 수행의 나침반이요, 불교정화의 역사서歷史書라 할 수 있을 것입니다. 청담 스님께서 원대하신 원력을 일으키심은 스님의 깊으신 애종심愛宗心과 뜨거운 민족애, 나라 사랑의 소산所産이라 하겠습니다.

청담 스님께서는 "종단만 잘 된다면 조계사 문지기라도 하겠다." "다시 태어나도 이 길을 걷겠다." "성불을 한 생 미루더라도 중생을 구제하겠다."고 서원誓願하셨습니다. 《청담 순호 선사 평전》으로 종단과 불교가 발전하고, 민족과 국가가 정신적 등불이 되고, 인류가 평화를 얻는 기틀이 된다면 다행한 일이 아닐 수 없겠습니다.

이 문서文書 불사가 이룩되기까지 5년 동안 학업과 연구를 하여 〈청담 순호 선사의 마음 사상 연구〉와 〈청담 순호 선사의 선禪 사상 연구〉로 박사학위를 받은 방남수·임병화 박사님의 노고에 깊은 감사를 드립니다. 또한 두 박사가 배출되기까지 지도해주신 법산 스님과 차차석 교수님께도 깊이 감사드립니다. 이 불사를 후원하고 기꺼이 도움을 준 청담문도회 후학들과 중창도량 도선사 주지 도서 스님, 지장사 주지 도호 스님에게도 불은佛恩이 함께하길 빕니다.

근·현대 한국 불교사佛敎史의 산증인이시며 원력願力의 실행자이신 청담 스님의 자비광명이 사해四海에 두루 비추기를 기원합니다.

靑潭門徒會 門長 振佛獎 慧惺 合掌

\ 발문 \

  불교는 1700년의 한국 역사에서 우리 민족 사상과 문화의 원류原流를 이루어 왔다. 삼국 및 고려 시대를 거치면서 찬란한 문화를 형성했고, 조선조 500여 년의 박해迫害와 억불抑佛에서도 서릿발 같은 불조佛祖의 혜명慧命을 면면히 이어 왔다. 특히 일제강점기는 한국불교의 전통이 완전히 훼손된 굴절의 시기였다. 국가의 존망存亡이 풍전등화風前燈火와 같았던 이 시기에 청담靑潭 순호淳浩 대종사께서 출현하셨다. 철저한 수행과 계율에 의거한 삶을 사셨던 대종사는 산속에 은거隱居하는 수행자修行者이기를 거부했다. 민족의 애환哀歡을 함께 할 불교가 필요하다고 역설하셨던 민족의 지도자이자 사상가였다. 이런 신념은 광복 이후 불교정화佛敎淨化 운동으로 표출되었으며, 대한불교조계종단의 터전을 확립하기 위해 용맹정진勇猛精進하셨다.

  청담 대종사는 근·현대 한국불교의 거목巨木이며 청정비구승단인 대한불교조계종의 기틀을 세우신 수행자다. 오늘날 한국불교가 일제의 잔재殘在를 청산하고 조계가풍曹溪家風을 세우는 데는 청담 대종사의 원력행이 큰 원동력이 되었다. 출가出家 이후 열반涅槃에 들 때까지 산중山中불교의 구습에서 벗어나지 못하고 있는 한국불교를 이 시대의 중생과 함께하는 불교로 전환하셨다. 불교의 정법화, 대중화, 현대화, 세계화에 선도적인 실천행을 보여주신 올곧은 수행자이며 전법자이셨다.

청담 대종사의 애국애종愛國愛宗 정신은 한국불교 정화淨化 운동, 호국護國불교, 참회懺悔 사상으로 이어졌다. 구체적인 실천방법으로 승풍僧風 진작, 도제徒弟 양성, 역경譯經과 포교布敎를 통한 불교 대중화의 기반을 닦는 데 주력했다. 또한 개인의 정화를 통하여 깨달음을 얻고, 깨달음을 중생에게 회향하여 불교정화에 앞장섰다. 궁극적으로는 사회를 정화하시고자 하는 대승적大乘的 견지堅持의 보살 정신이었다. 이러한 실천적 이념은 마음 수련과 깨달음을 통한 개인의 정화, 청정승가淸淨僧家 구현과 불교 현대화를 통한 종단 정화로 승화되었다. 또한 모든 사람들이 행복한 삶을 영위할 수 있는 정토淨土사회의 건설이라는 국민정신 정화로 이어졌다.

안으로 수행종단修行宗團, 정법불교正法佛敎를 확립하고, 밖으로는 불교의 대중화大衆化와 세계화世界化를 전개하여 불국정토를 건설하고자 했던 대종사의 염원은 다양한 사회참여 활동으로 이어졌다. '재건국민운동본부 중앙위원'과 '국민교육헌장 제정위원'으로 활동하시었으며, 청규淸規를 대신하여 제정하신 인생헌장人生憲章의 정신은 국민교육헌장에 영향을 미치게 하셨다.

특히 청담 대종사는 한국종교협의회韓國宗敎協議會 설립에 주도적으로 참여하고, 종교 간 화합和合을 앞장서 주창하셨다. 명동성당의 부활절 미사에 참석하시는 등 무애자재無碍自在하는 마음으로 종교의 벽壁을 허물고 더불어 살아야 한다는 정신을 설파하셨다. 또한 중생 속에 더불어 살며 부처님의 평등平等 사상을 실천하는 사상가로서 근세 한국역사에 큰 업적을 남기셨다. 한국불교의 미래를 위해 대한불교조계종 종정을 비롯해 총무원장, 종회의장, 장로원장, 동국학원 이사, 전국신도회 총재, 한국종교협의회 회장 등을 역임했다. 부처님 오신 날 공휴일 제정, 군승제도 시작, 불교방송 설립, 중앙승가대학 설립 등 불교 발전을 위해 불철주야 진력하셨다.

이러한 청담 대종사의 업적을 기리기 위하여 2002년 중창도량인 도선사에서 탄신 100주년 행사를 봉행하여 대법회, 학술세미나, 청담기념관 개관, 청담대종사 전집 발간 등을 하였다. 또한 청담 대종사의 사상을 체계적으로 정립하여 유지 계승하기 위해 모교母校인 경남과학기술대학교에 '청담사상연구소'를 설립하였다. 도선사 주지 도서 스님은 청담문화관 건립을 위해 2013년부터 적금을 들고 있다고 한다.

근래 한국불교 학계에서는 경허鏡虛·만공滿空·학명鶴鳴·효봉曉峰·동산東山·경봉鏡峰·성철性徹 스님 등에 관한 연구 업적에 관한 연구 논문이 다수 발표되었다. 하지만 유독 청담 대종사에 대한 학위 논문이 없어 못내 아쉬웠다. 청담 대종사를 존경해 왔고 한국불교의 과거와 현재, 미래를 생각할 때 조계종도曹溪宗徒로서 안타까움이 컸던 것이 사실이다. 다행히 방남수 교장이 2014년 동방문화대학원 대학교에서 차차석 교수의 지도 아래 〈청담 순호 선사의 마음 사상 연구〉로 제1호 박사를 받았다. 2015년에는 본인의 지도로 임병화 국장이 〈청담 순호 선사의 선禪 사상 연구〉로 제2호 박사 학위를 취득했다. 학위 취득 이후에도 두 사람이 청담 대종사의 사상과 수행, 활동 등의 업적을 기리는 데 매진하고 있음을 보며 흐뭇한 마음이 있었다. 두 박사는 청담 대종사의 마음 사상과 정화, 복지, 교육, 종교, 선禪 사상, 저서著書 등을 총망라하고, 후학들의 증언을 토대로 연보年譜를 정리하였다. 특히 종단 내외에서 유언비어流言蜚語로 회자膾炙되고 있는 잘못된 부분을 바로 잡아 《청담 순호 선사 평전》을 발간한다 하니 다행스러운 마음이다.

청담 대종사를 평가하는 수많은 견해를 보면 불교 안으로는 자기 자신에게 엄격한 수행자修行者이셨고 훌륭한 전법자傳法者셨다. 나아가 국민정신을 계도하는 유능한 교육자敎育者였으며 문필가文筆家이기도 했다. 또 밖으로는 암울한 시대에 태어나 시대정신을 진작시킨 선각자先覺者였고 혁명가革命家였으며 무수한 집회를 기획한 탁월한 기획자企劃者이시기도 했다. 불교계는 물론 조계종단과 종립학교, 사회 곳곳에 이르기까지 그 능력을 두루 발휘한 행정가行政家였고, 철저한 구도자求道者이셨다. 하지만 그 무엇보다 혼자만의 영역인 마음 사상을 대성시킨 마음의 사상가思想家가 가장 잘 어울리는 말이 아닌가 한다. 또한 보살행을 실천한 실천자實踐者셨으며, 한국불교를 위해 나툰 개혁가改革家였으며, 중생구제를 위해 삶을 산 원력보살願力菩薩이셨다.

이번에 발간되는 《청담 순호 선사 평전》이 청담 대종사를 바로 알고 새로이 평가하는 단초가 되기를 기원한다. 또한 정화 운동을 흔들림 없이 수행할 수 있었던 근저根柢에 자리하고 있던 마음 사상과 선禪 사상의 근본을 파악해 많은 불자들과 수행자에게 등불을 제시하기를 기대한다.

佛寶宗刹 靈鷲叢林 通度寺에서
동방문화대학원대학교 석좌교수 法山 合掌

\ 발간사 \

역사를 기술하고 위인의 생애와 사상을 정리하여 평가하는 것은 단순히 과거의 지나간 사실을 전달하려는 것이 아니다. 역사는 그 시대, 그 집단이 속해 있는 모두가 엮어 나가는 것이며 하나의 사실史實에는 수많은 사람들의 피와 땀이 서려 있다. 또한 위인의 사상과 행行, 업적業績 등이 인연因緣의 그물 망처럼 엮여 있기에 소중하다. 이러한 인연의 고리를 살뜰히 보듬고 평가하여 더욱 선양하는 것이 우리의 책무이며 미래인 것이다.

청담 순호 선사가 남긴 발자취는 근·현대 한국불교의 역사라 해도 과언이 아니다. 청담 선사는 한국불교의 역사를 가슴 깊이 담고 있었다. 한국불교의 이상, 한국불교의 고민, 한국불교의 비극, 한국불교의 위대성을 바로 알고 이를 해결하고 실현하기 위해 살신성인殺身成仁하였으며, 이 모든 것들이 삶 속에 유감없이 구현되어 있다.

청담 선사가 사바娑婆에 머무르던 시기, 우리 사회는 정치·경제·사상 등 모든 분야에서 제자리를 찾지 못했고 민중들의 삶 또한 고단하기 그지없었다.

이러한 시기에 청담 선사는 마음을 깨치고 대중 앞에 나섰다. 시대를 뛰어넘는 불교 사상과 대비심을 가지고 중생 앞에 나타나, 확고한 신념을 전하며 불교정화의 깃발을 올린 것이다. 그 깃발은 열반한 지 반세기가 지난 지금까지 우리 종도宗徒들의 가슴에 메아리치고 있다.

그러나 후학들은 청담 선사의 사상과 행行의 등불을 좇아 앞으로만 달려가느라 외형적인 성장만 추구하게 되었고, 선사의 발자취를 넓고 깊게 성찰할 여유를 갖지 못했다. 때문에 불민한 후학들의 안목으로 청담 선사의 생애와 사상을 과연 잘 헤아릴 수 있겠는가 하는 걱정과 우려가 앞선 것도 사실이다. 하지만 언제까지나 미룰 수 없었기에, 또 청담 선사의 생애, 대외적 활동, 마음 사상, 선禪 사상, 정화淨化 사상, 저서著書에 나타난 사상 등을 살피는 것은 모든 후학들의 바람이었기에 능력이 미력하나마 용기를 냈던 것이다.

특히 청담 선사에 대해 잘못된 소문과 오해를 만들고 있는 출가出家, 도선사 중창 불사, 봉은사 토지 매각, 열반涅槃에 대한 문제들을 실증實證을 통해 바로잡을 수 있어 무엇보다 보람으로 느낀다.

청담 선사의 생애와 사상을 이렇게 밝혀 평가하는 것은 '어떻게 수행하여 깨달음을 얻었는가? 깨달음을 얻은 후에 어떠한 삶을 살았는가? 사상은 불교에 어떤 영향을 미쳤는가?' 하는 면을 밝혀 조계종단이 그 시대 그 상황에서 어떻게 자리잡을 수 있었는지 그 역사를 밝히고자 함이다. 그리고 선사와 불교와 민족, 나라와 인류와의 교감의 역사를 드러내는 것이기도 하다.

뿌리를 살펴보면 나무뿐만 아니라 숲 전체를 아울러 볼 수 있고 미래까지 내다볼 수 있는 지혜가 생긴다. 지난 시기를 잘 조명하고 위인의 삶을 평가하는 것은 새로운 백 년, 아니 천 년을 준비하는 주춧돌이며, 지난 역사를 재조명하여 새롭고 뚜렷한 가치관을 정립해 나가는 것이다.

다양한 문화와 사상이 새로운 문명의 가치와 더불어 회통會通과 연기緣起의 광장으로 녹아드는 현 시대에, 불교는 더욱더 주체적인 역할을 수행해야만 할 것이다. 이러한 시기에 구태의연하고 낡은 불교를 새롭게 하려 했던 청담 선사의 생애와 사상을 성찰하는 일은 앞으로 한국불교와 조계종단이 나아갈 길을 다시 한 번 점검할 수 있는 단초가 되어줄 것이다.

청담 선사의 평전이 나오기까지 인터뷰에 응해주고, 지극한 원력과 정성을 모아준 청담문도회 모든 분들께 진심으로 감사를 드리며, 교정과 첨삭을 해준 시간여행 출판사 관계자분들에게도 고마운 마음을 전한다. 그리고 청담 선사 논문을 통해 박사학위를 취득하도록 지도해 주시고《청담 순호 선사 평전》을 감수해 주신 동방문화대학원대학교 석좌 교수 법산法山 스님과 불교문예학과 차차석 교수님께 감사드린다. 청담 선사의 생애와 사상을 밝힌 이번 문서文書 불사가 한 문도회나 종단의 행사에 그치는 것이 아니라 일체 중생들에게 감로수를 부어주는 법연法緣의 불사로 회향되기를 간절히 서원한다.

후학 방남수·임병화 합장

青潭 大宗師 연보

1902년 1세
11월 19일. 경남 진주시 수정동 540번지 출생. 본관 성산星山, 부친 이화식李化植 공과 모친 고부용高芙容 씨의 1남 3녀 중 장남. 본명 이찬호李讚浩, 법명 순호淳浩, 법호 청담靑潭. 도호 올연兀然.

1910년 9세
봉련재鳳輦齋, 혹은 봉부차재鳳扶車齋에서 한학漢學 수업.

1918년 17세
3월. 진주 제일보통학교(현 중앙초등학교) 입학.

1919년 18세
진주 지역에서 3·1운동에 참가하다 체포되어 1주일 간 감금. 훈방조치됨.

1921년 20세
2월 28일. 진주 제일보통학교 졸업.
3월 차점이車点伊와 결혼.
4월 16일. 진주 공립농업학교(현 경남과학기술대학교) 입학, 학우단學友團 회장.

진주 공립농업학교 시절 진주 호국사護國寺에서 채서응蔡瑞應 스님으로부터 '마음'에 관한 법문을 듣고 불교에 대해 관심을 갖고 발심發心하게 됨.

1922년 21세
가야산 해인사海印寺에 가서 출가를 원하였으나 결혼을 이유로 거절당함. 그 후 백암산 백양사白羊寺 운문암雲門庵에 계시던 용성龍城 스님께 출가하려 했으나 스님의 출타로 인해 인연이 이루어지지 않음.

1923~24년 22~23세
5월 3일. 부친 이화식李化植 옹 별세.
6월. 진주 공립농업학교 휴학.

11월 31일. 진주 공립농업학교 자퇴.
12월. 친구인 화가 박생광朴生光의 주선으로 도일渡日하여, 교토의 화가 다치카와 세이운立川栖雲의 집에서 4개월간 기거.

1925년 24세
4월. 다치카와의 소개로 효고현兵庫縣 운송사雲松寺로 출가하여 아키모토준카秋元淳稚 스님 밑에서 행자 생활.

1926년 25세
5월 초. 일본불교의 형식성과 승려의 결혼 생활에 회의를 느껴 한국으로 귀국.

5월 17일. 경남 고성 연화산 옥천사玉泉寺에서 남경봉南鏡峰 스님과 출가 인연을 맺음. 법명 순호淳浩.
10월 26일. 서울 개운사開運寺 대원암 불교전문 강원 입학, 한영漢永 대강백 문하門下에서 수학.

1927년 26세
개운사 대원암 강원에서 사교과四敎科 수학.

여름방학에 만주로 가서 수월水月 선사 친견.
10월. 조선불교학인대회 발기를 위해 전국의 강원을 순방.

1928년 27세
3월 14일~17일. 각황사覺皇寺에서 운허耘虛

스님 등과 함께 조선불교학인대회를 개최함.

10월 15일. 조선불교학인연맹을 결성하며 항일 불교의식 고취.
11월 1일. 개운사 대원암 불교전문강원 대교과 화엄현담부華嚴玄談部 수료.
12월. 덕숭산 정혜사 능인선원能仁禪院에서 만공滿空 선사에게 참선을 지도받으며 수행.

1929년 28세
2월. 남양주 봉선사奉先寺에서 영호暎湖 율사를 계사戒師로 구족계 수지.
3월 5일. 제2차 조선불교학인대회 개최.

1930년 29세
만공 선사로부터 견성見性을 인가받고, 올연兀然이라는 도호道號를 받음.

1931년 30세
부처님 오신 날에 진주 연화사蓮華寺 신도회 초청으로 순호淳浩 선사 특별법회가 열림.

스님이 된 아들의 설법을 들으러 온 어머니 손에 이끌려 옛 속가俗家에 발을 들여놓게 됨. 이후 제방선원을 편력하며 참회의 만행으로 10년간 맨발로 수행함.

1932~34년 31~33세
묘향산 보현사 설영대雪靈臺에서 목숨을 건 용맹정진.
오대산 상원사上院寺 적멸보궁寂滅寶宮에서 100일 기도를 마치고 '上來佛祖鈍癡漢/安得了知玆邊事/若人間我何所能/路傍古塔傾西方'이란 오

도송悟道頌을 남김.
12월. 설립한 조선불교선리참구원 이사와 산하 중앙교무원의 서무이사에 취임

1935년 34세
설악산 적멸보궁 봉정암에서 효봉曉峰·동산東山 스님과 안거 수행.
1월 5일. 선학원에서 선부흥대회禪復興大會를 조직하고 조선불교선종朝鮮佛敎禪宗을 창종創宗하는 데 주도적 역할을 하면서 일본경찰의 감시를 받게 됨.

1937년 36세
운허 스님의 부탁으로 춘원春園 이광수와 자하문 밖 소림사少林寺에서 7일간 불교 사상에 대해 격론을 폄. 그 결과 춘원이《법화경》번역 계획을 포기하고 불교에 귀의하는 계기가 됨.

1938년 37세
덕숭산 정혜사 능인선원에서 안거.
포산包山 스님과 함께 진주 연화사에서 법회를 갖고 설법함.
김천 직지사 천불선원千佛禪院에서 안거.
당시 모친母親을 설득하여 직지사直指寺 서전암西典庵에서 출가시킴. 법명은 성인聖仁.

1939년 38세
금강산金剛山 마하연摩訶衍에서 묵언과 장좌불와로 용맹정진.
3월 23일. 선학원에서 열린 조선불교선종 제1회 전선수좌대회全鮮首座大會에 금강산 마하연 선원 대표로 참석.

1941년 40세
김천 직지사 천불선원에서 안거 중 운허 스님이 찾아와 유교법회에 대해 상의하고 도움을 청함.

3월 4일~13일. 안국동 선학원에서 10여 일 간 열린 유교법회遺敎法會에서 운허·적음寂音 스님과 준비위원으로 활동. 청정승풍의 회복과 전통 불맥佛脈 계승을 취지로 내걸고《梵網經》《遺敎經》《曹溪宗旨》를 설함. 당초 고승법회로 명명했으나 친일 승려들의 반발로 유교법회로 변경. 법회 후 범행단梵行團을 조직하여 선禪과 율律의 종지를 선양.
3월 29일. 모친 성인聖仁 스님이 동화사 부도암浮屠庵에서 입적. 가을에 예산 수덕사에서 성철性徹 스님을 처음 만남.

1942년 41세
속리산 법주사 복천암福泉庵에서 생식을 하며 동안거多安居, 동관음東觀音 토굴서 수행. 성철 스님을 선학원에서 다시 만나 공동수행을 약속.

1943년 42세
속리산 복천암에서 성철 스님과 함께 수행 중 부처님 오신 날에 독립운동 혐의(금강회 사건)로 연행되어 상주 경찰서에 투옥. 심한 고문 끝에 이질에 걸려 피병사避病舍에 감금된 후, 상주포교당에서 요양.

1944년 43세
문경 사불산 대승사大乘寺 쌍련선원雙蓮禪院에서 성철·자운 스님 등과 안거. 이때 성철 스님과 평소 생각해 왔던 총림叢林 건설의 구상에 대해 논의함

1945년 44세
해방이 되자 불교의 진로와 구성에 대한 영산도靈山圖를 구상. 이 영산도 구상은 불교교단 정화 운동의 이념적 초석이 됨.

1946년 45세
8월. 대승사大乘寺 쌍련선원에서 하안거를 마치고 봉암사 주지 최성업 스님에게 안거를 하겠다고 말하여 홍경·종수·자운·도우 스님과 봉암사로 거처를 옮김.

1947년 46세
10월. 봉암사 결사鳳巖寺 結社가 시작됨.
11월. 해인사에 조선불교 가야총림伽倻叢林의 개설에 따라 봉암사 도반들과 함께 동참.

1948년 47세
청담 스님을 비롯해 성철·자운·향곡·혜정·혜명·웅산·법전·혜암·보문·지관·성수·도우·정천·보경·월산·청안·법웅·웅산 스님 등이 결사에 동참함에 따라 결사대중이 30여 명으로 늘어남. 총림叢林 운영에 진력하고 첫 상좌 정천正天 스님에게 수계.

진주 배영초등학교 강당에서 7일간 '우주와 인생'이라는 주제로 시민 대법회에서 설법.
10월. 가야총림에서 하안거夏安居를 마치고 봉암사 결사를 본격적으로 시작함.
근본 불교의 정신에 따라 미신을 타파하고, 계율을 여법如法하게 실천하고, 《백장청규百丈淸規》를 본받아 공주규약共住規約을 제정하여 용맹정진.

1949년 48세
2월. 해인사에서 봉암사로 거처를 완전히 옮겨 수행 안거.
빨치산이 희양산曦陽山에 자주 출몰하여 수행에 장애가 됨.
9월. 성철 스님이 기장 묘관음사妙觀音寺로 떠난 뒤에는 봉암사 결사 운영과 뒤처리를 총괄.

1950년 49세
3월. 동안거 해제 직후 결사는 해체. 고성 문수암文殊庵으로 옮겨 금선대金仙臺라는 토굴을 짓고 이후 4년간 용맹정진.

1954년 53세
불교교단정화추진위원회가 선학원禪學院에 구성되는데, 효봉曉峰 스님의 요청에 의해 합류하게 됨.
8월 24일~25일. 선학원에서 제1차 전국비구승대표자대회가 개최되는데 종헌제정 의원9명, 정화추진 위원15명으로 선출됨. 이 대회에서 영산도靈山圖 구상에 대해 대중들에게 설명하고 선서문宣誓文을 작성하여 교단정화개혁의 당위성을 역설.
8월 28일. 금오金烏 스님과 이승만 대통령에게 교단정화 건의서 전달.

9월 28~29일. 선학원에서 제2차 전국비구승대회에서 도총섭都摠攝에 선출되어 대회를 개최하고 순교단殉教團을 조직함. 불교조계종의 종헌을 제정 공포하고, 종회위원으로 선출되어 교단 정리, 도제 양성의 안건을 상정함.
9월 30일. 제1회 임시종회에서 종단 집행부의 도총섭都摠攝으로 법규위원, 종회의원으로 정화 운동의 선봉장이 됨. 이때 "대처승 정화와 정통 불교를 앞장서는 승려가 결혼한 스님을 은사로 하는 것은 안 된다."고 이연移緣을 함. 법은사法恩師를 한영漢永으로 한다고 운허 스님을 비롯 연백문도회蓮白門徒會 스님들과 도반들 앞에서 말하고 청담靑潭이라는 법호를 처음으로 사용.

10월 10일. 선학원 비구승 대표로 대처 측과 태고사에서 회의.
10월 11일. 금오·적음·월하月下·원허 스님과 경무대에서 이승만 대통령 면담.
11월 3일. 선학원에서 제2차 불교정화 임시총회를 개최.
11월 5일. 청담 스님이 선두에서 동산·효봉 스님이 이끄는 80여 명의 비구승들이 선학원에서 출발하여 태고사(현 조계사)에 진입.
11월 10일. 태고사太古寺 현판을 떼고, 조계사曹溪寺 현판을 달았으며, 불교총무원佛教總務院이라는 현판을 떼고 불교조계종총무원佛教曹溪宗總務院이라는 현판을 부착하고 성명서 발표.
11월 14일. 불교정화 운동이 관심을 일으킬 당시 서울 조계사에서 정화의 정당성에 대해 강연.

12월 10일~13일. 조계사에서 제3차 전국 비구니승 대회 개최. 교단정화의 역사적 당위성에 대해 열변을 토함으로써 대회를 주도하고 비구(니)승의 전원 순교殉教를 결의하고 단식에 들어감.

1955년 54세
1월 16일. 조계사 총무원 사무실 점거.
2월 4일. 사찰 정화수습대책위원회에서 승려8대 원칙 정함.
5월 15일~16일. 조계사에서 사부대중 347

명과 정화불사 성취를 위한 단식 묵언 기도.
6월 9일. 3백 50여 명의 비구승들이 조계사 대웅전에서 순교를 각오한 단식에 돌입.
7월 13일. 불교정화대책위원회를 사찰정화대책위원회로 개칭하고 제1차 회의 개최.
7월 14일. 사찰정화대책위원회 제2차 회의를 개최하고 전국승려대회 안건 논의.

8월 2일~6일. 제1차 전국승려대회 개최, 의장에 선출됨.
8월 11일. 문교부 체신청 별관에서 제5차 사찰정화수습대책위원회 개최.
8월 12일~13일. 승려대회는 무효라고 법원이 대처승 측 손을 들어주자 제4차 전국 비구니승려대회를 개최하고 조계종 교단정화운동의 합법적인 정통성을 대내외에 천명. 종헌을 개정하고 종단기구 조성하고 조계종 초대 총무원장에 선출되고 재단법인 대각회 총재 취임.
8월 28일. 총무원장에 취임하여 난장판이 되어버린 종단을 본 궤도에 올려놓는 일에 진력을 다함.
10월. 대처승 측의 종정 묵담默潭 스님이 비구승 측 종정 효봉 스님과 총무원장 청담 스님을 비롯한 5인을 고소.

1956년 55세

1월 5일. 조계종 종회의장에 선출됨.
7월 28일. 대처승들이 조계사와 총무원 탈환에 나섬.
8월 14일. 가처분 취소 결정문을 가지고 다시 찾아와 청담 스님 등이 대웅전 봉인을 뜯음으로써 종결.
8월 27일. 조계사에서 개최된 정화 1주년 기념 보살계 대법회에서 350여 명의 신도들에게 수계와 법문을 행함.
11월 15일~21일. 네팔의 카트만두에서 열린 제4차 세계 불교도대회에 효봉·동산東山 스님과 함께 한국 대표로 참가. 귀로歸路에 인도 불교성지를 순례.
12월 30일. 종단정화 자금 마련을 위해 서울과 인천의 선학원 부동산 매각.

1957년 56세

9월 17일. 서울고등법원은 효봉 스님과 청담 스님 등 비구 측 대표 5인에 대한 패소 부분을 취소하는 판결을 내림.
12월 8일. 가야산 해인사 주지 취임.

1958년 57세

6월 22일~26일. 조계사에서 대각회 주최로 열린 제20회 불교 사상 강좌 '각覺에서 본 우주와 인생'이라는 주제로 설법.
7월 13일. 범어사에서 동산·경산京山 스님과 함께 하안거 해제 법문.
11월 24일. 태국 방콕에서 개최된 제5차 세계 불교도대회에 금오·동산 스님과 함께 참석. 학술전문지 〈민족문화〉 3권 제11호에 '일본화에 따른 한국불교의 법통상실과 위상 추락 심각'이라는 원고를 게재.

1959년 58세

3월 30일~4월 5일. 서울 희망예식장에서 대한불교청년회 주최로 개최된 불교 사상 강좌에서 '나와 우주와 인생'이라는 제목으로 강연.
5월 8일. 조계사에서 개최된 육사陸士 불교부 졸업기념 법회에서 설법.

1960년 59세

1월 1일. 종단의 기관지인 〈대한불교(현 불교신문)〉를 창간하고 편집 겸 발행인에 취임.
3월 15일. 범어사 금강계단金剛戒壇에서 동산 스님과 더불어 제1기 비구계 수계식 봉행.
4월 10일. 범어사 참배하고 승단정화에 대해 연설.
4월 26일. 이승만 대통령 하야下野 후 대처승들의 반격에 대응해 한국불교정법 수호순교단 조직, 불교정화대책위원회 위원장.
5월 22일. 조계사에서 중앙 금강계단 제4회 보살계 대법회를 개최하여 200여 명의 불자들에게 수계와 법문을 함.

5월 20일~22일. 임시중앙종회를 열고 비상대책위원회를 꾸림.
7월 13일. 범어사에서 해제설법을 함.
11월 19일. 800여 명의 스님들이 참여한 가운데 제2차 전국승려대회를 거행해 정화의 필요성과 의지를 사법부에 알림.
11월 24일. 대법원은 비구승 측의 손을 들어준 고등법원의 판결을 파기하고 소송을 고등법원으로 환송.
'불법에 대처승 없다.'라는 플래카드를 들고 행진. 청담 스님의 강연으로 순교단 6비구가 구성되고 500명 단식을 단행. 6비구 대법원장 집무실로 달려가 할복을 하고 500여 명의 사부대중이 대법원에 난입.
11월 25일. 할복割腹과 소란의 실질적인 주모자로 지목되어 성북 경찰서로 연행되어 구속.

1961년 60세
9월 28일. 조계사에서 열린 제1회 육·해·공군 사관생도 합동대법회에서 설법.
11월 1일. 재건국민운동본부 중앙위원 취임. 삼각산 도선암道詵庵 주지로 부임.
11월 7일. 부여 고란사 참배 후 백제불교 중흥 염원
11월 14일~24일. 캄보디아 프놈펜에서 개최된 제6차 세계불교도 대회에 한국 대표로 참석.

1962년 61세
1월 11일. '불교정화는 국민 사상 개조운동'이라는 제목으로 각 일간지에 원고를 기고.
2월 15일. UN기구 룸비니 한국협회 총재 취임.
4월 6일. 불교재건비상중앙종회 의장 취임.

4월 8일. 대한불교조계종 대종사大宗師 법계 품수.
8월 20일. 통합종단 중앙종회 의원 선출.
10월 20일. 회갑을 맞아 후학들의 인사를 받음.

1963년 62세
5월 29일. 전국승려대표자대회 의장.
8월~9월. 〈동아일보〉를 통해 시인 조지훈과 불교정화에 관한 지상논쟁을 벌여 정화의 정당성 주장.

1964년 63세
1월 9일. 도제 양성과 승려 자질 향상을 위해 오대산 월정사에서 제1회 승려특별강습회 개최. 동국대학교에서 제2회 승려특별강습회 개최.
3월 25일. 재단법인 선학원 제7대 이사장 추대.
6월 20일. 양양 낙산사 보육원 위문 방문.
9월 17일. 학교법인 동국학원 이사 취임. 동국대에 현대 학문을 가르치는 종비생 제도 실시.
부처님 탄신일 공휴일 제정을 추진.

성철·서암西庵 스님과 도선사에서 수행 안거.
도선사에 실달학원悉達學園의 설립과 기획을 함.

1965년 64세
2월 28일. 제1회 종비생 졸업식에 참석 격려.
6월 12일. 범어사에서 전국승려대회 소집을 위한 준비 회의.
잡지 〈사상계〉 12월호에 '나의 입산 50년'이라는 제목의 글을 게재.
법전法傳 스님과 도선사에서 수행정진함.

1966년 65세
3월. 박정희 대통령 영부인 육영수 여사가 7일간 석불전에서 국가안녕기원 불공을 마치자 대덕화大德華라는 불명을 줌.
4월 6일. 종회의장 당시 천축사 무문관 낙성식에 참석.
9월 20일. 대한불교조계종 중앙종회 의장 재취임.
11월 22일~12월 5일. 일본정부 초청으로 방일. 사또 수상 및 전 수상과 면담. 이마이즈미 천태종 관장 등 일본 불교계 인사들과 접견. 도교대학에서 '불교 사상으로 본 인류의 구제방안'이라는 주제로 강연.
11월 30일. 대한불교조계종 제2대 종정에 추대.
12월 13일. 통합종단 제2대 종정에 취임.

군포교의 절실함 통감하고 군승단軍僧團 창단을 주도함.

1967년 66세
1월 1일. 대한불교조계종 전국신도회 총재 취임.

3월 26일. 명동성당에서 노기남 대주교 집전으로 거행된 부활절 미사에 참례參禮.
4월. 삼각산 도선사에 호국참회원을 기공.
5월 22일. 동국역경원을 방문, 연수생들 격려 위문.
5월 25일. 서울 시민회관에서 전국 불교도 대표자 대회(회주 이청담 종정)를 개최(약 3천 명 참석)하여 역경·포교·도제육성 의식의 현대화, 군승제軍僧制 촉구, 신도조직 강화, 석탄일 공휴일 제정 및 불교회관 건립 등 9개항의 결의문 채택. 포교의 현대화, 활성화를 위해 각 사찰에서 매주 1회 정기법회를 개최할 것과 불교방송국 설립 및 승가대학 신설을 결의. 이 자리에 강원룡 목사를 초청해 축사를 하게 함.
7월 25일. 종정직 자진 사퇴.
8월 14일. 용산 육군본부 군종센터 준공식 참석.
8월 20일. 대한 불교조계종 장로원장 추대
9월 6일. 도제양성을 위해 총림 설립 차 해인사 방문.

1968년 67세
5월 11일. 장춘단 공원에서 열린 사명대사 동상 제막식에 박정희 대통령 내외와 함께 참석.
10월 20일. 강원룡 목사, 김수환 추기경, 한경직 목사 등과 대한민국종교인협의회를 설립하고 의장단에 피선되어 종교 간의 화합을 주도함.

11월. 우이동에서 도선사까지 진입도로 신설.

1969년 68세
1월 28일. 서울대학생연합회 수련법회에서 격려 설법.
3월 24일. 한국불교 총연합회 이사장 취임.
4월 15일. 조계총림 개원식에 참석하여 설법.
6월. 조계사에서 《금강경金剛經》 대법회를 열어 매주 1회, 50여 회에 걸쳐 사자후獅子吼를

설함.
7월 5일. 한국불교 지도자 조찬기도회에서 설법. 제20차 중앙종회에 종단의 유신재건안을 제안. 종단 중진 스님들에게 불교와 현대 학문을 강의하자는 취지로 승려전문교육기관인 중앙교육원을 종정직속기관으로 하는 설립법이 제정.
8월 10일. 국민교육헌장 제정 심의위원으로 추대.
8월 12일. 종단계획의 문제점을 지적하고 조계종 장로원장(지금의 원로회의 의장)이었던 당시, 조계종단 탈퇴 선언.
도선사에 안양암安養庵이 신축되고 한국전력에서 공사를 하여 전기와 전화가 개통
9월 30일. 국책문제연구 협의회 이사회 참석.
11월 14일. 경주 불국사 복원불사 기공식 참석.
11월 23일. 국군 제6군단 불이사不二寺 법당 준공식서 설법.

1970년 69세
1월. 동국방송설립위원회 위원장 취임.

7월 6일. 제1회 불교미술 전람회 개막식 참석.
7월 15일~17일. 종회에서 총무원장으로 재선출됨.
8월 4일. 봉은사 주지 취임.
8월 6일. 한국종교협의회 제7대 회장으로 선출됨.
8월 15일. 제25주년 광복절 기념식에서 국민훈장 무궁화장 수상.
8월 26일. 육군과학수사연구소 참방.
9월 3일. 3.1국민회의 의장에 피선.
9월 22일. 중앙일보 창간 5주년 기념식에서 이병철 회장과 환담.
10월 13일. 서울에서 세계불교지도자 대회 개최 세계불교연합회 장로협의회 회장에 추대됨.

11월 20일. 도선사 호국참회원 준공.
11월 25일. 동국학원 이사재임.

1971년 70세
3월 18일. 제1회 전국교구본사재무국장 강습회에서 강연.
5월 28일. 일본 총지사總持寺에서 개최된 제3회 세계평화촉진 종교인 대회에 참석.

7월 23일. 제1회 한·일 불교 세미나에서 기조강연.
9월 4일. 대한불교조계종 불교회관 기공.
10월 7일. 조계사에서 중앙교육원 개원식에 원장에 선임.
10월 9일. 화계사에 중앙교육원 공부를 시작하자 특강을 함.
10월 10일~15일. 6일간 열린 세계고승합동법회에 참석.
11월 11일. 이화여대에서 특별 강연.
11월 12일. 서울 대방동 호국성무사 준공법회에서 설법.
11월 13일. 제1군사령부 법당 낙성식에서 법문.
11월 14일. 도봉산장에서 화동파和同派 문제 등 종단현안 문제를 해결하기 위해 지인들과 모임.
11월 15일. 밤 10시 15분 조계종 총무원에서 입적.
11월 19일. 종단장 엄수. 세수 70세, 법랍 45세, 사리 8과를 남김. 도선사, 옥천사, 문수암, 선운사에 사리탑을 조성하여 봉안.

1972년
1월 2일. 도선사에서 49재 봉행.
11월 15일. 종립 동국대에서 명예 철학박사 학위를 받음.

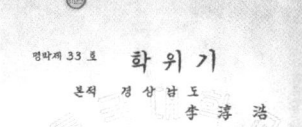

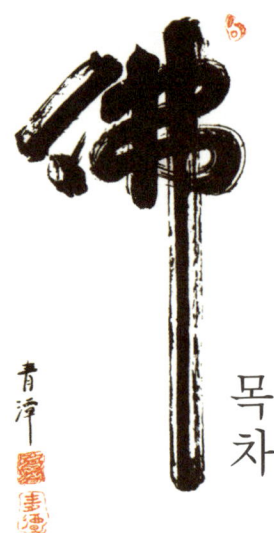

목차

치사 •004
발문 •008
발간사 •012
연보 •015

1장 생애生涯와 수행修行

시대적 배경 •030
출생出生과 불연佛緣 •034
출가出家와 오도悟道 •042
수행修行과 보임保任 •059
육영수 여사와의 인연因緣 •066
도선사 중창 원력願力 •070
참회 사상의 실천 •083
자비심慈悲心과 청빈淸貧한 삶 •096
거룩한 열반涅槃 •102

2장 대사회적 활동

봉암사鳳巖寺 결사 • 117

교육敎育 불사 • 128

조계종단의 3대 지표 • 140

불교 언론의 원력願力 • 148

종교 간의 화합 • 153

지성인과의 대화 • 164

　　춘원春園 이광수의 불교 귀의 \ 조지훈시인과 지상紙上 논쟁

　　〈동아일보〉와 특별 대담 \ 강원룡 목사와 인연因緣

봉은사奉恩寺 토지 매각 • 180

3장 정화淨化 불사

정화 이념의 형성 • 198

정화 운동의 실천 • 205

미완未完의 정화불사 • 216

정화의 중심지 선학원禪學院 • 227

정화 사상의 특징 • 247

　　참회懺悔를 전제한 정화 \ 마음에 바탕을 둔 정화 \ 정법正法에 입각한 정화

　　호국護國을 실현하기 위한 정화 \ 인류평화人類平和를 위한 정화

정화 운동과 마음 사상의 상관성 • 268

4장 마음 사상

마음 사상의 특징 • 276

　　마음은 만법萬法의 주체 \ 인간존재의 당위성 \ 진리眞理로서의 마음

　　영원불멸永遠不滅의 실제 \ 우주宇宙의 주인공

마음의 작용作用과 수행修行 •318

　　마음의 작용作用 \ 마음의 수행修行 \ 마음에 따라 삼계三界가 생멸生滅

마음 사상에 주목한 이유 •332

5장 마음 사상의 원류源流

보리菩提 달마達磨의 안심론安心論 •340

혜능慧能 선사의 자성청정심自性淸淨心 •355

마조 도일馬祖 道一의 심心 사상 •367

영명 연수永明 延壽의 심성心性 사상 •385

원효元曉 대사의 일심一心 사상 •396

만공滿空 선사의 심법心法 사상 •414

만해卍海 스님의 유심唯心 사상 •430

6장 선禪 사상

화두話頭에 대한 입장 •452

　　간화선관看話禪觀 \ 간화선看話禪의 내용 \ 간화선看話禪의 요건

　　간화선看話禪의 참구법 \ 수행론修行論 \ 무심無心의 활용

부종수교扶宗樹教의 선기禪機 •509

시공초월時空超越의 선기禪機 •520

돈점관頓漸觀 •529

　　돈오돈수관頓悟頓修觀 \ 돈오점수관頓悟漸修觀 \ 정혜쌍수관定慧雙修觀

마음선禪 •554

　　유심唯心의 선풍禪風 \ 대자유大自由의 선풍禪風

　　이상과 현실융합現實融合의 선풍禪風 \ 보살도菩薩道 완성의 선풍禪風

마음을 지향한 선禪 사상 •579

7장 저서著書에 나타난 불교관

《마음》에 보이는 불성관 •590
《신심명信心銘》 강의의 마음관 •607
《선입문禪入門》의 수행관 •619
《잃어버린 나를 찾아》의 대중관 •635
《마음의 노래》의 문학관 •643
《금강경대강좌金剛經大講座》의 선禪세계 •668
《반야심경般若心經》 강설의 공空세계 •701

부록

주요 저서著書 •753
    법어록法語錄 \ 강의서講義書
청담법계青潭法系 •756
청담 스님 관련 자료 •758

1장

생애生涯와 수행修行

청담 순호(靑潭 淳浩:1902~1971) 스님은 일제강점기와 격변의 시대를 살았다. 청담 스님의 생애를 나누자면 전반부는 일제강점기, 후반부는 광복 이후 현대사회였다. 청담 스님은 일제강점기 상황에서 출가하여 수행자의 길을 걸었다. 수행의 길에 들어선 스님은 일제의 지배하에 한국불교 정통이 무너져 내리는 것을 온몸으로 체험하게 되었고, 청정한 수행 가풍이 사라져 가는 한국불교를 다시 세우기 위해 많은 활동을 펼쳤다. 그러나 일제의 방해와 기득권을 장악한 집단의 거부로 목표를 달성할 수 없었다.

하지만 항상 마음속에는 한국불교의 중흥을 위한 염원이 가득 담겨 있었다. 스님의 이러한 바람은 광복 이후 한국불교의 발전을 도모하는 데 원동력이 되었다. 일제의 강압적인 점령에 의해 변질한 한국불교의 정통을 회복하기 위해 혼신의 노력을 기울였다. 그리고 종단이 새로운 시대에 어떤 모습으로 변화해야 하고, 어떤 역할을 하여야 하는지를 고민하였다.

이러한 고민은 정화불사淨化佛事로 이어졌으며 도제徒弟교육, 역경譯經의 현대화, 포교布教의 선진화로 구체화하여 불교의 사회적 역량을 고양하는 일로 실행되었다.

한국 불교의 큰 산 청담 스님

청담 스님의 행장을 보면 누구보다도 한국불교의 미래에 대해 고민한 수행자였다. 특히 21세기 불교의 역할과, 시대에 맞는 종교로서 자리매김하는 것의 중요성에 대해 충고를 아끼지 않았다. 이러한 노력이 집약되어 곧 한국불교의 정통성 회복과 대중화로 이어졌으며, 호국護國 사상과 인류 평화를 위한 원력으로 비화飛火되었다.

청담 스님은 한국불교가 인류를 위해 어떤 일을 해야 하는지를 정확히 알고 있는 수행자였다. 그래서 한국불교가 우리 사회의 변화에 기여할 수 있는 방법 찾기에 골몰하였다. 그리고 세계 평화와 인류의 행복을 위해 그 역할을 다해주기를 기원하였다. 청담 스님은 불교계가 신앙관의 전환을 통해 내재적 역량이 성숙하는 때를 기다렸다. 그리고 그 바탕 위에 인류를 위한 이정표를 기회가 될 때마다 제시하였다.

이런 면에서 청담 스님은 공과功過는 접어 두더라도 분명 시대를 앞선 수행자임이 틀림없다. 삼각산三角山 도선사道詵寺에 호국 참회 기도 도량을 개설하여 신라의 통일統一 염원, 고려의 호국護國 염원, 조선의 구국救國 염원, 그리고 현대불교의 평화平和 염원에 따라 미신迷信불교가 아닌 정법正法불교, 이론理論불교가 아닌 실천實踐불교, 관념觀念불교가 아닌 생활生活불교로 탈바꿈하는 불교 중흥을 제안한 사상가이며 수행자였다.

시대적 배경

조선 시대의 불교는 종단의 형태와 그 법적 지위 및 근거를 모두 상실한 상태였고, 승려들 역시 오로지 산중山中 사암寺庵에서 출가승出家僧 형形으로 생활을 했다. 그래서 조선 중엽 이후를 '무종산승(無宗山僧, 승려들이 자연히 깊은 산중에 은거하면서 선禪과 교敎의 겸수를 통해 어렵게 불교의 명맥을 유지하는 것) 시대'라 한다. 이처럼 조선 시대는 선종禪宗이니 교종敎宗이니 하는 종파 형성이 불가능했기 때문에 선가禪家의 명맥만이 가까스로 이어지며 불조佛祖의 혜명을 계승해 왔다.

특히 일제강점기 때 조선총독부의 사찰령寺刹슈에 의해 1911년 30본산(1924년 31본산)제가 시행되었다. 그 이후로 사판승事判僧의 대표격인 주지들의 권한과 위상이 높아지면서 사찰 및 교단 업무를 관장하는 승려들이 관료화되었다. 사판의 승려들은 고관高官과 같은 부유한 생활을 하였다. 또한 처자妻子를 거느린 승려들의 수가 점점 늘어나 교단의 세속화를 촉진하는 결과를 초래하였다. 이러한 문제점을 간파한 청담 스님은 이 시기에 꼭 필요한 것이 불교정화임을 확신하였다. 청담 스님이 왜 불교 정화에 전심전력했는가에 대한 해답은 다음 글에서 얻을 수 있다.

> 썩어 문드러진 불교를 정화해야 한다는 큰 사명의식에 차 있었다. 한 생의 성불을 미루는 한이 있더라도 중생을 제도한 연후에 성불하겠다는 서원은 바로 불교정화를 위해 온몸을 바치는 것으로 나타났다. 청정수도 도량인 일부 사찰이 친일親日 승려들의 결집처, 대처승帶妻僧들의 서식처가 되어 타락 부패해 가는 것을 더 이상 묵과할 수만은 없었다.

청담 스님은 이처럼 승려들이 세속화되는 것을 보고만 있을 수 없었다. 스님들이 산중에서 살다가 민간 사회로 내려올 수 있게 된 것은 1895년(고종 32년) 왕명에 의해 승려입성금지령僧侶入城禁止令이 해제된 이후였다. 전제군주의 금족령禁足令에 묶여 있다가 풀려난 승려들은 지금까지 산사에서 갈고 닦은 수선강학修禪講學의 내면적 자수自修를 지양하고, 세간으로 내려와 홍법 교화 즉, 대승불교 중심 규범인 '이타행'이라는 당면과제에 충실하였다.

이를 교묘하게 이용한 조선총독부는 사찰령을 만들어 전국의 사찰을 30본산本山으로 구획 짓고 조선의 불교를 조선불교양종朝鮮禪教兩宗이라 명명하였다. 하지만 이 연합사무소 역시 30본산의 연합사무만 집행하였을 뿐이다. 전국 사찰과 모든 승려를 총괄하고 통제하는 기능과 권한은 주어지지 않았다. 그러다가 신진 승려들의 적극적인 노력과 자체 내의 자각을 계기로 1922년 1월 중앙통제기구로서 조선불교선교양종중앙총무원朝鮮佛教禪教兩宗中央總務院이 각황사覺皇寺에 설치되었다.

하지만 본사 주지들이 이에 반대하여 1922년 5월에 조선불교선교양종중앙교무원朝鮮佛教禪教兩宗中央教務院을 따로 각황사에 설치하였다. 한 사찰에 두 개의 종무기관인 중앙총무원과 중앙교무원이 각각 사무실을 열고 현판을 내건 것이다. 두 종무기관은 서로 정통성을 주장하는 등 갈등이 계속되었다. 그러다 1925년 양측이 서로 타협하여 하나의 기관인 재단법인조선불교중앙교무원財團法人朝鮮佛敎中央敎務院을 설립했다. 이로써 일제강점기의 한국불교 교단은 비로소 하나가 되어 중앙통제의 종무기구를 이룩하게 된다.

그러나 조선선교양종朝鮮禪敎兩宗이라는 종명宗名이 선명치 못하여 좀 더 선명한 종명과 종지宗旨 그리고 유기적이고 통제적이며 강력한 새로운 체제의 필요성이 대두됐고, 총본산總本山 운동을 전개하기에 이르렀다. 그러한 노력의 결과로 1941년 태고사(太古寺, 현 조계사)를 세워 총본산으로 삼고, 종명을 '조계종曹溪宗'이라 하여 선교양종禪敎兩宗이라는 이전의 모호한 종명에서 벗어날 수 있었다.

조계종은 1941년 4월 조선불교조계종총본사태고사사법(朝鮮佛敎曹溪宗總本寺太古寺寺法, 16장 130조)의 인가를 얻어 출범한다. 그 해 6월에 조계종 총본산 태고사 주지를 겸한 초대 종정에 한암 중원(漢岩 重遠:1876~1951, 조선불교조계종 종정) 선사가 추대되고, 실무집행부서로 종무총장 아래 서무·교무·재무부가 설치된다. 이어 종회법宗會法과 승규법僧規法 등을 제정·완비함으로써 새로운 단일 종단 조계종이 창립되었다. 이에 총본산 태고사를 중심으로 전국의 사찰과 스님들이 총 결속을 하게 되었다.

이런 교단의 상황에서 태평양전쟁(1941.12~1945.8)이 막바지에 이르자 일제는 우리 민족의 생존권과 언어·문자를 빼앗고 한반도의 초목草木마저도 전쟁의 희생물로 삼았다. 이 땅의 불교 또한 종교적 자주성과 신행의 자율성을 잃고 전시戰時 체제에 휘말리지 않을 수 없었다. 그러다 1945년 8월 15일 일본이 패망함으로써 해방을 맞게 된 불교계는 식민지적 잔재殘在를 청산하려는 불교운동을 전개했다. 그해 10월에 전국승려대회를 열고 사찰령과 조계종총본

사사법曹溪宗總本寺寺法 등을 폐지하며 새로운 조선불교교헌朝鮮佛敎敎憲을 제정하였다. 새교정敎正에 석전 정호(石顚 鼎湖: 1870~1948, 조선불교 초대 교정) 대강백을 추대하고 중앙총무원장 및 여러 부서를 재정비했다.

조선불교조계종 초대 종정 한암 스님

일제의 잔재를 없애기 위하여 불교계에서는 총독부의 인가를 받은 조계종명曹溪宗名을 바꾸어 '조선불교'라 표방하고 종정宗正도 교정敎正으로 명칭을 바꾸었다. 이후 조선불교란 종명은 1948년 대한민국 정부가 수립되자 '대한불교大韓佛敎'로 바꿔 부르게 되었다. 그러나 그 해 4월 교정敎正이었던 석전 정호 대강백이 입적한 후, 뒤를 이은 만암 종헌(曼庵 宗憲:1876~1956, 조선불교 제3대 교정) 선사에 의해 다시 '조계종'이라 일컫고 교정敎正도 종정宗正으로 다시 바뀌었다.

조계종은 비록 일정日政하인 1941년에 설립되었지만 고려시대부터 있어 왔던 종명이다. 한국불교 선종禪宗의 실질적 중흥조인 청허 휴정(淸虛 休靜:1520~1604) 선사도 조계퇴은曹溪退隱이라 하였고, 그 제자 사명 유정(四溟 惟政:1544~1610) 선사도 조계종유曹溪宗遺라 자칭한 사실들로 미루어 볼 때 정통성을 지닌 종명이라고 할 수 있다. 조계종은 1941년 이후 한때 왜색을 피해 잠시 종명을 쓰지 않았지만, 1960년대 이후 종단의 난립이 있기 전까지는 줄곧 단일종단으로 이어져 왔다.

출생出生과 불연佛緣

청담 스님은 실천적 보살행으로 불교를 쇄신하려 한 근·현대 한국불교 정화淨化의 선구자다. 스님은 1902년 10월 20일 경상남도 진주시 수정동에서 농사와 포목점을 하던 성산 이李 씨 화식化植 공公과 모친 고부용高芙容의 1남 3녀 중 장남으로 태어났다. 청담 스님은 유년 시절을 다음과 같이 회고하고 있다.

나의 속가俗家, 고장은 진주다. 내가 진주 어느 가정의 외아들로 태어났을 때 그 집에서는 경사가 났고, 어머니는 무척 기뻐했다. 내가 입산을 마음먹었을 때 나에게는 편모偏母가 계셨고 처妻가 젖먹이 여자아이를 안고 있었다. 늦지도 젊지도 않은 어머니에게 얼마간의 전답과 포목을 겸한 잡화전을 남겨주고 아버지는 돌아가셨다. 그래서 나는 어머니의 의사대로 장가를 들었다. 한 집안의 장남이었던 나에게는 여동생이 셋이었다.

청담 스님의 유년 시절 친구이자, 일본으로의 출가를 도왔던 박생광 화백은 스님의 생애와 사상에 대해 다음과 같이 술회하고 있다.

> 청담 스님의 생애는 일반 범부 중생과는 달리 고독하면서 험난한 개척자의 투쟁을 요구하는 그런 길이었지만 결코 좌절함이 없는 자세로 인욕보살이라는 칭송까지 받아가며 후회 없이 걸었으니 이런 위대성도 찾아보기 힘든 일 아닌가?

아버지는 겨우 15살밖에 안 된 찬호(讚浩. 청담 스님의 속명) 밑으로 세 동생을 남기고 일찍 세상을 떠났다. 불행한 가정환경 탓에 찬호는 또래의 아이들과 잘 어울리지 못하고 고독하게 성장하였다. 더구나 얼굴이 워낙 못나게 생겨서 동네 아이들의 놀림감이 되기도 하였다. 찬호만 나타나면 동네 친구들이 올빼미 같다고 놀려대는 바람에 항상 슬프고 분해서 엉엉 울곤 했다.

하지만 아동기의 순한 성격은 자라면서 점점 달라졌다. 아동기에서 청소년기로 넘어가면서 누구나 성격이 변하기 마련인데, 찬호 역시 예외는 아니었다. 참고 견디는 인내심은 여전했지만, 사색을 좋아하고 소극적이었던 성격이 커가면서 눈에 띄게 바뀌었다. 여느 날처럼 찬호를 놀린 서당의 한 아이가 반대로 찬호에게 호되게 당한 것이다. 처음 보는 찬호의 적극적인 모습에 친구들은 깜짝 놀랐다. 사색을 좋아하고 주변 풍경을 보면서 감상에 젖기를 즐기던 어린 찬호는 경쟁심 강하고 활달한 청소년으로 자랐다.

할아버지의 완고한 고집으로 집에서 한문 공부만 하던 찬호가 서당을 나온 뒤 진주 제일보통학교(현 중앙초등학교)에 입학한 것은 17살 때였다. 내성적이었던 찬호가 외향적으로 바뀐 것도 바로 이 무렵이었다. 찬호는 보통학교를 다니며 공부에도 소질을 보여 언제나 수석首席을 독차지했고, 반 아이들을 이끌며 지도자 풍모를 보이기도 했다.

그 무렵 찬호는 민족적 자각에 눈 뜨지 않은 상태여서, 식민지 청년으로서 일본인에 대한 적개심보다는 조선의 잘못으로 인해 지배당한 것이라는 열등감에 휩싸여 있었다. 찬호가 이런 생각을 하게 된 데에는 일본인 교사의 영향이 컸다. 공부 잘하는 찬호를 일본인 교사는 매우 아꼈는데, 그 교사가 찬호에게 "일본은 조선을 지배하는 것이 아니라 서양으로부터 보호하고 있으며 조선이 부강해서 스스로 자립하게 되면 일본은 조선의 독립을 도울 것"이라는 일본의 지배 논리를 그대로 주입했던 것이다.

1919년 3월, 찬호가 진주 제일보통학교 2학년 때 한반도 방방곡곡에서는 태극기의 물결이 전국을 휩쓸고 있었다. 자유와 독립을 찾기 위한 한민족의 외침이었다. 이 세찬 물결은 찬호의 학교에도 밀어닥쳤다. 학교 운동장에서 학생들끼리 모여 만세운동을 벌일 계획을 열심히 짰지만, 막상 태극기를 흔들며 행진을 시작하려 할 때 용기 있게 앞장서려는 학생이 없었다. 이때 용감히 선두에 나선 것이 찬호였다. 찬호는 앞장서서 "대한독립 만세"를 외치며 거리로 나섰다. 청담 스님은 당시의 심정을 다음과 같이 회고한다.

한문 서당을 다니다 말고 보통학교 문을 들어선 때가 1918년이었으니 나의 나이 열 일곱. 키는 지금 키나 다를 바 없이 껑충 컸으므로 나의 손에는 깃발이 쥐어져 3월 1일의 행렬의 선두에 나서서 대한독립만세를 외치며 아우성쳤다. 그리고 붙들려 유치장 신세를 졌다. 지금 우리는 나라의 주권마저 일인에게 빼앗기고 있는 이런 처지인데 같은 민족 더군다나 같은 학교 교우들끼리 이렇게 싸우고 공부도 제대로 못하고 있으니 참으로 한심스럽다. 우리는 지금 이럴 것이 아니라 강철같이 단결하여 그 싸우는 힘을 나라의 독립을 찾는 데 써야 한다.

어렸을 때나 청소년기에 가졌던 올곧은 심지心地는 성인成人이 되어서도 바뀌지 않았다. 입학시험에서 한 문제만 틀렸음에도 불구하고 진주 공립농업학교(현 경남과학기술대학교)에 떨어진 적이 있었는데, 교장을 5일 연속으로 찾아간 끝에 입학 허가를 받아냈다. 또한 부모의 갖은 반대에도 불구하고 출가出家를 감행한 데에서도 알 수 있듯 한번 마음먹은 일은 끝까지 해내는 집념과 의지가 있었다.

청담 스님의 발심인연이 된 진주 호국사

이렇게 적극적인 사고방식과 항일抗日 정신이 투철했던 찬호는 제일보통학교를 졸업(1921년 2월 28일)하고 진주 공립농업학교에 진학(1921년 4월 16일)했다. 찬호는 종종 호국사護國寺에 가서 부처님을 친견하고 사색을 하였으며 목이 마르면 수각水閣에서 물을 마셨다. 그러던 어느 날 때마침 채서응蔡瑞應[1] 스님이 찬호를 발견하고 '왜 물을 마시고 싶은가?'에 관하여 물었다.

사람이 왜 물을 마시는가? 그것은 마음이 마시고 싶어 하기 때문이다. 물은 왜 차게 되는가? 그것은 마음이 차다고 생각하기 때문이다. 물은 왜 뜨겁게

---

[1] 청담 스님 관련 많은 자료에서 발심출가 인연을 박포명朴抱明 스님이라 말하고 있지만, 묘엄 스님1931~2011의 저서 《회색고무신》 13쪽에서는 채서응蔡瑞應 스님이라 밝히고 있다. 발심인연發心因緣은 채서응 스님이지만 출가인연出家因緣은 남경봉南鏡峰 스님이다. 그리고 은법사恩法師는 한영漢永 스님이다. 청담 스님이 열반할 때까지 곁에서 모신 제자 우경배(법명:법천法泉) 전 도선사 사무처장의 증언에 의하면, 당시 스님은 당신의 발심에 대해 당시 호국사에 잠시 주석했던 채서응 스님과의 인연 덕이었다고 말하였다. 경남 고성이 고향인 채서응 스님은 어릴 적에 옥천사玉泉寺로 출가하여 지리산 대원사, 벽송사, 영원사, 천은사, 범어사, 해인사 등 여러 고찰을 순력하며 불경 공부를 하였다. 스님은 함양 영원사(1902), 순창 구암사(1904), 고성 옥천사(1905), 양산 통도사(1909~1920), 합천 해인사(1915), 김천 청암사(1916), 동래 범어사(1925), 철원 심원사(1939) 강원 강주를 지냈다. 당시 우리나라 5대 강사로 손꼽혔다. 1941년 3월 열린 유교법회遺敎法會에 증명법사로 참석하는 등 근대 한국불교의 초석을 놓은 선지식이다. 불경佛經에 해박한 대강사大講師로서 1930년대에는 오랫동안 옥천사 산내암자 청련암에 주석하며 염불만일회를 결성했다. 한영 스님과 절친하여 자주 옥천사에 내려와 함께 지내다가 올라가곤 하였다. 채서응 스님은 옥천사 주지를 여러 차례 역임하였고, 광복 후에도 주석하며 학인들을 가르치다가 좌탈입망坐脫入亡하였다.

되는가? 그것은 마음이 뜨겁다고 생각하기 때문이다.

그러면서 채서응 스님은 오욕五慾을 버려 마음에서 나를 찾아야 한다고 설했다.

만약 우리가 불이 뜨겁고 얼음이 차다는 관념觀念을 털어버릴 수 있다면 그것은 그저 아무것도 아닌 저 돌멩이와 같은 것에 지나지 않을 것이다. 그렇듯이 우리를 주관主觀하고 있는 것은 몸이 아니라 마음인 것이야. 육체가 나라고 자각할 때 사람들은 의식주가 필요하게 되고, 그 끝에서 그는 죽음의 허무함을 보게 된다. 그러나 마음에서 나를 발견할 때 우리는 생사生死를 벗어버릴 수 있는 것이다. 부처란 다른 것이 아니라 그 오욕五慾을 벗어버리고 마음을 찾는 일인 것이야.

채서응 스님의 말씀을 듣자 찬호의 마음에 크게 동요가 일어났다. 훗날 청담 스님은 당시 상황에 대해 아래와 같이 회고했다.

평소에는 아무 뜻도 모르고 마시고 먹고 보고 듣는 행동을 해오다가 서응 스님의 설법을 고요하게 생각하면서 반성해보니 하나하나의 행동은 마음이 결정하고 마음이 생각하여 행동하게 된다는 것을 알게 되었다. 이로부터 '자신이 지니고 있는 마음의 당체當體는 어떤 것인가?'라는 화두話頭를 마음속에 품게 되었다. 이 화두를 풀기 위해서는 불교에 귀의歸依하고 출가出家하여 수행修行을 통해 마음을 깨닫지 않으면 안 된다는 것을 자각하였다.

찬호는 채서응 스님으로부터 몇 번 설법을 듣고 난 뒤 생각이 많이 달라졌다. 이때부터 찬호는 학교 공부는 외면하고 시간이 나는 대로 절을 찾기 시작했다. 합천 해인사海印寺를 찾아 입산수도하겠다고 간청했으나 거절당하였다. 다음 해에는 장성 백양사白羊寺를 찾았다. 그곳에 기미년 3·1운동 때 민족대표 33인의 한 사람이자 당시 큰 도인으로 이름을 떨치던 용성 진종(龍城 震鍾:1864~1940, 민족대표 33인 중 불교 대표) 선사가 주석하고 계셨기 때문이었다. 불행히 거기에서도 용성 선사를 친견하지 못하고 발길을 돌려야 했다. 하지만 찬호의 구도열은 식지 않았다. 청담 스님은 당시의 상황을 다음과 같이 회고했다.

> 나는 나이 스무 살이자 진주 공립농업학교 1학년이었다. 진주는 영남의 색향色鄕으로 알려져 있지만 또한 불심佛心이 대단한 곳이기도 하다. 어느 날 나는 호국사에 산책 겸 올라갔다가 한 스님을 만나 뵈었다. 그분은 유교와 도교의 속서를 널리 열람한 끝에 입산하신 금강산 유점사 스님으로, 불문佛門에 들어와서 강학講學과 참선參禪도 한 십 년 닦은 스님이었다. 그 스님에게서 얻어들은 귀동냥 지식은 나를 다분히 매혹시키기에 족했다.

청담 스님은 진주 공립농업학교 시절 진주 근교 호국사에서 채서응 스님을 만나 처음 불교와 인연을 맺었다. 이후 채서응 스님으로부터 마음에 대한 법문을 듣고 발심發心을 하게 되었다. 하지만 청담 스님이 마음에 대한 의문과 관심을 갖고 출가를 결심한 데에는, 당시 진주 연화산蓮花山 옥천사玉泉寺 주지였던 남경봉南鏡峰2 스님과의 만남이 결정적 계기가 되었다. 일본에서 행자

---

2 청담 스님 많은 관련 자료나 책에서는 출가 은사가 남규영南圭榮이라고 명시돼 있는데, 이는 남경봉 스님의 속명이다. 묘엄 스님은 저서 《회색 고무신》 13쪽에서 남경봉南鏡峰 스님이라고 밝히고 있다. 이에 대해 전 도선사 우경배(법천法泉) 사무처장을 비롯한 청담 스님의 후학들은 앞에서 밝힌 바와 같이 "채서응 스님에게 발심인연을 맺었으나 출가득도는 남경봉 스님이다. 일본에서 돌아왔을 때에 남경봉 스님이 옥천사 주지로 있어 출간인연을 맺은 것으로 보인다. 채서응 스님은 청담 스님을 자신과 대강으로 인연이 깊은 개운사 대원암 한영 스님의 제자로 공부하게 하였다. 이후 1954년 본격적인 정화를 시작하면서 대처승인 남경봉 스님

생활을 하고 귀국하여 호국사를 찾았을 때, 채서응 스님이 주석하지 않아 대신 옥천사로 갔는데 그곳에 남경봉 스님이 계셨다. 그렇게 만난 것이 출가수행자로 귀의하게 된 인연이 되었다.

> 음력 사월 보름날 경상남도 진주 부근의 옥천사에서 중이 되었다. 그로부터 서울 개운사, 예산 정혜사, 금강산 유점사 및 마하연, 오대산 상원사, 울진 불영사, 설악산 봉정암, 김천 직지사, 속리산 복천암, 문경 대승사 및 봉암사, 합천 해인사, 고성 문주암 등을 거쳐 지금은 삼각산 도선사에 머물고 있다.

청담 스님은 1926년 5월 17일, 고성의 옥천사에서 계戒를 받고 25세의 나이에 출가하였다. 출가 은사에 대해 많은 의구심과 여러 가지 학설이 제기되고 있지만, 열반할 때까지 곁에서 모신 후학들과 우경배(당시 법천法泉 스님) 전 도선사 사무처장은 청담 스님이 자주 하시던 말씀을 아래와 같이 전한다.

> 청담 스님이 생전에 말씀하신 것에 따르면, 처음으로 출가발심을 결심한 것은 채서응 스님을 만나고부터였다고 한다. 채서응 스님은 고성이 고향이고 옥천사가 출가 본산으로, 대원사, 벽송사, 천은사, 영원사 등에서 경經을 배워 일제강점기 때 초대 주지를 역임하고 우리나라 5대 강사講師 중 한 분으로 추앙받던 분이다. 채서응 스님은 해인사 강주를 역임하고 선학원에서 열린 유교법회遺敎法會의 법사로 초청받을 만큼 명성이 대단하였다. 중앙불교전문학교(동국대 전신) 교장이셨던 석전石顚 박한영朴漢永 스님과 사제관계였지만 나이 차이가 다섯 살밖에 나지 않아 절친하게 지냈다. 매년 여름방학이 되면 한영

과 이연移緣하고 새로 한영 대강백을 은법사恩法師로 정하여 법제자가 된 것이다."라고 술회하고 있다.

스님이 옥천사에 내려와 함께 지내다가 올라가곤 하였다. 한영 스님이 연화산 옥천사와 인연을 맺게 된 것은 채서응 스님과 의기상통하였기 때문이다. 두 스님은 동문수학同門修學하지는 않았지만 그 맥은 모두 조선 말기의 지리산 벽송사 설파雪坡 장로에게 있었으므로, 자연히 의기상통하게 되었다. 채서응 스님은 옥천사 주지를 여러 차례 역임하셨고 광복 후 옥천사에 주석하며 학인들을 가르치다가 좌탈입망座脫入亡하였다. 당시 청담 스님이 일본에서 돌아와 호국사를 찾았을 때 채서응 스님은 계시지 않았고, 다시 옥천사를 찾았을 때 주지는 남경봉 스님으로 있었다. 그래서 남경봉 스님을 은사로 출가했으나 남경봉 스님과 채서응 스님이 대처승인 관계로 이연移緣을 하고 정화를 시작하면서 이렇게 말했다고 회고했다. "대처승을 정화하자고 앞장서는데 은사가 대처승이어서야 되겠는가? 나는 오늘 이 시간부터 한영 스님을 은법사恩法師로 모시고 건당建幢하여 은법제자로 재출가를 하게 되었다." 당시 운허(耘虛:1892~1980, 동국역경원 초대원장) 스님을 비롯 연백문도(蓮白門徒, 선운사·내소사·대흥사·봉선사·백양사·도선사)³ 스님들과 도반 스님들 앞에서 한영 스님이 은법사임을 밝혔다. 1954년 본격적인 정화 운동을 시작하며 이때부터 청담靑潭이라는 법호法號를 쓰기 시작했다. 청담 스님의 사리탑을 선운사禪雲寺에 세운 이유도 여기에 있다.

---

3 연백문도회蓮白門徒會의 주인공은 연담 유일(蓮潭 有一:1720~1799) 스님과 백파 긍선(白坡 亘璇:1767~1852) 스님이다. 연담 스님의 법맥은 백양사·대흥사·미황사를 중심으로 내려오고 있으며, 백파 스님의 법맥은 구암사·선운사·내소사·도선사·봉선사로 이어지고 있다.

출가出家와 오도悟道

진주 공립농업학교 시절의 모습

1924년 11월 31일, 찬호는 진주 공립농업학교를 자퇴하였다. 진주 공립농업학교 학생 시절 마음을 찾는 수행을 위해 해인사로, 또 백양사로도 가보았지만 출가의 인연이 닿지 않자 일본으로 건너가 효고현兵庫縣 운송사雲松寺[4]에 바랑을 풀었다. 청담 스님은 고향 친구 박생광 화백을 만나 대뜸 일본에서 출가하는 방법에 관해 물었다.

"혹 일본에 입산길이 열릴 만한 사찰이 없는가?"

"입산 허락을 받을 수는 있겠지만 일본이라서."

---

[4] 청담 스님 관련 모든 저서에 '송운사松雲寺'로 표기되어 있다. 하지만 2013년 10월 10일, 평택 청담고등학교의 자매학교인 일본부사학원고등학교에서 일본 효고현에 있는 이치카와학원市川學院 이사장 타츠 다이무多津大無 씨를 만나 확인한 결과, 일본 효교현에는 송운사松雲寺는 없고 운송사雲松寺가 있었다. 청담고등학교 방남수 교장은 이 사실을 〈청담 순호 선사의 '마음' 사상 연구(2014)〉 박사학위 논문에 밝혀 놓았다.

"수도의 길에 가기 위해 불문佛門에 입문하는데 국경이 따로 있을 수 없지 않은가. 일본도 우리나라도 부처님 법을 받드는 불교가 있는 곳 아닌가. 허니 가는 길을 좀 모색해주게."

박생광 화백의 주선으로 일본에 건너간 청담 스님은 아키모토 준카秋元 淳稚 스님을 모시고 행자 생활을 시작하였다.

일본 정토종 운송사雲松寺 행자 시절 모습

그때 나이 24살에 쇼운지에서 아키모토 준카 스님에게 득도했다. 내가《반야심경》을 5일 만에 다 외우니 노스님이 놀라는 것이었다. 종 치는 것도, 빨래하는 것도, 밥 짓는 것도 다 내 책임이었다. 6개월 간 행자수업에서 가장 기억에 남는 것은 내가 손님을 어떻게 접대해야 하는가를 스님께 여쭈었을 때 "그것을 몰라 묻느냐? 보면 알지." 하고 퉁명스럽게 대답했던 것이었다. 어안이 벙벙하고 무안스러워 고개를 숙여버렸지만 나는 스님의 그 말에서 '모든 것을 스스로 보아라.' 라는 한마디를 깨우쳐 얻었다.

그러나 곧 이곳도 마음에 대한 문제를 해결할 곳이 아님을 깨달았다. 일본의 스님들이 결혼 생활을 하는 모습을 보면서 일본에 머무는 것이 무의미하다 느꼈기 때문이다. 일본불교는 수행이 아닌 관념觀念의 불교요, 형식의 불교이며 정통이 아닌 변형된 불교임을 감지하고 더 이상 일본에 머무를 필요가 없다고 판단해 귀국하였다. 청담장학문화재단 이사장 동광東光 스님은 "은사 스님은 한국을 식민지로 삼고 태평양전쟁을 일으킨 일본의 잔혹한 군국주의는 말할 것도 없고, 부처님보다 개산조開山祖를 더 높이 받드는 일본의 종파 중심 불교에 비판적 시각을 갖고 계셨다"고 밝혔다. 아울러 "승가와 신도를 포

청담 스님 출가 사찰인 경남 고성 연화산 옥천사 전경

함한 한국불교 전체에 대한 정화의 출발은 대처로 대변되는 일본불교의 척결이라는 믿음이 확고하셨다."고 덧붙였다. 국내로 돌아온 찬호는 마침내 고성 옥천사 남경봉 스님에게 비로소 삭발削髮 입산했다. 이때 법명은 순호淳浩였다. 본격적인 수도자의 생활이 시작된 것이다. 스님은 당시 출가의 마음을 다음과 같이 술회하고 있다.

> 부처님 입던 옷을 나도 따라 입고 나니/세상 번뇌들이 갑자기 잊혀지고/삼계三界의 스승된 듯이 몸이 가뿐하여라./구조법九條法衣 받드니 거룩하기 그지없다./사생四生의 자부慈父되려 삼독三毒을 우선 끊고/고해苦海를 건너가려고 합장하는 그 자세/깁 조각조각마다 믿음으로 얽힌 자국/오리 오리 맺힌 단성丹誠 걸치자니 두렵구나./해야 할 육도만행六度萬行이 앞에 가득하여라.

청담 스님이 비구계比丘戒를 수지受持할 때 지은 '찬복전의讚福田衣'의 시詩이다. '오리 오리 맺힌 단성丹誠'이나 '육도만행六度萬行이 앞에 가득하여라.' 등의 구절에서 초발심初發心의 의지와 원력이 느껴진다. 청담 스님은 항상 "다시 태어나도 이 길을 걷겠다."고 강조할 만큼 출가에 대한 자부심이 대단했다고 후학들은 전한다. 청담 스님은 출가의 기쁨을 시적인 노래로써 펼쳐 보이며, 금강석처럼 굳은 출가 원력을 우리 중생들 가슴에 심어주고 있다.

그런데 청담 스님이 단 한 차례, 출가 이후 속세와 인연을 맺은 적이 있었다. '금강산에 머무는 도통한 스님인 청담 스님이 진주 연화사蓮華寺에서 사월 초파일 법문을 한다'는 소식을 듣고 속가俗家 식구들이 찾아온 것이다. 늙은 어머니를 위시한 속가 식구들은 큰딸을 등에 업고 "성산 이 씨 가문의 대가 끊기게 생겼다"며 눈물 어린 호소를 하였다. 결국 스님은 오도견성悟道見性하여 출가 목적을 성실히 수행하고, 세상과의 결별을 단행하기 위한 마지막 절차라 생각하고 속가를 찾게 된다. 이렇게 단 한 번의 파계破戒로 태어난 딸이 바로 한국불교 비구니계의 큰 어른이자 강맥講脈과 율맥律脈을 이끈 묘엄(妙嚴:1931~2011, 봉녕사 승가대학장) 스님이다.

청담 스님은 채서응 스님의 추천으로 서울 개운사開運寺 대원암大圓庵 불교전문강원에 입학하여 한영 정호(漢永 鼎鎬:1870~1948)[5] 대강백으로부터 경학經學을 공부하기 시작했다. 한영 대강백은 장성 백양사白羊寺 환응 탄영(幻應 坦永:1847~1929) 스님에게 사교를, 순천 선암사仙巖寺 경운 원기(擎雲 元奇:1852~1936) 스님에게 대교를, 순창 구암사龜巖寺에서 설유 처명(雪乳 處明:1858~1903) 스님의 법을 이어 받는 등 조선 후기 대강백들의 교학을 고스란히 섭수한 당대 최고의 석학이었다.

---

5 일제강점기 스님. 자는 한영漢永, 호는 석전石顚, 불명은 정호鼎鎬·영호映湖이다. 전라북도 완주에서 태어났다. 19세에 위봉사 금산 스님을 찾아가 출가하면서 정호鼎鎬라는 법명을 받았다. 26세에 순창 구암사에서 설유 스님에게서 법통을 받고 법호를 영호映湖라고 하였다. 27세부터 해인사, 법주사, 범어사 등에서 강의를 하였다. 1908년 만해卍海·금파琴巴 스님 등과 불교개혁에 나섰으며, 1910년 해인사 주지 이회광李晦光이 조선불교를 일본의 조동종曹洞宗과 통합하려 하자 만해卍海·성월惺月·진응震應·금봉錦峰 스님과 함께 임제종臨濟宗을 설립해 조선불교의 정체성을 지키려 노력했다. 1913년에는 불교잡지인《해동불교海東佛教》를 창간하여 불교의 혁신과 한일합방의 부당함을 일깨웠다. 1946년까지 동국대학교의 전신인 중앙 불교전문학교 교장을 역임하고, 8·15 해방 후 조선불교 중앙총무원회의 제1대 교정으로 선출되었다. 이후 정읍 내장사에서 만년을 보내다. 1948년 4월 8일 내장사에서 원적에 들었다. 세수 79세, 법랍 61세. 저서로《정선치문집설精選緇門集說》,《계학약전戒學約詮》,《석전시초石顚詩抄》,《석림수필石林隨筆》,《석림초石林抄》등이 있다.

1장 생애生涯와 수행修行 045

진주 연화사 법문 후 마지막으로 속가俗家를 찾은 모습

일제강점기 초 조선의 내로라하는 지식인들이 모두 한영 대강백 문하에 들었다. 한영 대강백은 1926년 10월 서울 개운사 대원암에 불교전문강원을 개원하고 강사를 맡아 후학을 양성했다.

이곳에서 한영 대강백은 후일 한국 불교계의 기라성 같은 대강백이 될 인물과 문학계 거목들을 가르쳤다. 출가 제자로는 청담 순호(靑潭 淳浩:1902~1971)·운허 용하(耘虛 龍夏:1892~1980)·운기 성원(雲起 姓元:1898~1982)·청우 경운(聽雨 景雲:1912~1971)·운성 승희(雲性 昇熙:1910~1995)·석문 남곡(石門 南谷:1913~1983)·고봉 태수(高峰 泰秀:1905~1960)·일붕 경보(一鵬 京保:1914~1996) 스님 등이 있으며, 재가 제자로는 미당未堂 서정주(徐廷柱:1915~2000)·춘원春園 이광수(李光洙:1892~1950)·동탁東卓 조지훈(趙芝薰:1920~1968)·철운鐵雲 조종현(趙宗玄:1906~1989)·석정夕汀 신석정(辛錫正:1907~1974) 등이 있었다. 이런 석학碩學들과 어깨를 나란히 했으니 스님의 얼마나 머리가 명석하고 학문적으로 뛰어났는지 알 수 있다. 이들뿐만 아니라 한학·시문학·현대문학·법률·정치·철학 등 제반 학문 분야에서 일가견一家見이 있는 사람들은 한영 대강백이 개설한 개운사 강원에 모여들었으며, 위당爲堂 정인보(鄭寅普:1893~1950)·육당

청담 스님이 교학을 공부한 개운사 대원암 불교전문강원

은법사인 한영漢永 대강백

六堂 최남선(崔南善:1890~1957)·춘원 이광수 등 조선의 3재材라 불린 인물들이 개운사 대원암 강원을 사흘이 멀다 하고 찾아와 교류하였다. 그곳에서 청담 스님은 경經·율律·논論 삼장三藏을 마쳤다. 청담 스님은 그때 《능엄경楞嚴經》을 가장 깊이 탐구하였다.

당시 한영 대강백을 모시며 공부했던 법공 스님(法空:1918~2002, 도선사 강사)[6]은 "개운사 대원암에서 한영 스님을 모시며 사교 과목을 배울 때 하루에도 몇 명씩 손님이 찾아왔어요. 당시에 조선의 석학들은 거의 모두 스님과 대화를 나누었는데, 그 자리에 청담 스님을 배석시켜 사회 물정과 학문에 관해 토론하며 배우게 하였지요."라고 당시 상황을 회고했다.

---

6 1918년 서울 출생. 17세 때 봉선사에서 운경雲鏡 스님을 은사로 득도한 후 22세에 안암동 대원암 계단에서 한영漢永 율사를 계사로 보살계 및 비구계를 수지하고 사교과까지 배우고 입적 때까지 시봉했다. 1935년 봉선사에서 수선안거 이후 20하안거를 성만, 1941년 봉선사 홍법弘法 강원 운허耘虛 강백으로부터 대교과를 수료했다. 또 1949년 동국대학교 문리대학 졸업 후에는 48년 불교중앙총무원 법계고시에 합격, 대덕법계를 받았다. 47년 불교중앙종회 의원에 피선됐고, 50년엔 현등사 주지를, 64년부터 법주사·백양사·불국사·서울 청룡사·화엄사 강원에서 강주를 역임했다. 법공 스님은 82년 이후 삼각산 도선사에서 강주로 있으면서 후학지도에 전념했다. 108평화도량 수락산 도안사度岸寺에 주석하다 2002년 입적했다.

그때 당시에는 '남南진응 북北한영'이라는 말이 회자될 정도로 각각 큰 흐름을 만들고 있었다. 탄허(吞虛:1913~1983, 중앙역경원 초대원장)·관응(觀應:1910~2004, 직지사 조실) 스님도 일가一家를 이룬 것은 사실이지만, 근·현대 한국불교 강맥講脈의 큰 물줄기는 '남南진응 북北한영'으로 불렸던 한영 정호(漢永 鼎鎬:1870~1948) 스님과 진응 혜찬(震應 慧燦:1872~1941) 스님으로부터 시작된다고 해도 과언이 아니다. 북北한영의 강맥을 살펴보면, 운기 성원雲起 性元·운허 용하耘虛 龍夏·운성 승희雲惺 昇熙·고봉 태수高峰 泰秀·성능 복문性能 福文·철운 현종鐵雲 宗玄·청담 순호靑潭 淳浩·학봉鶴峰·명봉明峰 스님 등에게 강講을 전해주면서 만개한다. 운허 스님의 강맥은 지관智冠·월운月雲·홍법弘法·법공法空 스님과 비구니 묘엄 스님 등으로 이어진다. 그리고 지관 스님의 강맥은 종진宗眞·관조觀照·혜법慧法·무관無觀·태원太元 스님과 비구니 지형·상덕·현원 스님 등에게 계승되었다. 월운 스님의 강맥은 진원·요산·지안·각진·범해 스님과 비구니 선암 스님으로 계승되었다. 홍법 스님의 강맥은 종범·성파·현근·기후 스님에게 계승된다. 종범宗梵 스님은 해월·우진·선지·법인 스님과 비구니 승원 스님에게 강講을 내렸다. 묘엄 스님은 일연·성학·혜정·대우·일운·탁연·적연 스님에게 강맥을

청담 스님이 일종식을 하며 용맹 정진한 금강산 마하연摩訶衍 모습

내린다. 운기雲起 스님은 이후 운산·혜남·연호·도형·철웅 스님 등에게 강맥을 이어준다. 이를 다시 혜남慧南 스님이 철운·지우·보명·선오·각림·혜수·원오·범천·여명 스님에게 강맥을 전수했다. 운성雲惺 스님은 지운·일귀·지오·우현·원순 스님에게 전강傳講해 준다. 또한 고봉高峰 스님 맥은 우룡·고산 스님과 비구니 명륜·일현 스님이 받았다. 우룡雨龍 스님은 덕민·영봉 스님에게 배움을 나눠주고, 고산杲山 스님은 보광·종현·월호 스님 등을 전강제자로 거둔다. 성능性能 스님의 강맥은 명성·자민 스님에게 이어졌다. 명성明星 스님은 이를 받아 흥륜·일진·계호·묘정·진광·세등·운산·영덕·은광·효탄·원묘·명법·법장 스님에게 강맥을 잇게 하고 학봉鶴峰 스님은 종광 스님에게 강맥을 내려, 북北한영의 강맥은 그야말로 한국불교의 강맥을 대표하는 거대한 교학문중敎學門中을 이루게 된다. 이렇게 한영 대강백의 강맥을 이어받은 후학들은 한국불교 교학敎學의 핵심을 이루고 있다.

　수행자에게 있어 진정한 출가란 온갖 마군魔軍을 항복시키는 것이다. 마군이란 외부 세계에서 나를 방해하는 존재가 아니다. 내 마음속에서 일어나는 분별과 망상, 갈등하면서 안정되지 못한 정신 상태가 곧 마군이다. 마군과의 싸움에서 승리하려면 '나'와 '내 것'에 집착하지 않고, 인연의 밧줄에도 묶이지 않아야 한다. 그래야 틀에서 벗어난 대장부, 즉 자유인이 될 수 있다.

　청담 스님은 불안한 마음에서 오는 갈등을 해결하고자 출가를 했다. 출가 이후 마음을 찾기 위해 삼천리 방방곡곡의 명산대찰名山大刹을 순례하면서 뼈를 깎는 고독한 수도행각修道行脚에 나섰다. 스님의 수도행각은 범인凡人으로는 감히 넘겨볼 수도 없는 가혹한 시련이었다. 서울 개운사, 묘향산 설영대, 덕숭산 정혜사, 금강산 유점사, 오대산 상원사, 가야산 해인사 등을 누비며 수도하던 스님은 기차를 타지 않고 걸어 다니면서 고행했다. 보름 정도 굶으며 용맹정진(勇猛精進, 몹시 고된 수행을 하는 것으로 눕지 않고 오랫동안 참선이나 염불 등을 하는 수행)하기도 예사였다.

청담 스님이 금강산金剛山 마하연摩訶衍에서 묵언默言과 일종식(一種食, 하루에 한 끼만 먹는 것)을 하며 장좌불와(長座不臥, 눕지 않고 늘 좌선함)로 공부하던 30대 후반 이야기이다. 당시 스님은 입승(立僧, 선방 관리 책임)을 맡고 있었다. 조실(祖室, 선방의 수행을 지도하는 선사)은 석우(石友:1875~1958, 조계종 비구승단 제3대 종정) 선사였고, 지월(指月:1911~1973, 해인사 주지) 선사와 함께 수행 중이었다. 벽안(碧眼:1901~1988, 대한불교조계종 초대중앙종회의장) 스님이 출가하기 전 처음으로 안거安居를 했다. 한겨울을 나기 위해 식량과 땔감 준비를 다 마쳐 모두 흡족해하는데 청담 스님만이 난감한 표정을 지었다. 스님은 그 이유에 대해 이렇게 말했다.

"이번 철에 모두 목숨을 걸어놓고 정진할 것입니다. 용맹정진하다 죽는 사람 안 나오라는 법이 없습니다. 그런데 다비(茶毘, 불에 태운다는 뜻으로 불교에서 화장하는 일을 달리 이르는 말. 육신을 원래 이루어진 곳으로 돌려보낸다는 의미가 있음.)할 나무가 없습니다."

공부하다 죽겠다는 각오를 내비치는 말이었던 것이다. 그 때 처음 안거에 동참한 벽안 스님은 청담 스님의 말을 듣고 깜짝 놀란다. 자신은 가장 가까운 피붙이가 죽자 무상無常에 젖어 발심 출가했는데, 수좌들은 도道를 이루기 위해 목숨까지 버릴 태세인 것을 보고 진정한 출가자의 마음을 배웠던 것이다.

청담 스님이 설악산雪嶽山 봉정암鳳頂庵에서 정진하던 젊은 수좌 시절, 수행에 매진하다 보니 도반(道伴, 함께 수행하는 벗 또는 불법佛法을 닦으면서 사귄 벗)이 모두 떠난 사실도 몰랐다는 유명한 일화逸話도 전해온다. 만공滿空 선사로부터 인가(印可, 불교에서 스승이 제자의 깨달음을 인정하고 증명하는 말)를 받고 제방에 두루 다니며 만행萬行하다 봉정암에서 여러 도반道伴과 함께 지내게 됐다. 스님은 평상시에도 결제結制와 마찬가지로 시간을 지켜 공부했는데, 도반들은 이를 힘들어 했다. 이에 도반들은 동안거冬安居 해제 날을 알려주지 않고 일주일 식량만 남겨놓고 청담 스님 몰래 떠나버렸다. 공부에 전념하느라 시간 가는 줄 몰랐던 청담 스님은 혼자 밤을 새우고 나서 보니 큰 눈이 내려 큰 절인 백담사百潭寺로 갈 수가 없게 되었다.

이듬해 봄까지는 꼼짝없이 갇혀 있어야 했다. 일주일치 식량이 떨어지고 나서부터는 굶은 채 정진할 수밖에 없어 목숨이 경각頃刻에 달렸는데, 그런 가운데 보름이 더 지났다. 그 때 홍천의 일본인 군수와 경찰서장 꿈에 설악산신雪嶽山神이 나타나 "지금 봉정암에 도인이 공부하고 있으니 속히 가서 공양하라"고 하였다. 두 사람은 서로의 꿈이 같음을 기이하게 여겨 인원을 대거 동원해 눈을 치우며 올라가니, 피골이 상접한 청담 스님이 좌선삼매坐禪三昧에 들어 있었다.

한겨울의 매서운 추위에 다 해진 누더기만 걸쳤던 스님은 들어앉아 인욕忍辱을 기르곤 했다. 덕숭산 정혜사 만공 월면(滿空 月面:1871~1946) 선사 회상에서 참선하고, 오대산 상원사上院寺의 적멸보궁寂滅寶宮의 백일기도를 마친 뒤에는 추운 겨울에도 맨발로 지냈다. 영하 20도의 강추위에도 방에 불을 때지 않고 심지어 속옷(내의)도 입지 않은 채 지내기를 10년 동안 하였다. 두타행(頭陀行, 인간의 모든 집착과 번뇌를 버리고 심신을 수련하는 것)은 몸으로 견디기 어려운 일들을 통해 수행을 쌓는 수행법의 하나다. 쉽게 말하면 의·식·주에 대한 탐착貪着을 버리고 몸과 마음을 단련하는 수행인 것이다. 청담 스님은 오전 한 끼만 먹기도 하고 벽곡(辟穀, 곡식은 안 먹고 솔잎, 대추, 밤 따위만 생으로 조금씩 먹음)을 하기도 했다. 훗날 불교계에서는 정진제일精進第一 이

10년을 맨발로 수행하던
운수납자雲水衲子 시절 모습

1장 생애生涯와 수행修行 051

효봉李曉峰, 설법제일說法第一 하동산河東山, 지혜제일智慧第一 정전강鄭田岡, 인욕제일 忍辱第一 이청담李靑潭이라는 말이 널리 회자되었다. 인욕제일, 그러니까 괴로운 것, 화나는 것, 고통스러운 것을 잘 참고 견디는 데는 청담 스님이 제일이라 는 말이었다. '인욕제일'로 불릴 수 있었던 것은 장장 십여 년에 걸친 처절한 수행 덕분이었다.

청담 스님에게 인욕행과 보살행 실천의 가르침을 준 스님은 수월 음관(水月 音 觀:1855~1928)[7] 선사이다. 서울 개운사 대원암 강원 학인시절 수월 선사의 명성 을 듣고 친견하기 위해 만주를 찾아갔다. 당시 수월 선사는 보임(保任, 불교의 선 종에서 깨달은 뒤에 더욱 갈고닦는 수행법) 공부의 일환으로 짚신을 만들어 지나가는 사람 들에게 나눠주는 보살행을 하고 있었다. 사람들은 그 소문을 듣고 짚신이 떨 어지면 수월 선사를 찾아가 짚신을 얻곤 했다. 선사는 농부나 독립군은 물론, 도둑이나 산적 등 신분을 가리지 않고 누구에게나 짚신을 나눠 주었다. 한편 만주의 한 마을에서 기르던 개犬는 낯선 사람이 마을에 들어서면 떼로 달려 들어 물어 죽일 정도로 몹시 사나웠다. 그래서 밤길을 다니는 것은 금기시되 었다. 하지만 수월 선사는 예외였다. 선사가 나타나면 개 수십 마리가 무릎을 꿇고 반겼다. 까치, 꿩, 노루, 토끼 등 산짐승, 날짐승 가릴 것 없이 모여들어 스님에게 응석을 부리는 듯했다.

하루는 이런 광경을 본 청담 스님이 짐승들이 자기를 보고 도망가는 이유 를 묻자, 수월 선사가 말했다.

---

[7] 만주의 상현上弦달 수월 선사는 충남 홍성에서 태어났다. 어려서 부모를 잃고 머슴살이를 하며 자랐다. 하룻 밤을 묵어간 탁발승에게서 수행 이야기를 듣고 감명 받아 28세 때 서산 천장암을 찾았다. 선사를 수행자로 만들어 준 스승은 선불교禪佛教를 중흥시킨 경허鏡虛 선사이다. 수월 선사는 천장암에서 깨달음을 이룬 뒤 금 강산, 지리산, 오대산, 묘향산에서 수행하며 많은 일화를 남겼다. 글을 모르는 스님은 설법이 아니라 행동으 로 사람들을 감화시켰다. 혜월慧月·만공滿空 스님과 함께 경허 스님의 세 달로 불린다. 일하지 않는 시간에는 영험靈驗하다는 대비주大悲呪를 외웠다. 스님의 도력에 뭇 짐승들이 조복을 하였고 만주지역에서는 자비·천 진도인으로 알려졌으며 스님이 수행 중에는 불기둥이 솟아오르는 방광放光이 여러 차례 일어났다.

"자네에게 아직 살생심殺生心이 남아 있어 그러는 것일세."

"스님, 어찌하면 살생심을 없앨 수 있습니까?"

"자비심을 기르게나."

"어찌 하면 자비심을 기를 수 있습니까?"

"자네와 짐승이 한 몸이라는 생각을 가지게."[8]

이후 청담 스님은 누가 욕을 해도 미소를 짓는 자비·인욕 공부를 하여 인욕忍辱보살이란 별명까지 얻었다. 스님이 늘 하심(下心, 자기의 마음을 스스로 겸손하게 갖는 것) 할 수 있었던 것은 수월 선사의 감화 때문이었다. 수월 선사의 몸으로 보인 가르침 덕분에 청담 스님은 도道와 덕德을 갖춘 자비·인욕보살이자 당대의 큰스님으로 많은 사람의 존경을 받게 되었다.

인忍은 '인욕제일忍辱第一─이청담李青潭'으로 불릴 정도로 스님의 상징으로 여겨졌다.

동국대 부총장을 역임하고 미국에서 평생 포교했던 법안(法眼:1931~2007) 스님은 1972년 〈조선일보〉에 청담 스님의 인욕행忍辱行에 대해 다음과 같이 평가했다.

"언제나 청담 스님은 진리 구현과 정의 실현은 무력이나 완력으로 이룩할 수가 없다고 하셨죠. 그것은 조용히 한 생각을 꾸준하게 밀고 나가는 인종忍從의 길이라고 하셨습니다. 인종은 굴종이나 굴복이 아닌 자기 생각을 영원히 실천하는 구도의 일념인 것이라고 강조하셨어요. 스님의 인욕은 참음, 억누

---

[8] 김진태, 《물 속을 걸어가는 달》, 학고재, 2004.

청담 스님에게
선禪 수행의 좌표를
제시해 준 수월 선사

름이 아니라 부처님 가르침을 널리 알려 중생을 구제하고자 고민하고 실천하는 보살도였습니다."

항일 독립정신이 투철했던 청담 스님은 수도행각을 하면서도 민족독립운동을 계속했는데, 29살 때 문경 대승사大乘寺에서 왜경에게 잡혀 상주경찰서에서 7개월 동안 모진 고문을 당하며 옥고獄苦를 치르기도 했다. 출옥 후에는 수도행각을 그만두고 금강산 마하연 만공 선사 문하에서 참선하였다. 청담 스님은 개운사開運寺 대원암에서 석전 정호(石顚 鼎湖:1870~1948) 대강백에게 불교의 교학을 배워 문리文理를 터득했으며, 덕숭산 정혜사 만공 선사에게서는 심오한 선지禪旨를 익혀 깨달음을 얻었다.

1929년 전국학인대회에 청담 스님과 함께 참가했던 김어수(金魚水:1909~1985, 대한불교조계종 상임 포교사)9 씨는 청담 스님의 수행에 대해 "남들이 다 자고 있는 밤에도 호롱불을 켜 놓고 책을 보거나 참선을 했다."며 "학인 생활을 하면서도 신심과 머리가 특히 뛰어났으며 언제나 부지런하고 끈기 있고 강단 있는 노력형이었다."고 회고했다. 그러면서 그는 청담 스님이 경남 고성 문수암文殊庵 토굴에서 정진하던 시절의 한 장면을 전해주기도 했다.

고성 바닷가 바위 굴속에서 혼자 정진한다는 말을 듣고 겨우 찾고 보니, 바다 복판 무인절도의 바위 굴에서 법복을 단정히 입고 돌아 앉아 사람이 곁에 오

---

9 본명은 소석素石이며 강원도 영월에서 태어났다. 출가수행자의 길을 걸었으며 1934년 〈조선일보〉에 시조 〈곡 영숙아〉를 발표하면서 작품 활동을 하였다. 중앙불교전문학교현 동국대학교에 다니면서 불경번역 사업에 참여하여 《안락국태자경安樂國太子經》을 번역하였다. 재학 시절, 김달진·나운경 등과 교우지 〈룸비니〉를 만들어 창작활동을 하였으며, 1938년 졸업하였다. 1966년 한국문인협회 울산지부의 창립 지부장이 되었으며, 1968년 대한불교조계종의 첫 상임 포교사로 선발되었다. 〈낙상落想〉〈산촌한정山村寒情〉 등의 시조와 〈부처님 오신 날〉 등의 찬불가를 작사하였다. 시조집 《회귀선의 꽃구름》, 수필집 《달안개 피는 언덕길》 등의 저서가 있으며, 1980년 제5회 노산문학상을 수상하였다.

서울 개운사 대원 앞 불교전문강원 제1회 졸업식 기념사진
(원내는 청담 스님)

청담 스님과 정화 운동을 함께한 석주 스님(둘째 줄 맨 왼쪽)
그 옆은 스님의 문수암 시절 수행모습을 기억하고 있는
김어수 상임 포교사

는 줄도 모르고 삼매에 들어 있었다. … 얼른 곁을 살펴보니 작은 냄비가 하나 있고 그릇 두어 개와 작은 항아리 그리고 수저 한 벌이 돌 위에 놓여 있으며 조그만 쌀자루 하나가 눈에 뜨인다. 진실로 처참하기 짝이 없으며 소름이 끼치도록 냉랭한 바람이 바위굴을 쓸고 지나간다.

청담 스님의 수행은 덕숭산, 오대산, 설악산, 묘향산을 거쳐 북간도까지 이어졌다. 1927년 대원암 강원 시절, 스님은 수월 선사를 친견하기 위해 여름방학에 만주 땅으로 구도 여행을 떠난 적이 있었다. 만주 왕청의 토굴에서 수월 선사를 친견하고 정진을 했다. 청담 스님이 주먹밥과 짚신을 받아들고 수월 선사에게 마지막 절을 올렸다. 그러자 수월 선사는 갑자기 청담 스님에게 "곳간에 가서 괭이를 가져오라"고 시켰다. 괭이를 가져오자 수월 선사는 바로 눈앞에 보이는 마당에 박혀 있는 돌멩이를 가리키면서 물었다.

"저게 무엇인가?"

"돌멩이입니다."

청담 스님의 말이 떨어지기가 무섭게 수월 선사는 괭이를 빼앗아 들더니 돌멩이를 홱 쳐내 버리고, 뒤도 돌아보지 않은 채 들판으로 나갔다. 스님은 수행 초기에 수월 선사에게서 받은 이 공안公案을 화두로 삼아 공부했다고도 한다. 이 공안은 수월 선사가 청담 스님에게 준 가르침이기에 앞서, 당신이 세상에 내어 보인 마지막 법문이었다. 그로부터 한 해가 못 되어 수월 선사는 열반에 들었다.[10]

청담 스님은 피나는 정진과 화두일념話頭一念의 참구參究로 구자무불성화(狗子無佛性話, 개에게는 불성이 없다)의 관문關門을 타파하였다. 그리고 오대산五臺山 상원사上院寺 적멸보궁으로 들어가 불법의 중흥과 세계의 평화와 안락을 위하여 백일 참회기도를 마치고 오도송悟道頌을 지었다.

    상래불조둔치한上來佛祖鈍癡漢

    예부터 모든 불조佛祖는 어리석기 그지없으니

    안득요지자변사安得了知玆邊事

    어찌 이쪽 일[11]의 이치를 제대로 깨우치겠는가

    약인간아하소능若人間我何所能

    만약 나에게 능한 것이 무엇이냐고 묻는다면

    노방고탑경서방路傍古塔傾西方

    길가 고탑古塔이 서쪽으로 기울어졌다 하리

오대산 상원사 적멸보궁에서 백일기도를 끝내고 오도송을 짓기 2년 전에

---

10 김진태, 《물 속을 걸어가는 달》, 학고재, 2004.
11 두번째 '안득요지자변사'를 모든 자료나 문헌에서는 '팔 현衒' 자를 써서 '현학의 이치'라 해석하고 있으나, 청담고등학교 방남수 교장은 논문 〈청담순호 선사의 '마음' 사상 연구(2014)〉에서 '이쪽 자玆'를 쓰는 것이 맞고 '이쪽 일'이라고 해석해야 한다고 주장하고 있다.

청담 스님 후학으로 중창도량 도선사에 주석했던 대중스님들.

만공 선사로부터 인가를 받고 '올연兀然'이라는 도호를 받았다. 청담 스님에게 내린 전법게傳法偈는 다음과 같다.

전야삼십봉傳也三十棒　　전한다는 것은 30봉이요
수야삼십봉受也三十棒　　받는다는 것도 30봉이니
봉야삼십봉棒也三十棒　　또한 30봉의 봉을
부여올연자付與兀然子　　올연 선자에게 부쳐주노라

청담 스님은 이때부터 오후보임(悟後保任, 견성 뒤 성불을 위한 수도의 길)인 만행과 더욱 철저한 불오염(不汚染, 청정 본연한 자성자리에 초점을 맞추는 수행)의 자기 정진을 위해 제방을 유력하게 되었다. 1932년 스님의 세수 31세부터 묘향산妙香山 보현사普賢

寺 설영대雪靈臺에서 용맹정진하고, 1935년에는 설악산 봉정암 적멸보궁에서 나중에 함께 정화를 이끌게 되는 효봉(曉峰:1888~1966, 대한불교조계종 초대 종정)·동산(東山:890~1965, 조계종비구승단 제2대 종정) 선사와 함께 하안거를 성만하고 정진했다. 세 분의 스님은 1956년 네팔에서 열린 제4차 세계불교도대회에 한국종단의 대표로 함께 참석하기도 했다.

그 후 금강산의 마하연 등 명찰을 비롯하여 여러 선찰禪刹에서 참선하며 마음의 본성을 확실하게 깨닫는 수행을 게을리하지 않았다.

채서응 스님에 의하여 발심한 후 남경봉 스님에게 출가한 청담 스님은 1954년 본격적인 정화를 시작한 이래 이연하고 재출가하여 은법사인 한영 대강백의 강맥講脈과 만공 대선사의 선맥禪脈을 이었다. 이로써 청허(清虛:1520~1604) 선사의 17대손十七代孫이 되었고, 백파 긍선 선사의 8대손八代孫이 되었다. 이처럼 선맥과 강맥을 이은 스님은 대중들에게 마음의 도리를 가르치며 정신문화 발전과 한국불교 중흥에 전력을 다하였다.

수행修行과 보임保任

　선禪 수행의 최종 목표는 깨달음이다. 출가 이후 청담 스님의 뚜렷한 목표는 오로지 마음을 깨닫는 것이었다. 채서응 스님을 만나 마음에 대한 화두를 얻고 깨달음을 향한 수행의 길에 접어든 이후, 단 한순간도 초발심을 흩뜨리지 않았다. 마음을 찾기 위한 용맹정진으로 어떠한 고난이 다가와도 인내하며 올곧게 나아갔다. 인연처因緣處를 찾던 청담 스님에게 고성 옥천사는 진여眞如의 체득을 위한 출발점이 되었다. 청담 스님은 개운사의 대원강원에서 한영 대강백의 문하에서 대교과大敎科를 이수하며, 《능엄경》에서 욕심과 애정을 떨쳐버릴 수 있는 입처(入處, 붓다의 가르침을 감각하거나 의식)를 체득하게 되었다고 말했다. 또한 《능엄경》의 다음 내용을 가장 깊이 탐구하고, 외우고 다녔다.

　시방정토의 밝고 깨끗함은 마치 수정 속에 밝은 달이 떠있는 것과 같다. 그러니 몸과 마음이 상쾌하고 묘하고 뚜렷하고 평등하여 크게 평안함을 얻게 되

개운사 대원 불교전문강원 시절 불교의 정화와 중흥을 위하여 전국학인대회를 주도했다. (원내는 청담 스님)

면 온갖 부처님의 비밀하고 뚜렷하고 깨끗하고 묘한 이치가 모두 그 가운데 나타날 것이며, 그리하여 그들은 빨리 무생법인(無生法忍, 불생불멸不生不滅의 진리를 확실하게 인정하고 거기에 안주하여 마음을 움직이지 않음)을 얻게 되고, 이로부터 점차로 닦아 나아가면 가는 곳마다 수행하여 성인의 자리에 이르게 될 것이니, 이것이 수행하여 나아가는 차례이니라. … 이 마음 가운데로 점점 들어가 뚜렷하고 묘한 것이 비로소 열리고, 참되고 묘하고 뚜렷한 데서 더욱 참되고 묘한 것이 발생하여 그 신심이 항상 머물러 있고, 온갖 허망한 생각이 사라지며 중도中道의 이치가 열리리라.

청담 스님은 "이《능엄경》구절이 바탕이 되어 끊기 어려운 혈육의 정情을 용단할 수 있었다."고 회고한다. 속연俗緣을 끊고 편안한 마음으로 대오大悟를 향하여 한 단계 다가서게 된 것이다. 뿐만 아니라《화엄경華嚴經》의 일심一心 사상에 심취하였는데 이러한 교학과정에서 마음 사상에 대한 확고한 신념을 가졌다. 본래의 자성自性을 찾는 선禪 수행의 길로 나아가게 된 체계가 확립된 것이다.

특히 청정한 정통 불교를 지향하던 청담 스님은, 27세 되던 해(1928년) 개운사 대원강원 시절 학인들을 선동하여 불교의 정화와 중흥을 위하여 전국학인대회를 주도하였다. 이것이 바로 불교정화 운동의 효시曉示가 되었다.

> 내 나이 27세이던가. 나는 근세조선 500년 동안 천대받던 불교를 정화, 중흥시키자는 정통 불법수호의 기치를 들고 전국학인대회全國學人大會를 열어 전국의 40여 개나 되는 강원講院을 찾아 행각의 길에 올랐다. 어제도 그랬듯이 오늘도 결코 수행자들의 행각은 세속의 못된 인간들이 생각하던 만큼 평탄하지 못했다. 그토록 많은 삼보정재三寶淨財가 일인독재日人獨裁의 착취와 억압 앞에 이름도 자취도 흔적도 없이 사라지고 삼천 년 정법正法과 불조佛祖의 혜명마저 깡그리 파괴될 때 나의 의분義憤은 용솟음쳐 방관할 수 없어 난 많은 학인들을 거느리고 정법수호를 부르짖었다.

그러나 일본경찰의 탄압으로 용솟음치는 의욕을 자제하고 단체를 해체할 수밖에 없었다. 일제에 억눌린 민족의 현실과 계戒·정定·혜慧를 수행의 기틀로 삼고 있는 한국불교의 청정승가가 무너져 가는 모습을 보고 든 의분심은, 청담 스님으로 하여금 방황의 길에 헤매게 하였다. 이후 개운사 대원암 강원에서 교학과정을 마치고 덕숭산 정혜사로 당대의 선지식인 만공 선사를 찾아가 참선을 지도받고 깨우침을 얻게 된다. 그 철저하면서도 빈틈없는 수행 과정은 후일 한국불교의 정화를 위한 초석을 다지는 계기가 되었다.

청담 스님은 만공 선사와 한국불교를 다시 일으켜 세울 길에 대해 허심탄회하게 토론했다. 이때 만공 선사가 들려준 이야기는 청담 스님의 미래를 결정짓는 큰 지침指針이 되었다. 스님은 덕숭산 정혜사 능인선원能仁禪院에서 사중寺中 소임을 보며 틈틈이 참선에 들어 정진하며 마음자리를 찾는 참구에 몰두하였다.

이때 만공 선사로부터 받은 화두는 조주 종심(趙州 從諗:778~897) 선사의 구자무불성화狗子無佛性話였다. 청담 스님은 화두話頭를 참구함에 있어 혼침昏沈, 산란散亂, 방일放逸에 빠지지 않고 3시간 이상 자지 않을 것을 스스로 다짐하였다. 만약 깨치지 못하면 삼악도(三惡道, 살아서 지은 죄과로 인하여 죽은 뒤에 간다는 지옥도와 축생도와 아귀도의 세 악도)에 떨어진다는 마음가짐을 가지고 경책하며 백척간두진일보(百尺竿頭進一步, 백 척이나 되는 높이의 절벽에서 마지막 한 발을 내딛는 용기로 얻는 깨달음을 일컫는 말)의 정신으로 정진하였다. 오직 무無자 화두를 붙잡고 늘어졌다.

> 세수하는 일, 변소에 가는 일, 그리고 먹는 일을 제외하고는 잠시도 자리를 떠난 일이 없이 정진에 몸을 맡기었다. 무수한 시간이 지나갔으나 나는 동요 없이 그 자리에 앉아 있었고 한 목적, 유일한 목적만이 내 앞에 있었다. 해탈解脫하는 일, 그것이 바로 목적이었다. 욕심慾心으로부터, 욕망慾望으로부터, 기쁨과 슬픔으로부터의 해탈解脫이 목적이었다. 모든 나로부터 벗어날 때, 모든 욕심과 욕망으로부터 벗어날 때 비로소 최후의 것, 가장 본질적인 것, 나는 내가 아니라는 큰 비밀을 깨달아 알 수 있을 것이다. 나는 문 앞에 부동不動의 자세로 앉아 있었다. 목이 마르고 괴로움과 불편함이 잊혀질 때까지 그러고 있었다. 이윽고 그 괴로움과 불편이 사라져 갔다. 점점 무無의 경지로 들어갔다. 밥을 먹어도 먹은 것 같지 않고, 앉아 있어도 앉은 것 같지 않고, 오줌을 싸도 싼 것 같지 않았다. 하나의 정좌定座는 밥이고 정좌이면서 곧 무無였다. … 그리고 밤의 어둠이 밀리고 밀린 끝에 아침이 오고, 창살이 햇빛을 가득 받아 타올랐다가 꺼지는 것이 보였다. 그렇게 시간은 한달음으로 흐르고

있었고, 그런 가운데 아침과 저녁이 되풀이되고 있었다. 이윽고 선방의 수좌들 사이에서는 내가 견성見性했다는 소문이 떠돌았고, 만공 스님께서도 견성했다는 인가를 해주시었다.

청담 스님은 1938년에 정혜사 능인선원에서 안거하고 김천 황악산黃嶽山 직지사直指寺로 가게 되었다. 스님은 이곳에서 모친(母親, 법명:성인聖仁)을 설득해 서전암西殿庵에서 삭발 출가하도록 하였다. 모친은 1941년 팔공산八公山 동화사桐華寺 부도암浮屠庵에서 입적하였다. 스님은 속가 아내였던 차점이(불명:대도성大道性) 보살에게도 출가를 권유하였다.

출가 이전의 부인
대도성大道性 보살

아내의 출가는 청담 스님이 열반한 3년 뒤에 이루어졌다. 당시 출가를 권유하는 편지가 남아 있다. '대도성大道性 보살 귀하에게'로 시작하는 편지 전문은 다음과 같다.

부처님께 귀의합니다. 그동안 염불 공부 잘 하시어 죽을 때에 귀신한테 끌려서 삼악도로 가지 아니하고 극락세계의 아미타불님 회상으로 가실 자신이 섰습니까? 모진 병이나 앓고 똥이나 싸고 정신없이 잡귀신들에게 끌려가 무주고혼이 되어 밤낮으로 울고 천만겁으로 돌아다니면서 물 한 그릇도 못 얻어먹는 불쌍한 도깨비 귀신이나 되는 것은 면해야 할 것이 아닙니까? 다 늙어서 서산에 걸린 해와 같이 금방 쏙 넘어가게 될 형편이 아닙니까? 살림 걱정, 아이들 걱정, 이 걱정 저 걱정 다 해봐야 보살에게는 쓸데없는 헛걱정이오, 죄업만 두터워질 뿐이니 다 제쳐놓고 염불 공부나 부지런히 하시오. 앞날이 급했지 않습니까. 내나 보살이나! 얼마 안 해서 우리들이 다 죽어서 업을 따라서 제각기 뿔뿔이 흩어지고 말 것 아닙니까. 부디 쓸데없는 망상은 다 버리시고 염불만 부지런히 하셔야 하지요. 곧 떠나게 된 인간들이 제 늙은 줄도 모르고 망상만 피우고 업만 지으면 만겁의 고생을 어찌 다 감당할 것이오. 극락세계만 가놓으면 우리가 만날 사람은 다 만날 수 있을 것이 아닙니까? 다 집어치우시고 자나 깨나 나무아미타불, 급했습니다. 부탁입니다. 절하고 빕니다.

늙은 중 합장

출가 뒤 경남 진주 연화사蓮華寺 신도회 초청으로 법당 낙성법회에서 법문을 했던 청담 스님은 노모老母의 청請으로 속가俗家를 찾는다. 그런데 마지막 유언遺言이라며 가문의 대를 이어 달라는 노모의 간청을 뿌리치지 못한다. 지옥에 갈 각오를 하고 하룻밤 파계破戒를 한 스님은 그 후로 참회를 위해 10년 세월 동안 맨발의 고행을 감행한다.

그 후 오대산에 머물던 스님은 속가로부터 딸을 낳았다는 전보를 받는다. 효도행孝道行을 위해 지옥행을 각오한 파계임에도 대를 잇지 못한 스님은 대성통곡하고, 땅에 칼을 박아 놓고 자결을 시도한다. 이때 오대산 상원사 보산寶山 스님이 "그 목숨을 불교를 위해 대신 써 달라."고 설득했다고 한다.

훗날 청담 스님은 속가 모친과 아내인 대도성 보살은 물론 딸까지 출가시키기에 이르렀다. 하룻밤 파계로 얻은 둘째 딸은 성철 스님의 권유로 출가해 묘엄 스님이 됐다. 이렇게 청담 스님 속가 집안에서 네 식구가 출가했다.

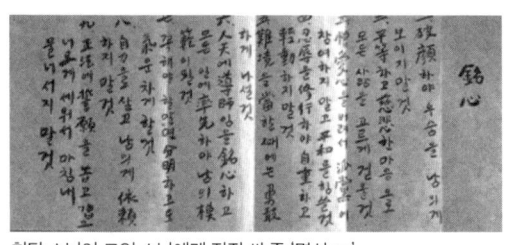
청담 스님이 묘엄 스님에게 직접 써 준 '명심銘心'

석가모니 부처님께서 깨달음을 얻으신 뒤 고향으로 돌아와 당신을 키워주신 이모 마하파자파티와 아들 라훌라를 출가로 이끈 것처럼, 청담 스님도 당신이 걸어간 출가의 길로 가족들을 인도했다. 많은 아픔과 이별, 번뇌의 결실은 수행의 길이었다. 육신을 괴롭혔던 속세의 인연은 처절한 수행을 낳았고, 수행은 사랑을 집착이 아닌 성불成佛의 길로 이끌었다.

육영수 여사와의 인연因緣

평소 청담 스님을 존경했던 고故 박정희 대통령

1966년 3월 어느 저녁 무렵이었다. 5·16 군사혁명 이후 국가재건최고회의 시절에서 민정民政으로의 이양 직전, 박정희 대통령의 생일을 기해 육영수 여사가 누이동생과 함께 수유리 4.19탑에서부터 오솔길을 따라 따사로운 봄날 저녁 도선사에 올라왔다.

도선사를 오르는 길목에는 극락바위가 있다. 그 극락바위를 지나 광명문光明門으로 오르는 길옆에는 청담폭포가 흐르고 있다. 청담로靑潭路가 개설되기 전까지는 이 폭포수가 흐르는 고갯길을 타고 개울물 줄기를 거슬러 도선사까지 올라가야 했다. 그야말로 험로險路였다. 올라가기가 만만치가 않고 얼마나 힘들었던지 '깔딱고개'라 불렸다. 도선사에 오기 위해 육 여사는 이 험한 길을 비서진이나 경호원 없이 혈혈단신孑孑單身으로 온 것이다.

육영수 여사는 대중 큰방 옆의 지대방에서 동생과 함께 지내면서 낮에는 경전을 읽고, 저녁에는 석불전 참회도량에서 참회기도를 하였다. 청담 스님은 "육 여사 잔심부름은 혜자(慧慈, 108산사 순례기도회)가 하거라. 내 시봉은 혜성(慧惺, 청담문도회 문장)이가 있으니 걱정 말고 불편함이 없도록 성심성의껏 도와 드려라." 청담 스님은 총무원 소임과 정화불사의 마무리를 위해 새벽같이 조계사로 나갔다. 육영수 여사는 처음에는 108배씩 하루 4번 기도 정근을 하다가 3일이 지나면서 6백배, 4일이 지나면서부터는 8백배를 하였다. 당시 상황을 혜자 스님은 다음과 같이 기억한다. "며칠이 지나면서 오후 내내 기도를 하고 내려오면 기분이 좋아서 마치 어린애들 같이 천진한 표정이 되어 가지고 큰방에서 환희심으로 지내셨죠. 그리고 저에게 '동자스님, 청담 스님처럼 큰스님 되셔서 나라를 위해 좋은 일 많이 하셔요.'라고 웃음을 보내곤 하셨습니다."

4일이 지났을 때 육영수 여사는 도선사 은행나무 옆 개울가에 나갔다. 그때 마침 계곡에서 산나물을 캐고 있던 한 할머니를 발견하고는 "할머님, 점심은 드셨습니까?" 하고 물었다. 그 산중에서 점심을 먹었을 리가 없었다. 그때 육 여사는 원주(院主, 절의 살림살이를 관리하는 직책, 또는 그 일을 맡은 승려)를 보고 있던 현성(玄惺, 도선사 조실) 스님에게 "공양이 좀 있으면 할머니께 드리면 안 될까요?"하고 물었다. 현성 스님이 "공양이 있다."고 하자, "할머니께 좀 드리시죠."라고 하였다. 계곡에서 봄나물을 캐는 할머니를 불러 "어서 와 공양을 드시라"고 권하는 것이었다. 이때 식사를 하면서 나눈 이야기를 현성 스님은 다음과 같이 전해주고 있다.

"할머니 어디에 사십니까?" "삼양동에 삽니다." "대통령께서 돼지, 닭 같은 가축을 키워서 생산성을 높이라고 삼양동에도 시범지역으로 정해서 축산장려를 하는 것으로 아는데, 가축은 잘들 키우십니까?" "잘 키우기는 뭘 잘 키워요. 전염병이 돌아서 많이 죽고 나머지 다 잡아먹은걸요." "아이고, 대통령께서 빈곤 타파하신다고 가축 기르기 장려 사업을 벌이시는 건데, 잘 키워서 가난을 극복하고 잘들 사셔야지. 가축을 다 잡아먹으면 어떻게 하세요."

그때까지 그 할머니는 육영수 여사를 몰라보고 그저 절에 온 신도로만 알고 있었다. 육영수 여사는 그 삼양동 할머니의 손을 꼭 잡아 주시면서 보리쌀이라도 한 말 사 드시라고 3천 원인지 4천 원 정도 되는 돈을 쥐어 주고는 헤어졌다. 보리쌀도 없던 그런 시절이었다.

일주일 기도를 마치고, 육영수 여사는 간단한 수계의식授戒儀式을 통해 수계를 받았다. 이때 청담 스님은 육영수 여사에게 '대덕화大德華'라고 하는 법명法名을 주었다. 육영수 여사는 "스님, 어떤 삶을 살아야 합니까?"하고 물었다. 청담 스님은 "남을 즐겁게 하는 것이 보살이요, 남을 이롭게 하는 것이 보살이지. 남을 살리는 것이 보살인 것이야. 자기를 위해 살면 중생이고 소승이야."라며 "크게 덕을 베풀어 세상에 빛나게 하라"는 참 보살행 실천을 설법했다.

삼각산 도선사 석불전에서 7일간 기도를 마치고 청담 스님에게 대덕화大德華라는 법명을 받은 고故 육영수 여사

수계식을 마친 후, 청담 스님은 육영수 여사와 함께 차담을 하면서 다음과 같은 대화를 나누었다. 당시 청담 스님은 60대 초반, 육영수 여사는 30대 후반의 나이였다. "대덕화, 도선사까지 험한 길을 비를 맞고 올라오니 얼마나 힘이 들던가. 앞으로 산업사회가 되면서 할 일이 많아지고 점점 더 바빠질 텐데, 그렇기 때문에 정신수양은 반드시 필요하네. 전국 사찰에서 심신수양하고 기도할 수 있도록 지원하고 항상 도선사에서 기도할 때의 마음을 간직하도록 해." 이 말이 끝나자 육 여사는 "큰스님, 옛날 같으면 제가 국모國母인데,

그렇게 반말을 해도 됩니까." 하고 수줍은 듯 웃으면서 말을 받았다. "그 말이 듣기 싫은가. 그러면 '국모님'하고 존칭하지 뭐." "아닙니다. 제가 옛날에 시골의 할머니, 할아버지들로부터 듣던 생각이 나서 너무 정겹고 기뻐서 그랬습니다. 꼭 아버지가 말씀하시는 것 같은걸요."

그리고 일주일 기도 회향 전날 수계의식을 위해 찰떡 한 말을 해서 부처님께 올렸다. 기도 회향을 했으니, 청와대 직원들과 함께 나누어 먹으라고 하는 생각으로 절에서 준비를 한 것이었다. 그러자 육영수 여사는 또 걱정이었다. "이 어려운 때에 떡을 이렇게 많이 했습니까. 사찰도 어렵고, 국민들도 어려운데……." 하고 미안해 하였다. 이렇게 고故 육영수 여사는 기도하는 내내 하심下心을 했고 아상(我相, 자신을 내세워 남과 대립하는 나라는 관념이나 생각)을 내지 않았으며, 국민들을 걱정하는 모습으로 일관했다.

1장 생애生涯와 수행修行　069

도선사 중창 원력願力

1912년 당시 도선암 전경

수도 서울의 진산鎭山 삼각산에 자리한 대한불교조계종 호국참회기도도량 도선사는, 신라 경문왕 2년(862년) 도선(道詵:827~898) 국사가 법등法燈을 밝힌 이후 청담 스님의 중창 원력으로 통합조계종단의 중심 역할을 한 청정도량이다.

조선 광무 7년(1903년) 황제로부터 국가기원도량으로 지정받았으며, 그 후 한국불교 정화 운동을 선봉에서 이끄신 청담 스님이 주석하며 호국참회 불교를 주창하고 호국참회원護國懺悔院을 건립, 도선사 진입도로인 청담로靑潭路를 조성하여 신남신녀들의 정신적 귀의처로 자리 잡게 되었다.

정화가 어느 정도 갈무리되어 갈 즈음, 청담 스님은 여생餘生을 보내며 수행·정진할 토굴을 물색하다가 마침 삼각산 중턱 작은 암자를 찾게 되었다. 그때가 1961년 11월경이었다. 대처승帶妻僧 정해선 스님으로부터 삼각산에 있는 도선암道詵庵을 인수받은 비구니 월명(月明, 故 김태중 과장 모친) 스님이 주지를 하

청담 스님이 주석하시며 운수납자들을 제접하고 수행과 중생교화의 원력을 보이시던 도선사 방장실인 옛 백운정사白雲精舍

고 있을 때, 청담 스님이 그곳 신임 주지로 발령받았다. 당시 상황을 기억하고 있는 우경배(당시 법천 스님) 전 도선사 사무처장은 아래와 같이 회고했다.

> 깊은 산중에 있는 작은 암자였습니다. 수행하기 좋은 곳이라 생각한 은사스님이 마침내 이곳으로 처소를 정했습니다. 당시만 해도 전혀 도로가 확충되어 있지 않았습니다. 더구나 4·19 의거 탑에서부터 산길을 따라 8km를 2시간 정도 걸어 올라가야 겨우 당도할 수 있는 곳이었지요. 법당 13평·요사 15평·산신각 3평·칠성각 5평·독성각 5평 정도에 불과했습니다. 일부 말하기 좋아하는 사람들은 청담 스님이 비구니 스님의 사찰을 빼앗았다고 말하는데, 당시 도선암은 작은 암자여서 정말 볼품이 없었습니다. 당시 은사스님께서는 더 크고 좋은 사찰의 주지로 들어갈 수도 있는 위치였는데 굳이 왜 도선암을 빼앗겠습니까? 스님은 항상 제자들에게 "절 뺏고, 좋은 절에 들어갈 생각 말

라."고 하시며 제자들을 어떠한 사찰에도 주지로 임명하지 않았습니다.

1960년 정화를 전후하여 전국의 많은 승려들이 서로 좋은 사찰을 발령받기 위해 분주하였으나, 청담 스님의 제자들은 본사本寺는 고사하고 말사末寺 하나 발령받지 못하였다. 청담 스님은 다른 스님에게는 다 주지 발령을 해주면서 자신의 제자들에게는 "그것은 절대 안 된다."며 단호한 태도를 보였다. 보다 못한 제자들이 "본사 한두 곳 정도는 맡아야 합니다. 선운사, 대흥사, 고운사 등에 주지를 갈 스님이 없는데 상좌나 문도들을 보내십시오. 아니면 저희 제자들이 정화를 해서 절에 들어가겠습니다."라고 해도 소용이 없었다. 청담 스님 자신은 선학원에서 방 한 칸 얻어 지내며 종단 발전과 불교중흥의 원력만을 생각하였다. 이에 대해 혜성 스님은 이렇게 회고한다. "은사스님께서 다른 문중이나 스님들로부터 원망을 듣지 않으려고 일부러 그러셨던 것 같아요. 절 빼앗아 자기 상좌들에게 주려고 정화를 했느냐는 말을 듣지 않으려는 신념 때문이었던 것 같습니다. 그리고 자신의 것을 차지하면 명분이 서지 않아 명령 계통이 확실히 서기 어려울 것으로 보신 게 아닌가 하고 생각해 봅니다."

도선사를 수행정진의 터로 잡은 청담 스님은 부처님의 뜻을 펴기 위해 국민들 깊숙이 박혀 있는 기복신앙祈福信仰과 미신타파迷信打破를 위해 산신각·칠성각·조왕단 등 전각殿閣 철폐를 주장하였다. 또한 사시불공(巳時佛供, 사시인 오전 아홉 시에서 열한 시 사이에 부처님께 올리는 공양으로, 사시마지巳時摩旨라고도 한다. 부처님께 올리는 공양을 마지麻旨라고 한다. 부처님께서는 하루에 한 끼 공양을 드셨다.) 기도 시간을 통일시켰다. 당시만 해도 사시불공 시간이 제대로 정착되지 않아 큰 혼란을 빚고 있었다. 신도들이 시도 때도 없이 불공佛供을 드리기 위해 올라오니, 사찰에서 마지 준비를 하기가 여간 어려운 것이 아니었다. 그래서 청담 스님이 사시불공을 바로잡은 것이다. 부처님의 공양시간을 사시巳時로 정하고 그 외 불공은 생미生米로 개선하였던 것이다. 몇몇 사찰의 반대가 있긴 했지만, 이때부터 전국의 모든 사찰에서는 부처님의 공양 시간을 사시불공으로 정하였다.

또한 신도들의 기도는 108배로 하고 스님들의 집전은 강요하지 않았다. 뿐만 아니라, 스님들의 일과도 직접 점검하였다. 아침 예불은 새벽 3시에 일어나 드리고 저녁 21시에 취침을 하도록 하였다. 관리·행정 업무와 기타 모든 생활은 스님들 스스로 처리·해결하도록 하였으며, 조석朝夕 예불로 108배 참회기도를 시행하도록 했다. 하지만 도선사는 이를 제대로 수행할 전각이 마련되어 있지도 않았고, 시설 역시 스님들이 정진수행할 도량으로 사용하기에는 턱없이 부족했다. 그럼에도 불구하고 청담 스님이 주석하며 수행정진을 한다는 소식을 전해 듣고 전국의 고승대덕과 신도들이 수행을 위해, 도선사 석불전石佛殿에서 기도를 하기 위해 운집했다. 청담 스님은 사찰과 신도들의 유대감을 드높이기 위해 그 이전부터 시행하던 인등引燈을 밝히도록 하였다. 당시 대부분의 사찰들은 등燈을 참기름으로 밝혔는데, 청담 스님은 "먹는 음식으로 등을 밝히는 것은 죄를 짓는 일이다."라며 등유로 인등을 밝히도록 하였고, 후에 전기로 대체하게 되었다. 이렇게 등유와 전기로 인등을 밝히도록 만든 도량이 도선사이다.

성철(性徹:1912~1993, 대한불교조계종 제6·7대 종정) 스님은 1964년 도선사에서 안거하며 석불전에서 청담 스님과 기도수행을 하였다. 서암(西庵:1917~2003, 대한불교조계종 제8대 종정) 스님은 1964년 도선사에서 청담·성철 스님과 함께 수행을 위해 동안거를 하였다. 1965년에는 법전(法傳:1926~2014, 대한불교조계종 제11·12대 종정) 스님이 청담·성철 스님을 모시고 수행안거를 하기도 했다. 1964년 운허 스님은 도선사의 석불전을 찾아 3·7일 기도를 하여 팔만대장경을 번역할 지원금을 받아 마침내 한글 대장경을 펴내게 되었다. 역경譯經 불사에 국고지원을 받은

평생 도반道伴으로 봉암사 결사를 함께 한 성철 스님과 함께

것이나 동국역경원을 설립한 것은 운허 스님과 청담 스님의 원력이 일궈낸 결실이었다.

역경 사업이 지지부진하자 운허 스님은 청담 스님이 머물고 있던 도선사의 석불전石佛殿을 찾아 3·7일 기도에 들어갔다. 겨울의 매서운 삭풍朔風과 눈보라도 일흔 셋 노스님의 의지를 꺾지 못했다. 운허 스님의 원력은 실로 대단했고 염원은 그토록 비장했다. 결국 운허 스님의 참회기도는 역경 사업이 궤도에 오를 수 있도록 길을 열어주었다. 또한 청담 스님의 적극적 후원도 큰 몫을 했다. 당시 대통령 비서실장을 맡고 있던 재가불자 이후락(1924~2009, 대한불교조계종 전국신도회장) 씨에게 이러한 상황을 전했더니, 운허 스님에게 청와대에 진정서를 내라고 조언을 한 것이다. 그런데 당초 정부는 1966년도 예산안에 1,400만 원을 반영해 국회에 제출했는데 1,350만 원만 책정되었다.

"좋은 소식을 듣고서 신이 난 나머지 열나흘을 꼬박 채우지 못하고 내려왔더니 부처님이 깎으신 모양이야." 제자들이 의아해하자 운허 스님은 "아, 계산을 해보면 모르겠느냐. 내가 하루 기도하는 데 100만 원씩 쳐서 열사흘을 꼬박 채웠으니 1,300만 원, 그 다음 열 나흘째는 하루를 제대로 채우지 못하고 내려왔으니 50만 원만 쳐 주신 것 같다는 말이야."라고 덧붙였다.

유교법회, 정화, 역경불사를 함께 했던 동국역경원장 운허 스님과 함께

도선사에 주석하기 시작한 뒤 청담 스님은 도선사를 호국참회기도도량으로 중수하는 원력을 세우고 본격적인 불사佛事를 시작했다. 스님은 무엇보다도 신도들이 기도처인 석불전을 쉽게 다닐 수 있도록 진입도로를 확장하는 데 진력을 다했다.

특히 육영수 여사가 1966년 도선사에서 7일간 기도한 이후 청담 스님을 존경하여 외호外護에 주력했으며, 북한산 입구에서 도선사로 올라오는 도로를 개설하고 호국참회원을 건립하는 데 큰 힘이 되었다. 당시 상황을 기억하고 있는 혜성(慧惺, 청담문도회 문장) 스님은 이렇게 회고했다.

> 사람들은 "기독교는 방송국, 천도교는 회관, 가톨릭은 명동 천주교회관 등 각 종교계가 정부로부터 많은 지원을 받았는데, 청담 스님이 도선사에 길 닦는 욕심을 부리는 바람에 불교계는 크게 지원을 받지 못했다"는 말도 안 되는 소리를 합니다. 하지만 도선사 도로와 정부는 아무런 관련이 없습니다. 육

영수 여사가 도선사에서 기도를 했다는 소식을 듣고, 당시 출세하고 싶은 사람들이 도선사를 찾아왔어요. 그래서 법천法泉 스님과 6군단장 박원근 중장을 찾아갔지요. 박 중장은 철웅(哲雄:1934~2011, 성전암 조실) 스님과 인연이 있는 불자였어요. 당시 군부대에는 대민對民지원이라는 것이 있었어요. 6군단장에게 "도선사 길을 내야 하는데 대민지원을 부탁한다." 하니 당시 참모장인 김종렬 대령을 불러 잘 점검해서 도와드리라고 하더군요. 그런데 타종교인이라 마음이 내키지 않았는지 김종렬 참모장이 도선사에 와서는 산세가 험해 공사하기가 불가능하다고 하더군요. 다시 박원근 단장을 찾아가서 "그럼 공사는 우리가 할 테니 장비만이라도 지원해 달라"고 했죠. 그러자 그날 저녁 참모장이 저와 법천 스님을 찾아와 "단장님의 명령도 있고 제가 진급에 뜻이 있으니 스님께서 영부인께 말씀드려 도와주셨으면 합니다."라고 하더군요. 그래서 "큰스님께 말씀드릴 테니 도선사 길을 내는 데 군인 좀 보내 달라"고 했더니, 곧바로 트럭 2대, 불도저 1대, 포크레인 1대, 컴프레서 1대와 군인들을 보내주어 공사가 시작되었습니다. 그런데 큰 돌이 많아 공사에 어려움이 있어 한화그룹(당시 김종회 회장)을 찾아가 화약 10톤을 도움 받고, 쌍용그룹(당시 김성곤 회장)을 찾아가 시멘트 500포를 지원받아 청담로靑潭路를 준공한 것입니다. 그러니까 육영수 여사가 도선사에서 기도하고 다녀갔다는 소식에 대기업과 군대, 국회의원 그리고 행정·법적인 문제에 구애됨이 없이 공사가 진행된 것입니다. 이렇게 저희가 찾아가서 지원을 받은 사실은 은사스님도 육영수 여사도 전혀 모르는 일입니다. 후에 전해오는 이야기로는 전국신도회장을 지낸 이후락 씨가 음으로 후원을 많이 했다고 하더군요.

청담로 불사가 진행 중에 일이 많이 힘들고 벅차서 경상도 고성 옥천사玉泉寺의 혜명(慧明:1927~2009, 청담기념관장) 스님을 불러 도감都監의 책임을 맡기고, 공사

총괄은 법천 스님, 재무는 혜성 스님이 소임을 맡았다. 당시 도선사 진입공사를 총괄했던 우경배(법천法泉) 전 도선사 사무처장은 이렇게 회고하고 있다.

삼각산 도선사 진입도로인 청담로靑潭路

원래 청담로는 지금 안양암이 있는 마음의 광장까지만 공사하기로 했습니다. 그러던 어느 날, 은사스님께서 총무원에 볼일이 있어 자리를 비우셨어요. 그래서 제가 불도저를 급히 불러와 마음의 광장에서 도선사까지 길을 냈죠. 저녁에 총무원에서 행정을 마치고 돌아오신 스님이 깜짝 놀라셨어요. "산사에 가는 길은 정취가 있고 절에 가는 맛이 있어야 하는데……. 그리고 너른바위는 삼각산의 혈穴인데 끊어서야 되겠느냐?"고 하시더군요. 그래서 제가 "양택식 서울 시장이 시멘트로 포장을 해준다기에 그렇게 했습니다."라고 대답했더니 "야, 이놈아! 너는 양 시장한테 가서 머슴이나 살아라." 하며 육환장(六環杖. 수행승의 지팡이. 머리 부분에 주석으로 된 큰 고리가 있고, 거기에 여섯 개의 작은 고리가 끼워져 있어 흔들면 소리가 난다. 산길을 갈 때 흔들어 짐승이나 해충을 쫓고, 걸식할 때 흔들어 자기가 온 것을 알리기도 한다.)으로 저를 내리치셨어요. 육환장이 두 동강이가 났습니다. 스님께서는 "왜 양택식 시장 핑계를 왜 대느냐?"며 계속 저를 혼내셨지요. 참회를 하면서 도선사 은행나무까지 올라가는 내내 스님께 맞아 마지막엔 다섯 동강이 났습니다. 출가 수행자는 자기주관과 심지心地가 있어야 한다는 것이었습니다. 이처럼 은사스님은 제자들에게 매우 엄한 스승이셨습니다.

현재 마음의 광장에서 도선사 입구까지 난 도로를 보면 감회가 새롭지 않을 수 없다. 당시 청담 스님은 "이놈들이 편하게 다니려고만 한다. 왜 산을 깎아 대느냐?"며 절 경내까지 닦는 것을 극구 반대했다. 하지만 그렇게 혼나면서 길을 내지 않았더라면 오늘날처럼 도선사까지 도로를 개설할 수는 없었을 것이다. 당시의 도선사는 경제적인 어려움이 심하여 호국참회원도 골조만 세워놓고 내부 시설은 중단된 상태였으며, 도로도 포장을 할 수가 없었다. 또한 길을 닦아준 인부들에게 품삯을 주지 못해 어려움을 많이 겪었다. 심지어 법천 스님(전 도선사 사무처장)은 명절이나 휴가 때 품삯을 주지 못해 인부들에게 얻어맞기도 하였다.

이런 우여곡절 끝에 완공된 청담로의 개설 불사로 말미암아 현재 수많은 신남신녀가 바쁜 와중에도 부처님을 뵙고, 참회기도와 심신의 수양을 할 수 있게 된 것이다. 또 그 길을 닦았기 때문에 오늘의 도선사는 시민불교를 오늘날처럼 재흥시킬 수 있었던 것이다.

도선사에 호국참회원이 건립되는 데는 정부의 지원도 있었다. 1969년 4월 12일자 〈경향신문〉에서는 당시 상황을 "문화공보부는 대한불교조계종이 추진하고 있는 호국참회원(서울 우이동) 건립 기금으로 1백만 원을 보조하기로 12일 결정했다. 이 보조금은 69년도 문공부 문화진흥비 중 비지정문화재 예산에서 영달되는 것이다. 총 공사비 5천만 원이 소요되는 호국참회원은 지난해 4월 착공되어 그동안 542평의 골조가 완성되었으나, 남은 내부 공사비 1천 8백만 원이 없어 중단 상태에 있었다."고 보도하였다.

도선사에 전기電氣가 들어오게 된 데에도 경위가 있다. 육영수 여사가 석불전에서 기도를 했다는 소식을 듣고 서울 성북구에서 공화당 국회의원 출마를 준비하던 김인순金仁淳 씨가 찾아왔다. 지역구 표가 필요했던 것이다. 그래서 그에게 안양암 신축과 전기공사를 부탁했더니 곧바로 한국전력에서 공사를 시작하여 전기와 전화가 개통되었다. 이처럼 당시에 육영수 여사의 외호

外護를 많이 받은 것이 사실이다.

호국참회원護國懺悔院은 오늘날 도선사가 서울에서 유명한 사찰로 발전하는 데 큰 기반이 되었다. 청담 스님은 도선사에 한국불교계 내외內外의 고명한 석학碩學들이 연구할 수 있는 현대식 연구실을 지을 계획을 세웠다. 불교의 경·율·논과 선禪에 관하여 보다 체계적이고 전문적인 불교학 연구를 할 수 있는 영구적인 시설을 마련하기 위해 도선사에 호국참회원 건립을 추진하였던 것이다. 스님의 원력은 당시 문화공보부 장관에게 보낸 취지문에 잘 나타난다.

불교의 경·율·논과 선禪에 관하여 보다 체계적이고 전문적인
불교학 연구를 위해 건립된 호국참회원

> 귀의삼보 하옵고, 천혜의 이 강토江土에 부처님의 가르침이 전해진 지 어언 1,600여 년, 그간 끊임없는 역사와 전통을 지켜온 이 나라에 신문명新文明 과학화를 부르짖는 조국근대화의 전진함을 다 같이 희구希求하며 누구나 합심하여 추진하여야 할 것입니다.
>
> 그러나 이러한 때일수록 모든 문화의 주체인 올바른 정신적 뒷받침이 절실히 요구됩니다. 타락하는 중생심을 바로 잡고 부지불식不知不識간에 짓는 죄악을 지극한 참회로써 소멸하고 우리 민족의 주체의식이었던 화랑정신을 다시 불러일으키기 위하여 삼각산 제일 성지인 이곳 도선사 경내에 뜻깊은 호국참회원을 건립하고 온 겨레의 호국참회도량으로 삼고저 하는 바입니다.
>
> 삼각산 중턱에 자리한 도선사는 조그마한 암자입니다. 하지만 조국의 중대

한 이 시점에 만 중생을 인도하는 성직자나 모든 국민들이 다 같이 한 뜻으로 몸과 마음을 가다듬어 미혹한 우리 중생들의 어버이시며 대자대비하신 우리 부처님께서 가르쳐 주신 진리의 큰 법등 아래 굳게 뭉쳐 매진하게끔 이끌어 갈 국가적인 참회도량 건립을 완수함으로써, 조국 근대화 완수와 더불어 온 인류 평화에 이바지하고자 하는 바입니다.

이 성스러운 불사에 뜻깊으신 여러분께서 많이 동참하시어 우리 자손만대가 영겁永劫에 무량한 복락福樂을 누리게끔 다시금 앙원仰願하오며 합장합니다.

1967년 정미년 9월 10일 이청담 합장

호국참회원 건립을 총괄했던 당시 법천法泉 스님은 다음과 같이 회고했다.

청담 스님께서는 종단의 3대 지표를 실천하려면 불교 연구와 홍보할 장소가 필요하다며 불교회관을 짓자고 하더군요. 돈이 한 푼도 없는 상황에서 혜성 스님이 불사금을 담당했는데, 참 고생 많이 했습니다. 저는 공사 총괄을 담당했어요. 은사스님께서 무악재 서울여상의 건물을 참고해 보자고 하셔서 스님을 모시고 몇 번 견학을 했습니다. 당시 설계는 박원복 씨가, 공사는 이도일·김동훈 씨가 하기로 구두로 합의했습니다. 계약은 을지로 1가 외식집에서 만나서 하자고 하더군요. 그런데 총공사비가 2천5백만 원인데 뒷돈을 3백만 원 달라는 거예요. 그렇게는 일 안한다고 서류를 확 집어 던지고 나와서 스님께 말씀드렸죠. "스님, 부정하면 일이 안 됩니다."라고 했더니 빙그레 웃으시더군요. 그래서 당시 청계천 평화시장을 지은 부림건설을 찾아갔죠. 건축공사는 서울여상, 남산 팔각정, 삼청각 정문 및 팔각정 등 많은 현대식 한옥건물을 지은 대목이었던 조승원(趙勝元:1901~1987) 씨가 시대건축설계사무소에 설계를 의뢰하여 공사를 시작하였습니다. 조승원 씨를 만나서 "공사비는 나중에 건물을 다 짓고 나면 드리겠다."고 했죠. 흔쾌히 "그렇게 하자."고 하여 다시 설계와 공사가 시작된 것입니다. 길이 없어 기도하러 오는 신도들이 철근, 모래, 시멘트를 한 짐씩 가지고 올라왔습니다. 돌은 도선사 주변의 돌을 깨뜨려 사용했고, 인건비를 아끼려고 경기도 연천에서 인부 30여 명을 데리고 왔습니다. 그렇게 아껴가며 진행했는데도 명절 때 인건비를 못줘서 인부들에게 맞기도 했습니다. 그 모습을 보고 은사스님이 굉장히 마음 아파하셨죠. 하지만 은사스님은 원력을 세우시고 형편에 따라 시간을 두고 천천히 참회원을 건립했습니다. 정말 힘든 불사였습니다.

이렇게 청담 스님의 원력과 박정희 대통령, 육영수 여사를 비롯한 뜻있는 분들의 의지가 모여, 대가람인 호국참회원은 1967년 설계를 시작하여 1968년 골조가 세워지고 1970년 11월 20일 준공을

도선사 명부전에 모셔져 있는
고故 박정희 대통령과 고故 육영수 여사

하게 되었다. 또한 우이동 버스 종점에서 도선사 마음의 광장에 이르는 3km의 청담로와 500m가량의 경내 도로를 단장하는 불사를 1969년 봄에 성취하였다. 이런 인연으로 말미암아 고故 박정희 대통령과 고故 육영수 여사, 두 분의 영정을 도선사 명부전冥府殿에 봉안하고 매년 천도재를 지내주게 되었다.

청담 스님은 박정희 대통령과 매우 친근한 사이였다. 당시는 대통령 경호가 매우 엄격한 시절이었는데, 청담 스님만이 유일하게 박정희 대통령을 만나는 장소에 육환장을 들고 들어가도록 허락이 되었다고 한다.

도선사는 〈여성불교〉와 〈도선법보〉 발행을 통해 문서포교를 통한 인재 육성과 불법 홍포에 진력하고 있다. 또한 지역 불교 활성화에도 앞장서고 있다.

1장 생애生涯와 수행修行　081

그 대표적인 포교당은 서울 홍은동 현성정사, 구로구 궁동 미타정사, 경북 성주 포교당 대흥사, 경북 안동 포교당 세심사, 인천 포교당 영산정사, 미국 하와이 포교당 무량사 등이다.

후학들은 청담 스님의 중생구제의 핵심적인 실천 방법인 교육과 복지에도 관심을 갖고 적극 운영하고 있다. 도선사는 왕성한 교육·복지사업으로 스님의 유지를 면면히 계승하고 있다. 학교법인 청담학원청담중학교, 청담고등학교, 재단법인 청담장학문화재단, 도선불교실달학원은 미래세대에 꿈을 심어주고 신도들의 역량을 강화하는 성지이다. 다양한 사회복지시설도 운영하고 있다. 사회복지법인 혜명복지원을 모체로 하여 혜명양로원, 청담종합사회복지관, 혜명보육원, 금천지역자활센터, 청담광명의집, 청담노인센터, 청담데이케어센터, 장애인주간보호센터 청락원, 장애인 그룹 홈 지장의 집과 관음의 집, 혜명지역아동복지센터, 청담어린이집, 보람어린이집, 성북어린이집, 파랑새어린이집, 자양4동 어린이집, 아리랑어린이집, 월계1동 어린이집, 기리울 어린이집을 수탁 운영하고 있다. 또한 직영 시설인 도봉도선어린이집을 운영하며 불법홍포와 중생교화에 심혈을 기울이고 있다.

참회사상의 실천

참회도량 도선사 석불전에서 108참회하는 청담 스님

참회懺悔의 참懺이란 저지른 잘못을 뉘우치고 반성하는 것이며, 회悔란 다시는 같은 죄를 짓지 않는 것이다. 참회는 자신의 잘못을 감추지 않고 스스로에게나 타인에게 또는 부처님 앞에서 드러내는 것, 그리고 잘못의 원인을 확실히 규명함으로써 다시는 그런 잘못을 되풀이하지 않는 것을 말한다.

참회에는 이참理懺과 사참事懺이 있다. 이참理懺은 이치적으로 무엇이 어떻게 잘못되었으면 그 근원은 어디에 있었는지를 알아 다시는 그런 잘못을 하지 않도록 하는 것이다. 사참事懺은 타인에게 사죄하거나 부처님 앞에서 절을 한다거나 하는 실제적인 참회의 행위를 하는 것이다. 이로써 다시는 그런 잘못을 반복하지 않게 되고 진정한 참회를 하게 된다.

참회법은 작법作法참회·취상取相참회·무생無生참회의 세 가지 참회로 분류되는데 작법참회, 취상참회는 사참이고 무생참회는 이참이다. 작법참회는 참회의 의례를 통해서 죄를 없애는 법이다. 취상참회는 부처님의 거룩한 모습을 관찰함으로써 죄업을 소멸시키는 것이다. 무생참회는 죄가 본래 일어난 바가 없음을 바로 살펴서 죄를 없애는 법이다.

청담 스님은 1961년 도선사 주지로 취임했다. 대한불교조계종 종정, 총무원장, 중앙종회의장, 장로원장을 두루 지낸 스님은 삼각산 도선사에서 참회를 통한 호국護國을 제창했다. 국민의 대승적인 합심으로 국가의 번영을 이루자는 취지였다.

도선사 석불전 참회도량에서 108참회기도를 하는 청담 스님.

한국불교의 역사적 사명인 민족문화의 계승·발전이라고 하는 과업과 불교중흥, 그리고 조국통일의 성취를 위하여 참회를 통한 호국불교를 제창하고자 원력을 세웠다. 스님은 도선암道詵庵을 도선사道詵寺로 사명寺名을 변경하고 석불전을 참회도량懺悔道場으로 개수하였다. 또한 호국참회원護國懺悔院을 건립하는 불사를 시작하여 한국의 불교를 이곳에서 재흥시키리라는 원력을 세우고 호국참회 도량으로서의 면모를 일신시켰다.

평생 마음 사상을 설하고 실천했던 청담 스님의 마음을 움직이는 주체는 참회 정신에서 찾을 수 있다. 스님의 참회 정신은 오늘날 한국불교를 떠받치는 기둥일 뿐만 아니라 새얼굴로 조망되고 있다. 참회 정신의 실천에 대해 청담 스님은 다음과 같이 설하고 있다.

> 삼각산 도선사 호국참회도량 건립은 우둔한 말법시대 중생의 십악업十惡業을 참회하여 혁범성성革凡成聖 하는 그 중추적 참회 결사의 발원지가 되어 참회의 물결이 전국으로 파급되고 나아가 세계적으로 확산되길 발원하는 의미에서 참회정신을 이끌어낸 계기가 될 것이다.

청담 스님은 자신의 죄업을 참회하여 진정한 나를 찾는 기도참회에 호국護國이라는 거대한 이름을 넣고 나라를 먼저 생각했다. 거기에는 나라가 없으면 참회가 무슨 소용이 있겠느냐는 뜻이 담겨져 있다. 스님은 남북이 분단된 이 나라에서 기도의 원력으로 통일의 염원을 이루어보고자 하는 비원悲願도 담았다. 뿐만 아니라 당시 한국불교에는 정화라는 거대한 산맥이 가로놓여 있었다. 청담 스님은 참회기도에서 이 어려운 문제를 해결할 방법을 찾으려 했다.

1941년 유교법회遺敎法會, 1947년 봉암사 결사, 1954년 교단정화 운동, 1955년 조계종 탄생, 1962년 통합종단 출범에 이르기까지 그 중심에는 청담 스님이 서 있었다. 이는 호국참회 정신이 바탕하고 있었기 때문이다. 스님의 사상의 중심을 이룬 호국참회 정신이야말로 한국불교의 새로운 희망이었다.

봉암사 결사를 주도했던 청담 스님은 참회 정신을 중심으로 '공주규약共住規約'을 만들었다. 당시 참회 사상이 반영된 사실을 도우(道雨:1922~2005, 봉암사 주지) 스님은 다음과 같이 전하고 있다.

> 청담 스님은 해인사에서 백팔참회를 시작하고 또 봉암사에서 이때부터 청담 큰스님과 성철 큰스님은 능엄주와 백팔참회를 주장하였다. 봉암사에서 결사

를 할 때부터 참회 없이는 기도가 이루어질 수 없다고 하면서 아침에 능엄주를 하고 저녁에 백팔참회를 하였다. 즉 능엄주를 중시하고 참회기도를 중시한 것이다.

1949년부터는 이른바 빨치산이 희양산 봉암사 인근에 출몰하여 봉암사 결사 대중들의 생명이 위험한 상황에 이르렀다. 성철性徹 스님은 봉암사에 봉안하였던 대장경과 불교 도서들을 경남 월내 묘관음사로 이전하고 1차로 봉암사를 떠나게 되었다. 나머지 대중은 청담 스님과 함께 1950년 3월에 2차로 봉암사를 떠나 경남 고성 문수암으로 가게 되었는데, 백팔참회는 이곳에서도 계속되었다.

청담 스님은 "신라의 도선(道詵 827~898) 국사가 창건한 사찰이 전국적으로 3백여 곳이 되는데, 한양의 삼각산 도선사 절 자리는 삼각산 전체에서 달걀 노른 자리에 해당된다. 으뜸가는 법당 자리이고 수승한 도량이다."라고 하면서 다음과 같이 참회 사상에 대해 설했다.

서울 장안의 시민을 비롯하여 남·북한 전 국민이 개개인의 신·구·의身口意 삼업의 업장을 일심으로 참회해야 한다. 참회를 통하여 우리 국민 개개인의 건강과, 크고 작은 소원과 가정의 화평, 사회의 행복이 이루어지고, 분단된 남과 북의 조국이 하루 속히 평화통일을 실현하는 원동력이 될 것이다. 남북한의 전 국민이 일심으로 참회하지 않으면 잘 살 수가 없고, 남북평화통일도 성취시킬 수 없다. 분단의 처절한 고통과 슬픔을 함께 절감하는 우리 국민 모두가 이런 불행을 내 잘못, 내 탓으로 돌리고 자기 자신을 성찰하는 겸허한 정신적 자세에서 진심으로 참회해야 한다. 그리고 나아가 전 세계 모든 인류가 이러한 참회결사운동에 적극 동참하여 성의 있고 진실된 참회를 함으로써 인류의 궁극적 최대 과제인 잃어버린 자아를 찾을 수 있다. 그러므로 민주 진영이니 공산진영이니 하는 세계의 양대 이념과 사상이, 물리적인 힘의 팽창과 대결로써 철저하게 경쟁하고 무장되어 있는 세계가, 대화합大和合의 장場으로 나갈 때 인류의 진정한 이상과 가치, 창조를 위하여 전쟁, 질병, 기아 등의 고통, 불행, 공포가 없는 인류의 평화, 행복을 실현시키는 지상낙원, 지상불국토를 건설할 수 있다.

이러한 참회 사상을 연구하고 실현하기 위해 삼각산 도선사 도량道場에 한국 불교계 내외의 고명한 석학들이 연구할 수 있는 현대식 연구실을 만들 계획을 세웠다. 불교의 경經, 율律, 논論과 선禪에 관하여 보다 체계적이고 전문적인 연구를 할 수 있도록 영구적인 시설을 마련해야 한다고 하였다. 이런 취지에서 불사에 착수된 것이 현재의 호국참회원이다.

삼각산 도선사 호국참회원

청담 스님의 이와 같은 원력은 고故 박정희 대통령과 영부인 고故 육영수 여사를 비롯하여, 뜻있는 여러 신남신녀들의 지극한 정성으로 호국참회의 의지가 한데 모아져 대전각大殿閣인 호국참회원이 1970년 11월 20일에 낙성하게 되었다. 청담 스님은 참회를 해야 하는 이유를 다음과 같이 설하고 있다.

인간이란 자기가 하는 일의 뜻을 자각할 때는 어떠한 괴로움을 당하더라도 기쁘게 살아갈 수 있다. 그러나 자기가 하는 일의 뜻을 깨닫지 못할 때에는 아무리 풍요하더라도 기쁨을 모르는 법이다. 그래서 현대인에게는 삶의 즐거움快樂은 있어도 기쁨歡喜은 없다고 말한다. 왜냐하면 삶의 참뜻은 물질의 충족에 의한 일시적인 쾌락을 느끼는 데 있지 않은 까닭이다. 따라서 부처님께서는 우리 인간이 마음의 안정과 삶의 보람을 찾기 위해 끊임없이 '참회기도 하라'고 가르쳤던 것이다. 그러니 인간의 '잘못을 부끄러워할 줄 아는 마음이 가장 으뜸가는 장엄이다.' 라고 하신 부처님의 말씀을 사무치게 되새기며 살아갈 때 처음으로 자기가 하는 일의 참뜻을 깨닫는 보람 있는 삶이 될 것이다.

그러면 청담 스님에게 있어 그 참회의 사상적 배경은 어디에 있을까? 그것은 바로 십선업十善業과 십악업十惡業이라고 하는 업業 사상에 근거하고 있는 것이다.

우리의 행동방향은 마땅히 악惡을 여의고 선善을 행하는 길로 나아가야 할 것이다. 괴로움보다는 즐거움을 바라는 것이 인지상정인데, 즐거움을 가져오는 것은 자신의 선업善業 이외에 다른 길이 없다. 그러나 중생들은 알게 모르게 선업보다는 악업惡業을 익혀왔음이 사실이다. 행복하게 살기를 바라면서도 불행을 가져오는 악업을 일삼아 오고 있다. 이 얼마나 어리석은 일인가? 괴로운 상황에서는 선보다는 악을 행하기가 더 쉬워 일단 악에 빠지면 끝없는 악의 순환이 있게 된다. 인간의 이러한 무지를 타파하기 위해서는 무엇보다도 먼저 참회를 하지 않으면 안 될 것이다.

삼각산 도선사에 주석하기 시작한 스님은 아침저녁으로 대웅전에서 예불이 끝나면 시회대중을 법당에서 석불전으로 올라가도록 하여 108참회를 시작하였다. 모든 대중과 함께 청담 스님은 한시도 빠지지 않고 참예하였다.
이러한 수행으로서의 참회기도는 계속되었다. 비나 눈이 내리는 일기 불순한 날에는 대웅전에서 그대로 진행하였다. 석불전 노천법당의 돌반석 위에서 일 년 사시사철, 하루 수행일과의 첫 과정인 새벽예불을 시작으로 백팔대참회가 지속적으로 진행되었다. 겨울에는 영하 20도를 오르내리는 혹한 속에서도 참회문을 염송하면서 108대참회를 하고, 청담 스님의 대참회문 풀이 법문을 하는 것은 하루도 예외 없이 진행되었다.

청담 스님의 원력이 스민 새 단장한 호국참회원

대중 가운데 어느 한 사람이라도 새벽 예불에 나오지 않으면, 예불 드리기 직전에 청담 스님은 법당 어간자리에 서시어 누가 나오지 않았는지 전후좌우를 살피고 확인하였다. 만약 새벽예불에 빠진 사람이 있으면 찾아서 데리고 오라 하여 그 대중이 법당으로 올라오면 그때서야 대중이 다함께 예불을 드리도록 하였다. 그리고 예불을 마치고는 사례事例를 들어 수행자의 가풍을 일러 주었다.

옛날 노장님들은 몸이 많이 불편하여 출입거동을 할 수 없을 정도로 병환이 지중하여도 새벽 도량석을 하고, 예불종이 울리면 곁의 시봉에게 내 몸을 일으켜 달라 해서 법당 부처님 계신 쪽을 보도록 앉았다. 그리고 내 양팔을 잡아주라며 기력 없는 양손을 합장하여 앉은 채 방에서 법당 부처님을 향하여 새벽예불을 드릴 정도로 신심원력이 견고하고 투철하였다.

지금은 명부전이 되어 있는 도선사의 백운정사白雲精舍에서 당시 열대여섯

살의 동자승이던 혜자慧慈 스님이 시봉을 할 때이다. 한번은 새벽 도량석 소리도 못 듣고 곤한 새벽잠에 빠져 아침예불 시간을 놓친 적이 있었다. 이를 아신 청담 스님이 직접 막내 상좌인 혜자 스님을 흔들어 깨운 뒤, "머리 깎고 시주 밥을 먹으면서 왜 아침 예불을 올리지 않느냐?"고 꾸중을 하였다. 그때부터 혜자 스님은 특별한 상황이 발생하지 않는 한 아침 예불을 빠지지 않는 것을 수행의 지표로 삼았다고 한다.

처음 출가하여 행자생활을 마치고 사미계 수계 후 은사 청담 스님과 함께.
(왼쪽 원내는 제자 혜자 스님, 오른쪽은 청담 스님)

청담 스님의 참회정신에 대해 법천 스님은 다음과 같이 회고했다. "지방 출장을 가시게 되어 어쩌다 여관에서 주무시게 되는 경우에도 예불시간이 되면 108참회를 하셨어요. 스님은 아침 4시 정확하게 일어나 가사 장삼을 수하시고, 몸에 지니고 다니는 회중시계에 딸려 있는 나침반으로 도선사 석불전 방향을 파악한 다음 108참회를 하셨지요. 그리고 불공을 드리는 신도는 물론, 무엇이든 발원을 하고 싶은 신도들에게는 3000배로 불공기도를 하도록 포교를 하셨습니다."

청담 스님의 참회정신에 대해 동광(東光, 청담장학문화재단이사장) 스님은 다음과 같이 회고한다. "어느 여름날, 당시 은사스님 세수는 70인 것으로 기억됩니다. 무더운 날이고, 편치 않은 노구老軀임에도 스님은 어느 아침과 다름 없이 108참회를 하셨어요. 한 배, 한 배 하시자 스님의 온 몸은 땀으로 흠뻑 젖었지요. 장삼과 가사마저 땀범벅이 될 정도였습니다. 그래도 스님은 1배도 빠트리지 않고 108배를 다 채우셨습니다. 게다가 얼마나 정성스레 절하시는지, 곁에서 같이 하던 나는 저절로 그 성聖스러운 모습에 감동했습니다. 스님의 절하시는 모든 동작은 말없는 법문法門 바로 그것이었어요. 그때 나는 '앞으로 부끄럽지 않는 수행자가 되겠다.'고 맹세했고, 항상 지키고자 노력해오고 있습니다."

청담 스님은 "우리 국민 모두가 참회 정진하여 업장이 소멸되면, 우리나라는 복 받는 나라가 되고, 통일도 되고, 평화로운 삶을 살아가는 훌륭한 국가가 된다. 그러니 무엇보다 자기 참회를 통해 참 나를 찾아야 한다."고 설했다.

어느 해 겨울, 청담 스님은 감기를 심하게 앓았다. 당시 시봉 일을 보던 봉래鳳來 스님은 걱정이 되어 어느 한의원에서 감기약 몇 첩을 지어 와서 달여 가지고 백운정사의 스님 거실로 갖고 갔다. 청담 스님은 이불을 덮고 누워 계셨다. "스님, 감기약 달여 왔습니다. 따뜻할 때 약 드시고 쾌차하십시오." 하고 말씀 드렸다. 그랬더니 청담 스님은 "중이 신도들에게는 지극정성으로 기도하여 몸의 병을 치료하라고 법문하면서, 감기 좀 걸렸다고 약을 먹으면 되겠느냐? 누가 감기약을 지어오고 달이라고 했느냐!" 하시면서 야단을 쳤다. "나는 감기약 안 먹는다. 당장 가지고 나가라"고 호통을 치는 바람에, 시봉 일을 보던 봉래 스님은 달인 감기약을 그대로 들고 나온 적이 있었다. 청담 스님은 감기가 들면 법당에 올라가 백팔참회를 하고 내려와 백운정사의 거실에서 이불을 덮고 땀을 내어 감기를 이겨냈다.

어느 해 음력 정월 초하루, 절에 가서 설을 쇠면 부처님에게 그 해 복을 받는다고 해서 도선사로 음력설을 쇠러 오는 신도가 남녀노소 할 것 없이 상당수였다. 운집한 사부대중은 청담 스님을 모시고 새벽예불 직후 대웅전에서 108참회를 했다.

보통 때 같으면 새벽예불을 마친 후, 백팔참회는 한번으로 끝나는 것이 통례였다. 그러나 그날은 청담 스님은 말씀하기를, "오늘은 설날이니 여러분들이 복을 많이 받으려고 부처님 전에 설을 쇠러 왔으니 108참회를 3번으로 하

1961년 정초 청담 스님이 경봉 스님에게 보낸 '마음 꽃' 연하장

자."고 하였다. 스님 말씀에 의해 그 자리에 운집한 대중은 108참회를 3번 올려 그해 부처님께 세배를 드린 적이 있다.

청담 스님은 "불교의 생명관은 무명無明으로 전도顚倒되어 망령되이 바깥 경계를 일으켜, 나我와 내 것我所에 집착되어 갖가지의 업을 짓고 스스로가 뒤덮고 가리워서 보지도 듣지도 못하는 것이니 이를 깨닫는 것이 중요하다. 마음을 밝히는 것은 이른바 견성見性이다. 그리고 밝혀진 마음자리에서 천상천하유아독존天上天下唯我獨尊으로 우뚝 서는 것이 불교에 있어서의 깨달음의 의미이다. 참회의 구경 목표는 위없는 깨달음인 것이다."라고 하였다. 천상천하유아독존의 경지에 투철하게 계합하는 깨달음을 얻는 것은 불교에 있어서 바로 인격人格의 실현實現을 의미하는 것이다.

《대승기신론大乘起信論》에서는 참회가 보리菩提로 회향해야 함을 설명하고 있다. "즉 많은 장애들이 있기 때문에 응당 용맹히 정근하여 주야晝夜 육시六時에 모든 부처에게 예배하여 성심으로 참회하며, 권청하고, 수희하며, 보리에 회향하기를 늘 쉬지 아니하면 모든 장애를 벗어나게 되어 선근善根이 증장한다."고 논하고 있다. 청담 스님은 또 다음과 같이 말하고 있다.

> 우리들은 한국인이다. 많은 한국인의 구제가 오늘의 한국불교의 명제이다. 인간교육의 목적은 단순히 애국자를 배출한다거나 인재를 양성하는 것이 아니며, 또 대중들을 천당으로 인도하는데 목표가 있는 것도 아니다. 죄악과 번뇌와 고통 속에 잠긴 인간을 참 인간이게 하는 것, 그들로 하여금 죄악과 번뇌에서 벗어나 진정한 안락을 누리게 하는 것이다. 죄악과 번뇌로부터의 구원의 손길에는 언제나 참회의 손길이 있었던 것이고, 또 가정과 국가의 문제

를 위하여 참회해야 할 것이다.

《금강삼매경金剛三昧經》에서 "선남자야, 이 경을 간직하는 모든 중생들로 하여금 마음을 항상 안정되게 하고 본심本心을 잃지 않게 하라. 만약 본심을 잃으면 곧 마땅히 참회를 해야 한다. 참회의 법法은 곧 청량淸凉함이다."라고 설하고 있다.

이와 같은 논설은 개인과 가정 내지는 국가사회에 이르기까지 모든 인간의 문제가 나의 본심本心으로부터 비롯되고 있음을 말하고 있는 것이며, 가정과 국가의 문제도 나로부터 참회를 하자고 하는 대승적인 사상을 보여주고 있는 것이다.

지금까지 살펴 본 바와 같이 청담 스님의 참회 사상은 단지 사상적인 표현에만 그친 것이 아니라 실천적인 수행修行과 교화敎化 내지는 깨달음의 세계에까지 연결되는 근본적인 문제임을 알 수 있다. 스님에게 있어 참회 문제는 진리의 세계인 중도中道를 지향하고 있다.

청담 스님의 이러한 참회 사상은 이미 개운사 대원강원 시절에 터득한 것이었다. 그 후에는 중생제도衆生濟度와 정화의 길로 접어들기 시작했다. 그에 앞서 해인사 총림(叢林, 승려들의 참선 수행 전문 도량인 선원禪院과 경전 교육 기관인 강원講院, 계율 전문 교육기관인 율원律院 등을 모두 갖춘 사찰)이라든지 봉암사 결사 또는 불교정화 운동과 같은 수행처의 모든 준비불사整備佛事를 전개

호국참회기도도량 삼각산 도선사 천왕문

할 때도 참회 사상을 염두에 두었다. 이제는 공부를 할 만한 상황이 되었다

고 판단하고 참회 사상을 실천에 옮기기 시작하였다.

결정적으로 이 참회 사상을 현실적으로 실천한 것은 바로 1961년 도선사에 주석하면서부터이다. 석불전을 참회도량으로 면모일신하고 호국참회원의 건립을 통해 수행과 교화에 있어서의 참회 사상을 실천하며 기도와 참회를 전제로 정화를 전개 하였다. 또한 수많은 사람들의 과오過誤 문제의 해결과 정신·신체적인 병고病苦의 치유 등 이루 헤아리기 어려운 많은 지도와 교화를 참회와 기도를 통해 해결하였던 것이다.

> 우리가 기도를 하고 참회를 한다는 것은 전생이나 금생에 이미 저지른 과오를 씻어내고 갚아버리는 수행입니다. 인과의 과보를 다른 방법으로는 벗어날 수 없으므로 오직 마음의 힘을 다해서 지극히 참회하고 마음을 깨쳐서, 큰 능력을 갖추신 불보살님께 발원하여 가피(구원)을 구하는 수밖에 도리가 없습니다. 그런데 금생에 아무리 기도를 해도 성취되지 않는 사람이 있습니다. 이것은 전생에 죄가 원체 많아서 그럽니다. 이런 사람은 더욱 더 참회하고 기도를 해야 합니다. '금생에는 날마다 기도만 하다가 죽으리라. 그래서 후생에는 팔자를 고치리라. 내생에도 안 되면 내생에는 기도만 하는 인간으로 태어나서 기도만 자꾸 하리라.' 이렇게 결심을 해야 합니다. 참다운 기도를 해가지고 죄罪를 참회한 뒤에야 비로소 복을 받을 수 있습니다.

청담 스님은 언제나 각 개인의 정신, 신체적 사정을 들어가면서 대처하고 지도하였다. 일반인들은 어렵다고 하는 불교를 너무도 알아듣기 쉽게, 어느 때는 사참법(事懺法, 우리가 몸과 말과 생각으로 지은 죄업을 불보살의 가피와 예불 등을 통하여 참회하는 것)을, 어느 때는 이참법(理懺法, 본래의 마음자리에서 볼 때 모든 죄가 본래 자성이 없다는 것을 꿰뚫어봄으로써 참회를 이루는 것)을 방편으로 써가며 지도하였다. 그 전제로는 기도를 바탕으로 하고 있다. 어느 때는 108배로, 어느 때는 1천배 또 어느 때는 3천배로, 스님 자신과 대중들을 지도하기도 하고, 일반 대중과 신남신녀들을 교화하고 치유하도록 인도하였던 것이다. 이처럼 청담 스님에게 있어서 참회 사상의 궁극적인 지향점은 '마음'의 공부를 통한 불교적 인격실현人格實現 즉 깨달음의 세계에 있었음을 알 수가 있다.

무엇보다 청담 스님은 자기 안의 불성佛性을 발현함으로써 모두가 평등하고 평화로운 세계를 지향했다. 이것이 참회정진을 역설한 까닭이다. 청담 스님이 제창한 호국참회 불교란 신라불교의 통일염원, 고려불교의 호국염원, 조선불교의 구국염원, 현대불교의 평화염원을 결집한 개념이다. 이를 통해 미신불교가 아닌 수행불교, 이론불교가 아닌 실천불교, 관념불교가 아닌 생활불교로 불교 재흥再興운동을 하자는 것으로 요약된다.

자비심慈悲心과 청빈淸貧한 삶

도선사에 자리한 참회도량 석불전

불교정화와 종단소임, 하루에도 몇 번이나 되는 법문 등으로 피로가 누적된 청담 스님은, 급기야 뇌졸중으로 인한 중풍中風까지 왔다. 몸이 불편하다는 이야기에 신도들이 수십만 원씩 들여 좋다는 약을 여기저기에서 많이 가져왔다. 스님은 가져온 성의를 봐서 신도 앞에서는 들기도 하였으나, 신도가 간 후에는 약을 일체 들지 않았다. 그리고 반쪽이 마비된 몸을 이끌고 아침 예불 후 천배씩 기도를 할 거라 하시면서 참회기도를 시작하였다.

청담 스님은 새벽 3시 예불시간에 일어나 모든 대중들과 함께 예불을 마친 후 1080배 기도를 시작했는데, 9시가 되어야 끝이 났다. 보통 1080배는 2시간 정도면 끝나는데, 몸이 불편한 청담 스님은 6시간이나 걸렸다. 대중들은 기도하다 각자 소임에 따라 헤어지지만, 법천 스님과 혜자 스님은 청담 스님이 참회기도를 마칠 때까지 일주간 함께 하였다. 이후엔 청담 스님 혼자 기도를 하였는데, 11월의 추운 날씨에도 내의를 입지 않고, 런닝 셔츠에 장삼만 입고 1080배 기도를 하였다. 그러면 땀이 나고 몸에 열기가 나는데, 그 상태로 장장 6시간 이상 동안 기도를 한 것이다.

그렇게 기도가 끝난 후에 식생활도 생식生食으로 완전히 바꾸었다. 쌀을 불려 씹어 들기도 하고, 솔잎가루나 밀가루는 물에 타서 들기도 했다. 채소, 과일 같은 것은 생生으로 먹었고, 간이나 양념을 친 음식은 일체 삼가 했다.

그렇게 3개월이 지나니 피골이 상접하여 몸에 뼈만 남고, 마치 석가모니 부처님 고행상苦行像을 보는 듯했다. 하지만 눈빛은 오히려 형형燦燦해졌다. 4~5개월이 지나자 차츰 생식生食 살이 오르기 시작했다. 마비된 팔다리가 움직이게 되어 스스로 가사 장삼을 입을 수 있게 되고, 걸음도 자유로이 걸을 수 있었다. 겉으로 보기엔 중풍이 완전히 나은 것 같았다. 참으로 신기하고 대단한 원력이었다. 당시 상황을 법천 스님은 다음과 같이 증언한다.

> 그러한 중병을 약 한 첩, 주사 한 대, 침 한 대 맞지 않고 큰스님의 신념과 기도로 완전히 치료하셨죠. 생각해 보건대, 밥을 먹고 싶은 마음을 참고, 간을 하지 않고 먹는다는 것 또한 어려운 일이지요. 생식을 하면 치아가 모두 헐게 되어 있어요. 그 과정은 몹시 고통스럽습니다. 그러나 그 과정을 다 참아내시고 나니 다시 생식할 수 있는 치아로 변하더군요. 은사스님은 관음기도와 참회기도로 극복하셨어요. 당시 참회기도에 임하시는 스님께서는 관세음보살의 가피와 병고를 이겨낼 수 있다는 확고한 신념이 있었어요. 보통사람은 절대 할 수 없는 일입니다.

청담 스님의 바랑에는 늘 꽃삽이 들어 있었다.
눈 녹은 물이 얼어붙어 비탈길의 얼음을 떼어내며
길을 오르내리곤 했다.

청담 스님은 자비보살의 화현이었다. 1960년대 우이동 도선사에 길이 없어 수유리에서 오솔길을 따라 걸어 다녀야 했던 시절, 골짜기의 겨울은 몹시도 길고 추웠다. 눈 녹은 물이 얼어붙어 비탈길도 빙판을 이루고 있었다. 스님은 행여 뒤에 오는 사람이 꽁꽁 얼어붙은 빙판에 미끄러져 다칠까봐 꽃삽으로 얼음을 떼어내며 오르내리곤 했다. 그래서 스님의 바랑에는 늘 꽃삽이 들어 있었다.

청담 스님은 다른 사람에 대한 배려심도 남달랐다. 열아홉 살 동자童子 스님이던 혜자 스님이 총무원장 재직 중인 청담 스님을 시봉할 때였다. 스님이 외출한 중에 어느 노보살 한 분이 떡을 좀 해왔다. 그때 마침 강남 봉은사에 있던 법정(法頂:1932~2010, 맑고 향기롭게 회주) 스님 일행이 청담 스님을 만나기 위해 방문했는데, 원장실에 놓여 있는 떡을 보고는 그만 다 들고 말았다. 혜자 스님은 청담 스님에게 그 사실을 보고하지 못하고 속으로 애만 태우고 있었다. 다음날 청담 스님은 붓글씨 쓰고, 혜자 스님은 곁에서 먹을 갈고 있는데 노보살이 떡 바구니를 찾으러 왔다. 청담 스님에게 "큰스님 떡은 잘 잡수셨습니까?"하고 물었다. 혜자 스님은 '아! 큰일 났구나.' 싶어 눈앞이 캄캄해지고 맥이 탁 풀렸다. 청담 스님은 혜자 스님의 황망해하는 얼굴을 보고는 "아, 그 떡 한 번 맛있었습니다. 꿀떡이더군요. 하하하, 정말 고맙습니다."하고 대답하였다. 노보살이 돌아가자 청담 스님은 안절부절하는 혜자 스님에게 "떡이야 누가 먹었든 무슨 문제이겠느냐? 내가 그 떡 맛을 보지 못했다고 했으면 얼마나 섭섭하게 생각했겠느냐."고 하면서 오히려 안심시켜 주셨다고 한다.

종단소임을 볼 당시 청담 스님을 의지하고 이용하려는 사람들이 참으로 많이 찾아왔다. 스님은 이러한 사람들이 아무리 감언이설甘言利說 하더라도 끝까지 다 듣고, 좀처럼

총무원장 취임 후 첫날 집무를 하시는 청담 스님

의심하는 일이 없었다. 그래서 아랫사람들이 "그것은 불가능한 일이고 사기꾼 같은 말입니다."하면, 청담 스님은 "저들이 나를 믿고 말을 하는데, 너희들 같이 불신不信을 하면 실망이 너무 클 것 아니냐. 나를 이용한다고 하지만, 나를 이용해서 잘 되면 좋은 일 아니냐. 나에게 피해가 온다고도 하지만, 내가 피해 입을 일도 행동도 근본 마음이 없는데, 그런 걱정은 할 필요가 없는 것이다."라고 하면서, 찾아오는 이들의 이야기를 진지하게, 시간을 아끼지 않고 다 들어주었다.

한번은 이런 일이 있었다. 허름한 옷차림을 한 중년의 처사가 스님을 찾아왔다. "스님, 저희 집 근처에 조그마한 텃밭이 있는데 배추를 심었으면 합니다. 그런데 씨앗 값이 없습니다." 청담 스님은 "농토를 놀려서야 되겠습니까?"하고 선뜻 배추씨 값을 주었다. 몇 달 후 그 중년의 처사가 또 찾아왔다. "스님, 배추씨를 뿌려 배추가 아주 잘 자라고 있는데 거름을 주어야 할 것 같습니다."라고 하자 스님은 "그렇지요. 거름을 주어야 배추가 잘 자라지요."라며 거름 값을 손에 쥐어 주었다. 가을이 되자 중년 처사는 또 청담 스님을 찾아왔다. "스님, 배추가 잘 자라서 김장을 해야 되는데 소금과 고춧가루, 양념

값이 없어서 김장을 하지 못합니다."라고 하자 "김장을 해야 가족들이 겨울을 잘 날 수 있지요"라며 김장값을 주었다. 이렇게 청담 스님은 자신을 찾아오는 누구에게도 소홀하지 않고 정성으로 대했다.

또한 청담 스님의 근검절약 정신은 타의 추종을 불허하였다. 스님의 '청빈清貧'은 익히 잘 알려져 있다. 해어진 장삼 그리고 떨어진 검정 고무신을 실로 기워서 신던 모습이 인상적이었다. 그 당시 도선사는 아침에 죽을 쑤어 대중공양을 하곤 하였다. 죽이 조금만 빡빡해 보이면 대뜸 "옛날의 선지식들은 하늘의 별이 보일 만큼 죽을 멀겋게 쑤어 연명을 하였는데, 너희들은 무얼 믿고 시주물을 이렇게 낭비하느냐?"고 호통을 쳤다. 또 후원을 틈나는 대로 둘러보다 간혹 떨어진 콩나물 머리나 채소가 발견되면 일일이 주워 열네 살 밖에 안 된 어린 행자, 혜자 스님에게 주면서 "깨끗이 씻어 조리하여 내 밥상에 올려라."라고 하셨다 한다. 사찰의 법도와 시물(施物, 사찰이나 스님에게 바친 공양물) 관리에 철저하신 분이었다.

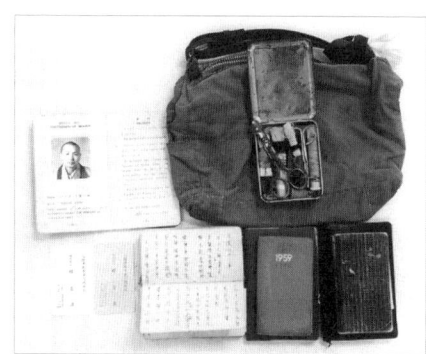

검소하고 소박한 삶을 보여주는 스님의 소품

어느 땐가 외국에 나가는 일로 공항에서 짐 조사를 하는데, 짐 속에 휴지뭉치 같은 것이 있는 것을 보고 공항 직원들이 놀란 일이 있었다. 그것은 휴지뭉치가 아니라 편지봉투 속지와 이면지 같은 것들이었다. 청담 스님은 편지를 보고 나면 속지 등을 알뜰히 모았고, 겉봉투도 글씨 적힌 곳을 오려내어 백지 부분을 재활용했다. 청담 스님의 근검절약 정신을 혜성(慧惺, 청담문도회 문장) 스님은 이렇게 말한다.

청담 큰스님께서는 절약정신이 남달리 강하셨습니다. 런닝 셔츠나 속옷 색이 누렇게 되면 연탄재로 물을 들여서 회색으로 만들어 입으셨지요. 편지 봉투나 이면지 한 장 그냥 버리는 법이 없으셨습니다. 높은 분이셨으니까 편지 봉투도 안쪽에 얇은 종이가 한 겹 더 있는 이중 봉투를 자주 받으셨는데, 그걸 뜯어 놓으셨다가 휴지로 사용하셨어요. 한 번도 휴지를 돈 주고 사 쓰신 적이 없으셨습니다. 스님은 명함 뒤쪽에도 메모를 하곤 하셨는데 도선사 청담기념관에 가보면 그 증거가 고스란히 남아 있어요.

광복(光福, 전 도선사주지) 스님은 "큰스님께서는 도선사 옆 계곡물도 늘 아껴 쓰라고 하셨지요. 그래 한 번은 제가 말씀을 드렸어요. 흐르는 물이고 물세도 안 내는데 뭘 그리 아끼라고 하시냐고요. 그랬더니 '여기서 펑펑 써 대면 그 습관으로 밖에 나가서도 그럴 것 아니냐. 그리고 이 물이 네 것이더냐. 자기 것 아닌 것에 욕심을 내는 것은 중이 아니다'라고 말씀하셨어요. 그렇게 스님께서는 생활 속에서 불교를 늘 실천하셨고, 그랬기에 행동 하나 하나가 저희에게는 다 가르침이었지요."

1965년은 국민의 식생활이 매우 어려운 때였다. 물론 국가에서도 혼식混食을 장려하였으나 그 전부터 청담 스님은 혼식을 주창하였다. 그런데 국가의 혼식 장려로 잡곡이나 보리쌀이 쌀보다 비싸졌다. 보통 신도들이 공양할 때는 쌀을 올리기 때문에 살림을 맡은 법천 스님은 보리쌀이나 잡곡은 시장에서 매일 구해 와야 했다.

그러던 어느 날 사중寺中 일이 바빠서 보리쌀을 구해오지 못해 쌀밥을 한 법천 스님이 청담 스님에게 호출되어 꾸중을 듣게 되었다. 법천 스님은 변명으로, "스님, 잡곡이나 보리쌀이 쌀보다 비쌉니다." 하였더니 "이놈아, 수행자가 미리미리 준비하지 못하고 정신을 놓고 사니까 문제지. 싸고 비싼 것이 문제이냐."며 꾸중을 호되게 들었다고 한다.

거룩한 열반 涅槃

열반하시기 4일 전 이화여대에서 강연.
제자 혜성 스님과 함께.

청담 스님은 1971년 11월 15일 갑자기 열반에 들었다. 세수世壽 70세, 법납法臘 45세였다. 와병臥病이 있던 것도 아니었고 그야말로 갑자기 이루어진 일이었다. 불과 1주일 전만 해도 TV 방송에 출연해 불교와 인생의 의미에 대해 설법하던 스님이었다.

11월 11일엔 이화여대 강연이 있었고, 12일 호국 성무사 준공법회에서 설법을 하고, 13일엔 원주 1군사령부 법당 준공식에 참석했다. 바로 전날인 14일에는 도봉산장에서 종단정책에 대한 회의가 있었다. 당시 스님을 배웅했던 법천 스님은 당시 상황을 또렷하게 기억하고 있다.

토요일 오후에 조계사에서 도봉산장으로 출발하셨어요. 첼리스트 장규상(張圭相:1926~1996, 시립교향악단) 씨가 모시러 왔더군요. 제가 스님께 무슨 일이신지 몰라도 혜자慧慈라도 데리고 가서 심부름도 시키고 시봉侍奉을 받으시라 했더니 '아니다. 화동파和同派 문제와 정화 문제 마무리 등 종단 정책으로 여러 가지 긴히 상의할 일이 있다. 배정현 대법원장도 오시고 지인들과 종단 문제를 해결할 몇 분이 더 오시니 걱정 말라.'고 하셨어요.

혜자 스님은 당시 상황을 다음과 같이 기억하고 있다.

장규상 선생은 '현이와 덕이'라는 듀엣 남매가수의 아버지였어요. 장 선생은 당시 '중요한 건 마음뿐이고, 필요한 건 사람뿐, 온통 착각뿐, 순수는 본래뿐이다'라는 "뿐철학"으로 유명했고, 도봉산에 '청기와 집'이라는 개인 사찰을 가지고 있었습니다. 장 선생이 그날 도봉산장으로 함께 가기 위해 조계사로 은사스님을 모시러 왔는데, 택시를 대절했어요. 그런데 그 택시가 조계사

청담 스님과 인연이 있는
장규상 씨와 그의 아들 딸인
가수 현이와 덕이

일주문을 나가다가 아무 이유 없이 일주문 기둥에 부딪치더니 택시 옆 문짝이 많이 긁혔어요. 스님이 열반하시고 난 뒤에 생각해보니 '사고가 날 장소도 아닌데 그런 일이 생긴 것을 보니 불길함의 징조가 아니었나.' 싶더군요. 스님께서 쓰러지자 장 선생이 저에게 전화를 가장 먼저 걸었는데, 그저 황망하여 정신없이 혜화동 우석대 병원으로 갔습니다.

그날따라 그림자처럼 수행하던 혜성 스님, 곁에서 시봉했던 혜자 스님도 없이 재가불자들 몇 명과 도봉산장으로 향했던 청담 스님은, 15일 새벽 도봉

조계사에서 청담 스님의 법구를 영결식장인 동국대로 모시는 광경

산장에서 갑자기 쓰러졌다. 검사 결과 과로로 인한 뇌졸중 때문이었다.

의식을 잃은 스님은 곧바로 서울 혜화동에 있던 우석대 병원으로 이송됐다. 응급치료를 받았으나 회생할 가망이 없다는 진단을 받았다. 주치의主治醫 서순규徐舜圭 박사의 소견에 따라 오후 5시 조계사 총무원장실로 옮겨졌다. 극비에 붙였지만 어떻게들 알았는지 수많은 스님과 신도들이 병실부터 총무원 청사까지 가득 메웠다. 1971년 11월 15일 밤 10시 15분 노영무盧永茂 박사는 임종을 선언했고, 서순규 박사에 의해 청담 스님의 입적入寂이 발표되었다. 청담 스님은 이번 생生의 육신을 벗었다. 혜성 스님을 비롯하여 30여 명의 제자들과 총무원 간부, 40여 명의 신도들이 지켜보는 가운데 원적圓寂에 들었다. 입적을 알리는 범종 소리가 울려 퍼지자 총무원과 조계사 주변의 사부대중은 무릎을 꿇고 크게 울었다. 현대 불교사에서 가장 높이 빛나던 별이 지는 순간이었다.

종정 고암(古庵:1899~1988, 대한불교조계종 제3·4대 종정) 스님은 큼직한 녹향로에 송죽향을 피우고 입정入定에 들었으며, 제자들도 한 시간을 입정을 하였다. 밤새도록《금강경金剛經》을 독송하였다. 스님의 법구는 다음날 아침 7시 불교정화 회관으로 옮겨졌다. 사람들은 청담 스님의 갑작스러운 입적을 두고 설왕설래하였다. "정화에 불만을 품은 세력이 도봉산장을 찾아와 테러를 했다.", "몸에 반점이 생긴 것은 누군가 스님의 음식에 약을 넣었기 때문이다." 등 많은 유언비어流言蜚語가 난무하였다.

당시 스님을 도선사에서 모셨던 법천 스님과 총무원에서 모시며 이화여대 강연에 함께 했던 혜성 스님, 제1군 사령부 법당 준공식 등 행사에 항상 그림자처럼 스님을 따라다니며 모셨던 혜자 스님의 증언에 따르면 "스님은 정화에 신경을 많이 쓰셔서 몸에 마비중풍이 두 번이나 왔는데 단식과 108참회, 생식으로 이겨냈다."고 한다. 하지만 고령의 나이에 하루 평균 8~9회씩이나 되는 설법과 종무행정 등 무리한 일정을 소화하다보니, 과로로 인한 뇌졸중을 피할 수 없었던 것이다. 테러를 당했다는 풍문은 전혀 설득력이 없는 주장이다. "정화가 끝난 지 10년이 지났고 누구에게 원결怨結을 지을 분이 아니셨다. 주치의가 말했던 대로 두 번이나 뇌졸중으로 쓰러진 경험이 있고, 이번이 세 번째라 회복하기가 힘들었다."고 후학들은 입을 모은다. 스님의 열반을 지켜본 일부 사람들 중에는 약물로 인한 타살인 것 같다고 말하는 이도 있었다. 하지만 이 역시 그저 풍문에 지나지 않음이 밝혀졌다. 주치의 서순규·노영무 박사가 "반점은 갑작스런 쓰러짐으로 피에 산소가 공급되지 않아 일어난 현상"이라고 소견을 밝힘에 따라 성철 스님을 비롯한 광덕光德·월주(月珠, 대한불교조계종 제17·28대 총무원장) 스님 등 30여 명의 스님들은 뇌졸중을 인정하자는 결론을 내렸다.

당시 총무부장 광덕 스님은 11월 16일 〈동아일보〉와의 인터뷰를 통해 "청담 스님은 13일 1군사령부 법당 낙성식에 참석해 '역사의 전진은 정신의 혁명에서 온다'며 평소 지론인 '마음의 법'을 강조했고, 14일 도봉산장에서 종단현안문제 해결을 위해 지인들과 만나 하루 종일 토론을 한 뒤 밤 10시가 되어서야 잠자리에 들었다. 15일 새벽 5시경 방안에 있는 화장실 앞에서 쓰러졌고, 9시 40분 우석대 병원에 입원하여 산소호흡 등 응급처치를 받았으나 회복하지 못해 5시 30분 조계사로 옮겨졌다. 주치의 서순규 박사의 말에 따르면 8년 전에

종립 동국대학교 대운동장에서 봉행된 청담 스님 영결식 장면

도 중풍뇌졸중으로 쓰러져 입원한 적이 있었다고 한다."고 말했다.

청담 스님의 입적을 놓고 여러 가지 소문이 퍼지자 중앙정보부는 혜성·법천 스님을 남산으로 불러 사인死因에 대해 조사를 하였다. 두 스님은 자필이력과 수행 과정을 3번이나 쓰고, 조사를 시작한 지 이틀 만에 풀려나 동국대에서 열리는 장례식에 참여하였다.

청담 스님은 몸이 허락하는 한 마지막까지 포교를 멈추지 않았다. 11월 13일 강원도 원주 1군사령부 군법당 법웅사 준공식이 최후의 공식 행보였다. 그곳에서 스님은 "오늘 건립되는 법웅사는 장병들에게 생사일여의 뚜렷한 젊은 뜻을 깨치게 하여 승공통일을 함양하는 곳이 될 것으로 기대한다."는 법문을 남겼다. 법웅사 주지는 스님에게 유치원 건립을 부탁했고 스님은 흔쾌히 수락했다. 바로 전날엔 대방동 공군사관학교 법당인 호국 성무사(현 보라매법당) 준공법회에 참석했다. 11일엔 이화여대를 찾아 법문했는데 불교계 인사가 기독교계 사학私學을 방문해 연설을 한 것은 그때가 최초이다. 14일은 토요일이었다. 조계사 총무원에 머물렀으나 쉬지는 않았다. 신도들의 법회를 인솔하며 도봉산장에도 종단현안 인 화동파和同派 문제를 해결하기 위해 나선 것이다. 스님은 당시 하루에 아홉 차례의 강행군 법문을 하였다고 하니 건장한 젊은이에게도 무리가 될 만한 일정이었다.

사부대중의 애도 속에 도선사로 이운되는 운구 행렬

청담 스님의 위상은 영결식에서 여실히 드러났다. 영결식은 5일장으로 11월 19일 오전 11시 동국대 대운동장에서 종단장宗團葬으로 거행됐다. 국장國葬에 버금가는 규모였다. 대운동장에는 2만여 명의 사부대중이 운집했다. 벽안(碧眼:1901~1988) 스님의 애끓는 영결사가 이어지고 이어 이은상 작사, 김동진 작곡의 조가弔歌가 명성여고 합창단에 의해 구슬프게 울려 퍼졌다. "70년 한평생 고행과 참선, 발심과 사원으로 오직 한마음, 없음의 진리 깨달으시어 지혜와 법력을 갖추시었네. 청담 큰스님 정신의 기둥 가신들 길이여겨 계시옵소서."

박정희 대통령은 비서실장을 보내 심심한 애도의 뜻을 전했다. 빈소에는 김종필 당시 국무총리를 비롯해 백두진 국회의장, 김수환 추기경, 윤주영 문화공보부장관, 최두선 대한적십자사총재, 김제원 대한불교조계종 전국신도회장 등 정관계·종교계 인사들이 대거 찾아왔다. 영결식을 마친 스님의 법

청담 스님의 유품은 승복 상의와 오조가사, 육환장, 카메라가 전부였다.

구는 800여 만장輓章이 앞서고 1천여 명의 스님이 뒤따르는 가운데 장충체육관, 서울운동장 앞, 동대문, 혜화동 옛 서울대 문리대 앞, 혜화동 로터리, 미아리, 화계사, 스님이 주석했던 삼각산 도선사로 이운되어 오후 3시 다비식茶毘式을 거행했다. 사리 8과를 수습해 도선사, 옥천사, 문수암, 선운사에 사리탑을 조성하여 봉안했다. 인도人道에는 스님의 열반을 슬퍼하는 군중들로 북새통을 이뤘다. 남산 동국대에서 삼각산 도선사에 이르는 거리까지 계속 이어진 인파는 당시 20만 명이 넘었다. "불교정화로 사회 청정의 근원이 되고 민족과 세계번영의 굳건한 토대가 되리라." 평생을 두고 설법해온 청담 스님의 육성녹음이 장내와 거리 곳곳에 울려퍼져 숙연함을 더했다. 청담 스님이 열반 후 남기신 유품은 육환장과 허름한 카메라가 전부였다. 통장은 하나도 없었고 호주머니에는 단돈 3만원이 있었다.

당시 〈불교신문〉 편집국장이자 청담 스님의 업적 가운데 하나인 《불교성전》집필에도 참여했던 법정 스님의 추도사가 눈에 띈다. "오늘의 한국불교는 부재중不在中"이라며 종단의 난맥상을 비판하는 동시에, 청담 스님의 갑작스러운 '부재'로 더욱 암담해질 현실을 염려했다.

청담 스님 열반에 '부재중'이라는 추도사를 쓴 법정 스님.

> 스님은 평생을 두고 두 길만을 걸었습니다. 하나는 교단 정화의 길이요, 다른 하나는 중생 교화의 길입니다. 두 가지 길 모두 끝이 없는 길입니다. 그러나 그 길이 이제는 얼마쯤 자리 잡혀가나 했더니 스님이 문득 떠나신 것입니다. 자나 깨나 교단정화 일을 걱정하고 모색하셨습니다. 그 일을 위해서라면 총무원 수위 자리라도 기꺼이 맡겠다고 피맺힌 호소를 한 적도 있습니다. 또한 교화를 위해서는 중·고등학생들 모임 참석도 사양하지 않았습니다. 그리고 불교의 대사회적인 기능을 역설, 그 처소도 가리지 않고 몸소 뛰어들었습니다. '인간'이 부재중인 현대의 병든 문명권에서 자기회복에 대한 스님의 사자후는 청중의 가슴속 깊이 새겨진 채 오래오래 메아리칠 것입니다.

석주(昔珠:1909~2004, 대한불교조계종 제8·15·23대 총무원장) 스님은 "평생 누더기 하나로 족하셨고 오후불식뿐만 아니라 인욕수행과 자리이타행을 한시도 멈춘 적이 없으셨습니다. 아침에 일어나면서부터 잠들 때까지 오직 불법과 불법 홍포만을 생각하셨고, 수많은 납자衲子들과 신남신녀에게 법우法雨를 내리시어 신심을 돈독히 하도록 이끌어 주시느라 잠시의 한가한 틈도 없었지만 피곤한 줄 모르셨습니다."라고 조사를 하였다.

김재원 전국신도회장은 "스님은 헐벗고 굶주리는 백성에게 마음의 밥을

1장 생애生涯와 수행修行

"육신은 유한하나 법신은 영원하다."는 사자후를 남기신 청담 스님 다비식 장면.

주셨고 꺼지지 않는 희망의 법등을 밝혀 주셨다"고 업적을 추앙했으며, 종립 동국대 김동익 총장은 "일제 36년 동안 더럽혀진 한국불교를 정화하는 것이 곧 국가를 건지고 사회를 구원하는 길이라고 하셨지요. 당신께서 불교의 근대화, 생활화는 교육의 힘을 빌어야 한다고 국민교육을 만들 때 위원으로 참석해 장장 2시간 동안 정신개발을 역설하신 뜻은 지금도 절절히 흐릅니다."라고 추모했다.

또한 황산덕 문교부 장관은 "스님을 모시고 대학에 설법을 나갔는데 30분 예정 시간을 넘겨 무려 7시간이나 계속 열변을 토하시자 나중에는 강당에 꽉 찼던 학생들이 모두 나가버리고 빈 의자만 덩그렇게 남았는데 그래도 말씀을 계속하셨습니다. 보다 못한 시봉스님이 "큰스님 이제 한 사람도 안 남았습니다."고 아뢰자 청담 스님께서는 "눈에 보이지 않는 대중이 네 눈에는 보이지 않느냐?"고 호통을 치신 일도 있습니다. 종단행정과 포교설법에 전념하시다 끝내 열반하셨으니 가까이 모시고 있던 저의 슬픔은 가눌 길이 없습니다."라고 하였다. 월주(月珠, 대한불교조계종 제17·28대 총무원장) 스님은 "법신法身은 영원하고 육신肉身은 유한하다는 사자후獅子吼를 발하시고 열반에 드셨으니, 육신의 옷을 입은 큰스님 모신 마지막 기회로 그 사자후가 지금도 귀에 쟁쟁할 뿐이다."라고 말했다.

스님의 입적 소식은 각종 언론·방송에 대서특필되었다. 교단뿐만 아니라 사회에서 두루 존경받는 국가원로였기에 종도들과 불자, 국민들의 상실감이 컸다. 청담 스님은 불교정화의 대명사였으며 조계종단을 출범시키고 종단 발전의 토대를 마련했다. 종정, 장로원장, 총무원장, 중앙종회 의장, 동국학원 이사 등 주요소임을 차례로 맡으며 종단의 기틀을 다졌다. 종단 초기의 상징과도 같은 역경譯經·포교布敎·도제徒弟 양성이라는 3대 지표는 당신의 지혜와 원력으로 만들어졌다. 현대식 승가교육기관인 중앙교육원 개원을 비롯해 군승제도 도입 등의 성과를 냈다. 세계고승대법회, 세계불교지도자대회를 유치하며 한국불교의 국제적 위상을 높이기도 했다.

    대한불교조계종은 정화 운동의 결실이다. 정화 운동의 중심에는 청담 스님이 있었다. 정화를 기획한 것도, 추진한 것도, 달성한 것도, 결국은 스님이었다. 통합종단 출범 이후에는 종정宗正과 총무원장으로서 종단을 이끌고 지도했다. 재정난과 내부분열로 크게 실망할 법도 했지만, 단 한 번도 회피하거나 은둔하지 않았다. 과감하게 탈종을 결행할 만큼 기득권에 대한 집착도 없었다. 불교를 궁금해 하는 사람들이 있으면 어디든 달려갔다. 많은 이들이 이러한 스님의 공심公心을 존경했다.

2장

대사회적 활동

　청담 스님은 "불교는 부처님의 광명과 같은 자비로 대중을 안심입명(安心立命, 어떤 일에도 흐트러지지 않는 평정을 갖추면서도 편안한 마음 상태)에 들게 해야 한다."고 항상 강조하였다. 또한 그동안의 교육은 과학 만능의, 지적 측면만의 발전을 꾀하여 인간을 마치 기계나 도구와 마찬가지로 다루어 온 경향이 있음을 지적했다. 따라서 불교는 물량건설에 앞서 인간건설을 위한 이른바 인간본위人間本位의 교육관을 확립하는 데 주도적 역할을 담당해야 한다고 강조했다. 또한 예술이란 인간 생활의 일상적 의미를 예술적 의미로 승화시키는, 이른바 인간 의식의 내면적 갈등에서 미적 양심과 희열을 찾아내는 창조적 노력을 경주해야 한다는 게 스님의 지론이었다.

　또한 '매스미디어mass media'는 한 나라의 문화 풍조와 그 내용을 개선하는 데 가장 효과적인 기능을 발휘할 수 있는 기관이자, 대중의 지적·심미적 자질의 향상과 민주시민성을 함양하는 데 가장 큰 공헌을 할 수 있는 매체라고 말했다. 그리고 현재 우리 사회는 그 개혁 과정에서 옛 전통과 새 질서 사이를 이어주는 내면적 규범의 구심점을 상실한 데 다 사회 변혁의 심화, 확대로 말미암아 지역 간의 격차, 세대 간의 단절, 계층 간의 거리를 크게 빚어내고 있다고 지적했다. 그러면서 우리 불교는 사회 변혁이 몰고 온 정신적 및 공업적인 각종 공해와 사회 각 계층 간의 대립을 제거하는 사회발전 사업에 적극 참여함으로써, 이른바 불교적 사회정의를 구현하는 데 주체적 역할을 담당해야 한다고 강조했다.

청담 스님이 룸비니 제1호에 쓴 '포교이생布敎利生'이라는 휘호

이외에도 불교는 과학기술 부문과 법률행정·산업경제·정치제도 부문에 관심을 가지고, 항상 중생들에게 이익이 되는 사고를 가지며, 창조적 의식을 가진 주체적인 나를 회복하는 지도적 역할을 담당해야 한다고 강조하였다.

청담 스님은 불교의 사회적 참여와 교화 방법도 불교적인 방식으로 진행해야 한다고 강조했다. 스님이 주장한 불교적 표현 양식은 세 가지다. 첫째, 사상적 표현은 지식, 언어적, 이론적 표현양식을 말한다. 불교의 이론적 표현은 이 법문의 체계화에 지나지 않는다. 따라서 이론적 표현의 내용은 궁극적 실체의 본성本性과 우주와 인간의 관계를 설명하는 것이다. 여기서 불교가 인류 형성에 주는 진리·우주·역사·인생관의 체계가 나온다고 설했다.

둘째, 실제적 표현은 행위를 통하여 나타나는 표현을 말한다. 불교에 있어서 중심적 행위는 수도修道이다. 인간은 수도 행위를 통해 불타佛陀와의 거리를 좁히는데, 이를테면 염불, 기도, 독경, 참선 등 여러 가지 양식이 있다. 여기에서 불교의 예술적 표현이 발달한 것이다. 따라서 불교예술은 불교의 실제적 표현 양식에 의한 활동의 결과이다.

마지막으로, 사회적 표현은 궁극적 실체를 구심점으로 하여 결합된 신앙집단의 표현을 말한다. 다시 말하면 불교집단은 불교적 체험을 통하여 이해된 궁극적 실체와의 관계에 기초를 둔 신앙공동체信仰共同體인 것이다. 스님은 불교가 한 사회의 공통적이고 종국적인 가치 또는 목적을 제공함으로써 사회를 통합하는 기능을 해야 한다고 주장했다. 그러므로 불교의 사회적 기능은 사회 구성원들의 태도에 길잡이가 되는 가치를 제공함으로써 사회 의무의 성격과 내용에 관하여 일치를 갖게 도와야 한다고 하였다.

이처럼 청담 스님은 불교의 교화와 포교의 중심은 사회적인 동물로서의 인간의 삶에 만족을 줄 수 있는 가치를 포착하는 일이라고 내다봤다. 또한 불교의 사회적 역할은 주로 통합의 기능, 즉 사회 구성원과 사회적 의무를 결합시키는 추진력이 되어야 한다는 것이다. 원활한 포교를 위해서는 이론적인 부분으로 불교의 역사나 제반 사상, 실제적 교화에 속하는 경험적인 영역으로 염불이나 기도, 독경, 참선의 지도, 실천적 영역으로 포교방법론 등을 연구하여 현실 사회에 응용하고 적용할 수 있는 방법을 연구하여야 한다는 것이다.

봉암사鳳巖寺 결사

한국 불교 수행의 상징인 청담 스님이 결사를 주도한 문경 희양산曦陽山 봉암사 전경

결사結社란 뜻이 맞는 사람들이 하나의 목적을 이루기 위해 행동을 같이 하는 일을 일컫는다. 통일신라시대 발징(發徵 ?~785) 대사가 주도한 금강산金剛山 건봉사乾鳳寺 만일결사萬日結社는 한국불교 최초의 결사라 할 수 있다. 고려시대 보조 지눌(普照 知訥:1158~1210) 선사의 정혜결사定慧結社는 가장 유명한 결사다. 세속화된 불교를 청정하게 하자는 게 공통된 명분이었는데, 봉암사鳳巖寺 결사도 이와 마찬가지였다.

청담 스님은 "부처님 법대로 살자"고 다짐하고 오늘날 조계종단의 근간을 세운 봉암사 결사를 결행하였다. 1941년 2월 26일 소집하여 3월 4일부터 13

봉암사 결사를 주도한 청담(우)·성철(좌) 스님

일까지 10일 간 선학원에서 열린 유교법회遺教法會는 청정승풍清淨僧風의 회복과 전통불맥傳統佛脈의 계승을 취지로 내걸었다. 유교법회遺教法會에서 결집된 원력은 봉암사 결사의 초석이 되어 청담 스님과 성철 스님의 결의로 이어졌다. 치열한 수행승으로 전국 선원에서 이미 명망이 높았던 두 스님은 1942년 선학원禪學院과 1943년 속리산俗離山 복천암福泉庵에서 함께 수행하며 결사의 싹을 틔웠다. 유교법회에서 결집된 원력은 1947년 봉암사 결사로 실행됐다. 불법에 맞지 않는 제도는 과감히 개혁하고자 스님은 1935년부터 영산회상靈山會上·총림叢林을 기획하였다. 1944년 사불산 대승사大乘寺 쌍련선원雙蓮禪院에서 청담 스님과 성철 스님이 꿈꿨던 것은 총림의 건설이었다. 청담 스님의 속가 둘째 딸인 묘엄 스님은 이렇게 회고했다.

> 대승사에서 두 분이 해인사에 가서 총림을 하면 어떻게 할 것이냐 하는 문제를 놓고 영산도를 그리는 것을 보았어요. 지금과 같은 말법시대에 부처님 당시처럼 짚신 신고 무명옷 입고 최대한 검소하게 생활할 것, 그럼으로써 납자풍의 참모습과 말 없는 가운데 풍길 수 있는 그런 중 노릇을 하자는 등의 이야기를 밤새도록 대승사 쌍련선원에 앉아서 하셨지요.

총림을 설치하려던 사찰도 원래는 봉암사가 아니라 청담 스님이 선감(禪監, 선원의 도감으로 절 살림을 총괄해서 운영해 가는 직책) 소임을 보고 있던 법보종찰 해인사海印寺였다. 그러나 애초의 계획은 해인사를 장악한 대처승들의 비협조로 무산됐다. 결국 대승사大乘寺 인근의 봉암사가 결사지로 선택됐다. 이렇게 청담 스님과 성철 스님은 해방 전부터 총림건설로 불교를 개혁하는 것에 대한 진지한 대화를 나누었다. 그 후 8월 15일, 해방이 되자 청담 스님은 수좌스님들과 함께 봉암사로 먼저 들어갔다. 당시 상황을 청담 스님의 법제자 도우(道雨:1922~2005, 도선사 염불원장) 스님은 다음과 같이 회고했다.

앞줄 천제 · 혜성 스님.
뒷줄 오른쪽부터 도우 · 청담 · 성철 스님.

> 다른 스님들이 "우리 여기 있지 말고 봉암사로 가자"고 그래요. 봉암사 주지가 최성업이라는 사람이었는데 그이가 선방을 하겠다고 하니 스님들이 알아서 하라고 하였지요. 그 계기는 "대승사는 이제 선방을 못하니까 우리가 가서 능엄주도 하고 여법이 수행을 해보자"고 하여 홍경·종수·자운·청담 스님 그리고 저 이렇게 다섯이 거기에 들어갔어요.

봉암사 결사가 시행될 수 있었던 직접적인 계기 가운데 하나는 김병용金秉龍 거사의 대장경 및 불서佛書 시주였다. 규모도 작고 재정도 열악한 환경에서 총림의 사격寺格을 높일 수 있는 장서들이었던 덕분이다. 1947년 여름 김병용金秉龍 거사가 소장하고 있던 불교 서적 수천 권을 기증하겠다는 제의에 청담 스님과 성철 스님은 서울로 올라왔다.

당시 김병용 거사는 대장경大藏經뿐 아니라 불교 서적, 중국에서 발간된 선종어록禪宗語錄 등 3천여 권의 희귀한 불교 관련 서적, 그리고 일부 목판본까지 소장하고 있는데 기증받을 고승高僧을 찾고 있다는 것이다. 청담 스님의 법상좌 도우 스님은 당시 전후 사정을 다음과 같이 기억했다.

> 청담 스님과 성철 스님이 대승사에서 함께 수행할 때 주지가 김낙순 스님이었어요. 선방 앞의 큰 나무를 베어 넘기는 통에 주지의 속을 끓이기는 했지만, 두 분의 정진과 높은 학식은 김낙순 스님에게 깊은 인상을 남겼나 봅니다. 김병용 거사라는 분은 바로 김낙순 스님의 친척인데 충주에 살던 천석꾼이었어요. 김 거사가 집에 불교 관련 서적이 있는데 책을 시주받을 만한 스님을 물색해 달라고 부탁을 한 거예요. 그래서 김낙순 스님이 청담 스님에게 연락했고, 청담 스님은 양산 내원사에 있는 성철 스님에게 서울로 가자고 편지를 보낸 것입니다.

김병용 거사는 충북 충주에 살던 천석꾼인데 그는 불교에 심취했던 아버지로부터 불교와 선禪 관련 서적을 물려받았다. 워낙 귀하고 어려운 책이라 자신이 간직하기보다 이를 잘 활용할 스님을 찾아 시주하는 것이 낫다고 판단한 것이다. 김 거사는 속내를 감추고 이 절 저 절 참배하며 마땅한 스님을 찾았다. 틈틈이 불교에 대한 문답을 하기도 했다. 몇 년을 다녔지만 마땅한 스님을 찾지 못하던 중 청담 스님을 소개받게 된 것이다. 청담 스님은 앞으로 우리가 총림을 만들어 운영하려면 불교 서적이 꼭 필요하다는 판단 하에, 성철 스님과 서울로 올라갔다.

김병용 거사는 불교와 유식학唯識學 그리고 선학禪學 등에 상당한 지식을 갖고 있었다. 김 거사는 청담·성철 스님과 한 차례의 만남으로 선뜻 불교서적

실달학원 개원 후 성철 스님과 함께

회암사지會巖寺址에서 성철 스님과 함께

을 기증하기로 했다. 당시 운반수단이 없던 시절이라 방대한 장서를 옮기는 것도 예삿일이 아니었다. 도우 스님이 자운(慈雲:1911~1992, 대한불교조계종 전계대화상) 스님에게서 운반비를 지원받아 결사 예정지인 봉암사로 옮겼다. 그 해 10월 성철·자운·우봉·보문 스님 등 4명이 봉암사에 입주했다. 봉암사 결사의 역사적인 출발이다.

 봉암사 결사는 함께 수행정진하고 철저히 계율을 지키며 부처님 당시의 승가를 재현한 수행공동체였다는 점에서 의의가 크다. 해방은 되었지만 일제의 잔재는 남았고, 승려들의 취처娶妻와 식육食肉이 여전히 당연시되던 시절이었기에 더욱 그렇다. "부처님 법대로만 살아 보자." 봉암사 결사를 이야기할 때 흔히 회자되는 당시의 모토다. 말 그대로 부처님과 부처님의 가르침만 놔둔 채 비불교적 요소를 모두 없애거나 뜯어 고쳤다. 무엇보다 사찰이 점占집으로 전락하는 데 기여한 기복신앙이 척결대상이었다. 칠성탱화, 산신탱화, 신중탱화 할 것 없이 전부 싹싹 밀어내 버리고 부처님과 부처님 제자만 모셨다. 복을 빌어 달라며 여염閭閻집이 부탁하는 불공을 전부 거절했으며 살림은 철저하게 자급자족으로 유지했다. 나무하고, 물 긷고, 밭 갈고, 탁발(托鉢, 도道를 닦는 승려僧侶가 경문經文을 외면서 집집마다 다니며 동냥하는 일)을 일상화했다. 또한 율장律藏에 근거해 관습적으로 유행하던 홍紅가사 대신 현재 종단 가사색의 모태인 괴색

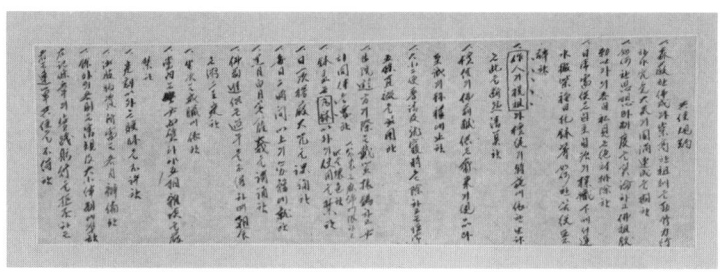
봉안사 결사 때 정해놓은 공주규약共住規約

壞色으로 가사를 물들여 수했다. 발우도 목木발우를 버리고 철鐵발우를 썼다.

단체생활을 위한 일련의 수칙은 공주규약共住規約이란 이름으로 정리됐다. 규약에는 참선 수행, 포살 실시, 능엄주 암송, 자주·자치정신 구현, 청규와 계율 준수 등의 내용이 포함됐다. 이처럼 수행방식 뿐만 아니라 승가의 의식주衣食住 전반에 개혁을 단행한 봉암사 결사는 입소문을 타고 한국불교의 희망으로 떠올랐다. 제대로 된 도량이 열렸다는 소식을 듣고 전국 각지에서 수좌들이 하나둘 찾아왔다.

1948년 청담 스님을 비롯해 성철·자운·우봉·향곡·만성·보일·현문·혜조·혜명·혜정·법전·혜암·보문·지관·의현·성수·도우·정천·보경·월산·보안·응산·청안·일도·홍경·종수·혜연·혜원·영신·혜안 스님을 비롯한 30여 명의 수좌들이 의기투합했으며 1949년에는 50명을 상회하였다. 청담 스님의 제자로 봉암사 결사에 함께했던 혜정(慧淨:1931~2011, 대한불교조계종 원로의원) 스님은 당시 상황을 다음과 같이 회고했다.

> 제가 봉암사 결사에 합류한 시점은 1948년 봄이었습니다. 당시 봉암사에서는 불교개혁이 이미 실천되고 있었습니다. 우선 산신각, 칠성각, 신중단 등의 탱화는 다 끄집어내서 없애 버렸어요. 우리들은 부처님의 법을 배우고 실천하며 부처님이 되려는 사람들인데 부처님 이외에는 무슨 필요가 있겠느냐며

그렇게 한 것입니다. 그리고 목木발우는 대처승이 쓰는 발우라고 대신 철鐵발우를 썼지요. 제사 때는 위패를 모셔놓고 반야심경 한 편을 읽었고, 예불 때는 반야심경과 108참회를 하였습니다. 능엄주를 전부 외우게 하였으며 이산 혜연 선사 발원문도 외우게 하였습니다. 가사장삼도 새롭게 해서 입었어요. … 모든 대중은 하루 나무 한 짐, 울력을 할 때는 모든 대중 참여, 포살은 보름마다 하였으며 포살 때는 1000배, 보살계 시행, 수행을 위해 탁발, 봉암사 주변 간평看坪, 가을에는 창고에 곶감이 가득했습니다. 6·25 사변으로 빨갱이들이 출몰하면서 수행풍토가 파탄이 나자 성철 스님은 묘관음사로 떠나시고 다른 스님들도 인연 따라 떠났습니다. 청담 스님께서 결사 후반기를 책임지고 결사를 마무리하셨습니다.

한편 봉암사 결사는 비구니 스님들도 참가하였음이 눈에 띈다. 비구니 스님들은 계율상 봉암사에 주거할 수 없는 관계로 1948년 봄부터 봉암사 인근의 암자인 백련암에 머물면서 결사에 동참하였다. 묘엄 스님 등 비구니 스님들은 산내암자 백련암白蓮庵에 있으면서 성철 스님의 법문을 들으러 내려오곤 했다. 이에 관해서는 당시 백련암에 머물렀던 묘엄 스님의 회고가 있다.

묘엄 스님

봉암사 백련암에서는 방부를 여섯 명 이상 안 받아 주었습니다. 비좁기도 하고 식량 문제도 있고 해서 여섯 명만 살았습니다. 화두는 성철 스님이 직접 주셨는데, 만법귀일萬法歸一 일귀하처一歸何處였습니다. 지금 조실 스님이 계시는 방에서 열여덟 살 4월 보름에 화두를 탔죠. 스님께서는 일귀하처一歸何處 할 때 "어느 곳으로 돌아간 것이 분명 있어!" 이러시면서 멱살을 잡고 등줄기를 때리면서 화두를 주셨습니다.

묘엄 스님의 회고에 의하면 봉암사 인근 산내 암자인 백련암에서 비구니 6명이 주거하였다. 이러한 비구니 스님들의 주거는 결사를 주도한 청담 스님과 성철 스님의 배려에서 비롯했다. 이에 대해 묘엄 스님은 다음과 같이 회고한다.

> 당시 봉암사에 계셨던 순호, 성철, 자운 등 큰스님들은 비구니들도 제대로 공부를 시켜서 장차 이 나라 비구니계를 이끌어갈 수 있도록 키워야 한다고 뜻을 모으고, 우선 여승 몇 명을 골라 철저히 수행시켜 비구니계의 지도자로 만들자는 계획을 가지고 있었다. 그래서 묘엄, 묘찬, 지영, 재영을 봉암사 백련암에 살게 하면서 공부를 철저히 시키기로 했던 것이다.

그래서 묘엄, 묘찬, 지영, 재영 등 비구니 6명은 백련암에 머물며 수행을 하면서도 봉암사를 왕래하며 성철·청담 스님의 지도를 받았다. 이들은 안거 수행 시 결제 및 해제 법문은 봉암사에 와서 들었고, 봉암사 결사의 규칙에 근거한 수행을 봉암사 및 백련암에서 하였다. 그런데 비구니 스님들의 처소인 백련암이 비좁았지만 여기에 와서 공부하려는 비구니 스님들이 증가하여 후에는 비구니 6명의 상주 원칙이 무너졌다. 당시 봉암사 결사에 동참했던 비구니 스님들은 묘엄·지원·재영·묘찬·응민·오선·혜민·재용·혜일·원명·지현·묘련·수진·묘각·묘명·혜해·장일 스님과 청련화 등이었다.

1950년 3월 동안거 해제 직후 결사는 해체됐다. 시대적 혼란으로 인해 봉암사 결사는 오래 가지 못했다. 한국전쟁을 코앞에 둔 시기였고 첨예한 이념대립 속에서 봉암사에는 빨치산이 자주 출몰했다. 청담 스님과 법전(法

傅:1925~2014, 대한불교조계종 제11대 종정) 스님이 앉아서 정진하고 있는데 20여명이 찾아와 총을 쏘며 위협했다. "스님이 우리를 신고해 복수를 하러 왔다."며 원주였던 보경(普鏡:1890~1979) 스님을 밧줄로 묶어 대중 앞에 앉혔다. 어느 누구도 겁이 나서 앞에 나서지 못하였다. 잠시 후 장교라는 사람이 들어와 유심唯心과 유물론唯物論에 대해 일장연설을 하자 청담 스님이 나서 유심唯心과 유물唯物에 대해 설명하며 "불교가 당신들 사상보다 더 평등하다."고 말했다. 이 대화는 새벽 2~3시까지 이어졌다. 지관(智冠:1932~2012, 대한불교조계종 제32대 총무원장) 스님은 〈청담대종사 열반 36주기 추모법회〉에 참석하여 봉암사 결사 당시 청담 스님의 지도력과 책임감에 대해서 이렇게 회고했다.

당시 원주를 보던 보경 스님이 북한군에게 끌려가 총살을 당하게 되었는데 어느 누구도 겁이 나서 앞에 나서지 못하였습니다. 그런데 청담 스님이 나서 수행자를 함부로 하면 안 된다고 말하며 10여 명을 일일이 설득한 끝에 보경 스님이 구사일생九死一生으로 살아나셨지요. 선사禪師로서의 대담함과 지혜가 있었던 것입니다. 여기 계신 도우 스님, 혜정 스님도 같이 있었으니까 잘 압니다.

청담 스님은 항상 어머니 같은 보살정신을 보여준 수행자였는데, 빨치산이라고 해서 태도가 달라지진 않았다. 빨치산 장교는 "저 스님을 죽이려고 했는데, 청담 스님이 좋은 얘기를 많이 해줘서 놓아준다."며 돌아갔다. 그들이 떠난 지 한참 후 바깥이

대한불교조계종 32대 총무원장 지관 스님

조용해져 나가보니, 여余 처사라는 사람이 양식을 바꿔 먹으려고 만든 곶감 중 못난 것 한 접만 남겨놓고 다 가져갔다.

이후로도 경찰은 경찰대로 빨치산은 빨치산대로 찾아와서 수좌들을 괴롭

혀 정진을 제대로 할 수 없었다. 결국 경찰서에서 봉암사 결사를 주관하는 스님을 불렀다. 그러자 성철 스님이 가사장삼을 수하고 육환장을 짚고 파출소로 갔다. 육환장을 본 경찰들이 어디서 창檜을 가지고 들어오느냐고 큰소리를 쳤다. 경찰과 이야기가 잘 안되자 답답한 성철 스님은 청담 스님을 찾았다. 당시 스님은 묵언默言 수행 중이었는데, 성철 스님이 "대중이 다 죽게 생겼는데 지금 묵언만 하고 있느냐"라며 수습을 부탁하자 청담 스님은 문경 점촌경찰서를 찾아가 1주일간 결사의 정당성과 필요성에 대해 강의를 하며 설득했다. 그러나 빨치산 출몰이 더 잦아지면서 결국 봉암사를 떠날 수밖에 없었다.

봉암사 결사 참여자들은 현재까지 한국불교를 대표하는 고승으로 추앙받고 있다. 특히 불법에 맞지 않는 각종 제도를 과감히 개혁했으며 이는 지금까지 계승되는 전통이다. 정법을 지향하는 종단의 근간을 다진 셈이다. 봉암사 결사의 기간은 1947년 10월부터 1950년 3월까지로, 2년 6개월 남짓이다. 비교적 짧은 시간이지만 한국불교의 체질을 완전히 바꿔놓았다.

해인사에 주석하던 청담 스님은 산散철에만 봉암사에 들르다가 1949년 2월 봉암사로 거처를 완전히 옮겼다. 해인사 가야총림伽倻叢林 설립을 주요 소임자로서 추진하고 있던 터라, 쉽사리 자리를 뜨기는 어려웠을 것으로 짐작된다. 결사 초반 묵언默言을 지키는 동시에, 운영의 주도권을 세납世衲이 열 살이나 아래인 성철 스님에게 위임한 모습에서는 겸손하고 인자했던 품성을 읽을 수 있다.

봉암사 결사의 역사적 성과는 지금까지도 뚜렷하다. 불교의 근본 정신 회복을 추구하며 오늘날 조계종단 재건의 밑거름이 되었다. 2007년 10월 종단 집행부는 봉암사 결사 60주년 기념법회를 열어 자정을 결의했다. 봉암사 결사의 의의는 한국불교의 선禪 사상을 고무시키고 수행자가 지향해야 할 시대

정신을 확립했다는 것이다. 수좌들의 수행 덕목, 자세, 지켜야 할 기준으로 계승되었고 살림은 참회, 품성, 원융살림 등 경전과 백장청규(百丈淸規, 당나라 때 백장 선사가 처음으로 선종禪宗의 의식과 규율을 정한 것)에 나오는 것을 기준으로 하였다. 그리고 이것을 정리하여 후대에 전해주고 후학들이 이를 바탕으로 수행하고 있다는 것은 의의가 크다 하겠다.

'부처님 법대로 살자'고 서원한 봉암사 결사 60주년을 맞아 봉행된 기념 법회

교육敎育 불사

　청담 스님의 교육에 대한 신념은 불교의 교육철학과 다르지 않았다. 스님의 마음 사상이 그러한 것처럼, 붓다의 가르침에 관한 견해를 바탕으로 삼아 보다 구체화되고 상세화된 교육관과 방안을 제안하고 또 실천했기 때문이다. 청담 스님과 인연이 닿았던 많은 사람들이 공통적으로 증언하고 있는 것처럼, 스님은 무엇보다도 사람들 앞에서 법문하는 것을 좋아했다.

　청담 스님은 출가부터 열반하는 그날까지 생애 전반에 걸쳐 교육 문제를 자신의 화두話頭로 끌어안고 대안을 강구하는데 몰두하였다. 그리고 기회가 닿기만 하면 자신의 교육관을 피력하고 실천하려고 하였다. 이렇게 교육에 대해 혼신의 정열을 기울였지만 현실에 나타난 교육제도나 내용 등에 대해서는 만족하지 않았다. 이는 스님이 평소 염두에 두었던 영산회상(靈山會上, 석가모니 부처님이 영취산靈鷲山에서 설법하던 때의 모임, 또는 그곳에서 《법화경》을 설하던 때의 모임)의 구도나 총체적인 수행의 분위기 등이 정착되지 않았기 때문이다. 스님이 《여성동아》에 기고한 〈나의 불교현대화 방안〉에서 당시 교육의 문제점을 지적하고 있다.

> 현재 본종단의 교육기관으로 지방의 몇 군데 선원禪院, 강원講院과 동국대 불교과 등이 있으나 선원과 강원은 종宗의 근본이념에 입각한 교육과 창조적 생명력이 결여한데다가 퇴영적, 보수적인 형태를 탈피하지 못하였고, 강원이란 더욱이 400여 년 전의 교과와 제도로서 현실과 많은 거리가 있다. 현실을 추종하라는 것은 아니지만 현실과 유리 퇴좌退座되어서는 안 된다. 시대에 일보 진전하지 않으면 아니 될 종교교육이 시대에 버림을 받을 사물이 되어서야 되겠는가. 그러므로 금후 승려교육은 일대혁신을 하여 본종本宗 근본이념에 입각한 정혜쌍수定慧雙修 지행일치知行一致의 수련을 거듭하여 이리행원二利行願에 헌신할 인물을 양성함을 그 주지로 한다.

이렇게 청담 스님은 1960년대 중반에 조계종 교육 문제에 대해 지적하였다. 현실과 동떨어진 교육제도 및 교과목은 불가하며 교육은 시대와 유리되어서는 안 된다는 것이 스님의 생각이었다. 그러면서 교육기관의 위치, 교육방향에 대해서도 견해를 밝히고 있다.

> 교육기관으로서는 지방의 적당한 사원에 불교전문학교 1~2개소를 설립하고 그 학과는 종학宗學, 종사宗史, 일반교리와 그에 필요한 인문, 사회, 과학도 겸수하며 불교학은 이론과 지식 편중이 아니고 종시에 의해 정혜쌍수定慧雙修 지행일치知行一致를 그 원칙으로 하여 근본불교의 기본행목인 수식관數息觀, 부정관不淨觀, 인연관因緣觀, 자비관慈悲觀 등을 실수實修하고 철저한 신행 생활을 수련시킴으로써 견실한 종교인을 양성하게 된다.

청담 스님은 이처럼 교육의 방향과 교과목 배정에 있어서도 견해를 분명히 하고 있다. 종단의 정체성이 살아 있고 그것이 구현되는 교육을 해야 한다는 것이다. 이런 구도 하에서 스님은 불교전문학교 수료 후에도 전문강원專門講院, 대율원大律院, 대교원大敎院에서 3년간은 지속적으로 수학하여야 한다고 하였다. 스님의 교육관은 종학宗學, 종사宗史가 분명한 교육제도가 마련되어야 하고, 불교 교리와 일반사회의 인문 과학을 겸수한 교과목이 반영되어야 하며, 정혜쌍수(定慧雙修, 선정의 상태인 '정'과 사물의 본질을 파악하는 지혜인 '혜'를 함께 닦아 수행함)와 지행합일(知行合一, 참 지식은 반드시 실행이 따라야 함)이 반영되는 신행생활을 가르치고, 현실 사회와 유리되지 않는 교육노선을 취하면서 선禪·교敎·율律이 균형을 이루도록 하는 것이었다. 나아가 교육이 곧 수행이기에 교육을 거친 대상자가 종단의 모든 기관에서 종사토록 배려하였다.

이처럼 불교를 실천행을 중심으로 해석하고자 했던 청담 스님은, 결국 교육의 문제도 실천의 문제이고 이 실천만이 교육의 본질을 구현할 수 있는 길이라는 교육관과 철학을 갖고 있었다. 청담 스님이 불교의 교육이 아닌 세속의 교육 문제에 대해서 직접적인 관심을 가졌던 기록은 많지 않지만, 다음 인용문에서 이를 살짝 엿볼 수 있다. 여기서도 실천을 중심으로 하는 불교의 주도적 역할이 강조되고 있다.

원래 교육이란 지智·정情·의意의 조화적인 발전에 의한 자아완성을 뜻하는 것임에도 불구하고, 그동안의 교육은 과학만능적인 발전의 결과로 말미암아 지적 측면만의 발전을 꾀하여 인간을 마치 기계나 도구와 마찬가지로 다루어 온 점이 많다. 그러므로 우리 종단은 물량건설에 앞선 인간건설을 위한 이른바 인간본위의 교육관을 확립하는 데 주도적 역할을 담당해야 한다.

인간본위人間本位의 교육관을 확립해야 한다고 역설하는 청담 스님의 음성은 오히려 현재에 더 큰 울림으로 다가온다. 교육을 인적 자원의 개발과 동일시하는 관점이 주를 이루는 현 상황에서도 인간본위의 교육을 해야 한다는 외침은 교육계 외부는 물론 내부에서조차 큰 공감대를 얻지 못하고 있는 형편이다. 청담 스님은 한국인을 대상으로 하는 제대로 된 교육을 할 수 있으려면 먼저 그 교육을 이끌어갈 스님들을 제대로 교육해야 한다고 강조했다.

> 그렇다고 해서 내가 여기서 애국론을 펼치고 있는 것은 아니다. 인간교육의 목표는 단순히 애국자를 배출한다거나 인재를 양성하는 것은 아니며 또 대중들을 천당으로 인도하는 데 그 목표가 있는 것도 아니다. 죄악과 번뇌와 고통 속에 잠긴 인간을 참인간이게 하는 것, 그들로 하여금 죄악과 번뇌를 버리고 진정한 안락을 누리게 하는 것, 지혜롭게 하는 것, 자비로운 협조자이게 하는 것, 그것이 불교의 참뜻이다.

즉, 인간교육의 목표가 불교의 참뜻과 다르지 않다는 것이 청담 스님의 기본적인 교육관이다. 스님의 행장에는 불교의 대중화와 승려들의 교육 문제, 불교 종단의 개혁으로 이어지는 일련의 궤적이 있다. 실제로 청담 스님은 이것만은 꼭 이루고 가야겠다는 세 가지 목표가 있었는데, 불경佛經의 한글 번역과 불교의 대중화 내지는 현실화 운동, 승려들의 교육 문제였다. 이 세 가지는 모두 오늘을 살고 있는 한국인들에게 불교의 참뜻을 알려주고자 하는 목적으로 설정된 것들이다. 청담 스님은 이를 위해 우선 대중이 쉽게 접할 수 있는 한글 대장경이 필요하다고 보았다. 그리고 오늘날과 같이 분주하고 어떠한 방법으로도 믿음이라는 것을 갖기 어려운 시대에, 불자와 스님들 사이의 원활한 소통을 위해서는 대중화 내지 현실화가 필요하다고 본 것이다.

마지막으로 이러한 일들을 주관해서 이끌어가야 할 스님들을 대상으로 체계적인 교육을 해야 하는 것은 더 말할 나위가 없다. 청담 스님은 이 세 가지 목표의 깊은 연관성에 대해 심오하면서도 명쾌하게 설명했다.

> 사람들은 시달리고 있다. 아침 일찍 일어나 밥 먹고, 출근하고, 많은 일과 사교에 시달리고, 저녁이면 솜 같이 지쳐서 집으로 돌아온다. 밥을 먹고 잠에 떨어진다. 매일 같은 일이 되풀이된다. 그들에게 사찰을 찾을 만한 시간은 없다. 불교가 그들을 찾을 수밖에 없는 것이다. 그러면 '어떻게 대중을 찾아가야 하는가'라는 다음 문제가 따라온다. 어떻게 대중을 찾아가야 하는지의 문제는 승려들의 교육 문제와 연관된다. 이제는 극락이라든가 기이한 선문답으로 대중을 거느릴 수 없다. 그러기에는 오늘날의 사람들은 너무나 영악하다. 그들은 환상이라든가 가상적 세계의 약속을 뿌리칠 수 있을 만큼 충분히 영리하다. 그렇기 때문에 승려들은 그들과 정식으로 만나는 수밖에 없다. 정연한 논리로써 보리의 참모습을 보여주어야 한다.

청담 스님에게 교육은 '인간을 참인간이게 만드는 것이자 깨달음의 과정과 동일시될 수 있는 것'이기도 했다. 다른 측면에서 보면 마음을 깨닫게 하는 것이라고 말할 수도 있다. 그 교육이 승려들을 대상으로 하면 도제徒弟 양성이 되고 대중들을 대상으로 하면 포교가 되는 것일 뿐이다. 이처럼 청담 스님의 교육철학은 대중들을 상대로 하여 펼쳐진 것이고, 그 핵심 내용은 그의 마음 사상이다.

평소 승가와 신도들의 교육에 관심이 많았던 청담 스님은 교육의 필요성에 대해 자주 언급하면서 교육을 통한 새로운 승려상僧侶像을 모색하였다. 승려교육을 통하여 전통적인 수행법을 고수하고, 대중친화적인 포교를 실천해야 한다면서 다음과 같이 말하였다.

> 인간의 본질은 주어지는 것이 아니라 계발과 창조에 있다고 하겠다. 이러한 의미에서 승려상을 모색하는 데 속俗된 것과 구별되는 성聖스러운 것의 내용적 특징인 승려의 행동을 그 기준으로 하지 않으면 안 된다. 이 행동양식은 두 개의 근원을 가지고 있는데, 하나는 전통신앙의 호지발전을 위한 종단宗團의 성사聖師적 생활양식生活樣式에서 자란 것이요, 다른 하나는 신앙의 진리 실천교화를 위한 사회의 속사俗師적 생활양식에서 도입된 것이다. … 이러한 불타주의적 교육 가치관에 의하여 승려교육의 체제와 내용이 개선되어야만 자각·표현·이성·도덕적이며 작불作佛적인 승려를 양성할 수 있을 뿐만 아니라, 격심한 변화를 거듭하고 있는 현대사회에서 중생을 제도할 수 있는 역사적 자각인, 즉 도사導師적 인간을 형성할 수 있다.

이처럼 교육을 통하여 불교의 전통적인 가치를 함양하고, 이를 바탕으로 시대와 사회에 맞는 실천법과 이론으로 중생을 제도할 수 있는 포교 역량을 확대해야 함을 강조한 것이다. 이러한 교육을 위해 교육의 중요성과 현대적 감각에 맞는 교육제도 시행을 주장하였다.

> 전통적인 강원과 선원제도를 현대적으로 개선해야 한다. 현행 강원 및 선원을 현대적 제도와 합리적 교과 내용으로 한 승가학원僧家學院의 고등부 정도의 수준으로 높여야 한다. 그 다음 장차 대학 과정의 승가학원이 설립될 때까지 잠정적으로나마 현 동국대학교 불교대학 내에 승가학과를 신설하여 승가학원 고등부를 졸업한 학생 중 자질이 우수한 학생을 진학시켜 승려의 기본 자격을 구유토록 하고, 승가대학을 졸업한 학생에게 비구계를 수授하고, 여기에

중앙승가대 본관 전경

서 대학원 과정의 초등선원포교사 수련원이나 본·말사 3직 등 종무직으로 진출케 해야 한다. 또한 최후의 박사과정인 고등선원을 설치하여 종단의 지도자급을 배출시켜야 한다.

청담 스님은 교과 과정 또한 체계적으로 다듬고자 했다. 전통적인 교육제도를 개편하여 한국불교의 이념과 가치·권리에 대한 조계종학曹溪宗學과 불교일반의 본질 가치규범에 대한 불교이론으로서의 불교학 등의 규범과학 영역, 참선·염불·예불·독경 등의 경험과학 영역, 의식학·포교학·포교사론·종단조직학 등 제반 사회분야와 불교의 상호관계를 구명하는 문화사회적 정책 문제에 대한 불교정책의 실천과학 영역 등 세 가지 영역의 연구에 맞는 합리적인 교과 과정을 구성할 것을 주장하였다. 또 교육기관과 승려 교육의 절대적인 필요성을 강조하였다. 승려교육을 육군사관학교처럼 철저하게 시켜서 정예 성직자를 배출해야 한다는 것이다.

> 신라불교가 국교로 융창하고 황금의 꽃을 피우게 된 데에는 원효·의상·자장율사 등 고승대덕들이 신라 귀족 출신이었다는 점, 그리고 화랑도로 활약했던 사람들이 출가하여 승려가 되었다는 점이 크게 작용했다. 그러므로 승려들의 출신 가문, 성분이 좋아야 잘 다듬었을 때 좋은 자질의 그릇이 되는 것이다.

청담 스님은 종단의 교육제도와 승려교육에 대한 의지를 몸소 실천하였다. 이러한 의지는 도선사 내에 실달학원悉達學園을 설립하려는 서원誓願으로 이어졌다. 스님은 실달학원의 설립목적과 목표를 다음과 같이 밝혔다. "정화사업을 마무리하고 실달학원을 설립하여 불교의 3대 사업 중 포교 문제를 이곳에서 전담하리라." 청담 스님은 종단 차원의 승려교육 강화와 더불어 삼각산 도선사를 정화교육의 산실로 만들고자 했다. 그 원력은 호국참회원과 실달학원으로 구체화됐다. 청담 스님은 설법을 할 때에 종종 부처님의 설산 6년 고행을 예로 들어 다음과 같이 교육과 수행의 중요성을 말하였다.

도제양성을 위해 도선사에 설립된
실달학원 앞에서

> 출가사문이 불교 전문 강원에서 일대시교(一代示敎, 석가모니가 성도한 뒤 멸도 할 때까지 베푼 가르침으로 내전과목을 말함)를 수료하고, 최소한 6년 정도는 선원에 들어가 참선수행을 해야 중물이 조금 들어 불가의 무슨 소임이든 이행할 수 있을 것이다.

승려의 자질 향상을 위해서는 기본적인 불교 교육과 참선실수의 철저한 수행이 급선무이고, 이를 밑바탕으로 열심히 포교활동을 하며 중생들을 구제할 것을 강조한 것이다.

청담 스님은 승가뿐만 아니라 신도들도 교육을 통하여 정법正法신앙을 믿도록 하였다. 스님은 도선사를 찾아 기도나 불공佛供을 올리는 신도들에게 항상 그들의 수준에 맞는 수기隨機 및 대기對機 설법으로 교화하였다. 특히 정법이 아닌 불공과 기도에 대해 많은 설법으로 바로잡아 가고자 했다.

여러분들이 도선사에 와서 정성들여 불공 기도를 잘한다고 해도 따지고 보면 7분의 1공덕 밖에는 가지고 가지 못합니다. 7분의 7공덕을 모두 가지고 가는 불공 기도를 하려면 내 불공, 내 기도, 내 축원을 내가 할 줄 아는 가르침을 배워 내가 직접 그대로 해야 합니다. … 그러나 진실로 참된 불공 기도를 하려면 본인이 장을 보아온 과일이나 떡, 과자는 본인이 미리 담아 만들어 신중단에 올려야 합니다. 내 불공, 내 기도하려고 절에 왔는데 담당 소임자들이 내 불공, 기도하는 일을 조금이나마 도와주면 그들 각자가 수고한 만큼 쪼가리씩 복을 가지고 갑니다. 내 불공, 내기도, 내 축원을 할 줄 알아야 합니다.

이렇게 청담 스님은 도선사를 찾는 모든 신도에게 불공을 하는 방법에 대해서 교육을 해 나갔다. 처음에는 변화를 보이지 않다가 차츰 시간이 흐르면서 신도들의 의식에 변화가 생기기 시작했다. 어느 순간 사시마지(巳時麻旨, 오전 아홉 시에서 열한 시 사이에 부처 앞에 올리는 공양)를 올리자 그동안 배워 익힌 대로 동참 불공과 동참 기도에 자신의 불공과 기도, 축원까지 스스로 할 줄 알게 된 것이다.

1960년대 초반 당시에는 도선사처럼 하루 한 번 사시마지 시간에 맞춰 불공하는 의례를 모든 신도가 모범적으로 실천하던 곳은 거의 없었다. 청담 스님의 노력으로 정법에 맞는 불공과 기도가 자리를 잡아가자, 점차 다른 사찰들까지 영향이 미치기 시작했다.

또 스님은 불공이나 기도가 끝나고 본인과 가족 축원까지 모두 마친 후에는, 반드시 우리 국민 모두에게 부처님의 가피가 골고루 전해지기를 축원하는 습관을 들이라고 신도들에게 강조하였다.

서울 장안의 돈이 내 집으로만 쏟아져 들어오라고 순전히 이기적인 불공, 기도를 하면 무슨 복을 짓고 복을 받겠는가. 가족 모두가 건강하고 가정이 화목하여 하루 세끼 밥이든 콩나물 죽이든 굶지 않고 먹을 수 있으면 된다. 슬하 자녀들은 공부시킬 수 있는 데까지 공부시키고, 사시사철 계절 따라 벗어 씻고 입을 수 있는 두 벌 정도의 의복만 있으면 자족할 줄 알고, 그 외의 것은 내 것이 아니다. 그러므로 헐벗고 굶주리는 불우한 우리 이웃 사람, 나아가 우리 국민을 위하여 널리 베풀어주며 사는 것이 진실로 불공과 기도를 잘하는 참된 불자이다.

청담 스님은 이처럼 정법에 따라 불법을 실천하고 믿음으로 올바른 신앙 생활을 할 수 있게 하였다. 청담 스님의 노력과 실천으로 전국의 사찰에서도 불공과 기도를 하는 방법이 조금씩 변하게 되었다. 이는 실로 스님이 몸소 실천한 교육을 통한 중생구제와 포교활동의 결과라 할 것이다.

청담 스님은 승려들의 교육이든 신도들의 교육이든 간에 모든 것을 몸소 함께 실천하는 모범을 보이며 살아 있는 포교활동의 진면목을 보여 주었다. 한 예로, 1962년 무렵에 도선사 선원에서 결제結制 대중 7명 정도가 하루 4회 2시간씩 총 8시간 정진한 것을 들 수 있다. 스님은 도선사에 올라오시면 특별히 긴급한 업무를 제외하고는 대중 정진 시간에 맞춰 입·방선을 함께하였다고 한다. 종단의 대선지식이 모범적으로 후학들을 제접提接·경책警策해준 것이다.

이처럼 청담 스님은 지혜와 자비를 갖춘 진정한 수행자를 양성하는 교육 불사에 매진하였다. 스님이 종단에서 장학금을 주고 종립 동국대에 위탁하는 종비생 제도를 만들고, 1969년 7월 종정宗正 직속기관으로 승려전문교육기관인 중앙교육원을 설립하는 등 교육에 남다른 열정을 기울인 까닭이 바로 여기에 있다.

1971년 10월 7일 화계사華溪寺에 스님들의 재교육을 전담할 중앙교육원을

종정宗正 직속 기관으로 승려전문교육 기관인 중앙교육원을 설립 후 조계사서 첫 수료식(원내는 청담 스님)

개설하고 수업을 시작했다. 청담 스님이 총무원장 취임 후 승려교육을 위해 만든 중앙교육원은 불교 사상, 선학, 불교사 등 내전內典은 물론 카운슬링, 경제, 과학, 사회 등 일반 학문과 불교미술 문화재관리, 사찰임야 개발 등 사찰운영에 필요한 지식까지 다양한 학문을 가르쳤다. 청담 스님은 수업을 독려하며 틈나는 대로 찾아 특강을 했다. 당시 지도교수로 지관 스님, 고형곤, 이재복, 서경수, 박증관, 김동화, 이동익 박사 등 교계학자가 모두 동원되었고 청담 스님이 중앙교육원장에 선임되었다. 무비無比, 성파性坡, 통광通光, 혜인慧印, 관조觀照, 법안法眼, 성우性愚, 범주梵州, 지선知詵, 종후宗厚, 영도暎道 스님 등 훗날 종단의 큰 기둥으로 성장하는 젊은 스님들이 교육을 받았다. 청담 스님은 "여러분들이 앞으로 종단을 이끌어 나가야 한다."며 격려했다. 스님의 기대는 그대로 맞아떨어졌다.

교육 사상가로서 청담 스님의 교육에 대한 생각은 스님의 회고록에 잘 나타나 있다.

> 그랬기 때문에 세존께서는 득도를 한 다음 우베라촌에서 내려왔고 의상 또한 고국 신라로 돌아왔던 것이다. 오늘 우리들은 그들이 왜 내려왔는가라는 사실을 깊이 생각지 않으면 안 된다. 그들은 누구에게로 돌아왔는가? 그의 나라로, 그의 형제들의 곁으로 온 것이다. 우리가 이곳에 태어났다는 사실은

어떤 사실 앞에서도 우선하는 일이다. 우리들은 한국인이다. 많은 한국인의 구제가 오늘날 한국불교의 명제이다. 그렇다고 해서 내가 여기 애국론을 펼치고 있는 것은 아니다. 인간교육의 목표는 단순히 애국자를 배출한다거나 인재를 양성하는 것은 아니며 또 대중들을 천당으로 인도하는 데 목표가 있는 것도 아니다. 죄악과 번뇌와 고통 속에 잠긴 인간을 참인간이게 하는 것, 그들로 하여금 죄악과 번뇌를 버리고 진정한 안락을 누리게 하도록 하는 것, 지혜롭게 하는 것, 자비로운 협조자이게 하는 것, 그것이 불교의 참 뜻인 것이다.

이처럼 청담 스님은 교육론과 불교교육론이 별개가 아니라고 보았다. 교육의 구체적인 실천의 장이 한국이며 그 최고의 실천 방법이 불교교육이라고 보았다. 교육의 목표는 인간을 참된 인간이 되게 하는 것이며 이것이 곧 불교의 참뜻이라 보았던 것이다. 이렇게 스님은 철저한 인간본위 人間本位의 교육론을 가지고 있었다. 그리고 바로 그 인간의 현실, 즉 이 땅에 내가 태어났다는 것이 나의 삶을 규정하고 있는 현실이기 때문에 교육은 이러한 존재인 대중이 처한 현실을 바탕으로 이루어져야 한다는 것이다.

조계종단의 3대 지표

　1964년 신년사에서 청담 스님은 "불교정화 운동이 어느 정도 마무리됐으니, 앞으로는 3대 사업에 종도들의 역량을 집중해야 한다."고 강조했다. 그만큼 종단의 3대 사업은 중요했다. 청담 스님은 이를 자신이 일찍이 주창했던 불교 근대화의 발판으로 보았다. 이것이 청담 스님의 불교유신의 주요 내용이기도 하다. 스님은 부처님 말씀을 널리 알리는 역경譯經 사업, 많은 사람들이 부처님 말씀을 따르게 하는 포교布教 사업, 전법의 과정을 효율적으로 진행할 수 있는 양질의 스님을 키워내고자 하는 도제徒弟 양성 등 3대 행동강령을 중심으로 종단의 밑그림을 그려 나갔다.

　비구와 대처의 통합으로 출범한 대한불교조계종은 해방 이후 최초의 자율적 교단이자 국가가 공인한 유일의 교단이라는 역사적 의미가 있다. 하지만 실상은 가난하고 힘없는 신생종단에 불과했다. 종단의 3대 지표 사업은 불교의 신속하고 총체적인 발전을 위한 가장 명쾌하고 확실한 방법이었다.

정화 운동과 마찬가지로 3대 사업 역시 청담 스님이 기초를 닦았다. 3대 사업의 추진은 중앙종회가 주도했다. 1963년 11월 18일 제5회 중앙종회에서 종단 3대 사업이란 용어가 처음 등장했다. 3대 지표가 사업으로 확정된 것은 1964년 1월 25일

도제양성에 진력하시던 청담 스님께서 월정사에서 열린 제1회 승려강습회에 참석·격려 후 기념촬영(원내는 청담 스님)

열린 제6회 종회에 의해서다. 종회의장이었던 청담 스님의 역할이 컸음은 두말할 나위가 없다. 제6회 중앙종회는 총무원 집행부가 내놓은 3대 사업 원안을 그대로 통과시켰다. 스님은 통합종단 출범 직전인 1962년 1월 11일 '불교정화는 국민 사상 개조운동'이란 제목으로 각 일간지에 기고를 실었다. 정화의 당위성에 대한 주장이 골자이지만, 정화 이후에 대한 생각도 담았다. 한국불교 전통 개건改建에 관한 방안을 소개하면서 현대화된 승가교육, 의식의 한글화, 포교의 다변화 등 오늘날까지 논의되고 있는 화두를 강조하고 있다.

> 승려로서 현대인의 사표가 될 수 있도록 신구 내외학문을 겸수할 수 있는 교육제도를 완비하기 위해 현대적인 중앙수도장을 건설하여야 한다. 인도의 원서와 각국의 번역본, 한문본을 수집하고 국내외 승려문인을 총동원하여 집대성의 국역본을 만들어서 남녀노소가 일역으로써 불교 교리를 신앙할 수 있게 팔만대장경을 국역하여야 한다. 모든 의식을 간단하고 엄숙하게 하며 한

문으로 된 가영구歌詠句를 전부 국문 가사로 만들고 현대 곡으로 찬미하여 시대인으로서 참석하기 편리케 하기 위해 포교를 현대화해야 한다.

이처럼 청담 스님은 종단의 질적 근간을 다지는 데 크게 기여했다. 청담 스님은 도제 양성 즉 승려교육에 있어서 "인간의 본질은 주어지는 것이 아니라 계발과 창조에 있다."며 "자기 수양을 통하여 평생 동안 불타의 자기본성을 깨쳐가는 것이 승려교육의 핵심이다."라고 강조하였다. 이러한 확고한 신념 하에 도제 양성의 구체적인 실천 방안을 제시하고 그것을 실행에 옮기게 된다. 그 시작은 1928년 3월 14일에서 17일까지 서울 각황사에서 열린 조선불교학인대회였다. 당시 학인대회의 주된 내용은 강원제도의 개혁 등과 같은 불교제도의 개혁이었으며, 이 대회를 통하여 제한적이었지만 고등강원의 설립 등과 같은 성과도 얻었다.

불교개혁에 관한 스님의 관심은 삼각산 도선사에 실달학원 개설 운영이나 총림 체계의 구상으로 이어졌다. 1964년 실달학원의 설립과 기획은 성철 스님과 함께 하였는데, 그 내용은 두 스님이 만든 수학요강이라 할 수 있는 시행요강을 보면 알 수 있다. "고불고조(古佛古祖, 부처님과 선사와 스승을 귀감으로 삼으라)의 광대무변하고 숭고무쌍崇高無雙한 성교聖敎는 실로 우주의 영원한 광명이며 인류의 만세의 사표이시다. 본원은 천상천하에 유일무이한 이 성교聖敎를 수습역행(修習力行, 배우고 익히고 닦음을 힘써 행함)하며 무상대법(無上大法, 지금까지 아무도 들은 적이 없고 설한 적도 없는 진리)의 철두철미한 수호자 양성을 목표로 한다."고 하였다. 이러한 청담 스님의 도제 양성에 대한 확고한 의지와 원력은 학인 모집 공고문에 잘 나타난다.

학인 40명, 교육과정은 6년(교학 3년, 참선 3년)이며 정법을 신봉하여 구세救世의 염원을 담당할 인재양성을 한다고 모집요강에 명시하였다. 그리고 응모자격으로는 불전 앞에서 7일간 단식을 할 수 있는 신심이 있는 자, 27세 미만의 남자로 대자대비 정신으로 인류에 헌신할 의지가 있는 자, 생명을 바치고 인간과 사회 개조에 나설 선구자가 될 사람, 성직자의 자격을 갖추고 생사해탈을 기할 자세가 있는 대상자, 신체가 건강하고 평생 누더기로 지낼 수 있으며 자립심이 강한 자, 출가 및 입산 동기와 목적을 국문과 영문의 논문으로 제출할 수 있는 자를 대상으로 하였다.

도선사에 설립된 실달학원은 학인 20명이 등록하였고, 《초발심자경문初發心自警文》에서부터 《금강경金剛經》에 이르기까지 경전들을 가르쳤다. 불조유훈佛祖遺訓과 청규淸規를 지키도록 하였으며 한 달에 2회 포살을 하는 등 참다운 도제양성의 모범을 보였다. 이후 혜자 스님은 실달학원을 다시 개원해 재가불자들을 대상으로 불교학 개론과 경전강의를 진행했다.

실달학원 개원식 후 대의 스님(좌), 성철 스님(우)과 함께

해인총림海印叢林의 운영 또한 도제 양성의 측면에서 이해할 수 있다. 종단에 의해 운영되었던 가야총림이 6·25전쟁으로 인해 중단되고, 정화불사로 인하여 인적 충당 차원에서 승려들이 대거 양산되었다. 이들은 정상적인 승려 교육을 받을 여건이 갖춰지지 않은 상황에서 출가를 하여 재교육이 필요한 상황이었다. 1966년 청담 스님은 총림체제를 지향하고 종정으로 취임하면서 이를 구체적으로 실천하였다. 이후 1967년 성철 스님이 방장으로 취임하면서 종합교육 수도도량 해인총림이 출범하게 된다.

이러한 종합수도 교육도량의 구상과 실행은 청담 스님이 성철 스님과 함께 구상한 영산도靈山圖에도 잘 나타난다. 영산도는 부처님께서 영축산에서 법을 설하시던 모습 그대로 살아보자는 구상을 도식화圖式畵한 것으로, 그 내용은 총림체제 하에서 도제양성을 비롯한 종합교육체제를 만드는 것이었다. 청담 스님이 생각하는 승려교육의 목적은 자신의 본성을 깨닫는 상구보리上求菩提로도 설명될 수 있지만 다른 한편으로는 대중교화 즉, 하화중생下化衆生이기도 했던 것이다.

그리하여 청담 스님은 "앞으로 한국불교는 학승을 대량으로 배출하고 불교의 진리를 대중에게 쉽게 설명하여 하화중생을 이루어야 한다."고 주장하였고, 이는 바로 역경 사업으로 이어졌다.

> 불경은 승려들의 독점물이 아니다. 차라리 더 많은 대중들의 것이어야 한다. 그리고 오늘은 한문을 해독하지 못하는 한글세대들이 계속 자라나기 때문에 불경 번역은 한국불교의 가장 시급한 최대 사업이라 해도 과언이 아니다.

즉, 불경을 절대화하고 신성시하여 사찰에만 모셔놓는 것이 아니라 대중교화를 위해 그들의 언어로 바꾸어야 한다는 것이다. 그래서 불경은 승려의 독점물이 아니라 대중의 것이어야 한다고 강조하였다. 한글 대장경 완역을 마무리한 월운(月雲, 봉선사 조실) 스님의 회고에 따르면 "오늘날 역경 불사의 완결은 운허 스님의

봉은사에 개설된 동국역경원 개원식에 참석(원내는 청담 스님)

원력과 능력 그리고 종단차원에서 역경을 종단의 3대 지표로 내세운 청담 스님의 원력과 스님들의 공감대가 있었기 때문에 가능하였다."고 한다. 운허 스님이 역경을 위해 봉은사奉恩寺를 역경도량으로 확고히 해달라고 청담 스님에게 요청하자, 스님은 종회 차원에서 승인을 받아내어 봉은사 주지도 역경원장譯經院長이 하는 것으로 관행화시켜 놓았다고 말했다.

포교 사업에 대해서 청담 스님은 다음과 같이 말하고 있다.

> 불경 번역사업과 더불어 또다시 해내지 않으면 안 되는 일은 불교의 대중화 내지 불교의 현실화 운동이다. 사람들이 한가로운 때, 신심이 두꺼운 때에는 사찰이 산간에 있어도 될 것이다. 그러나 오늘날과 같이 사람들이 분주하고 어떠한 방법으로도 믿음이라는 것을 가지기 어려운 시대에서는 신자와 승려들이 대화와 이해, 소통으로 그 격차를 없애야 한다.

청담 스님은 포교 사업이라는 말 대신 종종 불교의 대중화 혹은 불교의 현실화라는 말을 사용했다. 종교적인 관점에서는 포교 사업이 되지만 그것은 진리의 세속화 운동이다. 청담 스님은 산속에서 오의奧義로 비밀스럽게 전승되고 있는 부처님의 가르침을 대중에게 전달하는 것을 대중화와 현실화라고 표현하였다. 스님은 이를 도제교육으로 연결시켰으며 승려교육의 필요성을 '어떻게 대중들을 찾아가야 하는가?'라는 문제와 결부시키고 있다. 결국 대중교육의 문제는 인간교육의 문제인 것이다.

1969년 제20회 중앙종회에 청담 스님이 제출한 대한불교조계종 유신재건안 가운데 새교화운동이 논의되기에 이른다. 새교화운동안은 과거의 포교가 노인과 부녀자만을 대상으로 한 데다가 그 방법도 비현대·비합리적이었다고 보고, 포교 및 교화를 조직·적극·합리화해야 한다는 것이었다. 내용에 있

포교사 강습에서 설법하는 청담 스님

어서는 소년·학생·청년·지성인을 대상으로 하는 교화운동을 전개하고, 일요 학교와 부설 유치원을 설립하며, 소년회와 중·고등학생회, 청년회, 거사회, 부인회 등을 계통적으로 조직화할 것을 강조했다.

청담 스님은 인간의 양심 회복, 진리의 눈 각성, 국민도덕의 재건, 사회정화운동 등을 지상 목표로 삼아야 한다고 보면서 이를 위한 교화운동을 불교가 담당해야 할 사명으로 인식하였다. 그리고 구체적인 교화 방안으로 강설포교, 문서포교, 특수교화감옥, 소년원, 고아원, 장애인 대상 포교, 집단포교, 의식포교, 가정 방문 및 개인 상대 등을 제시하였다. 처음 이 유신재건안은 여러 가지 사정을 들어 유보되었지만 시간이 지나면서 이 교화안은 실천으로 옮겨졌다. 그 내용이 지금까지도 활발히 전개되고 있는 것은 청담 스님의 원력에서 비롯된 것이라고 보아도 과언이 아니다.

사실 종단의 3대 지표 사업은 정화 운동이 본격적으로 일어난 1950년대 중반부터 비구승들의 고민과 지혜 속에서 무르익었다. 역경과 포교가 기복

종립 동국대 종비생 제1회 졸업. 두 번째 줄 학사모를 쓴 왼쪽 현해 스님, 중앙 월탄 스님, 오른쪽 혜성 스님.
앞줄은 좌측부터 성수·서운·청담·벽안·행원 스님.

이 아닌 정법을 전파해 교단의 정통성을 높이자는 취지였다면, 도제 양성은 젊고 똑똑한 인재 육성이란 목표를 품고 있었다. 물론 3대 사업의 실행은 시련과 중단의 연속이었다. 통합종단 이후에도 대처 측과의 분쟁은 계속됐고 종단 재정의 대부분이 소송비로 탕진되던 형편이었다. 세계 최빈국 수준이었던 당시 우리나라의 경제사정도 영향을 끼쳤다. 하지만 청담 스님은 그러한 역경을 딛고 도제 양성은 동국대 종비생 제도 신설로, 역경譯經 사업은 동국 역경원 설립과《불교성전》발간으로, 포교布教는 군승제도 도입으로 첫걸음을 뗐다.

불교 언론의 원력願力

 청담 스님은 1960년 1월 1일 자로 현재 〈불교신문〉의 전신인 〈대한불교〉를 창간했다. 당시는 통합종단 출범 이전으로, 정화 운동의 혼란이 식지 않았던 무렵이다. 비구 측 종단의 총무원장이었던 청담 스님은 언론 매체의 중요성을 절감하고 있었다. 비구승과 대처승 간의 분쟁은 결국 명분 싸움이었고 여론전을 효율적으로 수행할 방편이 필요했다. 더구나 대처 측은 이미 1959년 4월 기관지 〈현대불교〉를 만들어 뿌리던 상태였다.
 청담 스님은 한국불교의 원형 회복이란 이념과 실천을 한낱 '절 뺏기'로 치부하는 보도 행태를 보고만 있을 수 없었다. 그래서 이에 대한 대항마로 〈대한불교〉를 출발시킨 것이다. 1960년대 〈대한불교〉 편집국장을 지낸 박경훈 씨는 "당시 비구·대처 분규는 종합 일간지에서도 다룰 만큼 세간의 관심사였는데, 지역의 유지인 대처승을 편드는 지방 기자들로 인해 왜곡이 많았다. 따라서 자체적으로 신문을 제작해 우리 주장을 펼쳐야 한다는 게 청담 스님의 간절한 뜻이었다."고 술회했다.

청담 스님은 〈대한불교〉의 초대 편집인 겸 발행인이었다. 청담 스님은 지령 제1호 1면 창간사에서 〈대한불교〉의 창간 취지와 발전의 필요성을 역설했다.

대한불교조계종 기관지인 대한불교신문(현 불교신문) 창간호

유구한 전통과 역사 그리고 오묘한 교리로써 이 나라 문화발전에 공헌했고 오늘날 수많은 신도를 옹하는 우리 불교는 앞으로 더욱 많은 중생에게 포교하여 모든 국민에게 영적 구원을 주고 건전한 사회건설에 공헌할 사명을 띠고 있다. 이 중차대한 사명을 완수하려면 우리 전국 승려와 신도들은 가일층 수도에 힘쓰고 포교에 매진해야 하며 여러 가지 건설적이며 실제적인 방안을 수립해야겠다. 그의 일단으로서 우리 조계종단의 기관지 〈대한불교〉를 창간한다.

스님은 과거 간행된 바 있는 〈불교신보〉나 〈불교시보〉의 폐간을 아쉬워하며 불교 언론을 장기적으로 육성하겠다는 서원을 밝히기도 했다. 아울러 "종단의 발전상 필요한 과제를 비롯하여 평론, 교리, 문예 그리고 종보, 교계 소식 등 다방면의 원고를 취급할 계획"이라며 사부대중의 적극적인 협조와 동참을 강조했다. 또한 우리들의 기관지인 만큼 각자가 자기 것이라는 관념 하에 아끼고 또한 육성하는 데 협조를 당부하였다.

〈대한불교〉가 창간된 1960년대 초반은 나라 전체가 격동기였다. 6·25전쟁이 발발한 지 10년이 지났지만 전쟁의 상흔은 여전했고 국민들은 절대적 빈곤 속에 허덕였다. 이승만 정권의 극단적인 부정선거가 촉발한 4·19혁명으로 새로운 전기를 마련했으나 갓 싹튼 민주주의는 분열과 혼란으로 흔들렸다. 결국 혁명 1년 만에 일어난 5·16 군사정변으로 미래는 또다시 종잡을 수 없게 됐다. 불안한 상황은 불교계도 마찬가지였다. 불교정화 운동이 한창이었고 비구와 대처 간의 법적·물리적 쟁투爭鬪는 끝이 보이지 않았던 시점이다. 정화로 교단의 근본을 바로잡아야 했고 정화의 궁극적 목표는 불교의 위상 제고였다. 정화의 성공을 위해선 비구승의 연대가 요구됐다.

청담 스님은 창간사에서 "우리는 포교 상은 물론이요, 전국 각지에 그것도 심산유곡에 산재해 있는 각 사찰의 연락, 소식 교환 및 교리 연구 상으로도 항상 간행물의 필요성을 통감했다. 우리 사부대중들은 물론 사회제위들의 한결같은 편달과 수호에 의하여 급속히 발전되어 교세 확장에 크게 이바지 할 수 있게 되기를 바란다."고 강조했다.

1960년 5월 1일자에 실린 "대처승은 진정한 승僧일 수 없다"는 요지의 특집기사와 "석존釋尊의 성탄절을 국정공휴일로 정하자"는 사설이 단적인 예라 하겠다. 급변하던 시류에 대처하며 중심을 지키고 대응논리를 생산하는 일에도 힘썼다. "4·19혁명은 불의한 대처중의 사찰 점거를 허용하는 해이한 혁명이 아니다"라고 목소리를 높였는데, 이는 이승만의 실각 이후 반전의 기회를 잡은 대처 측을 견제하기 위한 의도였다.

초대 발행인 청담 스님의 발원에 힘입어 〈대한불교〉는 발전과

중앙일보 창간 5주년 기념식에서
삼성 창업주 고故 이병철 회장과 대화 중인 청담 스님.

혼란을 거듭하며 한국 불교계의 대표적인 포교지로서 위상을 다져왔다. 이후, 청담 스님의 막내 제자 혜자 스님이 불교신문 사장을 역임했다. 〈대한불교〉는 도제 양성, 포교, 역경이라는 종단 3대 사업을 내실 있게 추진하는 선봉에 섰다. 군승제도의 창설, 부처님 오신 날 공휴일 제정, 동국역경원의 정착, 해방 후 망실된 불교기본재산 찾기 운동 등은 당시 종단이 미처 나서지 못했던 불사들로, 〈불교신문〉이 앞장서 보도함으로써 현실화하는 데 크게 일조했다.

정화 운동이 본격화되면서 실추된 불교의 명예를 되돌리고 중앙 총무원과 지방 종무원, 사찰 간 결속의 강화가 요구되던 시기다. 불자들은 긍지와 소통을 원했고 그래서 불교 언론의 역할이 중요시되었다. 당시 불교 언론에 대한 관심과 열망, 포부는 컸으나 현실은 어두웠다. 총무원장이었던 청담 스님이 어렵게 구한 15만 원으로 착수한 언론 불사였다. 사옥은 마련하지 못하고 총무원 사무실 한쪽에 마련된 책상 하나가 곧 신문사였다. 정화 운동의 소용돌이 속에서 삼보정재의 절반이 소송비로 쓰이던 시절이었고, 나라 전체의 가난으로 전국 사찰은 경제적으로 매우 어려운 상황이었다. 직원 월급 맞추기도 버거웠고 제작비는 계속 빚으로 쌓였다. 재가자의 손에 경영권이 넘어갔다가 비불교적인 색채로 낭패를 보기도 했다. 다행히 1964년 걸출한 기업가였던 덕산德山 이한상 (李漢相:1917~1984) 거사가 인수하면서 도약의 발판을 놓았다. 이한상 거사가 운영권을 인수, 주간 대판 4면으로 지면혁신을 단행하며 일간지 못지않은 양질의 편집과 신문사 체계를 갖춘 것이 50여 년의 〈불교신문〉 역사에서 가장 안정되고

명동에 자리했던 대한불교신문 현판

불교신문 발전의 결정적 역할을 한
덕산 이한상 거사의 생전 모습.

알찬 신문을 발행한 시기로 평가되고 있다.

청담 스님이 불교 언론의 초석을 놓았다는 건 부인할 수 없다. 불교 정화를 향한 스님의 구상은 늘 치밀하고 장기적이었다. 〈대한신문〉 역시 불교 대중화를 위한 포석이었다. 만성적인 재정난에 허덕이고 1980년 언론통폐합 조치로 신군부에 의해 폐간되는 등 우여곡절도 많았지만 다시 〈불교신문〉이라는 이름으로 복간되었다. 그러나 청담 스님의 창간사처럼 '〈불교신문〉은 종도들의 원력이 모여 지금껏 살아남았다.

〈불교신문〉은 인재의 산실이었다. 당시 스님이었던 고은 시인과 《무소유》의 법정 스님, 운허, 경보, 추담, 서운, 행원, 광덕, 월탄, 자우, 지하, 정휴, 오현, 태정, 향봉, 법타, 정다운, 청화, 법철, 도수 스님은 〈불교신문〉에서 간부로 일하면서 집필을 통해 문장력을 키웠다. 또한 김동화, 이희익, 이종익, 서정주, 이기영, 서돈각, 오상순, 김동리, 조지훈, 박성배, 김법린, 김운학, 박종화, 안낙준, 박경훈, 김지견, 서경수, 선원빈, 송재운, 유엽, 황산덕, 서경수, 박충일, 목정배, 정병조, 권기종, 정태혁, 황필호, 송석구, 오진탁, 윤후명, 한상범, 김숙현, 김인수, 최정희, 양범수, 홍사성 씨 등 당대의 석학들이 연재를 하고 주필과 논설을 맡아 〈불교신문〉이 사회의 등불로서 자리매김할 수 있었다. 〈불교신문〉은 1965년 12월 16일 기관지령의 제정으로 조계종단의 공식적인 기관지가 됐다. 종단과 불교계의 이익을 대변하는 동시에 부처님 말씀을 널리 전하고 있다. 2003년부터 주 2회 발행도 눈에 띈다. '한 장의 〈불교신문〉, 한 사람의 포교사'란 캐치프레이즈는 오늘도 유효하다.

종교 간의 화합

법의 날 초청 만찬회에서 환담하고 있는 종교 지도자
(좌측 한경직 목사, 우측 김수환 추기경)

어느 날 청담 스님이 홍능의 과학 기술처를 방문한 일이 있었다. 그때에 담당 직원들은 기계 작동을 하면서 현대과학에 대하여 한참 자랑을 하였다. 이런 이야기를 들으신 스님은 "그 기계들이 아무리 잘 한다고 해도 내 마음이 움직여야 그놈도 움직이는 것이 아니냐?" 하고 마음 법문을 하였다. 그리고 아폴로가 달나라를 갔을 때 기자들이 소감을 물어오니, "이제서 달나라를 간 것이냐? 그것이 무어 그렇게 신기한 것이냐? 부처님께서 삼천대천세계를 말씀하여 놓은 것을 보라. 벌써 몇천 년 전에 달나라가 아닌 온 우주를 다니셨다. 그리고 아쉬움이 있다면 이제 토끼가 방아 찧던 아름다운 전설과 어린이들이 상상했던 낭만

아폴로 11호 우주인 암스트롱의 내방을 받고 대화하시는 청담 스님

이 하나 사라졌으니 안타깝다"고 하여 기자들이 깜짝 놀랐다는 에피소드도 있다.

청담 스님은 종교 간 화합의 선구자였다. 1965년 12월 청담 스님의 원력으로 불교·유교·원불교·천도교·천주교·개신교 등 6개 종단이 협의기구로 '한국종교연구협회'를 결성했다. 제1대 회장은 능가(能嘉, 범어사 내원암 회주) 스님, 제2대 회장은 노기남 대주교(가톨릭), 제3대 회장은 최덕신 교령(천도교), 제4대 회장은 강원룡 목사(개신교), 제5대 회장은 박양운 신부(가톨릭)였다. 1966년 12월 '한국종교인협회'로 명칭을 변경하고 1970년 2월 '한국종교협의회'로 다시 창립하여 제6대 회장에 월산(月山:1912~1997, 대한불교조계종 제5대 총무원장) 스님, 제7대 회장에 청담 스님, 제8대 회장 최덕신 교령(천도교), 제9대 회장에 서옹(西翁:1912~2003, 대한불교조계종 제5대 종정) 스님 이후 이병주 성균관장, 원불교 박길진 총장 등이 회장직을 수행해 왔다.

당시 스님은 명동성당에서 노기남 대주교의 집전으로 거행된 부활절 미사에 참석하는 등 종교 간 화합을 몸소 실천했다. 청담 스님을 곁에서 모시던 우경배 전 도선사 사무처장은 "한국종교협의회는 청담 스님에 의해 창립되었지요. 초대 회장으로 청담 스님이 추대되고, 총무는 능가 스님이 맡았지요. 한국종교협의회 창립 후 첫 모임을 도선사에서 가졌는데, 도선사 경내와 대웅전 뒷산에서 담소를 나누고 씨름을 하기도 하고 아주 허물없이 지냈어요. 그분들이 그렇게 편안히 지내셨던 것은 청담 스님은 항상 종교 간의 화합과 소통이 있어야 앞으로 우리 대한민국이 분쟁이 없고 발전할 수 있다고 강조하셨기 때문입니다."라고 당시를 회상했다.

종교 간의 화합과 소통을 강조하셨던 청담 스님께서 종교인협의회 주최
7대 종교 성직자들과 기념 촬영(원내는 청담 스님)

　이렇게 종교협의회의 구성도 청담 스님이 주축이 되었다. 매월 1회씩 돌아가면서 본부에서 최고 종교지도자들이 국민을 위한 회의를 하였다. 그 모임에서는 언제나 '마음'을 강조하는 스님이 최고 어른 노릇을 하였다. 노기남 대주교는 생전에 "다시 태어나게 되면 청담 스님을 뵙고 싶다"고 하였다.

　그리고 1967년경 청담 스님은 호국참회원을 건립하면서도 당시 천주교의 노기남 대주교, 김수환 주교, 기독교의 강원룡 목사, 한경직 목사, 불교의 능가 스님, 천도교의 김선적 사무국장 등 종교 지도자들을 도선사로 초청하여 도선사 석불전에서 모임을 갖고, 범종교지도자회의를 구성하면서, "종교인들이 이렇게 모여 너무나 기쁘니 우리 노래를 부르자"고 하면서 아리랑 노래를 부르기도 하였다.

　당시 상황을 월주 스님은 "청담 스님은 각 종교지도자들과 친분을 쌓으며 종교인들이 먼저 반성하고 각성해야 사회가 밝아진다고 역설하면서 어디에서

나 존경을 받고 인기를 끌었다."고 전한다.

청담 스님은 1968년에는 국민교육헌장 심의위원으로 선임되기도 했다. 교단의 정화와 함께 사회화합을 도모하고 종교간 친화를 위한 왕성한 활동으로, 초등학교 교과서에 실릴 만큼 나라의 어른으로 인정받고 있었던 것이다.

혜성 스님은 "청담 스님께서는 종교의 좋은 점만 말하고 실천하는 운동을 하는 종교회관을 짓자고 종교지도자들에게 항상 말씀하셨습니다. 호국참회원 건립을 추진하면서도 참회원 짓는 것보다는 종교회관 짓는 것이 더 급하다고 하시다가 그 꿈인 종교회관은 짓지를 못하고 떠나게 되었습니다."라며 안타까워했다.

1971년 〈조선일보〉 신년호는 '새해 정신생활의 혁신을 말한다.'는 주제로 주요 종교지도자들의 대담을 실었다. 조계종 총무원장이었던 청담 스님을 비롯해 김수환 추기경, 한경직 영락교회 목사가 초청됐다. 각자의 종교를 대표하는 수장이자 원로들이었다. 산업화가 한창 진행되던 이때 종교인들은 입을 모아 물질·물량주의의 위험성을 경고했다. 청담 스님은 "인류는 안 가본 곳이 어디인지를 되돌아봐야 한다."고 말문을 열었다. "안 가본 곳은 곧 나입니다. 나는 무엇이고 인간은 무엇인가 하는 것에 대한 물음은, 곧 자기 외면의 시대에 살아왔다는 것을 뜻하죠. 새해는 이 안 가본 곳엘 가는 해의 장엄한 출발이 되어야 할 겁니다."

청담 스님 탄신 100주년 기념행사에 참석한 후 청담기념관을 둘러보는 김수환 추기경

이렇게 막역하게 지내던 인연으로 생전의 김수환 추기경은 2002년 서울 삼각산 도선사에서 열린 〈청담대종사 탄신 100주년 기념법회〉에 참석해 스님의

유지를 기렸다. 김수환 추기경은 축사를 통해 "그분은 분명 깨달음의 경지에 이른 큰스님이었다."며 "그분이 구한 진리와 찾은 길은 한국불교의 교단정화 이상으로, 모든 한국인 아니 모든 인간의 마음속 깊이에서 찾고 있는 삶의 의미인 참 사랑과 참 생명, 바로 모든 존재와 생명의 근원 그 자체였다."고 말했다. 자신보다 10살 아래였지만 청담 스님은 김 추기경을 예우했고, 김 추기경도 청담 스님을 존경해 마지않았다.

스님은 한국종교협의회를 만들면서 단순히 종교 간의 화합만이 아니라 남북평화통일, 세계평화를 위해 세 종교가 나서자고 뜻을 모았다. 스님은 평화와 화합을 위해서라면 종교가 걸림이 돼서는 안 된다는 열린 생각을 가졌다. 동광(東光, 청담장학문화재단이사장) 스님은 "은사스님께서는 종교 간 대화를 하는데 만약 장삼이 걸림이 되면 내가 장삼을 벗겠다고 하실 정도로 종교 화합을 위해서는 모든 상(相)과 우월감, 허례를 벗어 던지고 대화하여야 한다고 강조했다."라고 전했다.

종교지도자 새해 특별좌담

〈조선일보〉가 1971년 새해 특별좌담 '정신세계의 혁신을 말한다.'는 주제로 청담 스님(조계종 총무원장), 김수환 추기경(서울대교구), 한경직 목사(영락교회)를 초청했다. 조덕송(논설위원) 씨 사회로 진행된 종교계 3대 지도자 토론을 요약 정리한다.

조덕송: 80년대를 바라봐야 하는 71년이 기어이 열렸습니다. 이 시기를 살아가는 한국인으로서 우리는 어떤 정신적 지표와 생활태도를 가져야 하겠

조선일보 새해 좌담. 왼쪽부터 청담 스님,
사회자 조덕송 논설위원, 한경직 목사, 김수환 추기경.

습니까?

김수환 추기경: 나의 관점으로 보면 물질적인 면에 반비례해서 정신적인 면이 어두움에 가려 있고 도덕이란 것도 실감나지 않습니다. 여기에서 종교가 과연 우리에게 어느 정도 어필하고 있느냐도 새로운 문제가 되는 것 같습니다.

조덕송: 물질주의의 우월 현상은 확실히 격변의 한 면모이고 반면 윤리부재 현상이 전환을 강요하고 있는데 정신적 돌파구를 어디서 찾아야 합니까?

청담 스님: 한마디로 인류가 안 가본 곳이 어디냐를 돌아봐야 합니다. 과학, 철학, 종교에 있어서 인생은 끊어져 있습니다. 안 가본 곳은 곧 나입니다. 내가 뭐냐? 인간이 뭐냐? 하는 것에 대한 물음은 곧 자기외면의 시대를 살아왔다는 것을 뜻하죠.

조덕송: 그럼 자아 상실에서 자아 발전에의 지향으로 제시하는 새로운 인간회복엔 어떤 시도가 가능합니까?

한경직 목사: 인류가 줄달음쳐 온 일방적인 방향은 인간에게 새로운 과제를 벽으로 주었죠. 자연과학의 발달이 생활에 변혁을 주었고, 엄청난 지식은 그만큼의 능력을 부여했으나 이에 따라야 할 덕성과 인격은 아직 동굴 속의 원시성을 완전히 벗어나지 못한 불균형 상태입니다. 인류의 자멸은 정신혁명으로만 막을 수 있다는 것을 자각해야 할 때가 바로 이 시점이라고 봅니다.

조덕송: 이미 문턱을 넘어선 어려운 시대라고 풀이하셨는데 한국에 있어서 생활 속의 정신영역은 어땠을까요?

김수환 추기경: 해방 이후 세계에서 들어오는 물질문명을 이겨 낼 정신적 방패가 없었죠. 전통적인 중국으로부터의 불교, 유교문화의 바탕은 있었지만 민족 전체를 이끌 구심력은 빈곤했죠. 거기다 이념적 분열이 곁들어져 민주와 공산의 대결이 다급한 문제로 나타났습니다. 우리 스스로를 제대로 발견하기 전에 이 소용돌이에 휘말린 것이 큰 문제이죠. 요즘 국민 전체가 새로운 각성을 요구하는 정신적 갈구가 심합니다. 부정적이 아니고 긍정적인 갈구를 하고 있는 것이 느낄 수 있는 국민의 표정이라고 생각해요.

청담 스님: 오늘의 실정에 이르기까지 정신적 상황은 그 말이 옳습니다. 그런데 요즘 매스컴을 통해 보면 물질문명 선진국에 너무 아부하는 듯한 인상을 받아요. 이것은 아부라기보다 우리의 고유 사상이 없다는 것으로 보는 게 옳겠죠. 우리 한국인은 외국에 가서 국적 밝히기를 싫어하는데 이것은 우리의 정신 상태를 다 말하는 것이라고 봅니다.

조덕송: 자아 상실이 민족 상실로 확대되어 간다면 우선 그런 뜻에서의 민족적 자아 회복이 큰 문제겠군요?

청담 스님: 세계를 같이 호흡하고 살 수 있는 인류가 정신적 가치창조에 공동으로 참여치 않고서는 부분적 치료가 어렵다고 봅니다. 한국을 바로 잡는 정신도 쇄국 한국이 아닌 이상 보편적인 인간의 주체성을 찾는 것이 빠른 지름길이라고 생각해요.

한경직 목사: 20세기를 바라보고 오던 19세기가 물질 물량주의였다면 80년대를 바라보는 새로운 세대의 출발은 정신계발의 출항이어야 합니다. 이것을 우리 사정에 연역시키면 경제는 성장하지만 부익부 빈익빈의 격차가 어떤가하는 고민을 해야 하고, 경제 발전에서 오는 부가 공평히 분배되느냐하는 경제정의 실현의 문제와, 남북통일을 하기는 해야겠는데 어떻게 해야 하겠느냐는 과제인 것입니다.

조덕송: 부정부패, 부의 사회 환원, 분단민족으로서 해야 할 당위성 등 주체의식의 상실이란 각도에서 민족주체의식이란 구체적으로 무엇을 말합니까?

김수환 추기경: 우리 민족의 긍지를 나타내는데서 민족 주체를 집약 표현할 수 있는 것이죠. 우리가 요즘 충무공 등 추앙의 대상을 새롭게 높이고 유적을 재건하며 우리의 정신적 유산을 재발견하는 데 힘쓰고 있지 않습니까? 그러나 절대로 편협된 의미의 민족주의가 되어서는 안 되고 폐쇄적인 한국이 되어서는 안 되는 것이죠. 세대를 초월해서 어필할 수 있는 보편적 가치관으로서 민족정신의 결정체가 이것이다 하고 공감할 수 있는 것으로 부각시켜야 합니다.

청담 스님: 인간을 물질과 같이 보는 유물사관은 인간의 절대적인 존엄성을 부인하고, 무엇과도 바꿀 수 없는 자유를 인정치 않습니다. 그래서 개인의 자유를 부정하는 이데올로기와 싸운다는 뚜렷한 이유를 자기 자신이 확신 납득해야 합니다. 그러나 인간은 정신적인 혼란이 있어요. 자기중심으로 살기 때문이죠. 나 한사람으로부터 모든 사람에게 주어진 책임은 공통된 책임입니다. 그런데 물질은 허실이 있거든요. 물질이 나를 대표할 수는 없습니다. 마음이 나를 내세우게 합니다. 나를 확대하면 결국 한국인은 한국인에게 호소할 수밖에 없는 것입니다.

한경직 목사: 신앙으로 불교를 믿든 구교를 믿든 신교를 가지든 간에 하나의 민족 얼을 가졌다면 조금 전 말한 경제는 성장하지만 부익부 빈익빈의 격차가 어떤가하는 고민을 해야 합니다. 경제 발전에서 오는 부가 공평히 분배되느냐 하는 경제정의 실현의 문제와, 남북통일을 어떻게 해야 되느냐는 문제도 해결될 것입니다. 북한 동포가 공산당을 하더라도 민족 얼을 지녔다면 남북통일을 낙관할 수 있을 것입니다.

조덕송: 이런 주체의식의 실상을 현실 생활에서 찾아보도록 하겠습니다.

김수환 추기경: 피가 물보다 진한 것을 우리는 실감하지만 그렇다고 억지로 조작하는 것은 극히 삼가야 할 일입니다. 정치·경제·사회문제와 주체의식을 하나의 기능으로써 투입시키는 것은 결국 국민 전체가 성장할 수 있는 민주주의 기틀을 쌓는데 자신의 분야에서 이바지하는 길 밖에 없어요.

조덕송: 결국 민족의 얼을 몇 사람의 창작으로 구현시킬 수 없는 것이고 우리 피 속에 담겨진 공동의식 또는 숨결을 민족의 단위로 꽃피워야 한다는 말씀이군요.

김수환 추기경: 정부가 싸우면서 건설하자는 구호를 내걸고 일하는데 국민전체가 호응할 수 있는 구심력을 가지고 있는지가 문제입니다. 정의로운 정치로 빈부의 격차를 좁혀 소외감을 갖는 국민 층을 없애야 민족 주체의식이 결정되고 또 성장할 수 있는 것입니다.

청담 스님: 교문을 나서는 학생들이 방황을 합니다. 집이 비어 있다, 부모님이 나무라고 싸운다, 어머니가 나쁜 줄 알았는데 아버지가 더 나쁘다, 그래 집에 가기 싫다는 겁니다. 이런 가정의 불화를 국가라는 단위로 확대 해석한다면 상징적인 청소년의 정신적인 방황은 큰 문제입니다. 또 민족으로 확대시켜 보십시오.

한경직 목사: 우리는 사회와 국가의 평화를 희구해 왔고 남북통일도 평화로운 것을 바라고 있고 세계문제도 평화롭기를 바랍니다. 그러나 이 평화는 어느 한 사람이 타인의 인권을 무시하는 곳에서도 가능합니다. 문제는 자유가 보장되는 평화여야 한다는 것이죠. 그러므로 통일도 자유가 보장되는 사회체제로 되어야 하는 겁니다. 그러나 또 아무리 자유가 있다 해도 정의가 있어야 합니다. 사회정의가 살아야 부의 분배, 부정부패의 문제가 해결되는 것이거든요. 여기에 하나 더 사랑하는 사회가 되어야 합니다.

김수환 추기경과 환담 중인 청담 스님

조덕송: 종교가 협력된 힘으로 평화·자유·정의·사랑의 사회구현을 위해 적극적으로 참여해야 되지 않겠습니까?

김수환 추기경: 종교는 사회를 위해 봉사하는 종교로 현대 종교의 역할이 변화하고 있어요. 고아나 불우한 처지의 사람을 바라보는 입장에서 돕는 소극적 역할보다 그런 불행한 사람이 나오는 근본 원인을 해소시키는 데 적극적으로 참여하는 역할을 해야 하는 거죠. 여기에 성실을 강조하고 싶어요. 우리 사회가 성실성이 결여되어 큰 문제입니다.

한경직 목사: 현대사회의 종교 역할에 대해서 우리는 인간이 도덕적 행위에 있어서 인간이 주체로 돌아가야 합니다. 그래서 인간 주체의 본성을 이해하는 데 주의를 집중시켜야 하는 것입니다. 종교의 도덕은 인간의 사회적 역할들에 대한 언급을 위해 종종 사용됩니다. 그것은 실천적인 과제로서, 한 사람의 행동을 그 사람이 믿는 옳음과 선함의 빛에 따라 방향을 정해 주는 역할을 합니다.

청담 스님: 불교의 자비, 기독교의 사랑 등 각 종교는 저마다 나름의 윤리적 덕목을 지니고 있습니다. 개인의 종교적 생활이 사회 발전에 기여하지 않고, 종교가 인류에 발전적 영향을 끼치지 않는다면 종교는 사회로부터 배척되기 마련입니다. 살아 숨 쉬는 종교가 되기 위해서 대사회적 활동은

필수불가결한 문제입니다. 이러한 대사회적 활동을 위하여 종교계는 많은 반성과 노력을 기울여야 할 것입니다. 세상이 변하고 있습니다. 그럼 종교도 변해야 하지 않을까요.

지성인과의 대화

춘원春園 이광수의 불교 귀의

《법화경》으로 청담 스님과 논쟁한 춘원 이광수

청담 스님의 회고록에는 춘원春園 이광수(李光洙:1892~1950)와의 인연이 소개돼 있다. 춘원은 일제강점기 대표적인 문인文人이었다. 한영 스님의 개운사 대원암 불교전문 강원을 왕래하던 춘원은 불교학에 매료돼 있었다. 이광수는 초대 동국 역경원장을 지낸 운허 스님이 6촌 형님이었다. 어느 날 운허 스님은 청담 스님에게 "6촌 동생이 10년 공부 끝에 《법화경》 번역을 마쳤다는데 틀림없이 오역誤譯이 있을 터이니 감수를 봐 달라."고 요청했다. 춘원은 당대 최고의 문인이며, 인기 작가였던 만큼 필경 명역名

譯으로 인정받을 터이고 혹시 모를 불교의 왜곡을 막아야 한다는 속내였다. 개운사開運寺 대원불교 강원에서 수학했던 청담 스님은 그 길로 자하문 밖 소림사少林寺에 머물고 있는 춘원을 만났다.

> 그의 안색엔 병색이 짙게 깃들어 있었고 그런 이들이 갖는 재기才氣를 온몸으로 풍기고 있었다. 그는 《법화경》에 심취해 있는 것 같았다. 그 《법화경》이야말로 완벽한 종교서적이며, 그 문장의 유려함과 비유의 광대함에는 놀라지 않을 수 없다고 칭찬에 대단했다. 그러나 그때의 그의 불법佛法 이해력은 내가 보기에 미미하기 그지없는 것이었다. 그래서 춘원과 3일 동안 쉬지 않고 의견을 나눴다. 밥을 먹고 변소에 갈 때에도 대화를 그치지 않았다. 나흘째 되던 날 고집을 꺾지 않던 춘원의 마음에 동요가 일었고 나는 더욱 설법에 열을 올렸다. 이리하여 7일이 지나니 춘원 선생은 제행무상諸行無常 제법무아諸法無我의 법리를 대략이나마 깨달은 것 같았다. 그때 나는 춘원에게 《법화경》을 번역하지 말라는 말은 한 마디도 안 했다. 그러나 그는 내가 남기고 간 말의 뜻에서 그것을 알아차렸고, 그 뒤로 그것에서 손을 떼었다. 역시 그는 재치 있고 총망한 젊은이요, 불교에 인연이 깊은 사람이었다.

청담 스님은 가톨릭 신자인 춘원이 《법화경》의 이상적 내용에 반해 소설적으로 불교를 생각하고 번역하려 하는데, 그의 명성 때문에 번역이 잘못돼도 그게 옳다고 믿을 것이기 때문에 위험하니 그를 설득하려 한 것이다. 그래서 춘원을 만나 며칠 동안 토론을 거듭했다. 그리고 결국 춘원이 경전을 펴놓고 각 품品마다 묻고 대답하기에 이르렀고, 이때 청담 스님은 아직도 《법화경》을 읽을 때마다 모르는 것이 새롭게 발견될 것이니, 《원각경圓覺經》과 《능엄경》을 읽어보라고 권했다.

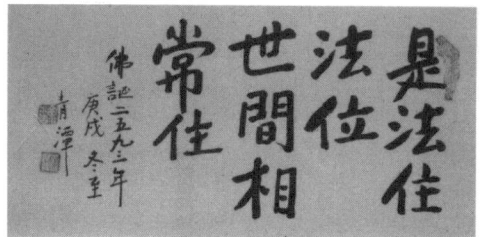

1970년 동지에 청담 스님이 쓴 《법화경》의
시법주법위 세간상상주是法住法位世間相常住.
'우주의 법의 자리에 머물러서 세간의 모습이
그대로 항상 머물러 있다'는 구절

그리고 3년 후 다시 만나자, 춘원은 "《원각경》을 읽은 뒤 《법화경》을 대하니 그 깊은 뜻을 헤아릴 수 없어 정말 모르겠다."며 "다시 읽어 볼수록 모르는 게 더 많아지고, 전에 알았다고 큰소리친 것이 유치한 것이었음을 알겠다."고 고백했다. 춘원은 이 인연으로 불자가 되었으며, 결국 청담 스님의 한결같은 믿음이 경전 번역의 오류를 막는 동시에 춘원 이광수라는 시대의 걸출한 문학가를 불자로 만든 것이다.

춘원이 쓴 《육장기》의 소림사 시절 이야기 부분에 올연兀然 선사란 인물이 나오는데, 그가 바로 청담 스님이다. 올연兀然이란 불명佛名은 깨달음을 만공 선사로부터 인가받고 전수받은 도호이다. 이후 춘원은 소림사에서 청담 스님을 만난 이후 삭발削髮을 하고 염의染衣를 입고 금강산 마하연에 출가하여 불교에 귀의하였다. 이후 청담 스님은 춘원을 그리워했다.

청담 스님과의 인연으로 춘원 이광수가 출가한 금강산 마하연

지금은 북녘 어느 하늘에 살고 있을 선생의 미소 짓던 모습이 눈에 선하다. 7일 동안 춘원 선생과의 소림사 생활을 버리고 물 따라 구름 따라 흘러가야 하

는 운수납자의 생활로 돌아가는 그에게 다음과 같은 말을 남겼다. "전에 당신이 《법화경》을 볼 때는 많이 아는 것 같았지만 앞으로는 자꾸만 어두워질 것이오." 어떤 경전이나 마찬가지겠지만 불법의 대의를 모르고 《법화경》을 볼 때와 알고 볼 때의 차이를 그에게 말해 주었다. 알면 알수록 어려워지는 것이 불경이라고 말이다. 가지를 붙들었나 해서 보면 잎사귀요, 원줄기를 붙들었나 해서 보면 겨우 가지를 붙든 것이다. 이처럼 불법의 진리에 도달하기까지에는 수십 수백의 눈에 보이지 않는 관문을 지나야 되는 것이니 춘원 선생은 이제 그 첫 관문을 들어선 것이다. 춘원 선생의 《법화경》에 대한 자신만만한 패기는 꺾이고 《법화경》에 대한 꿈을 버리었다. 그 후 춘원 선생은 《꿈》, 《이차돈의 사》, 《단종애사》 같은 작품을 냈는데 남들은 러시아 작가 톨스토이의 인도주의의 영향을 받았다고들 하지만 나의 생각으로는 불교의 유심 사상과 자비 사상이 깃들어 있는 작품들이리라.

춘원이 출가하기 몇 년 전 서울 안암동에 있는 개운사에서 육당六堂 최남선(崔南善:1890~1957)과 춘원 이광수를 만난 자리에서 불교의 의식을 해석한 책자인 《불자필람佛子必覽》을 우리말로 번역해 줄 것을 부탁하였다. 최남선은 능력이 없어 못하겠다고 겸손하게 사양했으나 이광수는 즉석에서 승낙을 했는데 한 해 두 해 미루어 오다가 끝내 그 뜻을 이루지 못했다. 이에 대해 청담 스님은 "내가 알고 있는 춘원 선생은 재기 있고 총명하여 잡다한 사회의 중시중비衆是衆非를 물리칠 줄 아는 현명한 지혜와 용기를 겸비한 원숙한 인격자이다."라고 말했다.

조지훈시인과 지상紙上 논쟁

청담 스님과 동탁東卓 조지훈(趙芝薰:1920~1968) 시인이 정화를 주제로 한 지상 논쟁을 벌여 당시 화제가 되었다. 1963년 8월 12일 조지훈 시인은 '한국불교를 살리는 길'이란 제하의 기고문을 〈동아일보〉에 실었다. 그는 동국대 전신인 혜화전문 국문과 출신으로 졸업 후 월정사 강원 강사로 소임을 보기도 했다. 기고문의 요지는 '비구 측의 정화 요구를 원칙적으로 지지하기는 하나 대처승은 스님이 아니라는 논리는 지나치다.'는 것이었다.

당시 청담 스님이 주장했던 불교정화 원칙은 ①독신·대처를 막론하고 현재 승적에 있는 자의 승려로서의 기득권을 인정한다. 독신승을 수행승, 대처승을 교화승이라 한다. ②일체의 승직자는 사찰경내에 대처, 세속 생활하는 것을 승인하지 않는다. 다만, 포교당의 포교사와 종립학교 교직원에 한해 예외를 둔다. ③국가 또는 사회기관에 종사하는 경우 승려의 휴적 제도를 둔다. ④일체의 승려는 삭발해야 한다.

정화문제로 지상논쟁을 벌인 동탁 조지훈 시인

불교종단 통합원칙은 ①단일종단 아래 수행종단과 교화종단을 두되, 교화승은 독신. 대처를 불문한다. ②승려별 등록을 실시하여 자유롭게 승단 소속을 선택하게 한다.

대처승을 옹호하는 발언에 청담 스님은 불교의 대중화나 현대화라는 것은 제도상의 방법론이지 불교의 원칙을 고쳐 승僧을 속화시킨다든지, 교리를 변질시키는 것은 아니라면서 대의명분을 고수했다. 조지훈 시인은 이에 지지 않고 '독선심의 장벽'이란 제목의 글로 2회에 걸쳐 재반박했다. 청담 스님도 다시 붓을 잡아 '유문유답有問有答'이라며 비판의 강도를 높였다. 당시의 논쟁은 불교계의 큰 이슈였고 정화의 당위성에 대한 국민적 관심을 높이는 계기가 됐다.

조지훈 시인은 '한국불교 살리는 길'에서 "비구승 측의 선先 정화 후後 통합 원칙은 대처승은 아무리 공부를 많이 하고, 법랍이 높아도 승려가 아니라 단순한 재가불자이므로, 이들을 정화시켜야 된다고 주장한다. 또 대처승 측의 선 통합 후 정화는 분규 이후 급조된 비구승들이 불교 교리도, 의식도 모르고 선의 불립문자를 방패삼아, 정규의 불경학습도 거치지 않은 자들이 교권을 농단하는 사실을 들어 그게 무슨 중이냐고 한다. 위 쌍방의 주장을 계속 고집하면 종단이 분단될 수밖에 없다. 불교분규의 발단은 지나치게 세속화한 불교의 정화 문제로 발단되었고, 그 정화의 선결 문제와 승려의 자격 문제로 분열되었다. 필자는 비구승 측의 불교정화 요구를 원칙적으로 지지한다. 다만, 일본 식민지를 통하여 이미 1세기 가까운 승려대처 허용의 풍토와 관습을 부정하고, 이 대처승을 단순히 일반 신도로 간주하는 주장은 독선이다. 마찬가지로 대처승 측의 불교의 대중화, 현대화란 시대적 요청을 지지한다. 다만, 지나친 세속화로 교화자의 위의를 상실하고 특히 속인과 다를 바 없는 생활은 사회의 지탄을 받고 있으므로 이러한 행위는 찬성할 수 없다. 현 단계에서는 불교정화는 대처승의 지나친 세속화 견제와 소생으로서만 실효를 거둘 수 있다는 주장은 타당성이 있다."고 주장했다.

이에 대해 청담 스님은 "진리의 경우에는 타협이란 있을 수 없다. 진리를 위한 불교의 정화 운동과 같은 파사현정(破邪顯正, 부처의 가르침에 어긋나는 사악한 도리를 깨뜨리고 바른 도리를 드러냄)의 법전法戰에 한해서는 어느 편 주장이 정당한가가 문제이지 타협이란 있을 수 없다. 조지훈 씨와 같은 속인(신분)들로부터 시비를 조장하지 말고 묵묵히 수행에 매진하는 길밖에 다시 다른 길이 없음을 자각하시기 바란다. 승단의 영도권은 오직 승려에게 있는 것이요, 속인은 아무리

성자의 지위에 간 사람이라도 주어지는 권리가 아니다. 대처승은 승려가 아니다. 그러므로 한국불교 종단의 재산은 승단의 부수물이요, 속인의 소유가 아니다."라고 반박했다.

다시 조지훈 시인은 '이청담 선사의 소론을 읽고'에서 "통합에 대한 쌍방의 성의를 타진하려는 필자의 의도는 청담 스님에 의하여 일고의 가치도 없는 냉소로 반응됨으로써 이에 일방의 관문에서 거부되었다. 청담 스님은 파사현정이란 이름의 아집을 방패삼아 철두철미 화동의 길을 거부하고 있다. 청담 스님이 취한 필요 이상의 의식적 고자세를 허물할 생각은 전혀 없다. 왜냐하면 청담 스님이 성실한 검토와 교회가 아니고 감정적인 흥분에 사로잡혀 있음을 보기 때문이다. 불교의 불법승 삼보의 하나인 승가는 화합이 가장 중요하다. 부처님은 이러한 승가가 화합으로 뭉칠 것을 가르친 줄로 알고 있다. 분쟁이 있다 해도 관용과 양보로 타협해야 한다는 것이 보통인데, 종교집단에서는 무엇이 정正이고 사邪인지를 가리는 것이 중요하기 때문에 타협은 있을 수 없고, 살벌한 법전法戰을 치를 수밖에 없다는 논리는 인정할 수 없다. 정화 운동이란 이름하에 실제로는 쌍방이 다 집착을 놓지 못하고 있는 것은 결국 사찰과 재산이 아닌가? 이 살벌한 양쪽의 싸움에서 병든 세상을 구원하는데 불교의 평화와 관용의 자비정신에서 광명을 찾으려던 우리의 기대가 무참하게 무너져 버린 것이다."라고 주장했다.

청담 스님은 조지훈 시인의 두 번째 글을 읽고 '유문유답有問有答'이라는 글을 통해 반박을 했다. "한국의 중진 시인으로 조지훈 시인이 우리 종단에 대해서 시비를 건다는 삼갈 줄 알아야 한다. 호법정신에서 좌시하기 안타까워 꼭 충고를 하고 싶은 경우라면 종단의 기관지나 또는 은밀히 종단의 결의기관에 제의해도 될 문제가 아니었겠는가? 조지훈 시인이 우리 종단의 분규가 재산 싸움이라고 규정했으나 이는 정곡을 알지 못한 일이다. 출가 승려로서

삼보정재를 수호하기 위한 정화투쟁을 재산권 투쟁이라고 판정하는 것은 큰 착각이다. 조지훈 시인의 언론자유도 존귀하지 않음은 아니나, 우리 종단에서 청탁하지 아니한 무풍기랑(無風起浪, 바람이 없는데도 파도가 인다는 뜻)이라고 아니할 수 없다. 비구-대처의 논쟁의 명분은 계율戒律에 있는 것이다. 이것은 분명히 불교 초기 부처님 시대에 비교해 보더라도 비구승이 처자妻子를 거느리고 있다는 것은 계율에 분명히 어긋나는 것임에 틀림없다. 이것은 우리나라 불교가 일본 식민주의의 일환으로 이용되는 과정에서 대처승이 활성화 된 것이다. 이것을 바로잡고, 잘못되었으니 고쳐야 한다."는 게 청담 스님 주장의 요지였다.

〈동아일보〉와 특별 대담

청담 스님은 동아일보 권오기 논설위원과 대담을 하였다. 그 대담 내용은 아래와 같다.

권오기: 스님의 종교관이라 할까. 종교라는 것을 어떻게 보시는지요?
청담 스님: 한마디로 영원하고자 하는 욕구, 그것에 대한 해답의 시도라고나 할까요. 사람이 산다는 것이 무엇입니까. 산다는 것은 바로 죽는다는 것입니다. 말이 10년을 살았다고 하지만 살았다는 10년은 다시 만날 수 없는 10년, 바로 10년을 죽었다는 뜻 아닙니까. '산다'는 말은 '불사른다'의 '사른다' 즉 '태운다'는 뜻을 갖고 있는 것입니다.
권오기: 그런데 그런 삶이 아닌 정말로 사는 것, 그것도 영원히 살려는 것이 사람의 욕구 아닙니까?

청담 스님: 산다는 것은 바로 우리가 느낀다는 것입니다. 아니 데카르트식의 '생각을 하니까 존재한다'는 그런 이야기와도 다릅니다. 생각한다는 것이나 느낀다는 것은 어떤 대상을 놓고 하는 이야기지만, 그 느끼기 이전의 주체, 그것이 바로 내 삶의 근거입니다. 내 삶의 근거를 찾는 것 그것이 불타의 경지가 되는 것이지요. 거기서는 모든 것이 나이니까 나와 나아닌 것과의 거리도 없고 윤회에서 해탈하여 시문도 없는 전체가 나이고 영원히 나인 그런 경지에 들어서는 것이지요.

권오기: 청담 스님께서 처자를 버리고 출가하였는데 진욕眞慾을 위해서 있을 수 있는 일인지 몰라도 가족을 생각하면 바로 자비가 아닌 무자비로 생각되는데 어떻습니까?

청담 스님: 아니 나와 보살출가 이전의 부인 대도성보살은 내외간이라기보다 출가할 무렵엔 동기처럼 되어 있었지요. 내가 불교와 만난 후 약 2년 남짓 함께 살았는데 그동안 우리는 도반道伴이 되었고 마지막에는 내가 원하는 바는 출가하여 비구니가 되는 것이라고 함께 출가하자고 했지요. 자기는 부모를 모셔야 한다고 해서 집에 남았지만 내가 출가한 뜻을 이해하고 있었고 단독으로 내 욕심을 위해 집을 버린 것은 아닙니다.

권오기: 지금껏 입버릇처럼 외우는 불교정화에 뛰어들어 집념을 불사른 이유가 있나요?

청담 스님: 36년간 일제 때문에 우리의 혼은 마비되었습니다. 왜색 승이 물러나고 우리 불교가 들어 앉아 우리의 혼을 되찾아야 한다고 생각했습니다. 절간이 요정처럼 되어있고, 자기네 아이들은 유학을 보내놓고, 거리의 아이들을 머리를 깎아, 파는 음식을 나르게 하고, 새벽에 신도가 찾아오면 마누라 품고 누웠던 그 손으로 목탁을 치는 그런 중이 중입니까.

권오기: 몹시 어려운 가운데에서의 종정이신데 한국불교의 과제를 우선 무엇

으로 꼽고 계시는지요?

청담 스님: 한마디로 근대화, 조직화입니다. 지금 불교도를 5백만이고 합니다만, 병이 나면 절을 찾는 우리나라 사람이고 보면 3천만이 모두 불교라고 해도 좋습니다. 그런데 그것이 전혀 조직이 안 되어 있기 때문에 불교는 아무 기여도 못하고 있는 것이고 재정도 말이 아닙니다. 5백만 신도가 한 달에 1원씩만 내어도 5백만 원이 되는데, 우리는 조직화가 안 되어 가난하기만 합니다. 이를 극복하기 위해서는 불교 근대화 5개년 계획을 실천해야 합니다.

권오기: 이를 실천하기 위한 구체적인 말씀을 해주신다면요?

청담 스님: 우리 종단이 우선 내거는 3대 사업이 있습니다. 첫째 도제 양성의 근대화, 둘째 팔만대장경을 비롯한 역경 사업, 셋째 포교의 근대화 등이 그것입니다. 우리가 가령 동국대학을 갖고 있기는 합니다만, 아직 현대인의 지도자가 될 부처님의 제자를 길러 내야겠다는 우리의 생각을 제대로 반영시키고 있다고 할 수 없습니다. 원래 비구, 비구니 양성을 근대화한다는 것은 가톨릭의 신학대학에 해당하는 승가대학이 세워져야 합니다. 포교의 근대화라고 하는 것은 오히려 석가釋迦 때로 돌아가는 것입니다. 즉 행각포교行脚布教라고 하는 것, 가만히 절간에만 들어앉아 포교하는 것이 아니고 중생들에게 뛰어들어 포교하는 옛날로 돌아가는 것입니다. 역경사업은 지금 대장경 번역을 50년 계획으로 잡고 해마다 1천 3백만 원씩 정부의 보조를 받아가며 진행 중입니다만, 우리의 경만 번역하는 데 그치지 않고 각국의 경을 다번역

1963년 법주사 수련대회 후. 오른쪽부터 지하·청담 스님, 이한상 거사, 왼쪽 두 번째부터 홍도·혜성 스님.

하고 비교하여 우리의 것으로 세계의 표준 불경을 만들어 보자는 것입니다.

권오기: 불경의 경우 우리 대장경은 어느 정도의 것으로 평가되나요?

청담 스님: 한문으로 된 경 가운데서는 표준입니다. 그러나 범어경, 그밖에 갖가지 말로 된 번역 가운데는 훌륭한 것이 많고 특히 일본만 해도 불교학의 수준이 상당합니다. 우리나라에도 불교 논문으로 노벨상을 타는 학자가 나오면 법계 대교과가 될 것입니다.

권오기: 북한의 불교에 관해선 어떤 생각이신지, 또 구체적으로 어떻게 해야 하는 상황인지요?

청담 스님: 절간은 그대로 서있는 모양이고 어떤 것은 문화재로 아낀다는 이야기는 들었지만 대부분은 무슨 국민수양도장國民修養道場이라 해서 공산주의를 위해 사용하고 있다더군요. 공장 노동자들의 휴양시설로 쓰지도 하고 말입니다. 중도 몇몇 절간을 지키기 위해 남겨둔 곳도 있는 모양이지만 대부분의 중이 공장으로 징용당해가지고, 말하자면 불교가 거의 없어진 산태라고 해도 과언이 아니라고 봅니다. 그러나 불교 교리가 죽어 없어질 리는 없고 북한의 해방, 남북통일이 보다 불교의 길로 해결될 성질의 것임은 다른 경우와 마찬가지입니다.

강원룡 목사와 인연因緣

도선사에서 허심탄회하게 대화를 하기도 한 평화포럼 이사장인 강원룡(姜元龍:1917~2006, 평화포럼이사장) 목사는 청담 스님과의 인연과 일화를 소개했다. "청담 스님은 말하자면, 어른, 진짜 어른이라고 본다. 맛과 멋이 있는 인물로 높은 차원과 자세에서 모든 것을 내다보니, 그 안에서는 대립이 있을 수 없다."

강원룡 목사는 1965년 크리스찬 아카데미를 설립한 뒤 종교와 지역, 정파 간 대화를 위해 평생 노력했다. 청담 스님이 조계종 종정으로 있던 1960년대 후반 불교도대회에서 강원룡 목사가 축사를 했다. 여러 종교가 함께 시대와 역사를 위해 역할을 해야 한다는 내용이었다. 강원룡 목사는 청담 스님에 대해 "속이 탁 트인 어른이었다."

종교 간 화합 문제로 청담 스님과 많은 대화를 나누었던 강원룡 목사

고 회고했는데 2002년 만해상 평화부문 수상 이후 인터뷰한 스님에 대한 회고담의 요지만 정리해 본다.

목사님과 청담 스님의 만남은 어떻게 이루어지게 되었나요?

강원룡 목사: 제가 그분을 처음 만난 것은 스님께서 조계종 종정이 된 이후 크리스찬 아카데미에서 종교 간의 대화모임을 가졌을 때로 알고 있어요. 1965년 10월 18일 용단산 호텔에서 열린 6대 종단의 대표자 모임이 시작이 되었지요. 그때 청담 스님이 발기를 하여 제가 앞장섰고 능가 스님, 김운학 스님이 청담 스님의 추천과 지원으로 참석하게 되어 초대회장을 능가 스님이 맡게 되었지요. 제가 제4대 회장을 했어요. 청담 스님이 제7대 회장을 하면서 본격적으로 교류를 하게 되었지요. 1970년 스님께서 회장에 피선 되었는데 스님께서 열반에 드시면서 천도교 최덕신 교령이 회장을 맡았다가 서옹 스님이 다시 회장이 되셨지요.

크리스찬 아카데미 설립 이후 자주 스님과 만난 것으로 볼 수 있겠군요?

강원룡 목사: 그렇지요. 1966년 겨울부터 아카데미에서는 종교 간의 대화가 자주 있었는데 그 당시 청담 스님이 자주 오셨어요. 주장자를 짚고 오셔서 대화를 처음부터 끝까지 경청하셨는데 저에게는 그때 그 인상, 말투, 농담이 아직도 뚜렷해요. 그 후로 스님과 많은 이야기를 나누었는데 청담 스님은 키가 크고, 지팡이도 크고, 사람이 커요. 나는 청담 스님보다 15살 아래인데도 가까이 대해주시고 나는 공적으로나 사적으로나 청담 스님을 좋아했고 그분은 툭 터진 양반이었죠. 이따금 저에게 전화를 해요. 반말로 "어이 강 목사 오늘 바빠? 바쁘지 않으면 나하고 얘기 좀 해." 합니다. 그래 아카데미 하우스에서 얘기도 하고, 주무시고 가셨는데 음식은 가져온 것을 드셨지요. 스님은 말씀을 길게 하세요. 그래서 같이 온 사람들이 간단히 하라고 전하지요 그러면 "나 그만 하라고?"하면서 갑자기 "천상천하 유아독존"하면서 고함을 칩니다. 그러면 모든 사람들이 '와'하고 웃고 박수를 치죠. 그런 스님의 모습을 보면 정말 성품이 탁 트인 분이라는 걸 알 수 있었어요.

혹시 두 분의 차이점은 없었습니까?

강원룡 목사: 청담 스님은 세상 정치문제에 관심이 많았어요. 또 스님은 육영수 여사와 친했어요. 그러니 박정희 대통령에 우호적이었지요. 1967년 박정희 대통령 유세 때 연단에 청담 스님이 가사장삼을 수하고 앉아 계셨어요. 그래 후에 만나서 제가 비판을 했습니다. "스님, 체통을 지키시지요. 정치인이 찾아오면 만나주고 그러시고 그런 곳을 다니시니 보기가 좋지 않습니다."라는 요지였지요. 그랬더니 스님의 대답이 걸작입니다. "내가 그 자리에 간 것은 후에 강 목사를 대통령으로 만들고 싶어서 미리 연습하는 거야."라고 하셨어요. 그렇게 소탈하시고 걸림이 없으셨던 분입니다.

목사님이 불교도대회에서 축사를 한 것으로 해서 입장이 난처했다면서요?

강원룡 목사: 그것은 1967년 5월 25일 서울 시민회관에서 열린 전국불교도대회였지요. 당시 청담 스님과 대화가 잦았을 때인데 스님께서 저보고 시민회관에 와서 축사를 해달라고 부탁했어요. 사실 저는 그 자리에 가는 것이 내키지 않았는데 스님이 꼭 나와서 축사를 하라고 해서 나갔지요. 스님도 많고 신도도 엄청나 3천 명 정도 되는 불자 앞에서 축사를 하고 내려왔어요. 기독교 내부에서는 반발이 대단했지요. 청담 스님의 넓으신 포용으로 행사에 참여하고 불교들이 환호하는 것을 보고 저는 불교가 역시 열린 종교로구나, 동양 종교라서 다른 면이 있구나 하는 생각을 해 보았지요.

목사님으로서 스님하고 대화를 할 경우 어떤 방법으로 나누었습니까?

강원룡 목사: 저는 청담 스님이나 법정 스님하고 대화를 자주 나누었는데 우선 각 종교의 아주 다른 점, 받아들일 수 없는 점을 나열합니다. 그래서 다른 점을 가지고 이야기 하다보면 결국 같은 점이 나와요. 저는 기독교로서 불교인에게 개종시키려 하지 않았습니다. 불교는 불교가 되고 기독교는 기독교가 되고 그래서 각 종교의 정체성을 분명히 한 후에 만나자는 것이었지요. 이렇게 청담 스님하고 대화를 하다보면 싱거울 정도로 같아서 다르다는 것을 느낄 수 없게 됩니다. 그분하고 이야기를 하면 탁 트인 데가 있어요. 한마디로 말하면 터 있어요.

목사님은 만해상 평화부문 수상자로 소감이 있을 터인데요?

강원룡 목사: 제가 볼 때는 불교의 지도자나 종교지도자들은 두 종류의 노선이 있다고 봅니다. 첫째는 국가와 민족, 사회문제에 관심을 두고 해결하려 나서는 한용운 스님, 이청담 스님 같은 유형이고, 다른 하나는 성철 스님,

구산 스님과 같이 수행자로서 위치하며 속세에 잘 나타나지 않고 제각기 고민과 역할을 하는 경우지요. 제가 보기에는 한용운, 이청담 스님의 경우 그 당시 불교계 내부의 보수 세력에게 비판을 많이 받은 것으로 알고 있습니다. 그러나 종교에서는 깊은 경지를 도통하고 그 연후에 세상과 사회에 참여하는 노선이 있는데 청담이라는 인물을 20세기 해방 이후 불교사를 대표할 수 있는 인물로 보고 그 시대를 대표하는 승려로서 가장 추천하는 인물이라고 봅니다.

청담 정신의 계승이 미흡하다는 지적이 있는데 어떻게 생각하십니까?

강원룡 목사: 청담 스님과 같은 인물이 계속 이어져서 한국불교, 나아가서는 한국 종교계에 큰 영향을 주어야 하는데요. 그렇지 못하여 유감입니다. 그런데 청담 같은 인물은 어느 종교에서나 흔치는 않아요.

21세기 청담 스님의 정신을 계승한다는 것은 어떤 의미일까요?

강원룡 목사: 21세기의 종교는 스스로 개혁을 하지 않으면 안 될 운명에 처하게 됩니다. 왜냐하면 세상이 변하고 역사가 급격히 전환되는 때에 종교가 바뀌지 않으면 안 될 처지이기 때문입니다. 이제 종교도 정체성을 갖고 급변하는 역사 속에서 무엇을 할 것인가를 찾아야 합니다. 환경, 평화, 인간성 소외 등의 문제에 적극 대처하지 않으면 제자리를 찾지 못할 것입니다. 요컨대 종교를 열린 종교와 닫힌 종교로 대별하고, 열린 종교로 가야되는 것이지요. 청담 스님의 정신과 지향은 그분의 품안에 안기지 못할 사람이 없을 정도인데 그 포용은 깊게 끌어안는 깊이가 있기에 가능한 것입니다. 그런 면에서 청담 스님은 열린 지도자였습니다.

청담 스님은 여타 다른 사람들하고는 다른 면이 분명히 있는 것 같군요.

강원룡 목사: 그렇지요. 청담 스님은 맛과 멋이 있는 인물로서 한마디로 말하면 몸집이 크죠. 그리고 높은 차원과 자세에서 모든 것을 내다보니 그 안에서는 대립이 있을 수 없어요. 저는 그분을 참으로 인간적으로 훌륭한 사람이라고 봅니다.

청담 스님이 어떤 사람으로 목사님의 마음속에 남아 있습니까?

강원룡 목사: 저는 청담 스님을 어른, 진짜 어른이라고 봅니다. 그래서 저는 청담 스님이 가신 것을 매우 아쉬워하였는데요. 그 당시에는 청담 스님이 그래도 정정하였거든요. 한국의 큰 별이 떨어졌다고 생각하고 있습니다.

청담 스님은 자신의 생애가 한 역사의 배면에 스미어 사라지는 것을 거부한 수행자였다. 끊임없는 도전과 창조를 통해 자신이 새 역사 창조의 주역이 되고자 했던 것이다. 스님은 결코 산 속에만 은거하는 소극적인 수행자가 아니었다. 바깥 세상 속에서 불타佛陀의 정견正見을 펴기를 서원한 행동하는 수행자였다. 따라서 근세의 고승들이 그들대로의 투철한 정진을 통해서 자기 세계를 구축하는데 성공했다면 청담 스님은 그러한 내면적 견성見性과 함께 중생 속에서 자기의 원력願力을 성취함으로써 깨달음을 구현하고자 했다.

봉은사奉恩寺 토지 매각

선종禪宗 수 사찰인 옛 봉은사奉恩寺 모습

대한불교조계종은 2015년 청담동 한국전력 부지가 현대자동차 컨소시엄에 10조 5천 5백억에 매각되자, 소유권 환수 검토에 나섰다. 2016년 2월 3일 '한전부지 환수위원회' 위원장 원명 스님(봉은사 주지)을 출범시키고 법적 대응을 공식화하는 등 적극적 행보에 나서고 있다.

한국전력 땅은 원래 봉은사奉恩寺 소유 토지였다. 1970년 상공부가 속임수와 억압적인 분위기를 조성해 조계종을 압박했고 조계종은 봉은사의 반대에도 불구하고 동의 없이 부지를 팔 수 밖에 없었다. 봉은사는 이 땅에 등기를 해온 모든 회사를 대상으로 말소 등기 청구소송을 낸다는 입장이다. 매각부터 원천무효라는 것이다. 조계종단은 옛 한전부지 환수와 맞물려 조계종 총무원의 강남 이전과 봉은사와 봉은사 일대를 국내 불교의 거점으로 개발한다는 계획이다.

한국 불교계에서 말하는 봉은사 토지 매각은 1969년 남산의 중앙 공무원 교육원 건물매입과 대한불교조계종 불교회관 건립을 위해 봉은사 10만 평 매각 중앙종회 결의에 이어 동국대 이사회도 유휴지 매각을 의결한 것을 말한다. 봉은사 토지 매각의 전후사정과 내막을 모르는 사람들은 강남 청담동 봉은사 토지 매각의 중심에는 청담 스님이 있고 모든 일이 스님에 의해 진행된 것으로 오해하는 이가 많다.

현재로서는 상상할 수 없는 금전적 가치를 가지고 있는 봉은사 토지 매각의 전후 사정을 후학들의 증언과 당시 언론에 보도된 내용에 따라 사실 관계를 살펴보고자 한다. 특히 〈불교신문〉에 박부영 기자가 2010년 3회에 걸쳐 연재된 '봉은사 땅 매각의 전말'을 토대로 당시 청담 스님을 모신 후학들의 증언을 부언附言한다. 1969년 당시 종단에서는 불교회관 건립이라는 목적 사업을 위해 재정이 필요했고 정부는 박정희 정권이 들어서고 경제개발 5개년 계획을 수립하면서 서울 도시계획을 위해 땅이 필요했다.

정부의 서울의 강남개발 정책입안은 김현옥(金玄玉:1926~1997) 서울시장 시절 결정했다. 상공부는 산하 기관이 들어갈 종합청사 부지 10만 평을 물색하다 지금의 청담동 코엑스 부근 봉은사 부지를 대상으로 삼았다. 이를 추진 한 주역은 당시 이낙선(李洛善:1927~1989) 상공부장관과 김현옥 서울시장이었다.

봉은사 토지 매각에는 동국대도 한축을 이루고 있다. 1946년 혜화동에서 현 남산 중턱 필동으로 옮겼다. 정부는 1969년 8월 정부는 동국대 내에 있던 중앙 공무원 교육원 매각 계획을 세웠다. 이에 동국대는 캠퍼스를 확장하고 발전하기 위해서는 중앙 공무원 교육원이 필요하여 인수하려고 했다. 당시 동국대 법인이사진과 종단의 간부진이 겹쳤기 때문에 학교 문제가 곧 종단 문제였던 것은 사실이다. 종단과 동국대 이사회는 중앙 공무원 교육원 매각 소식을 듣고 자금 마련을 위해 봉은사 토지 매각을 계획하기에 이른다. 이전까지 소문으로만 들려왔으며 음성적이고 불법적으로 진행되던 봉은사 토지 매각이 비로소 종단 차원에서 진행된 것이다. 1969년 12월 2일부터 4일까지 열린 제22회 정기 중앙종회에서 종단재산 정비에 관한 건이 안건으로 올라왔다. 이 안건은 종단의 현안사업 해결을 위해 재산을 매각할 수 있는 권한을 해당 사찰이 아닌 종단에 부여하는 내용이다. 종단이 주체가 되어 봉은사 토지를 합법적으로 매각할 수 있는 권한을 부여한 이 안건은 그 중요성이나 그 뒤 벌어진 파장, 그리고 현재까지 한국불교에 끼친 영향을 고려하면 짚고 넘어갈 부분이 많다.

당시 중앙종회 회의록을 보면 이 중요한 안건을 두고 의장을 제외하고 4명이 발언한다. 4명 중 2명은 재청再請과 삼청三請이다. 중앙종회의장 벽안碧眼 스님이 "종단 재산 정비에 관해 설명하라."고 하자 재무부장 기원基元 스님이 "종단의 재산을 정비하고, 우리의 숙원인 불교회관을 건립하는데 그 목적이 있다."고 설명했다. 그러자 지관 스님이 "사찰의 유지 보존에 지장이 없는 한 총무원에 재산 처분 권한을 부여하고, 총무원이 결정한 방침에는 주지는 무조건 이에 동의키로 하며, 총무원에 그 처분을 위임할 것을 동의한다."고 발언한다. 여기에 성수(性壽:1923~2012, 대한불교조계종 제18대 총무원장) 스님과 진경(軫經, 대한불교조계종 제20·21대 총무원장) 스님이 각각 재청과 삼청을 하면서 안건은 통과한다.

1969년 12월 고암(古庵:1899~1988, 대한불교조계종 제3·4대 종정) 종정을 비롯해 청담 스님, 중앙종회의장 벽안 스님 등 종단 중진 스님 10여 명과 종단 각 단체 기관장 및 신도들이 모여 회합하여 합의한 후 현지답사를 하고 구획을 정리한다. 그러자 당시 봉은사 주지 서운 스님은 "당사 사찰 주지住持가 불참한 측량은 인정할 수 없다.", "당사 주지가 모르는 사전 계약에 의혹이 짙다.", "계약 가격이 너무 싸다."는 등의 이유로 봉은사 토지 매각은 불가하다고 강력하게 반발한다. 여기에 봉은사의 사중寺中 스님과 대중들이 가세함으로써 사회문제로까지 비화되고, 서운 스님은 문공부·서울시청·총무원 등에 진정서를 내고 취소 공문을 발송하였다. 이는 봉은사 토지 매각의 당사자인 봉은사 주지와 대중들이 소외된 것에 대한 불만의 컸다는 것이 일반적인 견해다.

이렇게 봉은사 대중들이 강하게 반발하자 총무원과 조계종단의 집행부 그리고 중진 스님들은 종단의 숙원인 불교회관 건립을 위해 불가피한 조치라며 적극적으로 해명하고 설득에 나선다. 한 달간의 설득 끝에 봉은사 대중들도 종단의 방침에 따르기로 한다. 당시 〈대한불교〉(현 〈불교신문〉)에서는 서운 스님을 설득하는데 청담·자운(慈雲:1911~1992, 대한불교조계종 제13대 총무원장)·석암(錫巖:1911~1987, 대한불교조계종 전계대화상) 스님 등 종단의 중진 스님들이 나섰다고 기록하고 있다. 그렇다면 왜 서운 스님을 설득하는 일에 나섰을까? 이에 대해 법천 스님은 "동국대 중앙 공무원 교육원 매입과 불교회관 건립이라는 사안도 중요했지만, 정부의 속임수와 중앙종회의 의결을 무시할 수 없었고 종단 내에서도 반대하는 사람이 별로 없었다."고 회고했다.

이어 동국대 재단 이사회는 1970년 1월 27일과 28일 양일간 이사회를 열고 봉은사가 기증한 땅 1만3000여 평을 매각하기로 결정한다. 이사회에서는 봉은사 풍치 보안림 임야를 매각해 중앙 공무원 교육원 건물을 사는데 보

옛 공무원중앙교육원이었던 동국대 혜화관 모습

2장 대사회적 활동 183

조할 것인지, 아니면 그대로 두었다가 동국대 농림대학이나 불교대학 부지로 사용할 것인지를 놓고 격론을 벌이다 매각하기로 결정했다. 처분 방법은 종단에서 추진 중인 봉은사 토지 매각에 합쳐 처분키로 했다.

1970년 3월 20일 청담·자운·대의(大義:1901~1978, 대한불교조계종 감찰원장)·석주(昔珠:1909~2004, 대한불교조계종 제8·15·23대 총무원장)·법안(法眼:1931~2007, 동국대 부총장) 스님, 총무원장 월산(月山:1912~1997, 대한불교조계종 제5대 총무원장) 스님과 총무원 4부장, 봉은사 주지 서운 스님이 회의를 갖고 상호 합의안을 마련해 발표한다. 합의 내용은 "지금까지 종단과 봉은사 간에 일시적으로 분규를 일으킨 데 대해 쌍방이 의견을 합일하여 봉은사 임야 일부를 처분하여 불교회관 건립에 상호 협조한다."는 것이었다. 이에 따라 구체적인 안을 마련했다. 그 내용은 시내 중진승려의 공동결의를 받을 것, 쌍방 분규 사실을 취소하고 공동 성명을 발표할 것, 사찰 보존 지역과 처분 지역을 재조정 측량할 것, 철거비 담장 공사비, 유지비를 봉은사에 적립할 것 등이다.

이렇게 총무원 측과 봉은사 측이 조인을 하고 공동성명을 지상紙上에 발표했다. 이 합의안의 요지는 처분 방법의 공정성, 투명성과 봉은사가 사찰로 유지되는 데 대책을 마련한다는 데로 모아진다. 합의안에 따라 서운 스님은 그간 관공서 등에 제출했던 서류를 취소한다. 당시 총무원은 계약금으로 5천만 원을 받아 3천만 원은 봉은사 발전 유지기금으로 서운 스님이 만든 통장으로 적립시켜줬다. 〈대한불교〉은 당시 합의에 대해 총무원 총무부장 경우(鏡牛, 부산 대각사 조실) 스님의 발언을 빌려 이렇게 보도했다.

"당해 사찰 주지로서 사찰 재산을 처분하는 데 그 정도 항의가 없을 수 없고 정화 운동의 지도자로서 마지막 애종심愛宗心에서 최후의 영단을 내려준 것에 감사하다. 앞으로는 이런 것을 거울 삼아 거액의 재산이 움직이는 종단의 대작불사에 공정하고 원만하게 성취되도록 노력할 것이다."

1970년 3월 29일자 〈대한불교〉에 당시 총무원장 월산 스님과 봉은사 주지 서운 스님의 해명서가 광고로 나왔다. 해명서의 내용은 "1969년 연말부터 본 종단에서 계획한 불교회관 건립을 위해 진행되는 봉은사 소유 부동산 처분은 제가 사회적으로 물의를 일으켜 빈축을 자아내게 하였음을 송구스럽게 생각한다. 신문지상에서 보도되는 사실과 실상은 다르며 1970년 3월 20일 총무원에서 중앙간부와 당사주지가 종단 스님들을 모시고 몇 가지 상호 의견을 달리하였던 문제를 중재·합의하여 잡음이 불식되었다."는 내용이었다.

　이어 4월 15일 종정宗正 고암 스님, 장로원장長老院長 청담 스님, 종회의장宗會議長 벽안 스님 이름으로 봉은사 문제를 비롯한 당시 종단 현안에 대한 담화문을 발표했다. 담화문에서 세 분의 스님은 숙원 사업인 불교회관 건립을 위한 종단 유휴지 처분 차원에서 종회와 종단의 합의 아래 처분되었으며 그 과정에 아무런 부정과 의혹이 없다는 내용이었다. 그런데 공동합의문을 신문지상에 발표했던 서운 스님이 6월 5일 별도의 공고문을 발표하기에 이른다. 내용은 "합의 사실의 전제가 되는 부동산 매각 위임장을 총무원 측에 건넨 적이 없다."고 밝혔다. 당시 〈대한불교〉 1970년 6월 14일자에 실린 공고문 내용은 다음과 같다.

> 작년 12월 18일 종정 스님과 청담 장로원장, 월산원장과 삼부장이 내사하여 봉은사 임야와 토지를 처분하여 불교회관을 건립한다는 취지로 주지 위임장을 해달라고 종용하였었다. 삼보재산의 수호를 맡고 있는 현 주지로서는 용납될 수 없는 일이었으나 종단의 원로와 집권층에서 각서를 제출하고 주지 직인을 요구하기로 본의는 아니나마 부득이 응하지 않을 수 없었다. 총무원 측에서는 미리 인쇄해온 위임장내용 기재 없이 백지였음에 자의로 날인해간 후 그 각서 내용과는 위배된 사실이 발각되어 한때는 불미한 사태까지 야기

되었었다.

그러나 장로원장과 자운 스님의 수차 권유로 인하여 지난 3월 21일자로 과거사는 백지화하고 금후는 총무원과 당사 주지가 원만한 협의 하에 처리할 것을 거듭 확약하고 쌍방 약정서를 작성하였었다. 그러므로 작년 12월 18일자로 만들어진 위임장은 그 효력이 자연 상실되었을 뿐 아니라 위임장에 첨부된 종무회의록, 중진 및 기관장 동의서, 종회 회의록 발췌 등 한건一件 서류마저 회수되고 만 것이다. 그러니 설사 어느 누구가 그 이전에 발부된 위임장을 소지하고 있다 하더라도 이는 이미 무효화된 정본의 부본이며 그 효력이 없는 것이다. 따라서 작년 12월 18일자로 발급된 봉은사 주지 명의의 위임장은 무효임을 선포하고 이에 공고하는 바이다.

총무원측이 백지白紙 위임장에 날인하기를 강요했다는 내용의 공고문은 사회적 파장을 일으켰다. 총무원의 수습 노력에도 불구하고 의혹은 커져 갔다. 종단이 이 문제로 한창 시끄럽던 와중이던 1970년 6월 26일 문공부가 봉은사 소유 부동산 매각을 허가했다. 당시 불교재산관리법에 따르면 사찰 재산을 매각하거나 형질을 변경할 때 문공부장관의 허가를 받아야 했기 때문에 당시 총무원장 월산 스님은 문공부에 매각 승인요청을 했다. 문공부는 6개월 이내에 최고가격을 취득하여 공명정대한 매매를 하되, 그 대금은 중앙 공무원 교육원 청사를 매입하고 나머지를 봉은사를 수리하고 잔여금이 있을 때는 당국의 승인을 얻어 중요 사찰 보수에 협조토록 하라는 조건을 걸었다. 즉, 당국의 감독 아래 종단이 주도권을 행사토록 한 것이다.

매각 승인은 봉은사와 재야 불자들의 반발이 거셌다. 마침내 총무원 집행부의 일괄사퇴 요구가 나오고 임시 중앙종회가 긴급히 소집됐다. 1970년 7월 15일 열린 제23회 임시 중앙종회에서 서운 스님은 봉은사 부동산 매각이 합의에 따른 것이 아니라고 주장해 논란은 원점으로 돌아갔다. 이에 대해 총무부장을 맡고 있던 경우鏡牛 스님은 불교회관 건립을 위해 종단의 결의 하에 적법하게 진행했다고 밝혔다.

> 불교회관은 전 종회에서 유휴재산을 처분해서 불교회관을 건립한다고 결의해서 총무원장이 일을 지휘하고 부장이 집행했다. 중진회의에서도 건의했고, 현장 답사도 했다. 그 당시의 시가는 보잘 것 없었다. 계약에는 허가 조건 후 발효한다고 했고, 매도구역은 한 평도 정하지 않았다. 서운 스님에게는 계약 이야기를 못했다. 이야기하면 폭로되니 허가 날 때까지 하지 말기로 했다. 허가 후에 매도계약을 새로 해야 되고, 공무원 훈련소는 임대했다. 경리는 재무부장이 했으니 틀림없을 것으로 알고 있으며, 염불암은 신청서류가 들어오지 않았다. 투기업체세는 종단에는 해당하지 않는다.

이에 봉은사 주지 서운 스님은 해당 사찰 주지스님 몰래 진행한 것이 문제라고 지적했다.

> 위임장 발부 동기는 유인물에 있다. 각서에는 봉은사를 살려야 한다고 했다. 분할측량 신청한 일도 없는데, 등기소에 조사해보니 봉은사 주지 인장도 아닌데 분할측량을 마쳤음을 알았다. 시청에 가서 위임장은 무효라고 했고, 서류는 약정서에 의해야 된다고 했다. 봉은사 일에 대해서 신문에 게재된 일에 대해서는 나도 모르며 약정서대로 하면 해결이 될 줄 안다. 왜 봉은사 재산을 처분하는 데 주지 모르게 하나? 나는 호소할 데도 없으니 답답하다. 주지를 해임한다 하기에 취소 통지를 냈다.

이에 경우 스님은 "봉은사 주지를 해임한 적이 없고, 계약서에 목적물이 없으니 아직 재산을 처분했다는 것은 아니다."라고 해명했다. 논란이 계속되자 감사위원인 용명 스님이 정리했다.

> 과연 부정이 있나 없나 여부를 감사위원들이 모여서 근거 서류를 찾아보니 총무원 유인물과 봉은사 유인물은 대략 차이는 있으나 맞다. 서운 스님도 일은 옳지만 방법에 있어 주지와 타협 없이 총무원 단독으로 처리한 관계로 주지를 무시했다 할 뿐이지 그 외는 이의가 없는 것 같다. 총무원에도 역사적 큰일인데 나중에 말하면 되겠지 하고 있는 말에 악의는 없다. 내용에 있어 왕복 공한은 총무원의 실수가 아니고 봉은사 측에서 이해했으면 좋을 정도다. 단 총무원 측에서 계약 시 주지와 상의해서 입회하에 처리하지 않았음을 지적할 수 있다. 계약금과 중도금 합계 1억630만 원, 현 잔액 1억300만 원이다. 이로써 감사보고를 마친다.

경우 스님은 잘못이 많지만 금전부정은 없었다고 주장했다. 감사 결과 문제가 없다는 감사위원들의 보고에 승복한다. 하지만 땅을 처분한 뒤 몇 배로 뛴 땅값이 스님들의 심기를 건드려 불편한 감정은 쉽게 넘어가지 않았다. 그래서 남현 스님은 "감사에서 착오가 없다 해서 그냥 넘어갈 수는 없다. 도의적 책임은 있는 것이다. 중진 스님이 책임을 지고 중앙간부와 봉은사 주지 동석同席하에 충분히 타협해서 수습책을 강구하기 바란다."고 촉구한다.

월주 스님은 "의장단 3명, 감사위원 5명, 봉은사 주지, 지효 스님이 모여서 원칙적 문제를 결론지어 주기 바란다."고 제안했다. 비판하는 측의 주장은 "매도 과정에서 흑막과 금전 비리가 있지 않느냐?"는 의혹 제기였고 종단측은 "판단 착오는 있지만 부정은 없다."고 주장했다.

결국 조계종은 제23회 종회 개최하여 종회 마지막 날인 7월 18일 월산 스님이 총무원장에서 물러나고 청담 스님이 선출되어 총무원장으로 재취임한다. 그리고 봉은사 매각을 적극 추진하기 위한 9인 위원회를 구성한다. 1970년 7월 28일 총무원은 그동안 여러 가지 억측과 잡음을 누그러뜨리기 위해 봉은사 토지 처분에 관한 경위서를 〈대한불교〉에 1970년 8월 2일자로 발표했다.

첫째, 불교회관 설립과 봉은사 토지 일부 매각 문제는 이미 작년도 22차 중앙종회에서 결의된 수임사항이다. 둘째, 그동안 봉은사 토지를 처분하는 과정에서 봉은사 김 주지는 그것이 백지날인이다, 위임사항이 아니다 혹은 불법이다 하는 등의 주장을 하고 있지만 실은 불법일 이유가 조금도 없다. 왜냐하면 그간 6개월 동안에 걸쳐 피차 교환된 서류가 40여 회, 도합 170여 건이 되는데 이것은 모두 김 주지 자신이 사인으로 혹은 날인으로 혹은 직인으로 동의를 했을 뿐 아니라 때로는 직접 원고를 작성한 것이 있고 또는 타이프로 만든 문서도 있었다. 셋째, 봉은사 재산 매각 처분하는 문제에 대해서는 정부에서 이미 감정·측량·처분 대금의 용도 등을 여러 가지로 참작해서 최후로 허가를 한 것이다. 그래서 수임사항의 허가 문제에 대해 그동안 총무원의 입장을 한 번도 천명하지 못한 것이 유감이지만 이것은 어디까지나 기밀에 속하는 문제여서 그리된 것이며 그런 까닭에 이번 종회에서는 전혀 문제가 일단락된 뒤 이것을 낱낱이 공개하게 된 것이다. 뿐만 아니라 이번 종회에서는 종회의원 전원이 참석한 가운데 그동안 각계에 왕래된 문서 기타 파생된 경비 또는 봉은사에서 주장하는 부정 운운하는 문제를 놓고 여러 기간에 걸쳐 감사를 실시한 바 있고 또 그 결과 아무런 부정이 없다는 것을 발표하기에 이르렀다. 넷째, 끝으로 현화 수십억을 헤아리는 이번 문제에 있어서 총무원으로서는 최고의 가격을 취득하도록 그리고 합법적인 매매가 이루어지도록 최선

봉은사 토지 매각 기금으로 건립하기 위해 조계사에서 열린 불교회관 기공식 장면

을 다할 것을 다짐한다.

경위서 내용은 봉은사 토지 매각이 주지의 위임사항이 아니며 불법이라는 서운 스님 측의 입장과 상반된다. 봉은사 토지 매각은 종회의 결정사항이고, 봉은사 주지가 위임한 것이며, 그 과정이 적법했다는 것이다.

그러나 잔금을 치를 때쯤 상공부의 한 고위 간부가 "서울시 간부를 어떻게 믿고 그런 큰돈을 맡길 수 있느냐?"며 제동을 걸자 서울시는 계약서·영수증 등 모든 서류를 상공부에 넘기고 봉은사 땅 매입 작업에서 손을 떼버렸다.

조계종단은 땅 매입자가 서울시가 아닌 상공부이며, 이 땅에 상공부 종합청사가 들어선다는 사실을 알고 평당 1천 원씩 올려달라고 요구했다. 1970년 10월 종단은 5억3000만 원을 받고 봉은사 토지 10만 평을 한국전력 등 상공

중앙종회에 참석했던 청담·광덕·월주 스님

부 산하기관에 넘겼다. 총무원은 봉은사 부지 매각대금으로 동국학원 중앙 공무원 교육원(현 혜화관)을 매입하고 불교회관 건립 기공식을 가졌다.

그러나 논란은 갈수록 커졌다. 의혹의 중심에 서 있던 총무부장 경우 스님은 사퇴 압력을 받자 〈대한불교〉에 1970년 11월 15일에 해명서를 발표한다. 해명서 내용은 "취임 1년간 17개, 본사 35명 주지를 경질시키고, 말사주지 300여 명을 정리했다. 7년간의 대법원 소송과 봉은사 유휴지 말썽을 정리하였으며, 세계불교지도자 대회를 추진하고, 남산에 있는 불교회관을 건립하여 각종 운동에 기여한 바 있다."는 것이었다.

1970년 7월 26일 열린 제26회 임시 중앙종회에서 총무원과 감찰원의 모든 간부가 사직(辭職)을 하고 종단 집행부를 다시 개편한다. 청담 스님이 다시 제7대 총무원장으로, 총무부장 광덕(光德:1927~1999, 불광사 조실) 스님, 교무부장 월

2장 대사회적 활동 191

주月珠 스님, 재무부장 운문(雲門:1928~2013) 스님, 사회부장 청하(淸霞:1927~2002, 대한불교조계종 원로의원) 스님, 감찰원장 문성(汶星:1897~1997) 스님을 선출, 7월 30일 취임했다. 청담 스님이 총무원장에 재취임한 것에 대해 당시 곁에서 모셨던 법천 스님은 다음과 같이 회고하고 있다.

> 당시 총무원장으로 월산月山 스님이 계셨는데 사퇴를 하였어요. 전국 승려들이 규탄을 하고 수습대책을 강구해야 하는데 선방 수좌로만 사셨던 스님은 복잡한 것이 싫다며 자진사퇴하신 거죠. 그러자 종단 내에서는 현 상황을 수습할 분은 청담 스님밖에 없다 해서 스님을 다시 모시게 된 거죠. 이에 청담 스님은 정화의 근본이 흔들리게 되면 안 된다. 종단을 버릴 수 없어 누구도 감당하기 어려운 종단을 다시 안정시키겠다는 원력이었습니다. 이미 봉은사 토지 매각은 되돌릴 수 없을 만큼 뒤엉켜 있었고, 더구나 군사정권하에 진행된 일이라서 원인무효를 한다는 것이 불가능했습니다.

1971년 11월 15일 청담 스님이 입적하고 이어 23일 정기종회에서 다시 봉은사 재산처분에 관한 감사가 진행돼 그 결과를 발표한다. 감사결과에 따르면 상공부와 10만 평, 6억1000만 원에 계약했는데 실제 매각분은 10만평이 약간 넘고 가격도 6억1400만 원이었지만 실제는 10만 평 대금만 받았다. 봉은사 뒷산의 5000평(현 경기고등학교)은 당시 총무부장 정영(瀞暎:1923~2007, 대한불교조계종 원로의원) 스님이 신근일 씨에게 계약 처분함으로 소송으로 인해 등기이전이 안 되고 미수되었다. 총무원은 매각 대금 중에서 봉은사에는 3000만 원을 주었으며 팔고 남은 봉은사 땅은 3000평이라고 보고했다. 이렇게 한국사회와 불교계를 떠들썩하게 했던 봉은사 토지 매각 사건은 이렇게 끝났다.

당시 청담 스님을 곁에서 모셨던 혜성 스님은 "청담 스님이 봉은사 토지 매각을 주도한 것으로 회자되고 있는 것은 오해하는 부분이 많다. 먼저 종단과 동국대는 목적사업이 시급하여 중앙종회에서 몇 차례에 걸쳐 논의하여 의결하였고, 처음에는 서운 스님 또한 찬성을 하였다. 그리고 진행 과정에서는

총무원장에 재취임하여 취임사하는 모습

스님이 장로원장이기 때문에 아무런 권한이나 힘이 없었다. 봉은사 토지 매각이 청담 스님은 1970년 7월에 총무원장에 취임하였는데 이때 이미 1년 전인 1969년부터 모든 회의 과정과 서류준비를 마친 상태였고, 7월 18일 봉은사 토지 매각을 위한 9인 위원회가 구성되어 회의를 통해 진행되었다. 1970년 10월에 부지 매각이 이루어졌으니 청담 스님이 3개월 내에 백지화하기에는 문제점이나 어려운 점이 있었던 것이 사실이다. 물론 책임이 전혀 없는 것은 아니다. 공동연대 책임과 종단의 최고 결정권자로서의 책임은 있다고 본다."고 말했다. 당시 총무원 계장으로 근무했던 조종래 국장은 다음과 같이 회고하고 있다.

> 스님뿐만 아니라 당시 노장님들은 당시 공무원교육원 자리를 동국대 발전을 위해서는 반드시 종단에서 구입해야 하는 노른자로 생각했다고 봐요. 그 자리를 동국대에서 인수해야 학교 발전을 기할 수 있다는 판단이었지요. 만약 그것을 인수치 못하면 동국대는 협소하고, 학교 부지 확보에 문제점이 있다는 것이었습니다. 그래서 봉은사 땅을 팔고, 그 대금으로 인수를 하였지요. 그런데 거기에는 당시 정부의 농간이 있었어요. 정부는 강남개발의 계획을

구舊 총무원청사 불교 회관 건물

세워 놓고 종단에 접근한 면도 있었어요.

이렇게 논란을 빚었던 봉은사 토지 매각 과정에는 청담 스님이 주도하지 않았으며 종단의 정책결정 과정에서 중단의 중의衆議를 모아 결정한 어쩔 수 없는 일이었으므로 스님에게 크나큰 하자가 없었다. 땅값이 수십 배가 오르면서 작금엔 뼈아픈 실책이었다고 회자되지만, 하루 빨리 공무원중앙교육원(현 동국대 혜화관)과 불교회관(1971년 기공~2004년 철거) 건립을 위해 종책자금을 마련해야 했던 당시로선 어쩔 수 없는 선택이었다는 목소리가 높다.

대한불교조계종 한전부지 환수위원회는 "당시 토지 매매수용이 적법한 소유권자인 봉은사가 아니라 총무원을 통해 이뤄진 것이며, 군사정권 시절의 강압적 분위기에서 진행됐기 때문에 절차상 무효"라고 주장하고 있다. 또한 "정부가 처음 내세운 수용의 이유인 상공부 및 한전 포철 등 10개 정부 산하 회사 이전이 실제로 한전 빼고는 이뤄지지 않았다는 점을 들어 총무원을 기망했다(속였다)."는 입장도 밝혔다. 환수위는 또 현재 봉은사 부지를 40여 년간 도시공원으로 지정해 어떤 소유권 행사도 할 수 없게 만들었고 서울시가 한전 부지 매각으로 1조 9000억 원의 공공기부 채납금 등을 받기로 하고 해당 부지를 국제교류복합 지구로 지정했으나 봉은사와 아무

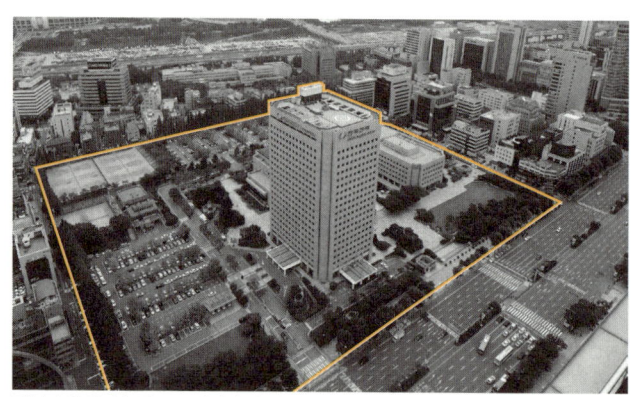

정부의 강압과 농간으로 매각된 현 한전 부지

협의가 없었던 점도 문제점으로 지적했다.

이 땅은 지난 2014년 9월 현대자동차그룹 컨소시엄에서 10조5천500억 원으로 낙찰됐다. 정부가 40년 만에 천문학적인 수익을 남기는 땅장사를 한 셈이다. 이처럼 봉은사 부지 매각 절차는 서류상 문제가 없어 보이지만 매입과정이 의혹투성이다. 환수위는 '원인무효에 의한 소유권 이전등기 말소등기 청구소송'을 준비하고 있다. 당시 중앙 공무원 교육원 건물 인수에 대한 정부의 허위사실 유포, 당시 대통령 비서실장을 지낸 이후락 씨가 전국신도회장을 맡으면서 그를 통해 종단 지도부가 토지 매각의 건에 일사분란하게 나선 것 등의 일부 의혹도 설득력을 얻고 있다.

천년의 역사 문화가 깃든 전통사찰의 경내 지를 국가사업과 정부 일이라는 명분을 내세워 부당한 방법으로 강제 수용한 정부는 이제라도 매입계약 자체가 문제점이 있음을 인정해야 한다. 45년이 지났지만 파사현정의 정신으로 사찰 토지가 여법하게 환수될 수 있도록 협조해야 마땅하다.

3장
정화淨化 불사

정화 이념의 형성

　청담 스님에게 있어 한국불교의 정화는 현대불교사에서 가장 중요한 불사였다. 조선 5백 년의 억불상황抑佛狀況 속에서도 서릿발 같았던 청정승가淸淨僧家의 전통이, 일제와 일본불교의 강요와 영향 아래 왜색불교로 변하고 말았다. 청담 스님은 왜색불교로 훼손된 계율을 복원하고 전통 한국불교와 수행정신의 정립을 통해 청정승가의 위상과 불교 본연의 모습을 되찾는 회복운동이 필요하다고 보았다. 스님은 당시의 심정을 다음과 같이 술회하고 있다.

　주색酒色은 속계에서도 타락의 근본이라 엄계하거늘 하물며 이를 금지하는 불교에 있어서는 말할 나위도 없습니다. 이와 같은 왜곡 타락된 풍조가 비 불교적인 요소요, 혁명을 요하는 현실입니다. 기성사업에 밀려서 이를 인정하는 것을 능사로 삼는데 혁명을 아니 할 수 없고 타락한 현실을 광정匡正하지 않는 곳에 전진이 있을 리 없습니다. 불교계의 타락을 과감히 시정하고 한결음 나아가 우수한 인재들을 양성하여 옛날 신라시대와 같은 확고부동確固不動한 정신적 지주를 이 땅에 마련하는 데 일익을 담당하려는 것이 우리들의 근본 동기입니다.

청담 스님은 불교의 왜색화에 따른 한국불교의 법통 상실과 위상 추락을 누구보다 심각하게 받아들였다. 스님이 1958년 학술전문지 〈민족문화〉 3권 제11호에 게재한 글을 보면 "대처승은 스님이 아니며 승단에서 조속히 쫓아내야 한다."는 단호한 논지를 가지고 있었다.

> 비구의 대처육식帶妻食肉을 엄금하고 여인을 간파한 자는 승수僧數외로 축출 환속케 함이 불교의 결정적인 법률이거늘 현금現今 조선 승려가 대처식육을 감행하여 청정사원을 마굴영魔窟營으로 작하고 승체僧體를 불고不顧하니 읍혈통탄泣血痛嘆이외다. 승려에 대처식육을 허하건대 별로이 재가신도의 구분을 치할 필요가 없는지라, 현금 축처담육자蓄妻啗肉者가 사원寺院을 장리掌理함으로 수행승과 연고납승年高衲僧은 자연 구축되어 읍루방황泣淚彷徨케 되니 비수천대중승此數千大衆僧이 하처何處에 안주安住하리까?

청담 스님은 "근대 한국불교의 정화 운동이란 불교와 불법을 두고 하는 말이 아니라, 교단을 구성하고 있는 승단僧團의 정화를 말하는 것이다."라고 개념 정의를 명확히 하고 정화불사를 시작하였다.

썩어 문드러진 불교를 정화해야 한다는 큰 사명의식에 차 있었다. 한 생의 성불을 미루는 한이 있더라도 중생을 제도한 연후에 성불하겠다는 서원은 바로 불교정화를 위해 온몸을 바치는 것으로 나타났다. 청정수도 도량인 일부 사찰이 친일 승려들의 결집처가 되고 대처승들의 생활 서식처가 되어 타락 부패해 가는 불교를 앉아서 묵과할 수만은 없었다.

청담 스님은 철저히 계율戒律을 지키고 그에 입각해 수행修行과 전법傳法을 해야 할 청정승가가 본래의 의미를 상실하고 있음을 보고 출가사문出家師門이라면 마땅히 부처님께서 정하신 계율戒律에 위배되고 정법을 파괴하는 요소는 제거해야 한다고 힘주어 강조하였다. 스님은 정화불사의 동기를 다음과 같이 술회하고 있다.

일제가 이 땅을 침략한 이래 우리나라 불교계에는 여러모로 변동이 일어났다. 그 중에서도 가장 심각한 문제는 승려들이 술·고기·담배를 먹는, 특히 대처문제帶妻問題였다. 원칙적으로는 대처하지 않는 것, 이것은 부처님 이후 출가 승려가 지켜야 할 계율이다. 글자 그대로 수천 년 동안 움직일 수 없는 권위를 가진 전통이기도 했다. 어쨌든지간에 청정해야 하는 불법문중佛法門中에 훼법분자毁法分子 대처승이 생겨났으니 근대 한국 불교 승단에서 막행막식莫行莫食하며 처자를 거느린 비법승배非法僧輩들이 종권에 등단하고 교계를 혼탁케 한 데서 마침내 호법정화護法淨化의 운동이 일어난 것이다.

청담 스님은 "불법佛法은 청정본연淸淨本然을 말하는 것이다. 본래 청정淸淨도 두지 않는 것이거늘, 하물며 어찌 부정不淨이 있겠는가. 그러나 정화를 말하지 않을 수 없는 것은 부정不淨이 있음을 또한 어찌하랴."고 개탄하면서 모든 종교사宗敎史는 종교 본연의 근본을 좀먹는 비본질적 요소와 대결하여 싸우는 투쟁의 역사임을 강조했다. 그러면서 스님은 비본질적 요소가 교단의 토대인 계율에 도전하고 있다면서 그 당시의 교단 상황을 다음과 같이 진단하였다.

일본의 한국침략과 더불어 민족의 주체성을 말살하려는 식민지화 정책의 비호아래, 파계환법자破戒換法者들이 사찰을 장악하고 교단에서 당당히 호령하게 됨에 그들의 수효는 순식간에 늘어갔고, 이때부터 불교는 타락의 길로 내리막길을 걸어왔다.

이어서 수행자의 기본요건으로 계율戒律을 준수해야 한다고 다음과 같이 강조하였다.

> 막행막식莫行莫食은 바라밀이 아니다. 이런 걸 모르고 무식한 선지식善知識은 음주식육飮酒食肉은 무방반야無妨般若라고 막 놀아난다. 그래가지고 중생까지 버려놓고 나중에 공부하는 중들 다 버려놓는다. … 대처승들이 생기기 시작하고, 45년 동안에 몇 번씩 공公적으로 사私적으로 웃으면서도 싸우고, 찡그리면서도 싸우고 한정 없이 싸웠다. 이래 가지고 수좌들이 그만 마구잡이로 행동했음이 도둑질하고 음행하는 게 보리菩提에 무슨 거리낄 게 있으며, 술 먹고 고기 먹는 것이 반야般若 세계에 무슨 장애障碍가 될 게 있느냐, 반야바라밀般若波羅密이 그게 뭔데 그게 어디가 걸리고 막히느냐, 이래가지고 막행막식을 했는데 듣고 보면 그 말이 어려운 법담같이 들린다. … 이제 마음이 약해서 눈물 흘려 가면서 하는 사람도 있겠지만, 정말 발심發心한 사람이면 항복기심降伏其心을 해보려고 하는 그 마음으로 보시布施·지계持戒·인욕忍辱·정진精進·선정禪定·지혜智慧를 닦으라는 것이다.

청담 스님은 지계持戒란 수행자가 부처다움을 보이는 것으로 이해하고 있다. 스님이 문제를 삼고 있는 것은 가장 청정해야 할 수행자의 막행막식(莫行莫食, 행동에 거침이 없고 먹는 데도 걸림이 없는 것)은 바라밀波羅蜜이 아니라고 단호하게 말하고 있다. 이런 것을 모르는 무식한 선지식善知識은 "음주식육(飮酒食肉, 술 마시고 고기 먹는 것)이 무방반야(無妨般若, 지혜를 가리지 않는다)"라 하고, "행도행음(行盜行淫, 도둑질하고 음행을 함)이 불애보리(不碍菩提, 지혜에는 아무런 장애가 되지 않는다)"라고 하여 막 놀아난다고 탄식하고 있다. 이런 탄식의 요지는 계율戒律을 어기면서, 막행막식이 화두공부와 참선에 전혀 지장이 없다고 강조하는 풍조에 대한 비판이다. 불교정화운동의 일선에 나선 것도 이러한 계율 수호정신이 지속되었던 것으로 볼 수 있다.

청담 스님은 청정한 계율을 바탕으로 마음자리 찾는 수행을 하여야 한다고 설한다. 이는 계율과 수행이 떨어져 존재할 수 없는 수레의 두 바퀴와 같은 것으로 인식하고 있다는 것이다. 이와 같은 계율관戒律觀은 전통고유의 지계持戒 사상에 마음 사상을 바탕으로 하고 있음을 알 수 있다.

청담 스님은 불조佛祖의 혜명을 잇고 한국 고유의 승풍僧風을 진작시키기 위한 대원력으로 정화불사를 시작하였으며 출가는 바로 혁범성성(革凡成聖, 범부중생의 사고방식과 생활태도를 근본적으로 뜯어 고쳐 부처가 되라는 것인데 근원적으로 바꾸어야 할 존재는 남이 아니라 바로 나 자신이다)을 이루는 길이요, 수행과 교학의 토대를 기반으로 정화불사를 이룩해야 한다고 주장하였다.

> 누더기 옷을 걸치고 걸망에는 삭발기와 꽃삽 그리고 상비약 등을 가지고 다니면서 머리가 긴 아이나 어른을 만나면 머리를 깎아 주고 부처님의 정법正法을 일러주기도 했으며, 부스럼이나 상처가 난 사람을 만나면 약을 발라 주고 치료도 해주었다. 또 남의 집 처마 밑에서 한밤을 지새우며 인생무상을 되씹기도 하고 때로는 심해深海에 고요히 가라앉은 무딘 바위처럼 무뚝뚝한 시골 머슴들이 거처하는 사랑방에서 그들의 온갖 놀림을 받아가면서도 오히려 태연자약하게 대꾸해 주며 한 구석진 곳에 새우잠을 자기도 했다. 혹독한 겨

울 추위에도 맨발과 홑옷으로 지냈으나 가사장삼은 꼭 입고 다녔다. 추운 겨울이나 무더운 여름이나 사시사철 언제나…. 근세조선 5백 년 동안 천대받던 중놈이지만 언젠가는 신라·고려 시대와 같은 찬란한 불교 중흥을 이루어 3천만 겨레 모두에게 숭앙의 대상이 될 수 있는 중놈이, 아니 삼계三界의 도사導師와 사생四生의 자부慈父가 되겠다는 나름대로의 굳은 각오와 결심이 있었다.

청담 스님은 20세기 한국불교를 위한 보살로 화현化現한 것이다. 동체대비의 보살의 원력으로 조선 5백년 동안 왜곡된 한국불교의 현실을 바로 세우는 정통성 회복에 정화의 횃불을 높이 들었다.
이 무렵 교단의 사정은 승려가 결혼하여 가정을 이루어 사찰 내에서 처자妻子권속을 거느리고 생활하고 음주, 육식과 끽연에 구애가 없는데다 사찰시설을 유람객을 상대로 하는 영업장으로 이용하는 것이 보편화되어 있었다. 이런 판국에 불교계의 지도층에서는 이권과 명예욕의 아수라판을 벌이고 있는 실정이었다. 이것은 분명 정화의 수술이 시급한 중증重症이라고 하지 않을 수 없었다.
청담 스님의 이러한 생각은 보살심의 발로이다. "중생을 제도하는 일이라면 지옥이라도 가겠다.", "성불을 한 생 미루더라도 중생을 제도하겠다."고 할 정도로 보살심이 항상 마음의 근저에 자리 잡고 있었다. 깨달음은 보살행을 통한 중생구제를 위한 자아실현의 수행이라고 주장하며 다음과 같이 설하고 있다. 정화불사라는 대원력을 완성하기 위해서는 철저한 수행과 지계·인욕·보살행이 없이는 불가능하다고 판단했던 것이다.

이때까지 육체를 나라고 하여 자기 본위로만 살다가 이제 견성見性을 하고 보니 정말로 자기라는 것은 누가 해롭게 할 수도 없고, 보태서 이롭게 해줄 수

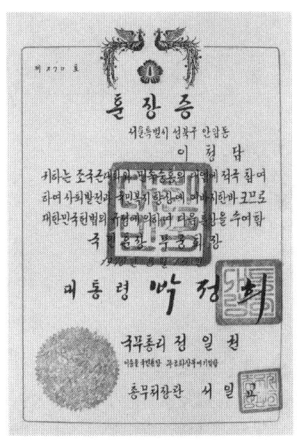

1970년 8·15 기념식에서 받은 훈장증. 정부에서는 청담 스님께 몇 번이나 훈장을 주려 했으나 완곡히 거절하여 국민교육헌장 제정위원으로 활동한 공로로 스님 모르게 확정했다. 고故 박정희 대통령은 훈장을 수여하며 "가장 성스러운 법복위에 훈장을 수여한다고 손상을 입히게 되어 죄송스럽게 생각한다."고 말했다는 전언이다.

도 없는 존재이므로, 사는 것도 아니고, 죽는 것도 아닌 그저 항상 불변하는 존재이니, 정말 자기를 위해서 할 일이 하나도 없다. 이제까지 몸뚱이 때문에 천사만려千事萬慮를 일으키고 온갖 번뇌 망상을 다 일으켜서 극단 방법을 가리지 않고 죄업을 저지른 것은 육체가 나인 줄 알고 저질렀던 짓이었는데, 그것도 이제는 필요 없게 됐다. 오직 일체 중생을 구제하는 것만이 일이라면 일이다.

청담 스님은 보살행을 깨달음의 시작이며 영원한 행복의 씨앗이라고 설하고 있다. 즉, 깨달음의 지혜를 얻어 어리석음과 갈애渴愛를 소멸消滅하여 윤회輪廻하는 고통에서 해탈해야 한다는 것이다.

청담 스님에게 있어서 불교정화 운동은 보살도를 실천하는 한 단계였다. 스님이 출가하여 불법을 체득하기 위한 불착신명(不惜身命, 불도를 닦기 위해 몸과 마음을 아끼지 않고 바침)의 수행 또한 중생구제의 보살정신이었다. 이렇듯 중생구제 보살정신은 불교정화로 나타난 것이다. 청담 스님의 삶에 있어서 일관된 정화 불사 이념은 마음 철학으로부터 나왔다.

정화 운동의 실천

불교정화 운동은 1954년 5월 20일 "불교를 정화해야 한다."는 이승만 대통령의 유시諭示에 의하여 촉발되었다. 그 유시의 발단은 청담 스님이 이 대통령을 찾아가 불교정화 운동의 필요성을 역설하면서 비롯된 것이다. 유시는 "처자妻子가 있는 승려들은 사찰 밖으로 물러나고 한국 고유의 승풍과 불조의 혜명을 잇기 위해 독신승獨身僧이 사찰을 지키라."는 내용이었다.

물론 청담 스님은 그 이전부터 불교정화에 대한 원력과 확고한 신념을 갖고 있었다. 덕숭산 정혜사에서 만공 선사를 만나 불교 현실의 모순을 타개할 수 있는 저력으로서의 수행이라는 새로운 차원의 세계로 들어갔다. 개운사 강원에서 개최한 전국학인대회全國學人大會가 실패로 돌아가자 먼 후일을 기약하며 정화의 준비단계로 접어 들어간 것이다. 청담 스님은 '험난한 가시밭길 헤쳐 온 한국불교'란 제목으로 대처승을 정조준하여 통렬하게 비판하였다. 스님에게 대처승은 절대적인 악惡이었다.

불교 본연의 근본을 좀먹는 세력과의 대결이 바로 정화다. … 대처승들을 일제가 인정하자 불교계는 양단되어 분열과 혼란이 가속하는 상황으로 치달았다. 이 대처승들은 하루 끼니나 노자를 얻기 위해 관상도 봐주고 지관처럼 땅도 봐주는 등 해괴망측한 짓으로 불교계를 어지럽혔다. … 대처 문제가 이렇게 심각한 것은 고기, 술, 담배에 입을 대는 것과 관계가 있다. 이것은 부처님 이래로 계율이 되어 왔던지라 용납될 수 없는 성격의 문제다. 불교의 전통을 파괴하는 이러한 훼법분자 대처승을 그대로 놓아두고서는 한국불교의 발전이란 요원한 이야기에 불과하다. 색욕과 금욕에도 눈이 멀어 은연중 정부情婦와 살림을 차려놓고 재산 불리기에 혈안이 된 비법승배非法僧輩들이 횡행하여 종권을 혼탁하게 하는 것은 물론 전 불교 문중을 지탄의 대상으로 만들어 놓았다.

청담 스님은 정혜사 만공 선사 회상에서 참선 수행을 하면서 금강산 유점사楡岾寺 선원도 왕래하였다. 오대산을 비롯 전국 중요 수행처를 찾아 운수납자(雲水衲子, 여러 곳으로 스승을 찾아 도를 묻기 위하여 돌아다니는 승려를 비유적으로 이르는 말)의 길을 떠났다. 청담 스님이 정혜사 만공滿空 선사 회상에서 참선공부를 하면서 금강산 유점사 선원을 오가며 수행하던 중, 1931년 3월 23일 선학원에서 열린 선풍진작과 납자들의 결속을 위하여 선학원에서 개최한 전선수좌대회全鮮首座大會에 참석하면서 처음 인연이 되었다. 이 대회의 참석은 함께 수행하던 만공 선사의 권유로 이루어 진 것으로 보인다. 대원암 강원시절 전국학인대회를 주도했던 30대 젊은 수좌 청담 스님은 이렇게 정화의 원력을 다지기 시작한 것이다.

그 이후의 또 다른 행보는 1934년 12월에 출범한 조선불교선리참구원의 이사, 조선불교선종朝鮮佛敎禪宗의 서무書務이사로 등장하였다. 1935년 개최된

선학원에서 열린 조선불교선종 제1회 수좌대회
(원내는 청담 스님)

수좌대회의 주역으로 등장하면서 정화불사에 발을 내딛기 시작한 것이다. 더욱이 종무원 운영의 총괄책임을 담당하는 서무이사였다는 데서, 청담 스님이 수좌계의 영역에서도 활동이 확대되었음을 유추해 볼 수 있다. 물론 이는 그 선종의 종정, 선리참구원의 이사장이었던 만공 선사의 행보의 구도와 연결되었다고도 볼 수 있다.

이처럼 청담 스님은 수좌대회를 통하여 수좌계首座界를 대표하는 반열에 올랐다. 특기할 것은 수좌대회에서 선학원의 내용을 충실히 하기 위한 청규淸規를 정해 수행해야 함을 제안하였다는 사실이다. 이 제안을 당시 참가한 수좌들은 만장일치로 가결하였다. 이러한 의견을 제출한 청담 스님은 대회가 종료되기 직전에 다음과 같은 제안을 다시 하였다.

> 석일昔日의 영산회상靈山會上과 같은 대총림大叢林 건설을 이상理想으로 하고 모범선원模範禪院 신설에 노력키로 하자는 이올연李兀然 씨의 제의에 만장일치 가결되다.

선학과 계율의 종지를 선양하기 위해 선학원에서 열린 유교법회
(좌측 원내는 청담 스님, 우측 원내 채서응 스님.)

청담 스님은 부처님 당시의 영산회상靈山會上과 같은 대총림大叢林 건설을 이상으로 내세우면서, 우선은 모범선원模範禪院의 신설에 노력하자는 의견을 제출하였다. 이 제안은 수좌들의 만장일치로 가결되었다. 이와 같은 청담 스님의 불교 정화를 위한 기초 작업은 1939년 3월 23일, 선학원에서 개최된 조선불교선종 제1회 정기 선회禪會에서도 나타났다. 청담 스님은 금강산 마하연 대표로 참가하였는데, 선원 청규의 실행, 초심납자 지도 문제를 제안하여 실천케 하였다.

청담 스님의 불교정화를 위한 자생적인 수행을 통한 고뇌와 실천은 1941년 3월 4일부터 13일까지 열흘간 선학원에서 열린 유교법회遺敎法會에서도 재현되었다. 이 대회는 청담 스님과 운허 스님이 만공 선사와 한영 강백에게 상의를 통하여 개최되었는데 전통선 수호, 계율 수호를 내세우면서 불교정화의 성격으로 전환되었다.

더욱이 그 유교법회를 추진하는 청담 스님의 활동과 정신은 실로 대단하였다고 그 당시 스님의 유교법회 추진과정과 진행을 지켜보았던 석주 스님은 다음과 같이 회고하고 있다.

스스로 결단을 내려 선택한 일이면 누가 뭐래도 눈 하나 깜짝하지 않는 그 대범성 앞에서는 도전의 깃발을 들고 설치는 상대방도 제풀에 꺾이지 않을 수 없는 일이었다. 그 한 실례로 대동아전쟁 직전인 41년으로 기억되는 고승초대법회인 유교법회에서의 일이다. 그때 선학원에서는 만공 큰스님을 모시고 그때까지 10년간 말없이 수도 정진한 고승들을 초대하여 불교정화의 기조이념을 다짐하는 법회를 봉행하던 중이었는데, 뜻밖의 행패자들이 출현한 것이었다. … 어떠한 외압의 압력이나 방해공작에도 결코 굴함이 없이 전진을 거듭한 그의 추진력은 결과를 향해 한발 두발 접근하기 시작한 것이다. 바로 1941년 3월13일로 기억되는 선학원에서의 부처님의 유교를 호지 하고 승풍의 정화를 재차 다짐하는 기틀이 된 고승법회도 그러한 난관에 굴함이 없이 전진을 거듭한 결과라고 할 수 있을 것이다.

석주 스님의 회고에서 알 수 있듯이 만공 선사를 모시고 그때까지 10년간 말없이 수도 정진한 고승高僧들을 초대하여 불교정화의 기조이념을 다짐하는 법회였으며 부처님의 유교遺敎를 호지護持하고 승풍僧風의 정화를 재차 다짐하는 기틀이 된 고승법회였다. 이렇듯 유교법회는 불교정화와 승풍의 정화를 다짐하는 법회로 전환된 것이다. 불교정화 운동에 대한 부분은 해방 이전에도 활발치 못하였지만 서서히 진행되어 왔는데 전국 고승법회라 하여 청담·운허·운경 (雲鏡:1905~2000, 조계종 원로의원) 스님 등이 주축이 되어 준비를

석주 스님과 공양을 하시는 청담 스님

3장 정화淨化 불사　209

했다. 당시 총무원 측에서는 굉장히 반대가 심했고 방해를 많이 했었다. 그럴 수밖에 없는 것이 고승법회에서는 불교는 범행단梵行團이라 하여 청정하게 계율을 잘 지키고 종단을 이끌어 가야 한다고 했으니 처자권속을 거느린 총무원 당사자들은 당연히 반대한 것이다. 그래서 초청고승 부분에 반대가 너무 심하여 유교법회라고 하여 대회를 진행하게 되었다.

> 유교법회는 청담 스님과 운허 스님이 주도했지요. 스님들의 호응이 좋았고, 범행단梵行壇이라는 것을 만들었어요. 그때 내가 재무를 보았어요. 장삼도 그 때 생겼지요. 큰스님들은 다 나오셨지만 한암 스님은 나오시지는 않았어요. 선교禪敎의 대종장들이 다 나왔지요.

이렇게 청담 스님은 유교법회를 주도하였다. 법회를 마친 뒤에 비구승을 중심으로 범행단을 조직하여 선학禪學과 계율戒律의 종지宗旨를 선양하기 위한 후속 작업에 들어갔는데, 그 주역은 만공·동산·효봉·청담 스님 등이었다. 비록 범행단이 1942년에는 자진 해산하여 지속성을 갖지는 못하였으나, 그 핵심 자들은 후일 정화 운동의 핵심이었다.

청담 스님은 1945년 해방 직후, 대승사大乘寺에서 불교정화의 실천 방안의 일환으로 해인사에서의 총림 구상을 강구할 때에 영산도靈山圖를 불교정화의 이상으로 내세웠다. 영산도라 함은 부처님 당시의

동학사 강원졸업식에 참석한 청담 스님(좌측 원내)과 묘엄 스님(우측 원내)

세계처럼 부처님 법이 실천되는 수행도량인 총림이다. 이에 대해 묘엄 스님은 다음과 같이 회상했다.

> 그러던 어느 날이었다. 문경 사불산 대승사 쌍련선원으로 갔더니 아버지 순호 스님과 성철 스님께서 백지에 무언가를 그리고 쓰고 있었다. 옆에서 가만히 들여다보니 아버지 순호 스님은 백지에다가 부처님 당시의 영산회상도靈山會上圖를 그리고 있었다. 부처님께서 영취산에서 설법하시던 당시의 광경 그대로, 우리도 그렇게 살아 보자는 계획을 만들고 있었던 것이다. 조실祖室에는 효봉 스님을 모시고, 선방은 성철 스님이 맡고, 운허 스님과 춘원 이광수 선생에게는 경經을 맡기고 율원律院은 자운 스님이 맡고, 선원禪院과 강원講院과 율원律院을 제대로 갖춘 총림을 해인사에 세워 제대로 된 수행생활을 하며 제대로 된 수행자를 양성하자는 원대한 계획을 세우고 있었던 것이다.

8·15해방 직후 청담 스님은 수좌들과 함께 봉암사에서 여법한 수행을 하였다. 청담 스님의 법제자 도우(道雨:1922~2005, 대한불교조계종 감찰원장) 스님은 당시의 상황을 다음과 같이 회고하였다.

> 그 계기는, 대승사는 이제 선방을 못하니까 "봉암사에 가서 우리끼리 능엄주도 하고 여법如法히 수행을 해보자."고 하였지요. 홍경·자운·종수·청담 스님하고 나하고 다섯이 거기에 들어갔어요.

1946년 가을, 종단에서 세운 가야총림伽倻叢林이 해인사에서 출범하자 청담 스님은 해인사로 갔다. 그러나 재정의 열악 등으로 인해 가야총림은 출범 초기부터 수행 환경이 좋지 않았다. 가야총림에 동참하였지만 여의치 않자

1948년 무렵에는 봉암사로 이주하였다. 봉암사에서는 '부처님 법대로만 살아 보자'는 취지하에 전개되었다. 이렇게 봉암사에서는 영산회상을 만들어 보겠다는 취지와 정신으로 수행 결사가 전개되었다. 봉암사 결사의 생활은 부처님 법 즉 율장律藏과 청규淸規의 계법戒法에 의지하려는 것이다.

이 정신은 당시 대중들에게는 부처님 당시처럼, 영산회상靈山會上과 같이 각인刻印되었다. 즉 봉암사 대중들은 영산회상의 의식을 갖고 새로운 불교개혁을 위한 다양한 실험을 전개하였다. 봉암사에서 영산회상 정신이 구현된 것은 청담 스님이 그 이전부터 지속적으로 고민한 영산회상이라는 대안이 반영된 것이다. 그러나 봉암사 결사에서의 실험, 불교정화를 위한 대안 모색 및 실험은 1950년 6·25전쟁으로 인하여 중단되었다. 청담 스님은 경남 고성 문수암에서 주석하며 불교정화에 대한 꿈을 버리지 않고, 수행을 지속하였다.

청담 스님이 정화의 횃불을 든 시기부터 통합종단이 탄생하기까지의 교단 상황은 본사나 말사 중에도 재산이 많은 절의 주지들은 거의가 대지주처럼 부유했고 고관들처럼 권력이 따랐으며 그들 중에는 처첩妻妾을 거느리기도 하였다. 일제日帝 말기에는 대부분의 일반 스님들까지도 속성명俗姓名에 장가를 들었으며 절에서 목탁을 치고 가사 장삼을 입었을 때만 스님이지 일상생활은 재가자와 다름이 없었다. 이런 승려 속화俗化 현상은 광복 이후 더 심하였다. 급변하는 사회현상과 자유주의적 풍조의 영향 아래 승려 속화 현상은 더욱 박차를 가하였다. 특히 6·25 전쟁을 겪은 뒤의 승풍僧風은 문란해져서 승려는 제齋를 지내고 불공하는 것을 생업生業으로 삼는 직업인으로 전락하여 부처님의 유풍遺風을 팔아먹고 사는 장사꾼으로 변질되었다고 해도 과언이 아닌 상황이었다.

이런 상황에서 정화가 시급한 곳은 사원寺院이요, 정화 대상은 취첩娶妻한 승려들이었다. 우리 조상들은 전통적으로 사원을 수복멸죄(修福滅罪, 복을 닦고 죄를 소멸)하고 숭신불법(崇信佛法, 불법을 높여 신앙)하는 청정한 도량으로 받아들였다. 그러한 전법도생(傳法度生, 법을 널리 전하여 중생을 인도함) 수선홍법(修善弘法, 바르게 닦아 진리를 널리 폄)하는 도량이 부처님 팔아먹는 가게商店가 되어서는 안 되는 것이었다. 그래서 청담 스님은 마치 초기 대승大乘불교 운동가들이 부파部派불교 불교도들의 소승적 수행태도를 파사현정(破邪顯正, 부처의 가르침에 어긋나는 사악한 도리를 깨뜨리고 바른 도리를 드러낸다는 뜻으로, 그릇된 생각을 버리고 올바른 도리를 행함을 비유해 이르는 말)하여 초기 불교의 근본정신으로 회복하고자 하는 운동과 같이 수행풍토를 정립하기 위하여 순교 정신으로 한국불교의 정화 운동에 전념하였다.

청담 스님은 1954년 8월 선학원에서 전국 비구승 대회를 소집, 불교정화 운동의 횃불을 높이 들면서 "난잡한 요정으로 변해 버린 불교 사찰이 청정도량으로 정화될 때까지 목숨을 다 바쳐 싸우자"고 비장한 결의를 표명했다.

청담 스님은 이렇게 계율에 어긋나고, 불교전통을 파멸시킨 대처승의 제거를 통해 불교 본연의 길로 가서 비구승단의 복원을 성사시켰다. 불교정화 운동의 선봉장이었던 청담 스님의 높은 법력과 원력은 전국 방방곡곡을 뒤흔들어 사찰마다 정화의 횃불이 타올랐다. 만난萬難을 극복하고, 이듬해 어느 정도 정화 운동의 성과가 나타나자, 정화 운동 초기 대처승 측에서 청담 스님의 호적 등본을 떼어 출가 뒤 낳은 아이가 있다는 것을 집요하게 공격했다.

선학원에서 개최된 제1차 전국비구승대회(원내는 청담 스님)
맨 앞줄 왼쪽부터 청담·인곡·적음·금봉·동산·금오·효봉·향곡·자운 스님

정화를 이끄는 수장首長에 대한 공격으로, 비구 측에서는 몹시 난처한 일이었다. 젊은 스님들 사이에서도 불만이 쌓였다.

대처승 측은 이렇게 불교의 역사를 새로 쓰고 있는 청담 스님을 비구승의 대표단에서 제외시키려고 갖은 방법을 다 동원하여 대항했다. 대처승 측이 치켜든 무기는 파계破戒였다. 청담 스님은 출가 초기 무렵에 파계했으니, 비구승이라고 할 수 없다는 주장이었다. 이에 대해 청담 스님은 "7천 대처승이 나와 함께 부처님께 참회하고 종단에서 물러나가자"고 제의하였다. 당시의 상황을 월주月珠 스님은 다음과 같이 기억하고 있다.

> 어느 날 스님은 젊은 스님들이 불만을 말하니까 "맞다. 난 파계승이다. 정화가 끝나면 난 뒷방으로 돌아가 참회하며 살겠다."고 선언했죠. 순간, 그 자리는 얼어붙은 듯 침묵이 감돌았고 이후 스님들 사이에 시비가 없었습니다. 아직도 그 기억이 소름 끼치도록 생생합니다. 당시 청담 스님의 위치를 생각하면 쉽지 않은 결단이었습니다. 당대의 어느 누가 이처럼 솔직하고 파격적일 수 있겠습니까?

청담 스님은 출가하지 않았다면 아마 혁명가가 됐을 것이라는 생각도 해본다. 철저한 수행과 뛰어난 법문, 포기하지 않는 열정과 인내, 남의 허물을 감싸주는 그릇까지 세상을 바꿀 자질을 두루 갖췄다. 한국불교계의 시각에서 청담 스님이라는 존재 자체가 큰 복이었다.

1954년 8월에 두 차례 선학원에서 비구승대회를 열고 조계종 종헌을 통과시키고 중앙기구의 임원을 선출했다. 같은 해 12월 12일 제3차 비구승(니)대회를 조계사에서 개최하고 1955년 8월 13일 제4차 비구승(니)대회에서 석우 선사를 종정으로, 청담 스님을 총무원장으로 선출하였다. 조계종 초대 총무원장으로 1955년 8월 28일 취임하여 난장판이 되어버린 종단을 본 궤도에 올려놓는 일에 진력을 다했다.

한편 정화 운동이 어느 정도는 일단락되어 비구승단이 복원되어 가던 1960년대 초반 청담 스님은 자신의 불교정화로서의 이상적인 대안으로 내세운 영산도靈山圖를 다시금 강조하였다. 불교정화 운동은 외형적인 부분에서는 의도한 대로 성공하였다. 그리하여 비구승에 의한 종권 인수, 대처승 배제 등이 이루어졌다. 다만 정화 운동의 부산물, 후유증이 상당한 것

가까운 도반이었던 대휘 스님과 함께

이 문제였다. 청담 스님이 의도한 정화 운동의 외형은 성사되었으나, 정화 이념으로 설정한 영산회상靈山會上 개념하의 총림 건설, 인재양성은 한 발자국도 나가지 못하고 있었다. 여기에서 청담 스님의 고뇌는 다시 시작되었고, 불교정화는 지속될 수밖에 없었다. 즉 마지막으로 생각했던 승단정화는 외형·제도적인 측면에서만 구현되었다.

미완未完의 정화불사

 청담 스님은 교단정화를 원력과 실천으로 성사시켰다. 그러나 당초에 구상한 승단정화僧團淨化의 바탕으로 설정한 영산회상, 인재양성 등은 시작 후 일년 만에 열반에 들면서 중도에 중단되었다. 종단의 비구·대처승 양측이 합의한 통합종단의 틀은 갖추었지만 종단 구성원의 단합, 정체성 등에서는 문제가 잉태되어 있었다.

 1962년 8월 비구와 대처 측 승려, 재가불자가 참여하는 50명의 종회의원이 선출되고 초대 중앙종회가 개원하였다. 청담 스님은 초대 중앙종회 개원식 개회사에서 불교정화 운동의 성격을 다음과 같이 규정하였다.

> 회고하건대 민족문화는 불교문화임을 명백히 알고 있습니다. 우리는 그것을 상실하지 않고자 종교의 자기 정화를 위하여 9년간 전국 전통승려들이 궐기하여 시방 삼세의 모든 불보살님 전에 서원하였던 것입니다. 부패의 극에 빠

진 말세의 교단 전통을 바로 잡아서 청심한 종풍을 진작하여 국운에 이바지하고, 나아가서는 세계인류 장래에 이바지할 것을 염원으로 하여 일어선 것이 곧 이 불교정화 운동인 것입니다.

청담 스님은 초대 중앙종회 개원식에서 민족불교 문화 복원, 부패 교단 청산, 종풍 진작 등을 제시하였다. 이처럼 불교정화를 재추진해야 한다는 소신이 있었다. 이제부터 더욱 참다운 불교정화를 추진해야 한다고 각오하였다. 그러나 통합종단의 출범으로 일부 대처승들이 종단 내부에 들어와 있었다. 정화불사의 이념을 위해 추진되는 3대 불사도제 양성, 역경, 포교는 제자리걸음이었다. 이는 종단 내부에서 벌어지고 있는 승려들 간의 갈등, 종단 정체성의 혼미, 수행 부재, 사찰 점유권을 둘러싼 종단 내부의 갈등, 교육을 받지 않은 승려들의 급증 등이 원인이었다.

그런데 통합종단 출범 이후, 종단의 체계를 갖추어 가던 중 긴급한 현안이 발생하였다. 일부 대처帶妻 측 인사들이 1962년 10월 4일자로 종단을 상대로 소송을 제기한 것이다. 종단에서는 소송대책위원회를 선임하고 대책을 강구하였다. 이러한 대책에도 불구하고 일부 스님들이 일간지에 성명을 내면서 종단 탈퇴를 천명하였다. 이때부터 통합종단에서 대처승 계열의 스님들이 분종分宗을 준비하기 시작한 것으로 볼 수 있다. 여기에 당시 문교부장관이 '대처승 종단 인정' 발언을 함으로써 통합종단은 출범 1년 만에 분종의 위기에 직면하였다. 결국 조계종단은 산적한 종책 현안들을 제쳐 두고 분종을 막기 위한 당면 과제에 집중하면서 종력宗力을 낭비하였다.

이 때 대한불교조계종 전국신도회(직무대행 김한천)와 전국 주요도시 신도대표자대회(의장 이종익)에서 '대한불교조계종혁신재건안'을 종단에 제출하였다. 당시 제출된 안건들은 곧바로 종단의 새로운 종책 의제로 부각되었다. 또한 중

앙종회 의원 중에서 이 재건안을 수용하여 종회에 동의안 제출은 경산京山·
벽안碧眼·혜원慧遠 스님 등이 하였다. 결의문의 핵심은 종단을 사부대중 종단
으로 만들되 출가승과 재가대중을 구분하여 재가대중에게 종정 참여권을 부
여하는 것, 신도의 사찰운영 참여, 사찰주지 임명 시 신도 동의, 사찰재산 처
분 시 신도 합의 등이었다.

전국신도회의 건의안에 대하여 종책 의제로 결정하기 위한 논의는 제5회
정기중앙종회(1963.11.18~19)에서 진행되었다. 이날 회의에서 신도 대표 2인이
참여하여 그중 이종익 대표가 건의 사항을 설명하였다. 신도회 건의문 수용
에 대해서는 추진위원회를 구성하여 다루도록 하는 안이 통과되었다.

그러나 이후 신도회에서 제출한 '재건안'은 중앙종회에서 다루어지지 않았
다. 대신 3대 종책 사업이라는 새로운 종책 의제가 제시되었다. 3대 종책 사
업은 교육·포교·역경으로 종단의 기본사업으로 확정됨으로서 종단의 공식
종책 사업으로 채택되었다.

청담 스님이 인지한 당시의 불교계의 문제는 1966년 중앙종회에서 발표한
종정 교시문에 제시되어 있다. 교단정화가 10년이 지났으나 기초를 마련하
였을 뿐 구체적인 불사로 현실화되지 못해 개탄하였다. 그리고 불사를 위한
혁신적인 정화 방안을 제2대 중앙종회에서 제시하였다.

> 겨울이 가고 봄이 온다. 아니 겨울이 가야 봄이 온다. 마찬가지로 범부를 고
> 쳐서 성인이 된다. 아니 범부를 고쳐야만 부처가 된다. 그러므로 혁명이 없는
> 국가나 사회는 한갓 부패를 가져올 뿐인 것이다. 보라 시방삼세의 모든 부처
> 님과 그 제자들은 항구한 세월을 두고 무량 백 천의 방편으로 인간 개혁에 겨
> 를이 없으시다. 이 뜻을 받들어 우리 한국불교계는 교단정화를 시작한 지 벌
> 써 10년 성상이 지났지만 겨우 그 기초를 마련했을 뿐이고 뚜렷이 이렇다 할

불사라고는 아직 보이지 않는다. … 우리들 불자로서는 이 비참한 꼴을 그대로 보고만 있을 수는 없는 것이다. 그래서 늙고 병든 납승은 다음 몇 가지 불사를 근본적으로 혁신·정화하기로 하고 그 일을 대하여 우리 전 사부대중은 원과 힘을 합하여 일대 용맹정진을 하고자 하는 바이다.

이 교시문에서는 구체적인 종책 대안을 제시하고 있지는 않으나 종단이 처한 현실에 대한 문제를 정확하게 인식하고 해결의지를 표명했다는 점에서 종책 과정상의 의의가 있다. 바로 이때에 청담 스님은 종정宗正으로 추대되었다. 1966년 12월이었다. 그래서

대한불교조계종 통합종단 제2대 종정으로 추대
(원내는 청담 스님, 좌측 기종 스님, 우측 지월 스님)

종정 취임을 계기로 불교정화의 재추진을 선언하였다. 청담 스님의 그 의지는 〈종정진산법어宗正晉山法語〉에 나온다.

나는 네 가지 서원誓願을 세워 안으로 우리 종단을 바로 잡고, 밖으로 인류 사회의 정화를 염원하고자 한다. 첫째, 기아의 고통에서 허덕이는 중생을 건질 것이며 둘째, 욕심에 사로잡혀 싸움을 일삼는 중인衆人들에게 자기희생의 미덕을 깨우치게 할 것이며 셋째, 이러한 것을 깨닫기 위해서는 불법佛法이 가장 주승殊勝함을 알도록 눈을 뜨게 할 것이며 넷째, 자타自他가 본시 둘이 아니며 산하대지와 삼라만상이 즉시 성불하게 되는 선리禪理를 깨치게 하는 것이

다. 이 네 가지 염원은 나 청담이 새삼스레 세운 원력이 아니고, 원래 있었으나 사람들은 그것을 잊고 몽환夢幻에서 헤매기 때문이다. 그러므로 이 몽환을 깨쳐 모든 것을 바로 잡고 살아 순교殉教하는 의지를 발양하자는 것이 나 청담의 각오이다. 여기에서 비로소 나는 우리 정화의 3대 행동강령인 도제양성, 역경사업, 포교사업을 세우는 것이다. 우리가 정화불사의 봉화烽火를 든 지 10여 성상이 되었으면서도 역량의 부족 탓으로 아직 원만한 성과가 없음이 사실이다. 이렇듯 절박한 위기에 당면한 우리는 마땅히 정신을 가다듬고 뜻을 굳혀 부처님 길로 과감히 나아가야 할 것이다. 고로 나는 승풍僧風을 바로잡고 삼보三寶의 명분을 밝히고 그대로 실천하기 위해서 부처님의 광명을 바라보고 자진 기수旗手가 되어 조화된 삼보의 대의를 천양하며 시대가 요구하는 불교현대화에 솔선수범 할 것을 스스로 다짐할 뿐이다.

이렇게 청담 스님은 불교정화의 범위를 종단(불교계, 승단)에 제한시키지 않는 불교 현대화에 나설 것임을 강조했다. 이를 실천하고, 그 과제로 종단의 3대 지표(도제 양성, 역경, 포교)를 설정하였다.

그런데 청담 스님이 종정직을 수행 중일 때의 반反불교정화 노선이 재기되고 있었다. 청담 스님은 그들을 무사 안일주의, 문중 파별주의, 현대사회에 대한 무관심으로 요약하였다. 한편 종단 노선 갈등으로 1967년 7월 종정에서 자진하여 내려왔다. 백의종군白衣從軍하려는 입장이었다. 그러나 스님이 우려한 반정화反淨化의 행태는 더욱 더 기승을 부리고, 정화 정신을 살리려 하였던 승가단체인 영축회, 선림회의 움직임도 성과가 없었다. 정화 운동 정신의 불씨를 되살리기 위한 목적에서 조계종단유신재건안을 입안하여, 조계종단의 종회에 1969년 7월에 제출하였다. 그러나 종회에서는 재건안의 문제점만을 지적하고, 받아들이지 않았다.

이 같은 배경하에서 청담 스님은 1969년 8월 12일 조계종단의 탈퇴脫退를 선언하였다. 그 선언은 당시 사회적으로나 종단 안팎으로 큰 파장을 불러 일으켰다. 모든 언론사에서 대서특필하였으며, 종단의 승려들과 불자들은 청담 스님을 찾아가 만류하는 등 당시로서는 도저히 있을 수 없는 일이라고 하였다. 하지만 이는 불교정화의 이념이 상실되어 가는 현실을 개탄하면서 정화 운동을 다시 하겠다는 의지를 피력하였다. 청담 스님 자신이 주도한 불교정화로 인해 재건된 조계종단의 내부에서 정화 정신이 소멸되고, 자신이 제안한 정화 재추진의 의도가 담긴 유신재건안도 거부당하였다는 것에 충격을 받았다. 당시 청담 스님의 심정은 〈대한불교〉에 기고한 〈소명서疏明書〉에 잘 나와 있다.

> 본인이 이번에 조계종에서 탈퇴한다고 한 것은 종도宗徒로서, 소위 한 종단의 원로로서, 또는 정화 운동의 햇불잡이로서 근 20년간 심혈을 기울여 보았으나, 나의 무능력과 부덕의 소치와 또는 시운時運의 탓인지, 잘 되어가는 일이 적고 잘못되어 가는 일이 많으며, 종단은 정화재운淨化在運 되기보다 앞길이 어두워가기만 한다. 그러니 한 종단의 원로라는 입지에서 수수방관袖手傍觀하기는 마음이 괴로운 일이므로, 차라리 그 권외인圈外人이 되는 것이 떳떳하다고 생각되며, 구 권외에서라도 나의 본원本願은 조금도 변함없기에 이번에 탈퇴를 선언하기에 이르렀던 것이다.

이 〈소명서〉에는 당시 청담 스님이 처한 고뇌가 잘 나와 있다. 정화 운동의 햇불잡이로 정화 운동의 후유증을

정화 이념이 퇴색해 감을 애석해 한 청담 스님이 탈종脫宗을 선언하자, 교계는 큰 충격에 빠졌다.

3장 정화淨化 불사 221

지켜보고, 정화 정신이 사라짐을 목격하면서 종단 탈퇴를 할 수밖에 없는 자신의 상황을 고백하였다. 여기에서도 불교정화의 개념을 우리 민족의 역사와 얼이 담긴 불교의 정화 및 재건이라고 규정하였다. 동시에 불교정화와 재건을 통하여 인간성 회복, 국민도의 재건, 사회를 정화하여 구국제세救國濟世에 이바지하려고 일어선 것이었음을 불교정화 운동으로 주장하였다.

이로 볼 때 청담 스님의 종단 탈퇴 선언은 종단의 발전과 실질적인 전화戰禍를 마무리하려는 의도였지 본래 뜻이 아니었음을 볼 수 있다. 불교정화에 다시 나서겠다는 충격 요법의 하나였던 것이다. 이 같은 뜻은 선언 직후에 작성되어 배포된 '나의 고백'에서도 찾을 수 있다.

> 불교정화 운동의 그 근본 뜻은 전 세계 어느 나라에서도 그 유례類例를 찾아볼 수 없는 고려의 불일佛日 보조국사普照國師께서 창종創宗하신 대한불교조계종의 그 종지宗旨와 종풍宗風을 되살려서 말세정법末世正法을 옹호擁護하며 고해 중생苦海衆生을 구제하기 위하여 위로는 부처님께 맹서盟誓하옵고 아래로는 전 국민에게 선서宣誓하였던 것입니다. 이 위대한 성업완수聖業完遂를 위하여서는 우선 불교근대화를 위하여 소위 삼대사업三大事業이라는 승려교육僧侶教育의 현대화現代化, 역경사업譯經事業의 현대화現代化, 포교사업布敎事業의 현대화現代化 등이 시급時急을 요要하였던 것입니다. 그러나 정화 후에 십육 년이라는 세월이 흘러갔음에도 불구하고 이렇다 할 성과를 거두지 못한 것에 대해서는 위로는 부처님과 또한 전 국민 앞에 참회懺悔하나이다. 그렇다고 해서 그 누구 한 사람도 원망할 수도 없는 것입니다.

청담 스님은 이렇게 불교정화 운동의 근본 뜻을 제시하였다. 그러면서 종단 구성원인 승려가 분열, 부패되어 있었기에 불교정화의 싹은 나올 수 없음을 지적하였다. 그래서 청담 스님은 불교정화의 목적과는 거리가 먼 현실에 참회하며, 그런 현실에 대한 절망감이 종단 탈퇴를 가져왔다고 고백하였다.

조계종단의 종정을 사퇴한 이후부터 영산도靈山圖가 발언에서 사라졌다. 이는 종단 구성원들의 안주, 대처승의 종단 유입, 반정화 정서의 현실에서 청담 스님은 종단 변화에 적극적으로 대응하면서 2천 년 전의 영산회상만으로 그의 이상과 현실의 문제를 조화시킬 수 없었음을 인식한 것이다. 그래서 청담 스님은 불교 현대화를 내세웠다. 이런 배경에서 스님이 종단 탈퇴 선언 직후인 1969년 11월《여성동아》에 기고한 〈나의 불교 현대화 방안〉에서 불교 현대화가 도달할 목표로 정립되었다.

> 돌아보건대 8·15광복과 더불어 우리 겨레에게는 조국재건과 민족중흥의 대과업이 지워졌다. 그리고 우리 불교도에게는 천육백 년 역사의 전통과 민족의 얼이 깃들어 있는 불교를 정화, 현대화함으로써 상실되어가는 자아인간自我人間을 되찾고 무너진 국민도의를 재건하여 혼탁한 사회를 정화하는 구국제세의 역사적 과업이 지워졌다. 이것은 곧 불도의 불교정화 운동이었다.

결국 불교 현대화란 불교 본래의 비본질적 요소를 퇴치하여 현현묘묘(玄玄妙妙, 언어·문자로써는 어떻게 설명할 수 없는 깊고 오묘한 진리)한 부처님의 정법을 이 지상에 바로 펴서 대중과 더불어 울고 웃는 인류구제의 불교 본연의 자세로 되돌아가는 것이다. 이 점이 오늘 우리 불교인에게 주어진 시대적 사명인 동시에 역사적 지상 명령임을 청담 스님은 강조하였다.

이처럼 자신이 생각하는 불교정화 운동을 정리하면서 불교 현대화로 결론 지었다. 이 불교를 대중에게 널리 알리지 못하고 있는 것은 불교인의 잘못이라고 스님은 늘 뉘우쳤다. 그래서 일반인과 같은 교육으로는 승려의 특수한

도제 양성과 총림의 터전 마련을 위해
해인사를 방문한 청담 스님

생활인 신행信行, 예경禮敬, 산림山林을 함께 할 수 없으므로 승가대학을 설립해야 한다고 주장, 그 설립을 추진하였다. 이 승가대학의 설립은 용이한 일이 아니었으나 지금은 스님의 뜻을 따라 동국대학교에 승가학과를 증설하여 승가대학으로의 발전을 꾀하고 승려 장학생 양성을 꾀하고 있다.

또 난해한 한문경전을 한글로 풀어 옮기는 일을 서둘러야 한다고 정화 운동을 시작할 때부터 역설했다. 동국대학교에 역경원이 부설된 것과《불교성전》이 총무원 발행으로 나오게 된 것도 역시 스님의 염원에 의해 이루어진 것이다.

청담 스님은 당시 6백만 한국 불교도들의 간곡한 호소와 자신이 제시한 불교의 현대화 방안을 수용 실천하겠다는 약속을 받고 이를 실천하겠다는 의지로 사부대중의 뜻을 못 이겨 1970년 7월 18일, 칠순의 고령으로 또 다시 총무원장직을 맡았다. 총무원장에 재취임하면서 불량잡승不良雜僧을 일소하기 위한 승단의 기강 확립, 불법을 바로 잡기 위한 호법단護法團 구성, 스님들의 재교육을 위한 중앙교육원과 승가僧伽대학의 설립, 일반 대중들이

리처드가드 박사 내한 때 동산 스님과 기념 촬영

불교에 쉽게 접근할 수 있는 불교 성전聖典의 편찬 등을 4대 목적 사업으로 삼았다. 그때 스님은 "종단만 잘 되게 한다면 조계사 문지기라도 하겠다."고 말했다. 다시 총무원장이 된 청담 스님은 실로 의욕적으로 종단의 발전을 위해 혼신의 열정을 불태웠다고 당시 교무부장에 재직 중이었던 월주 스님은 다음과 같이 회고했다.

당시 총무원장을 보필한 나는 교화제도연구를 위한 세미나를 거듭 열어 각계의 의견을 폭넓게 수렴하여 제도 개혁안을 만들고 불교성전도 간행했다. 종립 동국대학교를 승려 교육에 활용하는 방안을 세우고, 기성 승려의 재교육도 시행했다. 기존 강원의 교과과정에 외전外典 교양과목을 다양하게 도입하는 커리큘럼도 만들고, 선禪과 교敎를 쌍수하고 전문화하는 제도와 법계를 정하고 법계를 나타내는 휘장도 고안했다. 포교사단을 조직하여 포교사를 임명하고 포교사 양성 방안도 세웠다. 이런 모든 일들을 교화제도 연구라는 개념으로 묶어, 성안된 것을 문서화하면서 연구를 진행해 갔다. 정화 종단 출범 이래 이때처럼 활발하게 교화사업이 펼쳐진 일은 없었다.

월주 스님의 증언에서 볼 수 있듯이 청담 스님은 종단 행정 외의 교화 활동도 대단했다. "중생을 제도하는 데 가지 못할 곳이 어디 있느냐?"고 하면서 남녀노소, 신분의 귀천에 관계없이 상대가 원하는 곳이면 먼 길을 야간에도 구애받지 않고 갔다고 한다. 설법할 때마다, 만나는 사람마다 "마음이 부처다."라는 마음 법문을 설하고, 《금강경金剛經》,《신심명信心銘》,《능엄경楞嚴經》 등을 설하였으며 평생토록 그토록 염원했던, 하지만 아쉽게도 완성하지 못한 정화 이념을 설명했다.

청담 스님의 정화 이념 실천은 수행을 바탕으로 한 보살행, 구세행救世行, 마음 철학이었다. 71년 11월 1군 사령부 군 법당 준공식에서 한신(韓信, 1922~1996) 육군대장을 비롯한 장병과 시민 등 천여 명의 청법聽法 대중들에게 "육신肉身은 유한하나 법신法身은 영원하다."라는 법문을 사자후獅子吼하시고, 그날 서울로 돌아오시어 이틀 후 열반한 것으로 증명된다.

정화의 중심지 선학원禪學院

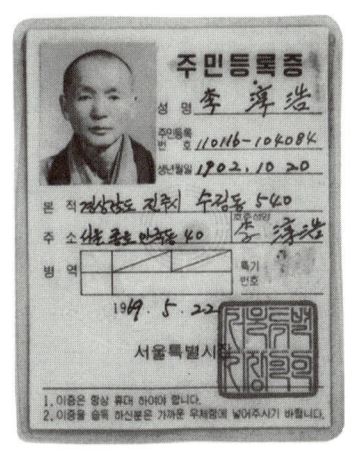

주소가 선학원으로 되어 있는 청담 스님

선학원禪學院은 일제의 사찰령이 발표된 이후 전국적으로 일본 불교화하는 현상을 접한 승려들이 선禪을 표방하면서 출범한 선종禪宗의 본부를 말한다. 불교정화 운동의 발상지인 선학원이 창건된 것은 1921년 10월이었다. 오늘날의 대한불교 조계종이 성립하는 데 중요한 역할을 한 곳이다. 선학원은 제7대 이사장을 역임한 청담 스님이 1954년부터 1971년 열반에 들 때까지 주석하며 수행하고 불교정화의 원력을 다지고 실행에 옮긴 곳이다. 스님은 도우·법천·혜종慧宗·혜성·현성·법화法華·설산雪山 스님 등 제자들과 선학원에서 인연을 맺었다. 또한 많은 도반들이나 스님들과 교분을 쌓으며 부처님의 정법을 수호

고성 문수암에서 제자들과 함께. 오른쪽 첫번째가 월운 스님, 두 번째가 맏상좌 정천 스님.

하고 한국불교를 지켜야 한다는 의지를 표상하던 지혜의 장소였다.

청담 스님은 1931년 3월 23일 선학원에서 열린 선풍진작과 납자들의 결속을 위하여 전선수좌대회全鮮首座大會에 참석하면서 선학원과의 인연이 시작되었다. 수좌대회를 마치고 3월 23일 선풍진작과 납자들의 결속, 선방 수좌들의 보다 나은 공부를 위해 청정사찰 할애 및 중앙선원 설치 건의안을 작성하여 조선 총독부에 제출하는 등 활발한 활동을 전개하기에 이른다.

1933년 8월에 만공 선사 등 15명을 출자자로 한 재단법인 설립허가 신청서를 총독부에 접수했다. 총독부는 1년 4개월이나 허가를 미루다 1934년 12월 5일 '재단법인 조선불교중앙선리참구원財團法人 朝鮮佛敎中央禪理參究院' 설립을 허가한다. 초대 이사장에 만공 선사, 부이사장에 한암(漢岩:1876~1951, 조선불교조계종 초대 종정) 선사, 상임이사에 적음(寂音:1900~1961, 선학원 제3·5대 이사장) 스님, 이사에 남전(南泉:1868~1936)·성월(惺月:1866~1943, 선학원 제2대 이사장) 스님, 감사에 서호西湖·탄옹炭翁 스님, 선학원 원장에 성월惺月 스님, 고문에 경운(擎雲:1852~1936, 조선불교선교양종 교무원 교정) 스님이 임명됐다.

청담 스님은 조선불교선리참구원의 서무이사로 등장한다. 이후 1935년 1월 5일 전국수좌대회 조선정통수도승 일동은 조선불교선종 종헌의 선서문에서 한국불교의 선禪 전통을 일본불교의 침탈로부터 수호할 것을 밝히고 이때 조선불교선종을 창종한다. 이때 청담 스님이 주역으로 등장하면서 정화불사에 발을 내딛기 시작한 것이다. 더욱이 종무원 운영의 총괄책임을 담당하는 서무이사였다는 데서, 스님이 수좌계의 영역에서도 활동이 확대되었음을 유추해볼 수 있다. 물론 이는 그 선종의 종정이자, 선리참구원의 이사장이었던 만공 선사의 행보의 구도와 연결되었다고도 볼 수 있다.

청담 스님은 선학원에서 선부흥대회禪復興大會를 조직해 실무를 보고 이사로 활동하며 조선불교선종을 창종하는 데 주도적 역할을 함으로써 일본경찰의 요시찰 인물이 되어 감시를 받게 된다. 종정에 혜월(慧月:1862~1937)·만공·한암, 원장에 성월, 부원장에 석우 스님, 이사에 적음·금오(金烏:1896~1968, 조계종비구승단 제2대 부종정)·청담, 선의원에 석조昔潮·동산(東山:1890~1965, 조계종비구승단 제2대 종정)·용음龍吟 스님 외 12인이 함께하며 선종중앙기관의 핵심이 되었다. 청담 스님은 부처님 당시의 영산회상靈山會上과 같은 대총림大叢林 건설을 이상으로 내세우면서, 우선은 모범선원의 신설에 노력하자는 의견을 제출하였다. 이 제안은 수좌들의 만장일치로 가결되었다. 이와 같은 청담 스님의 불교정화를 위한 기초 작업은 1939년 3월 23일, 선학원에서 개최된 조선불교선종 제1회 정기선종禪會에서도 나타났다. 청담 스님은 금강산 마하연 대표로 참가하였는데, 중심 내용은 초참납자의 지도를 위한 모범선원으로 금강산 마하연 지정, 불교계 중앙기관인 교무원에 청정사찰 할애의 요청, 수행납자의 질병 구호, 지방선원의 방함록을 중앙에 보고하는 것 등이었다.

청담 스님의 불교정화를 위한 자생적인 수행을 통한 고뇌와 실천은 1941년 3월 4일부터 13일까지 열흘간 선학원에서 열린 유교법회에서도 재현되었다. 이 대회는 청담 스님과 운허·운경 스님이 주도하고 만공 선사와 한영 강백과의 상의를 통하여 개최되었는데 전통 선禪 수호, 계율 수호를 내세우면서 불교정화의 성격을 띠었다. 당초 고승법회高僧法會로 명명했으나 친일 승려들의 반발로 유교법회遺敎法會로 변경해야 했다. 총본산 건설이란 미명하에 불교계에 대한 통제가 극단으로 치닫던 때이기도 했다. 스님은 조선총독부의 편향적 불교정책에 대응해 선학원에서 유교법회를 개최한 것이다.

승풍僧風 진작을 위해 고승 34명을 초청해 개최한 유교법회는 청정승풍의 회복과 전통불맥의 계승을 취지로 내걸었다. 유교법회에는 오도悟道를 인가하고 선맥禪脈을 전수한 만공 선사를 비롯 발심 인연이 된 채서응 스님, 은법사恩法師이자 강맥을 전해 준 한영 스님 등 청담 스님과 인연 있는 스님들이 함께 했다. 만공·석상石霜·서응·묵담·한영·동산·운허·청담·석주·한암·석두·자운·금오·보산·적음·고암 스님 등 당대의 선지식들이 법상에 올라 《범망경梵網經》과 《유교경遺敎經》《조계종지曹溪宗旨》를 가르쳤다. 《범망경》은 계율을 집대성한 책이고 《유교경》은 부처님의 유언을 담았다. 곧 왜색불교의 침투로 변색된 불교계의 현실을 극복하고 수행자 본연의 모습으로 돌아가야 한다는 비구승들의 의지를 엿볼 수 있다.

청담 스님은 법회를 마친 뒤에 비구승을 중심으로 범행단을 조직하여 선학禪學과 계율戒律의 종지를 선양宣揚하기 위한 후속 작업에 들어갔다. 그 주역은 만공·동산·효봉·청담 스님 등이었다. 비록 범행단梵行團이 1942년에 자진 해산하여 지속성을 갖지는 못하였으나, 그들은 후일 정화 운동의 핵심이 되었다.

유교법회에서 결집된 원력은 봉암사 결사의 초석이 되었다. 청담 스님과 성철 스님은 1942년에 선학원에서 만나 공동 수행을 결의했다. 치열한 수행승으로 전국 선원에서 이미 명망이 높았던 두 스님은 8·15해방 이전 일제의 식민지 불교를 체험하면서, 그 문제점을 직시한 인물들이었다. 두 스님이 해방 이전 처음으로 만나, 선학원에서 결사의 싹을 틔웠다는 사실은 청담 스님의 법제자 도우 스님의 회고에서 알 수 있다.

> 청담 스님을 뵙고 동안거 얘기를 하자 속리산 복천암으로 가자고 하시더군요. 그래 복천암에서 겨울을 나고 계미년(1943년) 봄이 되니까 큰스님(성철 스님)이 간월도에서 겨울을 지내고 오셨습니다. 큰스님과 청담 스님은 이미 그전 가을에 서울에서 만나 함께 정진하자고 약속을 하고는 청담 스님은 복천암으로 큰스님은 간월도로 가셨던 것입니다.[12]

도우 스님의 회고에 따르면 봉암사 결사 이전에 선학원에서 첫 단추를 끼웠다는 단서를 찾을 수 있다. 청담 스님과 성철 스님이 결사의 단초라 볼 수 있는 '함께 정진'을 하자는 약속을 한 것이 1942년 가을이었다는 것이다. 약속을 한 장소를 서울이라고 하였는데, 이는 당시 수좌들의 집합처였고 청담 스님과 성철 스님이 수행하던 선학원일 것이다. 청담 스님과 도우 스님이 1942년 겨울에 처음으로 만난 것도 선학원이었음을 고려하면 더욱 그러하다. 즉 1942년 가을 선학원에서 만난 청담 스님과 성철 스님은 함께 정진을 하자는 약속을 하였다. 이후 청담 스님은 먼저 속리산 법주사 산내암자 복천

---

[12] 《古鏡》 6호, 〈불면적-도우스님을 찾아서〉, 1999년 여름호, p.6.

청담·성철 스님이 수행할 당시 속리산 복천암 모습

암으로 갔고, 성철 스님은 서산 간월도에서의 수행을 마친 후 복천암으로 오게 되었던 것이다.

그 후 해방 후 1946년 4월 26일 선학원에서 혁명불교도동맹이 조직되어 선禪불교의 대중화에 기치를 높였고 1946년 12월 3일 불교혁신총연맹佛敎革新總聯盟이 결성되었다. 6·25전쟁이 끝나고 1953년 10월, 선학원은 대처승들에게 청정 비구승들이 마음 놓고 수행할 몇 개의 사찰을 제공할 것을 요구했다. 당시 사찰을 점유한 대처승들은 비구승들이 끊임없이 청정수행 사찰을 요구하자 마지못해 18개 사찰을 독신수좌들에게 수도 도량으로 주기로 자체 결의를 했으나 이를 지키지 않았다. 이에 비구승 수좌들은 분개했다. 그러던 중 1954년 5월 20일 이승만 대통령이 일재의 잔재가 아직 불교계에 남아 있음을 알고 '불교정화유시'를 전격적으로 발표했다. 이는 당시 독신 승려대회를 개최하여 종단을 정화하고, 청정수행 승단의 법통法統을 이어가기 위해 노력하고 있던 비구승들에게 절대적인 호기好機였다. 5월 21일부터 23일까지 선학원 소속 승려인 대의(大義:1901~1978, 선학원 제10대 이사장)·석주昔珠·정영(淨影:1922~2007, 공주 대자암 조실) 등이 불교정화 운동을 발기하고, 6월 24일에 불교교단정화추진위원회佛敎敎團淨化推進委員會가 선학원에 구성되어 발기인 대회를 개최했다.

선학원은 바야흐로 정화 운동의 총본산이 되었고, 한국불교현대사에 있어서 가장 중요한 정화 운동이라는 횃불이 본격적으로 타오르기 시작했다. 위원회 소속 스님들은 7월 초 전국 수좌의 안거安居 실태를 조사하고, 곧이어 선학원에서 개최될 전국비구승 대표자대회의 참가 공문을 발송하였다. 한편으로는 각 지역에 계신 스님들을 모셔왔다. 난관이 적지 않았다. 불편한 교통수단이 가장 큰 문제였다. 당시 몇몇 수좌 스님들은 부산에 있는 이장호李章鎬 씨가 만든 종군포교단從軍布敎團에 가입, 단복을 착용하고 활동하기도 했다. 종군포교단은 차량 이용이 보다 용이했기 때문이다. 이렇게 전국 각지에 계신 비구·비구니 스님들에게 앞장서서 연락한 대표적인 스님들이 바로 벽암(碧巖:1924~2005, 선학원 제12대 이사장)·서암·지영智永 스님이었다.

청담 스님이 백척간두진일보로 정진하던 고성 문수암

당시 고성 문수암文殊庵에서 정진하고 있던 청담 스님을 비롯하여 경남 통영 미래사未來寺 도솔암兜率庵에 있던 효봉 스님, 남해 욕지도에서 수행 중이던 동산 스님, 수원 팔달선원八達禪院의 금오 스님 등 전국에 계신 스님들이 속속 선학원에 모였다. 선학원이 너무 비좁자, 일부 스님들은 봉익동 대각사大覺寺에도 거처를 정하고 전국비구승대표자대회를 준비했다. 제1차 전국비구승대표자대회가 1954년 8월 24일부터 25일까지 불교정화를 위하여 개최되었다. 당시 효봉 선사는 통영 미래사 도솔암에서 정진 중이었는데 혜진·도견 스님등과 함께 상경上京하여 제 일성으로 "순호淳浩 수좌를 불러내라." 하시었다. 당시 청담 스님은 대월大越 스님이 모시러 간 것으로 알려졌다. 이 대회에서는 교단 정화, 도제 양성, 총림 창설 등을 논의하고, 정화 원칙을 결정했다. 이 대회에서 효봉·금오·인곡(麟谷:1895~1961, 운문선원 조실)·석호石虎·월하(月

下:1915~2003, 대한불교조계종 제9대 종정) · 동산 · 성철 · 향곡(香谷:1912~1978, 선학원 제11대 이사장) · 청담 스님은 9인으로 된 종헌제정 의원과 정화추진을 위한 각 분야별 대책위원 15명을 선출했다. 효봉 · 동산 · 금오 · 인곡 · 성철 · 향곡 · 서옹 · 월하 · 금봉(錦峰:?~1959, 해인사 · 정혜사 조실) · 적음(寂音:1900~1961, 선학원 제3·5대 이사장) · 자운 · 보경 · 홍경(弘經:1899~1971, 건봉사 강주) · 보문(普門:1906~1960) · 일조一照 스님 등이 동참하였으며 청담 스님은 영산도靈山圖 구성에 대해 대중에게 설명하며 정화에 대한 선언문을 작성해 교단정화개혁을 역설했다.

마침내 1954년 8월 24일 오전 9시. 한국 현대불교사에 있어서 가장 중요한 날 가운데 하나인 이날, 선학원 중앙선원 법당에서 제1차 전국비구승대표자대회가 열렸다. 정화 운동의 횃불이 본격 점화되는 순간이었다. 엄숙한 분위기 속에 법당에 집결한 65명의 비구수좌 스님들은 불조佛祖에 부끄럽지 않은 불교를 만들겠다고 맹세하고 회의를 시작했다. 한국현대불교사에서 가장 중요한 정화 운동은 이렇게 시작됐다. 그 조용한 출발은 이후 나타날, 한국 현대사를 새롭게 개조한 큰 혁명의 서막이었는지 모른다. 전국비구승대표자대회는 훗날의 변화를 아는지 모르는지, 조용하게 정화 운동을 점화시키고 있었다. 8월 28일 스님은 금오 스님과 이승만 대통령에게 교단정화에 관한 건의서를 전달했다. 이것이 청담 스님이 비구승을 대표하여 시작한 대외 활동의 시작이다.

선학원에서 개최된 제2차 전국비구승대회(원내는 청담 스님)

1954년 9월 28일과 29일 선학원에서 제2차 전국비구승대회를 개최하여 한국불교조계종의 종헌을 제정 공포하고 교단 정리, 도제 양성 등 안건을 올렸다. 비구 116명, 비구니 30명이 참석하였으며 105조로 된 종헌宗憲을 통과시켰다.

그 주된 내용은 종조宗祖를 보조普照국사로 하고 승단은 비구승단만을 인정한다는 것이었다. 당시 대통령의 유시諭示와 새로운 종헌宗憲은 비구승들이 대처승으로부터 종권을 이양받을 수 있는 법적 근거가 되었다. 게다가 비구승들은 이러한 법적 근거 이외에도 두 차례의 전국비구승대회 개최를 통하여 다시 한 번 종단 내적 합법화를 꾀하는 동시에 정당화와 세력화를 시도하였다. 이 비구승대회의 핵심과 실질적인 일은 청담 스님이 맡아서 하였다.

1954년 9월 30일 제1회 임시 종회를 열어 종단 집행부 임원을 선임하고 청담 스님이 도총섭에 임명되었으며 정화 운동의 선봉장으로 나섰으며 이때 처음으로 '청담青潭'이라는 법호를 사용하였다. 종정에 만암, 부종정에 동산, 도총섭에 청담, 아사리에 자운, 총무부장 월하, 교무부장 인곡, 재무부장 법홍, 종회의장 효봉, 부의장 적음, 종회의원 금오·인곡·청담·향곡·월하·서운·법홍(法弘:1914~2003, 원효종 창종)·동산·경산(京山:1917~1979, 대한불교조계종 제3·9대 총무원장)·대월·서옹·운허 스님 등 53명이었으며 청담 스님은 또 7인으로 구성된 법규法規위원회의 위원이 되었다. 스님은 도총섭都摠攝, 법규위원, 종회의원으로 선출되면서 그만큼 비중이 커졌으며 이때 순교단殉教團을 조직하기도 하였다.

그러나 종정인 만암 스님은 회의 후 태고사(현 조계사)에 대처승 상좌를 만나러 갔다가 설득당해 "정화 원칙은 찬동하나 종조宗祖를 보조普照로 하는 것은 환부역조(換父易祖, 아버지와 할아비를 바꾼다는 말)이다."라고 구변을 내세웠다.

당시 효봉·동산·금오 스님에 비해 상대적으로 젊었던 청담 스님은 정화 불사의 선두에 서서 저돌적으로 밀고 나가기 시작했다. 1954년 12월 12일 제3차 전국 비구승(니)대회를 조계사에서 개최하고 교단정화의 역사적 당위성에 대해 열변을 토하였다. 이 모든 행사를 계획하고 실행에 옮긴 장소는

조계사 현판을 붙이고 있는 모습(상)
불교조계종 중앙총무원 현판을 붙이는 모습(하)

선학원이었다. 청담 스님은 10월 11일 금오·적음·원허(圓虛:1889~1966, 부산 선암사 조실)·월하 스님과 함께 경무대에서 이승만 대통령을 면담했다.

1954년 11월 3일 선학원에서 제2차 불교정화 임시종회를 개최하고, 이틀 뒤인 5일 청담 스님이 선두에서 동산·효봉 스님이 이끄는 80여 명의 비구승들이 선학원에서 출발하여 태고사(현조계사)로 진입했다. 스님은 대처승 총무원 간부들에게 불교중흥의 정당성을 설명했다. 11월 10일 비구승들은 태고사 현판을 떼고 조계사 현판을 달았으며, 불교총무원佛教總務院이라는 현판을 떼고 불교조계종총무원佛教曹溪宗總務院이라는 현판을 걸었다. 종정에 동산 스님, 부종정에 금오 스님, 도총섭 청담 스님 명의의 성명서를 발표했다.

11월 14일 비구승 주최로 제1회 정화강연회를 열었는데 청담 스님은 조계사 법당에서 교단정화 대강연회를 열고 피를 토하는 열변으로 교단정화의 필연성과 당위성 그리고 학인대회부터의 역사적 배경을 설명하여 열화와 같은 박수를 받았다. 이 같은 강연은 자리를 옮겨 계속되었다.

이후 12월 10일에서 13일까지 제3차 전국비구니승대회를 도총섭 청담 스님의 주도하에 조계사에서 개최했고 4백여 명의 비구승(니)들이 전원 순교殉教를

불교정화 강연회에서 강연하는 청담 스님

결의하였다.

1955년 1월 16일 선학원 비구승들은 조계사에 입주해 있는 비구승들과 합세하여 총무원 사무실을 점거하였으나 결국 무장경찰이 출동하여 대처승들과 일촉즉발에 이르렀다. 결국 비구승 10여 명만 남기고 모두 선학원으로 철수하였다. 대처승들은 숙직자 2명만 사무실에 남게 됐다. 이로써 대처승帶妻僧의 총무원總務院은 완전히 기능을 상실해 버렸다. 1월 24일 비구승들 10여 명이 조계사 대웅전에서 새해맞이 법요식法要式을 평온하고 엄숙하게 집행했다. 조계사는 비구승의 관리하에 있게 된 것이다.

2월 4일 문교부장관 주재로 비구승과 대처승 측의 각 대표 10인이 문교부장관실에서 만나 승려 8대 원칙을 정했다. 그 8대 원칙은 ①독신獨身 ②삭발염의削髮染衣 ③수도修道 ④20세 이상 ⑤불음주육不飲酒肉 ⑥불범사바라이不犯四波羅夷 ⑦비불구자非不具者 ⑧3년 이상 승단생활자僧團生活者로 한다. 선학원 측 비구승 대표는 청담 스님을 비롯하여 효봉·인곡·월하·경산 스님이고, 대처승 측 대표는 임석진林錫珍·권상로(權相老:1879~1965), 이화응李華應·김상호金祥鎬·송정암宋靜岩 스님이었다. 사찰정화수습대책위원회에서 승려 8대 원칙을 정한 것은 선학원 비구승 측의 승리였다. 이렇게 승려 8대 원칙에 합의한 양측 대표들은 2월 8일 오전 10시에 총무원 사무실에서 다시 한 번 전국비구승대회 소집을 위한 회의를 열기로 합의했다.

제4차 전국비구니승 대회를 도총섭 청담 스님의 주도 하에 조계사에서 개최하고 4백 여 명의 비구승니들이 전원 순교를 결의하였다.(원내는 청담 스님)

그러나 8일 회의는 열리지 않았다. 대처승 측 대표들이 회의를 거부한

전국승려대회가 당국의 방해로 저지당하자 3백 50여 명의 비구승들이 조계사 대웅전에서 순교를 각오한 단식에 돌입했다.(원내는 청담 스님)

것이다. 문교부장관실에서 8대 원칙에 합의한 대처승 측 대표들은 법륜사(法輪寺, 서울 사간동)로 돌아가 많은 책망을 받았던 것이다. 승려 8대 원칙은 대처승이 승려가 아니라는 것을 확인하는 부처님의 법이었던 것이다. 대처승 대표들도 불타佛陀의 법을 부인할 수 없어 8대 원칙을 성문화했지만, 비구승회의에서 제정한 종헌을 확정하고, 종단의 기구를 새롭게 구성하기 위한 전국승려대회는 열리지 못하게 하고 싶었던 것이다.

5월 15일, 비구승들은 일제히 삭발을 하고, 16일 298명의 비구승과 50여 명의 신도가 조계사 법당에서 단식 투쟁에 돌입했다. 비구승 측이 계획한 전국승려대회를 당국이 저지한 데 대한 항의 표시였다.

이 단식 투쟁은 5월 18일에 회의 개최에 대한 당국의 보장을 받고 3일 만에 해제되었다. 이틀 후인 30일 문교부장관은 사찰정화대책위원회寺刹淨化對策委員會를 구성할 비구·대처 각 5인의 대표를 선정해 명단을 통보하라고 요청해 왔다. 어려운 난국에서 한 걸음 전진한 것이다. 비구승 측은 효봉·청담·월하·경산·서운 스님 등 5인의 명단을 문교부에 제출해 놓고 대처승 측 대표 명단이 제출되기를 기다렸다. 그러나 대처승 측은, 5월 23일 각 도道 대표 8명을 문교부에 보내, 문교부가 정화를 강행한다고 항의하며 대책위원회 구성을 반대했다. 대처승들은 전국적 총의總意로 정화 반대 의사를 표명한 것이다. 1955년 6월 9일 오전 8시, 3백 50여 명의 비구승들이 조계사 대웅전에서

청담 스님은 비구승 대표로 전국승려대회를 소집 단행 결의하고, 1955년 8월 12일부터 13일까지 조계사에서 전국승려대회를 개최했다.(원내는 청담 스님)

순교를 각오한 단식에 돌입했다. 전에 없었던 대규모의 비장한 단식기도에 들어간 것이다.

1955년 7월 13일 문교부장관실에서 불교정화대책위원회를 사찰정화대책위원회로 개칭하고 제1차 회의를 개최하였다. 효봉·청담·금오·원허(圓虛:1889~1966, 부산 선암사 조실)·월하 스님이 비구 측 대표로, 이화응·박대륜(朴大倫:1882~1980, 한국불교태고종 제1·2세 종정)·김상호·원보산元寶山·국묵담(鞠默潭:1896~1982, 한국불교태고종 제10·11세 종정) 스님이 대처 측 대표로 대책위원을 맡았으며 서운 스님과 육수영 씨가 기록을 맡았다. 결국 8월 1일 선학원을 중심으로 한 비구승 대표로서 청담 스님이 전국승려대회 소집 단행을 결의하고, 8월 2일부터 6일까지 조계사에서 전국승려대회를 개최했다. 8월 11일 체신청 별관에서 제5차 사찰정화대책위원회를 개최하여 선학원 비구승 측 대책위원으로 효봉·청담·금오·원허·월하 스님, 대처승 측 대책위원으로 이화응·박대륜·김상호·원보산 스님이 참석했다. 8월 12일에서 13일에는 조계사에서 제4차 전국비구니승전국승려대회를 개최하여 정화운동의 합법성과 정통성을 천명하였다. 또한 종헌을 개정하였으며 종회의원 56명을 선출하고, 신임 집행부를 구성했다. 종정에 석우 스님을 추대하고, 총무원장에 청담 스님, 총무부장에 서운 스님, 교무부장에 소천(韶天:1897~1978, 인천 보각선원 조실) 스님, 재무부장에 기종(淇宗:1907~1987, 봉은사 조실) 스님이 선출됐다.

1956년 12월 30일 선학원은 광복 이후, 일제불교의 청산을 위한 정화 운동에 소요자금을 지원하기 위해 서울과 인천의 부동산을 매각하여 대한불교조계종 총무원에 자금을 지원하기도 했다. 이는 청담 스님을 비롯한 여러 스님들이 선학원에 주석하며 정화 운동을 실행한 결과다.

1960년 5월 30일 대처승 측은 부처님오신날 법요식 이후 '비구승은 물러가라'라는 시위를 벌이고 해인사·화엄사·통도사 등 10여 개 사찰을 무력으로 점거하였다. 한편 청담 스님을 위원장으로 하고 불교정화대책위원회를 구성한 비구 측은 대법원에 계류 중인 사찰정화대책위원회의 무효 확인 소송의 판결 날인 1960년 11월 24일이 다가오자 "불법에는 대처승이 없다."라는 구호를 들고 시위를 벌였다. 만약, 대법원이 소송을 오판할 경우 순교할 것을 결의하고 재판 전날에 500여 명이 단식을 단행하였다.

대법원에서 고등법원으로 환송 판결이 내려지자 500여 비구·비구니가 법정에 난입하고 그 와중

불교정화대책위원장 청담 스님을 비롯한 비구승들은 "불법에는 대처승이 없다."라는 구호를 들고 시위를 벌였다.

에 6명의 비구가 할복했다. 결국 대법원은 비구승단을 인정하는 판결을 내렸다.

이후, 청담 스님은 주석처를 선학원에서 도선사로 옮겼다. 그 때가 1961년 11월이었다. 당시에도 비구·대처 양측의 갈등과 대립은 지속되었다. 그러나 종권은 여전히 비구 측에게 있었다. 이러한 와중에 5·16 군사 쿠데타가 발생한다. 그리고 1961년 5·16 군사 쿠데타에 성공한 세력들은 즉각 국가재건최고회의를 구성하였다. 국가재건최고회의 의장이 된 박정희는 1961년 11월 9일과 12월 9일 불교정화에 대한 담화를 두 차례나 발표하였고, 문교부에서는 '불교재건위원회 조례안'을 불교계에 제시하였으나 양측 모두에게서 거부되었다. 정권을 차지한 군부는 불교정화 운동을 불교계 '분규紛糾'로 이해하고 그 해결책을 모색하였다.

이에 박정희 의장은 1962년 1월 13일 "정부의 성의가 무시되고 분쟁이 계속되면 묵과하지 않겠다."는 위협적인 담화문을 발표한다. 그 결과 양측은 1962년 1월 22일 '불교재건위원회'를 구성했다. 이 불교재건위원회는 군부의 분규 해소책이었으며, 통합종단을 출범시킨 기반이었다. 이 위원회는 비구·대처의 대표 각 5인 총 10명의 위원을 선임하고 정화 운동의 제반 문제를 해결하기 위한 것이었다. 비구승 측에서 청담·원허·추담(秋潭:1898~1978)·경산·행원(行願:1927~2004) 스님이 선임되었고 대처승 측에서는 조용명·안홍덕·이남채·박승룡·황성기가 참가했다.

4차에 걸쳐 개최된 불교재건위원회는 비교적 순행하여 불교재건위원회의 조례, 운영세칙, 재건공약, 재건비상종회 회칙 등을 정하였다. 그리고 통합종단의 기틀

비구·대처 양측 대표들이 불교재건위원회 회의를 앞두고 회의 절차와 불교재건제정공약 등에 대해 의견을 나누고 있다.

불교정화를 기념해 조계사에 건립되었던 불교정화기념회관

을 다진 재건비상종회 의원 30명(각측 15명)을 선출한다. 그리고 당시 계류 중인 소송 일체를 중단시키고 문교부가 개입할 수 있는 불교재건위원회를 출범시켰다.

마침내 재건비상종회의 활동을 거쳐 1962년 4월에는 비구, 대처 양측이 인정한 통합종단이 출범했다. 이렇게 탄생한 종단은 1962년 2월 12일 비상종회에서 새로운 종단(소위 통합종단)의 명칭을 '대한불교조계종'으로, 종조宗祖는 보우普愚국사로 하는 등 승려 자격 문제를 제외한 종지宗旨·종명宗名에 완전 합의한다. 또한 비상종회는 1962년 3월 25일 새로운 종헌을 확정 선포하고, 종정으로 효봉(曉峰, 비구승 측) 스님을 그리고 총무원장으로 임석진(林錫珍, 대처승 측)을 선출함으로써 통합종단을 구성하였다. 4월 11일, 역사적인 종정 추대식 및 간부 취임식이 조계사에서 개최되었다. 이로써 선학원을 중심으로 8년여를 끌어 왔던 불교정화 운동은 대단원의 막을 내리게 되었다. 그 뒤를 이어 종권의 사무 인계, 문교부 등록이 있었으며 이러한 절차는 통합종단의 정당성을 뒷받침해 주는 것이었다.

이렇게 통합종단은 숱한 난관을 극복하고 비구·대처의 양해와 협조하에 출범하였다. 그러나 4개월 가량 지난 후 종단 내에는 다시금 문제가 싹트기 시작했다. 1962년 8월 20일 문교부에서는 개편된 재건비상종회가 개최되고, 통합종단의 종회의원을 선출하였는데, 새로운 종회 구성의 비율에 불만을 품은 대처 측이 반발하며 나선 것이다. 1962년 종회의원이었던 청담 스님은 그 상황을 일단은 정화의 1단계 완성으로 보았다. 그리고 대처 측의 반발문제는 불교의 교리 및 원칙하에서만 풀 수 있다는 원칙을 견지하면서 승단의 구성 및 운영은 승려에게 있음을 자신하였다. 그러면서 스님은 정화가 완료된 것이 아니기에 제2, 3의 정화는 지속되어야 함을 강조하였다. 지금껏 추구한 정화 운동은 교단의 정화인 1단계였고, 2단계는 승려의 정화, 3단계는 신도 정화를 내세우는 방향이 바로 그것이었다.

1964년 3월 25일 청담 스님은 재단법인 선학원 제7대 이사장에 추대된다. 당시 청담 스님은 도선사에 주석하고 있었지만 주로 머물며 활동하던 곳은 선학원이었다. 그래서 청담 스님은 선학원파 수장으로 분류되었다. 1965년 3월부터 종단 내부에서 문제시되었던 것은 이른바 화동파和同派의 유입이었다. 1966년 초대 종정이었던 효봉 스님의 입적 후 제2대 종정을 지내온 청담 스님은 화동파 포섭 움직임에 일정한 이견을 갖고 있었다. 즉, 화동파 유입을 전후하여 더욱 가시화된 종단의 변화를 비판적으로 인식하였다. 이 같은 청담 스님의 구상은 정화 운동을 지속해야 한다는 것으로 더욱 구체화되었다.

비구 측 조계종단 내의 불협화음은 바로 이 화동파에 대한 처리를 둘러싼 종정 청담 스님과 총무원장 경산 스님의 갈등에서 비롯되었다. 청담 스님은 화동파에 대해 곪은 손가락은 절단해 버려야한다는 강경론을 펼친 데 반해, 경산 스님은 치료해야 한다는 온건론을 주장하였다. 또한 이러한 대립은 선학원을 중심으로 한 수덕사파修德寺派와 총무원을 장악한 통도사파通度寺派 간의 갈등이기도 하였다.

1967년 7월 25일, 해인사에서 개최된 제16회 임시 중앙종회에서 종정인 청담 스님과 총무원장이었던 경산 스님이 동반 퇴진하였다. 이로 인해 종회 구성에 변화가 일어났다. 1968년 10월 불국사에서 승려 간의 폭행 사건이 일어났다. 이 사건은 당시 일간지에도 보도되어 불교와 조계종단의 위상을

정화의 주역이었던 동산·경산 스님과 함께 비원에서

추락케 하였다. 당시 장로원장을 맡고 있었던 청담 스님은 불국사 사태로 노출된 종단의 행태에 회의를 품고 등장한 '정법수호전국신도단체협의회'와 협조적인 자세를 견지하였다. 1969년 7월 5일 제20회 임시 중앙종회에 '대한불교조계종유신재건안'을 제출했다. 이는 정화의 추진이라는 의미를 갖는 것이었지만, 한편으로는 종단이 '망화亡化'하는 것을 방지하고 스님이 구상한 불교 근대화(승려교육, 역경사업, 포교사업)를 조속히 실천하려는 측면도 포함된 것이다.

그러나 당시 그 종회에서는 청담 스님이 제안한 유신재건안은 수용될 여지가 없었다. 그러자 청담 스님은 종단을 한번 맡겨달라고 요청하였으나 이 요청도 거부되었다. 스님은 제의한 내용이 종회에서 수용되지 못한 것에 대하여 큰 충격을 받았다. 이러한 처지에서 청담 스님의 선택은 1969년 8월 12일에 결행한 조계종단의 탈퇴로 나타났다. 하지만 조계종단은 정화의 상징인 청담 스님을 탈퇴시킬 수 없었다. 정화 주체세력들이 단결하여 1970년 청담 스님을 장로회의 의장으로 추대했다가 곧 이어서 다시 조계종 총무원장으로 선출했다. 그 때 스님은 "종단만 잘 되게 한다면 조계사 문지기라도 하겠다."고 말했다.

1970년 7월 총무원장에 다시 취임한 청담 스님은 실로 의욕적으로 종단의 제도를 개혁하기 위한 방안을 연구했다. 인간적 고뇌는 종단정화(대처자 정리, 비

불교정화 운동의 주역들 조계사에서 기념촬영
(앞줄 좌측부터 대의·청담·금오·동산·효봉·서운 스님, 뒷줄 우측 두 번째가 경산 스님)

구승자체 정화) 후 신도정화(미신타파, 기복신앙에서 수복修福신앙으로), 나아가 민족정화, 그리고 인류정화로 나아가는 것이 정화의 진로였다. 청담 스님은 정화 초기부터 정화 3대 지표사업을 시행하기 위해 해인사에 총림을 설립하도록 역할을 하고, 동국대학교에 종비생宗費生을 파견하여 교육받게 했다. 역경사업을 위해 동국대학교에 역경원을 설치하게 하고, 도선사에는 참회하고 기도하는 호국참회원을 종단 최초로 설립했다.

청담 스님은 통합종단이 출범한 후부터 열반할 때까지 산중불교의 한계를 벗어나지 못한 한국불교를 시대의 중생과 함께하는 종교로 전환시키기 위해 선학원을 중심으로 불교의 대중화 현대화 세계화에 선도적인 실천행을 보여주었다.

당시 선학원 상황을 혜성 스님은 "안국동 풍문여고 근처에 자리한 선학원은 법당과 요사채가 있었는데, 보통 가정집과 같이 대문간도 있었지요. 당시 선학원 원주는 석주 스님이었는데 요사채에는 전국의 큰스님들이 몇 개의 방을 차지하고 있었지요. 청담 스님을 비롯 대의·전강·금오·벽암·범행·구산·동산·효봉·적음 스님 등 한국 불교계의 큰스님이 주석하셨으며 고승대덕 스님들이 선학원을 찾아 불교정화에 대해 의견을 나누었습니다. 청담 스님은 1961년 도선사에 주지로 오셨지만 선학원에서 주로 계셨고 종단의 주요 정책과 소임을 선학원에서 보셨습니다."라고 회상했다.

 청담 스님의 발자취는 많은 부분 선학원에서 찾을 수 있다. 근·현대 한국불교의 역사라 해도 과언이 아닌 스님이 한국불교의 역사를 가슴 깊이 담고 중흥시키고자 했던 곳이 선학원이었음을 부인할 수 없을 것이다. 스님은 한국불교의 이상·고민·비극·위대성을 바로 인식하고, 이를 해결하고 실현하기 위해 고군분투했으며, 이는 수행자로서의 삶 속에 유감없이 구현되었다.

정화 사상의 특징

참회懺悔를 전제한 정화

청담 스님은 선禪과 교敎 그리고 율律에 모두 뛰어난 선지식이었다. 따라서 단순히 정화 운동에 뛰어든 실천가가 아니라 이론과 실천을 아우르는 참 지도자였다. 물론 정화 사상은 처절한 수행에서 나온 깨침의 분상에서 나온 결과물이었고, 교학적인 토대와 마음 철학에 대한 확고한 신념하에 정화불사를 단행하였다. 정화불사를 실행함에 있어서는 참회의 마음을 견지하고 있다.

참회란 과거의 잘못은 뉘우치고 미래의 문제는 되풀이하지 않겠다는 의미이다. 그리고 이러한 참회의 목적은 바로 나 자신의 청정함을 유지하기 위한 것이다. 적절한 참회를 해도 잘못을 되풀이하지 않는 것은 매우 어려운 일이다. 그래서 의지를 다지기 위한 방법으로 부처님 앞에서 행해지는 사참事懺이 있다.

사참은 절이나 염불을 하면서 자신의 잘못을 반성하고 그 의지를 충실하

고향 친구인 박생광 화백이 그린 청담 스님

게 하는 것을 일컫는다. 그러나 이렇게 할 경우 도리어 잘못이 무의식에 깊숙이 새겨지면서 또 다른 유사한 가치의 잘못을 이끌어 올리는 문제가 발생할 가능성이 있다. 잘못을 반성하기는 하지만 그 잘못 자체에 집착해서는 안 된다. 이러한 집착을 끊어 버리는 것이 바로 이참理懺이다.

청담 스님의 정화불사 또한 참회에 기초한 정화였다. '참회'란 스스로 범한 죄를 뉘우쳐 용서를 비는 일이다. 혜능(慧能:638~713) 선사는 《육조단경六祖壇經》에서 "참懺이란 죽을 때까지 잘못을 짓지 않는 것이요, 회悔라고 하는 것은 과거의 잘못됨을 아는 것이다. 나쁜 죄업을 항상 마음에서 버리지 않으면 모든 부처님 앞에서 입으로 말하여도 이익이 없다. 나의 법문 가운데는 영원히 끊어서 더 이상 짓지 않음을 참회라고 한다."라고 말하고 있다. 청담 스님은 다음과 같이 항상 참회를 강조하였다.

> 삶의 참뜻은 물질적 충족에 의한 일시적인 쾌락을 느끼는 데 있는 것이 아니라 마음의 안정에 의한 영원한 보람을 느끼는 데 있는 까닭이다. 따라서 부처님께서는 우리 인간은 마음의 안정과 삶의 보람을 찾기 위해 끊임없이 참회 기도하라고 가르쳤던 것이다. 그러니 "인간은 잘못을 부끄러워할 줄 하는 마음이 가장 으뜸가는 장엄이다."라고 하신 부처님의 말씀을 사무치게 되새기며 살아갈 때 처음으로 자기가 하는 일의 참뜻을 깨닫는 보람 있는 삶이 될 것이다.

이처럼 참회야말로 번뇌를 끊고 부처님의 지혜를 얻는, 즉 열반에 이르는 첩경이다. 참회가 수행의 시작이며 바른 삶을 살아가는 데 있어서 꼭 필요한 것이다. 참회는 일반적으로 자기의 죄를 인정하는 사람이 시방삼세十方三世의 모든 부처님께 귀의하고 참회하는 형태를 취하고 있다. 그러므로 참회는 죄업罪業을 소멸시키는 수단이 아니라 목표 그 자체이며, 따라서 수많은 수행법 가운데 가장 먼저 닦아야 하는 것으로 되어 있다.

다시 말해서 불교를 신행하는 사람은 먼저 참회를 수행하여 과거세로부터 지은 바, 업장을 소멸시켜 청정하게 된 뒤라야 비로소 완전한 성취가 가능하다. 또한 청정하고 미묘한 계戒를 받고자 하는 자도 반드시 참회를 먼저 닦아서 지극한 마음이 된 다음에 얻을 수 있다.

과거의 잘못을 뉘우치는 것을 참懺이라 하고, 앞으로 닥쳐올 잘못을 미리 예방하는 것을 회悔라고 한다. 참회는 근본적으로 나에 대한 집착을 버리고 마음을 말끔히 비우는 것이다. 나에 대한 집착 때문에 대립하고 그 사이에서 미워하고 원망하고 노여움도 갖는다. 참회해서 그 마음을 말끔히 비울 때 거짓된 나에 대한 집착이 없게 된다. 그러므로 어떤 수행에서든 참회를 하여 마음을 비워야 한다. 그러기 위해서는 매일의 기도 시간을 정하여 일심一心으로 수행하는 가운데 참회해야 한다.

우리의 깊은 마음속에 앙금처럼 가라앉은 지나간 일들에 대한 감정感情, 즉 분노忿怒, 원망怨望, 증오憎惡 등은 일심으로 염불과 기도를 하면서 참회하여 소멸해야 한다. 일심으로 정진하여 깊은 마음에 이르러야 지금에는 잊고 있는 지난날의 허물들이 드러나고 참회하여 소멸되는 것이다. 참으로 깊은 마음에 이르렀을 때 허물이 본래 없는 것을 알게 되니 이것이야말로 참된 참회의 길이라 할 수 있다.

인간은 성인이 아닌 이상 누구나 허물이 없을 수 없다. 그러나 허물을 고치려

3장 정화淨化 불사

고 노력하는 것보다 더 지극한 선善은 없다. 청담 스님도 남의 허물을 보고 지적하기에 앞서 자신의 허물을 참회하여야 함을 강조하고 있다.

청담 스님은 매일같이 삼각산 도선사 석불전에서 108참회로 하루 일과를 시작하였다. 봉암사 결사 시절, 수행자들이 한곳에 모여 자신의 잘못을 서로 고백하고 참회하는 의식인 포살(布薩, 음력 매월 15일과 29일 또는 30일에 행함)과 자자(自恣, 여름 안거安居가 끝나는 날에 행함)를 정기적으로 행한 것은 물론, 제자들이나 신도들을 지도할 때마다 먼저 참회할 것을 권하였다. 이는 철저히 모든 행위가 인연과因緣果의 원리에 따라 이루어진다는 부처님의 법문을 철저히 믿었기 때문이다. 또한 참회를 통하여 하심下心을 하게 되면 무아無我가 되고 무아가 되어야 공空의 도리를 체득할 수 있기 때문이다. 인욕바라밀忍辱波羅密 또한 참회가 기초가 되니 이는 스스로의 철저한 체험에 바탕을 둔 것임을 알 수 있다.

청담 스님에게 있어 참회는 개인적인 차원만이 아니라 사회적인 차원에서도 동일하게 나타난다. 1968년 도선사를 호국참회도량이라 이름하고 호국참회원을 개설한 이유도 참회정진을 통하여 사회정화의 기틀을 마련하고자 함이었다.

참회는 끝이 없다. 일체중생이 모두 성불할 때까지 보살의 서원은 끝이 없다. 우리의 모든 소원이 성취될 때까지 우리의 참회도 끝이 없어야 한다. 참회 없이는 절대 발전할 수 없다. 참회야말로 성공의 아버지이다. 한번 엎질러진 물은 주워 담을 수 없고 한번 뱉은 말은 거두어들일 수 없다. 일이 잘못된 후에 후회한들 무슨 소용이 있으랴. 그러므로 언제나 조심하는 마음을 가져야 하며 신중하게 생각하고 진실하게 행동하는 것이 참회의 올바른 길이다.

점점 복잡해지면서도 신속을 요하는 세상에서는 깜짝하는 순간 실수하기 쉽다. 교만과 질투는 허물을 지을 수 있는 가장 좋은 유혹이다. 교만과 질투에 말려들지 말아야 한다. 부처님께서 무아를 말씀하심은 교만을 버리라는 의미이다. 나라는 것이 없다면 무엇을 집착하여 내 것이라 하겠는가. 욕심이 없다면 시기질투 할 것이 없다. 참회는 반야바라밀로 가는 길이며 성불로 가는 지름길이다.

청담 스님은 참회야말로 참 자기를 찾는 바탕이요, 참 자기란 마음으로서 육신에 한정되어 있는 마음이 아니라 타인과 더불어 있고 사회와 국가와 세계와 더불어 있는 것이라며 항상 참회를 강조했다. 청담 스님이 모든 정화의 시작을 참회에서 시작한 이유가 여기에 있다.

도선사 참회도량으로 향하는 청담 스님.

마음에 바탕을 둔 정화

청담 스님의 정화의 바탕은 마음 사상이다. 모든 것의 주인을 마음으로 보고 다음과 같이 설하고 있다.

> 이 마음자리가 망상을 일으키고 일체 법의 주체가 되어 있지만, 조금도 더러워질 수 없고 잘못될 수도 없는 것이다. 이 마음자리는 전지전능한 것이다. 그러니 마음을 닦는다는 것도 말이 안 되고 다시 고칠 것도 없다. 마음 본연의 자리에 그대로 돌아서면 된다. 마음의 본성은 연꽃과 같이 중생세계의 더러운 곳에서도 무서운 입에 물들어 있지 않기 때문이다. 모든 망상을 털어 버리고, 꿈을 깨기만 하면 되는 것이다.

청담 스님은 일체의 분별사량(分別思量, 복잡한 생각으로 헤아리는 것과 사념망상으로 계교하는 것)과 번뇌망상煩惱妄念을 떠난 마음, 우주를 주재하고 불생불멸不生不滅하는 마음, 생각의 주체가 되고 업보業報의 주체가 되는 마음을 통하여 수행과 정화의 토대를 확고히 하고 있다. 본래의 마음에 기반을 둔 정화불사를 추진하였던 것이다.

마음을 여의고는 만법萬法이 존재하지 않으니, 오직 마음을 밝히고 마음을 의지하여 만사萬事를 자재할 수 있는 영원무궁한 대자유인이 되어서 만중생의 구세주가 되어야 하겠다. 그리고 높고 큰 원력을 굳게 다짐하여야 할 것이다.

성철 스님과 삼각산 백운대에서

마음이란 무엇이고 부처란 무엇이며, 부처와 중생의 차이는 무엇인가? 한 생각이 원만구족하고 지공무사(至公無私, 지극히 공평하여 조금도 사사로움이 없음)하여 요란하지도 어리석지도 그르지도 아니하면 부처라 할 것이며, 매사에 요란하고 어리석고 그르면 중생이라고 할 수 있다. 부처란 어떤 것인가? 마음이 곧 부처이니, 밖에서 부처를 찾지 말라고 했다.

청담 스님은 수행하는 사람은 부처를 마음 밖에서 찾으려 하면 안 된다고 가르치고 있다. 부처란 곧 마음인데 마음을 먼 데서 찾으려면 안 되는 것이다. 마음은 이 몸을 떠나 따로 있는 것이 아니다. 육신肉身은 헛것이어서 생生이 있고 멸滅이 있지만, 참마음은 허공虛空과 같아 끊어지지도 않고 변하지도 않는다. 사람들은 어리석어 자기 마음이 참 부처인 줄을 알지도 못하고, 자기 성품이 참 법인 줄을 모르고 있다. 그러므로 수행하는 사람들은 결코 마음

밖에서 찾지 말 것을 강조하고 있는 것이다. 청담 스님은 일체는 유심唯心에 의해 이루어진다고 설하고 있다.

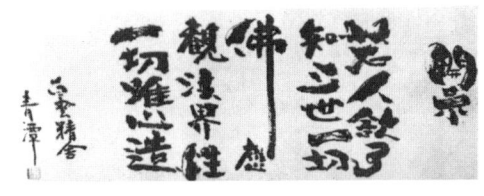

약인욕요지若人慾了知 삼세일체불三世一切佛 응관법계성應觀法界性 일체유심조一切唯心造 "만일 어떤 사람이 삼세의 일체 부처님을 알려면 마땅히 법계의 성품 모든 것이 마음으로 짓는 줄 알아라."는《화엄경》사구게四句偈로, 청담 스님이 즐겨 쓴 휘호다.

일체유심조一切唯心造라는 말이 있다. 일체가 모두가 마음의 조화라는 것인데, 마음이 만들었다고 하면 만든 마음과 만들어진 객관이 있게 되어 거기에는 주관, 객관이 또 벌어질 수 있으니, 일체유심一切唯心이라, 지을 조造자 하나를 빼버려야 알기 쉽다. 오직 마음뿐이다. 일체가 마음이다. 그러므로 일체가 불법이다.

청담 스님은《화엄경》의 일체유심조一切唯心造라는 일구를 주객(主客, 몸과 마음을 나누어서 보는 이원적인 분별·차별심 등)을 초월하여 마음으로 해석하였다. 양변과 상대적인 대립을 초월하는 것을 마음이라 했고 이것을 정화라고 해석했다. 유심唯心이란《화엄경》의 삼계유심(三界唯心, 삼계의 삼라만상은 모두 자기 마음에 반영된 현상이므로 마음 밖에 따로 삼계가 없다는 말)이라는 말에서 유래했다. 일체의 현상은 단지 마음의 산물이어서 실재하는 것이 아니라는 것이다.《능가경(楞伽經)》의 유자심소현(唯自心所現, 각자의 마음에서 스스로 일어나는 것)이라는 말은 이 의미를 잘 드러내고 있다. 부처를 마음속에서 찾아내고, 실천적으로 방황하는 마음을 전환·정화함으로써 부처가 될 수 있다는 불교 본래의 입장을 잘 표현한 말이다.

한편 가치적으로 부처만을 진실한 것이라고 보기 때문에 정신적 원리를 실재라고 보는 유심론과도 통한다. 또한 유심의 심心은 통례로 자성청정심自性淸淨心, 즉 여래장如來藏을 가리키지만, 심心을 인식의 주체라고 해석하면 아뢰야식(阿賴耶識, 불교의 인간관에 의하면 인간은 안眼·이耳·비鼻·설舌·신身·의意 여섯 가지 감각기관인 6식으로 이루어진 존재이다. 이것을 말기억하고 담아 두는 것이 7식인 말나식末那識이며, 그것을 언제라도 필요하면 기억해 내고 습관적 반사적으로 바로 바로 쓸 수 있게 작용해주는 역할을 하는 것이 8식인 아뢰야식이다. 즉 과거의 인식·행위·경험·학습 등에 의해 형성된 인상·잠재력, 곧 종자를 저장하고, 육근六根의 지각 작용을 가능하게 하는 가장 근원적인 심층 의식)으로 되어 유심唯心은 유식唯識이라고 바꾸어 말할 수 있게 된다..

이처럼 마음은 청정하고 크고 작음도 없으며 색깔도 없다고 한다. 버릴 것도 없으며 얻을 것도 없는 것이 마음이다. 이러한 마음을 잘 찾아서 바로 쓰고 정법이 살아 있는 불교를 위해 정화를 해야 함을 청담 스님은 항상 강조했다. "정화는 마음을 깨닫는 길밖에 없다."고 설하였던 것이다. 스님에게 있어 정화란 바로 마음의 회복이었으며, 정화 운동은 이 마음에 의지하여 행해졌던 것이다.

정법正法에 입각한 정화

부처님 가르침은 모든 중생을 이롭게 함으로 정법에 의지하라고 가르치고 있다. 불법에 의지함이 도道를 이루는 근본이요, 부처님의 제자가 할 일이요, 모든 가르침이 이곳에서 하나가 된다고 설하고 있다. 청담 스님은 부처님의 가르침에 의지한 정화를 하였다. 정화란 단순히 대처승을 몰아내고 비구승 중심의 교단을 만드는 것을 의미하는 것은 아니었다. 부처님의 정법正法에 입각하여 생활하는 신도, 교단, 사회를 이룩하는 것이 진정한 정화임을 강조하였다. 따라서 정화의 대상과 목표는 매 순간 새롭게 변할 수밖에 없다. 항상 깨어 있고 새로워지려는 노력을 열반에 드는 순간까지 지속하고, 교단과 사회를 향하여 자신의 주장을 굽히지 않았던 이유도 정화를 진행형으로 바라보았기 때문이다.

근대 한국불교의 정화 운동이란 불교와 불법을 두고 하는 말이 아니라 교단을 구성하고 있는 승단의 정화를 말하는 것이다. 청정淸淨해야 할 승려가 본래의 의미를 상실하고 있을 때 마땅히 본사本師 세존世尊께서 정하신 율법律法에 따라 대치되는 요소를 제거해야 한다. 이 운동이 바로 근대한국불교近代韓國佛敎의 정화淨化이다.

이처럼 청담 스님은 승단僧團의 정화란 율법에 어긋나는 것을 제거하는 것이라 하여 그 정당성을 부여하였다. 스님의 불교정화에 대한 소신과 확신은 정법正法에 의지하는 것이었다. 부처님께서는 아난에게 이르시기를 "마음씨 좋고 그 뜻이 착한 사람은 부처님의 밝은 법을 들어야 한다. 일심으로 귀 기울여 들으면 하루라도 좋고, 하루가 못 되면 한나절이라도 좋고, 한나절이 못 되면 한 때라도 좋고, 한 때가 못 되면 반 때라도 좋고, 반 때가 못 되면 잠시라도 좋으니 그 복은 헤아릴 수 없고, 한정할 수 없다."고 가르치고 있다. 이에 따라 청담 스님도 정법에 의지하여 수행과 정화불사를 실행하였다.《보살지지경菩薩地持經》에 "정법을 위해서라면 작은 공통은 대수롭지 않으며 큰 불길에도 들어갈 것"이라고 했다. 스님이 정화불사에 임하는 각오도 이와 같았다고 후학들은 증언한다.

정법을 들어서 똑바로 불도를 향하게 되고 보살행을 깨끗하게 닦을 수 있다면, 설사 삼천대천세계만큼 큰 불길이 활활 타올라 범천에 이른다고 해도 오히려 그 안에 들어갈 것인데, 하물며 작은 불 때문에 문제가 되지 않는다. 지옥의 고통을 통해서도 오히려 불법을 구할 판인데, 하물며 작은 고통이 대수롭지 않다.

다만 자신의 본뜻이 구현되지 않음을 개탄하고 종단 및 종단의 구성원들이 청담이 의도한 정화 정신에서 이탈하고 있음을 안타까워했다. 청담 스님은 '정화불사의 깃발을 높이 들고'에서 다음과 같이 설하고 있다.

> 오늘 이 성스러운 법좌法座는 부처님의 증명과 삼천대천세계三千大天世界의 보살마하살菩薩摩訶薩의 호지護持 아래 더욱 견고한 신념을 현발한 자리입니다. 이 법좌에 동참하신 많은 대중은 불법의 정통正統과 한국적 신앙의 광정匡正을 요구하는 눈매가 반짝이고 있습니다. 우리는 이 위대한 대중이 모인 자리에서 한국불교 구도求道와 순교殉敎의 신기원적 좌표를 설정하여 그 새로운 체용體用에 신앙을 굳히지 아니하면 의의 없는 기도가 되고 말 것입니다.

청담 스님은 불보살님의 증명 하에 불법에 의지하여 정화에 임하고 있음을 강조하고 있다. 특히 한국불교의 정통 아래 신앙심을 키워야 하며 순교의 마음으로 정화불사를 해야 함을 설한다. 부처님의 가르침을 항상 염두에 두고 정법에 입각한 삶과 행동을 해야 하며, 부처님 말씀이 모두가 순일하듯 정화나 삶에 있어서도 항상 진실하고 순일해야 함을 역설했다.

그러면 왜 청담 스님은 부처님 법을 믿고 그에 의지해야 한다고 강조하는가? 부처님 법은 바르게 깨달으면 누구나 쉽게 해탈을 할 수 있으며, 부처의 자리에 갈 수 있기 때문이다. 부처님은 항상 그 자리에 중생구제를 하기 위하여 존재한다. 중생이 여래의 법에 의지하여 따른다면 업장은 자신도 모르는 사이에 소멸되어 간다. 자신이 바른 여래를 만나야 하며, 어떤 것이 정법의 말인지 알아야 한다고 강조한다. 바르게 알고, 바르게 보는 것은 자신이 해야 할 몫이다. 이렇게 스님은 철저히 여래如來의 정법正法에 따라 정화불사와 수행을 하였던 것이다.

호국護國을 실현하기 위한 정화

우리 한국불교의 커다란 문화적 특징 가운데 하나를 호국불교라고 하는 이들이 많다. '불교'하면 '호국'이라는 인식이 국민들 사이에 자리 잡고 있다. 역사적으로 보아도 실제로 나라가 외침에 의해 위기에 빠졌을 때마다 불교는 난국 타개를 위한 정신적 지도 원리로서 많은 역할을 했다.

호국불교란 부처님의 힘으로 나라를 지키는 불교 신앙의 한 형태이다. 자비정신에 입각하여 민생의 터전이 되는 국가의 안녕을 도모하는 것으로, 그것은 개인 수행이나 깨달음 못지않게 중생구제를 중요시하는 대승불교의 정신이 빚어낸 결정체라고도 하겠다. 참다운 호국불교 문화는 어디까지나 불교의 정법주의, 자비주의, 평등주의의 실현을 통한 불국토 건설에 있다.

청담 스님의 정화 운동 근저에는 호국 사상이 자리 잡고 있었다. 3·1독립 운동 당시의 시가행진의 경험이나 해방 이후의 정화 운동의 밑바탕에는 호국 사상이 있었음은 누구나 쉽게 알 수 있다. 스님에게 있어 호국 사상이란 국가나 국왕을 수호하는 것이 아니라, 불법에 의해 국토를 수호하는 쪽에 가까운 것이다. 그것이 바로 정화 운동의 이념적 기반이 된 것이다.

청담 스님의 정화 운동은 불법에 의한 교단정화를 강조하고 있다. 최종적인 목표가 '불국토의 건설'에 있다는 것이다. 일제식민지 시대와 해방 후의 혼란 속에서 민중의 비참한 생활을 목격했던 청담 스님은 불교 교단이 사회적 문제에 보다 관심을 가지고, 사회적 악을 제거해야 한다고 역설하였다.

청담 스님은 호국을 바탕으로 한 정화를 강조했다.
사진은 육·해·공군 사관생도 합동대법회. 설법 후 기념촬영
(원내는 청담 스님)

또한 국민 역시 각 개인이 저마다 그의 동포가 사회악社會惡의 수중手中에 빠지든 말든 자기 혼자만의 번영을 누리고 개별적으로 안일을 강구할 것이 아니라, 우리들 모두의 공통된 과제로 삼지 않으면 안 된다. 이것이 바로 사회적 양심, 즉 부처님의 자비심이다.

청담 스님은 개인의 안위만 바라고 그런 삶을 영위하는 것은 자비심이 아니라며, 현실적인 한국사회의 부조리, 사회적 악을 먼저 제거해야 한다고 했다. 또한 그러기 위해서는 국가가 중요한 기능을 수행하지 않으면 안 된다고 강조했다.

왜냐하면 모든 사람의 보다 더 큰 안정과 경제적 여유를 달성하는 것, 이른바 복지사회 건설이 세계인류가 지향하는 공동 목표인 것처럼, 우리 불자佛子 역시 빈곤의 절멸 또는 적어도 빈곤의 가장 나쁜 면을 제거하는 동시에 개인이나 기업체의 고액 수입에 대한 중세重稅를 재정적 배경으로 한, 보다 더 광범한 사회복지시설과 보다 많은 임금 지불 등의 방법으로, 국민소득을 보다 더 균등하게 분배하고 향상시킬 수 있는 사회개혁 방향을 제시하고 꾸준한 압력을 가해야 한다. 그러나 현실적으로 복지 문제는 국가의 책임과 권력을 크게 확장시키지 않고서는 달성하고 유지할 수가 없다. 국가권력보다 약한 종교의 힘으로서는 필요한 복지비용을 언제나 확보할 수가 없고, 일반적인 이익을 고려하여 산업의 입지와 토지 사용을 계획 집행할 수가 없다.

청담 스님은 미래를 내다보는 감각으로 오늘날 국가의 당면 과제는 복지사회를 건설하는 것이라고 설한다. 그것을 실현하기 위해서는 불교 교단의 힘만으로는 불가능하다고 보았다. 그리고 경제의 민주화를 통해 노동자와 소외된 이웃을 배려하는 정책이 필요하다고 강조하면서 복지 문제에 관한 국가의 책임과 권력을 확대해야 한다고 주장한다. 이러한 사회정의의 실현은 참된 나의 실현의 전제조건이 된다. 청담 스님은 자신의 국가관에 대해서 다음과 같이 말한다.

> 공통된 이념(한국 사상)과 과거역사적 경험의 보편적인 도덕률(개인 양심, 민족 정기, 사회정의)의 발견과 실현이라는 공동목표에 의하여 지배되는 조국이란 운명공동체로 결합될 때에 비로소 참된 '나(인간성)'가 실현되는 것이다. 이것이 바로 불교의 국가관인 것이다.

청담 스님에 있어 정화의 바탕에는 바로 중생이 평화로운 국토건설이 자리하고 있었다. 사회정의가 실현되지 못하면 참된 나도 있을 수 없고, 사회적 양심인 부처의 자비심도 선양할 수 없음을 안타까워한 것이다. 스님의 이러한 사상은 정화 운동 당시나 교단정화를 추진할 때도 항상 같았다고 후학들은 증언한다. 군부대의 사찰이나 법회에서 나라를 지키는 군인들에게 항상 어떤 마음가짐으로 국가를 수호해야 할 것인지 설법했으며 호국 사상은 중생이 행복한 세상이라고 강조했다고 제자인 혜성 스님은 증언한다.

> 우리 겨레는 이 땅에 처음 불교를 받아들인 때로부터 그것을 소화함도, 또 활용하여 문화를 생산함도 모두 국가와 민족을 위한 호국염원에서였다. 이처럼

불교가 참된 진리를 역사 속에 심어 이웃 동포에게 나누어주고, 그들의 미덕과 복지를 위해 봉사하는 데 그 뜻이 있다면, 우리는 항상 겨레와 나라를 위해 무엇을 어떻게 해야 할 것인가를 생각해야 한다. 그래서 청담 큰스님께서는 우리가 이곳에서 태어났다는 사실이 어떤 사실보다도 우선하는 사실이기에 나라와 가정과 나 스스로를 지킬 수 있는 맑고 깨끗한 마음을 찾으라고 항상 입버릇처럼 말씀하셨다.

청담 스님은 "우리는 이 땅에 태어났기 때문에 당연히 내 자신과 가정과 나라를 수호하지 않으면 안 된다."고 강조하면서, 항상 "겨레와 나라를 위해 무엇을 어떻게 해야 할 것인가를 걱정하라."고 가르쳤다. 호국 사상의 의미를 단적으로 표현한다면, 파사현정(破邪顯正, 부처의 가르침에 어긋나는 사악한 도리를 깨뜨리고 바른 도리를 드러냄)과 중생교화로 나눌 수 있다. 스님은 "호국이란 바로 파사현정에 다름 아니다."라고 하면서, 그것을 다음과 같이 설하고 있다.

참된 진리를 지키기 위해 악을 적극적으로 꺾는 일을 부처님께서 파사현정이라 하셨다. 서산西山·사명四溟 스님들이 이끈 승군僧軍이 임진왜란 같은 때에 구국전쟁에 참가한 동기도 이 악을 물리치고 선을 세우는 파사현정의 원력이 강하게 움직인 탓이리라.

그래서 청담 큰 스님께서도 국방관계 고위층을 만날 적마다 그릇된 지혜로 진리 자체를 부정하는 정법의 비방자는 마땅히 힘으로서 강하게 굴복시켜야 한다고 말씀하셨다.

청담 스님은 파사현정은 석가모니 부처님도 강조한 것이므로, "정법正法을 비방하는 자나 외적外敵들과 같은 악의 무리는 힘으로써 강하게 굴복시켜야 한다."고 강조하고 있다. 호국 사상의 또 다른 의미는 중생교화인데 "석가모니가 성도成道하신 후에 녹야원으로 내려오신 이유도 바로 중생을 교화하기 위해서이다."라고 하면서 "우리가 살고 있는 이 국토에의 회향해야 한다."고 강조했다. 당시의 설법을 혜성 스님은 다음과 같이 회상한다.

채명신 장군의 인사를 받는 청담 스님.
스님은 호국사상은 중생이 행복한 세상이라고 설했다.

"그래서 부처님도 성도하신 다음 우루베라촌에서 녹야원으로 내려와 초전법륜을 굴렸었고, 의상대사 또한 득도한 다음 당나라에서 고국 신라로 돌아와 화엄경을 설하셨다. 오늘날 우리는 그 분들이 왜 내려왔고, 왜 돌아 왔는가를 깊이 생각하지 않으면 안 된다."

정화불사 이후 청담 큰스님께서는 전군신자화운동全軍信者化運動을 위해 동분서주하시면서 항상 다음과 같이 자문자답하셨다. 그분들은 대체 어디로 내려왔고, 누구에게 돌아왔는가? 당신의 나라로, 당신의 형제동포의 곁으로 오셨다.

스님은 국가와 국토의 수호를 주장하면서도, 그것은 어디까지 내가 중심이 되어 자비의 마음으로 중생을 이익 되게 하는 마음으로 행하지 않으면 안 된다 주장한다. 그러면서 한국의 근대화 과정에서 일어날 수 있는 문제점을 미리 파악하고 비판하면서 그에 대한 대비와 나를 중심으로 하는, 마음을 바탕으로 하는 사업이 펼쳐져야 함을 말했다. 조국의 근대화라는 작업도 결국 인간 즉 나의 향상과 안정이 없이는 불가능하고 무의미하다는 것이다. 따라서 청담 스님은 현대 과학문명에 의해 야기되는 인간소외와 인간의 부품화 현상을 극구 비판했다. 동시에, 악한 무리들과 맞서 싸울 때는 자비의 마음으로 하지 않으면 안 되고 자비무적慈悲無敵이라고 강조했다.

도선사 회주였던 혜자 스님은 "모든 국민들이 복 받고 평화롭고 잘 사는 사회를 만드는 것이 곧 호국이다. 복 받은 사회를 만들기 위해서는 먼저 스스로 참회를 해야 한다. 그래서 '호국참회원'이다. 실달학원은 평화로운 세상을 만드는 정화 운동을 펼칠 젊은 지도자를 만들기 위한 목적으로 만들었다. 은사 스님께서는 도선사가 젊은 인재를 양성하고 세계평화를 위한 국제회의도 열 수 있으며 늘 공부할 수 있는 그런 도량이 되도록 하고자 노력했다."고 회고했다.

청담 스님의 호국 사상은 국가의 중요성과 국가수호를 주장하면서도, 그것은 어디까지나 나와 마음이 중심이 되어야 함을, 즉 내 마음이 청정해지고 자비로워지는 것이 바로 국토를 수호하는 것임을 강조하고 있다. 이것은 불법佛法에 기반하면서도 한국의 시대현실에 맞게 가르침을 편 것이라고 할 수 있을 것이며, 정화 운동의 이념과도 부합하는 것이다.

청담 스님의 자비광명慈悲光明 휘호

청담 스님은 중생 개념의 민民과 불국토 차원의 국國과의 관계에서 호국이 성립돼야 함을 강조하고 실천했다. 대승불교의 보살정신을 실천하려면 파사현정의 정신을 실현해야 한다는 강한 의지가 있었다. 절대부동의 엄청난 힘을 가진 권력자라 할지라도 사악함이 있으면 금강역사의 기개로 조복調伏받아야 마땅하다고 생각했다. 중생이 살고 있는 사회에 구조적 모순과 부조리가 만연하다면 정의로써 바로 세워야 한다는 강한 의지로 정화를 행했다. 중생이 무엇 때문에 아파하고 무엇으로 인해 신음하는지 언제 어디서나 관심을 가지고 있었던 청담 스님은 정화만이 이를 해결할 수 있는 열쇠로 본 것이다.

불교의 최고 이상이 일체의 중생제도와 불국토 건설에 있는 만큼 불교 앞에 어떠한 관형어가 붙든 그 목적하는 바는 변함이 없다. 그러나 기존의 호국불교 사상은 호국의 역할만 강조됐지 불교의 역할은 부족했다. 깨달음과 구원의 전제조건인 정법正法으로서 중생을 제도하려는 노력, 중생사회를 이롭게 하려는 실천적 행위 등을 기존 호국불교 사상에서는 쉽게 찾아볼 수가 없었던 것이 현실이었다.

호국불교는 다른 나라에서는 유례를 쉽게 발견할 수 없는 한국불교만의 독특한 전통이다. 불교가 전래된 삼국시대부터 오늘에 이어지고 있는 한국 역사에서 호국불교의 전개는 고대국가의 형성과 강력한 왕권의 실현을 위해 당시의 지배층은 새롭게 도래한 고등종교인 불교가 절대적으로 필요했고, 불교는 지배층의 이러한 요구와 맞물려 국가의 간섭과 통제를 받아야 했다. 당시 불교는 불법 홍포와 교세 신장을 위해서 그 시대의 왕조와 긴밀한 관계를 유지할 수밖에 없었다. 그 상황에서 '호국護國'과 '보호保護'의 상관관계가 이루어졌다. 그런데 문제는 호국이 '국國'과 '민民'을 위한 실천적 불사佛事로 전개되기보다 '왕조'와 '지배계급'의 집권논리를 옹호하고, 나아가 영토의 수호와 확장을 위한 살육의 전쟁을 정당화하는 일까지도 담당했다는 점이다.

불교가 삼국통일을 이루는 데 크게 기여했다는 것에는 국민총화國民總和를 이루는 등 차

용산 육군본부 군종센터 준공식에서.
군포교에 진력하셨던 청담 스님과 고故 박정희 대통령

원 높은 정신문화를 창출한 긍정적 측면도 있지만, 바꿔 말하면 영토합일을 이루기 위한 무력전쟁에도 앞장섰다는 부정적 측면도 있다. 당시의 전쟁이 국민 염원에 의한 것이었다기보다는 중앙집권체제의 왕권을 강화하고 강력한 국가의 기틀을 다지려는 데서 근인近因을 찾아볼 수 있다. 그런 점에서 호국불교는 중생구제와 불국토 건설이라는 제 본질과 기능을 접어둔 채 왕실의 이데올로기 역할을 떠맡았다고 볼 수 있다.

한국역사 속의 호국불교는 중생의 편에 서서, 중생이 안고 있는 고통과 바람이 무엇인지 귀담아 듣고 해결하려 했던 의지가 절대 부족했다. 삼국시대와 고려조, 조선조의 전반에 걸쳐서 행해졌던 각종 법회나 불사도 중생고衆生苦의 해결을 위한 것이기보다는 왕실의 천수와 국가안녕의 형식적 기원에 치중해왔음을 청담 스님은 비판하고 있다.

청담 스님이 주장하는 정화는 이와는 다른 호국 사상에 입각한 정화였다. 청담 스님이 정화와 전법傳法을 강조한 것은 중생구제를 위해서였다. 스님은 중생이 무명無明에 가리어 삼계화택(三界火宅, 욕계慾界·색계色界·무색계無色界 삼계의 시끄러움을 불타는 집에 비유하는 말. 번뇌가 그칠 사이 없는 중생세계가 마치 불이 활활 타오르고 있는 집과 같다는 뜻에서 괴로움이 가득 찬 현실세계를 의미함)을 윤회하는 고통을 받고 있으므로 이들을 해탈문으로 인도해 영원한 행복을 얻을 수 있도록 하라는 중생에 대한 지극한 자비심의 발로였다. 스님이 추구했던 불교의 근본정신은 이처럼 중생 구제에 있고 궁극적으로는 화택火宅의 현실세계를 정토화해서 불국토를 건설하는 것을 목적으로 했다.

청담 스님의 정화에 대해 현성(玄惺, 도선사 조실) 스님은 "정화는 직접적으로는 종단의 왜색을 지우는 것이었지만 청담 스님께서는 그보다 훨씬 크고 근본적인 말씀을 하셨다. 정화는 곧 깨달음이며 자비보살행이다. 즉 스님들이 바른 법을 깨달아 보살행을 행하면 그것이 퍼져 세상이 정화된다고 본 것이 은

사스님의 정화관이다."라고 회고했다.

청담 스님은 중생들로 하여금 저마다 참다운 삶과 최고의 행복이 무엇인지 깨닫게 하고 공업共業 중생으로서 다 함께 불국토를 만들어나가는 데 기여토록 하는 방안이 바로 호국의 원리임을 설파하고 실천하였던 것이다.

인류평화人類平和를 위한 정화

《법화경》에 "여래는 일체 모든 법이 돌아가는 곳을 살펴보아 아시고, 또한 모든 중생의 깊은 마음의 움직이는 바를 아시고 통달하여 막힘이 없다. 또한 모든 법을 끝까지 규명하여 모든 중생들에게 일체의 지혜를 보이신다."라고 설하고 있다. 이는 중생을 사랑하고 가엽게 여기는 자비심의 발로이며 지혜의 세계, 즉 깨달음을 이끌려는 원력이다. 청담 스님은 이러한 자비심과 보살행을 실천하고 조국애와 인류평화를 위하고자 정화를 실행하였다. 불교정화 정신은 인류를 아끼는 자비심과 민족의 역사와 얼이 담긴 불교의 재건을 담고 있다. 식민의 상황 속에서 민족의 얼을 찾는 것이 곧 당당하게 인류의 평화를 이루는 길이기 때문이다.

> 그 정화란 먼저 교단을 정화하여 안으로 수도승단修道僧團 정법불교正法佛敎를 확립하고 밖으로 교화 운동을 일으키어 인간개조人間改造, 도의재건道義再建, 사회정화社會淨化의 과업을 수행함으로써 조국재건祖國再建의 터전을 마련하고 나아가서 세계 평화에 이바지하려는 것이다.

이처럼 청담 스님은 정화의 목적을 조국 재건과 세계 평화에 두고 있다.

민족의 얼을 되찾고 인류의 평화를 이룩하는 것이 정화의 최종 목표였던 것이다. 그래서 조국 재건을 위해 민족 사상을 계승하면서도 불자들은 불교적 국가관을 지녀야 함을 강조하고 있다. 정화에는 바로 민족과 인류평화에 이바지하기 위한 조국애와 인류평화의 보편적 정신이 함의含意되어 있다고 볼 수 있다.

광복(光福, 전 도선사 주지) 스님은 "은사스님께서는 세상은 멸망 직전에 있다고 안타까워하시며 기회가 닿는다면 유엔에서 세계가 평화롭게 살 수 있는 방도에 대해 연설을 하고 싶어 하셨다."고 전했다. 그만큼 평화와 사람들의 행복을 고민하고 염원한 청담 스님이었다. 그러자면 먼저 스님들이 사람들의 스승이 될 자격을 갖추어야 했다. 말하자면 종단 정화는 세상의 정화를 위한 가장 기본적인 단계였던 셈이다.

청담 스님은 마음을 찾아 올바른 자아自我를 발견하고 영원한 자유를 찾는 평화의 길로 나아가야 함을 설한다. 즉 진정한 평화는 마음의 평화로부터 비로소 성취되는 것이며 이것이 인류평화를 이루는 첩경임을 강조하고 있다.

물질이 행복에 기여하는 것은 분명하지만 물질적 풍요가 바로 행복이라는 생각은 매우 위험한 것이다. 물질만능주의는 사람을 물질의 주인으로 만드는 것이 아니라 오히려 물질의 노예로 만들어 버린다. 욕망의 속성은 끝이 없으므로 오로지 물질을 모으는 것이 인생의 목적이 되고 만다. 아무리 물질적 풍요가 넘쳐난다 해도 마음에 평화가 없으면 결코 행복해질 수 없다. 청 우리나라는 세계의 기적이라 불릴 만큼 단시간에 최빈국最貧國에서 선진국 대열에 성큼 뛰어올랐다. 그러나 초고속으로 성장하는 만큼 그늘도 점점 깊어지고 있다. 마음에 여유와 평화가 부족한 것이다. 인류에게 평화를 주는 정화란 바로 마음의 평화를 추구함으로써 얻어지는 것이다.

마음을 잘못 쓰고 행복해질 수 있는 방법은 없다. 그것은 마치 보리 씨앗을 심고서 절대로 쌀을 거둘 수 없는 것과 같은 이치이다. 우리 마음은 하나의 씨앗과도 같아서 모든 결과가 이 씨앗에서 비롯된다. 즉 어떻게 마음을 먹느냐

청담 스님의 인류에 대한 사상이 담긴 구세자모救世慈母 휘호

에 따라 삶이 달라진다. 그러니 진정으로 행복해지길 바란다면 행복을 기르는 선善한 마음의 씨앗을 심는 일부터 시작해야 한다. 서로 다투고 경쟁하는 마음이 아닌, 좋은 심성心性으로 서로 행복하게 살아갈 수 있는 마음을 써야 한다.

마음속에는 부처도 있고, 악마도 있다. 그 마음은 하루에도 셀 수 없을 만큼 변한다. 변하는 것을 어떻게 막겠는가? 변하는 그 마음을 그대로 두고 보거나 그러려니 해야 한다. 하늘에 떠 있는 구름, 가끔씩 두 뺨을 스치고 지나가는 바람에 흔들리는 마음을 실어 보내도 또 금세 변하는 것이 마음이다.

마음을 악惡하게 먹거나 독毒하게 먹는 것도 불행을 초래하는 중요한 구실이 되지만 마음에 분별력이 없는 어리석음 또한 행복을 가로막는 큰 원인이 된다. 부처님께서는 어리석음을 무지無知라고 했다. 무지한 사람은 선善과 악惡을 구분하지 못하기 때문에 본인이 악을 행하면서도 선을 행하고 있다고 착각하고 살아간다. 선한 마음이란 남의 행복을 먼저 생각하는 일, 달리 말하면 배려하는 마음이다.

청담 스님은 부처님께서 말씀하신 인과에 대해 항상 깊이 생각하고, 선善한 일을 하면 좋은 결과가 오고, 나쁜 일을 하면 악惡한 결과가 옴을 강조하면서 선한 마음으로 사는 것이 바로 인류와 민족을 위한 일이라고 설했다.

정화 운동과 마음 사상 상관성

청담 스님에게 있어 정화는 이 사바세계에 피어나는 연꽃과 같이 청정한 불조의 혜명을 잇고 한국전통의 승풍을 진작시키기 위한 당연한 도리이며, 출가는 혁범성성(革凡成聖, 범부중생의 사고방식과 생활태도를 근본적으로 뜯어 고쳐 부처가 되라는 것인데 근원적으로 바꾸어야 할 존재는 남이 아니라 바로 나 자신이라는 말)의 길이었다. 불교정화는 보살도를 실천하는 한 단계였다. 출가하여 불법을 체득하기 위한 불석신명(不惜身命, 불도를 닦으려면 스스로의 몸이나 목숨을 아끼지 말아야 함을 이름)의 수행은 중생구제의 보살정신이었다. 청담 스님의 삶에 있어서 일관된 정화불사의 이념은 마음 철학으로부터 나왔다. 전 도선사 주지였던 제자 광복 스님은 다음과 같이 회고한다.

청담 스님은 그 마음의 깨달음을 통해 인간중생은 대자유인이 된다고 설파하였다. 그리하여 전국 각처로, 인연이 닿는 곳이면 어디든지 달려갔다. 하루에도 수차례, 대학의 학생과 군부대의 장병, 사회단체의 시민에 이르기까지,

한번 시작한 법문은 5~6시간을 넘기도 하였으며, 청중이 단 1명이라도 있다면 마음 법문을 결코 멈추지 않았다. 마음 법문은 불교를 통해 중생에게 다가가려는 청담 큰스님의 처절한 보살정신이었다.

청담 스님의 정화 이념은 보살심의 발로이다. 중생이 원하는 일이라면 마다하지 않고 달려가 마음 법문을 하였다. 불법을 체득한 정법正法의 안목에서 "현대인들은 무엇 때문에 살아야 하는가? 내가 무엇이냐? 제일 중요한 이 두 가지를 확실히 모르고 산다."면서 다음과 같이 문제점을 제시했다.

사람이 꼭 해야 할 일이 무엇이고, 꼭 가야 할 길이 어디인가? 이 두 가지만은 꼭 배워야 한다. 부처가 되는 길이 마음 깨달아 우주에 자유로운 인간이 되는 것이며, 그것이 우리가 갈 길이다. … 불교를 믿고 마음을 깨치면 생사를 초월한다. 마음을 깨치면 부처이니 석가여래를 믿는 것이 아니라 내 마음을 믿는 것이다. 그리고 그 깨칠 수 있는 법을 그대로 남기어 놓았으니 부처님 하시던 그대로 수도를 하면 된다.

청담 스님은 인간이 꼭 해야 할 일과 꼭 가야 할 길을 깨닫는 것이 마음 찾는 공부라고 설하고 있다. 자기 마음을 깨닫고, 생사자유生死自由와 해탈을 얻어 영원한 자유를 체득하기 위해 계율戒律을 지키면서 참선공부를 해야 한다고 주장하고 있다. 특히 철저한 계율을 바탕으로 생활하며 50년 가까이 공부해 온 것이 마음이라고 강조하면서 마음을 다음과 같이 정의하고 있다.

우리말로 제일 설명하기 쉬운 단어가 '마음'이다. 나는 마음이 물질이냐? 허공이냐? 하고 항상 분간하려고 전심을 다하였다. 이것은 한 해결을 보기 위함인데, 즉 이 마음이 물질이냐 물질이 아니냐 하는 판가름만 나면 불교를 이해하기 쉽게 된다. 마음은 모든 것의 주체다. 이 마음은 아무 것에도 걸림이 없다. 하느님에게도 구속되어 있지 않고, 부처님이나 진리에도 걸려있지 않기 때문에 이놈이 자유행동을 할 수 있는 것이다. 그러니 천지의 근본이 마음이고, 만사의 주체가 이 마음이다.

청담 스님이 주장하는 마음은 가아假我의 마음이 아니라 진아眞我의 마음이다. 청담 스님은 마음은 심성心性·불성佛性이라고 말한다. 우주를 주재하는 것은 마음이라는 불교의 유심唯心 사상과 맥을 같이한다. "마음은 그림을 그리는 화가와 같아서 여러 가지 색色·수受·상想·행行·식識을 그린다. 일체 세간의 것들을 만들어 내지 못하는 법이 없다. 마음과 같이 부처도 또한 그와 같으며 부처와 같이 중생도 그러하다. 마음과 부처와 중생 이 셋은 차별이 없다."고 《화엄경》에서 설하고 있다. 스님은 부처님의 유심 사상만이 무명의 암흑에서 허덕이는 인류를 구원할 수 있는 유일한 길이라면서 다음과 같이 설했다.

> 마음을 여의고는 만법萬法이 존재하지 않으니, 오직 마음을 밝히고 마음을 의지하여 만사萬事를 자재할 수 있는 영원무궁한 대자유인이 되어서 만중생의 구세주가 되어야 하겠다. 그리고 높고 큰 원력을 굳게 다짐하여야 할 것이다.

청담 스님은 마음 밖에서 행복을 찾지 말고, 마음 안에서 도道를 찾지 말아야 한다고 설하고 있다. 도道도 행복도 부처도, 다 마음에서 찾아야 한다는 것이다. 그러면 마음이 어디에 있단 말인가? 곧 마음이 부처라고 하니, 그 성품자리를 직접 보는 견성을 해야 한다는 것이다. 지식으로 아는 것은 상황에 따라 변할 수 있으나 마음의 눈으로 직접 본 견성은 달라질 수 없다는 것이다. 마음이 열려있는 이에게는 자연 그대로가 두두물물(頭頭物物, 모든 종류의 여러 가지)이 선지식 아님이 없을 것이나, 마음이 닫힌 사람 앞에는 비록 부처, 보살과 달마 선사가 당장 나타난다 해도 크게 얻는 바가 없을 것이다. 마음 떠나서 부처 찾을 수 없으니 자기 마음이 바로 보리菩提요, 열반인 것이다.

심청정시불心淸淨是佛.
마음이 청정하면 이것이 바로
부처라는 뜻을 가진 청담 스님 휘호.

일체가 모두 마음으로 이루어져 있다고 한다. 사실이다. 영원을 생각하면 영원을 사는 것이고 순간을 생각하면 그냥 순간을 살 뿐이다. 빛을 떠올리면 빛의 삶을 살게 될 것이고 어둠을 떠올리면 어둠을 만나게 될 것이다. 살면서 빛처럼 반짝이며 밝은 삶을 살 일이다. 어둡고 무겁게 살아 삶의 밝음을 잃을 일이 아니다. 어두움도 무거움도 가볍게 털 수 있을 때 우리는 우리들 삶의 당당한 주인이 되는 것이다. 모든 것이 마음으로 이루어져 있다는 것을 알고 마음의 주인은 나라는 것을 알게 될 때 어디에서나 자유로울 수 있다.

모든 것은 마음을 따라 다가온다. 어떤 마음으로 사느냐에 따라 행복이 올 수도 있고 불행이 올 수도 있다. 그리고 어떤 마음으로 사느냐에 따라 빛으로 갈 수도 있고 어둠으로 갈 수도 있다. 청담 스님은 《화엄경》의 일체유심조라는 일구一句를 주객, 몸과 마음을 나누어서 보는 이원적인 분별심, 차별심 등을 초월하여 마음으로 해석하였다. 스님은 양변과 상대적인 대립을 초월하는 것을 마음이라 했고 이것을 정화淨化라고 해석했다. 이 같은 해석은 "정화는 마음을 깨닫는 길밖에 없다."고 다음과 같이 설하고 있다.

참선參禪을 하든지 염불念佛을 하든지 하여 번뇌煩惱를 쉬고 망상妄想을 끊어야 한다. 허망虛妄한 것은 간직할 것 없다. 간직해 보아야 없어지니까 허망하지 않을 걸 찾자. 그것은 내 마음밖에 없다. 다른 건 허망하다. 우리가 이름 지을 수 있는 것은 모두 다, 부처도 허망이고 진리도 허망이며, 허망한 것은 전부 허물어지는 범소유상凡所有相 개시허망皆是虛妄이다. 모든 허망에서 탈피하여 허망을 내 마음에서 버릴 때 나는 곧 내 본래 부처를 만날 수 있다. 딴 데 간 것도 아니고 다만 육체를 나라는 착각 때문에, 딴 착각을 해서 그것이 바빠진 것뿐이다. 우리는 육체를 나라고 하고, 오온五蘊을 나라고 하기 때문에 천당天堂·지옥地獄을 생사윤회生死輪廻하고 있다.

마음을 깨닫는 것은 일체의 객관客觀과 주관主觀으로부터 초월하여 일체의 만법을 마음대로 자유롭게 사용할 수 있는 지혜의 마음을 말한다. 이 마음은, 육체를 나我라 하고 오온(五蘊, 불교의 근본 사상의 하나로, 세계를 창조·구성하고 있는 요소를 다섯 가지로 분류한 것. 색色·수受·상想·행行·식識의 5요소의 결합으로, 색은 육체肉滯, 수는 감각感覺, 상은 상상想像, 행은 마음의 작용作用, 식은 의식意識임)을 나我라고 하는 의식의 집착에서 벗어나 일체 중생에게 동체대비同體大悲를 실천하는 반야의 마음이다. 청담 스님의 관점에서 마음은 인식의 주체일 뿐만 아니라 지혜이다.

마음의 깨달음 공부가 어렵다고 하지만 사실 깨달음이 어려운 것이 아니다. 깨달음을 얻는 방법을 너무도 모호하게 알고 있기 때문에 명백한 깨달음이 엄청나게 어렵게 느껴지는 것이다. 게다가 주객主客으로 분리되어 있었던 사고, 의식을 버리는 공부를 하지 않고 주객이 분명하게 관철되는 사회적 공부 방식을 여전히 취하고 있기 때문에 깨달음을 얻지 못하는 것이다.

청담 스님은 청정한 일심一心은 시공時空에 자유로워 극소極小와 극대極大를 다 포용하고 미세한 작용까지도 도달해 아는 마음이라고 강조한다. 이런 마음이 인류 5천년의 문화를 다 건설한 것이라고 주장하면서 그 마음을 천상천하유아독존(天上天下唯我獨尊, 석가모니 부처님이 태어나서 사방으로 일곱 걸음을 걷고, 그 걸음걸음마다에는 연꽃이 피어올랐으며, 이후 오른손은 하늘을 왼손은 땅을 가리키며 '하늘 위 하늘 아래 나 홀로 존귀하니 세상의 모든 고통을 편안하게 하리라'라고 외쳤다고 한다. 이는 '우주만물은 오직 내 안에서 존재하는 것으로 세상을 살아가는 고통도 생각하기 나름인지라 내 스스로가 편안하게 할 수 있다'는 의미와 '모든 중생은 부처님이 될 성품을 지니고 있어 모두 다 존귀하다'는 뜻으로, 불교 철학의 핵심이며 모든 불교의 처음이자 마지막 진리)으로 나타냈다. 그래서 인류의 행복과 평화는 마음의 수련에 있고 가아假我의 마음을 진아眞我의 마음으로 정화하는 데에 있다.

> 불교는 사회를 정화하는 기본 원리를 가지고 있습니다. 우선 나부터 나쁜 데 가담하지 말고, 나 하나가 정화되면 너를 대하는 사람도 다 너 같이 됩니다. "다른 사람이 나쁘다." "세상이 나쁘다."라는 사람은 어리석은 사람입니다. 그러니 나쁜 길로 간다는 건 그 책임이 자신에게 있는 것입니다. 이렇듯 중생을 제도하는 것이 대승불교의 정신입니다.

청담 스님의 이러한 정화의 마음은 "만약 보살이 정토를 실현하고자 한다면 마땅히 자기의 마음을 청정하게 해야 한다. 자기의 마음이 청정하면 불국토가 청정하다."는 법문과 같은 교의이다. 이상에서 살펴본 바와 같이 청담 스님의 정화불사는 마음의 외적 정화와 내적 정화로 나누어 볼 수 있다. 마음의 외적 정화불사는 교단정화敎團淨化로 청정승가淸淨僧伽를 확립하는 불사였고, 마음의 내적 정화불사는 지계持戒를 통한 참선으로 무명無明을 타파하여 반야를 실현하는, 견성見性의 불사佛事로 정법불교를 세우는 불사였다. 청담 스님의 정화불사는 혹독한 수행 끝에 견성한 불사에 입지立志를 세워 인고의 수련 속에서 빛을 발한 마음의 운동이었다.

4장

마음 사상

마음 사상의 특징

불교는 마음의 종교라고 하며 또 불교 공부는 마음 공부라고 말한다. 그리고 많은 선어록禪語錄 등에서는 자신의 마음을 떠난 외부에 부처는 없으며 이 마음을 떠나서 부처를 찾지 말라고 한다. 사실 이러한 마음에 대한 선언은 불교가 외부의 어떤 대상에도 의존하지 않는다는 무아론無我論의 사상을 보여 주는 것이다.

마음의 종교에서 마음 공부를 하면서 마음이 '외부에 없다'라고 말한다면, 이 마음은 과연 어디에 있는 것일까? 결국 불교의 입장에서 이 마음이라는 것은 내 안에 있다는 것으로 해석할 수 있다.

지눌 선사는 《수심결修心訣》에서 "슬프다, 요즘 사람들이 미혹된 지가 오래되어 자기 마음이 참 부처인 줄 알지 못하고 자기의 성품이 참 진리인 줄 알지 못해서 진리를 구하려고 하면서 멀리 성인들만 추앙하고, 부처를 찾고자 하면서 자기 마음은 관조하지 않는다."고 하였다.

마음 밖에 진리가 없고, 그러므로 마음 밖에서 부처를 찾아서는 안 된다는 것이다. 마음을 떠나서 억겁億劫을 찾아도 마음이나 부처를 찾을 수 없다. 부처님의 실체는 없지만, 나무를 서로 비비면 불이 나타나듯이 실체가 없는 마음도 찾으면 나타난다. 우리의 마음은 현실 속에서만 작용한다. 지나간 과거에서도 찾을 수 없고 오지 않은 미래에도 있을 수 없다. 오직 내 붉은 몸뚱이 속에 이름을 붙일 수 없는 한 물건이 이 순간 이 자리에서 활동하고 있다. 이것이 내 마음이고, 내 삶의 연속이고, 내 생명이다.

청담 스님은 모든 만물의 근원이 마음에서 비롯된 것을 자득自

"마음이 곧 부처다" "마음 밖에서 부처를 찾지 말라"며 평생 '마음 법문', '마음 철학', '마음 사상'을 주창하신 청담 스님의 휘호로 당시 승속僧俗간에 "불佛자 휘호는 청담 스님을 따를 자가 없었다."고 입을 모았다

得했고, 이를 중생에 널리 알렸다. 마음의 설법자이며 마음 철학의 실천자였다. 모든 법문에는 마음이란 말을 제외하고 다른 말이 별로 없었으며, 수행에 있어서도 마음 찾는 것을 강조했다. 그만큼 마음을 중시했다. 마음이 우주와 나와 모든 것을 주관한다고 말했다. 사실 이 마음 법문은 청담 스님만의 독창적인 사상이 아니다. 그럼에도 스님이 우리에게 보여준 마음은 모든 세상일의 근본이므로 거부감 없이 다가왔다. 석가모니 부처님으로부터 전승된

불교 정신의 본질을 다음과 같이 설하고 있다.

> 세존의 설법은 지식을 구하는 자를 위한 설명이 아니고, 비애를 이기려고 하는 자를 위한 힘인 것이다. 그리고 그 법설은 그의 독특한 탐구의 방법인 명상을 통하여, 참선을 통하여, 인식을 통하여 이루어졌고, 배움을 통하여 이루어진 것이 아니다. 그러므로 나는 이렇게 생각한다. 진리는 인류의 평화와 안식을 고통이 관계하는 곳이 바로 우리가 사는 세상인 것이다.

석가모니 부처님이 불법을 펼친 정신은 사바세계의 모든 중생이 각자 마음을 깨닫고 고뇌를 극복하게 하기 위함이며, 그러한 깨달음을 체득하는 구체적인 방법이 명상冥想과 사유思惟를 통한 참선 수행이라고 강조하고 있다. 사실 불교의 사상은 사바에서 허덕이는 중생들을 고해苦海에서 구제하고 해탈하도록 하기 위한 자비심의 발로發露라고 할 수 있다. 그런데 부처님의 설법은 중생 각자가 고통의 세계를 벗어날 수 있는 구제 방법과 방향을 제시하고 있기 때문에, 불법의 가르침에 따라서 중생 각자가 스스로 사유思惟와 명상과 참선 수행을 한다.

청담 스님이 현대 사회에 새로운 불법을 펼치고자 한 점은 현대인들을 구제하기 위한 보살정신인 것이다. 출가하여 불법을 체득하기 위해 수행한 의미도 이러한 중생구제의 보살정신이지만 그러한 사실을 철저하게 체득하고 앞서서 실천한다는 것은 누구나 할 수 있는 일이 아니다. 불법을 체득한 정법의 안목에서 현대인들의 삶의 문제점을 다음과 같이 지적하고 있다.

> 현대인들은 '무엇 때문에 살아야 하는가?' '내가 무어냐?' 제일 중요한 이 두 가지를 확실히 모르고 산다. 그러니 아무 것도 아닌 셈이다. 다른 것은 다 몰

라도 좋지만 '무엇 때문에 살아야 하는가? 이 생명을 어떻게 어디에 바쳐야 할 것인가?'가 있어야 하고, 확실히 '내가 있는데 나는 무엇인가?' 하는 것이 제일 큰 선결 문제이다.

산중에서 대중을 위해 불법을 펼치기 위한 보살의 원력은 현대인들이 자신도 모르고 무의미하게 살고 있는 병을 치료해주기 위한 것임을 알 수 있다. 청담 스님도 이러한 문제를 해결하기 위해 출가하여 불법 공부와 참선 수행을 하였고, 자신이 체험한 경지에서 이제 중생을 위한 보살행을 펼치기 위한 것임을 밝히고 있다.

중생들은 틈만 나면 언제 어디서든지 꾸준히 해야 되는 것이 마음 공부이다. 그럼 마음을 어떻게 닦느냐? 그것은 어둡고 탁한 마음을 밝게 하면 된다. 그러기 위해서는 마음을 흐리게 하는 주범이 무엇인지 알아야 한다. 바로 번뇌 망상이다. 번뇌 망상 때문에 중생들은 마음을 못 잡고 안절부절 못한다. 이 번뇌 망상을 없애는 작업이 바로 수행이다.

마음은 바다에 비유할 수 있다. 바다가 고요할 때는 잔잔하다가 파도가 치고 태풍이 불어올 때는 한 치 앞도 볼 수 없다. 일체의 번뇌 망상을 걷어내야 마음이 밝고 고요해지는 것이다. 그럴 때만이 깨칠 수가 있는 것이다. 그래서 옛 조사祖師들은 마음 닦는 데 가장 좋은 방법을 "마음을 놓아라.", "마음을 비워라", "마음을 쉬어라"라고 가르쳤다. 부처님 말씀은 바로 쉬면 깨친다는 것이다. 쉬면 근본 자성自性이 바로 드러난다. 임제(臨濟:?~867) 선사는 "쉬면 바로 그 자리가 청정법신이다."라고 말했다. 쉬면 그 자리가 부처요, 열반이다. 열반이란 일체의 번뇌 망상이 사라진 자리, 생사초탈生死超脫의 자리이다.

현대인들은 "무엇 때문에 살아야 하는가?" "나는 무엇인가?" 이 두 가지를 확실히 모르기 때문에 올바른 인생의 가치관과 삶의 의미를 모르고 살고 있

4장 마음 사상 279

다. 그렇기 때문에 무슨 일을 하면서 어디에 자신의 생명을 다 바쳐야 하는지도 모르는 것이라고 청담 스님은 지적한다. 그러면서 현대인들에게 문제점을 다음과 같이 해결하는 방법을 제시하고 있다.

> 사람이 꼭 해야 할 일이 무엇이고, 꼭 가야 할 길이 어디인가? 이 두 가지만은 꼭 배워야 한다. 부처가 되는 길은 마음 깨달아 우주에 자유로운 인간이 되는 것이며, 그것이 우리가 갈 길이다. … 불교를 믿고 마음을 깨치면 생사를 초월한다. 마음을 깨치면 부처이니 석가여래를 믿는 것이 아니라 내 마음을 믿는 것이다. 그리고 그 깨칠 수 있는 법을 그대로 남기어 놓았으니 부처님 하시던 그대로 수도를 하면 된다.

자기의 본래 부처는 이미 이루어져 있어서 더 커지지도 않고 더 작아지지도 않는다. 그런데 사람들은 삶이 허망한 꿈과 같은 줄 모르고 더 많이 가지려고 집착을 한다. 그렇게 일생을 헛되이 보내고, 그 업이 쌓여서 생사윤회生死輪廻를 벗어나지 못한다.

자기가 진실하게 스스로 깨우치는 공부를 할 때 본래 자기를 찾을 수 있다. 한 생각을 돌이키면 견성성불見性成佛이 멀지 않다. 그런데 자기 생각으로 견성성불을 만드는 경우가 있다. 부처가 뭔지도 모르면서, 부처란 것도 환幻인데, 본래 우주 그대로가 부처이다. 그것은 알려고 생각도 하지 않고, 자기가 만든 부처에 자기가 귀의해서 옳다고 여기고는 올바른 가르침을 듣지 않는다.

내가 부처인데 그것을 깨닫지 못하면 중생이다. 그 하나의 이치를 깨치면 부처다. 중생의 입장에서 아무리 부처님의 말씀이라고 읽고 외우고 수행한다 하더라도 구경究竟에는 깨달아야만 한다. 견성해야 한다. 모두가 자기 하나인 것을, 마음 하나인 것을 깨달아야 한다. 이것을 바로 깨닫지 못하면 중생의 업보를 면하지 못한다. 부처님처럼 신통묘용神通妙用을 갖춰도 견성하지 못하면 부처가 아닌 것이다.

청담 스님은 인간이 꼭 해야 할 일은 마음을 깨치는 일이요, 꼭 가야 할 길은 부처되는 길임을 설하고 있다. 그러기 위해서는 올바르게 배우고 익혀야 한다. 그리고 자신을 깨닫는 마음 찾는 공부로서 생사해탈生死解脫의 대자유인이 되어 주체적인 인간이 되어야 한다.

> 그러므로 우리가 할 일은 오직 자기 마음을 깨치는 일이다. 이 마음을 깨쳤을 때가 곧 부처이다. 우리가 할 일은 이 마음을 깨달아서 많은 중생을 바로 이끌어 주고, 복 받게 해주고 잘 살릴 수 있는 부처가 되고자 하는 것이며, 우주를 다 내 마음대로 하자는 것이다.

인간이 다른 동물과 구별되는 것은 종교를 갖고 있기 때문이다. 이 종교는 나를 찾는 마음에서 출발한 것이다. 이 마음이야말로 우주 속에 있으면서 우주를 포괄하는 핵심임을 깨달아야 한다. 이 마음은 우주에 본래 한 것이며 자재한 것이므로 모든 존재에 앞선 실존이다. 또한 만유를 실재케 하는 존재의 의지이다. 따라서 2천억 년 전 생명체 생성연기生成緣起의 기원이며, 태초로부터 미래에 또한 영원불멸에서 자유화한 것임을 알 수 있다.

청담 스님의 사상을 한마디로 말한다면, 마음을 깨닫고 생사자유와 해탈을 얻어 일체의 기계문명과 물질만능주의에서 벗어나 영원한 자유를 체득하기 위해 마음을 찾는 공부를 해야 한다는 것이다.

중생은 어리석어 자기 마음이 부처인 줄 모르고, 자기 성품이 참 법인 줄 모르고 살고 있다. 법을 멀리 성인들에게서만 구하려 한다. 부처를 찾고자 한다면 자기 마음을 살펴 이 마음을 떠나 부처를 이룰 수 없음을 알아야 한다. 이 마음을 제대로 다스리지 못하기 때문에 가정은 가정대로 병들고, 사회는 사회대로 병들어 모든 것을 남의 탓으로만 돌리는 우매한 짓을 되풀이하고 있다. 마음의 본체는 깨끗하고 평등하다. 우리의 본래의 마음, 깨끗한 마음, 삼독에 물들지 않은 마음, 번뇌의 불꽃이 조금도 연기를 내지 않는 그러한 청정한 마음으로 돌아가야 한다.

마음의 본성은 모든 사람이 누구나 가지고 있는데 상相이 없으니 더럽혀질 까닭도 없다고 청담 스님은 주장한다. 마음은 오염과는 관계없이 청정하기만 한 하늘이나 물속에 비친 달과 같은 것이다. 이것이 마음의 본성本性이요 불성佛性이다. 깨끗한 마음을 가지고 만족할 줄 아는 생활을 할 때 행복을 구할 수 있다. 항상 나에게 부처가 될 성품, 즉 깨달을 수 있는 심성, 어느 것에도 물들지 않은 본래 청정심이 있음을 알고 생활해야 한다. 이런 생활 속에서 작은 것에서 풍족함을 느끼고, 항상 제 분수를 알아서 과욕하지 않는 참마음으로 사는 것이 바른 생활인 것이다.

마음을 깨닫는다는 것은 자기의 심성을 밝혀 깨닫는 공부다. 그대의 마음이 부처다. 마음을 떠나서는 부처가 될 수 없다 마음을 증득證得해야 일체가 그림자뿐임을 자각해서 안심입명(安心立命, 깨달음을 얻어 생사를 이해하고 초월하여 마음의 평안을 얻어 생사와 이해를 초월하여 마음의 평안을 얻음)할 수 있게 된다. 마음이라는 것은 과거 현재 미래 관계없이 늘 함께하고 있지만 마음이라는 것은 가르침하고 상관없이 나고 죽는 바 없이 인연 따라 흘러오고 흘러간다.

그런데 아무리 마음이 무엇인지 알아도, 내 마음이 뒤집어질 때 통제할 수 있는 힘이 생기지 않으면 마음을 증득해도 일체가 그림자일 뿐 안심입명安心立命할 수 없게 된다. 만약 곧바로 이 뜻을 깨닫는다면, 곧 삼승(三乘, 중생을 깨달음으로 인도하는 부처의 가르침이나 수행법. 부처가 중생의 능력이나 소질에 따라 설한 세 가지 가르침을 일컬으며, 가르침을 듣고 깨잘음에 이르게 하는 부처의 가르침인 성문聲聞의 수행법, 연기緣起의 이치를 주시하여 스스로 깨닫는 연각緣覺의 수행법, 자신도 깨달음을 구하고 중생을 교화하는 수행으로 남도 깨달음으로 인도하 보살菩薩을 위한 수행법이 있다.)의 모든 지위를 단박에 뛰어넘어서 본래 부처인 것이니, 결코 수행을 빌려서 이루는 것이 아니다. 마음이니 부처니 하는 것은 허공에 도장 찍듯이 그대로 드러나 있는 것이다. 이것을 알면 지위점차를 빌려와서 공부하는 어리석음을 범하지 않는다. 있는 그대로 바로 도장 찍어서 확인한 그 모습을 쓰는 것이지, 다른 무엇에 의지해서 이루는 것이 아니다.

이처럼 불법은 본래 있는 마음을 깨닫기 때문에, 수행을 빌리지 않는다고 하는 것이다. 또한 부처님이 출현하셨다는데, 실로 출현한 적이 한 번도 없다. 불교를 믿게 하는 차원에서는 2천5백여 년 전에 석가모니 부처님께서 세상에 나셨다고 하지만, 불법의 입장에서는 시방의 모든 부처님께서 오고 간 적이 없는 것이다. 청담 스님은 불법은 마음 깨닫는 공부라며 다음과 같이 설하고 있다.

불법은 마음 깨치는 공부이므로 지식이나 학문하는 태도로 임해서는 석존의 깨달음을 몸소 자기 것으로 체득할 수 없다. 스스로 그 경지에 도달해서 성불하기 전에는 불가능하며, 이것은 오직 석가여래 한 분만이 우리에게 전해준 소식이다. 이제 마음을 깨

광명光明. 불법이 사바에 두루 비추고 있음을 뜻하는 스님의 유묵.

치는 선법禪法에도 전문적으로 하는 달마선達磨禪과 천천히 닦아 익히는 의리선(義理禪, 자신의 성품을 깨닫지 못하고 선禪의 이치만을 분별함)이 있다. 달마선達磨禪이란 마음을 곧 깨치는 선법으로서 고속으로 가는 방법이고, 의리선義理禪은 과학·철학·이론적으로 따져 볼 것 다 따져 가며 닦는 방법이다.

4장 마음 사상　283

이처럼 청담 스님은 불법은 마음을 깨닫는 공부이며 그 구체적인 실천 수행은 참선임을 주장한다. 불법은 학문적으로나 이론적으로 체득하는 것이 아니라 각자 본인이 직접 참선 수행을 통해서 체득해야 한다. 마음을 깨닫는 선禪 수행을 달마선(達磨禪, 보리 달마가 처음으로 선을 중국에 전한 선을 말한다. 조사선, 간화선 등도 모두 달마선에서 파생된 것)의 입장에서 제시하고 있다.

　여기서 말하는 달마선은 조사선(祖師禪, 혜능의 남종계의 선, 조사선은 일반적으로 중국선을 가리키는 대명사로도 쓰이고 있는데, 조사(祖師)란 선종에서 불佛에 대신하는 이상적인 인격자로 존숭됨)이며 돈오견성(頓悟見性, 문득 불교의 참뜻을 깨달음)을 주장하는 선 사상을 말한다. 그것은 청담 스님이 항상 마음을 깨닫고 견성을 해야 할 것을 분명히 하고 있는 것이다. 결국 마음 공부는 인간이 자기 자신의 궁극적 실체를 인식하고자 하는 근원적인 의문에 해답을 얻기 위해 마음을 깨닫는 공부를 해야 가능하다고 본 것이다.

마음은 만법萬法의 주체

　마음은 만법萬法의 본원本源이며 만화萬化의 주체이다. 때문에 마음을 닦아나가는 과정에 있어서도 만일 마음공부를 하지 않으면 불법 진리는 체달하지 못할 것이다. 형형색색形形色色과 천차만별千差萬別의 이치가 다 마음에서 비롯되었다. 천경千經과 만론萬論에서 거론된 것 등이 모두 한마음을 밝히는 데서 풀어질 것이며, 제불제조諸佛諸祖도 오직 일심의 가르침을 전하여 중생의 어리석은 마음을 깨우쳤다. 이렇듯 일체 만법의 근원은 마음이며 마음에서 일체가 나오지 않음이 없나니, 그러므로 일심으로써 종宗을 삼아야 하는 것이다.

　청담 스님은 "선의 수행은 좌선을 통해서 자기의 본성을 발견하고 이것을 일상생활에서 실현하여 참된 인간이 되기 위한 실천인 것이다."라고 설하고 있다.

또한 자기 본성의 발견은 "선은 기사구명己事究明이다. 자기의 본성, 불성을 보는 것이 중요한 일이다."라고 강조하고 있으며, 그것은 각자의 마음을 깨닫는 참선 수행이라고 여러 곳에서 설하고 있다. 그러면 선이란 무엇인가? 선의 개념이나 선의 수행, 선 사상 등을 한마디로 표현하기는 어렵다. 중국 당대에 완성된 조사선祖師禪의 입장에서는 인간 각자의 근원적인 평상심平常心으로 몸과 마음이 평안한 가운데 자신의 구체적인 일상생활을 반야지혜로 사는 안심입명(安身立命, 깨달음을 얻어 생사와 이해를 초월하여 마음의 평안을 얻음)의 삶이라고 할 수 있다.

사람들은 탐貪·진瞋·치癡 삼독심三毒心과 상대적인 차별·분별심으로 주객을 나누고 자의적인 판단으로 사량분별(思量分別, 복잡한 생각으로 헤아리는 것과 사념망상으로 계교하는 것)하여 수많은 고통과 생사윤회를 초래하는 업장을 만들고 있다. 그래서 중생은 삼계에 윤회하게 된다. 선禪은 이러한 세간의 중생 고통을 구제하기 위해 설한 것이다. 불법은 자타自他, 주객主客, 선악善惡 등의 이원적인 사고와 일체의 상대적인 차별심을 초월하여 근원적인 불심의 반야지혜로 삼업(三業, 몸과 입과 마음으로 짓는 행위와 말과 생각)이 청정한 출세간적인 삶을 살게 한다.

선은 중생심의 욕망과 불안으로 고통을 초래하는 세속적인 가치관을 초월하여 몸과 마음의 평안과 반야지혜의 창조적인 힘으로 출세간적인 가치관을 확립하게 한다. 또한 무한한 자신의 가능성을 실현하는 불법의 지혜와 인격으로 자기 향상을 이루는 힘을 체득하게 한다.

자각적인 깨달음의 체험으로 평상심의 경지에서 반야지혜의 창조적인 삶으로 일상생활 속에서 선의 생활을 하기 위해선 먼저 불법의 대의를 분명히 체득하여야 한다. 그리고 불법의 정신을 완전히 자기 자신이 활용할 수 있도록 정법의 안목을 구족해야 한다. 이것을 불법의 자기화라고 한다. 불법의 지혜를 구족하여 자기 자신이 언제 어디서든지 일상생활하는 가운데 불심의 지혜를 마음대로 활용하여 자신의 독자적인 삶을 건립할 수 있을 때 선의 창조적인 생활로 전개된다고 할 수 있다.

여법하고 엄격한 입격출격(入格出格, 입격이란 불법의 수행에 임하면서 불법의 가르침을 반드시 따르고 자기화시키는 공부를 말한다. 불법의 정신과 사상과 반야의 지혜와 자비심의 보살도를 실행하는 인격을 구족하도록 다양한 가르침을 직접 몸과 마음으로 배우고 익혀서 자신의 몸에 완전히 배도록 하는 수행이다. 이러한 참선 수행을 불법의 순숙, 혹은 습성화라고 한다. 출격이란 참선 수행을 통해 불법의 정신과 사상, 반야의 지혜를 완전히 익혀서 조금도 부자연스럽지 않고, 무심의 경지에서 자신의 보살도 삶으로 자연스럽게 실행할 수 있는 경지를 말한다.)의 선 수행을 닦고 불퇴전의 보리심으로 불조의 가르침을 자신이 직접 체험하고 확인하여 철저한 확신으로 반야의 지혜를 구족하는 것이 바로 선 수행이다. 이렇게 될 때 마음이 부처임을 깨닫고, 마음 닫는 일에 정진할 수 있는 것이다. 마음의 설명이 교教이고 사람들의 자각을 지시하는 것이 경전이라 하였다. 그러나 그 경전은 방편에 불과한 것이다. 심心의 깨끗함이 유심唯心정토요, 불성의 드러남이니, 마음 밖에 불佛이 없고, 불佛밖에 마음이 없다는 것이다.

그런데 사람들은 선심禪心을 스스로 지키지 못하고 스스로 밝히지 못하고 항상 망념妄念에 흔들리다 보니 끝없는 죽고 사는 인연의 고통을 짓는다. 그러므로 부처님께서는 세간에 나타나 사람마다 지니고 있는 본심本心이 본래 불성이라는 것을 가르치고 있다. 여기서 말하는 본심은 청담 스님이 말하듯이 번뇌 망념의 마음이 아닌 근원적인 청정한 본래의 마음을 말한다.

> 마음이란 무엇을 생각하고 행동할 줄 아는 주인공이고 살아있는 생명의 주인공이다. 그런데 이 마음은 생각과는 다르다. 마음이 생각을 낼 수 있지만

생각은 마음이 아니다. 마음은 선과 악에도 구속되지 않고 신앙도 아니고 지식도 사상도 아무 것도 아니다. 그러니까 지식을 얻을 수 있고, 사상할 수 있고, 신앙할 수 있고, 신앙하다 버릴 수도 있지만 지식·사상·신앙 그것이 마음은 아니다.

마음 밖에 부처가 따로 없다. 또 부처 밖에 마음이 별달리 있을 수 없는 것이다. 만일 마음 밖에 부처가 있다고 한다면 그것은 마치 제 머리를 두고 먼 데서 제 머리를 찾는 것과 다를 것이 없다. 다니거나 머물거나 앉거나 눕거나 또는 말하고 잠잠하고 움직이고 조용히 하는 것들이 모두 마음이며, 옷을 입고 밥을 먹는 것도 마음이며, 노래 부르고 춤추며 웃는 것도 다 마음인 것이다. 청담 스님은 이 마음이 범부도 되고 성인도 되는가 하면, 삼계三界에 윤회하여 천만 가지로 과보果報를 받게 되나니, 다 심식心識의 변화인 것이라 했다. 내가 내 마음을 잘 단속해 나아가서 번뇌 망상을 자꾸 없애버리는 것이 자아완성이다. 그래서 순수한 본래의 자기 마음, 청정한 나를 깨달아 놓으면 모든 우주가 그대로 부처 아님이 없다. 이것이 해방이고 인격 완성이라고 설한다.

마음은 모든 행동이나 생각의 주체는 될 수 있어도 미리 이것의(정해진) 생각은 없다. 그때그때 그 사건에 따라, 오관五官에 미치는 바에 의하여 그때 마음대로 부정도 긍정도 할 수 있다. 그러므로 부정이나 긍정, 이것은 내가 아니다. 한 개의 생각에 불과한 것이다. 행동이나 생각의 주체가 나인 것이다. 주체主體, 그것을 우리는 마음이라 표현하고 있다.

청담 스님은 "내가 마음이란 말을 자주 하는데, 내가 말하는 이 마음은 심성, 불성이란 뜻으로 하는 것이다."라고 말한 바 있다. "마음은 일체의 차별, 경계나 분별의 마음에서 떨어진 것이다. 번뇌 망념에 허덕이는 범부의 마음이 아니라, 일체의 번뇌 망념이 없는 근원적인 본래심이며, 깨달음의 마음인 불심을 말하는 것이다." 평상심과 똑같은 의미로서 청정한 본래의 마음이 스님이 설하는 마음이다.

그래서 스님은 오직 이 마음이 우주를 주재하는 유일한 주인공이라는 불타佛陀의 유심唯心 사상만이 참혹한 암흑에서 허덕이는 인류를 구원하는 참된 길이라고 말한다.

> 마음을 여의고는 만법이 존재하지 않으니, 오직 마음을 맑히고 마음을 의지하여 만사를 자재自在할 수 있는 영원무궁한 대자유인이 되어서 만중생의 구세주가 되어야 하겠다. 그리고 높고 큰 원력을 굳게 다짐하여야 할 것이다.

청담 스님은 주객의 대립을 초월해 마음을 맑히고 마음에 의지하여야 근원적인 마음을 깨달을 수 있다고 하는데, 이것이 마음 사상을 제시하고 있는 법문이라 할 수 있다. 양변과 상대적인 대립을 초월하는 길은 오직 마음을 깨닫는 길밖에 없다. 근원적인 본래의 마음으로 되돌아가는 환원적인 실천 구조와 논리체계를 확실하게 파악하여 제시하고 있는 것이다.

이를 "보살행은 본래 상구보리上求菩提 하화중생下化衆生이라고 하여, 위로는 부처님의 보리, 열반을 구하고, 아래로는 중생을 교화한다는 뜻이니, 보리菩提라 함은 생사生死도 열반涅槃도 없고, 시간도 공간도 남자도 여자도 부처도 중생도 초월하여, 초월한 그것까지 없는 자리를 깨달은 마음을 말한다."라고 분명히 밝히고 있다.

만법을 자각하는 주체가 각자의 마음이기 때문에 자신의 마음을 깨닫고 만법에 현혹되지 않도록 해야 한다. 마음을 깨닫고 일체의 만법을 마음대로 자유롭게 사용할 수 있는 지혜 있는 주인이 되어야 생사망념의 번뇌에서 허덕이지 않게 되는 것이다. 청담 스님이 생사를 해탈하고 대자유인이 되도록 하기 위해 마음을 깨달아야 한다고 강조하고 있는 것은 이러한 뜻이다.

일체만법이 다 마음으로 생겨나고 멸하나니, 마음을 바로 보아야 한다. 마음을 바로 보는 사람은 죽고 사는 데서 벗어날 것이다. 마음을 바로 보지 않는 사람은 죽고 사는 생사에 영원히 빠질 것이다. 그러나 본마음만 보면 만사를 해결해 마치는 것이니, 만사와 만 가지 이치가 모두 마음이 움직이는 사이에 있기 때문이다. 삼세三世의 모든 부처님도 마음을 깨쳤었고 삼세의 보살도 마음을 배웠으며, 역대의 모든 조사祖師와 납승(衲僧, 납의衲衣를 입은 사람이란 뜻으로 사찰의 승려僧侶를 이르는 말)들도 이 마음의 근원을 깨닫고자 하였다.

청담 스님은 법에 의지하여 부처님의 교시教示를 어기지 말고 어디까지나 심법心法으로 몸을 닦으며, 심법으로 마음을 찾으며, 심법으로 한없는 중생을 제도하며, 심법으로 법륜을 전하여 불국토를 이루어야 한다고 했다.

불교에서는 만법은 유심이라 하고, 일체유심조라고 마음을 강조하고 있기 때문에 '육체를 도외시한 마음인가?' 하고 의구심을 일으키는 사람도 있고, 오해를 하는 사람도 많다. 그래서 선禪불교에서도 항상 신심일여身心一如를 강조하고 있다. 청담 스님도 다음과 같이 신심일여에 대해 설하고 있다.

> 우리 중생 경계境界로 보면 말하는 마음자리와 육체는 둘이다. … 지금 우리에게는 육신 말고 마음이 따로 있어서 꼬집어보면 육신이 아프다고 하는데 사실은 육신이 아픈 게 아니라 마음이 아픈 것이다. 다만 육신이 아픈 걸로 우리 마음이 알고 있어서 그런 것일 뿐, 실제로 이것은 본래 육신과 마음이 둘이 아니기 때문에 그렇게 되는 것이다. … 마음과 몸이 한 덩어리가 되기 때

문이다. 마치 육신과 업신業身이 다르지 않는 하나가 되었다는 점에서는 부처와 다를 것이 없다. 다만 몸뚱이가 환幻이고, 현실이 꿈인 줄을 모르는 것이 다를 뿐이다.

본래 마음의 본성, 곧 마음자리는 바다처럼 고요하고 청렴한 것이지만 외계의 사물에 부딪히게 되면 마음자리의 경계를 깨뜨리고 곧장 동요하게 되어 분별심이 생긴다는 것이다. 이러한 마음의 식識을 완전히 깨뜨려 버리고 마음의 본성, 곧 마음의 근원으로 되돌아가면, 이 마음이 만법의 주체이며 마음에서 모든 현상이 시작되고 끝남을 알게 된다. 어떠한 일도 마음에서 빠지는 것이 없으므로 청담 스님은 마음의 본 성품을 똑똑히 관조觀照하는 것은 곧 온갖 법을 관찰하는 일이 된다고 설한다. 즉 온갖 법은 모두가 마음의 법이요, 온갖 이름은 모두가 마음의 이름이다. 만법萬法은 모두가 마음에서 생겼고 마음이 만법의 근본이다.

불교는 깨달음의 종교이다. 깨달음을 위해 참선·기도·염불·주력 등 다양한 방법을 실행하기도 한다. 교학에서는 수행을 통한 깨달음에 이르는 단계를 신해행증(信解行證, 굳은 믿음을 바탕으로 가르침을 이해하고 가르침을 통해 실천을 하고 행함으로 깨달음을 얻는다는 말)이라 한다. 선禪에서는 깨침을 위한 수행을 돈오돈수(頓悟頓修, 단박에 깨쳐서 더 이상 수행할 것이 없는 경지)와 돈오점수(頓悟漸修, 문득 깨달음에 이르는 경지에 이르기까지는 반드시 점진적 수행 단계가 따름)로 설명하기도 한다. 하지만 이 모두는 깨침과 수행의 선후를 말하는 것이고 그 대상은 모두 마음이라고 할 수 있다.

모든 부처님과 온갖 중생들은 오직 일심一心이다. 이 마음은 시작 없는 옛적부터 일찍이 생겨난 것도 아니고 없어지지도 않는다. 푸르지도 누렇지도 않고, 형상과 모양도 없으며, 있다거나 없다는 것에 속한 것도 아니다. 옛 것이니 새로운 것이니 구분할 수도 없고, 길거나 짧다고 할 수 없으며, 크거나 작다고도 할 수 없는 것이다. 일체의 한량限量과 언어와 이름과 자취와 상대적인 것을 초월한 것이 이 마음의 본체이다. 마음을 움직이면 곧 어긋나는 것이니, 마치 허공과 같아 그 끝이 없으므로 가히 헤아릴 수가 없다. 오직 이 한 마음이 곧 부처의 성품이며, 이 마음으로 본다면 부처님과 중생은 서로 다르지 않다. 그러나 중생들이 모양相에 집착하여 밖으로 구하려 한다면 도리어 잃고 말 것이다.

부처의 성품으로 부처를 찾고 마음으로 마음을 잡으려 한다면, 무한한 겁劫의 세월을 마칠 때까지 수행한다 해도 결국은 얻을 수 없을 것이다. 이것은 모름지기 생각을 쉬면 부처의 성품이 스스로 나타난다는 것을 알지 못하기 때문이다. 이 마음을 깨달으면 곧 부처이고, 이 마음을 미혹하여 알지 못하면 곧 중생이다. 그러나 중생일 때에도 이 마음은 줄어들지 않고 부처일 때에

시방춘광十方春光.
시방세계에 봄빛이 비추듯 부처님의 자비광명이
충만하기를 바라는 마음에서 쓴 휘호.

도 또한 늘어나지 않는 것이다. 마음이란 수행의 토대이자 수행의 대상이다.

청담 스님은 평생 공부해 온 것이 중생의 마음이 아니라 부처님의 마음임을 명쾌하게 설하고 있다. 일평생 수행자로서의 면모를 견지할 수 있었던 것도 바로 마음 공부를 통한 확고한 신념이 있었기 때문에 가능하였다.

우리의 마음속의 본태평本太平 천진불天眞佛로서 가없이 일체 중생을 비추면 환몽幻夢이 곧 진여眞如며 중생어가 곧 여래어如來語이며 중생심이 곧 부처의 마음이다. 치산치업治山治業과 사농공상士農工商의 생업生業은 모두 본태평 천진불이 전의轉依하는 용상用相이라 도무지 이 진여의 본성本性을 떠나 일이 없다.

청담 스님은 생활의 모두가 천진불天眞佛에 의지하여 나타나는 작용과 모습이라고 설하고 있다. 이는 자신이 살고 있는 세계가 진여의 세계이며 모두가 마음의 작용에 의해 일어나고 머물고 움직이고 사라져 감을 강조하고 있는 것이다.

이 마음자리도 망상을 일으키고 일체법의 주체가 되어 있지만, 조금도 더러워질수 없고 잘못될 수도 없는 것이다 이 마음자리는 전지전능한 것이다. 그러니 마음을 닦는 것도 말이 안 되고 다시 고칠 것도 없다. 마음의 본연의 자리에 그대로 돌아서면 된다. 마음의 본성은 연꽃과 같이 중생세계의 더러운 곳에서도 무서운 입에도 물들어 있지 않기 때문이다. 모든 망상을 버리고, 꿈을 깨기만 하면 되는 것이다.

청담 스님은 일체의 분별사량分別思量과 번뇌 망상을 떠난 마음, 우주를 주재하는 불생불멸不生不滅하는 마음, 생각의 주인공이 되고, 모든 업業의 주체가 되는 마음을 통하여 수행을 확고히 해야 함을 강조하고 있다. 여기서 말하는 마음자리는 불성이요 어디에도 물들지 않는 청정함이다. 청정한 그대로의 자리가 마음이라 하였으며 그대로를 현실에 실현시키는 것이 바른 수행이라고 설한다. 스님이 강조한 삶은 바로 어디에도 물들지 않는 불보살의 삶이다. 그래서 "부처님 법대로 살자."를 강조한 것이다. 봉암사 결사도 정화불사도 모두 마음 철학과 마음 사상에 바탕을 둔 수행력에서 이루어진 것이다. 그러면서 일체법이 다 불법이며 마음이며 부처라고 설하고 있다.

청담 스님에게 있어 수행은 깨달음에 바탕을 둔 마음자리를 찾는 것이다. 우주와 내가 둘이 아닌 경지, 그대로 살아가는 것이 그대로 마음 공부이고 수행이라고 설한다. 그러기에 깨침과 수행이 둘이 아닌 경지에서 자비심이 나오게 된다고 강조한다.

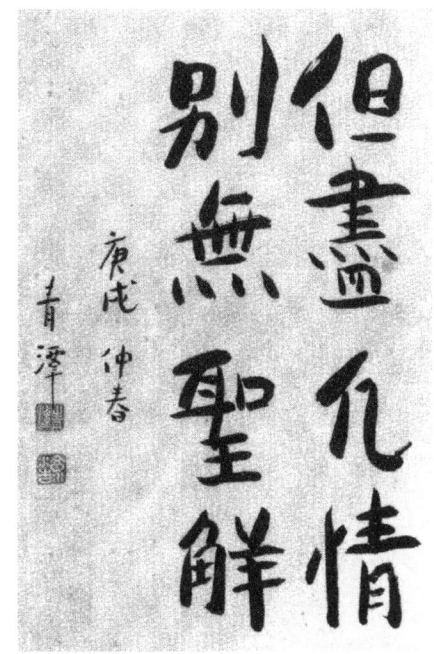

청담 스님의 마음 사상이 담긴 《선가귀감禪家龜鑑》에 나오는 단진범정 별무성해但盡凡情 別無聖解. 범부의 생각만 모두 버리면 성인의 지해知解란 따로 있는 것이 아니라는 뜻.

> 정말 우주와 내가 둘이 아닌 이치를 깨달은 무소득無所得의 경지라면 불쌍한 중생을 보고 불쌍한 마음이 일어나고, 나를 위해서는 할 일이 없지만 중생제도를 위해서는 할 일이 많은 자비심慈悲心이 있게 된다. 오직 남을 위해주는 자비심, 어둠을 밝히는 밝은 지혜, 끝없는 중생들을 모두 괴로움으로부터 건져내고야 말겠다는 위대한 원력願力, 이것이 깨달은 이의 마음이고, 불보살의 마음이며, 무소득無所得의 경지이다.

청담 스님은 우리에게 정화 운동의 선봉장, 인욕보살, 현대불교의 기수라는 이미지로 우리에게 인식되어 있지만, 마음 사상이 스님의 전부라고 해도 과언이 아니다. 정화나 수행, 강의나 법문 등 한평생 진력한 것은 바로 마음 공부였다.

청담 스님이 불보살의 마음이라고 밝힌 '자비심' '밝은 지혜' 그리고 '위대한 원력'은 한평생 수행의 근본으로 삼은 지침이자 수행관이며 삶에서 보여주었던 올곧은 수행자의 모습인 것이다. 청담 스님의 "성불을 한 생 미루는 한이 있더라도 중생제도를 하겠다." "다시 태어나도 이 길을 가겠다."는 원력은 중생제도의 자비심의 발로이다. 그러면서 중생의 마음을 깨우쳐 주기 위해 한평생 마음과 마음자리의 법문을 설하였다. 또한 불교정화를 위해 자비행을 실천한 삶과 마음 사상 그대로가 자비보살행의 실천이라 할 수 있다.

인간존재의 당위성

인간이란 무엇인가? 이 화두話頭는 인류가 해결해야 할 오랜 의문이며 숙제이다. 의식하지 않는 육체만의 인간이란 있을 수 없으며, 육체 없는 정신만의 인간도 있을 수 없다. 따라서 의식하는 정신과 행동하는 육체는 별개의 것인가 아니면 하나인가 하는 문제도 상당히 중요하다.

청담 스님은 인간의 주체를 마음이라 파악하고 마음이 갖는 세 가지 특성을 들어 설명하였다. 첫째, 마음은 의식을 함으로써 물질적 요소인 육체와는 다르다. 둘째, 마음은 생명활동이므로 무정물無情物과는 별개다. 셋째, 마음은 자유로운 것이므로 사물의 물리적 움직임과는 다르다. 왜 마음이 주체인가 하면 생각과 행동은 내가 아니라고 보고 있기 때문이다. 마음은 보이거나 잡히는 것은 아니지만 행동하게 하고 생각하게 하는 근원이라는 것이다.

> 마음으로 생각하는 '그것'을 내가 생각했다. 그러므로 생각할 수 있는 모든 생각의 주체가 곧 나我라는 소리다. … 그러므로 나라고 하는 주체는 육체가

아니다. 행동하고 생각할 수 있는 그 주체가 나라고 할 수 있으니, 그것이 곧 마음이다.

청담 스님은, 육체를 나의 주체로 보지 않는 중요한 이유는 행동을 하게 하는 주체가 육체가 아닌 마음이기 때문이라 설한다. 육체가 행동하기 위해서는 행동을 하도록 하는 그 주체가 있어야 하는데, 그 주체를 마음이라고 이름 붙인 것이다. 또 마음과 생각, 즉 의식意識을 엄격히 구별하고 있음을 알 수 있다. 흔히 생각 그 자체를 마음이라고 하기 쉬우나 마음은 생각과 다른 것으로 보고 있다.

우리가 '마음이다.'라고 하는 이 마음도 마음이요, 남을 죽이려 하는 것도 마음이다라고 섞어 놓아서 문제다. 그런 까닭으로 마음과 생각을 분리하여야 한다. 그 마음은 모든 행동이나 생각의 주체는 될 수 있어도 미리 이것의(정해진) 생각은 없다. 그때그때 사건에 따라 오관五官에 미치는 바에 의하여 그때 마음대로 부정도 긍정도 할 수 있다.

마음이 의식하도록 하는 것은 실체이지 의식意識 그 자체가 아니라는 것이다. 의식은 오관을 통해서 들어오는 갖가지 정보에 따라 여러 가지 생각을 하게 되지만, 마음은 변하는 것이 아니다. 따라서 긍정도 하고 부정도 하는 것은 내가 아니며 나의 생각이라는 것이다. 생각이라는 것은 마음이 육체의 주인이며, 나의 실체라고 주장하였다. 그러면서 생각과 마음이 다른 것에 대해 다음과 같이 설한다.

그때그때 환경에 따라서 추우면 춥다, 더우면 덥다고 느낀다. 생각은 이렇게 달라질 수 있지만 추우면 추운 줄 알고 더우면 더운 줄 아는 이 마음의 소유자所有者는 불변의 나이다. 생사生死의 변천이 없고 질량質量의 변화가 있을 수 없는 이 나我는 모든 지식의 주체인데 … 육신肉身도 마음이 만든 피조물被造物인데 중생衆生들이 육신을 주인으로, 마음을 육신의 종으로 삼아서 주객主客을 뒤엎고 있다.

청담 스님은 마음은 생명이라고 주장한다. 인간의 주체를 마음이라고 파악한 뒤 인간의 특징을 생명활동이라는 측면에서 이해하고 있다. 만일 인간이 육체적 모든 기관을 갖추고 있다 하더라도 그 인간이 생명활동을 하지 않는다면 그것은 인간이라고 할 수 없을 것이다.《금강경》에서 수자상(壽者相, 오래 살고 싶어 하는 생각이나 태어날 때 일정한 목숨을 가지고 있다는 생각)을 끊어야 한다고 하는데 그 수자상은 곧 생명으로서의 자아를 가리킨 것이다. 하지만 청담 스님은 생명 그 자체를 자아로 볼 것이 아니라 어디까지나 자아自我란 마음이며, 마음은 생명활동의 근원이라고 보고 있다.

이처럼 인간의 주체는 마음이며, 마음은 생명인 것이다. 오늘날에 있어서도 인간의 실체가 무엇인가를 설명함에 있어서 두 가지 상반된 의견이 있다. 청담 스님이 주장한 마음이 인간의 주체이며 마음은 생명활동이라고 한 것은 인간의 실체를 잘 드러낸 것이라고 할 수 있다. 나아가 인간과 일반 물질과의 구별을 다음과 같이 설명하고 있다.

물질은 전부가 생명이 없다. 서로가 서로의 힘으로 피동할 뿐이다. 생명이라고 하는 것은 완전히 자유행동을 하는 것이다. 우리말로 생명을 마음이라고 한다.

청담 스님은 인간이 물질과 다른 점은 생명이 있다는 것이고, 그 생명을 마음이라고 한 것이다. 그래서 인간의 주체 즉 나我란 곧 마음을 가리키는 것이고, 마음 그것은 생명적 특징을 가질 뿐 아니라 생명 그 자체라고 보았다. 마음은 자유라고 표현했다. 마음이 자유로운 것임에 비해 물질은 자유롭지 못하다. 그러므로 육체는 물질이므로 자유롭지 못한 것이며 내가 아니라며 다음과 같이 설한다.

> 예컨대 물이 흘러가는 것은 경사가 졌기 때문에 흐르는 것이지 물 자체가 흐르고 싶어서 흐르는 것이 아니다. 동시에 억만 겁劫을 흐르는 한강물은 제가 흐르는 줄을 모르고 있다. 왜냐하면 생명이 없기 때문이다.

청담 스님은 생명은 자유로운 것이며 생명의 원천은 마음임을 강조했다. 이것은 육체는 물질이므로 육체에서 "배고프다." 하는 생각이 나올 수 없는 것과 같은 이치다. 이는 육체에서는 생각이 나오지 않는다는 것이다. 왜냐하면 근본적으로 생명이 없기 때문이다.

또한 "생명이 없는 물질이 어떻게 하여 구조가 결정된다 해서 생명화한다면 그것은 과학적이지 않은 억측이며 물질의 결정체가 그 생명이라고 하여 요사이 노벨상을 받고 하는데, 그와 같은 사실이 언제인가는 번복되리라 확신한다."고 주장한다. 그러면서 절대 자유행동을 할 수 있는 것이 생명이고 마음이라고 강조한다.

불교는 마음을 닦아 본래 청정한 마음자리를 드러내는 종교이다. 그러므로 마음을 깨닫는 것이 불교가 지향하는 궁극의 목표다. 일부 학자들은 마음이나 심성心性을 자연과학적으로, 객관적 관찰에 의해 설명하고 파악하려 하지만 그것은 마음을 편협하고 소승小乘의 눈으로 보는 것이다. 마음은 본래 형이상학적이고 본질적인 개념이어서 마음 자체의 탐구는 인간의 가장 근본적이고 갈망하는 것을 이해하고 파악한다는 점에서 볼 때 매우 광범위하고 심층적인 연구과제이다.

삼세三世의 보살이 다 같이 공부한 것도 이 마음을 공부한 것이다. 삼세의 부처님이 다 같이 깨달으신 것도 이 마음을 깨달으신 것이다. 대장경이 설명하여 나타낸 것도 이 마음을 나타낸 것이다. 또한 일체 중생이 미혹한 것도 이 마음을 미혹한 것이며, 일체 수행인이 발심하여 깨달은 것도 이 마음을 깨달은 것이다. 일체 조사祖師들이 서로 전하신 것도 이 마음을 전하신 것이며, 천하의 수행자들이 참구한 것도 이 마음을 참구한 것이다.

그러므로 이 마음을 통달하면 일마다 다 옳고, 물건마다에 온전히 드러난다. 이 마음을 모르면 가는 곳곳마다 어디서나 넘어지고 엎어지며 계속하여 잘못 생각하여 뒤바뀌고 어리석게 된다. 이 본체의 바탕은 일체 중생이 본래부터 가진 부처의 성품이요, 또 일체 세계가 발생하는 근원이다.

현대 학문에서는 우주의 시작과 생명이 무엇인지를 연구하고 있다. 하지만 아직 그 생명의 본질을 해결하지 못하고 있다. 그러나 가장 간단하며 평범하게 그 생명의 본질을 표현하는 우리말은 마음이라고 청담 스님은 주장하고 있다. 모든 것의 시작과 끝은 마음에서 비롯된다고 설하면서 깨달음도 마음자리에서 비롯되기 때문에 마음이 곧 부처라고 강조한다.

일원상불법승(○佛法僧).
불교의 신앙의 대상으로 삼는 불법승은 일원상과 같이 하나라는 청담 스님 유묵.

불교는 신앙이나 예배의 대상이 아니라 우리가 가야할 길을 명확하게 가르쳐주는 길잡이다. 혼탁하고 누구도 믿을 수 없는 불완전한 시대에 사는 우리들에게 가장 중요한 것은 자신의 내면을 되살펴 들여다보는 것이다. 그리고 자기가 누구인지를 분명하게 아는 것이 곧 참 마음이며 이러한 마음이 곧 부처인 것이다.

우리의 마음이 시시때때로 변하더라도 근본적인 마음 바탕은 변하지 않는다. 그래서 천지만물은 항상 그대로 있다. 우리들 자신도 이미 불성을 지니고 있지만 사람들은 여기서 진아眞我를 찾으려고 하지를 않고 마음 밖으로만 무언가를 찾으려고 방황하기가 일쑤이다.

청담 스님은 불교는 마음의 종교이자 철학이라고 밝히고 있다. 팔만대장경 전부가 이 '마음' 두 글자로 되어 있기 때문에, 마음 두 글자만으로 남에게 불교를 이해시킬 수 있고 가르쳐 줄 수 있다고 설하고 있다. 스님은 평생 이 마음이라고 하는 것을 공부해 왔으며 마음을 빼놓은 삶은 생각할 수 없을 만큼 마음에 대해 신앙심마저 갖고 있지 않았나 하는 생각이 든다. 이렇게 볼 때, "불교는 마음의 종교인 동시에 철학"이라는 이해는 스님 자신이 궁구하여 스스로 깨달은 것임이 분명하다.

그렇다면 청담 스님은 마음을 어떻게 이해하고 있는가? 스님은 마음은 무엇을 생각할 수 있는 것이라고 말한다. 다시 말해 생명이 있는 것을 마음이라고 한다. 한문 경전에서 심즉시불心卽是佛 즉, 마음이 곧 부처라고 했다는 것을 예로 들면서 자신의 견해가 결코 경전에 없는 것을 함부로 주장하는 것이 아니라는 것을 분명히 밝히고 있다.

청담 스님은 마음이 모든 생각과 행동의 주체임을 설하고 있다. 즉 마음은 생각이 아니고 지식·사상·정치·경제·예술도 아니고 아무 것도 아닌 것조차 아닌 것이다. 마음은 우주宇宙의 태초太初 이전, 지구 이전부터 실재한 것이며 동시에 영원불멸의 긍정체로서의 뜻을 내포하고 있다고 누누이 주장했다. 그러면서 마음을 바로 알면 불교를 이해하기 쉽고 마음이 곧 부처라는 의미도 알게 된다고 설했다. 마음은 모든 행동과 생각의 주체이기 때문에 마음에 따라 모든 행이 일어나고 행동에 따라 업業이 따라오게 되는 것이다.

> 신만이 우주의 주재자란 유신唯神 사상이나 오늘날과 같은 물질만능의 유물唯物 사상으로는, 허덕이는 인류에게 암흑의 구렁만이 주어질 뿐이지 결코 참된 인생의 밝고 영원하며 행복된 길을 찾아줄 수 없다. 오직 내 마음이 우주를 주재하는 유일한 주인공이라는 불타의 유심唯心 사상만이 참혹한 암흑에서 허덕이는 인류를 구원하는 참된 길인 것이다.

청담 스님은 내 마음이 이 우주를 주재하는 주인공이니 마음에서 인류를 구원할 길을 찾을 수 있다고 했다.

또한 일체의 대상 경계에 머무름이 없도록 하고 마음에 머물러야 함을 설했다. 무주無住의 법문이란 반야의 지혜로 일체의 차별세계의 대상 경계를 초월하여 걸림 없이 마음의 경계로 자신의 지혜로운 삶을 전개하는 것을 말한다.

동서고금東西古今의 많은 현자는 "인간의 마음 깊숙한 곳에 초월적인 차원의 그 무엇이 존재한다. 그것이 인간의 존재와 삶 그리고 행동의 근원"이라고 설파했다. 현대의 양자물리학과 심리학은 신비에 싸였던 물질과 마음의 실체를 밝혀 인간과 세상에 대한 인식과 삶에 대한 접근 방식을 획기적으로 바꾸었다. 모든 물질은 에너지이고 에너지는 의식으로 이루어졌다. 마음은 모든 물질과 현상이 비롯되는 원천이다.

인간의 존재의 원천과 삶의 주인공은 마음이다. 마음을 이해하지 못하면 인간도, 인간의 삶도 이해할 수 없다. 사람이 사람다운 존재가 되고 행복한 삶을 살기 위해서는 마음의 본성을 깨닫고 마음을 다스리는 방법을 배워야 한다는 것이 스님이 남긴 뜻이다.

진리眞理로서의 마음

마음은 본래 무無와 공空인 상태에서 무심無心하게 왔다. 이 마음이라는 것은 오염이 되지 않은 순수한 마음, 진리의 기운을 말한다. 즉 나라는 존재의 마음은 곧 진리의 기운이라고 하고 이 기운을 받아 지금의 나가 존재한다. 나는 존재도, 실상도 없지만, 이 나라고 하는 것은 기운으로 존재한다.

불교에서는 이 실상을 말하지 못하고 중생의 세계와 부처님의 세계, 산과 물, 모양 있는 것과 없는 것 및 온 시방법계가 다 함께 평등하여 너다 나다 하는 생각이 없다고 말한다. 이 본래 근원이 청정한 마음은 항상 뚜렷이 밝아 두루 비추고 있는데도 세상 사람들은 깨닫지 못하고 다만 보고 듣고 느끼고 아는 것으로 마음을 삼는다.

무심無心하기만 하면, 본 마음자리가 스스로 나타나서 밝은 햇살이 공중에 떠오르듯 시방법계를 두루 비추어 장애가 없게 된다. 그러므로 보고 듣고 느끼고 아는 가운데 다만 견해를 일으키거나 생각을 움직이지 말아야 한다. 그렇다고 보고 듣고 느끼고 아는 것을 떠나 마음이나 법을 찾아서도 안 되며 보고 듣고 느끼고 아는 것을 버리고 법을 취해서도 안 된다. 그리하면 취하지도 않고 여의지도 않으며, 머물지도 집착하지도 않으며, 종횡으로 자재하여 마음을 찾아야 한다.

본래의 마음이 부처고 이 마음을 보기 위하여 수행을 해야 한다. 여기서 잘못된 것은 우리의 마음이라는 것, 본래의 마음이 부처가 아니라는 것이고, 다만 진리 속에 왔으므로 진리라는 기운이라고 하는 것이 맞는 말이다. 우리가 불교 공부가 어렵다고 하는 것은 이 마음이라는 것을 구체적으로 말하지 않아서이다.

마음의 실체를 놓고 말하면 쉬울 것이지만 이 마음이라는 실체를 깨달아 알지 못함으로써 무수한 말로 그 마음을 빙빙 돌려 말하니, 본래의 마음이 부처고 한마음 깨치면 부처라는 등등의 말을 하는 것이다.

세상 사람들은 모든 부처의 마음 법을 전한다는 말을 듣고는 마음 밖에 따로 깨닫고 취할 만한 법이 있다고 하지만 이 마음은 내 몸 안에 있는 것도 아니다. 자신 주변 공기 속에 존재하는 진리의 기운, 거기에 존재하는 자신의 기운을 아는 것이 바로 나라는 존재를 알게 되는 것이다. 내 안에서 찾는다는 것도 결국 마찬가지다. 내 몸 안에 나라는 것은 없다. 밖에도 없다. 다만 나라고 하는 실체의 육신을 움직이는 그것을 아는 것, 이것이 공부의 핵심이자 목표이고 나를 아는 것이 깨달음이다.

그리하여 우리는 진리라는 것, 곧 마음을 가지고 법을 찾으면서 마음이 곧 법이고 법이 곧 마음인 줄 알지 못하는 것뿐이다. 마음을 가지고 다시 마음을 찾지 말고, 마음이 진리임을 알고 그 진리의 이치를 아는 공부를 해야 한다.

청담 스님은 "사람들은 불교의 교설教說이 깊고, 높고, 넓어서 대단히 알기 어려운 철학이며 과학이라고 생각하지만 실은 어려운 것이 아니다. 불교가 어렵다고 느껴지는 것은 어려운 한자漢字와 표현 때문이지 진리 자체가 어려운 것은 아니다."라고 하였다.

그러면서 마음이란 모든 것을 함축하고 있으므로 가장 쉬운 것이 불교라고 역설했다. 진리는 곧 마음이라는 것이 청담 스님의 사상이기도 하다. 마음이 곧 부처라고 강조했다. 부처는 누구인가? 또 무엇인가? 하는 문제는 간단히 답할 수 있는 문제가 아니다. 불타佛陀를 어원적으로는 깨달은 사람이라고 하지만, 깨달은 사람이라는 하나의 인격에만 제한되지 않는 확대된 의미의 불타관佛陀觀이 대승불교의 흥기와 함께 대두되었다.

따라서 육신으로 실재했던 석가모니 부처님을 화신불(化身佛, 일체 중생을 제도하기 위해 그들의 근기와 상황에 맞춰 인연 따라 다양한 모습으로 화현하여 나타난 부처님.) 응신불應身佛, 또는 부모생신父母生身이라고도 한다. 이 같은 부처는 시공의 제한 속에서 있기도 하고, 없어지기도 한다. 그러나 대승불교의 다양한 불타관은 삼신불설三身佛說을 정립시켜 육신인 화신불 외에 법신불(法身佛, 우주의 진리를 인격화한 부처로 중생의 마음을 떠나서는 결코 찾을 수 없고 중생의 마음을 통해서만 비로소 증득)과 보신불(報身佛, 인因에 따라 그 과보로서 나타나며 원願을 쌓아 오랜 수행의 공덕으로 성불한 부처로 아미타불을 가리킴)이 있다고 하였다. 법신불은 영원한 것으로 시공時空의 제한에서 벗어나 언제 어디에서나 상주하는 부처이다. 그러나 이 같은 법신불은 어떤 모습으로 실재하는 것이 아니므로 그 이해에 어려움이 많다. 이것을 청담 스님은 마음이라고 정의하고 있다.

> 우리의 마음도 번뇌에 물들지 않고 생사열반生死涅槃에 섞이지 않습니다. 지금 완전히 부처가 되어 있습니다. 우리가 공연히 이 육체를 나라고 하여 이해타산을 하기 때문에 온갖 번뇌망상煩惱妄想을 내어 이 번뇌가 나를 지배하고 이 때문에 서로 싸우고 미워하고 죽이고 때로는 좋아하고 하는 것이지, 마음자리가 더러워져서 그렇게 된 것이 아닙니다. 마음자리는 본래 심즉시불心卽是佛이고, 화를 낼 때나 웃을 때나 본연의 자세 그대로입니다.

물론 이 같은 마음 사상이 청담 스님 이전에 전혀 없었던 것은 아니다. 우주법계를 몸으로 하는 부처님은 일체중생의 마음속에 들어 있다. 내 마음뿐만 아니라 산하대지 가운데 부처님은 계신다. 다만 무명無明에 가려 알아차리지 못할 뿐이다. 그렇다면 부처님을 닮아가기 위해서 우리에게 어떤 수행이 필요할까? 우리 마음에 부처님을 생각하고 그리워하면 된다. 부처님께서는 부처님을 생각하는 이 마음이 원만덕상圓滿德相이고, 이 마음으로 부처를 이루고, 이 마음이 바로 부처라고 가르쳤다. 부처님이란 우주宇宙의 질서이자 원리로서, 생명으로서 언제 어디서나 항상 존재하며 심지어 어리석고 욕심 많은 우리 중생의 마음속에도 부처님은 계신다는 표현이다. 청담 스님도 또 부처가 마음 밖에 저 멀리 별처別處에 있는 것이 아니라 마음 그 자체가 부처임을 주장한 내재內在적 불타관佛陀觀의 입장을 취하고 있다.

> 진리가 즉 마음이요, 마음이 부처요, 불佛이 즉 신神이요, 신神이 즉 마음이요, 마음이 우주요, 우주가 즉 심心이요, 심心이 즉 진리眞理로 돌고 돌아가는 것이다. 나를 찾자! 나를 알자! 내가 살자.

청담 스님은 진리가 마음이고 마음이 부처라고 하였다. 이는 마음과 부처와 진리가 서로 다른 것이 아니라는 것이다. 이처럼 스님은 마음이 부처일 뿐만 아니라 진리法 또한 마음이라고 보고 있다.

또한 마음은 법法이라고 주장한다. 부처님은 법을 깨달으신 분이고 부처님의 가르침은 곧 법이다. 그러므로 부처님의 가르침이 불법이다. 이 불법의 내용은 다양하고 그 양도 대단히 방대하다. 따라서 간단하게 불교가 이런 것이라고 말하기란 쉬운 일이 아니다.

선禪불교는 마음의 법을 가장 중요하게 여긴다. 마음의 이치를 깨닫기만 하면 모든 공부와 수행을 마친다고 한다. 경전을 보더라도 경전의 이치만 알고 경전이 곧 마음의 이치를 깨우치는 것임을 알지 못하면, 마치 흙덩이를 사자에게 던지면 흙덩이를 던지는 사람을 물지만 똥개에게 흙덩이를 던지면 그 흙덩이를 먹을 것이라고 생각하고 쫓아가는 것과 같이 되고 만다.

경전도 그 낙처落處가 있다. 글을 쫓아갈 것이 아니라 글의 낙처를 알아야 한다. 인오 청매(印悟 靑梅:1548~1623) 조사의 《십무익송拾無益頌》에 '심불반조心不返照 간경무익看經無益'이라는 말이 있다. 모든 경전의 가르침을 마음에 반조하여 이해하여야지 그렇지 아니하면 경을 읽어야 아무런 이익이 없다는 것이다. 다만 본심本心에만 계합하면 더 이상 법을 구할 것이 없다. 마음이 모든 것이며 마음이 곧 법法이기 때문이다.

불법이라는 말은 불교, 즉 부처님의 가르침이라는 의미도 있지만 법法, dharma은 진리라는 뜻으로도 사용된다. 청담 스님이 "마음은 법이다."라고 했을 때, 이 법은 이 두 가지 뜻을 다 포함하고 있다. 마음이 곧 진리라는 의미이며, 부처님 가르침의 요점도 마음이라는 뜻이다. "그렇기 때문에 팔만대장경의 전체 교설이 마음을 설명한 것이라고 본 것이며, 또 마음이 곧 법이고 도이다."라고 설하면서, 마음이 진리인 이유를 세 가지로 설명하고 있다.

첫째, 마음은 변하지 않는다. 인간이 이런 생각 저런 생각을 하지만 그러한 것은 마음의 작용이지 마음은 아니라는 것이다. 따라서 마음은 여러 가지의 작용은 할 수 있지만 마음 그 자체는 변하는 것이 아니라고 보았다.

둘째, 마음은 만법의 근본이다. 대우주가 그대로 마음자리에 있다고 봄으로써 마음이 없는 세계란 생각할 수 없으며 있을 수도 없다는 것이다. 그러므로 일체법의 근원은 마음이며 마음을 깨달으면 만법을 갖추게 된다고 보았다.

셋째, 마음은 보리와 열반이다. 마음은 그 자체가 불佛이고 법法일 뿐만 아니라, 보리와 열반, 불성과 중도까지도 모두가 마음이라고 보았다.

불교학적으로 보면 보리菩提와 열반涅槃, 불성佛性과 중도中道는 서로 다른 개념을 갖고 있다. 그러나 청담 스님은 이 모든 것이 다 마음이라고 보았다. 열반이란 초기 불교의 궁극적 이상으로 번뇌가 없어진 경지이다. 중생이 미망 迷妄과 고통에서 벗어나지 못하는 것은 번뇌 때문이다. 그러므로 번뇌의 소멸이야말로 무엇보다도 중요한 불교 수행의 기본이 된다. 열반이란 이 같은 번뇌가 멸진된 상태를 가리키는 말이다.

보리菩提는 깨달음이다. 보리菩提의 마음을 낸다거나 보리를 이룬다는 말은 깨달으려는 마음을 내고, 깨달음을 이룬다는 뜻이다. 이 깨달음은 대·소승을 통한 전 불교의 중요한 과제이다. 중생의 모든 잘못이 무명 즉 무지로부터 시작된다고 볼 때, 깨달음이야말로 그 무엇보다도 필요한 것이다. 불성은 깨달음을 이룰 수 있는 가능성을 가리킨다. 중생은 모두가 불성이 있어 깨달음이 가능하다. 현재 깨달음을 이루지 못하고 있다 하더라도 모든 중생은 그 가능성을 갖고 있다는 것이 불성의 이론이다.

중도中道란 연기緣起와 공空과 밀접한 관계를 갖는 것으로, 그 어느 것에도 집착하지 않고 치우치지 않음을 말한다. 그러면서 항상 열려 있어 모든 것이 통하고, 모든 것을 초월했다는 것이다. 열반涅槃이나 보리菩提, 불성佛性이나 중도中道는 모두 불교가 추구하는 이상적 경지이다. 이 같은 경지를 청담 스님은 마음이란 한 마디에 포괄하고 있다. 사실상 마음을 떠나서 열반이니 보리니 불성이니 중도니 하는 개념은 있을 수 없다. 깨달음이나 깨달음의 가능성이나 번뇌가 없는 상태라는 이 모든 것은 마음의 문제이다. 대승불교의 중요한 사상서인 대승경전들, 즉 《반야경》, 《법화경》, 《원각경》, 《화엄경》 등의 경전의 내용도 결국은 마음을 설명한 것으로 보았다. 그래서 팔만대장경 전부가

청담 스님은 팔만대장경八萬大藏經 전부는 '마음'이라 강조했다

'마음', 두 글자에 대한 설명이며 해석이라고 보고 있다.

작은 바람에도 쉽게 흔들리지 않는 것이 마음이다. 그래서 지키기도 힘들고 억제하기도 힘들다. 지혜가 있는 사람은 이를 바로잡을 줄 안다. 마음을 바로잡는 일이 행복의 근원이며 시작이다. 마음은 보이지 않지만 지혜로운 사람은 이 같은 마음을 잘 다스린다. 마음을 잘 다스리는 사람은 삶의 안락을 얻게 된다.

이처럼 청담 스님은 마음이 모든 경전의 교설을 포괄할 뿐만 아니라 불교 수행의 목표가 되는 보리, 열반, 중도까지도 결국은 마음 그 자체라고 본 것이다.

영원불멸永遠不滅의 실제

마음은 영원한 생명이다. 모든 생명은 죽을 때 자기가 영원히 죽는 줄 알고 죽음을 두려워한다. 그것은 마음이 미혹하여 자기 마음이 영원한 우주의 생명인 줄 모르기 때문이다. 생명의 본질은 마음에 있다. 비록 몸은 늙어가도 사람의 마음은 늙지 않는다. 영원히 변하지도 멸하지도 않는 것이 마음이다. 육신 또한 죽었을지라도 마음은 영원불멸하다.

분노와 번뇌의 발생지이기도 하지만, 그것을 치유하고 지혜와 자비로 재생할 수 있는 해독제도 마음이다. 우리의 마음은 몸의 지배자요, 영원히 물들지 않는 청정한 참 나인데, 스스로의 관념의 사슬에 매여, 삶의 질곡을 만들어 내고 있다. 사람의 행복과 불행을 만들어내는 마음, 영원한 마음자리의 실재를 파악하는 것이 바로 깨달음에 이르는 길이다. 행복과 불행의 경계는 모두 마음의 작용이 만들어 낸다.

그러면 마음은 어떤 모습일까? 어떤 사물을 볼 때는 크다고 생각하고 어떤 사물을 볼 때는 작다고 생각한다. 그리고 어떤 사람은 훌륭하다고 생각하고 또 어떤 사람은 초라하다고 생각한다. 과연 크다, 작다, 훌륭하다, 초라하다 하는 절대적 기준이 있을까? 그것은 어디까지나 대상에 따라 상대적으로 일어나는 생각일 뿐이다.

마찬가지로 행복하다, 불행하다는 절대적 기준이 있을까? 그렇다면 성공한 사람과 실패한 사람은 어디에 근거를 두고 판단한 것일까? 이 역시 그때그때 상황에 따라 상대적으로 판단하고 느끼는 마음 작용일 뿐이다. 우리가 마음을 닦기 위해서는 이러한 마음 작용에 끌려 다닐 것이 아니라 마음 그 자체를 돌아보아야만 한다. 가지가지 일어나는 마음 작용을 모두 놓았을 때 나의 마음 그 자체는 어떻게 될까? 크다고도 할 수 없고 작다고도 할 수 없으며, 좋다고도 할 수 없고 나쁘다고도 할 수 없는 것이다. 본래 우리의 마음은 본래 공적空寂이며 본래 무물無物인 것이기 때문이다.

마음은 본래 없으므로 더러워지거나 깨끗해질 것이 아니라는 의미이다. 그렇기 때문에 《금강경》에서 "과거의 마음도 얻을 수 없고, 현재의 마음도 얻을 수 없으며, 미래의 마음도 얻을 수 없다"고 설한다. 이것은 과거의 마음도 얻을 수 없고 현재의 마음도 얻을 수 없고 미래의 마음도 얻을 수 없음을 깨달아 알면 바로 부처가 된다는 것이다. 중생의 마음이 부처의 마음이 되고 중생의 몸이 부처의 몸이 된다. 과거, 현재, 미래의 시간적 구별도 있을 수 없고 이 세상 저 세상의 공간적 구분도 이미 없어져 온 세상이 바로 한 집, 한 몸임을 알게 된다. 하늘과 땅이 곧 하나로 어우러져 있고 온갖 만물이 나의 몸인 것이다.

청담 스님 또한 인간의 실체를 마음으로 파악하고 있으며, 마음이 갖는 세 가지 특성을 설명하였다. 첫째 마음은 의식을 함으로써 물질적 요소인 육체와는 다르다는 점이며, 둘째 마음은 생명활동이므로 무정물과는 별개라는 것이고, 셋째 마음은 자유로운 것이므로 사물의 물리적 움직임과는 다르다는 것이다.

스님은 인간의 주체를 마음으로 표현했다. 마음은 모든 생각의 주체가 되어서 모든 행동이나 생각의 주체는 될 수 있어도 미리 이것의 생각은 없다. 흔히 생각 그 자체를 마음이라고 하기 쉬우나 마음과 생각은 다른 것으로 보았다.

> 우리가 마음이다 하는 이 마음도 마음이요, 남을 죽이려 하는 것도 마음이다. 이렇게 섞어 놓아서 문제이다. 그런 까닭으로 마음과 생각을 분리하여야 한다. 그 마음이 생각의 주체가 되어서 모든 생각이나 행도의 주체는 될 수 있어도 미리 이것의 생각은 없다. 그때그때 그 사건에 따라 오관에 미치는 바에 의하여 마음대로 부정도 긍정도 할 수 있다. 그러므로 부정이나 긍정, 이것은 내가 아니다. 한 개의 생각에 불과한 것이다. 행동이나 생각의 주체가 나인 것이다. 주체, 그것을 우리는 마음이라 표현한다.

마음은 의식하도록 하는 실체이지 의식 그 자체는 아니라고 설한다. 의식은 오관五官을 따라 들어오는 갖가지 정보에 따라 여러 가지 생각을 하게 되지만 마음은 변하는 것이 아니라고 주장한다. 따라서 긍정도 하고 부정도 하는 것은 내가 아니며 나의 생각이 하는 것이며 영원히 변하지 않고 주체가 되는 것은 마음이라고 표현했다.

청담 스님은 영원히 변하지 않고 멸하지 않으며 오직 이 마음이 우주를 주재하는 유일한 주인공이라고 설하면서 불타佛陀의 유심唯心 사상만이 참혹한 암흑에서 허덕이는 인류를 구원하는 참된 길이라고 강조하며 다음과 같이 마음을 설하고 있다.

조계총림曹溪叢林
휘호를 쓰고 계신 청담 스님

마음, 마음. 이 마음은 산生 것이요, 죽은 死 것이 아니다. 그러므로 이 마음은 생명 없는 허공虛空도 아니요, 또한 생명이 아닌 무기물질無機物質도 아니다. 물질도 허공도 아닌 이 마음은 우주의 생명이다. 또 이 마음은 물질도 허공도 아닐 뿐만 아니라 지식도 사상도 신앙도 아니며, 부처님도 하느님도 일체중생一切衆生도 아니다. 그러나 아무것도 아닌 것도 아니다. … 이 마음 이전엔 아무것도 존재할 수가 없다. 그런데 이 마음을 성性이다, 도道다, 이理다, 영靈이다, 신神이다, 생명生命이다, 정신精神이다, 반야般若다, 열반涅槃이다, 보살菩薩이다, 진리眞理다, 여여如如다, 원각圓覺이다, 법화法華다, 화엄華嚴이다 등의 여러 가지로 규정짓고, 유물唯物·유신唯神·유심唯心을 과학·철학·종교를 논하면서 인생을 현혹하고 있다. 이 마음은 영원불멸永遠不滅의 실재이며, 절대자유絕對自由의 생명이며, 우주의 핵심이며, 온 누리의 진리이며, 천지조화의 본체이며, 신의 섭리이며, 문화 창조의 원동력이다.

청담 스님은 마음의 대상을 보지 말아야 함을 설하고 있다. 마음이 일어나는 곳, 즉 마음속에서 '나'가 일어나는 곳을 볼 때 본래의 자리를 볼 수 있으며 그곳이 우리가 찾는 본질인 것이다. 마음은 본래의 모습으로 항상 존재하고 있다. 그러므로 인간의 주체를 마음으로 파악해야 한다고 강조하고 있다.

우주宇宙의 주인공

마음을 안다는 것은 지극히 어려우면서도 누구나 반드시 알아야 할 가장 긴요한 일이기도 하다. 마음이 무엇인지를 알아야 사람으로 태어난 목적을 알 수 있고, 사람의 몸으로 태어난 목적을 알아야만 그 목적된 삶을 완성할 수도 있다.

마음은 우주만물의 근원이자 주인공이며 영원불멸하는 존재이다. 우주 안의 모든 현상과 법칙들도 마음이 만들어내는 작용이자 마음 그 자체이다. 우주만물을 나타내는 이 마음, 나타나 보이는 것은 수 없이 많아도 결국 그 근원인 본질은 하나이며 그 하나인 근원이 바로 우리들 본성 즉, 참 나이다.

마음은 영원불변하는 참 나이다. 그래서 우리 모두는 영원 무변한 존재이자 이 세상 만물을 창조하는 창조주이다. 즉, 나는 이 세상 만물 가운데 아주 작은 하나가 아니라 이 세상 모든 것 그 자체이며, 이 세상 모든 것이 다 나를 위해, 나라는 몸으로 살아가는 동안, 나의 삶이라는 내가 설정한, 내 원형의 목적된 삶을 완성하기 위해 필요한 내가 만든 소품들이다. 그러한 사실을 알고 사는 것이 깨달음이며 인간의 모습으로 태어난 원래의 목적된 참 삶이다.

> 불교의 정신은 어떤 형식이나 내용에 의해서 절대 불변의 것으로 규정되고 형식화된 것이 아니다. 불교에서는 신도 부정하고 물질도 부정한다. 오직 말하면 듣고 무엇인가를 생각하는 이 마음자리만을 영원한 실제로 본다. 이 마음만이 참 나眞我이고 우주의 주인공이고 진리라는 것이다.

청담 스님은 마음자리만이 영원불변하는 존재이고 참 나이고 우주의 주인공이라고 설한다. 불교는 어떤 형식이나 규정에 얽매이지 않고 영원히 불변하는 것이 아닌 제행무상(諸行無常, 우리가 거처하는 우주宇宙의 만물萬物은 항상 돌고 변하여 잠시도 한 모양으로 머무르지 않음)하는 것이라고 주장하면서 마음을 지배하는 사람은 천하를 얻은 자보다 위대하다고 강조한다. 마음은 무엇인가? 마음은 마음의 방식대로 일어나고 사라진다. 그런데 사람들은 마음을 나의 것이라고 착각하고 있다.

불법에서의 주인공 참 나는, 나我라는 주체이든 객체이든 모든 것이 배제된 텅 빈 상태이다. 주인공 참 나는 주체와 객체를 모두 감싼 허공계虛空界인 것이다. 허공계가 어찌해서 주인공 참 나인가? 마음수행으로 들어가 보면 산란심散亂心이 고요해지고 고요해지다가 나도 세계도 사라진 허공계虛空界만 드러나는데 한 생각에 나도 세계도 아는 모든 세계가 허공에서 쏟아져 나오는 것을 마음으로 보게 된다. 이것을 일체유심조라 하고 여기에서 한마음 주인공 참 나를 발견하게 되어 지금까지 너와 나를 이것과 저것, 좋다 싫다로 나누는 이분법 관념에서 벗어나 일원론인 원융무애(圓融無碍, 막힘과 분별과 대립이 없이 두루두루 통하는 상태로 흔히 불교에서 가장 이상적인 존재 상태)함을 마음으로 보게 된다.

마음은 어떤 때는 얼음보다 차갑고, 불꽃보다 뜨겁고, 그 어떤 독약보다 더 독하기도 하다. 이처럼 마음은 인연에 따라 끊임없이 일어났다 사라진다. 하지만 생멸하는 마음의 바탕本性이 늘 변함없이 비어 있다는 걸 깨닫는 게 바로 마음 공부요, 수행이다. 마음을 깨치면 병도 고치고, 행복한 삶을 살 수 있게 되는 것이다. 스님은 마음이 없는 나는 있을 수 없다고 설한다.

> 이와 같은 물질은 전부가 생명이 없다. 서로가 서로의 힘으로 피동할 뿐이다. 생명이라고 하는 것은 완전히 자유행동을 하는 것이다. 우리말로 생명을 마음이라고 한다. 물질이나 허공에서는 절대 생각할 수 없고, 오직 마음에서만이 이런 생각을 낼 수 있는 것이다. 그런데 마음, 그것이 곧 나다. 마음 그놈을 빼놓고는 나라고 할 수 없다.

청담 스님은 마음만이 생명이 있고 마음을 통해서만 깨달음에 이를 수 있다고 설한다. 견성이라고 하는 것은 텅 빈 마음과 밝은 지혜로 천만 사물을 있는 그대로 바르게 볼 줄 아는 것을 의미하지만, 이러한 것을 보기 위하여 먼저 나라고 하는 근본의 마음자리를 알아야 한다.

즉, 밖으로부터 찾는 것이 아니라, 나라고 하는 존재를 인지하는 것으로 부터 시작해야 한다. 불교에서는 중생의 마음속에 감추어져 있는 부처가 될 수 있는 본성本性을 불성佛性이라고 한다. 따라서 마음을 잘 닦아서 미혹에서 깨어나면 곧 부처가 됨을 가르치고 있다. 이것은 바로 마음에 나가 있고 나를 깨우치는 것은 마음을 깨우치는 것이다.

각자 자기의 불성을 보고 깨닫고 확인하도록 하는 견성見性이란 직접 체험적인 말로 표현하고 있다. 하지만 형체나 모양이 없는 불성은 육안肉眼의 눈으로 볼 수 없기 때문에 각자의 심안心眼으로 보고 깨달아야 한다.

불성은 부처가 될 수 있는 성품, 부처의 종자, 부처의 본성을 말한다. 부처의 본성이 없다면 부처가 될 수 없는 것이다. "일체중생一切衆生은 모두 불성佛性이 있다"고 여러 대승경전에서 주장하고 있는 것처럼, 부처의 본성이 있다는 것은 각자 그 부처의 본성을 직접 보고 확인하여 부처로 성장시키고 개발하도록 하는 수행이 선의 수행이며 깨달음인 것이다.

그래서 참된 도道를 자기 자신에게서 직접 깨달아 확인하고 확신을 갖도록 하는 것이 선의 실천 수행이다. 자기가 존재하는 그 까닭과 참된 도리를 깨닫는 것은 자기의 마음이다. 자각의 주체인 불성을 직접 체험을 통해서 마음의 눈으로 분명히 보고 깨달아 확인하고 확신을 얻어 더 이상 의심이 없어야 한다. 이것이 자기 부처를 구현하여 지혜와 인격을 전개하도록 하는 것이다.

선에서는 이렇게 자기의 본래 성품인 마음을 보고 깨달은 사람을 부처라고 부른다. 그래서 견성성불見性成佛이라고 말하는 것이다. 그리고 이렇게 자기 자신이 부처의 성품을 직접보고 깨달음으로써 자기 부처가 완성되고 목적지에 도달한 정지 상태로 끝나는 것이 아니라 '각자가 깨달은 불성을 어떻게 부처의 지혜와 인격으로 살리고 전개해야 할 것인가' 라는 끊임없는 실천의 문제로 귀결된다. 근원적인 본래심本來心으로 지혜롭고 인격적인 자기를 구현하며, 또한 중생구제의 보살도 정신을 전개하는 것이다.

선종禪宗에서는 복잡한 교리나 단계를 밟는 수행법보다는 '마음이 곧 부처卽心卽佛'이므로 '곧바로 본성을 보아서 부처를 이루는 것見性成佛'을 종지宗旨로 삼고 있다. 즉, 선법禪法으로서 마음을 직관하고 정신을 통일하여 마음의 본바탕을 발견하면 부처가 된다는 것이다.

> 인간이 다른 동물과 구별되는 것은 종교를 갖고 있기 때문이다. 이 종교는 나를 찾는 마음에서 출발한 것이다. 이 마음이야말로 우주 속에 있으면서 우주를 포괄하는 핵심임을 깨달아야 한다. 마음은 우주宇宙에 본래本來한 것이며 자재한 것이므로 모든 존재에 앞선 실존實存이다. 또한 모든 만유를 실재케 하는 존재의 의지이다.

청담 스님은 마음이야말로 우주 속에 있으면서 우주를 포괄하는 핵심이라고 설한다. 그러면 그 마음이란 무엇일까? 본래 마음이란 실체가 없으니 하나의 환영幻影같은 것이지만 인간 세상을 살아가는데 있어서 대단히 중요한 요인 중에 하나라고 할 수 있다.

왜냐하면 모든 현실이 시작되는 처음 시작점은 언제나 마음에서부터 시작되는 것이기 때문이다. 모든 것의 씨앗이 바로 마음이다. 모든 것이 실은 내 마음에서 시작하는 것이다. 인간의 행복도 불행도 모두 사실은 마음에서 모두 온다. '마음은 인간의 시작점이자 마침이다.' 라고 누누이 강조했다. 이 말은 마음은 모든 것의 근본이며 모든 것을 존재하게 하는 의지임을 설명한 것이다.

마음의 존재 상태가 현실의 모든 것을 창조한다. 그래서 우리는 이 마음의 실체를 알아야만 한다. 마음에는 참된 마음도 있고 거짓된 마음도 있다. 마음에는 큰 마음도 있고 작은 마음도 있다. 마음에는 너그러운 마음도 있고 좁은 마음도 있다. 마음에는 언제나 변하는 두마음도 있고 늘 한결같은 한마음도 있다. 마음에서 모든 것이 일어나고 변화한다. 청담 스님은 이 마음을 바로 알기 위해서는 참 나를 찾아야 한다고 강조한다. 그래야만 우주의 주인공이 될 수 있다는 것이다.

인생헌장人生憲章.
인생을 살아가면서 참회하고 노력하며 세상을 구제해야 한다는 것이 청담 스님의 인생관이다.

> 지금 말하고 있는 나, 말을 듣고 있고 알아차릴 줄 아는 이것만이 실재이고 그 나머지는 모두 거짓말이고 가짜라 할 수 있다. 그런데 나라는 이 말도 가만히 생각해 보면, 결국 이것도 하나의 생각이지 생각의 주체는 아니다. 나라는 말은 무엇을 상대로 해서 성립된 것이기 때문이다. … 우리가 나라고 생각하는 이 나는 가짜 나假我이고, 나라는 생각을 일으킴으로써 비로소 이루어진 나다. 그러므로 참 나眞我는 나라는 생각을 일으킬 수 있는 주체이고, 생각이 나가 아닌 것이다. 나라는 생각의 나는 제2의 가아假我이고 육체의 나요, 그림자의 나다.

4장 마음 사상　315

청담 스님은 모든 생각의 주체인 참 나는 생각도 없고, 나도 너도 아니고, 남성도 여성도 아니기 때문에 허공도 물질도 아님을 주장하고 있는 것이다. 이것은 변함없는 절대아絶對我이므로 진아眞我라고 하는 것이다. 그러므로 수행을 하여 아무 생각이 없는 무아경지無我地境에 들어가면, 그때의 정신이 아주 정말 온전한 순간이다. 그것은 진공眞空의 나이고, 물질도 허공도 생각해 볼 수도 없는 본체本體의 경지이다. 이것이 참 나를 찾는 것임을 강조한 것이다.

절대라는 것도 또 한편으로 상대의 세계가 있으므로 절대란 말을 붙인 것뿐이지, 상대하고 절대하고는 또 상대가 된다고 할 수 있다. 그런 의미의 절대마저 초연한 초절대超絶對의 본체가 지금 이야기하고 이야기 듣는 이 실체다. 즉 실체는 상대도 초월하고 절대마저 초월해서, 그야말로 진아眞我도 가아假我도 아니고, 우주의 핵심이 되고 만사萬事의 원동력이 되는 본체라고 스님은 보고 있는 것이다. 그러면서 참 나를 찾을 때 바른 삶이 시작된다고 설한다.

> 바로 자아의 확립이요, 진아眞我의 발견 외에 아무것도 없는 것이다. 먼저 나를 찾아내야 한다. 나란 무엇인가? 나는 나다. 나는 유무를 초월하여 산 것이며, 힘이며 광명이요, 아무것도 필요로 하지 않는 깨끗한 것이어서 오직 나일 뿐이다. 나는 만법萬法과 더불어 있지 않고, 독권獨權하며, 유일무이한 실상진아實相眞我의 실존實存을 지칭함이 곧 나다. 이 참 나를 발견·체득함으로써 우주의 주인공이 되며, 생사의 인과를 초탈超脫해서 자재自在할 수 있다. 이 진아眞我의 발견이 있은 연후에야 확고부동한 인생관·세계관 내지 우주관을 확립하 보게 되어, 비로소 신념에 찬 생의 발걸음을 내디딜 수 있는 것이다. 참 삶의 역사는 여기서부터 비롯된다.

청담 스님은 참 나를 발견하고 체득함으로써 우주의 주인공이 되며, 생사의 인과因果를 초탈해서 자재할 수 있다고 설하고 있다. 사람은 누구나 마음 속에 엄청난 보배가 있다. 흙 속에 묻힌 진주처럼 그렇게 엄연히 존재하고 있다. 병이 들어 괴로운 나, 인간관계로 고민하는 나, 경제적 어려움을 겪는 나, 그러한 물질적 결합뿐인 내가 아닌 진정한 내가 있다. 그 진정한 나는 어디서 왔을까? 그 문제를 풀어야 한다. 그 나를 먼저 알아야 한다. 그래야 마음 주인공을 바로 알 수 있다.

청담 스님은 어느 것이 주인공인지 바로 알아야 진정한 자유인으로 살 수 있다고 강조한다. 자기를 되돌아보고 자기를 발견하지 못하기 때문에 제 분수를 지키지 못하고 제 앞길도 내다보지 못하고 자아를 상실한 채 살아가게 된다. 참 자기인

삼각산 도선사에 조성된 청담 스님 사리탑과 삼천지장보살

마음 즉 불성을 굳게 믿어야 중심을 잡고 끄떡없이 업業을 소멸하면서 자생력을 키워 우주의 주인공이 될 수 있는 것이다.

마음의 작용作用과 수행修行

마음의 작용作用

인간은 정신과 육체로 구성되었다. 육체는 오온五蘊의 색色이며 정신은 수受, 상想, 행行, 식識을 말한다. 그러나 정신을 세분화하면 식識은 아는 마음이며 수, 상, 행은 마음의 작용이다. 마음의 작용은 마음에 속하는 것, 또는 심소心所라고 한다.

마음의 작용은 항상 마음과 함께 일어나며 함께 사라진다. 그래서 마음의 기능을 돕는 역할을 한다. 또한 마음의 작용은 마음이 없으면 일어날 수가 없다. 마음이 있어서 마음의 작용이 있는 것이다. 마음과 마음의 작용은 상호 의존적이다. 마음은 근본적인 것이고 마음의 작용은 마음에 의해 일어나는 부수적인 것이다. 마음은 오직 마음의 작용이 일으킨 것을 받아들이는 역할만 한다. 그래서 마음 그 자체는 항상 청정하다.

마음과 마음의 작용은 몸이라는 곳에 근거하면서 한 순간도 가만히 있지 않고 개울물처럼 흐르며 대상을 경험한다. 수행을 한다는 것은 바로 이것을 알아차리는 것이다. 청담 스님에 의하면 "마음은 모든 것의 주체이며 우주의 핵核이다. 마음은 인간의 행동과 생각의 주체가 될 뿐만 아니라 소위 하느님이나 부처님이나 진리에도 구애받지 않는 자유로운 존재"라고 보았다.

그렇다면 청담 스님이 생각하는 이 같은 원천적이고 근원적인 마음은 어떤 작용을 하는 것일까? 마음은 생각과 행동의 주체라고 이미 언급한 바 있다. 그렇다면 인간의 모든 생각과 행동은 이 마음에서부터 나오는 것이다. 인간의 행위란 결국 이 마음이 변하는 것도 아니며 스스로 만들어진 것도 아니다. "그러므로 인간의 의식이란 우리 육근(六根, 사람의 감각기관인 눈, 귀, 코, 혀, 몸, 생각眼耳鼻舌身意을 말하는데, 이는 인간의 본능에 바탕을 두고 본능적 욕망에 의해 항상 번뇌의 원인이 되는 것이라 함)이 느끼는 육식六識이며 경계를 따라 분별을 짓는 일입니다. 감정과 육식은 객관 세계를 따지고 분별하는 것이므로 본래부터 아무 분별이 없는 마음자리와 비교되지 않는 작용입니다."라고 설한다.

마음이 우주를 창조한다고 하였다. 또는 마음이 우주의 생명이다. 이 마음 이전에는 아무것도 존재할 수 없었다. 스님은 다음과 같이 설하고 있다.

> 이 마음은 영원불멸永遠不滅의 실재이며, 절대자유絶對自由의 생명이며, 우주의 핵심이며, 온 누리의 진리이며, 천지조화의 본체이며, 신의 섭리이며, 문화 창조의 원동력原動力이다. 그리고 인생도 인류문화 창조도 모두 마음의 환각幻覺으로 꿈속에 꿈에 불과한 것이다. 이 엄청난 꿈 가운데 정말로 꿈이 아닌 것은 오직 마음 아닌 마음인 나뿐이다.

청담 스님은 마음이 모든 현상의 세계를 창조하였다고 했다. 그러나 중생들은 우주만유宇宙萬有가 마음에서 창조된 것을 모르고 나라는 주관과 세계라는 객관을 대립시켜 생각하고 있다는 것이다. 마치 꿈을 꿀 때 산하대지가 일시에 생기는 것처럼, 현실의 우주만유도 우리의 마음이 한꺼번에 창조한 것이라고 설명하였다. 나아가서는 인류 역사의 모든 사건들도 우리의 마음을 떠나서는 전개될 수 없다는 것이다.

이 같은 존재에 대한 유심적 이해는 초기불교의 십이처설(十二處說, 대상이 들어오는 여섯 가지 기관인 육근六根과 그 기관에 들어오는 여섯 가지 대상인 육경六境을 말함. 눈眼과 색色, 귀耳와 소리聲, 코鼻와 냄새香, 혀舌와 맛味, 몸身과 닿음觸, 뜻意과 법法. 이 모두를 일체一切라 하며, 눈, 귀, 코, 혀, 몸, 뜻의 육근을 육내처六內處라고 하며, 이들의 대상인 색, 소리, 냄새, 맛, 닿음, 법을 육외처六外處라고 함)에서부터 《화엄경》과 《유마경維摩經》과 《유식론唯識論》에 이르는 불교 사상의 중심이론이기도 하다. 십이처설에 의해서 생각해 본다면, 객관이 존재한다는 것은 주관이 인식할 때만이 가능한 것이다. 주관이 인식하지 않는 객관이란 있을 수 없다. 그렇다면 모든 객관 세계는 주관에 의해서 전개된 것이라고 보게 되는 것이다.

참으로 묘妙한 것이 마음이다. 수미산(須彌山, 불교의 우주관宇宙觀에서 세계의 중앙에 솟아있다는 상상의 산)을 싸고도 남을 만큼 크다가도, 때로는 바늘 하나 용납하지 않을 만큼 작다. 태양같이 밝다가도, 칠흑같이 어두워지기도 하는 것이 마음이다.

청담 스님 탄신 100주년 기념행사에 참석한 김수환 추기경

마음은 모든 것을 품을 수 있으며, 어느 때나 넘나들 수 있다.

마음을 어떻게 쓰느냐에 따라 사람이 행복해지기도, 불행해지기도 한다.

마음을 잘 부리면 부처님도 될 수 있고, 나쁘게 쓰면 흉악한 죄인이 된다. 가만히 앉아서도 망망 대해의 푸른 파도소리를 듣기도 하고, 심산유곡의 정상에 가기도 한다. 맛있는 음식이 먹고 싶고, 고향이 그리우며, 지위와 명예욕에 집착하게 만드는 것도 다 마음의 움직임이다.

이러한 마음을 변화시킬 수 있는 게 바로 선이다. 마음을 잘못 써서 불행한 사람이 많은데 마음의 병을 고치는 데 선이 좋다. 종교의 유무와 상관없이 누구든 선禪을 실천하면 세상을 살아가는 데 활력소가 된다. 바로 마음을 바로 쓰기 위해 수행해야 한다는 것이다.

그러므로 우리는 오욕五慾에 찌든 마음을 부지런히 갈고 닦으면서, 보배로운 보살의 마음 씀씀이의 도리를 본받아 부처님이 중생 제도하는 참된 길을 밟아야 한다.

마음의 수행修行

마음 수행의 요체는 깊게 고요해진 마음과 지혜로 대상을 있는 그대로 보는 것이다. 탐내고 성내고 어리석은 삼독심三毒心 등 일체의 번뇌에 이끌리지 않는 것이다. 감각적 쾌락, 명예와 부富 등 우리가 획득하려는 수없는 욕망 등이 기쁨이 아니고 사실은 고통이라는 것을 깨달아 가는 것이 마음의 수행이다. 그리고 이에 함몰되지 않고 자유스런 태도를 취할 수 있는 길을 추구하는 것이 수행임을 알고 닦아나가야 한다.

수행을 위해선 먼저 어리석음에 근거한 탐욕이나 성냄, 게으름, 후회 등을 내려놓아야 한다. 그런데 우리는 어떤 일을 하게 되면 목표를 정하고 그 결과를 희구한다. 그러다 보니 결과가 빨리 나타나지 않으면 짜증을 내며 힘들어한다. 이런 현상이 반복되면 수행이 힘들어지니 결국은 마음속에선 포기하려는 생각이 일어난다.

　마음의 수행을 할 때는 수행 자체에 대해서도 결과에 집착하는 갈애渴愛를 내려놓고, 수행 중 마음에 일어나는 결과에 대한 불만인 성냄을 내려놓아야 한다. 그러니까 다른 곳에서 오는 탐욕이나 성냄 등을 내려놓는 것도 중요하지만 수행 자체에서 오는 성냄이나 집착, 갈애를 먼저 내려놓아야 한다는 것이다. 결과에 집착하다 보면 선정禪定에 대한 이런저런 접근방식 등 기술적 요소에 경도될 수 있다.

　처음도 좋고, 중간도 좋고, 끝도 좋은 것이 마음의 수행이라고 부처님께서는 가르치고 있다. 본래성불本來成佛이라는 은유적 표현을 염두하고 수행을 하면 득도得道의 유무를 떠나 우선 마음이 편안해지고 행복함을 느끼게 된다. 많이 내려놓을수록 마음에 수행이 되어 깊은 선정에 들게 되는데 이 상태는 물이 조그만 흔들림도 없이 고요하여 대상을 완벽히 비추는 것과 같다.

　수행이 철학적 사유가 아닌, 자신의 마음 움직임에 주의를 기울여 생활에서 일어나는 여러 번뇌를 내려놓는 것임을 생각할 때, 수행이란 특정 종교에서나 특정인만이 아닌 모든 사람들이 생활 속에서 실천해야하는 매우 소중한 행위인 것이다. 우리는 이를 통해 마음의 평화와 여유, 삶의 정화를 도모할 수 있다.

　청담 스님은 마음의 원리만을 설명한 것이 아니다. 어떻게 하면 인간이 마음의 본체로 돌아가고, 그 마음을 찾아서 잘못된 삶에서 벗어날 수 있는가를 고민하고 설법하였다. 항상 "마음을 깨달아야 한다." "마음을 찾아야 한다." "마음으로 돌아가야 한다."고 설하면서 인간과 세계의 실체인 그 마음을 체득體得하는 길을 수행이라고 보고 마음을 닦기 위해 수행의 길을 제시했다.

　마음의 수행에서 먼저 바라밀다波羅蜜多를 제시한다. 일반적으로 '도피안(到彼岸, 생사고해의 바다를 건너서 열반의 이상세계에 도달한다는 뜻)'이라고 번역되며 '저 언덕으로 건너간 상태'란 의미이다. 생사의 세계, 윤회의 세계, 고통의 현실세계가 차안此岸이라면, 피안彼岸은 생사를 벗어난 윤회를 하지 않는 괴로움이 없는 이상의 세계를 가리킨다.

그러나 청담 스님은 '도피안到彼岸'이 아니라 '도차안(到此岸, 아직 깨닫지 못하고 생사의 경계에 머무름)'이라고 설한다. 다시 말해서 '저 언덕으로 건너간 것이 아니라 이 마음으로 되돌아온 것'이라는 주장이다.

> 우주의 주인인 내我가 생사生死의 객지客地를 돌아다니는 것을 삼천대천세계三千大天世界에서 잠깐 동안 쉬어 가는 것과 같다고 해서 유박삼계遊泊三界라고 하는데, 이렇게 천당天堂·지옥地獄·아귀餓鬼·인간人間 등의 객지로 돌아다니다가 내 마음을 깨달아 생사를 초월하고 성불成佛하는 것이므로, 이것은 본래의 자기 집으로 되돌아온 것이기 때문이다.

청담 스님은 위와 같이 설명하면서 도차안到此岸의 논리를 말한다. 우리가 도피안到彼岸이라고 하면 우리가 어디를 가는 것이 되며, 그렇다면 어디를 가서 성불할 것인가라고 의문을 제기한다. 생사生死를 초월하고 성불을 한다는 것은 마음을 깨치는 것이지, 결코 어디로 멀리 가는 것이 아니라는 것이다. 그러므로 《마하반야바라밀다심경摩訶般若波羅蜜多心經》은 큰 지혜의 마음으로 돌아오는 말씀이라고 해석해야 한다는 것이다.

이 같은 논리에 의해서 "마음을 닦는다는 것도 말이 안 되고 다시 고칠 것도 없는 것이 마음이며, 오직 마음 본연의 자리에 그대로 돌아오면 되는 것"이라고 한다. 반야바라밀다般若波羅蜜多, 즉 지혜의 완성은 무분별심無分別心, 무집착심無執着心을 뜻하는 말이다. 그러나 무분별심과 무집착심을 본연의 마음이라고 간파했던 것이다.

불교의 수행에서는 깨달음이 목표이다. 그러나 깨친다고 할 때, 구체적으로 무엇을 깨치는 것인가가 문제이다. 초기 경전에서는 연기緣起를 깨닫는 것이라고 하였다. 그러나 사제四諦의 가르침에 의하면 번뇌를 끊는 멸제滅諦가 수행의 목표로 나타나고 있다. 또 아뇩다라삼먁삼보리阿耨多羅三藐三菩提를 얻는다고 할 때는 '위없는 깨달음을 이룬다.'는 뜻인데 위없는 깨달음이란 구체적으로 무엇을 어떻게 깨치는 것인가가 분명하지 못한 면이 있다. 그러나 청담 스님은 이 문제에 분명한 대답을 주고 있다. 그것은 곧 마음이라는 것이다. 스님은 사제四諦를 다음과 같이 설하고 있다.

> 이와 같은 온갖 괴로움을 벗어나지 못하고 사는 중생들의 세상이기 때문에 이것을 고제苦諦라 하는 것이다. 중생衆生들의 괴로움이란 것은 근본적으로 따지고 보면 육체를 나我라고 하는 착각에서 비롯된다. 그래서 탐욕으로 살고, 기분으로 살고, 어리석게 살게 되어 온갖 번뇌를 일으킨다. 이러한 번뇌煩惱와 무명無明이 중생들을 괴롭게 하는 근본 원인이 되는데 이것을 집集, 집제集諦라고 한다. 인생의 괴로움은 우리가 마음을 깨치고 나면 사라지게 되고 열반涅槃과 해탈解脫의 이상세계를 이루게 되는데 이것을 멸滅이라 하고 멸제滅諦라고 하는 것이다. 그래서 부처님께서 49년 동안 긴 세월을 하루도 편히 쉬지 않으시고 끝없는 법문法門 장광설長廣說을 우리에게 하여 주신 것이다. 이처럼 열반에 이르는 수행방법을 도道라 하고 도제道諦라고 한다.

청담 스님은 괴로움의 시작은 육체를 나라고 하는 데 있으며, 마음을 깨치면 괴로움이 사라진다고 설하고 있다. 따라서 마음을 깨치는 것이 곧 멸제滅諦이며, 이상세계라고 하였다. 나아가 육체가 나라는 생각을 완전히 끊어버리면 부처가 된다는 것이다. 또 내가 마음을 깨쳐놓고 보면 그 위에는 진리도 없고 법도 없고, 아무것도 없으며, 오직 내 마음으로부터 부처도 멀어지고 중생도 멀어지고, 이 모두가 내 마음에서 멀어지는 것임을 알게 된다고 주장한다.

그러면서 "우리가 아뇩다라삼막삼보리의 마음으로 살면 곧 부처의 마음으로 사는 것이요. 마음을 깨쳐야 인간으로서 하고 싶은 일을 다 마친 것이다. 이 마음이야말로 참된 법法이다." 라고 마음과 깨침의 관계를 보여주고 있다. 그렇다면 깨침이란 무엇인가. 그것은 마음 가운데 좋다, 싫다는 시비를 가리지 않고 그냥 있는 그대로 두면 모든 허물이 없어진다는 것이다. 그래서 스님은 "생각을 내버리면 내내 생각 전의 그 마음입니다."라고 하였다. 이렇게 보면 마음을 깨친다는 것은 본래의 마음으로 돌아가 그 마음으로 살아가는 것을 의미한다.

청담 스님은 '마음이 나我요, 부처요, 진리이므로 본연의 마음으로 돌아가는 일이 부처 되는 일이며, 나를 찾는 일이며, 진리를 체득하는 것이다'라고 주장했다. 생각은 마음의 작용이지 생각 자체가 마음이 아니라고 한다. 그러므로 마음과 생각은 분리해서 보아야 한다고 했다. 마음은 본래 아무 생각도 없는데 괜히 망상, 시비를 하여 마음 가운데 순서를 두는 것이 큰 병통이라는 것이다. 이것을 확실히 모르고서 끝없는 윤회를 거듭하며 '화두話頭를 참구參究한다', '참선 수행한다.'고 애써봐야 헛수고만 하게 된다는 것이다.

우리는 마음과 생각을 혼동하여 큰 혼란을 초래한다. 마음은 생각의 주체이지 생각 자체가 마음인 것은 아니다. 그러므로 생각에 끌려 마음을 잃으면 마음으로 돌아갈 수가 없다.

다시 정리하자면 청담 스님은 마음의 작용이라는 측면에서는 마음이 생각과 행동의 주체가 되며, 우주와 역사를 창조한다고 설하고 있다. 그리고 마음의 수행이라는 측면에서 마음을 깨친다는 것은 본연의 마음으로 돌아가는

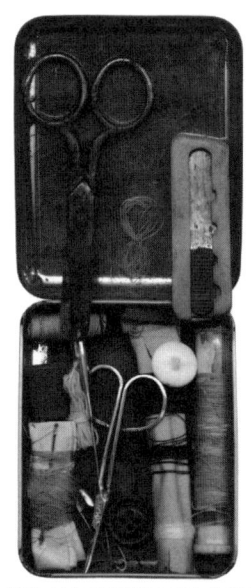
청담 스님의 검소함을 엿볼 수 있는 반짇고리함.

것을 의미한다. 그러므로 바라밀다라는 말도 '도피안度彼岸'이 아니라 '도차안度此岸'이라고 해야 한다는 것이다. 그리고 이 마음으로 돌아가는 데 방해요인으로는 육체를 나라고 집착하는 것과 지식과 생각을 마음으로 착각하는 것이라고 지적하였다. 청담 스님의 마음 사상은 화엄의 '일체유심조', '심불급중생시삼무차별(心佛及衆生是三無差別, 본질적으로 마음·부처·중생 이 세 가지는 아무런 차별이 없다는 것)' 사상을 바탕으로 선禪불교의 즉심시불卽心是佛과 원효 대사의 일심一心 사상을 포함하고, 대승불교의 심성설心性說과 그 맥을 같이하고 있음을 알 수 있다.

마음에 따라 삼계三界가 생멸生滅

불교는 마음을 근본으로 삼는 종교이다. 그러므로 마음이 모든 법의 근본이라고 한 것이다. 마음, 뜻, 인식 능력이라고 하는 것들의 근본은 정신이 되는데, 이 정신은 형태가 없으므로 볼 수는 없으나 확실하게 존재하는 것으로서 모든 것의 근본이 되고 있다.

그러므로 호흡에 있어서도 마음이 근본이 되고, 도를 행하는 데 있어서도 마음이 근본이 된다. 이러한 마음이란 생生하자마자 곧 없어지는 것이다. 생과 멸이 찰나刹那 사이에 행해지므로 어디까지가 생이고 어디까지가 멸인지는 모른다. 그러나 마음은 근본적으로 생하거나 멸하는 것이 아니다. 생과 멸을 떠나서 생과 멸을 거듭하는 것이 마음이라고 할 수 있다.

따라서 마음을 꽉 움켜쥐고 생과 멸을 거듭하는 가운데 생멸을 하지 않는 도를 얻어야만 한다. 생과 멸을 떠난 근본 마음이 다시 생하면 아픔을 알게 되고, 그 마음이 다시 멸하면 아픔도 없어진다. 그러므로 근본 마음을 꽉 움켜쥐고 있으면 인연에 따라 생하였더라도 곧 그것을 멸할 수 있는 것이다.

용수(龍樹:150?~250?)는 "마음이 생하는 것도 멸하는 것도 아니면서 생하고 멸한다."고 했다. 마음에는 본래 아픔도 아프지 않음도 없다. 아프다는 것은 그런 마음이 일어난 것이니, 이것도 인연에 의해서 없던 것이 생겨난 것이다. 없던 것이 생겼으므로 그 인연이 사라지면 다시 없어진다. 깨달은 사람은 이러한 도리를 알기 때문에 일어난 마음에 이끌리지 않고 인연에 따라 마음을 자재로 생하고 멸할 수 있는 것이다. 청담 스님은 수행생활이나 불교정화나 강연이나 설법을 할 때 모든 것이 마음에 있다고 설하면서 "나는 마음 이외에 어떤 것도 생각할 수 없다."고 하였다.

> 마음은 우리가 생기기 이전부터 있었고 태초 이전부터 있었던 것이다. 이것은 만들어질 수도 없고, 없는 것조차 없으며, 진공조차도 아니며, 사상도 아니다. 그 까닭에 마음의 실체라는 것은 변화가 있을 수 없다. 누가 만들 수도 없고 제가 스스로 만들 수도 없다.

청담 스님은 눈에 보이지 않고, 어디 붙은지도 모르는 자기의 근본 마음이 얼마나 크고 위대한지 알아야 한다며, 그 작은 것이 참으로 무서운 존재이니 그 마음을 찾으라고 항상 설파했다.

마음이란 우주의 주인, 인간의 본래 모습이다. 부처와 중생의 차이점을 보면, 부처는 진리를 각득하여 마음을 마음대로 쓰는 각자(覺者)이며, 중생은 마음이 마음을 깨치지 못하여 육도의 윤회에서 헤맨다. 마음이 곧 부처이니, 밖에서 부처를 찾지 말라고 했다. 마음이 곧 부처라는 의미는 그 진리를 깨친 사람이면 누구나 부처라는 것이다.

스님은 평생 마음이란 화두話頭를 들고 정진했다. 그러한 까닭에 사바세계의 모든 중생들이 이 마음을 깨닫는 방법을 설해왔다. "현대 학문 전체가 총결하여 생명이 무엇인지를 연구하고 있으나 아직 그 생명의 본질을 해결하지 못하고 있다. 그러나 그것을 간단명료하게 표현하자면 우리말로 마음이란 두 글자에 전부 표현되어 있다"고 설했다.

청담 스님은 또 우리가 살아가는 인생은 모두 꿈이며, 그 꿈의 현실은 마음에서 찾는다고 갈파했다.

> 인생이 꿈이란 말에 대해 얘기해 봅시다. 현실이 아니면서 현실과 비슷한 또 하나의 세계를 꿈에서 체험하지 않나요? 그 꿈속에도 나는 현재하고 시간과 공간도 존재합니다. 그것도 과학적으로 단 몇 분 동안에. 깨어나면 다시 육신으로 돌아옵니다. 돌아오는 게 무엇입니까? 이건 영혼이라고도, 정신이라고도 말하지만, 그런 관념적 용어에 현혹되지 말고 마음이라고 해 둡시다. 결국 마음이 육신을 떠났다가 되돌아오는 것이 꿈입니다. … 인생은 꿈입니다. 마음의 환각에서 나타난 또 하나의 환상이지요. 이 꿈과 현실 사이에서 육신을 벗어놓고 왔다 갔다 하는 마음은 모든 창조의 힘이요, 곧 천상천하 유아독존의 사상체계의 진실입니다. 나를 떠나서 진실이 있다면 부단히 나와 충돌할 것이요, 나를 떠나서 부처가 있다면 영원히 부처와 싸워야 할 것입니다. 꿈 꿀 때의 육신은 나가 아닌데, 꿈속에서 또 하나의 현세를 체험하는 나는 누구냐는 것, 그것은 곧 질·양 이전의 마음입니다.

청담 스님은 꿈과 현실에 대해 설명하면서 마음에는 창조의 힘이 있다고 설한다. 또 꿈과 현실 사이에 육신을 벗어 놓고 왔다 갔다 하는 마음을 바로 찾을 때 우리의 이상세계인 깨달음에 도달할 수 있다는 견해를 보이고 있다.

불교의 근본 주제가 마음이다. 깨달음을 얻으면 마음과 마음이 서로 통해진다고 한다. 그래서 마음으로써 마음에 전한다 하여 이심전심(以心傳心, 마음으로 마음에 전한다는 뜻으로, 말로써 설명할 수 없는 심오한 뜻은 마음으로 깨닫는 수밖에 없다는 의미. 마음과 마음이 통하고, 말을 하지 않아도 의사가 전달됨)이라 하였다. 마음, 도대체 그 정체가 무엇인가? 이 마음의 정체를 아는 것이 깨달음이다. 선禪에서는 이를 견성성불見性成佛이라 한다.

마음에 따라 법이 생하고 멸하는 이치는 누구나 다 알고 있지만 그 마음을 깨닫기란 어려운 일이다. 공부하는 사람이 마음을 알고 성품을 보고 나면, 만법이 오직 하나의 법계法界일 뿐임을 분명히 보게 될 것이다. 일체의 이치나 도리가 붙을 여지가 없다. 만약 터럭 끝만 한 이치라도 있다고 보아서 거기에 의지하여 머무른다면 이는 허망한 경계에 그 마음을 끌어내리는 것이다. 따라서 다시금 무명의 짙은 안개 속에 파묻혀 버리고 말 것이다.

> 마음을 깨쳐 도道를 얻기만 하면 일 년 내내 물 한 모금 안 마셔도 살고 기운도 안 내리고 얼굴이 더욱 더 좋아지는 진리가 있다.

청담 스님은 마음을 깨쳐 도道를 얻으면 뒤에는 의식주를 잊어버릴 정도로 기운도 나고 행복하다고 설하고 있다. 마음이 부처일 뿐만 아니라 진리 또한 마음이라고 보고 모든 생활의 전부의 기반을 마음에 두고 있었다.

이렇듯 스님은 마음이란 화두에 전 생명을 걸었다. 마음 사상은 과거 석가모니로부터 달마 선사와 역대 선지식이 추구했던 깨달은 방법을 현실세계로 끌어내어 직관적이며 관념적인 마음론을 펼쳤다.

우주의 핵심이고 본체이며 구경究竟인 이 마음이 본래 나는 것이 아니지만 괜히 망견妄見을 일으켜 파도가 치게 됩니다. 그러므로 한마음이 나지 않으면 수만 가지 우리의 눈앞에 벌어진 모든 법이 아무 허물이 없게 됩니다. 뜨거운 것이 있으면 찬 것이 있고 밝은 것이 있으면 어두운 것이 있으며 남자가 있으면 여자가 있듯이 어느 한쪽에 우리의 한마음이 움직이면 거기에 따른 법이 짝하여 생겨나서 온 법계가 번거롭고 시끄러워지게 되는 것입니다.

심청정시불心淸淨是佛 심광명시법心光明是法 심무애시도心無礙是道. 깨끗한 마음이 부처님이요, 밝은 마음이 부처님 가르침이며 막힘이 없는 마음이 부처님의 깨달음이다.

우리는 누구나 마음이라는 것을 가지고 있다. 그런데 이 마음이 망견을 일으켜 고통 속에 살고 있는 것이다. 지금 나라고 하는 마음은 육신의 나를 말한다. 이 마음은 어떻게 닦아나가야 하는가? 그것의 근본이 되는 것은 참다운 인간의 마음을 먼저 가져야 하고, 그 마음 바탕에 정법의 바른 이치를 긍정하고 따르는 것이다.

청담 스님은 어느 한쪽에 치우치는 마음이 되어야만 올바른 나를 만들어 갈 수 있다고 설한다. 우리는 이 마음 바탕, 근본이 되지 않으면서 성불이라는 것만 마음에 두고 있는데, 이것은 너무 먼 곳을 보고 있기에 지금 내 앞 발등에 불이 떨어진 것을 보지 못하고 있는 것이다.

이 마음은 생명 없는 허공도 아니요 또한 생명이 아닌 무기물질도 아닌 것이다. 물질도 허공도 아닌 이 마음은 우주의 생명이다. 또 이 마음은 물질도 허공도 아닐 뿐 아니라 지식도 사상도 신앙도 아니며 부처님도 하나님도 일체 중생도 아니다. 그러나 아무것도 아닌 것도 아니다. 오직 이 마음도 아닌 이 마음이 곧 인생의 진면목이라고 말할 수 있다.

마음, 즉 참 나는 나의 주인이며 나를 창조한 나의 근본이므로 결국 나의 창조주이다. 타종교에서 말하는 하나님이 조물주가 아니라 각자의 마음이 각자의 조물주라 할 수 있다. 그래서 청담 스님은 마음이 인생의 진면목(眞面目, 사물이나 사람이 본래 가지고 있는 훌륭하거나 좋은 점으로서의 참모습)이라고 설한 것이다. 그리고 마음이 우주의 생명이라며 마음이 아무것도 아니지만 아무것도 아닌 것도 아니라고 강조한다.

　마음은 텅 비어 아무 것도 없고, 아무런 모습도 없어서 어떻게 형상形象으로 그릴 수도 없다. 이것이 마음이다. 이 마음은 누구나 다 가지고 있는 진리이다. 나의 근본이 되는 것은 참 나이고 육신肉身이 있으므로 존재하는 것은 나라고 하는 육신의 마음이 있다. 육신의 마음은 육신이 있으므로 있지만 육신이 없으면 사라지는 것이고, 진리 속에 존재하는 참 나는 영원히 존재하며 멸滅하지 않는 나의 근본이며 씨앗이 된다. 이것이 참 나라고 하는 나의 근본인 것이다.

마음 사상에 주목한 이유

제자 혜성 스님 대학원 학위수여식에 함께한 청담 스님.

이념은 이성의 판단으로 얻은 최고의 개념이다. 청담 스님의 이념은 곧 스님의 궁극적 실재의 개념이다. 우리 세대에게 각인시킨 상징어는 마음이다. 스님이 강조하는 마음은《화엄경》에서 "삼계三界에 있는 것이 오직 한 마음뿐이다."라고 설한 것과 "세상은 허망한 것 단지 마음으로 지어진 것일 뿐이다"와 괘를 같이한다. 또《아함경阿含經》에 "심心이 더럽기 때문에 중생이 더럽고, 심心이 깨끗하기 때문에 중생이 깨끗하다."고 설하고 있는 것은 동일한 마음이라고 생각된다.

청담 스님이 마음에 있어서는《화엄경》의 사상을 견지하면서도 많은 경전

중에서도 《능엄경》을 가장 깊이 탐구하였고, 오나가나 그것을 수지독송(受持讀誦, 경전을 받아 항상 잊지 않고 읽는 것으로 늘 경전을 읽고 공부하며 경전의 가르침대로 살아가기 위해 노력하는 생활로서, 경전을 마음속에 새기며 읽거나 외우는 것)하였다고 한다. 《능엄경》을 왜 수지독송하였을까? 이것은 진아眞我를 찾는 납자로서 반드시 한 번은 찾아오는 유혹의 망심妄心을 퇴치하는 가장 좋은 길잡이 역할을 하는 경전이라고 생각했기 때문이다. 《능엄경》 사상의 영향으로 이 우주의 모든 현상은 다만 중생의 꿈이라는 것을 자각할 수 있었다. 그래서 행복과 불행의 근원이 마음임을 깨닫고 자신의 문제는 자신이 해결하여야 하며 남을 원망하거나 탓으로 돌리는 것을 경계하였다.

"만약 마음이 있는 장소를 알지 못하면 능히 망상과 번뇌라는 적을 소탕하지 못할 것이다. 마치 국왕이 적으로부터 침략을 받았을 때, 먼저 알아야 할 것은 곧 적의 장소와 상황인 것과 같이 근원을 알지 못하면 문제를 해결할 수 없다. 불행의 근원도 마음이요 행복의 근원도 또한 마음이므로 마음가짐을 항상 깨끗이 하여야 하느니라."라는 《능엄경》의 가르침을 마음에 간직하고 항상 설하였다.

그러면 대체 청담 스님이 찾아내려는 마음이란 무엇이며, 왜 마음 철학에 그토록 관심을 갖고 일평생을 살았을까? 사람은 오직 살고 싶어 하지 죽고 싶어 하지 않는 것이다. 영원히 죽어 있는 허공이나 물질과는 정말로 좋은 대조를 보여 준다. 생명이 허공이 될 수 없는 것이며 이것이 바뀔 질 수 없는 영원불변의 원리이듯이 당초부터 죽어져 있는 무기물질無機物質이나 허공은 어떠한 상태에서도 생생하게 산 생명으로 변화할 수 없는 것이다.

그렇다면 말하고 듣고 보고 생각하다가도 버릴 줄 아는 이 나는 과연 무엇인가? 모든 것이 다 그것이기도 하고 다 아니기도 하며, 말·생각·글로서는 표현해 낼 수 없는 것이다. 인생은 문자 그대로 신비이며, 한 생명을, 이 마음을, 이 나를 바로만 깨닫고 보면 인생의 모든 문제는 모두 해결될 것이다.

이 마음이라는 것은 생시生時에도 내 주인공이 분명하고, 꿈속에도 내 주인공이 분명한데 그러면 꿈도 없고 생시도 없고 아주 곤하게 잘 적에는 나의 주인공이 어디로 갔느냐? 마음공부를 하는 것은 자신의 육신을 이끌고 다니는 그 실체가 누구인가를 아는 것이다. 이것을 깨달음이라 하는데 마음 바로 아는 것이 견성한 것이다. 자신의 마음이 점차 변하여 지혜가 열리는 것이 올바른 깨달음을 얻는 것이다.

청담 스님은 "나는 영원하며 자유로우며 평등하다. 온 우주의 모든 것이 다 완전하다. 있는 것은 있는 그대로가 없는 것이며 없는 것은 없는 그대로가 있는 것이다. 이 영원과 자유 평등의 자아 완성, 아울러 인류 평화의 영원한 길을 일러주시기 위하여 부처님이나 공자님, 그리스도를 비롯한 여러 성인들이 진리를 설파하신 것"이라고 했다.

청담 스님은 선교禪敎를 두루 섭렵한 인물이다. 따라서 법문 또한 이 같은 선교에 기초를 둔 마음론을 통해서 전개되었다. 마음은 불교관佛敎觀의 처음이요, 마지막이다. 그러므로 마음을 떠난 스님의 불교란 있을 수 없다.

이와 같은 청담 스님의 사상의 요체는 개운사 대원 불교전문 강원 한영 정호 대강백 문하에서 갈고 닦은 경학經學의 기초와 치열한 수행, 처절한 묵언 정진, 중생의 현실과 고뇌를 파악한 데에서 나온 것으로 보인다. 팔만대장경의 내용, 불교 근본의 대의를 요약한 것을 마음心으로 보았다. 즉 반야般若, 불성佛性, 생명生命, 영혼靈魂, 중도中道 등을 아우를 수 있는 것이 마음이라는 것이다. 따라서 마음 법문은 곧 불교의 본질을 말하는 것이다. 이는 불교의 핵심이고, 인간의 본질이자 생명이라는 입장에서 나온 것이다. 이와 같은 확고한 신념이 있었기에 청담 스님은 마음 철학에 그토록 심혈을 기울였던 것이다. 그러면서 스님은 불법을 전하는 일과 중생을 제도하는 일에 소홀하지 않았다.

마음을 깨우치는 일에는 밤낮도, 장소도,
남녀노소도 가리지 않고 법문하신 청담 스님

　청담 스님은 평생 마음 법문을 통하여 중생을 제도하였다. 마음 법문에 들어가면 시간가는 줄도 몰랐다고 후학들은 증언한다. 법문 시간이 다 지나 법상 위에 쪽지를 여러 번 전해도 아랑곳하지 않고 "죽은 영가靈駕에게도 법문을 하는데, 살아 있는 중생들이 법문을 듣겠다고 하면 시간이 되는대로 힘이 주어지는 데까지 해야 한다."고 제자들에게 항상 말씀했다고 혜자 스님은 전한다. 이처럼 청담 스님은 마음 사상을 펼치고, 마음을 깨우치는 일에는 밤낮도, 장소도, 남녀노소도 가리지 않고 마음 법문을 하였다.

　몸이 물질적 연기緣起작용의 현상이라면 마음은 정신적 연기 작용의 현상이다. 그래서 무상無常하고 무아無我며 공空하다. 마음은 영원하여 변하지 않는 그 무엇이 아니다. 조건이 되면 일어났다가 조건이 없으면 사라진다. 신비한 것도 아니고 전지전능全知全能한 것도 아니고 자유자재한 것도 아니다. 그러나

4장 마음 사상　335

> 그 작용은 시작도 없고 끝도 없고 방향도 없고 안팎도 없이 연기한다.
> 마음은 느끼고 생각하고 아는 인식작용과, 붙잡고 바꾸고 없애고 깨닫는 반응 작용에 의해 끝없이 반복한다. 만일 마음이 고정불변하거나 영원한 마음이 있다고 생각한다면 그것이야말로 가장 큰 집착이요 삿된 견해이다. 집착과 삿된 견해가 남아있는 한 깨달음도 해탈도 열반도 결코 실현하지 못한다.

청담 스님이 마음 사상에 주목한 이유는 불교 사상에서 연유한다. 불교에서는 인간상인 지혜·자비·자주인 및 자유인이라는 특성을 이상적 인간상으로 이해하고 있다. 마음에 대해 다음과 같이 주장하고 있다.

> 마음이란 무엇을 생각하고 행동할 줄 아는 주인공이고 살아있는 생명의 주인공이다. 그런데 마음은 생각과는 다르다. 마음이 생각을 낼 수 있지만 생각은 마음이 아니다. 마음이 선과 악과도 구속되지 않고 신앙도 아니고, 지식도 사상도 아무 것도 아니다. 그러니까 지식을 얻을 수 있고, 사상할 수 있고, 신앙할 수 있고, 신앙하다 버릴 수도 있지만 지식, 사상, 신앙은 마음이 아니다.

마음은 만사의 주체이다. 그리고 마음은 모든 생각의 주체가 되어서 모든 행동이나 생각의 주체가 되고 사건에 따라 오관에 미치는 바에 의하여 마음대로 부정도 긍정도 할 수 있다. 한 개의 생각에 의하여 행동이 나타나며 그 주체를 마음이라 표현한다. 또한 마음이란 반야般若·불성佛性·생명生命·중도中道·영혼靈魂 등이 함축된 표현이다. 대장경에서 영혼靈魂·보리菩提·열반涅槃·법화法華·원각圓覺·화엄華嚴·성품性品 등의 이름으로 여러 가지로 논하고 있는 것도 마음이라는 두 글자를 달리 표현한 것에 불과하다.

결국 청담 스님이 평생 마음 사상에 중점을 둔 것은 인간이 자기 자신의 궁극적 실체를 인식하고자 하는 근원적인 의문에 대한 해답을 찾고자 했기 때문이다. 그리고 무상無常·고苦·무아無我·연기緣起 등의 불교 사상도 마음이 근본임을 깨달은 것이다. 스님의 마음 사상은 자아를 대립·수동·객관·기능적으로 파악하는 대신 통합적이고 능동적이면서 자율적인 관점에서 접근하고 있다.

마음은 이처럼 참되고 묘한 것이요, 사람이 그것을 어떻게 생각한들 그런 일에는 전연 아랑곳없이 질서정연하게 움직이고 있다. 청담 스님은 이를 간파하여 마음이야말로 헤맴과 깨달음과 같은 것을 초월한 존재라고 하였다.

조사祖師 어록語錄에 "화두참구話頭參究는 여반장如反掌"이라고 설하고 있다. 지극한 마음 일념으로 하면 손바닥 뒤집기보다 쉽지만 게으름을 피우면 도달하기 어려운 것이 바로 마음 공부임을 설명한 것이다.

자비무적慈悲無敵
청담 스님이 평생 강조한
자비 앞에는 적이 없음을 강조한 휘호.

청담 스님은 왜 마음에 그토록 역점을 두었을까? 그것은 모든 것이 마음에 따라 이루어짐을 깨닫고 중생들도 마음 공부를 통해 고요하고 평화로운 상태, 늘 즐겁고 기분이 좋은 상태, 행복한 경지를 느껴보기를 바라는 보살심의 발로가 아닌가 한다. 마음 공부를 잘하면 인생의 진정한 행복과 보람을 느낄 수가 있음을 확신한 것이다.

마음이 만물을 움직이는 주체임과 동시에, 우주를 지배하는 무한한 힘이요 자연의 길임을 강조하고 있는 것이다.

5장
마음 사상의 원류源流

보리달마菩提達磨의 안심론安心論

　　청담 스님은 마음에 대해 의문을 갖기 시작한 것은 진주 호국사護國寺에서 채서응 스님을 만나고부터다. 마음이 무엇인지를 알기 위하여 출가수행자의 길을 걷게 된다.

　　찬호는 어느 날 서장대西臟臺 기슭에 앉아 책을 읽고 있었는데, 목이 몹시 말랐다. 서장대 기슭에 자리 잡고 있는 호국사에 가서 부처님을 친견하고 목이 말라 수각에서 물을 마셨다. 한참 꿀꺽꿀꺽 마시고 있는데 한 스님이 그 모습을 보고 있더니 이렇게 물었다. "왜 사람이 물을 마셔야 하느냐?" 그 때 찬호는 우두커니 서 있고 무어라 말이 떠오르지 않았다

　　그 때 채서응 스님은 나를 찾고 마음을 찾아 괴로움에서 벗어나야 한다고 설한다.

"갈증이 심했나 보군. 그러나 마음이 타는 것은 물로 식힐 수는 없지. 왜 불이 뜨겁고 물이 찬지 아느냐? 마음이 뜨겁고 얼음이 차다고 생각하기 때문이지." 이렇게 대화를 걸어온 이는 당시 대강백으로 유명한 채서응蔡瑞應스님 이었다. "스님 정말 이 마음이 괴로울 때 이 마음을 편하게 할 수 있는 방법이 없습니까?" "그 마음을 이리 내어놓으면 고쳐주지."

찬호는 채서응 스님의 말씀을 듣고 크게 느낀 바가 있었다. 평소에는 아무 뜻도 모르고 마시고, 먹고, 보고, 듣고 하는 행동을 해오다가 채서응 스님의 설법을 고요하게 생각하면서 반성해 보니 하나하나의 행동은 마음이 결정하고 마음에 따라 행동하게 된다는 것을 알게 되었다. 이때부터 '자신이 지니고 있는 마음의 당체當體는 어떤 것인가?'라는 화두를 마음속에 항상 품게 되었다.

중국에 선불교 전한 보리菩提 달마達磨 대사

선종禪宗의 초조 보리 달마(菩提 達磨:?~528) 선사와 제2조 신광 혜가(神光 慧可:487~593) 선사의 문답에서도 이와 같은 마음에 대한 법거량(法擧量, 스승이 제자의 수행 상태를 점검하기 위해 주고받는 문답 또는 선객禪客들 사이에 주고받는 선禪에 대한 문답)을 살펴볼 수 있다.

혜가慧可 선사가 물었다.
"부처님의 법인法印을 들려주십시오."
달마達磨 선사가 대답했다.

"부처님의 법인法印은 남에게 얻는 것이 아니니라."
"제 마음이 편치 못하니 스님께서 편안케 해주시옵소서."
"마음을 가져오너라. 그러면 너의 마음을 편안케 해주겠노라."
"마음을 찾아도 얻을 수 없습니다."
"내가 이에 너의 마음을 편안케 하였노라."

달마 선사와 제자 혜가 선사가 나눈 선禪문답이다. 이를 안심문답安心問答이라고 한다. 선禪의 제일성第一聲으로 여기는 화두이다. 여기서 안심문답은 번뇌를 끊고 열반을 얻는 것은 아니다. 번뇌를 끊을 필요도 없고, 굳이 열반을 얻을 필요가 없는 본래의 근원인 마음자리로 돌아가는 것이 진정한 안심이요, 불안한 마음 이외에 안심도 없다는 것이다. 안심법문安心法門이라는 이 화두를 통해 마음을 관조觀照해서 깨달을 수 있는 진리의 방편문方便門을 달마 선사가 열어 놓았다.

깨달음은 스승의 말대로 살아가는 것이 아니라, 스스로 깨우쳐서 주인이 되는 것을 말한다. 혜가 선사와 같이 절실함과 치열함으로 자신의 문제를 직면할 때야 비로소 깨달음을 얻을 수 있다. 자기 자신을 고통스럽게 하고 부자유스럽게 하는 문제와 직면해서 스스로 깨우침을 얻어야 삶의 주인이 될 수 있다.

청담 스님 또한 채서응 스님의 설법을 듣고 마음이 불안할 때 마음을 편안하게 해줄 방법의 화두를 풀기 위해서 불교에 귀의하고 출가하게 되었다. 처절한 수행을 통하여 마음을 깨닫지 않으면 안 된다는 것을 자각했던 것이다. 스님은 어떤 환경에 부닥쳤을 때 그냥 지나치지 않고 반드시 감각적으로 문제를 제기하였다. 구름의 움직임을 마음의 번뇌로 생각하고 이렇게 변하는 이유와 마음 사상과 연결을 시키기도 하였다.

청담 스님은 출가하여 마음공부를 하고 마음을 정화하여 평생 마음을 노래하였다. 마음의 근원을 찾아 깨달음을 얻고 마음법문으로 대중을 교화하고 걸림 없는 마음의 길을 걷게 된 발심처發心處도 바로 마음이었다. 이것이 스님의 마음 철학으로 자리 잡으면서 '마음선禪'이라는 독창적인 영역을 개척했다고 볼 수 있다.

달마 선사는 남천축국(남인도) 향지왕의 세 번째 왕자로, 법명은 보리 달마菩提 達磨이다. 어느 날 그들을 가르치던 스승이 향지왕으로부터 받은 세상에서 가장 아름다운 구슬을 왕자들에게 보여주면서 "이 구슬보다 더 아름답고 멋진 것이 과연 이 세상에 있는가?"라는 질문을 던졌다. 두 왕자는 "없다."고 대답을 하였지만, 달마 선사는 "아니다."라고 대답하였다. 그 이유를 묻자 그는 "그 구슬의 아름다움은 태양의 빛에 의해서 반사된 것일 뿐이지 구슬 자체의 아름다움이 아니다"라고 답하였다. 그러자 스승은 "이 구슬보다 더 나은 진귀한 물건이 어디에 있는지 알고 있느냐?"고 다시 물었다. 그때 달마 선사는 "자신을 포함한 모든 사람들의 마음속에 이 세상에서 가장 아름다운 보배구슬이 있다."고 답하였다. "그것은 혼자서 빛을 발하는 것으로 바로 지혜의 빛이다."라고 말하였다.

이후, 달마 선사는 아버지가 돌아가신 뒤 7일간 좌선坐禪을 하고 반야다라般若多羅에 의해 정식으로 구족계(具足戒, 출가한 사람이 최고 단계의 승려 위계인 '비구' 또는 '비구니'가 되고자 할 때 반드시 받아 지켜야 하는 불교 계율)를 받았다. 그 후로 보리달마는 제27조인 반야다라로부터 부처님의 참 마음을 전수받은 제28조가 되었다.

중국 선종사禪宗史에 있어 달마 선사만큼 그 실체성에 의문이 제기되어 온 사람도 없을 것이다. 또한, 이러한 문제점을 가지고도 달마 선사만큼 중국 선종사에서 독보적인 위치를 차지하는 인물도 드물다. 인도의 선禪과는 달리, 중국의 선禪은 중국화 된 선종禪宗으로 발전하였는데, 그 시발점이 달마 선사이다. 따라서 달마 선사의 사상은 중국 선禪 사상의 근원을 이루고 있다.

안심安心은 '마음을 편안케 한다.'는 뜻이다. 혜가 선사는 "결코 마음을 찾을 수 없다."고 했다. 당연한 일이다. 마음은 형상이나 소리·문자를 초월해 있다. 마음 자체가 본래 텅 비어 없는데 어디에 불안이 있을 수 있겠는가? 혜가 선사는 이것을 단박에 깨달은 것이다. 달마 선사의 말 한마디에 기존에 가지고 있던 모든 지식과 알음알이를 한 번에 쓸어 치워버리고 깨달음으로 직행할 수 있었을 것이다. 청담 스님은 마음에 대한 법문을 다음과 같이 하고 있다.

> 만약 허망한 일을 버리고 마음의 고향으로 돌아가고자 하거든, 먼저 이 마음이 꽉 막힌 벽과 같이 부동하게 하여, 앞뒤가 뚝 끊어져서 적멸무위寂滅無爲하며 청정본연淸淨本然한 마음이 되게 하여야 한다. 여기에는 나도 남도 없으며 범부도 성인도 없나니, 이에 굳게 멈추고 어떠한 일을 막론하고 절대로 딴 생각을 하지 말아야 한다. 지각 있는 사람은 이 마음을 깨닫고 저 세속의 허망한 온갖 일을 다 버리고 허망하지 아니하며 인생의 고장인 이 마음으로 돌아와서 이 마음이 청정하여 모든 것이 다 갖추어져 할 일이 없는데 도리어 안심安心하는 것이다.

청담 스님은 모든 것을 초월한 적멸은 곧 마음이며, 이는 성인과 범부도 없는 안심이라고 설하고 있다. 또한 이 마음은 오고 가지도 아니하며 가만히 있는 것도 아니니 이 마음을 깨달아서 인생의 고향인 마음으로 돌아와 안착安着하라고 설한다. 세상만사는 마음의 장난으로 고락성쇠苦樂盛衰가 한량없이 바꾸어지는 유식唯識이며 몽환夢幻이다. 스님은 우리가 본래의 근원인 마음자리로 돌아가기 위해서는 이 생각 저 생각 다 버리고 내 고향이며, 전 인류의 고향이며 또한 우주의 고향인 이 마음의 집으로 돌아와 안주하라고 한다. 그렇게 되면 내 마음은 깨끗한 자리가 되는 동시에 청결하게 장엄되어 안심하게 된다.

> 또 묻는다.
> "제 마음을 안정시켜 주십시오."
> "네 마음을 꺼내 보여라. 안정시켜 주겠으니."
> 또 묻는다.
> "부디 제자에게 마음을 안정시켜 주십시오."
> "예를 들면 재봉사에게 옷을 지어 받는 것과 같다. 재봉사는 너의 명주천을 손에 들고 비로소 재단을 할 수 있다. 처음부터 명주천을 보지도 않고 어찌 옷을 만들 수 있겠는가. 너에게 허공을 재단해서 주라고 하는 것인가. 네가 마음을 꺼내 보일 수 없는데, 내가 무슨 수로 마음을 안정시켜 줄 수 있겠는가. 나는 허공을 안정시켜 줄 수는 없다."

달마 선사의 수행 방법, 성격은 안심법문安心法門이다. 마음을 편안하게 하는 방법을 제시한 것인데, 혜가 선사와의 문답을 보면 달마선達磨禪의 성격에 대해서 알 수 있다. 극심한 심적 괴로움에 시달리고 있던 혜가 선사가 스승에게 물었을 때 달마 선사는 마음을 통해 확연히 깨달을 수 있는 길道을 제시했다. 달마 선사의 안심법문은 2조 혜가慧可 선사, 3조 승찬僧璨 선사, 4조 도신道信 선사에까지 이어진다. 청담 스님은 안심법문에 대해 다음과 같이 설하고 있다.

> 본래의 마음자리는 생각만 해 보려고 하여도 벌써 10만 8천 리나 어긋나고

마는 것인데, 어찌 말로써 대답할 수 있으랴. 이 마음은 무심無心한 자리이며 말이 없는 자리이며, 아무것도 아는 것이 없는 자리이며, 특별한 정지견正知見도 가진 것도 없으며 또한 피차彼此도 없다.

예컨대 "불법을 공부하려면 모든 일에는 무심無心으로 행하라."고 한다. 진리란 바로 자신이 행함에 이러한 마음을 내어 긍정하는 것이다. "시방의 모든 부처님께 공양 올리는 것이 무심도인無心道人 한 사람에게 공양 올리는 것만 못하다."라고 한다. 이것은 무심한 사람에게는 일체의 마음이 없기 때문이다. 나와 참 나가 하나인 사람은 '여여如如'라고 한다. 이 경지에 이르면 몸이 안으로는 목석木石같아서 어떤 경계에 이르러도 마음이 움직이거나 흔들리지 않는다. 밖으로는 허공 같아서 어디에도 막히거나 걸리지 않으며, 주관과 객관의 나뉨은 물론 일정한 방위와 처소도 없게 된다. 그런데 수행하는 사람들은 자기 마음에서 깨달으려 하지 않고 마음 밖의 경계인 모양에 집착하여 참 마음을 알지 못한다. 마음이 선악善惡을 짓는 것은 모두 모양에 집착하기 때문이다. 모양에 집착하여 선악을 짓게 되면 윤회의 굴레에서 벗어 날 수 없다.

그러므로 그 무엇도 무심의 마음으로 본래의 법을 문득 스스로 깨달아야만 한다. 마음은 본래 중도이며, 무심이다. 중생은 모두 그것을 지녔으나 그것을 알지 못한다. 그리고 망상분별妄想分別 때문에 갖가지 업보를 지을 뿐이며 고통을 가지고 있을 뿐이다. 혜가 선사나 청담 스님이 구하는 안심安心은 절대적인 마음의 안정 즉 무심無心을 의미한다. 마음을 찾아도 찾을 수 없다고 말한 것은, 그 마음이 형상과 문자를 초월한 무심의 마음이기 때문이다.

달마 선사의 수행론과 교육방법은 두 가지인데 이입理入과 행입行入이다. '이입理入'이라는 것은 경전에 의해서 그 근본 정신을 파악하고 무릇 살아 있는

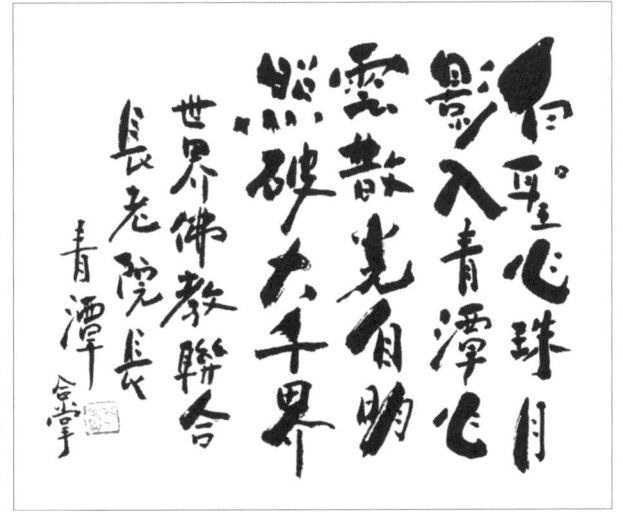

1970년 장로원장으로 계실 때 대만의 고승 백성심주 선사가 세계불교도연합회 일을 논의하기 위해 방문했을 때 써준 게송.
백성심주월白聖心珠月
백성심주 선사의 마음달이
영입청담심影入靑潭心
청담의 마음그림자에 드리우니
운산광자명雲散光自明
구름은 흩어지고 빛은 스스로 밝아
조파대천계照破大千界
대천세계를 스스로 깨뜨리는구나.

것 모두의 평등한 본성을 믿어, 벽壁과 같이 스스로의 마음을 관觀해 자신과 상대가 둘이 아님을 깨닫고, 진실의 도리와 명합明合해 차별 없이 적연무위(寂然無爲, 이치에 그윽하게 계합하여 분별심 없음)하게 되는 것을 말한다. 《약변대승입사행논서略辨大乘入道四行論序》는 이입에 대해 "무릇 도에 들어가는 요문要門으로 이입理入과 행입行入 두 가지로 나뉜다. 이입이란 경전에 의해서 도의 근본정신을 파악하고, 살아있는 것 모두가 평등한 본성을 가지고 있다고 믿어 벽과 같이 스스로 마음을 관하여壁觀 자신과 상대가 둘이 아님을 깨닫고, 진실의 도리와 명합明合하여 차별 없이 적연무위寂然無爲하게 되는 것을 이입이라 말한다."라고 설하고 있다.

이입이란 경전의 연구를 통한 근본 교리의 이해, 즉 깊이 뿌리박은 신앙에 의해 일체의 유정물이 하나의 참된 본질인 진성眞性을 공유한다는 사실에 대한 이해를 말한다. 진성이 명확하게 자신을 드러내지 못하는 이유는 외적 대상이나 망상으로 가리어져 있기 때문이다. 사람이 거짓을 버리고 참으로 돌아와 전심全心으로 벽관壁觀하면 아타我他의 구분이 없고 성聖과 범凡이 하나의 본질임을 깨닫게 된다. 이 믿음을 굳게 지킨다면 다시는 언구言句와 형상에 이끌려 현혹되지 않을 것이며 깨달음의 진리와 하나가 되어 적연무위寂然無爲를 누리게 된다. 이를 진리의 깨달음에 의한 입문, 즉 이입이라고 한다. 청담 스님은 도道를 닦고 도에 들어가는 길, 즉 이입에 대해 다음과 같이 설하고 있다.

> 대개 도道를 닦는 데는 그 방법이 한량이 없으나 그것을 묶어서 두 가지로 나눌 수 있다. 첫째는 정신으로 들어가는 법이요, 둘째는 행동으로 들어서는 법이다. 먼저 정신으로 들어서는 방법은 불도佛道를 닦아 이 마음을 깨달아 죽지 아니하고 우주에 자유스런 본래 사람이 되고자 하며, 먼저 부처님의 말씀과 조사祖師들의 말씀을 자세히 배우고 철저히 들은 다음에 백 번 죽는 일이 있더라도 결코 물러서지 아니할 발심發心과 정신正信을 성취하여 부처님과 달마 조사에 지지 아니할 용기로써 이 청산靑山 깊숙이 들어가서 조용히 앉아 생각하되, 모든 중생들이 다 같이 진실하고 허망하지 아니하며, 천지 만물에 걸림 없이 자유자재한 이 마음 하나만이 자아일 뿐인데, 다만 이 육신을 자아라고 착각하고 일어나는 번뇌 망상 때문에 그것을 모르고 있는 것이다.

달마 선사와 청담 스님 이입이란 이치에 따라 경전의 가르침에 의거해 불교의 참뜻을 깨달아 결국은 중생·범부와 성인이 모두 참된 성품을 갖고 있음을 알고, 살아 있는 것은 평등한 본성을 믿는 일이다. 나아가 범부의 마음은 객진(客塵, 번뇌는 본래부터 마음에 있는 것이 아니라 외부에서 들어와 청정한 마음을 더럽힌다는 뜻)에 뒤덮여 있으니 허망을 버리고 진실로 돌아가야 한다고 설한다. 그리고 마음을 통일하고 벽과 같이 조용한 상태로 스스로의 마음을 관觀하여 자신과 상대가 둘이 아님을 깨달아야 한다고 강조한다.

청담 스님은 불도佛道를 깨닫는 것에는 여러 가지 방법이 있지만 요약하면 두 종류가 있다고 설한다. 하나는 진리에 합치하여 깨닫는 방법이고, 또 하나는 불도를 실천하여 깨닫는 것이다. 이중진리에 합치하는 것이 바로 이입, 불법의 가르침에 의해 불교의 근본적인 취지를 깨달아야 한다는 것이다. 중생은 동일한 진성眞性을 지니고 있지만 단지 외부에서 오는 망상에 뒤덮여 그 진성을 드러내지 못할 뿐이라고 확신하는 것이다.

청담 스님은 망념을 제거하여 진실로 돌아가 몸과 마음을 통일하여 벽壁처럼 고요하게 되어 자타의 구별이 없고 범부와 부처가 본질적으로는 동일하다고 생각해야 한다고 했다. 그러면서 경지에 굳게 머물러 문자개념에 의한 가르침에 휩쓸리지 않는다면, 그 때에 진리와 하나가 되어 분별을 떠나 진정한 고요에 도달하여 진리를 깨달은 것이라고 설하고 있다.

한편 달마 선사는 이입이란 경전에 의해서 도道의 근본을 아는 것이라고 하였다. 경전에 기록된 도의 근본을 단번에 파악하는 것이다. 즉 "경전이 본래 표현하고자 했던 마음의 진실을 파악하여, 본래 사람은 누구나 평등하게 진실의 자성을 가지고 있다."는 것을 확신하는 것이다. 경전에 의해 일체중생이 똑 같이 진실한 본성을 가지고 있다고 믿는 것은 이론이 아닌 곧 실천인데 이 실천이 곧 벽관壁觀이다. 담림曇林 선사의 《약변대승입도사행서略辨大乘入道四行序》에 의하면 "이입理入이란 안심安心이며 안심安心이란 벽관壁觀이다"라고 하였다.

이처럼 달마 선사가 설한 안심법문은 미혹 이외에 깨달음이 없는 것이며, 생사를 가진 인간의 현실이 곧 열반·해탈을 달성하고 성불을 실현하는 기초가 된다. 즉 인간의 근본번뇌인 탐貪·진瞋·치癡 삼독三毒속에 해탈할 근거가 있음을 보여주는 것이다. 《유마경維摩經》에서 "어떤 것이 여래가 되는 씨앗입니까?"라고 유마거사가 문수文殊보살에게 묻는다. 문수보살은 "개아個我라는 그 릇된 생각에서 벗어난 이 몸이 여래가 되는 씨앗입니다. 무명과 존재를 향한 집착이 여래가 되는 씨앗입니다. 탐욕과 노여움과 어리석음이 여래가 되는 씨앗입니다. 네 가지 뒤바뀐 생각이 여래가 되는 씨앗입니다. 다섯 가지 덮개가 여래가 되는 씨앗입니다. 여섯 가지 인식의 장이 여래가 되는 씨앗입니다. 일곱 가지 식주識住가 여래가 되는 씨앗입니다. 여덟 가지 삿된 도가 여래가 되는 씨앗입니다. 아홉 가지 악한 마음을 품는 것이 여래가 되는 씨앗입니다. 열 가지 불선업도不善業道가 여래가 되는 씨앗입니다."라고 대답 하였다.

　이것은 진흙 밭이나 더러운 물속에서 연꽃이 피어나는 것처럼, 번뇌가 들 끓는 곳에 처한 사람들의 모든 번뇌야말로 여래가 되는 씨앗임을 깨달아야 한다는 것이다. 넓은 바다를 건너지 않으면 값비싼 보배를 구할 수가 없다. 마찬가지로 번뇌의 바다에 발을 들여놓지 않고서는 결코 여래의 일체지一切智에 대한 염원을 일으킬 수가 없는 것이다. 이것은 번뇌 속에 보리가 있고, 생사 속에 열반이 있는 '번뇌즉보리煩惱卽菩提', '생사즉열반生死卽涅槃'인 것이다.

　행입行入이란 실천에 의해 깨닫는 것으로 네 가지 방법을 제시하고 있다. 첫 번째가 보원행報怨行인데 인생의 고통은 자신이 과거에 지은 업의 과보이기 때문에 원망하는 마음을 일으키지 않는 것이다. 두 번째는 수연행隨緣行으로 인생의 고락을 모두 인연에 의한 것으로 보아 담담히 불도를 닦는 것이고, 세 번째 무소구행無所求行은 욕망, 욕구, 애착심을 억제하고 일체는 공空, 인연소생한 것이라고 생각하여 탐욕심을 버리는 것이다. 네 번째는 칭법행稱法行으로 법法, 眞理, 眞性에 합당한 생활을 하는 것을 말한다.

　보원행과 수연행에는 사바세계의 중생으로서 일상생활 속에서 인내하는 수행을 말하고, 무소구행과 칭법행은 무주無住·무집착無執着의 실천을 말한다. 따라서 사행四行은 모두 명확히 반야·공관空觀의 사상을 계승하면서 현실적이고 일상생활의 구체성과 독특한 벽관壁觀을 그 중심 테마로 삼고 있다는 점이다. 청담 스님은 행입에 대해 다음과 같이 설하고 있다.

> 다음으로 행동으로 들어가는 방법은 이른바 네 가지 방법이 있는데, 8만 4천 가지 수행 방법이 다 이 가운데 들어 있다. 그 네 가지 방법이란 원수풀이와 인연에 맡겨두기와 아무것도 구하지 않는 것과 꾸밈이 없는 본연의 마음 그대로 살기生이다.

청담 스님이 말한 행입, 즉 불도를 실천하는 것은 네 가지가 있는데 외적인 실천은 모두 이 수행에 포함된다. 네 가지란 무엇인가. 첫째는 전세의 원한에 대한 실천이고, 둘째는 인연에 따르는 실천이며, 셋째는 아무 것도 구하지 않는 실천이요, 넷째는 법의 본성에 계합한 실천임을 강조하고 있다. 그러면서 다음과 같이 풀어서 설하고 있다.

> 첫 번째 원수풀이는 생활 가운데 일어나는 원망과 증오, 고통과 번뇌는 모두 자신이 지은 과거의 업보이므로 참고 받아들이며 본래의 도에 힘쓰는 일이다. 알고 보면 나에게 일어나는 일은 결국 모두 내가 지은 행위에 대한 인과 응보이니 이 세상의 그 어느 것도 원망할 일이 없다는 것이다.

이것은 증오를 갚는 규범, 보원행報怨行이다. 무엇이 증오를 갚는 규범인가. 사람 안의 마음이 각성되면 누구나 자발적으로 이성의 지시에 따르게 된다. 나아가 타인의 증오를 최대한 이용해 역으로 구도 정진의 기회로 삼을 수 있도록 하는 것이 보원행이다.

두 번째 인연에 맡겨두기란 글자 그대로 인연에 순응하며 사는 일이다. 우리는 인연에 따라 고통과 기쁨을 경험하기도 하나 인연이 다하면 모두가 결국은 무로 돌아간다는 것을 관하여 인연에 순응하며 산다. 모든 것은 잠시 인연을 따라서 일어났다. 사라질 뿐이니 인연에 역행하지 말아야 한다는 것이다.

이것은 삶의 가변적인 조건과 환경에 적응하는 규범, 수연행隨緣行이다. 모든 중생이 업보의 상호작용에 의해 만들어지기 때문에 진정한 자아가 없다는 것을 우선 알아야 한다. 무엇을 얻었다고 의기양양해 할 이유가 없다. 마음 자체는 늘고 줄지 않기 때문이다. 따라서 마음은 항상 도와 은밀한 조화를 유지해야 한다.

세 번째 아무것도 구하지 아니하기란 만물이 모두 공空하므로 구할 것이 없으니, 밖에서 추구하고 집착하는 것을 그치고 구함을 없애는 데에 철저하고자 하는 것이다. 우리의 고통은 밖에서 구하기 때문에 오는 것임을 직시하여 밖으로만 치닫는 집착을 이제는 멈추어야 한다. 알고 보면 이 세상은 구해서 얻어지는 것도 잃는 것도 없는 공의 세계라고 주장한다.

이것은 집착을 버리는 규범, 무소구행無所求行이다. 세상 사람들은 평생 미혹의 상태에 빠져있다. 따라서 탐욕과 아집에 사로잡혀 있다. 이것이 집착이다. 그러나 현명한 이는 진리를 이해하며 그들의 이성은 세속의 길로부터 회귀하기를 권한다.

네 번째의 제대로 살기는 일체 중생이 모두 본래 청정함을 믿고 끊임없이 자리이타의 행을 실천하는 것이다. 먼저 구체적으로 육바라밀과 같은 수행으로 자기를 닦은 후 남을 위하는 보살의 정신으로 깨달음을 향한 도를 닦아 나가는 철저한 생활을 하는 것이다.

이것은 법에 맞추어 행동하는 규범, 즉 칭법행稱法行이다. 지혜로운 이는 자신의 몸가짐을 바르게自利 하며 동시에 남에게 봉사한다利他. 번뇌의 오염을 떨치기 위해 육바라밀을 수행해 완덕을 갖추지만, 그 또한 대단하게 생각하거나 집착하지 않는다. 오로지 진리에 따라서 살아가는 규범, 이것이 칭법행이다.

달마 선사부터 혜능 선사까지를 순수한 선禪 시대 이른바 순선純禪 시대라고 한다. 부처님부터 혜능 선사까지 33조에 이루어진 선禪 사상의 핵심은 안심법문이다. 안심법문은 꼭 명심해 두고 "내가 지금 하는 공부가 정말로 내 마음도 편안한 안심법문인가?" 하고 항상 자기 스스로 점검하여야 한다. 청담 스님은 달마 선사의 안심법문에 대해 현대적으로 쉽게 풀어 설명하고 있다. 두 선사는 그저 마음 편안히 하는 방법에 대한 법문을 하고 있다. 마음을 편안히 하는 것은, 우주의 도리대로 본래 내가 없는 무아無我이기 때문에 내가 없다고 분명히 생각해야 함을 강조한다.

달마 선사의 궁극적인 선禪의 가르침은 실천에 있어서 종전의 불교에서는 볼 수 없었던 뛰어난 종지宗旨를 가지고 있다. 벽을 향하는 면벽面壁은 이 수행의 주요 핵심이자 깨달음으로 나아가는 구체적인 실천방법으로 행해졌다. 달마 선사 사상의 핵심인 안심을 가능케 하는 것이 벽관壁觀이다. 벽을 행해 앉아 모든 인연을 멈추고 청정한 자기의 본래 마음을

고해자항苦海慈航.
고통의 사바세계를 항해하는 데는 자비가 함께해야 한다는 휘호.

보는 것이다. 달마 선사의 안심벽관安心壁觀은 곧 안으로 마음에 관심이 없으며 모든 번뇌나 망상이 들어갈 수 없도록 마음의 긴장과 통일을 유지하는 것이다. 미혹을 모두 떨치고 눈앞의 진리를 향하는 사람에게 벽을 보는 것만큼 좋은 수행은 없다. 벽관은 단지 벽을 바라보는 것이 아니라 나의 내면세계를 반영하고 있는 그 벽을 통해 나를 들여다보는 것이다. 벽은 밖으로만 치닫는 우리의 마음을 잡아서 묶어 주므로 일단 외부 경계에 의한 끄달림을 차단시켜 준다. 간화선看話禪을 할 때 화두에 모든 정신을 집중하여 온갖 망상을 가져 내듯이 할 수 있는 힘을 길러 주는 가장 좋은 방법이다.

　부처님 법을 들으면 항상 마음이 편안해진다. 그래서 안심이라 한다. 누가 옳고 그른가를 따지면 마음이 불안하다. 부처님 법은 어디에도 막힘이 없다. 불교는 마음을 여는 것이다. 어떻게 마음을 여는 것인가? 무한의 광장, 무한의 자비慈悲·지혜智慧·행복幸福·능력能力이 갖추어진 광장으로 마음을 여는 것이다. 마음을 열어서 내 본래 생명의 고향자리에 마음을 둘 때에 좋아할 사람도 미워할 사람도 없이 모두가 다 좋은 것이다. 그래야 안심이 된다. 이것이 안심법문이다.

혜능慧能 선사의 자성청정심自性淸淨心

혜능(慧能:638~713) 선사는 영남嶺南의 신주新州에서 노행도盧行稻의 아들로 태어났다. 그의 나이 3세에 부친을 여의고 매우 어려운 생활을 하였는데, 땔감을 해다가 팔아서 어머니를 봉양하였다. 24세가 되던 어느 날 땔감을 팔고 나오다가 "마음을 깨끗하게 해야 하며, 사물에 마음이 끌려서는 안 된다."는 《금강경》 읽는 소리를 듣고 큰 감동을 받아 결국 동선원東禪院에 있는 홍인(弘忍:601~674) 선사에게 배움을 청하였다. 홍인 선사가 묻기를 "너는 어느 지방 사람인가? 무엇을 찾으려 왔는가?"라고 물었다. 이에 혜능 선사가 대답하기를 "저는 영남지방 사람인데 다른 것을 구하는 것이 아니라 오직 부처가 되기를 원합니다."라고 하였다. 이에 홍인 선사가 말하기를 "너는 영남인嶺南人이고 얼굴도 못생겼는데, 어찌 부처가 될 수 있겠나?"라고 하였다. 이에 혜능 선사가 답하길 "사람에는 남북이 있지만 불성에는 남북이 없고, 못생긴 것은 승려들과 다르지만 불성에는 어떠한 차별이 있겠습니까?"라고 하였다. 그리하여 동선원에 머무르게 된 혜능 선사는 승려와는 신분이 전혀 다른 행자의 한 사람으로서 생활을 하게 된다. 매일 천 명 분의 쌀을 찧으며, 절에서 이루어지는 각종 잡일을 도맡아 하였다.

신수 선사

달마 선사의 선법禪法은 혜가慧可 - 승찬僧璨 - 도신道信 - 홍인弘忍 선사에 이르러서 크게 나누어진다. 그런데 5조 홍인 선사에 이르러 그 법통을 누가 잇느냐가 초미의 관심사가 되었다. 그러던 어느 날 홍인 선사는 게송(偈頌, 부처의 공덕이나 가르침을 찬탄하는 노래)을 통해 반야의 지혜를 올바르게 알고 있음을 보인다면 대대로 달마 선사의 가사를 물려받고 제6대 조사의 자리를 이어받을 수 있다는 공문을 띄웠다. 그 당시 제6대 조사의 가장 유력한 후보는 신수(神秀:605~706) 선사였다. 그는 동선원의 승려들 중에서 가장 뛰어난 학식과 견문을 가지고 있었다. 그래서 승려들 사이에서조차도 그가 제6대 조사가 될 것이라는 풍문이 나돌았다. 혜능 선사는 잡일을 하다가 이 사실을 우연하게 알게 되었다. 문맹文盲이었던 그는 책도 읽지 못하고 글도 쓸 줄 몰랐으므로 대신해서 글을 써 줄 수 있는 사람에게 부탁하여 게송을 짓게 된다.

신수 선사는 다음과 같이 자신의 소회를 무상게無相偈로 적고 있다.

신시보리수身是菩提樹 몸은 깨침의 나무요
심여명경대心如明鏡臺 마음은 밝은 거울 틀이네
시시근불식時時勤拂拭 때때로 부지런히 털고 닦아서
물사야진애勿使惹塵埃 먼지와 티끌 일어나지 않게 하라

홍인 선사는 신수 선사에게는 아직 '닦는다'는 생각이 남아 있다고 생각했다. 즉 닦아야 할 먼지와 티끌이 있는 것이다. 닦을 것이 있다는 생각을 가지고 닦는 것을 유수이수(有修而修, 닦을 것이 있다는 생각을 가지고 닦는 것)라 한다. 홍인 선사는 신수 선사의 게송에 대해 하나의 관문에는 가까이 갔으나 정작 그 관문을 넘어서지는 못하는 것으로 평가하였다. 아직 닦을 것이 있다는 생각이 남아있다는 것은 돈오頓悟의 지평에서 보면 덜 여문 것이라 생각하고 있는 것이다. 청담 스님은 이 게송에 대해 다음과 같이 설하고 있다.

"후대에 이에 의하여 여실히 수행하는 자는 상당한 성과를 얻을 것이다."라 하여 5조는 칭찬하는 척했다. 그러나 깨침 그 자체로서는 내심 승인하지 않았다. 신수神秀의 게偈는 수행의 마음가짐에 멈추는 것이며, 깨침에 이르는 심경 그것은 아니었기 때문이다. 노행자(혜능 선사)는 이것을 직접 보지 못했으나 스님들의 말을 듣고 "아무튼 어귀는 훌륭하지만 오도悟道의 진제眞諦를 얻지 못했다."고 평하여 젊은 스님들을 놀라게 했다.

신수 선사의 게송에서는 몸은 보리수로서 성불하는 심성心性을 가지고 있으며, 이 심성은 거울처럼 밝아서 본래 빛나는 것인데, 육근六根과 육진六塵에 가려져 오염되는 것이라 본 것이다. 그리고 수행자가 정진을 통해 티끌을 없애고 빛을 낸다면, 원래 밝고 조촐한 불성의 본체가 자연히 드러나게 된다고 설하고 있다. 그러므로 신수 선사는

육조 혜능慧能 선사

"항상 부지런히 털고 닦아서 티끌이 남아 있지 않도록 하라."고 하였다. 홍인 선사는 이 게송을 상당히 높이 쳐서 학인들에게 독송하도록 시켰으며 후인들은 이 게송을 근거로 신수 선사가 점수漸修하였다고 여겨 북점北漸이라는 말

이 생기게 된다. 신수 선사가 주로 낙양洛陽, 장안長安 등 북쪽에서 교화하였기 때문에 북종선北宗禪이라 일컬어지게 된다.

이와 달리 혜능 선사의 자성게自性偈는 돈오頓悟와 본래 자성의 청정심을 보이고 있다.

  보리본무수菩提本無樹 깨침에는 본디 나무가 없고
  명경역비대明鏡亦非臺 거울 또한 틀이 아니네
  본래무일물本來無一物 본래 한 물건도 없는데
  하처야진애何處惹塵埃 어느 곳에 티끌 일어나리오

위 게송에서 볼 때 혜능 선사는 이미 닦는다는 생각 자체가 끊어진 것이다. 그러니 어느 곳에 일어날 티끌이 없는 것이다. 그러니 닦을 것이 없다는 생각으로 닦는 것, 무수이수(無修而修, 닦을 것이 없다는 생각으로 닦는 것)이다. 자성청정심自性清淨心에서 보면 이미 아뢰야식阿賴耶識의 미세망념까지 돈단頓斷해 버렸기에 더 이상 닦을 그 무엇이 없는 것이다. 그러니 거기에 무엇을 보태고 빼고 할 것이 없는 것이다. 그에게는 이미 일상이 언제나 한결같은 돈오頓悟의 차원인 것이다. 홍인 선사는 이 게송을 보고는 흡족하였지만 대중들이 시기를 할까 염려하여 "이것도 견성구見性句가 아니다." 하면서 그 게송을 지워 버렸다.

이후 어느 날 밤, 홍인 선사는 아무도 모르게 혜능 선사가 방아를 찧고 있는 곳을 찾아가서, "방아는 다 찧었느냐?" 하고 한 마디 말을 하니, "방아는 찧은 지가 오래됩니다만 아직 택미擇米를 못했습니다."라고 답을 했다. 홍인 선사는 주장자로 방아 대를 세 번 치고는 돌아와 버렸다. 삼경三更이 되면 아무도 모르게 찾아오라는 신호였다. 그래서 밤중에 혜능 선사가 방으로 찾아 들어오니, 홍인 선사는 불빛이 밖으로 새어 나가지 않도록 가사袈裟를 가지고 휘장을 쳐서 은밀하게 《금강경》을 설하는데, '응당히 머무는 바 없이 마음을 낼지니라.' 라는 말에 대오大悟를 했다. 청담 스님은 혜능 선사의 게송에 대해 다음과 같이 설하고 있다.

> 보리의 나무나 거울의 받침은 원래 깨침에는 없다. 본디 인간이나 천지 사이에는 항구불변의 물질이란 아무것도 없다. 그러므로 없는 거울에 없는 먼지가 끼일 턱이 없다. 그 날 깊은 밤중에 5조 스스로 노행자의 방으로 찾아왔다. 노행자와 몇 가지 문답을 나누었다. 이미 그는 대오大悟해 있었음을 깨닫고 달마 이래 상승相承의 가사袈裟를 수수하고 법사를 이어 받았다.

청담 스님은 "마음이 머무르는 참된 바탕은 맑고 깨끗함으로 이루어져 있기에 어디에도 나라는 자아自我는 결코 있을 수 없는 것이니, 자아란 바로 그대의 관념을 말하는 것"이라고 강조한다. 참된 바탕인 본질은 맑고 깨끗하여 때 묻지 않음으로 자성청정심自性清淨心이라 불렀다. 청담 스님에게 있어 이 마음은 중생과 부처의 관념을 뛰어넘고 유有와 무無, 주관主觀과 객관客觀을 뛰어넘는 불이不二의 세계이다. 자성이 청정한 마음에 대해 승조(僧肇:384~414) 선사의 《보장론寶藏論》에 의하면 "유有를 알되 유에 집착하지 않고 무無를 알되 무에 집착하지 않는다. 참다운 앎은 유와 무를 헤아리지 않고, 유와 무를 헤아리지 않는다면 곧 자성의 분별이 없는 앎이다"라고 하였다. 이런 까닭에 참마음 자체의 앎은 곧 반연이 없는 마음이니, 의도하지 않아도 삶 속에서 모든 것을 늘 알면서 유와 무에 집착이 없으니 대상을 보는 주체인 능能과 대상경계인 소所의 시비분별을 영원히 초월한다. 이처럼 신령스런 앎이 드러난 마음이 곧 참 성품이니 부처님과 다를 것이 없다고 하였다. 그러므로 이를 일러 참마음을 드러낸 것이 곧 그 성품의 가르침이라고 하는 현시진심즉성교(顯示眞心卽性教, 참된 마음이 곧 본성임을 드러내는 것)라고 하니, 이는 선문禪門에서 말하는 바로 마음의 성품을 드러내는 종인 직현심성종(直顯心性宗, 곧바로 청정한 본성을 드러내게 한다는 가르침)과 완전히 같은 내용이라고 설하고 있다.

모든 번뇌의 뿌리인 무명을 타파하면 시비 분별하는 나와 그 대상 경계가 사라지니, 대상 경계로서 분별하는 유有와 무無라는 개념조차 존재하지 않는 것이다. 그래서 유와 무를 보지 않는 그 자리가 텅 빈 고요한 참 마음이요 올바른 깨달음이며 열반이다. 이 텅 빈 고요한 참마음이 모든 중생에게 본래 다 갖추어져 있는 참 성품임을 바로 드러내 보여주는 가르침을 현시진심즉성교顯示眞心卽性教라고 한다. 어떤 모습을 가지고 보여주는 것도 아니며 또한 어떤 상相을 타파하여 보여주는 것이 아니기에 즉성卽性이라 표현하고, 방편으로 보여주는 은밀한 뜻도 아니기에 '현시顯示'라고 말하는 것이다.

승조 선사는 《화엄경》, 〈출현품出現品〉에 나와 있는 "모든 중생이 여래의 지혜를 본래 다 갖추고 있다."라는 구절을 바탕으로 '현시진심즉성교顯示眞心卽性教'를 설명하고 있다. 교종教宗의 '현시진심즉성교'나 선종禪宗의 '직현심성종'은 상근기上根機가 자신의 참마음이 곧 참 성품임을 알아 그 자리에서 단박에 깨달아 들어가는 돈교頓教를 설하고 있는 것이다. 도를 깨닫고 이룬 후에는 마음이 곧 부처인데, 이와 같은 절대경지에 이르면 수행하고 조작하여 먼지와 때를 제거할 필요가 없다. 자성은 본래 청정하고 본래 먼지나 더러움이 없는 것이기 때문이다. 그러므로 "본래 아무 것도 없는데, 어디에 먼지가 끼겠는가."라고 하였다. 이것은 도를 깨달은 후에 크게 쉬는 경지이지, 전심전력을 다해 수행하는 경지가 아니다.

후세 사람들은 이 게송을 보고 혜능 선사는 돈오를 주장했다고 생각했고, 혜능 선사가 강남江南에서 교화하였기 때문에 남종선南宗禪, 남돈南頓이라는 말이 생겨나게 되었다. 홍인 선사는 혜능 선사의 게偈를 인정하고 자기의 의발衣

鉢을 물려주었다. 그리하여 혜능 선사는 선종禪宗의 제6대 조사가 되었다.

신수 선사가 게偈가 불성을 강조하였다면, 혜능 선사의 게는 무無를 강조하였다. 즉 선종에서 강조하는 "그 마음이 바로 부처다."라는 즉심즉불卽心卽佛이 신수 선사의 입장이라면 "아무런 마음도 없고 아무런 부처도 없다."라는 무심무불無心無佛이 혜능 선사의 입장인 것이다. 이후로 혜능 선사는 남쪽 지방에서 "본래 아무것도 없다."는 돈오법문을 설하였고, 신수 선사는 북쪽 지방에서 "항상 수련한다."는 점수의 교의로 사람들을 가르침으로서 각기 남북양파의 영수가 되었다.

혜능 선사는 달마 선사만큼이나 선종사禪宗史에서 중요한 위치를 차지하고 있으며, 많은 선객들의 추앙을 받고 있다. 현재 한국의 조계종曹溪宗 종명宗名도 혜능 선사가 거주했던 산명山名에서 비롯되었다. 혜능 선사의 사상은 《육조단경六祖壇經》에 자세히 수록되어 전하고 있다.

혜능 선사의 기본 마음 사상은 첫째, 반야바라밀般若波羅蜜을 설하고 있으며, 반야바라밀은 오로지 《금강경》에 기초하고 있고, 반야삼매般若三昧는 일행삼매(一行三昧, 우주의 모든 만물의 현상은 평등하고, 한 모양인 줄로 보는 삼매)라고 칭하고 있다. 이들 사상의 핵심은 먼저 무념위종(無念爲宗, 생각 없음으로 기둥을 삼음)으로 표현하고 있다. 둘째, 정혜일체定慧一體의 사상을 설하고 셋째, 무상계無相戒를 주고 있고 넷째, 좌선坐禪을 배격하고 있다고 한다. 《육조단경》에서 혜능 선사는 자성, 청정한 본성만이 반야의 지혜를 갖추고 있다고 하였다. 또한 자성은 본래부터 청정하며, 본래부터 생멸이 없고, 본래부터 구족具足되어 있으며, 자성은 능히 만법을 일으킬 수 있다고 설하고 있다. 〈의문품疑問品〉에서는 "자성을 모르면 곧 중생이요, 자성을 알면 곧 부처다."라고 하였으며 "마음이 청정하면 곧 이것이 자성의 서방정토이다."라고 설하고 있다. 이는 마음이 오직 청정한 본성을 지니면 그 곳이 바로 정토라고 하는 유심정토唯心淨土의 사상을 엿볼 수 있다.

혜능 선사의 유심唯心 사상에 대해 청담 스님은 다음과 같이 설명하고 있다.

> 신神만이 우주의 주재자라는 유신唯神 사상이나 오늘날과 같은 물질만능의 유물唯物 사상으로는 자꾸 허덕이는 인류에게 암흑의 구렁만이 주어질 뿐이지 결코 참된 인생의 밝고 영원하며 행복된 길을 찾을 수 없다. 오직 내 마음이 우주를 주재하는 유일한 주인공이라는 불타佛陀의 유심唯心 사상만이 참혹한 암흑에서 허덕이는 인류를 구원하는 참된 길인 것이다.

청담 스님 역시 혜능 선사와 마찬가지로 유심 사상을 설파했다. 마음이 만들고 조성한다는 것은 곧 주관과 객관이 분리되기 때문에 상대적인 세계가 전개된다는 것이다. 상대의 세계는 곧 범부의 세계요, 미망의 세계를 뜻한다. 그러므로 미망의 마음까지도 창조한다는 의미는 제거하고 본래 존재하고 청정한 하나의 마음만을 인정하는 것이 옳다는 것이다. 왜냐하면 미망으로 창조하는 마음은 연기의 마음이며 유위의 마음이며 업력業力의 마음이며 무위無爲의 마음이 아니기 때문이다. 청담 스님의 유심 사상은 유위有爲의 조造를 제거한 무위의 유심을 말한다고 할 수 있다. 무위의 유심은 평등하고 차별이 없는 인류를 구원하는 불법을 뜻하며 일체법이 모두 불법이며 부처라는 뜻으로 곧 진여심眞如心을 뜻한다고 할 수 있다.

> 내가 마음이란 말을 자주 하는데, 이 마음은 심성心性·불성佛性이란 뜻으로 하는 말입니다. 이 마음자리는 억만겁 이전부터 있었고 억만겁 뒤에 가서도 옛것이 아닙니다. 어제도 이렇고 오늘 내일도 이렇고, 항상 이러한 것이 마음입니다. 이 말은 이렇게 말할 수 있습니다. 억만겁 지나왔지만 오랜 것이 아니고歷千劫而不古, 언제까지 뻗어가도 노상 지금이다亘萬古而長今.

대만의 고승 백성 심주 선사가 세계불교도연합회 일을 논의하기 위해 방문했을 때
해인사 방문 후 서울로 향하는 비행기 안에서 청담 스님과 주고받은 게송.
첫 번째 두 번째는 심주 선사가 쓴 게송이고 세 번째는 청담 스님이
"산은 높지만 발아래 티끌이요, 바다는 넓으나 눈 안에 물방울이로다.
마음이 한가로우니, 산은 산이요 물은 물이로다."라고 쓴 게송이다.
스님의 기개와 선지禪旨를 느낄 수 있다.

청담 스님은 자성이란 사람 마음 즉, 심성을 가리키는 말인데, 진여라든가 불성이라는 말과 같은 것이라 설명하였다. 이것은 항상 그 자리에 있는 자성 청정심으로 불리며 여래장 사상과도 밀접한 관련을 갖고 있다. 여래장(如來藏, 중생이 본래 갖추고 있는, 여래가 될 수 있는 가능성을 갖고 있다는 것)과 불성佛性은 같은 뜻이라고 보아도 무방하다. 중국에 와서 여래장이라는 용어보다 불성이란 말이 우세해지고 보편화되었다.

혜능 선사의 견성은 불佛이 되는 인因이나 불佛이 될 가능성이 아니라 '내가 바로 부처인 것'을 아는 것이며 결국 '돈오頓悟'를 뜻하는 것이라고 한다. 이러한 견성은 바로 혜능선慧能禪을 뜻하며 신수선神秀禪을 정면으로 부정한 선禪 사상이 되었다.

청담 스님은 견성이란 누구나 갖추고 있는 자성을 청정히 하는 것이므로 선악善惡에 끄달리지 않는 것이라고 설하고 있다. 혜능 선사는 내가 바로 부처인 것을 아는 것이 견성이라고 보고 있으며 모든 반야지般若智는 다 자성으로 쫓아서 난 것이요 밖으로부터 들어오는 것이 아니라고 하였다. 이는 자성

5장 마음 사상의 원류源流   363

으로부터 발생한다는 반야 사상과 일맥상통하며 이를 청담 스님은 혜안을 얻는 것이라 강조한다.

《육조단경》,〈반야품般若品〉에서 "반야는 지혜인데 일체시중에 있어 한 생각 한 생각이 어리석지 않고 항상 지혜로 실행하는 것을 곧 반야행이다."라 하였다, 또한 "모든 때에 행行·주住·좌坐·와臥를 통해서 언제나 유일한 직심直心을 행行하는 것이 일행삼매一行三昧이다."라고 했다. 직심直心에 대해《유마경》에서는 "곧은 마음이 도량이며, 곧은 마음이 정토다."라고 설해져 있으며《기신론起信論》에도 "보이지만 여기서는 근원적인 일심에 뜻을 두고 있다."고 설한다.《육조단경》에서 "일행삼매는 곧 반야삼매般若三昧인데 이 반야삼매에 들기 위해서는 곧 반야바라밀을 닦아야 한다."고 설한다. 또한〈정혜품定慧品〉에서는 "나의 법문은 종래 모두 무념을 세워서 종으로無念爲宗 삼고, 무상을 체로 하며無相爲體, 무주를 근본으로 삼는다無住爲本. 무상은 모양에 있어서 모양을 여읜 것이요, 무념이란 생각에 있어서 생각하지 않는 것이다."라며 이러한 반야삼매를 깨달은 것이 무념이라고 강조하고 있다.

혜능 선사의 무념은 일체의 외부경계에 물들지 않는 것으로 일체의 망념이 없어진 본래의 상태를 말한다. 일체의 법을 보면서도 일체의 법에 집착하지 않는 것이며, 일체 공간에 널리 두루두루 하면서도 어디에도 걸리지 않는 것을 무념의 실천행으로 하고 있다. 즉 반야의 지혜를 갖춘 진여의 본성을 자각하는 것이 돈오견성頓悟見性이고 일체의 망념이 일어나지 않는 진여, 본래의 입장을 무념이라 할 수 있다. 이에 대해 청담 스님은 다음과 같이 설하고 있다.

> 바깥바람에 흔들리지 아니하고 속에 번뇌煩惱 망상妄想이 일어나지 아니하는 것을 앉았다고 하는 것이며, 항상 바깥 사정만을 알고자 하는 미혹한 중생의

살림살이를 정반대 방향으로 돌려서 자심반성自心反省에, 정진精進에 8만4천 번뇌煩惱 망상妄想을 일으키는 그 본체 심원心源에 사무친 것을 선禪을 닦는다고 하는 것이다. 역경순경逆境順境에 팔리지 아니하며, 시비잡음是非雜音과 남녀미색에도 흔들리지 아니하는 것을 앉았다고 하는 것이며, 어두운 세상에는 일월日月보다 더 밝은 광명이 되며, 사람을 교화함에도 그 역량이 천지보다 더 큰 것을 선을 닦는다고 한다. 중중첩첩重重疊疊으로 복잡한 차별경계差別境界에서 일미평등一味平等으로 차별 없는 자심정自心定에 드는 것을 앉았다고 하는 것이며, 일체 번뇌 망상이 끊어지고 절대 평등하여 두 가지가 아닌 자심지에서 일체 천차만별差別萬法을 통달한 차별지로 나타내는 것을 선이라고 한다.

이처럼 청담 스님은 참선을 통해서 본래 청정한 마음을 깨닫고, 자기의 근본문제에 대한 사유를 통하여 마음을 깨달아야만 성불할 수 있다고 했다. 그러면 반야의 지혜가 드러나 차별이 없는 자심정自心定에 들어 번뇌 망상이 끊어진 절대 평등한 경지에 들어갈 수 있다는 것이다. 그러면서 참선하는 법은 모든 것을 다 떠나서 마음을 발견하는 것이 아니라, 보고 듣고 하는 그 가운데서 마음을 깨달아야 한다는 것을 강조하고 있다.

이상에서 살펴본 대로 혜능 선사와 청담 스님의 공통 사상은 자성청정한, 본래 구족된 불성을 기반으로 한 반야 사상과 그것을 자각하는 돈오견성頓悟見性의 주장이다. 그리고 실천 사항으로 혜능 선사는 무념無念·무상無相·무주無住를 설하고 있으며, 청담 스님은 "선악善惡에 이끌리지 말고 자심반성自心反省을 통하여 일미평등一味平等하라."고 설하고 있다.

두 선사는 자성청정심自性淸淨心에 도달하기 위해서는 진심을 찾기 위한 수행에 몰입해야 함을 강조한다. 한 생각이 일어나기 전의 본래 깨끗한 마음 세계, 분별없이 일체를 보고 아는 마음을 혜능 선사는 자성청정심이라고 했으며, 청담 스님은 바깥바람에 흔들리지 아니하고 마음속에 번뇌 망상이 일어나지 않는 것이라 했다. 모든 조사가 이 도리를 증득하여 임운자재(任運自在, 모든 자연은 스스로 움직이는 것이니 흐름에 맞기고 사리분별을 일체 생각하지 말라)하고 즉하卽下에 무심無心하여 안심입명에 들었다. 모든 상념이 끊어져 없어지고 허공처럼 텅 비어 깨끗하고 고요하면 거기서 명명백백하게 일체를 아는 세계가 열리는데, 이것이 무심이고 본래청정심이다. 바로 이 청정한 마음에 들기 위해서 우리도 정진을 해야 하는 것이다. 청정한 마음이라야 무상無常, 고苦, 무아無我를 바로 볼 수 있기 때문이다.

마조 도일馬祖 道一의 심心 사상

　마조 도일(馬祖 道一:709~788) 선사는 중국 사천성四川省 시방현什方縣 사람으로 성은 마馬 씨이다. 마조 선사 다음 세대인 종밀(宗密:780~841) 선사나 임제(臨濟:?~866) 선사도 사천성 출신이다. 등소평鄧小平을 비롯하여 현대 중국을 이끄는 중요한 인물들도 사천성 출신이 많다. 마조 선사의 용모容貌에 대해《송고승전宋高僧傳》의 〈마조장馬祖章〉에는 "태어나면서 생김생김이 예사롭지 않아 눈빛은 범처럼 보이고 소처럼 걸었다. 혀는 코를 지나 덮었으며 발에는 문자가 새겨졌다. 근진根塵은 비록 법체法体와 같다고 하지만 상모像貌는 환형幻形에 있어서 특이하다."라고 기록하고 있다.

　마조 선사에 관한 전기에서 공통적으로 "그가 소처럼 걷고 호랑이처럼 사람들을 바라보았으며 혀를 내밀어 콧등을 덮을 수 있었고 발에는 두 개의 바퀴 무늬가 있었다."고 전하고 있다. 이러한 것은 모두 위대한 사람의 모습을 표현할 때 보이는 특징이다. 부처님의 32상을 빌어 마조 선사의 용모를 표현

평상심시도平常心是道를 주창한
마조 도일馬組道一 선사

하였다는 것은 그만큼 마조 선사가 선종사禪宗史에 남긴 사상이나 업적이 위대하였기 때문이라 생각한다.

마조 선사는 788년 세수 80세, 법납 60세로 건창의 석문산에서 입적하였다. 마조 선사의 유적을 기념하는 탑이 마조 선사 입적 후 3년 후인 791년 권덕흥權德興에 의해 홍주개원사석문도일선사탑명洪州開元寺石門道一禪師塔銘이 찬술되었다. 또한 마조 선사가 입적한 20년 후인 대적선사大寂禪師라는 시호와 단증지탑丹證之塔이라는 탑호가 하사되었다. 《송고승전》에 의하면 마조 선사의 장례식이 성대함이 "정토교의 선도 및 화엄의 보적寶積 선사에 버금가는 장례식이었다."고 한다. 이는 고래의 위인의 통례이지만 이것은 그만큼 마조 선사가 불교 내부에서나 사회적으로 끼친 영향은 매우 컸다는 증거이다.

안사安史의 난(亂,755~763)을 계기로 지방 중심·서민적인 사회풍조로 변형된 속에서 지방을 중심으로 마조 선사의 가풍家風이 크게 드러났다. 이 무렵부터의 사상을 조사선祖師禪이라고 한다. 마조 선사는 조사선의 선구자이다. 이 조사선은 종래의 여래선(如來禪, 여래의 말씀 즉 부처님께서 설한 경전에 의거, 수행하여 깨닫는 선)에 대비하여 붙여진 이름인데, 이름에서부터 풍기지만, 이상적이고 형이상학적인 인물을 배제하고 인간중심의 사상이라는 점이다.

마조 선사의 대표적인 사상은 '평상심시도平常心是道'와 '즉심시불卽心是佛'이다. '즉심시불'은 마조 선사의 사상적 이론이며, '평상심시도'는 실천하는 원리이자, 궁극적으로 추구하는 경지라고 볼 수 있다. 마조 선사의 '평상심'과 '즉심시불' 사상으로 인해 중국선종 초기의 신비한 신통神通 사상의 극복과 신회神會 선사의 돈오선頓悟禪의 시대를 초월한 일상성의 종교화 되었다는 점이다.

인간의 일상생활을 모두 부처님 진리의 전개로 보려는 사상이 평상심이다. '평상심이 곧 도'라고 여기게 됐던 이 말은 마조 선사의 상당법어에서 비롯된다. 나아가 마조 선사의 제자 남전 보원(南泉 普願:748~834) 선사가 '평상심이 바로 도'라며 스승의 말을 메아리처럼 전수한다.

마조 선사는 "평소의 마음이란 무엇인가. 그것은 일부러 꾸미지 않고 이러니저러니 판단을 하지 않으며, 마음에 드는 것만을 좋아하지도 않고, 단견상견(斷見常見, 단견은 끊어진다는 견해이며 상견은 계속이어 진다는 견해로 모든 사람들이 죽으면 소멸이 되기에 전생과는 아무런 상관이 없다고 믿는 것은 단견이고 재탄생이 자아가 새로운 거처로 옮겨 가는 것이라고 여기는 것은 상견)을 버리며, 범성을 구분하는 생각과 멀리 떨어져 있는 마음을 가리킨다.

경전에 이런 말이 있다. "범부처럼 행세하지도 않고 성인 현자처럼 행세하지도 않는 것이 바로 보살행이다. 지금 이렇게 걷다가 곧 멈추기도 하고 다시 앉아 있다가 편안하게 눕기도 하는 등 형편에 따라 움직이는 이 모두가 바로 도다."라고 직접 설파한 평상심을 설하고 있다.

마조 선사는 있는 그대로 넘치거나 부족함이 없으면 거기에 진리가 있다고 강조한다. 이러한 '평상심시도'의 가르침은 마조 선사의 법제자 보원普願 선사에 의해 더욱 충실히 발전 계승된다. 보원 선사의 제자 장사 경잠(長沙 景岑:?~868) 선사는 평상심의 도에 대해 다음과 같이 대답했다.

"평상심이란 무엇입니까?"
"졸리면 잠을 자고 앉고 싶으면 앉는다."
"그 뜻을 좀 더 가르쳐 주십시오."
"더우면 부채질하고 추우면 화롯불을 쬔다."

경잠 선사의 말처럼 졸리면 자고 추우면 불을 쬐는 행위는 지극히 일상적인 생활이다. 졸릴 때 잠을 못자면 고문이 되거니와 거기엔 인위가 끼어있다. 때문에 평상심을 유지한다고 말할 수 없다. 이 같은 평상심에서는 두려움 성냄 등 감정이 일어날 수 없음은 물론 한걸음 더 나아가 그대로가 지극히 편안한 삼매상태다. 마조 선사의 이어 후학들이 평상심시도란 동일한 철학을 구체화하고 있는 것이다.

마조 선사는 본래부터 내재하는 불성을 그대로 지견知見하면 불과佛果를 얻는다고 설한다. 따라서 도는 닦는다거나 좌선을 필요로 하지 않는 것이다. 마조 선사는 본유금유(本有今有, 본래 있는 것이 지금 있는 것)의 견해로서 원래부터 인간 그 누구라도 구족하고 있는 자성청정심自性淸淨心이라는 철저한 본래성품의 자각에서 평상심을 주장하고 있다. 성본(性本, 동국대 교수) 스님은 "평상심이 도라고 명명하는 조사선의 정의는 평범한 일상생활 속에서 언제 어디서나 자기의 주체성을 잃어버리지 않고 자각적인 삶을 가꾸는 살아 있는 지혜이다."라고 하였다.

마조 선사 이후 조사선祖師禪 시대에 가장 중시되었던 것은 인간중심의 사상과 인간의 주체의식이 강조되었는데, 이 인간 중심사고를 가장 잘 대변해줄 수 있는 것이 바로 '평상심이 도'라고 사료된다. 이 평상심시도는 마조 선사 이후 당·송 대에 걸쳐 많은 선사들의 중심 사상이었다. 즉 평상심은 후대 조사선을 완성시킨 오가五家의 선사들이 한결같이 계승, 발전시켰다. 평상심은 인간 누구나가 갖추고 있는 근원적인 본래

만불卍佛.
길상吉祥을 상징하는 만卍 자를
부처님의 성덕聖德으로 나타냈다.

의 마음이요, 조작이나 시비가 없는 평상시의 마음 그대로 도라고 정의할 수 있다.

평상심에 대해 마조 선사는 "도道는 수행을 필요로 하지 않는다. 오직 더러움에 오염되지 않도록 하라. 무엇이 오염인가? 다만 생사심生死心을 염두에 두고 조작하여 취하려는 것이 모두 오염이다. 만약 곧 도를 알고자 한다면 평상심이 도道인 줄을 알지니라. 평상심이란 어떠한 것인가? 조작이 없고 시비가 없으며 취사取捨가 없고 단멸상주(斷滅常住, 생하여 있음이 항상 있음도 아니며, 멸하여 없음이 항상 없음도 아님)가 없으며 범부라고 할 것도 없고 성인이라 할 것도 없느니라.

경經에 이르기를 "범부의 행도 아니요, 성현의 행도 아닌 이것이 보살의 행이니라. 다만 지금과 같이 행주좌와와 형편에 따라 움직이고 사물에 접하는 모든 것이 도인 것이다. 그러므로 도라고 하는 것은 법계를 말하는 것이다. 강가 모래의 묘용妙用도 이 법계를 벗어나지 않는다. 만약 그렇지 않다면 어떻게 심지법문(心地法門, 마음으로 체득한 진리)이라 할 수 있을 것이며, 어떻게 무진등(無盡燈, 하나의 등불로 수천 수백의 등잔에 불을 붙이듯 불법으로 중생을 인도함을 비유적으로 이르는 말. 부처의 가르침이 잇따라 전파되어 다함이 없음을 의미)이라 할 수 있을 것인가?"라고 설하고 있다.

마조 선사는 항상 "평상심이 도다."라는 말을 쓴 것으로 매우 유명하다. 평상심이 도라는 말을 사람마다 그 해석이 구구하다. 평상심이 도라는 말의 뜻을 마조 선사는 스스로 이렇게 해석하고 있다. "조작이 없고 시비가 없고 취사가 없고 단견과 상견이 없고 범부와 성인이 없는 것이다."라고 하였다. 즉 성인이니 범부니 옳은 것이니 그른 것이니 하는 양변에 치우치지 않고 그 양변으로부터 멀리 벗어난 것이 곧 평상심이라는 뜻이다. 양변을 벗어나면 양변에 집착하지 않고 양변을 자유자재로 잘 활용할 수 있게 된다. 그와 같은 평상심은 곧 중도中道이다.

그러므로 평상심은 중도中道요 중도는 곧 평상심平常心이다. 중도라는 말도 무엇이라고 표현을 하자니 부득이해서 중도라고 할 뿐이다. 실은 이름이 없다. 모두가 거짓 이름이다. 그러므로 경전에서는 평상심은 "범부의 행동도 아니며 성현의 행동도 아닌 것이 보살의 행이다."라고 하였다. 참다운 보살의 행이란 이름도 없고 형상도 없어서 일체의 명상을 초월하여 일체에 걸리지 않고 일체를 자유자재로 활용하는 삶이다.

마조 선사가 설한 평상심은 마조 사상의 특징을 단적으로 표현하고 있다. 평상심은 인간이 본래 가지고 있는 평상시의 마음을 지칭한다. 그러나 이 평상심은 단순한 평상시의 마음이 아니라 시비是非·조작造作·단멸斷滅·상주常住·선악善惡·미추美醜라는 극단적인 분별심을 떠난 마음을 말하며, 깨닫지 못한 범부라고 할 것도 없고 깨달은 성현이라고 할 것도 없는 그 마음인 것이다. 이러한 평상심이 그 자체가 곧 부처即心是佛이므로 수행을 필요로 하지 않는다道不用修고 한다. 이러한 주장은 우리들이 평상심이라고 하는 인간의 마음이 본래 청정한 마음이라는 사실에 근거한다. 즉 본래 자성이 청정하고 구족되어 있는 불성佛性이기 때문에 굳이 다시 새롭게 수행을 하지 않는다고 해서 도는 수행을 필요로 하지 않는다고 정의하는 것이다. 이에 대해 청담 스님은 다음과 같이 설하고 있다.

> 법이란 역시 마음을 말하며 마음이 미치는 경계에 어떤 한계가 분명히 있는 것은 아닙니다. 말하자면 이 마음은 만물의 생명이며, 온 우주의 근본이고, 만법의 주체입니다. 망상을 내는 때나 망상을 내지 않는 때도 역시 그 마음이고 천당·지옥·사생육도四生六道를 돌아다닌다고 해도 그 마음은 변하지 않습니다. 따라서 마음은 항상 그대로이면서 다만 그때그때, 때와 장소에 따라 몸뚱이를 바꾸어서 나타나는 것뿐입니다. 우리 마음 밖에 불법이 따로 없습니다. 이렇게 변하지 않는 마음에는 차등差等과 구별이 없습니다. 그리하여 너니

나니 하는 구분이 서지를 않고 모두가 평등 그대로인 것입니다.

청담 스님은 평상심은 평범하고 예사로운 일상의 마음이며, 일체의 차별과 분별과 조작이 없는 근원적인 마음이라고 강조한다. 즉, 인간이 본래 갖추고 있는 청정한 성품이기 때문에, 평상심이 곧 도이고 그 마음이 곧 부처라고 하면서 마음에 번뇌가 없고, 일상생활의 하나하나에 몰두할 수 있는 마음이 바로 도라고 가르치고 있다. 그렇다면 본래 청정한 마음이기 때문에 "수행을 필요로 하지 않는다道不用修"라고 한 마조 선사의 평상심의 본 의미는 무엇인가? "본래부터 있는 것은 지금도 여전히 있다. 그러므로 도를 닦는다거나 좌선을 필요로 하지 않는다. 도를 닦지도 말고 좌선을 하지도 말라. 이것이 바로 여래청정선如來淸淨禪"이라고 보았다.

마조 선사는 닦음이란 결손 된 곳을 보완補完·보수補修·수선修繕하는 일이라고 설파한다. 청담 스님은 모든 생각을 쉬어버리라고 설한다. 이는 본래 완전한 것이 어떠한 이유로 결여되어 있고 파손되어 있는 것으로 거기를 수복해서 본래의 완전으로 되돌리는 작업이 수행이다. 이러한 인식에서 '평상심이 도'라는 명구名句가 생겨난 것이다. 그러나 한 가지 주목해야할 것은, 도를 닦지도 말고 좌선을 하지도 말라고 해서 증오證悟할 불성이 없다고 하는 것은 아니다. 본래성불本來成佛로 무생법인(無生法忍, 모든 사물과 현상이 공이므로 생기고 사라짐의 변화란 있을 수 없음을 깨달음)을 갖추고 있으므로 다만 오염시키지 말라는 끊임없는 실천 사상이 담겨 있다. 이 오염된 번뇌 망상이란 바로 조작하고 취사선택하는 인위적인 분별심의 마음이기 때문이다. 따라서 수행은 분별망상인 시비是非·조작造作·단멸斷滅·상주常住·선악善惡·미추美醜가 깃들지 않는 원래 청정 본성本性을 오염시키지 않는 것이다.

마조 선사는《능가경》에서 설한 심지心地나 불어심佛語心을 그가 주장하는 평상심 및 즉심시불卽心是佛의 사상적인 근거로 삼고 있다. 이 평상심은 다른 외부에서 구하는 것이 아니라, 본래부터 가지고 있는 마음의 자성청정한 자리를 발견하는 일이다. 그렇기 때문에 굳이 도를 닦을 필요가 없다는 것이다. 그러나 도道를 닦을 필요가 없다고 해서 수행을 하지 않는다는 것이 아니다. 오염시키지 않는 것, 즉 끊임없는 실천을 의미한다는 것을 염두에 두어야 한다. 이것은 단순한 개인의 주장이 아니라 달마 선사로부터 전래된 것이며 마조 선사 이후 조사선祖師禪의 근본 입장은 일심一心의 법, 심지心地를 밝히는 것이다. 청담 스님은 양처이변兩處二邊을 여의는 것이 마음을 찾아 견성見性하는 길이라고 설한다.

> 마음이 평등한 이치에 계합契合한다고 함은 마음이 본래 마음자리에 딱 들어맞는다는 뜻입니다. 평등이란 남성과 여성, 선과 악, 있는 것과 없는 것, 유정과 무정 등 양처이변兩處二邊에 대립된 경지를 벗어나서 모든 시비곡절이 끊어진 경지를 말하며, 진정한 이치를 뜻합니다. 이와 같은 경지에 마음이 들어서고 보면 마음은 바로 이치 그대로이며 쉬어서 고요하며 성불을 다 이룬 것입니다.

법주사에서 월산·운허·기종 스님과 함께

마조 선사와 청담 스님은 일상생활의 마음이 평상심平常心이라고 하였다. 우리가 생각하는 것과 근본은 일치한다고 보아 여기에는 취사取捨·시비是非·조작造作이 없다고 하였으며, 우리의 일상적인 분별심을 평상심이라고 할 수는 없다고 설한다. 세간의 지식에서 비롯된 분별심으로는 평상심을 구할 수 없다는 것이다. 진정으로 아는 것은 지식을 통한 분별이 아니다. 알음알이로서 마음이니 평상심이니 도道이니 하고 말하는 것은 아무런 의미가 없다. 그러므로 평상심이 도라는 이론을 버리는 것이 오히려 평상심에 가까워지는 것이다. 평상심은 평등하고 보편적인 마음이면서 시비곡절이 끊어진 경지의 마음이다. 청담 스님은 평상심이 부처라며 다음과 같이 설하고 있다.

> 일체유심조라는 말을 자주 쓴다. 이런 마음이 바로 평상심임을 알 수 있다. 우리는 분별심을 일으키고 집착하며 거기에 갇혀서 끌려 다닌다. 이것은 생사심生死心이다. 우리가 이런 분별심에서 벗어나 분별심의 주인이 된다면 그것을 평상심이라고 할 것이다. 또한, 우리의 앞생각 뒷생각에 매여서 끄달리는 마음이 아닌 자유로운 마음이 평상심이다. 임제 스님의 '수처작주(隨處作主, 곳곳마다 주인이 되라)가 바로 이런 뜻이리라. … 이처럼 우리 마음도 번뇌에 물들지 않고 생사열반에 섞이지 않는다. 지금 완전히 부처가 되어 있다. 우리가 공연히 이 육체를 '나'라고 하여 이해타산을 하기 때문에 온갖 번뇌 망상을 내어 이 번뇌가 나를 지배하고 이 때문에 서로 싸우고 미워하고 죽이고 때로는 좋아하고 하는 것이지, 이 마음자리가 더러워져서 그렇게 된 것이 아니다. 이 마음자리는 본래 부처心卽是佛이고, 화를 낼 때나 웃을 때나 본연의 자세 그대로다.

청담 스님은 평상심의 마음은 번뇌나 생사열반에 물들지 않는다고 말한다. 그러므로 평상심을 깨닫기 위해서는 참답게 수행하여 마음을 찾는 것이 우선이다. 평상심을 얻는 수행은 자신의 마음에 있으니 밖에서 구해서는 안 된다고 강조한다. 마음을 구하는 것은 번뇌 망상을 버리면 된다고 하였다. 번뇌에 물든 마음이 생사심生死心이라면 번뇌에 물들지 않는 마음이 평상심이며, 생사심이 마치 흙탕물이라면 평상심은 그 흙탕물을 떠나지 않는 물 그 자체라 할 수 있다. 번뇌를 놓아서 업식業識을 녹여버리는 수행은 흙탕물을 가라앉혀서 순수한 물이 되게 하여 달이 비추이게 하는 것과 같다.

그러므로 우리는 평상심이라는 지식까지도 버리고 그 모든 것을 일으키는 근본인 우리의 일상생활을 이끌어가는, 항상 마음을 찾고, 참 나를 찾는 일에 마음을 쏟아야 할 것이다. 참 나를 찾는 것이 마음이 곧 부처心卽是佛을 찾는 것이다.

청담 스님의 마음 사상이 담긴 《임제어록臨濟語錄》의 심청정시불心淸淨是佛

'즉심시불卽心是佛'은 '평상심시도平常心是道'와 함께 마조선馬祖禪의 핵심 사상이다. 마조 선사 이전이나 이후에도 이 어구는 수행자들로부터 자주 회자되었다. 즉심시불은 많은 경전에서 볼 수 있으며 마음心의 해석에 관해 중국 불교 각 종파의 대성자들이 자파自派의 종교철학과 실천 사상을 정립하고 각자 자파의 입장에서 독자적인 견해를 펴기도 하였다. 그러나 즉심시불은 마조 선사의 해석을 통해 조사선祖師禪의 실질적인 기반이 되었으며, 마조 선사 이후 중국 선종의 지대한 영향을 미친 선禪 사상이 되었다. 이렇게 선종사禪宗史에서 즉심시불卽心是佛은 오늘날까지 마조 선사의 독창적인 사상처럼 인식된 것이다.

즉심시불의 즉심은 '마음' 그 자체를 말한다. 마음이라는 것을 부분적이 아니라 전체적으로 파악하는 마음 그대로인 것이다. 따라서 즉심시불은 마음 자체가 부처라는 뜻이다. 다시 말해서 미혹도 오염도 없는 순수한 마음 그대로가 부처라는 것이다.

황벽 선사 또한 중국 당나라 때 선종禪宗의 선지식으로 홍주 황벽산에 거주하며 일심법一心法의 종풍을 드날렸다. 임제臨濟 선사의 스승으로 마음이 곧 부처임을 강조하며 마음 밖에서 불도를 구하거나 부처의 성품佛性을 찾는 것은 옳지 않은 것임을 강조했다.

현재 갖고 있는 마음을 자각해 그 마음에 투철透徹하면 바로 적멸이 눈앞에 나타나기 때문에 지금 이곳이 부처의 나라요, 바로 이 몸이 부처가 된다. 그러나 이처럼 마음 자체가 정토요, 부처님이기 위해서는 미혹과 망상을 없애 티끌 하나 없는 맑은 거울 같은 수수한 마음이 되어야만 한다. 따라서 '즉卽'이라는 것을 '있는 그대로' 또는 '그 자체'라고 말하지만, 이를 위해서는 고통스러운 수행이 필요한 것이다.

《경덕전등록景德傳燈錄》은 "각자 자신의 마음이 부처이며, 이 마음 그대로가 바로 부처라는 사실을 확신하라. 남천축국으로부터 온 달마는 이 땅에 상승지일심上乘之一心의 법을 전해 주었다."라고 마음이 부처임을 설하고 있다. 이에 대해 청담 스님은 "진리가 즉 마음이요, 마음이 부처요, 불佛이 즉 신神이요, 신이 즉 마음이요, 마음이 우주요, 우주가 곧 심心이요, 심심이 즉 진리로 돌고 돌아가는 것이다."라고 설하고 있다.

마조 선사와 청담 스님은 물론 황벽 선사를 포함한 모든 선사들의 사상에서는 자기의 마음이 부처라는 사실이 모든 것에 선행先行하고 있다. "무문無門을 법문法門으로 한다."라고 하는 것은 아무런 방편수단도 필요하지 않다는 것이다. 이 마음이 바로 부처인 즉심시불은 같은 의미를 지니며 다양한 언어로 표현되었다. 마조 선사가 "각자 스스로의 마음이 부처라고 믿는 이 마음이 부처이다." "다만 지금 말하는 것이 너의 마음이다." "지금 알지 못한다고 하는 마음, 그것이 부처 자리다." "그렇게 묻고 있는 자네가 보물 창고다."라고 다양하게 표현한 것이 즉심시불로 요약된다.

　이렇게 다양한 언어는 마조 선사가 제자들에게 법을 설할 때, 그때 그 상황에 맞춰 쓰인 것으로 즉심시불에 일치된다고 볼 수 있다. 마조 선사가 자주 언급한 "밖에서 구하지 말라."나 "무릇 법을 구하는 이는 구求하는 바가 있어서는 안 된다. 마음 밖에 부처가 따로 있지 않으며, 부처를 떠나 따로 있는 마음도 없다."는 것과 상통된 의미이다. 이에 대해 청담 스님은 이렇게 설하고 있다.

> 미迷한 사람에게는 대적멸大寂滅이 나타낼 때도 있고, 그러다가 다시 번뇌망상煩惱妄想이 앞서고 합니다. 대적멸과 번뇌 망상이 번갈아 나타난다는 말인데, 마음을 깨치지 못해서 생사열반 양쪽을 왕래하는 사람은 미한 사람인 것이며, 본래 마음자리에 들어서지 못한 사람입니다. 깨닫고 나면 모든 것이 좋고 나쁘고 구별이 없게 됩니다. 이 말을 알아들었으면 우리는 여기에 의심덩어리를 내버려야 합니다. 팔만대장경 속에 담긴 모든 불법도 다 여기서 끝나게 됩니다.

　평상심이라는 것은 그러한 마음의 전체이며, 미혹이니, 깨달음이니 하는 분별심조차 없는 것이다. 즉, 그 어느 쪽으로도 치우치지 않는 바로 그것이며, 미혹과 깨달음이 결국 손등과 손바닥을 가진 손이라는 것을 분명히 아는 일이라고 마조 선사는 설하고 있다. 또 미혹과 깨달음이 한 바탕에서 나온다. 평상심인 그 마음 자체, 마음이 곧 불佛이요, 불성을 가진 존재이다.

　달마 선사가 혜가 선사에게 "괴로운 마음을 가지고 오라."고 하는 것이나 마조 선사가 제자에게 "알지 못한다고 하는 마음, 그것이 부처 자리다." "그렇게 묻고 있는 자네가 보물 창고다."라고 하는 것은 결국 같은 것이다. 따라서 본래의 그 마음을 떠나서 도道를 이룰 수 있는 것이 아니며, 마음을 여의고서 부처를 구할 수 있는 것이 아니다.

마조 선사는 독창적인 즉심시불을 설하지 않았다. 마조 선사는 여러 경전에 의거하여 '평상심시도'나 '즉심시불'을 설하였지만 교조화教祖化하려거나 기록을 남기려고 했던 것은 아니다. 이 같은 예는 《법화경》의 〈비유품〉에서 여러 가지로 설하고 있다. 부처님께서는 중생들에게 "네가 불성을 가진 존재로서 나와 똑같은 부처다."라고 하면 중생들이 지레 겁을 내어 수행할 마음을 먹지 않을까 싶어, 차츰 차츰 부처의 자리로 인도하기 위해 여러 가지 비유와 방편으로 중생을 인도했다. 이처럼 마조 선사도 제자들에게 '평상심시도'나 '즉심시불'이라고 설한 본 의도는 제자들의 개오開悟의 기연機緣에 보여지는 일상어일 뿐이며, 수시隨時의 방편설에 불과하다. 즉 부처가 되는 것이 목적이지만, 부처이니, 마음이니 하는 것조차 하나의 방편으로 세워 놓은 설정에 불과하다는 것이다.

마조 선사의 즉심시불 사상을 단적으로 알 수 있는 유명한 일화가 있다.

승: 화상께서는 어찌하여 즉심즉불이라 설하십니까?
마조: 어린 아기의 울음을 그치게 하기 위해서다.
승: 울음을 그치면 어떻게 합니까?
마조: 마음도 아니고 부처도 아니다.
승: 이 두 가지를 제외하고 다른 사람이 오면 어떻게 하시겠습니까?
마조: 그에게는 물건도 아니다 라고 말하겠다.
승: 바로 그런 사람이 오면 어떻게 하시겠습니까?
마조: 그에게 대도를 손에 쥐어 주도록 하겠다.

문답問答은 말하고 있다. 마조 선사가 설하는 즉심즉불은 어디까지나 방편方便일 뿐이며, 자신의 마음이 아닌 다른 곳에서 구求하려고 하는 이들을 경책하기 위한 것이다. 따라서 즉심시불은 그대로 비심비불非心非佛이요, 심心도 불佛도 모두 나뭇잎에 지나지 않는다. 그리하여 마음이라고 말할 필요가 없다. 그것이 불시물不是物이다.

이렇게 마조 선사의 설법은 때와 장소에 따라 설하는 수시隨時의 설법이었는데, 점차 시대가 흘러 마조 선사의 제자들의 시대가 되면서 즉심시불은 대승경전이나 신회神會 선사의 설법이 아니라 오히려 마조 선사의 설법으로 정착되어 갔다.

마조 선사의 즉심시불은 제자들에게 깨닫게 해주는 기연機緣이었고 수많은 제자들을 깨달음으로 인도하는 도구였다. 그러나 마조 선사가 제자들에게 수시로 설했던 방편설에 불과했던 즉심시불이 후대에 마조 선사를 대표하는 중심 사상으로 인식되어졌다. 한편 마조 선사의 즉심시불은 부처를 오로지 형이상학적인 절대자나 교주로서의 이상적인 인격을 배제하고 오히려 마음 자체가 불佛이라는 현실적인 인격을 공감대에 두었다.

청담 스님은 마조 선사의 마음 사상을 다음과 같이 설하고 있다.

> 호남에서 석두 약산의 선종이 활기를 띠고 있을 무렵, 때를 같이하여 강서의 노산 근처에서도 마조馬祖의 법손法嗣에 의하여 대중 속으로 파고들었다. 삼라만상의 모든 자연은 空으로 돌아간다. 그것은 도리를 설명하기 이전의 문제이며, 우리들이 이것을 알기 위해서는 일심(一心, 집중하는 순수한 마음)으로써만 가능하다. 이것이 자기의 주장이며 우리의 종파이다. 우리들의 생활은 진리를 밟고 서는 것이며, 절대로 진리에서 멀어져서는 안 된다. 일체의 법칙은 죄다 부처의 마음이다. 여러 가지 법은 죄다 해탈의 길이다. 해탈이란 일체의 근

원, 즉 진리 그 자체다. 이것이 무주無住의 법이다.

이처럼 청담 스님도 마조 선사의 마음 사상이 대중과 함께 하고 있음을 주장했다. 그리고 그것을 알기 위해서는 일심一心으로써만 가능하며 진리란 생활에서 멀리 떨어져 생각하면 안 되는 것이라고 강조한다.

달마 선사가 오기 이전 중국인들은 선禪을 초현실적인 신통 사상으로 여기고 있었다. 이 신통 사상을 극복하고 선이 가진 수행의 본래성本來性을 되돌리는 역할을 한 사람이 달마 선사였다면, 인도의 선과는 달리 중국적으로 변용시킨 사람이 마조 선사이다.

일상생활 그 자체 속에서 마음 수행하는 생활불교로 탈바꿈시킨 것이다. '생사즉열반生死卽涅槃', '번뇌즉보리煩惱卽菩提'라고 한 《유마경維摩經》속의 불이不二 사상을 그대로 재현시킨 것이다. 걷고, 머물고, 앉아있거나 누워있을 때, 말하고, 침묵하고, 움직이거나 가만히 있을 때, 즉 일상생활의 모든 순간순간의 일상생활 속에서 견문각지(見聞覺知, 보고 듣고 깨닫고 앎. 곧 경험이 풍부함)하는 그대로가 본래심의 작용이요, 평상심이다. 따로 불성이나 자성을 전제로 하지 않는 현실적인 일상생활 그 자체가 부처의 행이라는 것이다.

달마 선사로부터 계승된 일심一心은 일상생활의 마음이요, 일용인 것이다. 여기서 일심은 번뇌의 바로 그 자리가 열반인 안심安心과 같은 뜻이요, 곧 평상심이다. 달마 선사의 이론적인 안심安心에 《이입사행론二入四行論》은 일상적인 실천 속에서 수행함을 강조하였듯이, 마조 선사의 평상심이나 즉심시불도 일상생활 속에서 도道는 "그러므로 그대들이 그때그때 던지는 말 가운데서도 대상 그 자체는 항상 그대로 진리인 것이며, 거기에는 아무런 차이도 없다. 깨달음의 경지도 역시 마찬가지다. 이러한 도리를 깨달으면, 때에 따라 옷을 입기도 하고, 밥을 먹기도 하며, 성인이 될 소질을 계속 키워 나가면서 흘러가는 대로 삶을 살아 나갈 수 있게 되는 것이다. 그 외에 또 무엇이 있겠는가?"라고 강조하고 있다.

청담 스님은 일상생활이 바로 마음을 깨치는 길이라고 설한다.

> 아무 생각 없이 부지런히 농사짓고, 종일 일해도 고된 줄 모르고 아무 생각 없이 일하는 것이다. 이게 내 일이라 생각하지 말고, 꼭 나만 먹을 거다 이런 생각 말고, 아무나 배고픈 사람이 먼저 먹을 거고 헐벗은 사람이 먼저 입을 옷이라 생각하여, 열 벌이고 한 벌이고 장만하는 것이 도인의 행동이며, 모든 중생을 구제 할 수 있는 대보살이고, 자기도 완전한 의식주를 초월하고 생사를 벗어날 수 있는 길이다.

청담 스님과 마조 선사가 일상적인 생활에서 도道를 행함을 말한 것은 평상심 그대로의 발현이라고 볼 수 있다. 마조 선사의 평상심시도平常心是道 사상이나 즉심시불卽心是佛 사상은 후대를 거치면서 일상성 속에서 도를 추구하는 생활 속의 선禪을 창출했다. 청담 스님은 "욕심내지 않는 마음으로 중생을 위해 보살행을 하면 깨달음의 세계에 이를 수 있다."고 강조하고 있다.

평상심이나 즉심시불의 마음 사상은 단순히 추상적이고 형이상학적인 언어가 아니라, 현재의 삶을 중시하고 생생하게 살아 있는 일상생활의 실천이요, 수행의 전개였던 것이다.

위에서 살펴본 바와 같이 마조 선사의 주요 핵심 사상은 '즉심시불'과 '평상심시도'이다. 이 두 가지 사상을 배경으로 일어난 것이 일상화된 수행이다. 즉심시불은 마조 선사의 사상적 이론이며, 평상심시도는 실천하는 원리이자, 궁극적으로 추구하는 경지라고 볼 수 있다. 마조 선사의 평상심과 즉심시불 사상으로 인해 중국 선종 초기의 신비한 신통 사상이 극복되고 후대 선종

약선남자유선여인若善男子有善女人
신심청정즉생실상信心淸淨卽生實相.
"만약 선남자 선여인이 있어 몸과 마음이 깨끗하면
실다운 진리의 경계가 생길 것이다."라는 청담 스님 휘호.

에서의 마음 사상의 발전에도 큰 영향을 미치었다.

그런데 마조 선사의 '즉심시불'과 '평상심시도'라는 사상도 마조 선사의 독창적인 설이 아니라는 것을 앞에서 대승경전에 근거하여 말하였다. 여기서 더 살펴보면 《무량수경無量壽經》과 《반주삼매경般舟三昧經》의 '시심시불是心是佛', 《열반경》의 '일체중생실유불성(一切衆生悉有佛性, 모든 중생은 다 부처가 될 수 있는 성품을 지니고 있음)'과 '불신佛身의 상주常住', 《능가경》의 심지心地 사상, 《유마경》의 일상적인 현실 속에서 열반을 구현하는 삶 자체의 수행, 《화엄경》의 유심唯心 사상과 현실 긍정적인 사상이다. 마조 선사와 청담 스님은 경經을 그대로 답습한 것이 아니라 자신의 수행과 뜻에 맞추어 일심一心을 비추어 보았던 것이다. 달마

5장 마음 사상의 원류源流 383

선사의 안심安心과 혜능 선사의 반야般若와 자성청정심 사상이 마조 선사의 평상심과 즉심시불로 재창조된 것이고 청담 스님의 '마음'으로 승화되었음을 엿볼 수 있다.

영명 연수永明 延壽의 심성心性 사상

영명 연수 선사.

　　영명 연수(永明 延壽:904~975) 선사의 자는 중원仲元, 속성은 왕王 씨이다. 904년 여항에서 태어났다. 일찍이 불법에 뜻을 두어 오신채(五辛菜, 불교에서 금하는 다섯 가지 음식물로 우리나라 사찰에서 특별히 먹지 못하게 하는 음식. 마늘과 파·부추·달래·홍거의 다섯 가지로, 대부분 자극이 강하고 냄새가 많은 것이 특징)를 먹지 않았으며, 20세부터는 하루 한 끼를 먹으며《법화경》을 읽었다. 28세 때 화정진장華亭鎭將이라는 관리에 등용되었으나 백성들로부터 거둔 세금을 모두 방생放生에 사용해 체포되었다. 왕은 그의 뜻이 출가에 있음을 알고 출가를 허락하여 불문佛門에 들어섰다. 취암 영참翠巖 令參 선사를 스승으로 삼고 출가하여, 수행을 시작한 뒤 천태 덕소(天台 德韶:891~972) 선사의 제자가 되어 법을 이었다.

　　연수 선사는 마음의 뜻을 궁구하고 식識의 말을 달성함에 있어서 말을 잡으면 뜻이 풍부하여 문구의 바탕이 이치에 나아갔다. 불사佛事를 잘하여 명주의 보두산에 머물 때는 108종의 불사를 일으켰다고 한다. 960년 영은산 신사新寺, 961년 사주 영명 대도량 등燈을 맡았고, 천태산에 들어가 1만여 명에게 계戒를 주었다. 975년 세수 72세, 법납 42세로 입적하였고 지각 선사智覺 禪師라는 시호가 내려졌다. 저서로는 《종경록宗鏡錄》과 《만선동귀집萬善同歸集》이 유명하며, 정토에 관계된 것으로 《유심결惟心訣》, 《신루안양부神樓安養賦》, 《정혜상자가定慧相資歌》, 《경문警文》 등이 있다.

연수 선사가 활동한 시대에 남종은 이미 중국불교의 주류가 되었고, 아울러 오가五家가 남북에 성행하고 있었다. 연수 선사는 그가 편찬한 《종경록》의 자서自序 중에서 '일심一心을 들어 종宗으로 삼고 만법萬法을 비추는 거울과 같다.'고 전제한다. 조계일미曹溪一味의 종지宗旨는 모든 조사가 똑같이 전한 것이다. 이 종지에 의지해서 수행하며 선을 닦아 깨달음을 얻을 수 있고, 일체의 지혜에 도달할 수 있다고 하였다.

그러면 연수 선사가 받들어 종宗으로 삼은 마음이 함축하는 의미는 있는가? "근본은 본래 다름이 없지만 사람으로 인해서 이름을 얻는다. 그러므로 말하길 조사가 단박에 깨달아 곧바로 들어가는 것을 선종禪宗이라 부르고, 모든 부처님 과덕果德의 근본은 불성이라 부르며, 보살의 만행萬行에 근원적인 소굴은 심지心地라고 부르고, 중생이 윤회를 일으키는 것을 식장識藏이라 부르며, 만법이 의지할 곳은 법성法性이라 부르고, 반야를 출생할 수 있는 것을 지혜의 바다라 부른다. 하나를 결정하여 많은 것을 집착하고 여러 가지 식정識情의 견해를 낼 수 없다." 이처럼 마음을 일컬어 진원眞源·각해覺海·진심眞心·진여眞如·법성法性·여래장如來藏·청정심淸淨心·공성空性·심지心地 등으로 표현했다.

연수 선사는 대승불교가 설한 불성 또는 법신, 보살의 심지, 중생이 윤회하는 주체를 야기한 식장識藏인 아뢰야식과 심식心識의 지혜로운 공능도 마음의 범주에 속한다고 보았다. 연수 선사는 《종경록》에서 마음은 본래 청정하고 공적하며 무상한 것이라고 한다. 그것은 반연을 따라서 세간의 만유萬有와 유정인 중생을 형성한다고 하였다. 중생은 심성으로 인해서 무명의 탐애貪愛에 가린 채 삼계생사三界生死의 흐름에 윤회한다. 그러나 사람들이 만일 경계를 반조하여 마음을 관할 수 있다면 본래 청정한 진심을 채득하여 문득 해탈할 수 있다.

연수 선사가 "마음으로써 종지宗旨를 삼는 것은 또한 마음으로써 존귀함을 삼고, 본체를 삼으며, 지혜를 삼는 것이다."라고 한 것은 양면적인 의미가 있는데 그 하나는 대승불교의 불성학설을 존중하여 받들어 표준으로 삼아 세계의 만물과 인류사회 및 중생의 번뇌와 생사윤회, 그리고 해탈의 문제를 관찰하고 논하여 기술한 것이다. 다른 하나는 선종禪宗의 심성론心性論을 중심으로 하여 대승과 소승의 교법과 제종諸宗의 교의敎義를 종합하여 논하고 기술한 것이다.

연수 선사는 종지宗旨를 표방하는 것 자체에 대한 논의를 매듭지은 뒤, 종지를 설정하는 기준을 제시하고, 나아가 붓다와 조사祖師, 현인賢人과 성인聖人이 세운 종지에 대해 소개했다.

연수 선사는 불교의 창시자인 인도의 석가모니 부처님은 "불어佛語는 심心으로 종宗을 삼는다."고 하였고 중국 선종의 창시자인 달마 선사는 불교의 진리를 문자를 매개하지 않고 "심心에서 심心으로 전한다."고 하였다. 여기에서 나오는 석가모니 부처님 말씀은 《능가경》에서 인용된 것으로 널리 알려져 있다.

한편 달마 선사의 이심전심以心傳心 역시 당대 이래로 이미 선조의 가르침을 대표하는 말로 자리 잡은 것으로 보인다. 연수 선사에 따르면 선禪과 교敎를 창시한 두 인물이 모두 심心을 종지로 삼았으며, 그들이 전수한 것 역시 이 심

心일 따름이라고 설하고 있다.
  청담 스님은 이를 다음과 같이 설하고 있다.

> 불조佛祖가 서로 전해오는 정법안장正法眼藏의 정지견正知見을 바로 깨닫기만 하였다면, 신통이 없다 하더라도 이 불조의 교외별전敎外別傳의 종지宗旨만 얻어 놓으면 안심이다. 왜냐하면 일체 신통이 다 마음의 정지견正知見에서 나오기 때문이다. 어찌 원인 없는 결과가 있으랴. 대개 진실로 이 마음을 깨달은 사람이라면 혹은 신통이 생겨난다 하더라도 그 즉시 없애버리고 거기에 잠시라도 머물러 있으면 본심本心을 잊어버리기 쉬운 것인데, 하물며 이 마음을 깨닫지 못한 사람이야 더 말할 것도 없다.

  청담 스님 역시 연수 선사와 동일하게 정지견正知見을 깨달아 종지宗旨를 얻어 놓으면 안심安心이라고 설한다. 이는 모든 것이 다 정지견에서 나오기 때문이라고 강조하며 마음을 꼭 깨달아야 함을 말한다. 이는 이심전심以心傳心의 오묘한 진리를 얻어놓아야 함을 말한 것이다. 즉 마음으로 종지를 삼고 마음으로 전하는 의미를 설하고 있다.
  연수 선사는 주요 저작에서 이사무애(理事無碍, 본체계와 현상계가 서로 떨어져 있는 것이 아니고 하나의 걸림 없는 상호관계 속에 있음을 말함)를 회통하여 일심위종(一心爲宗, 일심을 으뜸으로 삼음)으로 삼아 원융한 심성을 피력하였다. 심성론의 원류는 《아함경》을 비롯하여 《화엄경》 전류와 《유마경》 《반주삼매경》 《관무량수경》 《대집경大集經》 등과 깊은 관련을 맺고 있다.
  불교에서 말하는 심성의 개념적인 범주는 중생의 본성이나 마음의 본성과 본질을 말한다. 이른바 심心이란 중생 각자가 본래 갖추고 있는 마음이다. 이에 대해 청담 스님은 성품이란 우리말로 '마음'이라고 다음과 같이 설한다.

자심自心이란 말은 우리의 근본 마음·성품·진리란 뜻입니다. 우리의 이 자심은 지금 말하고 싶으면 말을 하고 말을 듣고 싶으면 듣고, 또 그런 생각을 하는 것입니다. 중국에서는 성품이란 말을 잘 쓰지만 우리말로는 마음입니다. 또 우리는 마음이 곧 부처다心卽是佛는 말을 많이 씁니다. 이렇게 마음이다, 성품이다 하는 두 가지 말로 진아眞我를 표시하는데, 어떤 때는 마음 심心자가 더 깊은 뜻으로 쓰이기도 하고, 때로는 성품 성性자가 더 깊은 뜻으로 쓰이기도 해서 대중하기 어려울 적이 많습니다. 그러나 우리말로는 "마음이 모든 생각의 주체다."라는 것을 단적으로 인식할 수 있습니다.

위에서 설한 바와 같이 두 선사는 마음이 모든 법의 주체임을 밝히고 있다. 그리고 진여의 성품과 중생의 성품을 동시에 지닌 것이 마음이라고 표현하고 있다. 또한 정토교의 유심정토唯心淨土 사상을 설하고 있다. 일찍이 원효 대사와 연수 선사는 "예토정국穢土淨國이 본래일심本來一心"이라고 하였다. 여기서 본래의 일심一心은 대승의 마음이고 삼계三界가 유심唯心이며 만법萬法이 유식唯識이라는 것이다. 마음에 따라서 정토淨土와 예토穢土, 생사生死와 열반涅槃, 차안此岸과 피안彼岸이 나타난다. 이는 유식唯識 사상을 결부시켜 부처님과 가르침, 참 성품의 중요성과 절대적으로 신앙해야 함을 주장하고 있다.

청담 스님은 마음에 대해 다음과 같이 설명했다.

마음은 우리가 생기기 이전부터 있었고, 태초 이전부터 있던 것이다. 이것은 만질 수도 없고 없던 것조차 없으며, 진공조차도 아니고 사상도 아니다. 그 까닭에 마음의 실체라는 것은 변화가 있을 수 없다. 누가 만들 수도 없고 제가 스스로 만들어질 수도 없다.

청담 스님은 마음이라는 것은 누가 만드는 것도 아니고 만들 수 있는 것도 아니며 마음이 어떻다고 말과 글로써 표현할 수 없음을 설하고 있다. 그러나 마음을 깨닫게 되면 만법을 한 번에 깨닫게 된다.

> 법法이란 우리의 마음자리를 두고 하는 말인데 부처도 중생도 아닌 이 마음 자리가 지금 말하고 듣고 있으며, 바로 이 마음을 일컬어 법이라고 합니다. 마음은 온갖 법을 지어내는 법 중의 법왕法王입니다. 철학·종교·법률·도덕·윤리 등 온갖 것을 마음이 만들어 냅니다.

스님은 마음에 두 가지가 있다면 이사理事의 근본은 마음이라고 설하면서 번뇌 망상은 올바른 진리가 아니고 진실한 마음이 아님을 강조하고 있다. 마음이란 부처도 중생도 유정도 무정도 아닌 자성임을 깨달으면 지혜의 몸을 얻어 법왕이 된다. 우리가 번뇌를 끊고 참 마음의 성품을 볼 때 증애심憎愛心이 없어지고 육진六塵을 미워하지 않으며 자타自他의 관념이 사라지므로 진실한 마음이 나타난다. 그러므로 해탈을 해야겠다는 마음을 버리고 진실한 마음으로 성품을 볼 때 깨달을 수 있는 본연이 마음이 드러난다는 것이다. 청담 스님은 이 마음의 성품을 깨달아 가는 수행법으로 선정禪定을 주장한다.

> 우리는 동서남북으로 마음이 갈기갈기 찢겨져서 잠도 못 자고 마음도 편치 못한데, 이 마음이 바로 정립돼서 가장 깨끗한 기분에서 잡념이 하나도 없는 또렷한 마음이 남아 있을 때, 즉 마음이 정립되어 선정삼매禪定三昧에 들었을 때가 사람의 마음이 가장 안락한 때다.

청담 스님은 일심一心이 부처라는 입장에서 선정禪定이라는 수행방법을 통

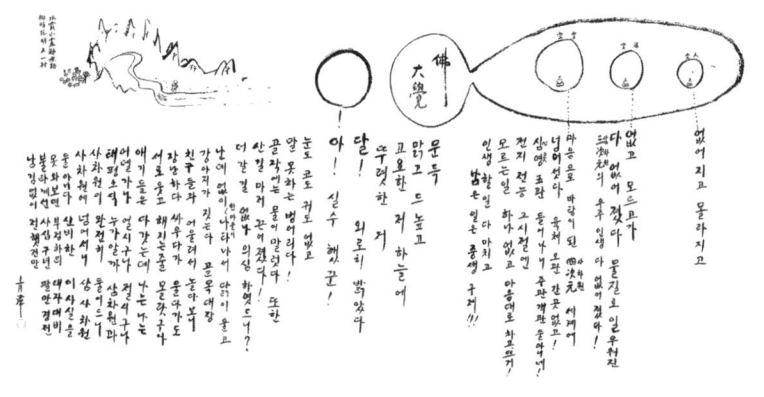

불佛과 대각大覺. 마음을 깨달아 부처가 되는 과정을 설명한 유묵.

하여 일심에 이르는 길을 제시하고, 선정을 잘 닦는 것이 성위聖位에 들어가는 최선의 방법임을 밝히고 있다. 중생들이 천만억겁을 살아오면서 세세생생에 익힌 버릇으로 탐욕과 성냄과 어리석음의 세 가지 마음이 뿌리박혀 있기 때문에 성인의 위치에 도달하지 못하는 것이다. 이것을 뿌리채 뽑아버리기 위해 선정을 닦는 방법과 방편지혜를 가르치고 있다.

연수 선사는 《화엄경류華嚴經疏》에서 법계의 총체적인 의미인 심心과 일심一心 또는 진심眞心에 대해 설한 것을 인용하여 "총괄하여 오직 일진一眞의 법계法界일 뿐이다. 이른바 만유萬有를 총괄하여 갖춘 것이 바로 일심一心이다."라고 하였다. 연수 선사는 《종경록》에서 "일다一多와 내외內外가 서로 편만하고 서로 존재함에 장애가 없는 것은 오직 일심이 원융圓融하기 때문이다. 이理와 사事에 기탁함으로써 그것을 드러낸다. 본체가 적정한 한계로써 그것을 가리켜 이理를 삼고, 작용하여 준동한 한계로써 그것을 가리켜 사事라고 한다. 이理를 가진 이 마음은 성性이고, 사事를 가진 이 마음은 상相이다. 성상性相이 함께 마음이기 때문에 일체가 장애가 없다. 위와 같이 끝없는 나뉨의 한계를 차별한

사事는 오직 하나의 이理의 성性에 녹여 융화시킴으로써 자연히 대소가 서로 용납하여 일다一多가 즉입卽入한다. 마치 금으로 주조한 십법계(十法界, 미오迷悟와 선악善惡 등의 차이로 모든 중생들을 나눈 것으로, 지옥地獄, 아귀餓鬼, 축생畜生, 아수라阿修羅, 인간人間, 천天, 성문聲聞, 연각緣覺, 보살菩薩, 불佛을 말한다. 10계 중 지옥으로부터 천상까지는 미혹한 중생이 윤회하는 세계이므로 육도六道라고 하고 성문聲聞부터 불佛까지는 일정 정도 이상 깨달은 세계이므로 사성四聖이라고 한다. 따라서 '육범사성六凡四聖'이라고 칭하기도 함)의 모습을 녹이면 다른 모습이 없고 저 유화시킨 것은 다만 하나의 금일 뿐인 것처럼 이理의 성性으로써 큰 용광로를 삼아 만사를 녹이고 사事의 상相을 큰 대장장이로 삼아 만법을 녹여 융화하면 동일한 하나의 진실로 모인다."며 화엄종의 이사법계연기(理事法界緣起, 차별한 현상계와 평등한 본체계와의 관계가 그것이 곧 그것이어서 서로 여의지 않는다고 말하는 것이니, 하나의 진여에 대하여 변하지 않는 뜻과 인연을 따르는 뜻이 있다는 것)의 원융한 이론을 설명하면서 일심 법문을 후학자로 하여금 알아차리게 했다.

 법계의 온갖 현상과 온갖 사물이 모두 일심이 연기해서 이루어진 것이기 때문에 모두가 마음으로써 본체를 삼는다고 설한 것이다. 이른바 피차가 융통하여 장애가 없다는 것이다. 만일 이사理事가 작용하는 것으로써 나타내면 마음의 체성體性이 적정한 불변의 측면은 이理가 되고, 마음의 작용인 공능의 모습과 운동하는 수연隨緣의 측면은 사事가 된다. 이理가 겉으로 나타나면 사事가 되고 사事의 본체가 이理를 나타냄이 모두 일심에 속한다고 본 것이다. 그러므로 법계의 온갖 존재는 일체의 장애가 없다는 것이다. 이미 이렇다면 연수 선사가 보기에 화엄종의 이사원융(理事圓融, 일체법의 본질과 현상을 나타내는 말인데 이와 사가 원융한 뜻)을 한 무애無碍의 이론을 이용해서 모두 논증할 수 있는 것으로 간주하였다.

 한편 청담 스님은 일심과 이理와 사事에 대해 어떻게 보고 있는가? 스님은 참 나의 본성은 다름 아닌 마음이라며 "유신唯神 사상과 유물唯物 사상은 밝고 영원한 행복을 찾도록 해줄 수 없다. 오직 내 마음이 우주를 주재하는 유일한 주인공이라는 불타佛陀의 유심唯心 사상만이 참혹한 암흑에서 허덕이는 일류를 구원하는 참된 길인 것이다."라고 설한다. 이는 불타 사상의 근본을 유심 사상으로 해석하는 스님에게 있어 마음은 유일한 우주의 주재자이며 인생 문제의 궁극적 해결자다. 따라서 불교 사상사에서 다양하게 표현된 근본 원리들을 전부 마음의 이명으로 보고 '마음'으로 회통시키고 있다.

> 말로도 못 전하고 글로도 못 전하며 행동으로 나타낼 수도 없는 것입니다. 이것은 지식도 사상도 신앙도 물질도 허공도 아니어서 자살할 수도 없고 타살할 수도 없습니다. 칼로 벨 수도 없고 불에 탈 수도 없으며 물에 젖을 수도 없는 것이 이것입니다. 이것은 태초 이전이고 차원 이전이어서 무엇에도 구속되지 않는 절대 자유로운 것입니다. 이것이 부처님이고 나입니다. 그러므로 이것을 발견하여 믿는 것이 불교입니다. 이 나가 우주의 진리요 주인공이요 우주의 근본인 마음이구나 하고 믿는 것이 불교를 믿는 것이요

청담 스님은 심성心性과 불성佛性을 같은 것으로 보면서 마음은 우주의 주인공이요 근본이라고 말하면서 절대 자유로워서 어느 것에도 얽매이지 않는다고 주장한다. 이는 이理와 사事에 통달하여 어느 것에도 구속되지 않고 깨달음으로 가는데 함께 가야할 존재라고 강조한다. 그러면서 '마음자리'는 백 년 전 이 세상에 태어나던 첫날이나 백 년 뒤 이 세상을 떠나는 마지막 그날까지 백 년 동안 늘거나 줄어드는 일 없이 항상 그대로임을 설하고 있다.

불교라는 이름 아래 역사적으로 참으로 다양한 사조와 철학, 수행과 실천이 존재해 왔고, 혼선을 막기 위해 중국에서는 교관敎判과 종파宗派가 성립하였다. 특히 《대승기신론大乘起信論》은 대승불교의 여러 사조를 종합한 논서論書

로 평가되고 있는데, 그 근본 사상은 일심을 만법의 근원으로 보고 있다. '대승기신大乘起信'이란 논서의 명칭은 대승 즉 일심에 믿음을 일으킨다는 뜻을 가지고 있다. 이는 대승불교 사상의 핵심이 일심에 있음을 천명하고 있는 것이다.

이러한 측면에서 청담 스님의 마음 사상은 새로운 불교의 전개라기보다는 대승불교 사상의 근본을 재천명하고 있는 것이다. 또 한편으로는 석가모니 부처님 이래 전개된 다양한 불교 사상의 핵심이 마음에 있음을 밝히고 있다. 특히 부처님 이후 불교 사상이 추상화되고 교리 중심이 되어 난해하게 느껴지는 해탈·열반·보리 등을 하나로 통일시켜 마음으로 포괄하고 있다. 뿐만 아니라 유신唯神 사상과 유물唯物 사상과의 대비를 통해 유심 사상만이 참혹한 암흑에서 허덕이는 인류를 구원하는 참된 길이라고 강조하고 있다. 이것은 현대 사조에 대한 청담 스님의 기본적인 생각과 유심 사상에 대한 확실한 가치 판단을 반영하고 있는 것이다.

연수 선사의 관점 역시 다르지 않다. 연수 선사는 《유심결》에서 "무릇 이 마음이란 온갖 묘하고 신령스러움이 모인 것이어서 만법의 왕이 되고 삼승三乘과 오성五性 등이 이 진심에 그윽이 귀의하여 모든 성현의 모체가 되는 것이다. 혼자 높고 홀로 귀하여 견줄 데가 없으니 실로 대도의 근원이며 참 법의 골수이다."라며 "중생들이 자기의 마음이 본래 깨달음이라는 것을 믿지 않고 마음 밖에서 상대적인 깨달음의 모습으로 치닫기 때문이다."라며 자심自心이 곧 부처라는 입장을 분명히 하고 있다.

이와 같은 연수 선사의 입장은 선종禪宗의 법안종法眼宗 제3조의 자리에 위치하고 있다는 사실을 통해 분명히 드러난다. 선禪의 종지宗旨는 마음이 곧 부처라는 것인데 이는 혜능 선사 이후 남종선의 공통적인 토대이다. 이러한 남종선 한 파의 종조宗祖 자리에 있었다는 사실은 그의 사상적 근원이 바로 이러한 토대 위에 있음을 짐작할 수 있다. 불교에서 마음은 윤회의 주체이다. 그러면서도 해탈의 주체에 대한 근원적인 본래성本來性의 상태를 깊이 탐구한 결과이기도 하다. 다시 말하면 중생으로 전락하기 전의 본래성의 마음과 또는 해탈하기 이전의 마음과 해탈한 이후의 마음이 동일한 것인지 아닌지의 문제에 대해 다양하게 접근할 필요가 있다.

청담 스님의 마음 사상은 근대 이후 한국불교에 큰 획을 그었다. 이는 중생의 마음의 원래 상태가 무엇인지를 끊임없이 탐구하고 이체理體와 심체心體의 바탕 위에서 심성 즉 마음을 알아보려고 노력한 결과다. 그리하여 바로 마음이 세간의 모든 존재의 최종적인 원인과 근본임을 깨달았고 이를 사람들에게 알리는 작업에 일생을 바쳤던 것이다. 불교 심성론은 연수 선사에 의해 마음 사상은 청담 스님에 의해 회통會通되었다는 것이다.

특히 두 스님의 실천수행은 수행자의 궁극적 목표가 자신의 깨달음 뿐 아니라 중생제도를 수반해야 한다는 것, 즉 수행과 교화가 함께 이루어지는 자세가 수행자의 본분임을 자각하게 한다. 그 사상과 행적에는 불교의 상구보리 하화중생의 자리이타 정신과 중생을 가엾이 여기는 자비심이 묻어나고 있다. 두 선사의 실천수행은 현시대의 수행자들이 지표로 삼고 나가야 할 목표가 무엇인지를 알게 해주었으며, 불교 사상사에 있어 성불에 이르는 큰 원력을 삼을 수 있는 원동력이라 할 수 있겠다.

원효元曉 대사의 일심一心 사상

일심一心사상을 강조한 해동의 성자
원효元曉 대사

원효(元曉:617~686) 대사는 신라의 승려로, 일심一心과 화쟁和諍 사상을 중심으로 불교의 대중화에 힘썼으며 수많은 저술을 남겨 불교 사상의 발전에 크게 기여하였다. 속성은 설薛, 아명兒名은 서당誓幢·신당新幢이다. 법명은 스스로 원효元曉라고 지었는데, 이는 '불교를 새로 빛나게 한다.'는 뜻이며 당시 사람들은 '새벽'이라는 뜻의 우리말로 불렀다고 전해진다. 진평왕 39년(617년) 지금의 경상북도 경산시 자인면 북쪽 율곡 마을에서 태어났다. 설총薛聰을 낳은 뒤에 스스로 소성 거사小性居士·복성 거사卜性居士라고 칭하기도 했으며, 고려 숙종 때(1101년)에는 대성화쟁국사大聖和諍國師라는 시호를 받았다. 한국불교 사상의 발달에 크게 기여하여 해동보살 또는 해동종주海東宗主라고도 불린다.

원효 대사는 불교를 널리 보급하는 한편, 불교 경전의 연구에도 힘을 기울여 당시 전해진 거의 모든 경론들에 대한 주석서註釋書를 저술하였다. 원효 대사가 남긴 저술은 모두 100여 종 240여 권에 이르는 것으로 알려져 있다. 하지만 오늘날에는 그 가운데 일부만 전해진다. 현재 전해지고 있는 저술은 《금강삼매경론金剛三昧經論》, 《기신론별기起信論別記》, 《대승기신론소大乘起信論疏》, 《대승육정참회大乘六情懺悔》 등이 있다.

원효 대사는 많은 책을 저술했지만 앉아서 저술만 한 것이 아니라 민중 속에서 직접적인 교화 활동을 많이 해 불교의 대중화에 중요한 공헌을 했다. 귀족적인 불교를 널리 민중 속으로 전파해 미천한 신분의 사람까지 불교를 알게 된 것은 원효 대사의 공이 컸다. 이처럼 평생을 다방면에 걸쳐 저술을 하고 또 한편으로는 다양한 방법으로 민중교화에 힘쓰다가 신문왕 6년(686년)에 70세의 나이로 입적했다.

원효 대사 사상의 핵심은 화쟁和諍·무애無碍·일심一心이다. 그중, 일심 사상은 인간은 누구나 불성을 가지고 있으며 이러한 마음의 근원을 회복하면 누구나 부처가 될 수 있다는 것이다. 이 마음의 근원이 바로 일심一心이다. 마음이 더럽다거나 깨끗하다는 상대적인 구분을 벗어난 절대적인 어떤 것이며, 그것을 언어로는 규정할 수 없기 때문에 억지로 이름을 붙여서 부를 때 일심이라고 부른다는 것이다. 일심은 우주만법의 수용처이다. 크다거나 작다고 할 성질의 것이 아니며, 빠르다거나 늦다고 할 성질의 것도 아니다. 그리고 일방적으로 동動적인 것이라거나 정靜적인 것이라고 할 수 있는 것도 아니며, 수량으로 하나라거나 많다고 할 성질의 것도 아니다. 그것을 무엇이라고 정확하게 정의할 수는 없지만, 그냥 마음이라는 단어로써 표현되어 있다.

또한 일심의 일一은 수적 또는 양적인 개념이 아니다. 그것은 개체가 그 안에서 진실로 사는 전체이다. 진실로 살아 있는 조화로운 전체가 일심이다. 원효 대사는 그 속의 어느 하나 속에 전체가 살아 있고 그 전체 속에 하나가 살아 있다. 원효 대사는 이 일심一心의 사상을 우리나라 불교 속에 정착시키고 독특한 사상으로 발전시켰다. 일심 사상은 원효 대사 사상의 밑바탕을 이루고 있다. 원효 대사는 "도道는 모든 존재에 미치지만, 결국은 하나의 마음의 근원으로 돌아간다."며 만물을 차별 없이 사랑하는 삶을 강조하였다.

이에 대해 《열반종요涅槃宗要》에서 "일심은 모든 법, 즉 모든 존재와 현상의 근거이며, 일심이 구현된 세계가 바로 정토이다. 일심은 평등하고 무차별하며, 일심에서 보면 진여眞如와 생멸生滅이 다르지 않다. 따라서 마음의 근원을 회복한다는 것은 일체의 차별을 없애고, 만물이 평등하다는 것을 깨우치고, 차별 없이 사랑하는 자비의 마음을 얻는 것이다. 이처럼 마음을 다스리는 중생은 반드시 큰 깨달음을 이룰 수 있다."고 설한다.

원효 대사는 《대승기신론소》에서 일심의 경지를 청운靑雲과 대해大海에 비유하였다. " 마치 봉황이 청운 위를 날아가면서 산악의 비천함을 알게 되고 하백河伯이 대해를 굽어보며 산하의 협소함을 부끄러이 여기듯이, 도道를 이루고자 하는 자가 일심의 세계에 들어가면 비로소 앞서 배웠던 모든 학문이 치졸함을 깨닫게 될 것이다."라고 하였다.

특히 원효 대사는 삶의 의미가 불도에 귀의하여 반야의 지혜를 닦고 일심지원一心之源으로 환귀還歸하여 열반을 성취하는데 있다고 보았기 때문에 많은 저술 속에서 일심에 관해 보다 깊이 있고 체계적으로 서술하고 있다. 그 대표적인 저서는 《대승기신론소》로, 일심을 보다 체계적으로 전개시켜 이문二門·삼대三大·사신四信·오행五行으로 확대시켜 나갔다. 일심은 진여심眞如心을 뜻하고 모든 진리를 포섭하는 인간의 참된 마음이며 인간의 본성을 뜻한다. 이를 다른 이름으로 말하면 심성이라 하고 불성, 또는 청정심淸淨心이라 칭하기도 한다. 이 마음은 사람을 착하게 하고 지혜롭게 만드는 인성을 뜻한다. 원효 대사는 이러한 일심을 《대승기신론소》《금강삼매경론》 등 여러 저술에서 자세히 설명하고 있다.

청담 스님 또한 《신심명信心銘》을 강의하면서 일심에 대해 다음과 같이 설하고 있다.

> 내가 마음이란 말을 자주 하는데, 이 마음은 심성과 불성이란 뜻으로 하는 말이다. 그리고 이 마음자리는 억만겁 이전부터 있었고, 억만겁 뒤에 가서도 옛것이 아니다. 어제도 이렇고 오늘과 내일도 이렇고 항상 이러한 것이 마음이다.

청담 스님의 마음 사상은 오늘날 한국 스님들의 마음 사상을 대변하는 것이라 할 수 있다. 다시 말하면 한국의 선禪 수행은 심성과 불성을 뜻하는 마음을 깨닫는 수행이라 할 수 있다. 그러므로 대부분 선사들은 일심을 강조하는 선禪 법문을 한다고 할 수 있다. 원효 대사는 《열반종요》에서 일심을 "불성의 체는 바로 일심을 말하는 것이며 일심의 성품은 모두 치우침을 여읜 것이다."라고 설하고 있다.

원효 대사는 우리 마음은 불성의 체體와 일심一心의 성性을 바탕으로 한다고 했는데, 이는 청담 스님이 말한 불성과 심성의 뜻과 같은 것이다. 중생들의 마음에는 번뇌와 지혜가 공존하고 있으며, 부처님의 마음에는 번뇌는 없고 오르지 일심에 의거한 지혜만 있다는 것이 두 스님의 주장이다. 지혜는 일심에서 나타난 작용이며 번뇌는 망심에 의거해서 나타나는, 일심을 가리는 작용을 뜻한다.

또한 《대승기신론소》에서 "우리는 모든 사물의 맑음과 흐림染淨을 가리지만 그 본성이 둘이 아니며, 그 진眞과 망妄의 두 문을 세우지만眞如, 生滅 그것이 따로 별개의 것이 아니다. 그러므로 나라고 한다. 둘이 아닌 자리에서 모든 사물은 알찬 것이 되며 그것은 조금도 헛되지 않아 그 스스로 모든 것을 훤히 아는 까닭에 이를 불러 마음이라 하는 것이다. 그러나 이미 둘이 없는데 어떻게 하나가 있으랴! 하나란 가짐이 없다는 말이니 어찌 마음을 누구의 것이라 하랴. 이러한 마음의 도리는 언설과 사려를 절한 것이므로 무엇이라고 지목할 바를 몰라 구태여 일심이라고 부르는 것이다."라고 일심을 표현했다.

여기서 말하는 일一이란 수리적인 상대의 일一이 아니고 무차별한 절대평등의 일一이며, 또한 물物·심心 상대의 심心이 아닌 비심비물非心非物이면서도 포괄적인 절대 유심인 것이다. 이 유일심唯一心은 모든 것을 총망라한다는 의미에서의 일심이다. 모든 다양한 것들이 다 그 안에서 작동하는, 그러한 근원적이며 총괄적이며 종말적인 것이 바로 일심이다. 즉 일심은 심心의 근본이며, 곧 삼라만상의 근본임을 원효 대사는 설하고 있는 것이다. 그러므로 일심은 곧 우주의 심心이며, 물질과 정신의 모든 현상의 본질이다. 또한 중생이 본래 갖고 있는 성불의 주체이며 근거인 것이다.

원효 대사는 《대승기신론소》 등 여러 저술에서 "선禪을 수행하여 일심을 깨달아야 한다."고 역설하였다. 청담 스님 역시 《신심명》 강설에서 "내가 마음이라고 한 것은 심성과 불성을 뜻하는 마음이며, 참선이란 바로 이런 마음을 찾는 공부이다."라고 하였다. 원효 대사는 일심과 대승체大乘體의 관계를 설명하면서 "대승大乘 중에서는 일체제법一切諸法은 별체別體가 있는 것이 아니고 오로지 일심으로 그 자체를 삼는다."라고 하였다. 청담 스님은 "주관과 객관이 없으면, 곧 한마음一心이 나지 않으면 만법은 허물이 없습니다. 그러면 여기가 불세계佛世界인 것이며 지식으로도 모자람이 없고 능력으로도 어느 것 하나 부족한 것이 없는 이상세계가 되는 것입니다."라고 하였다.

원효 대사는 "일심이 곧 대승체大乘體이며, 일체의 모든 법도 일심을 떠나서 따로 있는 것이 아님"을 강조하고 청담 스님은 "한마음이 나지 않으면 수만 가지로 우리 앞에 벌어진 모든 법이 아무 허물이 없으며, 한마음이 일어나면 거기에 따른 법이 작하여 생겨나서 온 법계가 번거롭고 시끄러워지는 것"이라고 한다. 원효 대사는 《대승기신론별기》에서 "대승체는 허공과 같이 광대하여 사사로움이 없으며, 바다와 같이 크고 깊어서 지극히 공정하다."라고 설하고 있다. 이에 대해 청담 스님은 다음과 같이 설하고 있다.

> 본래 마음법이 달라지지 않으면 일만법一萬法이 한결같다는 말입니다. 어제도 그렇고, 오늘도 그렇고, 내일도 그러하여 우리 마음자리는 변하지 않습니다. 지식도, 사상도, 신앙도 아니고, 모든 생각이 아닌 이 마음은 우주의 모든 사물을 다 알고 있습니다. 그리하여 죽었다 다시 태어나고, 태어났다 다시 죽는 우리의 몸뚱이는 달라질지언정 마음만은 항상 그대로입니다.

원효 대사는 대승체大乘體는 지공무사(至公無私, 지극至極히 공평공평公平하여 조금도 사사私事로움이 없음)한 것으로서 모든 법에 평등하기 때문에 일미의 경지를 이룬다 하였다. 청담 스님은 마음이 달라지지 않으면 만법이 한 결같이 달라지지 않고 공평무사하게 항상 그대로를 견지하고 있다고 말한다. 우리가 마음이라고 말한 것은 일심과 중생심을 모두 포함하는 개념이다. 그러므로 마음은 세간법世間法과 출세간법出世間法을 모두 섭지攝持하는 것이며, 대승체는 헤아릴 수 없이 광대하고 깊고 심오한 진리의 체體라는 것을 알 수 있다. 마음의 근원인 일심은 여러 가지 별명이 많다. 불심佛心이라고 하기도 하고, 진여심眞如心이라고 하기도 하고, 적정심寂靜心 또는 열반심涅槃心이라고 하기도 한다. 또한 일심을 법신체法身體라고 칭하기도 한다. 이는 진리의 체가 되는 것을 이름하여 일심이라고 한다는 말과 통한다.

여기서 말하는 법신체는 불타의 삼신三身 가운데 법신法身을 뜻하며, 달리 표현하면 자성신自性身을 뜻한다. 삼신은 법신과 보신과 화신을 말한다. 법신은 법성法性 또는 불성과도 통하는 말이다. 원효 대사는 《열반종요》에서 "불타의 법신은 오묘한 색상을 지니고 있어서 항상 심연湛然한 체體라고 할지라도 법성신法性身은 중생들과 차별이 없다."라고 설명하고 있다. 여기에서 법신과 법성신은 같은 뜻임을 알 수 있고, 모든 중생들도 평등하게 법신을 지니고 있다는 것을 알 수 있다. 원효 대사는 "일체 중생은 모두 다 마음이 있으며, 마음이 있는 자는 반드시 아뇩다라삼먁삼보리를 이룰 수 있는 것이다."라고 하였다. 그리고 중생은 마음의 주체로서 대각大覺을 이룰 수 있는 정인체正因體라고 하였다.

청담 스님은 마음의 깨달음에 대해 다음과 같이 설하고 있다.

> 우리의 이 마음만이 유일한 실재이며 진리이며 우주의 근본 바탕인줄 모르고, 범부들은 우주의 사물과 온갖 형상에만 팔려서 평생을 헤매기만 하다가 끝끝내 안심安心을 얻지 못하고 죽고 마는 것이다. 그러나 도인들은 자신의 생명인 이 마음을 살펴서 필경에는 인생의 본 면목을 깨닫게 되어 생사에 초월 자재하게 되는 것이니, 그것이 곧 진리요, 법이요, 부처요, 마음이요, 또한 허공이요, 유정 무정의 만물이다.

청담 스님은 모든 중생이 불성을 가진 존재이므로 일심으로 수행하면 누구나 반드시 성불할 수 있고 지혜와 정각을 이룰 수 있다는 신념이 필요하다고 하였다. 또한 안심을 얻고 생사를 초월한 자리에 들기 위해서는 올바른 마음으로, 진리를 그리워하는 마음으로, 진리를 사랑하는 마음으로 깨달음을 원하면 누구나 다 얻을 수 있는 보편적인 진리임을 설하고 있다. 그래서

금강산비로봉도金剛山毘盧峯圖.
투필태허投筆太虛
허공에 붓을 던져,
화성일폭畵成一幅
한 폭의 그림을 그리니,
만점차아화천외萬點嵯峨畵天外
하늘 밖에 만점의 봉우리가 솟았구나.
세연이좌洗硯而坐
벼루를 씻고 앉으니,
만리청천萬里靑天 만리가 푸른 하늘이로다.

깨달음을 구하라 하였다. 깨달음은 절대 거짓이 없다. 오직 진실만을 나타내고 진실만을 들려주는 것이다.

마명(馬鳴:100?~160?) 존자는 《대승기신론》에서 "무념無念이라는 것은 마음이 일어나는 처음의 현상初相을 아는 것을 말하며, 무념을 얻으면 심상이 생주이멸生住異滅 하는 것을 알게 되는 것이다. 그리고 마음의 네 가지 현상四相은 자립할 수 없는 것이며, 본래 평등한 것이므로 동일각同一覺이다."라고 하였다. 마명 존자의 무념 사상은 원효 대사에게 영향을 주었고, 다음으로 혜능 선사의 《육조단경》에도 영향을 주었다고 할 수 있다.

특히 원효 대사가 이 무념 사상을 잘 해설하여 중생들을 널리 포교하였기 때문에 무념 사상은 세상에 널리 알려지게 되었다. 원효 대사는 《대승기신론소》에서 "여래께서 마음을 깨달았기 때문에 마음이 처음으로 움직인 현상이 곧 본래 고요한 것임을 깨닫게 된 것이다. 그러므로 무념이라고 말한 것이다. 그리고 무념은 각覺을 말한 것이므로, 유념有念은 각이라고 할 수 없다"라고 하였다. 청담 스님 또한 마음자리를 알아내는 것이 진정한 깨달음에 이르는 첩경임을 강조했다.

무심無心하려는 생각까지도 없이 무심하면 그러한 생각을 내는 이 마음이 곧 본래 부처입니다. 그러므로 부처가 곧 본래부터 마음이오, 이 마음은 아무것도 아니며 또한 아무것도 없어서, 마치 텅 비어 가도 끝이 없는 저 허공虛空과 같습니다. 그러므로 말하기를 부처님 진법신眞法身은 저 허공과 같다고 한 것입니다. 이 마음 말고는 따로 부처를 구하지 말 것이니 구하면 구할수록 고생만 하게 됩니다. 설사 항하恒河 모래 수와 같이 많은 겁劫을 지나면서 육도만행六度萬行의 갖은 수행을 다 닦아서 부처님의 정각正覺을 성취하였다 하더라도 그것 또한 완전한 부처가 아닙니다.

이렇게 마음의 깨달음과 깨닫지 못함의 차이, 무심·무념과 유심·유념의 차이에 대해 설하고 있다.

원효 대사는 무념을 능히 관하는 것은 불지佛智에 향하기 위한 것이며, 무념 도리를 능히 관하는 것은 불지를 향하는 것으로서 불지의 무념을 증득하여 알게 되면 이것이 원인이 되어 불과佛果를 증득하게 된다는 것이다. 청담 스님은 무심하려는 생각도 없이 무심하면 곧 부처이므로 부처가 곧 마음이라고 설하고 있다. 청담 스님과 원효 대사의 무념이 같은 의미로 쓰이고 있음을 볼 수 있다.

무념은 망념이 없는 부처의 경지를 뜻하며, 무념은 곧 각覺의 뜻이다. 그러면 이러한 무심·무념의 경지에 진입하려면 어떻게 해야 하는가? 금강유정(金剛喩定, 금강에 비유되는 선정이라는 뜻으로 온갖 분별과 번뇌를 깨뜨려 버리는 선정)과 같은 선정을 닦아 그 경지에 들어야 무명과 같은 미세한 생각이 없어지고 동시에 업상業相과 전상轉相과 현상現相이 포함된 상생生相이 정화되는 것이다. 이처럼 무심無心·무념無念은 무시무종無始無終의 망념을 여읜 것을 뜻한다. 이는 곧 불佛은 무념이요 중생은 유념有念이라고 한 청담 스님의 글에서도 잘 설명하고 있다.

이처럼 볼 때 무념은 구경각究竟覺을 뜻하는 것이며, 일심을 깨달은 경지인 것이다. 구경각의 위치는 동념動念이 모두 없어지고 오로지 일심만 있는 것을 뜻한다. 업상業相의 동념은 생각 가운데서 가장 미세하기 때문에 미세념微細念이라고 한다. 이러한 미세념의 현상이 남김없이 모두 없어지는 것을 바로 불지佛智에 들었다고 하는 것이다. 그것을 원효 대사는 무념이라고 하였으며, 청담 스님은 무심無心이라고 하였다. 그러므로 무심과 무념은 일심을 뜻하는 것이다.

원효 대사는 《열반종요》에서 "불타가 성도한 이래 설법한 일체의 언교言教를 총괄적으로 말하면 일미一味의 도道를 보여주시고 널리 무이無二의 불성에 돌아갈 수 있도록 한 것이며, 이것이 부처님의 출세出世의 대의大意이다."라고 하였다. 청담 스님도 《마음》이라는 법어록에서 "팔만대장경 전부가 이 마음 두 글자로 되어 있다."라고 하였다. 일미의 도와 무이의 불성이라고 한 말은 '마음'이라는 뜻이기 때문에 두 스님의 설법은 서로 공통점이 있다. 마음의 명칭은 중생심衆生心·불심佛心·보리심菩提心·일심一心, 또는 망심妄心·번뇌심煩惱心·사량심思量心 등 이루 말 할 수 없을 만큼 다양하다.

그러나 불자가 깨닫고자 하는 마음은 말할 것도 없이 진여심眞如心이며 이는 일심을 뜻한다. 이 마음은 범부들의 망념과 망심이 정화되어 없어져야 나타나는 것이다. 이처럼 정화된 마음을 무심 또는 무념이라고 하고, 무심·무념에서 일심이 일어나는 것이다. 일심의 불성을 본 것을 견성이라고 한다.

견성見性은 언제 하는가라는 문제에 대해서 원효 대사는 《열반종요》에서 "첫째로 불성을 본다는 것은 오로지 부처의 경지에서만이 볼 수 있다. 이때는 일심의 근원에 돌아갔기 때문에 불성의 전체를 증견證見할 수 있는 것이다. 그러나 금강유정金剛喩定 이전에는 모두 다 볼 수 없다고 하였다. 이는 신앙하면서 다만 보고 들을 뿐이다. 그러므로 일심의 근원에 이르지 못하면 불성의 전체를 깨달을 수 없다고 하였다. 둘째로 초지初地 이상은 불성을 모두 볼 수 있다. 이때는 변계소집(遍計所執, 집착과 미망의 세계)을 버리고 불성을 원만하게 볼 수 있다는 것이다. 그러나 범부와 이승의 성인은 분별심이 남아 있기 때문에 불성을 볼 수 없다. 셋째로 이승의 성인도 불성을 볼 수 있으나, 일체 범부들은 볼 수 없다. 이승의 성인이 불성을 볼 수 있는 이유는 이공二空의 진여도 불성이기 때문이다. 이승의 성인은 비록 불성을 모두 다 볼 수는 없다고 하더라도 인공人空의 진리를 깨달았기 때문에 인공진여人空眞如는 증득할 수 있다."고 견성문見性門이라는 항목을 정하고 설명하고 있다.

원효 대사는 견성에 대해서 세 가지로 분류하여 설명하고 있다. 그런데 보는 것과 깨달은 것은 다르다고 하였다. 비록 실제로 불성을 보았다고 하더라도 깨닫지 못하면 불성을 알지 못하는 것과 같다는 것이다. 예를 들면 눈으로 푸른색을 보았다고 하더라도 푸른색의 내용을 모르는 것과 같다. 청담 스님은 깨달음見性에 대해서 다음과 같이 설하고 있다.

> 자기와 자연 우주와 하나가 된, 자기와 대상이 일체화된 체험이며, 주객미분主客未分의 순수한 경험이다. 자기가 자기 자신이 되어버리는 것이다. 그러므로 크게 한 번 죽은 후에 소생한다는 말처럼, 자기가 죽어버리고 자기라는 것이 완전히 없어진 데서 참으로 자타일여自他一如의 무상無相의 자기가 작용하게 되는 것이다. 이것이 주객불이主客不二 물아일여物我一如의 경지다. 그러나 이와 같은 주객미분主客未分, 주객일여主客一如의 순수경험純粹經驗이 그대로 선체험禪體驗이 아니고 거기에도 각覺이 있지 않으면 안 된다. 이 각은 각체험覺體驗이다. 체험으로 알아차리고 눈뜨는 일이다. 이것을 감성感性적 즉 우주의 실상을 철견徹見한다고 한다. 이 경지를 견성見性이라 하며 직관直觀·직각直覺이라고도 한다. 문득 새로운 세계를 보고 들어갈 수 있는 것을 의미하는 말이다. 새로운 세계란 깨달음見性의 세계다.

청담 스님은 깨달음이란 주객이 나누어지지 않으며, 물아일여(物我一如, 나의 몸과 마음이 대자연과 하나가 되는 것)의 경지를 경험하는 것을 견성으로 보았다. 또한 각체험覺體驗을 통하여 진여를 보면 새로운 세계를 보고 들어갈 수 있다고 했다. 일심을 통해서만이 우주의 실상을 볼 수 있고 불성을 깨달아 직각直覺할 수 있음을 설한 것이다. 즉 견성은 일심과 불성을 깨닫는 것을 말한다.

원효 대사의 일심 사상은 그의 저서 《금강삼매경론》과 《대승기신론소》 등 모든 저술에서 천명되고 있다. 인간의 심식心識을 깊이 통찰하여 본각本覺으로 돌아가는 것, 즉 귀일심원(歸一心源, 일심의 원천으로 돌아가는 것)을 궁극의 목표로 설정하고 육바라밀의 실천을 강조하고 있다. 또한 만법귀일 만행귀진(萬法歸一 萬行歸眞, 모든 불법과 행동은 진리와 하나의 근원으로 돌아간다는 것)을 굳게 믿고 사상과 생활을 이끌어 갔다. 그리고 일심一心이야말로 만물의 주심主心이며, 일심의 세계를 불국토, 극락으로 보았고, 이것을 대승大乘·불성佛性·열반涅槃이라고 불렀다.

《대승기신론》은 "한 마음에 의하여 두 개의 문이 있다고 한다. 그것은 진여문眞如門과 생멸문生滅門으로서 여기서 진여문(眞如門, 생각과 감정이 그친 자리에서도 존재하는 변하지 않으며 늘 같은 것)이란 모든 차별상을 떠난 본체를 보는 관점을 말하는 것이고, 생멸문(生滅門, 일상적으로 느끼는 생각과 감정이 일어나고 사라지는 것)은 온갖 차별상으로 드러나는 현상의 세계를 말하는 것이다. 세상의 온갖 것은 일심의 이 두 가지 문에 의하여 전개된다. 따라서 일심의 경지에서 보면 온갖 차별적인 것은 없어지고 모든 것이 평등하다."고 하였다.

또한 《열반종요》의 "불성의 체體는 바로 일심이다. 일심의 본성은 모든 분별로부터 떠나 있다. 모든 분별로부터 떠났으므로 어떤 것에도 해당되는 것이 없다. 해당되는 것이 없으므로 해당되지 않음도 없다."하였으며, 《금강삼매경론》에서는 "무릇 일심의 원천은 유무有無를 떠나 홀로 청정하며 삼공三空의 바다는 진속眞俗을 융화하여 심연湛然하도다. 담연함은 둘을 융화하였으나

조계사 대중방에서 발우공양을 하시는 청담 스님

하나가 아닌 것이요, 홀로 청정함은 양극을 떠났다고 해서 중간도 아니고, 중간이 아니라 하더라도 양극을 떠나 있는 것이므로 존재가 자성이 있지 않다고 해서 곧바로 일시적 존재 자체를 없다고 하여 부정하지 않고, 모습이 없지는 않다고 해서 곧바로 불변의 것으로 여기지 않는다."고 일심에 대하여 설하고 있다.

청담 스님은 "아공我空과 법공法空이 있는데 이둘 중에서 아공이 먼저 이룬 다음에 법공이 되는 것이며, 법공부터 먼저 되고 아공이 나중에 되는 것은 아닙니다. 여기에 이르면 보통 구공俱空이라고 하는데 아공과 법공이 다 이루어져 적멸뿐입니다. 무아지경에 들어서서 텅 비고 고요한 것뿐입니다. 아무것도 없으며 또 그 없는 것도 없단 말입니다. 그것을 소위 열반이라고 합니다."라고 설한다.

이처럼 일심의 마음으로 열반에 들면 바로 삼공三空이라고 한다. 아공我空은 우리가 오온으로 이루어진 몸뚱이를 나라고 생각하는데 이것이 나가 아니라 이것은 공하여 없는 것空無이란 진리를 체득한 것을 말한다. 법공法空이란, 물질적인 현상이나 객관을 대상으로 한 상대적 정신 작용은 다 인연으로 모인 거짓 존재로서 만유의 본체, 즉 나와 세계를 구성하고 있는 요소가 항상 있는 것이라고 인정하는 미집迷執이 본래 공무空無한 것이라는 진리를 말한다. 구공俱空은 아공·법공을 다 초월하여 공空했다는 생각까지도 없어져서 비로소 마음자리의 본성에 계합契合한 것을 말한다.

특히 《열반종요》에서는 "일심이란 무엇인가? 더러움과 깨끗함의 모든 법은 그 성품이 둘이 아니고 참됨과 거짓됨의 두 문은 다름이 없으므로 하나라 이름하는 것이다. 이 둘이 아닌 곳에서 모든 법은 가장 진실되어 허공과 같지 않으며 그 성품은 스스로 신령스레 알아차리므로 마음이라 이름한다. 이미 둘이 없는데 어떻게 하나가 있으며 하나도 있지 않거늘 무엇을 두고 마음이라 하겠는가? 이 도리는 언설을 떠나고 사려를 끊었으므로 무엇이라 지목할지 몰라 억지로 일심이라 부르는 것이다."라고 강조하고 있다.

원효 대사가 일심을 강조한 것은 번뇌로부터 벗어나 본연의 마음을 그대로 드러내고 어디에도 집착함이 없이 자유자재의 경지에 도달함을 목적으로 삼고 있다. 이러한 일심을 통해 속俗과 진眞이 원융무애(圓融無碍, 막힘과 분별과 대립이 없으며 일체의 거리낌이 없이 두루 통하는 상태를 말하는 것)할 수 있는 것이며 위에서 "모습이 없지는 않다고 해서 곧바로 불변의 것으로 여기지 않는다."라고 말했듯이 일심을 조정된 어떤 실체로 여기고 집착한다면 진정한 의미에 있어서의 일심에 이를 수가 없다.

청담 스님은 일생을 마음을 깨닫는 데 정진하면서 동시에 마음을 깨닫는 데 필수적인 이론을 정리하였다. 그 이론은 망식妄識에 의거하여 나타내는 이론이 아니라 망식과 망상妄想이 정화된 청정심淸淨心에 의거한 것이다. 이론을 위한 이론이 아니라 중생들을 교화하기 위한 진리의 말씀이었다. 청담 스님은 스스로 항상 삼매 속에서 선을 수행하면서 설법하고 쉴 사이 없이 불사를 실천하였다. 마음에 대해 설한 법문과 각종 해설서를 보면 하나하나가 선 아닌 것이 없다. 이처럼 스님은 마음을 일심으로 보고 마음 법문을 하였던 것이다.

불교에서 말하는 이 마음은 우리가 생기기 이전부터 있었고, 태초부터 있었던 것이다. 이것은 만들어질 수도 없고, 있는 것조차도 없으며, 진공조차도 아니며, 사상도 아니다. 그 까닭은 마음의 실체라는 것은 변화가 있을 수 없다. 누가 만들 수도 없고 제가 스스로 만들어질 수도 없다.

이처럼 청담 스님은 마음에 대한 사상을 잘 정리하고 있다. 이 마음은 원효 대사가 《대승기신론소》에서 말한 일심에 해당한다고 볼 수 있다. 일심에는 심생멸문(心生滅門, 여래장 즉, 청정한 본성에 의지하여 생멸하는 마음)과 심진여문(心眞如門, 마음의 본성을 말하는 것으로 우주 일법계의 모든 모습의 근원적인 체)이 있는데, 청담 스님이 말한 일심은 "불생불멸不生不滅의 심진여문心眞如門에 해당하는 마음이다."라고 하였다. 《잡아함경雜阿含經》에 "연기법이라는 것은 내가 만든 것도 아니고 남이 만든 것도 아니다. 여래가 출세하거나 출세하지 않거나 상관없이 법계는 상주하는 것이다. 여래는 이 법을 스스로 깨달아서 정각을 이루었도다."라고 한 말과 서로 통하는 일심 사상이다. 그리고 청담 스님은 《신심명信心銘》 강설에서 말하기를, "내가 마음이란 말을 자주 하는데 이 마음은 심성, 불성이란 뜻으로 하는 말이다."라고 확실하게 마음의 뜻을 정리해 주고 있다.

그렇다면 원효 대사는 심성과 불성에 대해 어떻게 보고 있는가? 《대승기신론소》에서 "심성이라는 것은 진여문에 해당하는 말이며, 그 심성은 평등한 것이며, 과거·현재·미래의 삼세를 여읜 것

삼각산 도선사에 있는 청담 스님 석상

으로서 불생불멸의 심성을 말한다."라고 하였다.

《열반종요》에서는 "일체 중생들은 모두가 불성을 지니고 있는데, 이 불성은 항상 여래만이 증득할 수 있는 대반열반大般涅槃을 말한다."라고 하였다. 또 "대반열반은 번뇌가 없는 것을 말하며, 혹은 무구진여(無垢眞如, 더러움이 없는 진여)를 열반체涅槃體라고도 한다."고 하였다. 이처럼 원효 대사는 "심성을 진여성이라고 하고, 불성은 각성을 뜻하며, 심체에서 각조覺照의 작용이 나타나는 것을 본각이라고 한다."라고 하였다. 청담 스님이 마음을 심성 또는 불성이라고 한 것은 원효 대사의 《대승기신론소》와 《열반종요》에 나타난 사상에 의거하여 해설할 수 있는 것이다. 이처럼 청담 스님의 마음에 대한 사상은 일심 또는 진여심을 뜻하며 그리고 매우 심오한 뜻을 지니고 있다는 것을 알 수 있다.

원효 대사나 청담 스님에게 일심은 모든 법은 모든 존재의 근거이다. 곧 현상세계의 질서나 모든 것이 이 일심을 떠나서는 생각될 수 없다. 모든 나타나는 것은 일심의 견지에서 포괄될 수 있고 설명될 수 있다. 《무량수경종요無量壽經宗要》에 "비유하면 마치 세계가 끝없이 넓지만 허공 밖을 벗어나지 않는 것과 같아서 모든 경계가 한없이 많지만, 다 한마음 안에 들어간다. 부처님의 지혜는 겉모양을 떠나 마음의 근원에 돌아간 것으로 지혜와 한마음이 오롯이 같아서 둘이 없는 것이다."고 설하고 있다.

원효 대사는 일심을 사상의 바탕으로 삼고 있다. 일심은 모든 것의 근거이며 평등무차별하다. 청담 스님은 "일심은 본래의 참된 모습인 진여와 변화하는 현상인 생멸의 둘로 나누어 고찰이 가능하지만 둘이 다를 바가 없다."고 말한다. 일심의 경지에서 보면 생멸이 진여이고 진여가 생멸이다. 따라서 생멸하는 현상, 즉 다양한 여러 이론들이 바로 진여와 다를 바가 없어서 그 자체로서 살려질 수 있게 된다. 진여와 생멸의 밑바닥에 일심이 있으므로 이것이 가능함은 물론이다.

이에 대해 원효 대사는 《금강삼매경론》에서 "진眞과 속俗이 둘이 아니면서 하나를 지키는 것이 아니니 둘이 아니므로 곧 일심이요, 하나를 지키지 않으므로 전체가 둘이 되는 것이다. 생生이 곧 적멸이면서 적멸을 지키지 않는 것이요, 멸滅이 곧 생이 되면서 생에 머무는 것이 아니니 생과 멸이 둘이 아니요, 움직이고 고요한 것이 다를 것이 없는 것이다. 이런 것을 일심법一心法이라 한다. 비록 그 실상은 둘이 아니지만 하나를 지키지 않는지라 모든 체體가 연緣을 따라 생동하는가 하면, 모든 체가 연을 따라 적멸한다. 이러한 도리로 말미암아 생이 곧 적멸이요, 적멸이 곧 생이어서 막힘이 없고 걸림이 없으며 하나가 아니면서 다름이 아닌 것이다."라고 말한다.

원효 대사는 불교의 모든 사상들의 특유한 역사적 의미와 가치를 인정하면서도, 그 모든 것을 회통하는 일심의 정화에 최고의 가치를 부여하면서 중생의 제도에 중점을 두고 일심 사상을 실현해 나갔다.

원효 대사의 일심과 청담 스님의 마음 사상을 이해하기 위해 일심一心과 법신法身과 열반涅槃과 불성佛性 등을 대략 살펴보았다. 일심과 법신과 불성 등의 명칭은 일미一味의 진여성眞如性에 대한 다른 표현일 뿐 그 성품은 일여一如이며, 일성一性이며, 일상一相임을 알 수 있었다. 일一은 일체一切이고 일체一切는 일一이 되는 법계의 모든 진리는 항상 우리와 함께하고 있지만, 무명에 의하여 이를 모르고 사는 것이 중생들이다.

우리의 몸과 마음인 오온五蘊이 곧 법신임을 깨닫지 못하고 집착하면서 사는 것을 중생이라고 한다. 그러므로 부처님과 원효 대사, 청담 스님은 상相만 보지 말고 성性을 보고 깨닫도록 가르쳐 주고 있다. 청담 스님은 마음은 우주의 생명이며 불성이라고 했다. 또한 여러 경전에서 마음은 모든 법의 근본이며 일체는 오직 마음에 의하여 창조된다고 한 말 역시 일심 사상에서 벗어날 수 없다. 청담 스님은 팔만대장경의 핵심은 일심一心이라고 하였다. 그리하여 이 일심을 깨닫기 위해 50년 가까이 수행하고 정진하였다고 말했다. 이는 원효 대사가 여러 곳에서 말한 일심 사상과도 상통한 것이라 할 수 있다. 원효 대사는 여러 저술에서 진리의 핵심은 일심 사상이라고 설명하고 있으며 일심은 모든 수행자의 귀의처라고 하였다.

　원효 대사의 일심 사상과 청담 스님의 마음 사상을 비교하면서 확인할 수 있었던 것은 원효 대사가 말하는 일심과 청담 스님의 마음이 서로 뜻이 같다는 것이다. 일심과 마음은 서로 표현이 다를 뿐 심성과 불성이라고 한 것이 같고, 일심과 마음은 일체는 유심조이고 만법은 유식이라고 한 사상과 서로 통하는 점이 있다는 것을 확인하였다. 일심은 중생으로부터 부처에 이르기까지 본성이 되기 때문에 불심佛心과 보살심菩薩心과 진여심眞如心이라고 칭할 수 있다. 그리고 진제眞諦와 속제俗諦의 본성本性이 되기 때문에 법성法性과 진여성眞如性과 공성空性과 중도성中道性이라고 부른다. 그러므로 일심은 깨달음의 대상이며 중생과 보살 그리고 부처의 귀의처가 된다는 것을 알 수 있다.

만공滿空 선사의 심법心法 사상

만공 월면(滿空 月面:1871~1946) 선사와 청담 스님과의 인연은 '입산入山 50년을 돌아보며'라는 글에 잘 나타나 있다.

나는 강원수업을 마치고 표연히 길을 떠나 만공 스님이 계시는 충남 예산의 정혜사로 내려갔다. 정혜사에 도착하던 날은 섣달그믐이었다. 그날 밤 나는 만공 스님과 함께 기울어 가는 한국불교를 중심으로 허심탄회하게 의견을 주고받았고, 그날 밤 스님이 들려주신 이야기는 이후의 내 발걸음에 커다란 지침이 되었다.

강원교육을 마친 청담 스님은, 마음을 닦는 수행법은 참선이라고 생각하고 덕숭산 정혜사에서 당시 선지식이었던 만공 선사의 지도하에 선禪을 수행하였다. 만공 선사와 인연이 된 청담 스님은 만공 선사가 제자들에게 항상 조주 종심(趙州 從諗:778~897) 선사의 무無 자 화두話頭를 참구하도록 가르쳤던 가르침을 받아 무 자 화두를 참구하기에 이르렀다. 철저하면서도 빈틈없는 수행 과정은 후일 한국불교의 정화를 위한 초석을 다지는 기틀이 되었다.

이때 만공 선사를 만난 청담 스님은 한국불교를 다시 일으켜 세울 길을 허심탄회하게 토론하게 되었다. 이때 만공 선사께서 들려주신 이야기는 청담 스님의 미래를 결정짓는 큰 지침이 되었다. 청담 스님은 정혜사에서 사중 소임을 보며 틈틈이 선방에 들어 정진하며 마음자리 참구에 몰두하였다.

만공 선사는 근대 한국 선 사상의 큰 획을 그었다. 만공 선사는 김제 금산사에서 불상을 처음 보고 크게 감동한 것이 계기가 되어 출가를 결심하고, 공주 동학사東鶴寺로 출가하여 진암眞巖 선사 문하에서 행자 생활을 하였다. 경허 선사의 인도로 서산 천장사天藏寺로 가서 태허泰虛 선사를 은사로, 경허 선사를 계사로 삼아 사미계를 받고 득도하였다. 그 뒤 "모든 법이 하나로 돌아가니 하나는 어디로 돌아가는가?"라는 화두를 가지고 참선에 열중하였다. 아산 봉곡사鳳谷寺에서 새벽에 범종을 치면서 "법계의 본성을 관찰하여야 한다. 모든 것은 오직 마음이 만드는 것이다."라는 게송을 읊다가 홀연 깨달았다.

만공 선사는 덕숭산에 금선대金仙臺을 짓고, 보임을 하는 동안 참선을 하려는 수도승들이 찾아와 그 지도를 맡게 되었다. 금강산 마하연에서 선禪지도와 잠시 마곡사麻谷寺의 주지를 맡았던 때를 제외한 대부분의 생애를 덕숭산에 머물렀다. 이곳에서 선을 지도하면서 선불교를 크게 중흥시켜 현대 한국 불교계에 하나의 큰 법맥을 형성하였다. 그는 1941년, 선학원에서 개최한 전국고승법회에 초대되어 설법하고 계율을 올바로 지키고 선을 진작시켜 한국불교의 바른 맥을 이어가자고 하였다. 이론과 사변을 철저히 배제하고 무심無心의 태도로 화두를 참구하는 간화선법을 채택하였고, 제자들에게는 항상 조주 선사의 무 자 화두를 참구하도록 가르쳤다. 말년에는 덕숭산 상봉 가까이에 전월사轉月舍라는 초암을 짓고 생활을 하다가 1946년 10월 20일에 입적하였다.

만공 선사의 수행 화두는 "만법귀일 일귀하처(萬法歸一 一歸何處, 우주의 모든 것이 하나로 돌아간다고 하는데, 그럼 그 하나는 어디로 돌아갑니까?)"였으며 이를 통해 깨달음을 얻었다. 만법귀일 일귀하처라는 공안은 본래 《조주어록趙州語錄》에서 처음 보이며 《벽암록碧巖錄》에서도 인용되어 있는 유명한 화두이다. 이 공안은 간화선 수행에 있어서 중요한 요소로 작용하는 대신심大信心·대분심大忿心·대의심大疑心 가운데 대의심을 일으키는 힘이 뛰어나다.

만공 선사는 "참선법은 상래上來로 있는 것이지만, 중간에 선지식들이 화두드는 법으로 참선하는 법을 가르치기 시작하여 그 후로 무수도인無數道人이 출현하였나니, 화두는 1천7백 공안이나 있는데 내가 처음 들던 화두는 곧 '만법이 귀일하니 일은 어디로 돌아가는고?'였다. 이 화두는 이중적 의문이라 처음 배우는 사람은 '하나로 돌아갔다고 하니 하나는 무엇인고?' 하는 화두를 들게 하는 것이 좋으리라. '하나는 무엇인고?' 의심하여 가되 의심하는 생각까지 끊어진 우주화한 성성한 무념처無念處에 들어가야 나를 발견하게 되느니라."라며 초심자에게 이 공안을 참구할 것을 권하였다.

청담 스님은 대의심을 가지고 참선을 하면 선정력을 얻어서 마음의 안락과 생사의 해탈을 얻는다고 강조하고 있다. 한층 더 마음을 가다듬고 몸을 다시 한 번 온전하고 똑똑한 정신으로 화두를 의심해 나가, 의심하는 생각까지 끊어진 우주화한 성성한 무념처에 들어가야 나를 발견하게 된다는 것이다.

> 선지식 스님들이 화두의 참 뜻을 몰라 그 의심이 마음가운데 꽉 맺혀서 자나 깨나 그 의심을 놓을 수 없게 되면, 이것은 참으로 생사를 해탈하고자 하

는 진실한 발심인發心人으로서의 참으로 알고자 하는 의심인 것이다. 그러나 만약 얼마 동안은 의심이 쭉 잘 나가다가 간혹 의심이 없어지곤 하는 수가 있다. 이것은 그 사람의 신심信心과 결단심決斷心과 성심誠心이 부족한 탓이다. 번뇌망상煩惱妄想에 끌리고 잠에 속기 때문인 것이다. 이것을 주작화두做作話頭의 공부라고 하여 참선參禪이 완전히 자리를 잡지 못하였기 때문이니 한층 더 마음을 가다듬어 몸을 다시 한 번 더 다잡아서 온전하고 똑똑한 정신으로 화두를 잡도록 해야만 한다. 그러면 곧 선정력禪定力을 얻어서 시간 가는 줄 알지 못하며 몸과 마음이 가뿐하여 한없이 안락해진다.

만공 월면 선사는 경허 성우 선사의 선법을 이어받은 사법제자로서, 수덕사修德寺를 중심으로 40여 년간 선법을 펼치며 현대 한국불교의 선 체계를 확립한 대선사이다. 청담 스님의 선 수행을 지도하고 오도를 인가한 스승이기도 하다.

만공 선사는 "만법귀일萬法歸一 일귀하처一歸何處"는 이중적 의심을 참구하는 화두라서 처음 참선을 배우는 사람에게는 어렵다고 말한다. 그러면서 "하나는 무엇인고?"라는 화두를 들고 의심하면 마음에 머무르고 걸림이 없는 나를 발견하게 된다고 설하고 있다. 화두를 참구하여 이 마음자리를 깨쳐서 견성성불見性成佛하는 것이 마치 물속에 떨어뜨린 구슬을 찾는 것과 같아서 천 번 만 번 화두를 챙기며 의심하면 차차 힘을 얻어서 마음이 안정되고, 마음이 안정되면 몸이 안정되어 깨달음을 얻을 수 있다고 했다.

이 화두의 요체는 《만공어록滿空語錄》에서 "하나라는 것은 있는 것도 아니요, 없는 것도 아니요, 이 정신 영혼도 아니요, 마음도 아니니 하나라는 것은 과

연 무엇인고? 의심을 지어가되 고양이가 쥐를 노릴 때에 일념에 들 듯, 물이 흘러갈 때에 간단이 없듯, 의심을 간절히 하여 가면 반드시 하나를 알게 되느니라."는 말에서 알 수 있다. 이에 대해 청담 스님은 다음과 같이 설하고 있다.

> 스물네 시간을 통해서 모든 동작을 할 때나 가만히 앉고 누워있을 때나 온전한 정신으로 무無를 생각해 가되, 마치 고양이가 저 쥐 들어 간 구멍을 곁에 사람이 가도 모르고 눈이 빠지게 들여다보고 앉았듯이 하며, 또한 병아리를 치고자 하는 암탉이 눈을 똑바로 뜨되 마음은 제가 품고 있는 달걀만을 생각하고 먹지도 자지도 아니하고 앉아있는 것과 같이 하여 일 초 동안이라도 빈틈을 주지 말고 계속하여 일심一心으로 생각해 가야만 한다.

만공어록

하나라는 것은 있는 것도 아니고 없는 것도 아니라는 문구에서 알 수 있듯이, 만공 선사는 차별과 대립을 여읜 실상으로서의 하나를 참구하고 있다. 청담 스님도 오르지 무 자 화두 하나만을 참구하고 있음을 설하고 있다. 이는 개념화 내지 분별화의 일면적인 인식이 아닌 실상 그대로의 모습을 참구하는 것을 말하고 있다. 두 스님은 이러한 공안을 참구하는 데는 마치 고양이가 쥐를 노릴 때의 일념과 같은 정신집중과 간단間斷 없는 의심의 자세를 견지하는 것이 필요함을 강조하고 있다. 뿐만 아니라 수행자의 결사적인 각오가 있어야 함을 설하고 있다. 수행자들이 참선한다고 하면서 조금이라도 다른 데 미련이 있거나 학문, 기예 등 남은 인연을 갖게 된다면 화두참구의 자세는 틀린 것이며 백지와 같은 공空의 자세를 가져야 함을 강조하고 있다.

참선에 임하면 백척간두진일보(百尺竿頭進一步, 백 자나 되는 높은 장대 위에 다달아 또 한걸음 더 나아간다는 뜻으로, 이미 할 수 있는 일을 다 한 것인 데 또 한 걸음 나아간다 함은 더욱 노력하여 위로 향한다는 말)의 마음으로 목숨을 건 수행을 해야만 세상의 오염된 습성에서 벗어나 본래의 나를 찾을 수 있다. 기존의 수행자의 습성은 깨달음을 이루는 과정에 있어서 끊임없이 장애가 되고 심법을 찾아가는 데 어려움을 주는 존재가 되어 수행자를 옭아매는 족쇄가 되기 때문이다.

이에 대해 만공 선사는 "인간 생활의 주체가 되는 생로병사生老病死와 희로애락喜怒哀樂까지도 다생多生으로 익혀온 망령된 습관의 취집聚集이요, 결과임을 확실히 깨달아야 생사를 벗어나게 되느니라."라고 설하고 있다. 또한 청담 스님은 "중생들이 천만억겁을 살아오면서 세세생생에 익힌 버릇으로 탐욕과 성냄과 어리석음의 삼독심이 뿌리 깊이 박혀 있기 때문에 이것을 뿌리째 뽑아버리기 위하여 부처님께서 부득이 선정을 닦는 방법과 방편지혜를 가르쳤다. 만약 누구든지 이 마음이 본래부터 언제 한번 번뇌 망상을 일으켜 본적이 없는 것을 알고 보면 무엇을 닦으며 따로 또한 깨달을 법이 있으랴." 또는 "세세생생 익혀 온 삼독심三毒心으로 생사를 벗어나지 못한다. 부처님께서는 이를 해결하고 깨달음에 이르는 방법으로 선정과 지혜방편을 가르쳐 주셨다며 마음이 본래 청정함을 알면 깨달을 것도 없다."고 설했다.

만공 선사는 그 원인에 대해 "우주 안에 있는 무한한 여러 중생이 각기 자기에 맞는 습성에 따라 생활을 하고 있지만 우리 육식은 다생의 습기로 점점 고정화되어 인간으로서는 도저히 볼 수도 느낄 수도 없다며 자기가 가지고 있는 습성을 버리고 그 습성이 무엇인지를 깨달은 후에야 자유로워 수행이 가능하며 대자유를 얻게 된다."고 설하였다. 청담 스님은 "만사에 머물러 있지 말고 개입도 하지 말아야 내 마음에 업장業障이 남지 않는다."고 말한다. 그리고 "만사에 뜻을 두지 말고 원망하는 마음이 없어야 하며 집착하는 마음이 없어야 업이 남아 있지 않고 마음에 바른 법을 깨달을 수 있다."고 설한다. 두 스님은 오랜 전생의 습기로 인해 중생에 차별세계에서 벗어나기 쉽지 않으며 삼독심三毒心을 버리고 일체의 육식六識이 조장하는 망념을 여의고 일념에 들고, 일념이라는 생각조차 여읜 무념처에 들어야 심법心法을 깨우칠 수 있음을 강조했다.

만공 선사의 선 수행은 '만법귀일 일귀하처'이었으며, 이를 통해 깨달음을 얻었다. 하지만 만공 선사는 제자들에게 항상 조주 선사의 무無 자 화두를 참구하도록 가르쳤고 자신도 후에는 무 자 화두를 참구하기에 이르렀다.

만공 선사는 경허 선사를 뵙고 지금까지 공부해 온 것을 낱낱이 고백하였다. 이때 '만법귀일 일귀하처'는 화두에 더 진보가 없으니 다시 조주 선사의 무 자 화두를 드는 것이 옳다 하였으며 원돈문(圓頓門, 말의 자취가 남아 있고 뜻의 길이 분명히 있어 수행의 단계를 차례로 거치지만 참으로 걸림 없는 이치)에 완전히 다다르지 못하는 것이다. 이치의 길도 있고 말의 길도 있으며 들어서 알고 생각할 수 있는 것을 짓지 말고 경절문(徑截門, 수행의 여러 단계를 차례로 다 거치지 않고, 곧바로 부처의 경지에 도달하는 수행문이다. 마음길이 끊어지고 말길도 끊어져서 더듬고 만질 수 없는 것)을 지으라는 말씀에 이후 무 자 화두를 가지고 마음을 찾고 진리法를 찾기 위해 참선에 정진하였음을 피력하고 있다. 만공 선사의 가르침을 받은 청담 스님 또한 무 자 화두를 들고 끊임없이 정진하여 견성에 이르렀다. 스님은 그 과정을 이렇게 설하고 있다.

> 나는 문 앞에 부동자세로 앉아 있었다. 목이 마르고 괴로움과 불편함이 없어질 때까지 그러고 있었다. 이윽고 그 괴로움과 불편함이 사라져 갔다. 점점 무無의 경지에 들어갔다. 밥을 먹어도 먹은 것 같지 않고, 앉아 있어도 앉아 있는 것 같지 않고, 오줌을 쌓아도 싼 것 같지 않았다. 하나의 정좌定座는 밥이고 정좌定座이면서 곧 무였다. … 그런 과정을 거쳐서 나는 점점 더 무를 확대

시켜 가고 있었다. 창을 두들기는 빗소리와 풍경을 울리는 소리, 그리고 나뭇잎 구르는 소리만 들렸다. 그리고 밤의 어둠이 밀리고 밀린 끝에 아침이 오고, 창살이 햇빛을 받아 타올랐다가 꺼지는 것이 보였다. 그렇게 시간은 한달음으로 흐르고 있었고, 그런 가운데서 아침과 저녁이 되풀이 되고 있었다.

청담 스님에게 있어 참선도 참회기도도 모두가 잃어버린 나를 찾는 것이었고, 누구에게나 이 참 마음을 찾도록 지도하였다. 삼각산 도선사에 토요선원을 개설하여 토요일 밤에는 누구나 와서 철야정진을 하며, 무 자 화두를 참구하게 하였다. 이 무 자는 학문이나 지식으로 따져서 알 수 없는 것이며, 또한 일체 번뇌 망상이 다 끊어진 적멸무심(寂滅無心, 번뇌와 경계를 떠난 깨달음의 경지로 아무런 생각이 없음)으로도 통달할 수 없는 것이었다. 조주 선사가 무라고 대답하기 전에는 무엇이며 아직 채 화두를 들기 전에는 또한 무엇이던가? 청담 스님은 오직 무 자 화두만을 철저히 붙들고 결판을 내도록 지도하였다. 이는 스님 스스로가 무 자 화두를 통해 견성을 하였고 자신을 지도하였던 만공 선사도 무 자 화두를 권했기에 후학들에게도 지도하였던 것이다.

전에 한 수좌首座가 조주 선사의 무 자趙州無字 화두를 하는데 "무! 무!"하고 소리 내어 외는 사람이 있었다. 이 화두의 뜻은 이렇다. 부처님께서 "온갖 것이 다 불성이 있다有情無情皆有佛性."고 하셨는데, 조주 스님이라는 옛날 중국에서 유명한 선지식에게 어떤 학인學人이 찾아와 "개에게도 불성이 있습니까?"하고 물었을 적에 "무無."라고 했다고 하셨으니 도대체 조주 선사는 무슨 뜻으로 무無라고 하셨을까 하는 화두이다. 그런데 이 수좌는 "무! 무!"하고 소리를 내지 않으면 자꾸 다른 생각이 나기 때문에 어떤 때는 소리까지 내어서 "무! 무!"한다. 그러니 마지막에는 옆 사람 참선에 방해되므로 쫓겨나게 된다. 할 수 없이 이 수좌는 걸망을 지고 이 절 저 절 다니다가 마지막에는 나무꼭대기에 올라앉아서 혼자 참선을 하는데, 밑은 깊고 험한 낭떠러지여서 떨어지면 즉사하게 될 장소였다. 그런데 올라앉아서 마음 놓고 "무! 무!"하고 참선을 했다. 그러다가 이 사람이 결국 견성까지 한 일이 있었다. 애를 쓰면 이 정도로 애를 써야 한다. 이 사람이 본래 조그마한 보따리 장사였는데 만공 스님 회상에 와서 법문을 듣고 우리의 마음이 그렇게 위대한 것이라면 생명을 걸고 한번 해봐야겠다고 발심을 해서 깨쳤던 것이다.

이처럼 만공 선사는 조주 선사의 무 자 화두를 즐겨 썼다. 만공 선사의 참선 지도를 받고 선법禪法을 이은 청담 스님은 만공 선사를 모시고 참선 수행할 때 한 수좌가 무 자 화두를 참구하여 견성을 하는 것을 보고 그 사례를 들어 무 자 화두에 대해 설하고 있다. 그러면서 이 수좌가 "무! 무!"하고 소리를 내어 음성으로 깨달음을 구한 것 같지만 사실은 이 수좌는 모양이나 말을 따라 부처를 구한 것이 아니라 진정한 마음의 부처를 찾으려는 한 방편이었음을 설하고 있다.

이처럼 두 선사는 무 자 화두에 관심이 많았고, 무 자 화두의 참구를 통해 깨달음을 얻어 심법心法을 얻으려 하였다.

두 선사는 수행함에 있어서 수행자가 갖추어야 할 태도까지도 자세히 언급하고 있다. 먼저 공안의 요체는 의심을 일으키는 것인데 의심을 일으켰다 하더라도 함부로 말하고 행동하는 것에 대한 경계를 하고 있다.

대부분의 대승경전에 수록된 "일체중생 실유불성一切衆生 悉有佛性"의 내용과 상위되고 있는 무 자 화두의 공안을 통해 오히려 거꾸로 "일체중생 실유불성"의 불법을 세밀하게 깨달을 수 있는 것이다. "왜 무無라 했을까?" "왜 무無인가?"를 참구함으로서 "왜 유有인가?"를 깨달을 수 있다는 것이다. 그리고 화두를 참구함에 있어서는 고양이가 쥐를 잡듯이 닭이 알을 품듯이 절절하게 온 정신을 집중하여 일체의 생각들을 쉬고 일념에 들어야 한다고 강조한다. 또한 조금이라도 정신이 희미한 듯하면 다시 마음을 가다듬고 정신을 차려서 의심하여 생각하고 한 생각도 마음 밖으로 새어 나가지 않도록 하면 인생의 본 고장인 이 마음자리의 본래면목(本來面目, 자신이 본디부터 지니고 있는 천연 그대로의 심성으로, 부처의 성품)을 볼 수 있다고 설하고 있다. 무 자 화두는 지혜문智慧門을 여는 열쇠라고 말하면서 무 자 화두에 대한 의단이 사무치고 사무쳐서 쇠 벽을 뚫을 정도로 강고해야 함을 강조하고 있다.

만공 선사와 청담 스님은 무엇보다 시급한 나, 즉 마음을 찾기 위한 방법으로 수행에 있어서 공안을 참구하는 치열한 수행을 통할 것을 주장하였으며, 바로 도달처到達處로서 무념처無念處에 대한 설법을 하였으며 이것이 심법心法임을 강조했다. 만공 선사는 "일체 생각을 쉬고 일념에 들되 일념이라는 생각조차 잊어버린 무념처에서 한 걸음 더 나아가야 나를 발견하나니라."고 하였다. 청담 스님은 "이 마음이 천지의 근원이며 만물의 본체인 것이기 때문에, 이 마음에서 일어나는 모든 생각을 쉬어 버리고 능히 번뇌 망상을 일으키는 이 본연 청정한 마음을 깨달아 발견하여 생사를 해탈하고자 하는 길이 가장 바른 길이며 또한 다른 길이 있을 수 없다."고 보았다. 이렇게 되면 자타일여(自他一如, 나와 남이 둘이 아님)의 무상無相의 자기가 작용하게 되는데, 이것이 주객불이(主客不二, 자아와 자연이 합일되는 것) 물아일여(物我一如, 사물과 내가 하나)의 경지라고 설하고 있다.

두 선사는 시급히 찾아야 할 나와 마음이 바로 중생이 본래 갖추고 있는

청담 스님이 수행했던 덕숭산 정혜사 능인선원

불성이라 했으며, 일체의 망상과 망념이 끊어져서 나라는 마음이라는 생각과 화두를 참구한다는 사실조차 완전히 끊어진 적적하고 성성한 경지를, 심법心法을 깨달은 경지로 보았다. 결국 만공 선사는 깨달음의 경지와 깨달음의 내용을 나타내는 불생불멸의 도道가 무념처無念處 임을 나타낸 것이고, 청담 스님은 자기를 완전히 내려놓아서 자기가 완전히 없어진 상태에 본래의 청정한 마음이 나타나는데 이것이 생사를 해탈한 자리임을 설하고 있는 것이다.

만공 선사는 "깨달음의 세계는 가히 얻을 수도 없고, 경계도 없는 맑은 거울과 같다."며 "그 어느 것도 더럽히지 못한다."고 설하고 있다. 이를 무념처라 하며 이 세계는 망상과 망념이 끊어진 고요하고 고요한 경지에서 화두를 참구하는 의심이 성성한 본래심의 경지를 말한다고 강조한다. 청담 스님은 "깨달음의 세계에는 자기와 남의 대립이 없는데 이것이 무아"라고 설하면서 "사상事象을 일체화하면 자기가 무한대의 공간에 퍼져 있는 것을 알 수 있는데, 이것이 진실한 자기이며 불성"이라고 강조한다. 이는 깨달음의 세계를 표현하는 방법으로 이 모든 것은 인과관계로 연결되어 있다. 즉 자기는 남으로부터 단절된 것이 아니고 훨씬 영원한 과거부터 연결되어 있고 미래에도 연결되어 있는 것이다.

> 선禪은 불성佛性, 진실한 자기를 구명하지만 이는 카운슬링에서 말하는 자기와는 다르다. 유럽에선 반드시 자自와 타他, 나와 당신과 같은 대립의 세계가 있다. 선은 자기와 남의 대립이 없다. 모든 것이 자기이며, 이를 뒤집으면 자기는 없다. 무아無我다. 양자는 결국 같은 것이다. 모든 것이 나이며 없는 것도 나이다. 표리에 그러한 것이 진실한 자기이다. 그 대상이 되어버린다면 자기라는 것은 없다. 그리하여 사상事象을 일체화하면, 자기가 무한대의 공간에 퍼

져 있는 것을 알 수 있다. 이것이 진실한 자기이며, 불성佛性이다.

만공 선사는 깨달음을 나타내는 표현에는 다양한 방법이 있지만 그 가운데 여여如如라는 방법을 종종 쓴다.《만공어록》에서 "고인의 말씀에 본래부터 고요하야 동動하지 아니한 것이 여여如如한 부처라고 하였다. 그러나 아무리 여여라고 이르더라도 이것은 벌써 변해 버린 말이니, 여여라는 것은 곧 우주의 모체인지라 일체만물이 모두 이 여여에서 생겨난 것이다. 그런데 사람들은 생겨나도 나는 모체母體를 모르고, 죽어가도 가는 줄 모르고 있으니 그 어리석음이 중생이나 다를 것이 무엇이겠는가? 이 세상 중생들이 모두 이렇게 된 까닭은 오직 탐·진·치의 세 가지 독한 것을 가지고 일용에 살림을 삼기 때문이니라. 여기에서 만약 누구든지 이 같은 어리석음을 벗어나려 하거든 이 '구래부동여래불舊來不動如如佛'을 깨닫도록 하여라. 이 한 마디를 증득證得하기만 하면 바야흐로 부처와 내가 둘이 아니다."라며 여여라고 하는 것은 본래 갖추어져 있는 진면목을 나타내는 말이며, 여여가 우주의 모체요, 일체의 만물이 이 여여에서 나왔고 하였다.

여여는 본래 그대로의 자기 모습이며 본래심本來心을 표현하고 있는 것이다. 일체의 모든 만물이 여여에서 나왔다는 것은 만법의 근원이 여여라는 것인데, 이는 일체의 모든 법은 마음에서 조작한 것이라는 심법心法 사상을 잘 표현하고 있다. 이러한 본래심을 가리고 중생을 어리석음에 빠뜨리는 것은 바로 탐진치貪瞋癡로 일용을 삼는 중생의 습성이며 중생들에게 하나의 습성으로 굳어진 탐진치를 묶고 가두어 변하지 않는 본래의 나를 깨달으면 육도윤회의 사바세계를 벗어날 수 있다는 것이다. 그런데 이러한 것은 없던 것을 새롭게 얻는 것이 아니며 본래 갖추고 있는 바를 얻는 것이라고 하였다.

청담 스님은 서로 빼앗고, 죽이고, 잡아먹고, 욕심내고, 자기만이 옳다고 주장하며 삼독과 오욕락(五慾樂, 재욕, 색욕, 음식욕, 명예욕, 수면욕의 즐거움을 말함)에 사로잡혀 살아가는 수라장의 세계에 살고 있는 우리 중생들이 마음의 진리를 깨우쳐 절대자유를 얻기 위해서는 육바라밀을 실천해야 한다고 설하고 있다. 아울러 이 현실 세상은 과거 무량겁無量劫을 내려오며 서로가 지어놓은 업력으로 만들어진 인과응보의 결산장과 같다고 강조하면서, 서로가 지은 업력業力과 업보業報로 괴로운 재난이 눈앞에 전개됨은 피할 수 없는 인과응보의 법칙이라는 것을 깨달아 자기 성품을 바로 보아야 한다고 주장한다.

그러면 어떻게 하여야 각자가 가지고 있는 성품을 보고, 이 고해苦海에서 헤어날 수 있는가. 범부 중생은 탐내는 마음, 성내는 마음, 어리석은 마음과 재물에 대한 욕심, 색에 대한 욕심, 음식에 대한 욕심, 오래 살고자 하는 욕심, 명예에 대한 욕심 등 다섯 가지 즐거움을 누려 보고자 하는 병에 걸린 환자들이다. 그러니 이 탐·진·치 삼독三毒과 오욕병五慾病을 고치지 아니하고는 자기 성품을 볼 수 없나니, 먼저 삼독과 오욕락五慾樂을 버리고 육바라밀을 행해 나가야 한다. 그럼으로 해서 죽음에 직면해 있는 우리 일체 중생이 불안과 공포에서 헤어나서 영원한 절대자유를 얻게 될 것이다.

그러면서 만공 선사는 본래 갖추고 있는 불성을 찾는 것에 대해서 다음과 같이 설하고 있다. "각자가 다 부처가 될 성품을 지니었건만 내가 나를 무시하기 때문에 부처를 이루지 못하느니라." 본래 갖추어진 불성을 찾지 못하고 미迷하게 하는 것 또한 우리의 불완전한 인식 즉 업業이다. 만물萬物의 실상實相을 구분 짓고 분별하기 때문에 불성을 보지 못하여 본래의 나, 부처를 찾지 못한다고 설하고 있다. 청담 스님은 모든 생명 있는 것이 다가지고 있는 '일체중생一切衆生 실유불성悉有佛性'의 사상을 설하면서 이 성품을 깨우칠 수 있는 존재가 나임을 강조하고 있다. 또한 이는 우주가 창조되기 이전부터 존재하여 왔고 우주가 파멸된 후에도 없어질 수 없는 영원의 존재이며 일체를 초월한 실체임을 설한다. 그렇기 때문에 가장 존귀하고 큰 능력을 가진 생명의 주인공을 불성으로 표현하고 있다.

> 이 우주 가운데 제일 위대한 능력을 가진 엄연한 존재가 나라는 말입니다. 사람만 그런 것이 아니라 동물도 그렇고 생명을 가진 것은 다 한가지인 것입니다. 그러므로 '나'는 물질도 아니고, 허공도 아니고, 아무것도 아니고, 아닌 것까지 아니면서, 온 우주에서 제일 존귀하고 가장 위대한 능력을 가진 생명의 주인공입니다.

그러면서 만공 선사는 "세상에는 나佛性를 알아보느니 하는 말과 문구는 있으나 육식으로 아는 나를 생각할 뿐이요, 정말 나는 어떤 것인지 상상조차 하지 못 하느니라."라며 이를 경계하라고 가르치고 인간의 분별적 인식인 육식을 통한 분별을 경계하였다. 그러면서 말이나 글에 집착 말고 심법心法을 깨달아 불성을 볼 것을 권하고 있다. 청담 스님은 "이처럼 생각을 내야 모든 것이 이루어지지만, 그러나 그 생각은 독자적으로 이루어지지 못합니다. 생각을 내는 주체는 나이고 곧 마음입니다. 나는 생각하므로 존재하는 것이 아니라 생각 이전부터 있는 주인공입니다."라며 모든 것이 생각에서 시작되지만 생각에 집착하게 되면 나佛性와 마음을 보지 못하므로 생각 이전부터 있던 주인공(참마음)을 찾을 것을 권하고 있다.

만공 선사는 마음의 달心月인 본래의 나 즉 여여한 세계는 본래 구족되어 있으며 그 것은 나를 찾기 이전이나 이후나 항상 그 자리에 존재하는 것이라고 설하고 있다. 그렇기 때문에 본광本光이라는 지혜의 작용이 있기 전이나 후에 상관없이 심월心月이 비추고 있음을 모든 중생이 나佛性를 갖추고 있음을 설하고 있다. 또한 수행을 통한 깨달음에서 궁극적인 바로 그 자체, 즉 여여하고 성성적적惺惺寂寂, 깨어 있되 번뇌가 없는 상태를 이르는 말)한 그 세계조차도, 그것이 당연히 추구해야 할 세계이기는 하지만, 그것에 집착하고 속박되면 도리어 자신을 얽어매고 구속하는 대상이 됨을, 금가루가 비록 귀하나 눈에 들어가면 병이 된다는 말로 경계하고 있다.

청담 스님은 "도라든가 보리라는 말에 집착하면 마음을 볼 수 없음"을 설하면서 "달빛佛性 속에는 모든 중생의 아픔을 해결할 수 있는 비밀스러운 깨달음의 길이 내재되어 있다. 중생들은 마음속에 둥근 달이 항상 비추고 있음을 보지 못하지만, 조금이라도 달빛을 본 사람은 그 달빛 속으로 나아가 정진하는 것이다."라고 설하고 있다.

두 선사는 마음속에 내재되어 있는 심월을 찾는 것이 일체의 망분별妄分別을 떠난 티끌을 여읜 청정한 세계의 마음 달을 찾는 것이고 일체 만유의 여여한 세계에 도달하는 것이라고 말한다. 즉 전생부터 익혀온 습기를 제거하고 차별심差別心과 분별망상을 벗어나야 깨달음의 길로 갈 수 있음을 설하고 있다.

만공 선사와 청담 스님은 법계에 티끌이 없는 세계에 이르기 위하여 철저히 심법을 바로 닦고 찾을 것을 권했다. 만공 선사는 "참선하려면 먼저 육국(六國:眼耳鼻舌身意)전란을 평정시켜 마음이 안정되어야 비로소 공부할 준비가 된 것이니라."라고 가르쳤고 청담 스님은 "선禪의 수행은 좌선을 통해서 자기의 본성을 발견하고 이것을 일상생활에서 실천하여 참된 인간이 되기 위한 실천인 것이다."라고 설했다.

만공 선사는 공안을 참구하는 수행에 있어서 가장 중요한 요건으로 분별적 인식의 근원인 육근의 작용을 우선적으로 제거하여야 한다고 설하였다.

만공 선사의 어록에서 '나는 바로 중생들이 본래 갖추고 있는 진면목을 의미한다.'고 하였다. 만공 선사의 선禪 사상을 계승한 청담 스님은 이를 마음이라고 이름 붙였다. 삼라만상의 모든 것은 나 즉 마음에 의해 창조되고 소멸되는데 나를 찾는 것은 견성하는 것이며, 심법을 찾는 것이라고 설하고 있다.

이것은 본래 갖추어진 나를 현재와 단절된 미래에서 얻는 것이 아니라 본래 갖추어진 나를 시간·공간적인 세계에서 수행을 통해 증득한다고 하였다. 이것이 마음心의 바른 길法을 깨닫는 길이요, 일심을 증득하는 길인 것임을 강조하고 있다. 청담 스님은 "생사의 해탈은 한층 더 마음을 가다듬고 몸을 다시 한 번 더 다잡아서 온전하고 똑똑한 정신으로 화두를 의심해 나가면 의심하는 생각까지 끊어진 성성한 무념처에 들어가야 나를 발견하게 된다."고 했다.

만공 선사와 청담 스님은 자기 성품을 바로 보아야 한다고 주장한다. 성품을 보라 함은 나의 실제 존재성을 알라는 것이요, 나의 마음을 바로 보라는 것이요, 본래부터 부처라는 심법을 깨우치라는 것이다. 그러면서 본래 갖추고 있는 불성을 불성을 찾지 못하고 미혹하게 하는 것은 또한 우리의 불완전한 인식 즉 업業 때문임을 설하고 있다.

이처럼 두 스님은 마음속에 내제되어 있는 불성을 찾는 것이 일체의 망분별妄分別을 떠난 티끌을 여읜 청정한 세계에서 심법心法 찾는 것이고, 일체만유의 여여한 세계에 도달할 수 있는 길이라고 설하고 있다.

만해卍海 스님의 유심唯心 사상

만해卍海 한용운 스님

　　만해 용운(卍海 龍雲:1879~1944) 스님의 법호는 만해卍海, 법명은 용운龍雲, 속명은 유천裕天, 계명은 봉완奉玩이다. 1879년 8월 29일 충청남도 홍성에서 출생하였다. 서당에서 한학을 배우다가 동학농민운동에 가담했으나 실패하자 1896년 설악산 오세암五歲庵에 들어갔다. 그 뒤 1905년 인제의 백담사百潭寺에 가서 연곡連谷 스님을 은사로 축발祝髮을 하고, 만화萬化 스님으로부터 법을 받았다.

　1908년 전국 사찰 대표 52인의 한 사람으로 원흥사元興寺에서 원종종무원圓宗宗務院을 설립한 뒤 일본으로 건너가 신문명을 시찰했다. 1910년 일본에 의해 국권을 빼앗기자 중국에 가서 독립군 군관학교를 방문, 이를 격려하고 만주·시베리아 등지를 방랑하다가 1913년 귀국, 불교학원에서 교편을 잡기도 하였다. 같은 해 범어사에 들어가 《불교대전佛敎大典》을 저술하고 대승불교의 반야般若 사상에 입각하여 종래의 무능한 불교를 개혁하고 불교의 현실 참여를 주장하였다.

1918년 월간지《유심惟心》을 발간, 1919년 3·1운동 때 민족대표 33인의 한 사람으로서 독립선언서에 서명, 체포되어 3년형을 선고받고 복역했다. 1926년 시집《님의 침묵沈默》을 출판하여 저항문학에 앞장섰고, 이듬해 신간회新幹會에 가입, 이듬해 중앙집행위원이 되어 경성지회장을 맡았다.

만해 스님이 발행한 불교잡지 《유심惟心》

1931년 조선불교청년회를 조선불교청년동맹으로 개칭, 불교를 통한 청년운동을 강화하고 이해 월간지《불교佛敎》를 인수, 이후 많은 논문을 발표하여 불교의 대중화와 독립 사상 고취에 힘썼다. 1935년 첫 장편소설《흑풍黑風》을 〈조선일보〉에 연재하였고, 1937년 불교관계 항일단체인 만당사건卍黨事件의 배후자로 검거되었다. 그 후에도 불교의 혁신과 작품 활동을 계속하다가 1944년 서울 성북동 심우장에서 가난과 병고病苦로 쓸쓸히 입적했다. 1962년 건국훈장 대한민국장이 추서되었다.

만해 스님의 사상과 문학정신을 보여주는 《님의 침묵沈默》

작품으로는 장편소설인《박명薄命》이 있고, 저서로는 시집《님의 침묵》을 비롯하여《조선불교유신론朝鮮佛敎維新論》《십현담주해十玄談註解》《불교대전》《불교와 고려제왕高麗諸王》등이 있다. 1973년《한용운전집韓龍雲全集》6권이 간행되었다.

만해 스님과 청담 스님의 사상적인 유사성은 이념을 실천하는 뿌리가 같기 때문이라고 볼 수 있다. 만해 스님은 정화불사의 훌륭한 계몽자였으며 청담 스님은 정화불사의 실천자로서 사상적인 공통점이 있다고 하겠다. 또한 청담 스님에게 교학적 가르침을 크게 준 한영 스님이 만해 스님의 사상적 동지였다는 점도 영향을 끼쳤다고 볼 수 있다. 청담 스님이 만해 스님으로부터 직접 영향을 받지 않았나 하는 것은 바로 만해 스님과 청담 스님이 부처님께서 말씀하신 '심즉시불心卽是佛'이라는 구절을 가장 즐겨 인용 했던 것에서 짐작해 볼 수 있다. 만해 스님은 《개벽開闢》지에 발표한 '내가 믿는 불교'에서 다음과 같이 설하고 있다.

> 불교는 그 신앙이 자신적입니다. 다른 어떤 교회와 같이 신앙의 대상이 신이라거나 상제라거나 하는 다른 무엇이 있지 않고 오직 자아自我라는 거기에 있습니다. 부처님 말씀에 '심즉시불心卽是佛 불즉시심佛卽是心'이라 하였으나 이것은 사람 사람이 다 각기 그 마음을 가진 동시에 그 마음이 곧 불佛인즉 사람은 오직 자기의 마음 즉 자아를 통해서만 불佛을 성成하리라는 것이외다. 그러나 여기에서 말하는 소위 자아라 함은 자기의 주위에 있는 사람이나 물物을 떠나서 하는 말은 아닙니다. 사람과 물物을 통해서의 자아입니다. 즉 사람 사람의 오성悟性은 우주만유를 자기화 할 수 있는 동시에 자기가 역시 우주만유화宇宙萬有化 할 수 있는 것이외다.

만해 스님은 부처님의 유심唯心 사상을 이와 같이 해석하였는데, 청담 스님은 그와 흡사한 유심론을 다음과 같이 설하고 있다.

> 우리말로 마음이라고 하는 것은 무엇을 생각할 수 있는 것을 말한다. 즉 생명이 있는 것을 마음이라 한다. 한문 경전에도 심즉시불 즉, 마음이 곧 부처라 했다. 선종도 그러하고, 팔만대장경도 중요 골자가 심즉시불이다. 우리말로

제일 표현하기 쉬운 것이 마음이다. 나는 마음이 물질이냐? 허공이냐? 하고 항상 분간하려고 전심을 다하였다. 이것은 한 해결을 보기 위함인데, 즉 이 마음이 물질이냐 물질이 아니냐 하는 판가름만 나면 불교를 이해하기 쉽게 된다. 마음은 모든 것의 주체다. 이 마음은 아무 것에도 걸림이 없다. 하느님에게도 구속되어 있지 않고, 부처님이나 진리에도 걸려 있지 않기 때문에 이 놈이 자유행동을 할 수 있는 것이다. 그러니 천지의 근본이 마음이고, 만사의 주체가 이 마음이다.

우리가 불교를 믿는 근본 목적은 자기 스스로 마음을 찾아 생사를 해탈하고 큰 도道를 이루어 모든 중생을 자비로써 구제하고 남도 깨치게 하여 청정한 불국토를 실현케 하는 것이다. 그런데 이러한 이상을 실현하기 위해서는 먼저 마음을 찾는 일이 선행되어야 한다. 왜냐하면 우주 창조와 인간 계발은 오로지 마음에서 기원되기 때문이다. 그래서 팔만대장경이 오직 마음 심心 자 한 자를 밝히는 것이라고 한다.

이러한 마음이란 형상이 없어 허공과 같고 걸림이 없으며 시간적으로도 천지가 창조되기보다 먼저 있어서 시작도 없고 천지가 사라진 뒤에도 그 끝이 없다. 그뿐 아니라 광명으로는 시방에 널리 퍼져서 해와 달이 비치지 못하는 곳일지라도 능히 비출 수 있다. 세상에서 제일 큰 허공이 마음 가운데서 생겨나는데 이는 마치 바다에서 한 방울의 거품이 일어난 것과 같다. 그래서 마음의 크기는 중생심으로는 짐작을 할 수가 없는 것이다.

마음은 이렇게 우주도 포함할 수 있을 만큼 크지만 또 작기로는 겨자씨나 육안으로 볼 수 없는 소립자의 속에도 들어갈 수도 있다. 그러므로 이 마음이 정화되어 크게 깨달으면 부처가 될 수 있고 만약 이 마음이 오염되어 때를 벗지 못하면 미망의 늪에서 헤매게 된다.

《대승기신론》에 "중생들의 마음에 부처가 감추어져 있다."고 하는데 이를 여래장如來藏이라고 한다. 즉 이 여래장이 오염되면 중생이 되고, 깨달으면 부처가 된다는 것이다. 이는 중생의 마음이 곧 깨달음의 씨앗이기 때문이다. 그러므로 나의 마음이 곧 부처임을 확신하고 나의 본성이 여래라고 깨달으면 그 마음이 곧 부처인 것이다. 이는 우주와 인간의 만법이 모두 마음이며 이 마음이 곧 우주 만법이 일어나는 바탕이며 활동체이니 마음을 떠나서는 아무것도 없다는 뜻이다. 그래서 만해 스님과 청담 스님은 "마음이 곧 부처"라고 하는 것이다.

만해 스님은 《유심惟心》 창간호 권두 시에서 "심心은 절대이며 자유이며 만능이라."고 읊었다. 이렇게 유심에서 출발한 만해 스님의 사상이 "자유는 인류의 생명이요, 평화는 인류의 행복이라."하는 말로 귀결되었다. 만해 스님은 《유심》 창간호에 논설과 함께 〈심心〉이라는 시詩를 발표했다. 만해 스님의 사상에서 마음이 차지하는 비중을 짐작할 수 있다.

심心은 심心이니라

심만 심이 아니라 非心도 심이니, 심외心外에는 하물何物도 무無하니라.

생生도 심이요, 사死도 심이니라.

무궁화도 심이요, 장미화도 심이니라.

호한好漢도 심이요, 천장부賤丈夫도 심이니라.

신루蜃樓도 심이요, 공화空華도 심이니라.

물질계物質界도 심이요, 무형계無形界도 심이니라.

공간도 심이요, 시간도 심이니라.

심이 생生하면 만유萬有가 기起하고, 심이 식息하면 일공一空도 무하니라.

심은 무의 실재實在요, 유의 진공眞空이니라.

심은 인人에게 누淚도 여與하고 소笑도 여하느니라.

심의 허墟에는 천당의 동량棟梁도 유有하고, 지옥의 기초도 유하니라.

심의 야野에는 성공의 송덕비頌德碑도 입立하고,

퇴패退敗의 기념품도 진열하느니라

심은 자연전쟁自然戰爭의 총사령관이며 구화사講和使니라

금강산의 산종山峰에는 어하魚蝦의 화석化石이 유有하고,

대서양의 해저에는 분화구가 유하느니라.

심은 하시何時라도 하사하물何事何物에라도 심 자체뿐이니라.

심은 절대적 자유며 만능이니라.

청담 스님 또한 내 마음이 우주를 주재하는 참 주인공이라며 인류를 구원할 수 있는 것은 유심唯心 사상이라고 강조하고 있다.

신만이 우주의 주재자란 유신唯神 사상이나 오늘날과 같은 물질만능의 유물唯物 사상으로는 허덕이는 인류에게 자꾸 암흑의 구렁만이 주어질 뿐이지 결코 참된 인생의 밝고 영원하며 행복한 길을 찾을 수 없다. 오직 내 마음이 우주를 주재하는 유일한 주인공이라는 불타의 유심唯心 사상만이 참혹한 암흑에서 허덕이는 인류를 구원하는 참된 길인 것이다.

청담 스님은 모든 차별 현상은 오직 마음의 작용에 지나지 않는다며 대상은 그냥 그대로 있으나 오직 마음이 온갖 분별을 일으켜 고락苦樂·미추美醜·선악善惡·유무有無·대소大小·장단長短이 나타난다고 설했다.

만해 스님은 위의 〈심心〉이라는 작품에서 서정 자아의 시각으로 본 마음의 실체를 비유와 상징으로 나타냈다. 〈심心〉은 《유심》이라는 잡지의 성격을 대변하면서 만해 스님 자신이 생각했던 유심관을 잘 드러내고 있다. 어떠한 미학적 장치도 없이 직설적 자유시의 형식으로 기술되어 있는 위의 작품에서 만해 스님의 사상의 핵심이자 원리를 발견할 수 있다. 즉, 스님의 세계가 마음을 바탕으로 이루어지고 있음을 명백히 한다. 그것은 마음을 매개로 세계를 인식하고 세계와 대결하겠다는 의지의 표명이라고 할 수 있다.

마음이 세계와 대면하는 매개가 될 수 있는 까닭은 작품에서 보이듯이 '마음'이 모든 현상들의 원인이 된다는 관점 때문이다. 마음은 모든 물질의 근원이므로 물질에 형태와 기능을 부여하는 실체가 된다. 또한 그것을 현상하는 것들, 사태의 전개, 성공과 실패, 생과 사의 구분, 천국과 지옥의 결정에 그 영향이 미친다. 이런 점에서 만해 스님은 마음은 만유의 본질이자 자연전쟁의 총사령관이며 나아가 절대와 만능의 경지라며 마음의 탄생과 소멸, 역할을 설명하고 있다.

이는 원효 대사가 의상(義湘:625~702) 대사와 함께 당나라에 구법의 길을 떠났다가 도중에 얻은 생각과 상통하고 있다. "마음이 일어나면 갖가지 법현상이 일어나고 마음이 사라지면 불단과 무덤이 둘이 아님을 깨달으니 삼계가 오직 마음이요 만법은 오직 인식일 뿐이며 마음 밖에 법이 없는데 어찌 따로 구할 것이 있겠느냐."는 것이다. 마음의 있고 없음에 따라 만 가지 생각이 있고 단 하나의 여백도 있을 수 없는 것이니 없는 것의 있음이요, 있는 것의 진공상태인 것이다. 그의 터전에는 천당과 지옥이 따로 없으며 바깥에는 명예도 욕망도 함께하며 전쟁과 평화를 주관하는 것이 마음이라는 것이다.

만해 스님과 청담 스님은 세상의 모든 이치가 오직 마음에 달렸다는 유심 사상을 유감없이 잘 보여주고 있다. 만해 스님의 〈심心〉에 나타난 유심 사상은 청담 스님이 설한 "마음이 보살도를 실천하여 부처의 길로 가는 지름길"이라는 뜻과 상통한다. 만해 스님은 다음 두 가지의 작품에서 마음이 들어가고 나옴에 따라 변화되는 심상의 무늬를 미세하게 그려내고 있다.

> 산山집의 일없는 사람 가을꽃을 어여삐 여겨
> 지는 햇빛 받으려고 울타리를 잘랐더니
> 서풍西風이 넘어와서 꽃가지를 꺾더라.
> ─〈추화秋花〉 전문

> 따슨 빛 등에 지고 유마경維摩經 읽노라니
> 가볍게 나는 꽃이 글자를 가린다.
> 구태여 꽃 밑 글자를 읽어 무삼하리요.
> 봄날이 고요키로 향을 피고 앉았더니
> 삽살개 꿈을 꾸고 거미는 줄을 친다.
> 어디서 꾸꾸기 소리 산을 넘어 오더라.
> ─〈춘주春晝〉 전문

〈추화秋花〉와 〈춘주春晝〉의 두 시에는 서로 다른 마음의 교차가 흥미롭게 읽어진다. '추화'에는 마음의 움직임에 따라 외물을 움직여 주는 서정적 주인공이 있고, '춘주'에는 외물의 움직임을 그대로 수납하는 부동의 마음을 지닌 서정적 자아가 있다.

만해 스님은 〈추화〉에서 '산집'과 '일없는 사람'의 설정을 통해 순박함과 우매함의 마음 씀을 우의적으로 그려내고 있다. 그렇지만 〈춘주〉라는 작품은 마음의 유로를 그대로 따라가는 자연스러움이 있다. 이에 대해 청담 스님은 〈생명의 세계〉라는 시에서 청정무념하며 생사와 시비와 선악과 이해에 초연자재超然自在함을 보여주고 있다.

생명, 생명은 곧 이 나我인 것이다. / 그러므로 생명은 사고와 대상이 아닌 것이다. / 그러므로 나는 나를 인식할 수 없는 것이다. / 나는 나를 모른다. / 오-직 천진天眞한 나일 뿐인 것이다. / 산은 높구나 물은 깊구나 / 생명, 생명은 초원草原이 없는 것이다. / 그러므로 모-든 것이 초원이 된 것이다. / 이 생명은 무無인 허공의 기원起源이다. / 유有인 물질의 기원이다. / 온갖 것의 조화의 주재자主宰者이다. / 상주常住하여 영원불멸하며 / 영통靈通하여 일체지자一切智者며 만능萬能하여 자유하다 / 생명, 생명, 나, 너, 물건

청담 스님은 생명의 신비와 존귀함이 마음에 따라 발견됨을 시로 표현했다. 무념이나 천진을 통해 생명의 유한성을 극복하고자 하기보다는 산과 물이라는 선禪적 표현을 통해 자연의 생명을 그리고 있다. 생명이란 차원에서는 초원이든, 나我이든 다를 바가 없다. 유무라는 인식의 능력에는 차이가 있을지라도. 마음에 따라 영원히 상주 불멸하는 것이 마음이라고 강조한다.

스님은 마음에 따라 자유로울 수 있고 주재자가 될 수 있다고 표현하면서 유심 사상을 내포하고 있다. 그리고 무엇이든 소중하게 주어진 이 생명을 거룩하게 여기고 소중하게 키워나가자는 생각은 불교의 초월적 사유의 전통과는 사뭇 다른 현실적인 감정을 보이고 있다.

만해 스님의 시에서는 마음에 따라 움직이는 자아가 있음을 보여주고 있다. 청담 스님의 시에서는 《화엄경》에 마음과 부처와 중생에 차별이 없다는 인간 및 생명의 존엄성을 강조하고 있다. 또한 모든 것은 마음이 만든 것이라는 유심唯心 사상을 설하고 있다. 만해 스님의 시에서는 욕구를 버린 순수의 자아를 지향하는

만해 스님이 말년에 주석했던 서울 성북동 심우장

마음이 있다. 꽃을 치우고 읽어보고 싶은 욕구의 자아를 초탈하는 마음이 있다. 이것이 《화엄경》에서 말하는 삼계유심조三界唯心造이다.

나옹 혜근(懶翁 慧勤:1320~1376) 선사는 《나옹어록懶翁語錄》에서 "일심과 만법이 하나인 것을 깨닫게 되면 산하대지와 삼라만상이 얼음처럼 녹아서 선禪·도道도 없게 되어 그것을 파악할 수도 얻어 볼 수도 없는 어떤 경지에 이른다고 한다. 그 맛은 그저 고요한 밤에 자규소쩍새의 울음소리가 공중에서 울리는 것과 같다. 보려고 해도 볼 수가 없고 들으려고 해도 들을 수 없으며, 구하려고 해도 구해지는 것은 아니지만, 그것은 항상 눈앞에 있는 것이라 하였다. 그러므로 마음을 밝히고 깨쳐서 한 생각도 일어나지 않고 맑기가 고요한 물止水과 같아서 일심은 털끝만한 가리움도 없게 된다."고 마음에 대해 설하고 있다.

마음은 어떻게 얻어지는 것일까? 이것은 수행을 통하여 가능하다고 불교에서는 보고 있다. 하지만 보려고 해도 볼 수 없고, 들으려 해도 들을 수 없으며 구하려 해도 구해지지 않는다. 찾으려고 하면 할수록 더 찾을 수 없는 것이 마음이다. '춘래불사춘春來不似春'이라는 말이 있다. 중국 역사상 가장 빼어나다는 4대 미인(양귀비, 서시, 초선, 왕소군)중 하나로 왕소군王昭君의 고사에 나오는 이야기이다.

옛날에 어떤 사람이 봄이 올 듯해서 봄을 한번 찾아가 봐야겠다고 생각하고 산으로 들로 강으로 봄을 찾으러 돌아다녔는데 봄은 찾지도 못하고 지쳐서 집으로 돌아오는데 집 앞에 매화가 벙긋이 피어 있는 걸 보게 되었다. 가까이에 와 있는 봄을 느끼지 못하고 밖으로 헤매는 수고로움만 더했으니 얼마나 어리석은 행위인가? 이것은 곧 봄이든 마음이든 멀리서 찾지 말고 가까이에서 자신의 행주좌와行住坐臥 어묵동정語默動靜에서 진리를 찾으라는 말일 것이다.

선禪에서 흔히 마음 찾아 가는 길을 〈심우도尋牛圖〉에 비유하여 설명하기도 한다. 소를 잃어버린 목자牧子가 야성으로 돌아가 있던 그 소를 다시 찾아내 길들임으로써 소와 하나됨을 실현해 나간다는 연속된 그림이다. 만해 스님은 본래의 마음을 찾아가는 방법에 대해 설하고 있다.

> 잃을 소 없건마는 찾을 손 우습도다
> 만일 잃을 시 분명하다면 찾은들 지닐소냐
> 차라리 찾지 말면 또 잃지나 않으리라.
> — 〈심우장尋牛莊〉 전문

청담 스님은 참 나를 찾는 문제 제기로써 〈소 찾는 걸음〉이라는 시에서 다음과 같이 노래하고 있다.

> 나! / 나란 무엇일까? / 무엇인데 어디서 왔을까? / 생각할수록 점점 / 더 몰라 가기만 하는 / 이 일! / 나란 과연 무엇일까? / 흙·나무·물·불? / 동·서·남·북? / 어제·오늘·내일? / 답답만 하여라. 무엇이 어디서? / 누우니 잠이 오는가? / 먹어도 물이 넘어가지 아니하니 / 앞뒤가 캄캄한! / 용신할 곳도……. / 홀연히 아무것도 없어졌다! / 동·서·남·북도! / 위아래도!

만해 스님의 작품에서 잃을 소는 무엇을 의미할까? 잃어버린 참된 나 혹은 본래 마음이라 볼 수 있을 것이다. 찾을 손은 소를 찾으러 나선 나그네가 머무는 곳이라는 '심우장尋牛莊'이라는 공간 설정에서 비롯된 것이며, 손은 다름 아닌 시인 자신이라는 것을 알 수 있다. 〈심우도〉는 '나는 누구인가?'에 대해 묻는 것으로 시작된다. 나에 대해 묻는 것이 참된 나 혹은 나의 본래 마음을 알 수 있는 출발이 된다.

사람들은 자신들이 소의 존재를 가지고 있다고 생각한다. 참된 자기, 본 마음이 내게 있었던가. 시인은 그것을 다시 한 번 되짚어 묻고 있는 셈이다. '잃을 소가 없다'는 것은

수행자가 깨닫는 과정을 잃어버린 소에 비유해 휘호한
청담심우전青潭尋牛展

그런 마음조차 처음부터 가지고 있지 못했음을 지적한 것이다. 찾지 않는다는 것은 잃을 소가 없기 때문이니, 결국 잃지 않은 것이 된다.

청담 스님은 〈소 찾는 걸음〉에서 "나! 나란 무엇인가? 무엇인데 어디서 왔을까?"라고 의문하며 나·인생·부처를 찾는 길을 제시하고 있다. 청담 스님은 물음표와 느낌표를 활용하면서 무아의 경지에서 거침없이 시를 써 내려가고 있는 듯하다. 이는 말로 표현할 수 없는 진리의 세계를 말과는 다른 표현을 통해 그 한계를 넘고 있는 것이다. 여기서 스님의 일초직입여래지(一超直入如來地, 사람은 태어나기 전부터 본래 부처임을 단번에 스스로 깨달아 절대의 경지에 바로 들어가는 것)의 선禪 사상을 엿볼 수 있다. 진리의 세계를 말로 표현 할 수 없기 때문에 참선도 참회 기도도 모두가 잃어버린 나를 찾는 것이었고, 누구에게나 이 참 마음을 찾도록 지도하였다.

청담 스님의 시는 만해 스님과 시와 사상적으로 유사성이 있으면서 표현에서는 사뭇 다른 면도 있다. 만해 스님 역시 지극히 쉬운 일상어로 한글 자유시를 썼다는 점에서는 청담 스님과 유사한 면모를 보이고 있다. 그러나 일면 유사하면서도 주제의 방향이나 표현의 양태에 있어서는 사뭇 다른 모습을 보인다. 먼저 만해 스님은 〈생명生命〉에서 다음과 같이 표현하고 있다.

닻과 키를 잃고 거친 바다에 표류된 작은 생명의 배는 아직 발견도 아니 된

황금의 나라를 꿈꾸는 한 줄기 희망이 나침반이 되고 항로가 되고 순풍이 되어서 물결의 한 끝은 하늘을 치고 다른 물결의 한 끝은 땅을 치는 무서운 바다에 배질합니다. / 님이여, 님에게 바치는 이 작은 생명을 힘껏 껴안아 주셔요. / 이 작은 생명이 님의 품에서 으서진다 하여도 환희의 영지靈地에서 순정殉情한 생명의 파편은 최귀最貴한 보석이 되어서 조각조각이 적당히 이어져서 님의 가슴에 사랑의 미장徽章을 걸겠습니다. / 님이여, 끝없는 사막에 한 가지의 깃들일 나무도 없는 작은 새인 나의 생명을 님의 가슴에 으서지도록 껴안아 주셔요. / 그리고 부서진 생명의 조각조각에 입 맞춰 주셔요.

수많은 장애와 고난 속에 벅찬 여정을 헤쳐가는 여린 생명의 소중함을, 절절히 외치려 거창하고 화려한 수사를 최대한 동원하여 표현하였다. 닻도 없고 키도 없는 작은 생명의 배가 폭풍 몰아치는 거친 바다를 헤쳐나간다. 이때 가장 큰 힘이 되는 것은 바로 희망이다. 이 희망의 힘을 나침반과 항로와 순풍으로 비유하였다. 거친 바다의 무서움에 대해서는 물결의 한 끝은 하늘을 치고 다른 물결의 한 끝은 땅을 치는 엄청난 크기의 파도로 묘사했다. 참으로 대단한 상상력이 아닐 수 없다. 그런 거친 바닷속을 배질해서 나아갈 수 있는 것은 오로지 희망의 힘 덕분이다.

화자는 님에게, 이런 나약하면서도 강인하고, 강인하면서도 나약한 한 작은 생명을 힘껏 껴안아 주기를 부탁한다. 그 연약한 모습을 다시 한 번 묘사하기를, 끝없는 사막에 한 가지의 깃들일 나무도 없는 작은 새라 하였다. 그리고는 마지막으로 다시 한 번 님에게 기원한다. 부서진 생명의 조각조각에 입 맞춰 달라고 한 것은 님의 사랑을 입맞춤으로 상징화한 것이다. 이렇듯 열정적이고 과장적이기까지 한 상상과 비유, 상징의 풍부한 활용을 통해 생명의 존재를 전폭적으로 인정하고 살려나가고자 하는 대자비의 사상을 표출시켰다. 이에 비해 청담 스님의 시는 어떠한가? 〈삶〉이란 시를 음미해 보자.

> 뚫어지게 바라보라 / 이 한 송이 꽃이 지닌 / 생명의 거룩함을 / 골똘히 생각하라 / 이 한 송이 꽃이 지닌 / 그 뜻의 심오함을 / 그리고 조용히 자신에게 물어 보라 / 단 한 번밖에 없는 이 인생을 / 어떻게 살아나갈 것인가를 / 자신에게 허용된 / 오직 하나뿐인 거룩한 생명을 / 그 목숨 있을 때까지 / 다 바쳐 올바른 틀 속에서 / 참마음과 용기를 가지고 / 주어진 사명을 성취하고 / 모두 함께 힘을 합쳐 / 원만한 가정, 명랑한 사회를 / 이루어 가는 최선의 인간이 되고 싶도다.

만해 스님이 거친 파도와 싸워나가는 조각배, 혹은 깃들일 나뭇가지 하나조차 찾지 못하는 작은 새의 존재를 통해 나약하면서도 강인한 생명의 힘을 묘사한 데 비해, 청담 스님은 한 송이 꽃을 통해 생명의 거룩함을 주지시키고 있다. 이 꽃이 비바람과 싸워나가는 힘찬 삶을 살아가는지, 평화로운 들판에서 별 어려움 없이 순탄하게 아름다운 꽃을 피우는지에 대해서는 스스로의 마음과 상상에 맡기고 있다. 그저 한 송이 꽃이 있다고 하였을 뿐이다.

청담 스님은 만해 스님에 비해 평이한 일상어와 표현을 통해 조용하고 차분하면서도 은근하고 깊이 있는 사상 세계를 담아내고 있다. 표현의 성격은 극히 대조적이나, 생명의 신성함과 위대함을 인식하고 희망, 혹은 용기로써 생명의 길을 열어나가고자 하는 의지의 표명에서는 두 스님의 차이가 없다.

만해 스님은 이렇게 설했다. "우주의 모든 것은 일념 위에서 건립되는 것입니다. 그러므로 유심을 부인하는 유물론도, 종교를 배척하는 반종교운동도 모두가 일념에서 건립되는 것입니다." "따라서 사람의 모든 권리도 마음에 있는 것이다. 그리고 보면 마음은 인생의 만사를 총령 지도하는 심왕心王

이 아닌가?" 이처럼 만해 스님은 인간의 마음이야말로 인간의 삶을 관장하고 지도하는 심왕이라고 설하면서 우주의 모든 것이 일념에서 시작됨을 강조하고 있다. 이는 화엄의 일체유심조 사상이 마음에 내재되어 있음을 보여주는 것이다.

청담 스님은 "불교의 정신은 어떤 형식이나 내용에 의해서 절대 불변의 것으로 규정되고 형식화된 것이 아니다. 불교에서는 신도 부정하고 물질도 부정한다. 말하면 듣고 무엇인가를 생각하는 이 마음자리만을 영원한 실제로 본다. 이 마음만이 참 나眞我이고 우주의 주인공이고 진리라는 것이다."라고 했다. 스님은 마음만이 참 나이고 우주의 주인공이며 영원한 것이라고 보고 있다. 불교에서는 마음 즉 참 나의 이치를 모르기 때문에 번뇌 속에서 살고 있다고 말한다. 우리는 본연 청정한 근본 자리를 가지고 있는데 삼독심三毒心 때문에 진아眞我를 볼 수 없는 것이다.

모든 것은 마음에 달려 있다. 내가 하는 모든 일은 마음에 따라서 하느냐 하지 않느냐를 결정하여서 실행으로 옮긴다. 따라서 마음이 모든 인간의 삶을 관장하는 것이기 때문에 그 마음을 올바로 닦아야 하며 그 닦는 방법이 바로 수행이다.

만해 스님과 청담 스님은 인간만사가 마음에서 비롯되고 마음이 모든 것의 주체이니 사람들은 집착·이기심을 버리고 그 삶의 공간에서 마음을 수행할 것을 권장한다. 만해 스님은 마음을 만들기 위한 일로 나와 마음을 일치시키는 작업을 시도하였는데 〈하나가 되어 주셔요〉에서 다음과 같이 설하고 있다.

님이여, / 나의 마음을 가져가려거든 마음을 가진 나한지(나와 함께) 가져가셔요. / 그리하여 나로 하여금 님에게서 하나가 되게 하셔요. / 그렇지 아니하거든 나에게 고통만을 주지 마시고, / 님의 마음을 다 주셔요. 그리고 마음을 가진 님 한지 나에게 주셔요. / 그래서 님으로 하여금 나에게서 하나가 되게 하셔요. / 그러면 나는 나의 마음을 가지고, 님의 주시는 고통을 사랑하겠습니다.

만해 스님은 '님'과의 일치를 통해 고정하고 불변하는 마음을 만들고자 하는 간곡한 마음을 그리고 있다. 쉽게 흩어지고 소멸되는 변덕스러운 마음의 세계를 창출할 수 있는 에너지원이 되도록 하기 위해서 마음을 붙잡아 두는 일이 필요한데 이를 위해서 나와 마음을 일치시키고 있다. 청담 스님은 마음의 탄생에 대해 다음과 같이 설하고 있다.

> 참으로 인간의 탄생으로부터 묘지에 가는 그날까지의 일대사란 오늘 지금의 '마음心' 바로 이놈인 것이다. 이 마음 그것이 바로 나요. 세계는 바로 나의 영상影像이다. 나의 표현이다. 나는 곧 세계다. 나는 인식된 내가 아니라 인식하는 나이다. 웃는 것도 나요. 우는 것도 나다. 이 광대무변한 대우주의 주인공이 바로 나다하는 자아를 인식하고 자기 성품을 발견함으로써 진실한 의미에서의 탄생의 참된 의미를 찾게 되는 것이다.

청담 스님은 태어나서 죽는 날까지 일대사란 마음이라고 설한다. 그러면서 마음이 나요, 웃는 것도 우는 것도 나이며 광대무변한 주인공이 나라면서 자아를 인식하고 성품을 발견하기 위해서는 나와 마음을 일치시켜야 한다고 주장한다.

우리가 나라고 하는 마음을 바르게 만들어야 하는 이유는 이 마음이 곧 진리의 기운이기 때문이다. 사람들은 자신이 진리와 동떨어진 것으로 착각을 하고 있다. 나라고 하는 진리의 마음이 진리와 부합되는 마음, 하나가 되면 해탈을 하여 윤회에 벗어날 수 있다. 결국 내 마음이 진리와 하나가 되면 성불하여 부처가 될 수 있다. 이처럼 내가 진리와 하나가 되려면 정법正法의 진리를 알고, 큰 믿음 아래 대서원大誓願을 마음에 두고, '진리의 이치를 따르겠다. 긍정하겠다.'라고 하는 각오를 단단히 하고 마음공부를 해 나가야 한다.

이렇게 될 때 '나'와 '님'은 마음이 하나 되어 서로 소통이 이루어진다. 그러면 자아의 성품을 발견할 수 있다. 우리의 마음을 성품의 본연 청정한 근본자리라고 한다. 만해 스님과 청담 스님은 나와 마음을 하나로 보면서 나와 결합시키고자하는 의지를 표명함으로써 '마음이 더욱 굳건히 응결되기를 바라는 관점을 잘 표현하고 있다.

그러면서 만해 스님은 마음을 버려야 하는가? 아니면 응집시켜야 하는가? 에 대해 고민을 하고 있다. 중생들에게 마음을 비우라고 해야 하나? 채우라고 해야 하나? 마음을 중심주제로 삼았던 만해 스님은 이에 대해 "마음은 본래 형체가 없는 것이라 여의고 자취도 끊어졌다. 마음이라는 것부터가 거짓 이름인데 다시 인印이라는 말을 붙여 쓸 수 있으리오. 그러나 만법은 이것을 기준으로 삼고 부처는 이것을 증명하였다. 그러므로 이것을 심인心印이라 한다."라고 설하고 있다.

만해 스님은 마음이 없음과 있음, 비움과 채움, 무상성無相性과 유상성有相性이 모두 통일되어 있으면서 또한 모두 초월되어 있는 역설적 관계에 놓인 것이라 설한다. 그리고 마음을 알고. 마음을 행함으로써 뜻에 막힘이 없고 모든 일에 자유자재한 사사무애(事事無碍, 어떠한 사물이건 고립되어 있지 않고 다른 것과 관계를 이루고 있다는 뜻)한 경지에 오르는 일이야말로 무명無明을 넘어선 진아眞我의 세계에서만이 가능함을 강조하고 있다.

청담 스님은 살아 있는 것도 죽은 것도 아닌 것이 마음이지만, 그렇다고 마음이 어떤 것이라고 규정할 수 없다고 설한다. 그렇다고 "어떤 것이 아닌 모든 것"이라고 설하면서 마음이 인생본연人生本然의 진면목眞面目이라고 말한다. 이는 만해 스님이 주장한 "부처님이 마음을 증명하였다."고 하는 말과 그 유사성이 있는 것이다.

청담 스님이 사상적 연계성을 갖고 있었던 만해 스님 동상

> 마음, 마음, 이 마음은 산生 것이요, 죽은死 것이 아니다. 그러므로 이 마음은 생명 없는 허공虛空도 아니요, 또한 생명이 아닌 무기물질無機物質도 아니다. 물질도 허공도 아닌 이 마음은 우주의 생명이다. 또 이 마음은 물질도 허공도 아닐 뿐만 아니라 지식도 사상도 신앙도 아니며, 부처님도 하느님도 일체중생一切衆生도 아니다. 그러나 아무것도 아닌 것도 아니다. 오직 살아만 있을 뿐이다. 그러므로 이것을 마음이라 하는 것조차 크게 그르치는 말이다. 그런데 이 마음도 아닌 마음, 이것이 곧 인생 본연의 진면목眞面目이다. 이것만이 나 자신인 것이다. 그러므로 이 마음 이전엔 아무것도 존재할 수가 없다.

이처럼 두 스님은 마음이라는 사상적 연계성에서 상당한 공통점이 있음을 볼 수 있다. 이 같은 예는 청담 스님의 '만해관卍海觀'에 고스란히 내제되어 있음을 볼 수 있다. 스님은 〈고독한 수련 속의 구도자: 만해 한용운 특집에 부쳐〉라는 기고문에서 "고뇌를 면하기 위해 부처님을 찾으면서, 부처님이 곧 내 마음이며 때문에 좋은 일 궂은 일 가리지 않고 모두를 포괄하고 고뇌를 새롭게 하는 무애無碍의 경지 속에서 속된 것과 성스러운 것을 자유자재로 오갔다."고 적고 있다.

만해 스님은 항상 승려이기 전에 인간이라는 차원에서 사바세계 속에 헤매는 대중과 더불어 살며 그들의 고뇌를 자기의 고뇌로 알고 살아왔다. 그는 항상 번뇌 많은 세상을 굽어보며 살지 않고, 도리어 번뇌의 소용돌이 속에서 빛을 잃고 헤매는 무리와 살결을 맞대고, 파토스情感와 로고스是非를 거듭하는 경지 속에서 이를 바로잡고 그 속에서 보다 참된 빛을 찾는 해탈의 길을 스스로 택했다. 모든 번뇌를 능히 벗어날 수 있는 일이었지만 그는 너무나 인간적이기 때문에 자기 인경의 완성이란 미덕에 홀로 교만하지 않고 그가 성취한 모든 진선미를 적게는 남과 더불어, 크게는 민족과 더불어 나누어 가지고 섬기며 사는 것을 택했다.

만해 스님은 스님이라는 특수한 신분이기는 하지만, 마음 사상 가운데서도 유심唯心 사상에 관심을 두었던 것으로 보인다. 마음은 불교적 세계관의 핵심적 요소라고 할 수 있다. 만해 스님과 청담 스님은 불교적 세계를 추구하면서 마음 사상에 의거한 수행과 삶을 영위하면서 현실에의 정착과 이를 해결하려는 것이 더 컸던 것이 사실이다.

이는 마음이라는 확고한 진리가 두 스님의 몸과 사상 속에 내재되어 있었기 때문이다. 모든 것은 마음의 조작이다. 마음이 세상만사를 결정짓는다. 일상에서 일어나는 생각에 대하여 품는 그 마음의 방향, 매 순간순간의 마음들이 삶을 이루는 것이다

세상의 모든 것은 마음이며, 마음이 생각 짓는 대로 그대로 이루어지는 것이 진리이다. 이것을 우리가 통찰하고 이해하고 깨달으면 깨닫는 만큼 마음에 대한 믿음이 커진다. 그리고 언제나 그 믿음과 함께 깨어 있는 마음으로

노력하면 그 믿음의 진정성과 깊이만큼 이루어진다. 깊은 이해와 통찰 그리고 그 통찰에 대한 깨달음이 크면 클수록 마음의 믿음은 깊어지며, 믿음이 깊어진 만큼 깨달음의 힘은 커진다.

우리는 일상에서 언제나 수많은 생각을 일으키고 그 생각들은 사라져간다. 그리고 또 매 순간 닥쳐오는 상황에서 수많은 생각과 판단과 감정을 일으킨다. 바로 현재 지금 이 마음이, 우주의 무한한 중심의 자리, 모든 것을 가능하게 할 수 있는 그것이 바로 마음이다. 만해 스님과 청담 스님은 이 마음을 찾기 위해 수행자의 길을 택했고, 많은 수행자들이 백척간두진일보百尺竿頭進一步 하며 수행하는 것도 마음을 찾기 위함이다.

6장
선禪 사상

화두話頭에 대한 입장

선禪은 석가모니 부처님이 마하가섭摩訶迦葉에게 삼처전심三處傳心을 통하여 정법안장(正法眼藏, 모든 것을 꿰뚫어 보고, 모든 것을 간직하는, 스스로 체득한 깨달음.)을 전해주고, 그것이 이심전심以心傳心으로 중국에 건너와 보리 달마 선사를 거쳐 혜능 선사에 이르러 꽃을 피웠다. 도의道義 선사에 의해 우리나라에 들어와 지눌·보우·휴정·환성·경허·만공 선사를 거쳐 청담 스님에까지 이르렀다.

청담 스님은 강원교육을 마치고 난 심정을 다음과 같이 술회하고 있다. "아직도 내 마음은 밤이 깊고 주위가 고요할 땐 어떤 외부의 바람에 가끔 동요가 있었다."며 "내가 개운사에서 대교과大敎科를 마치자 여러 수좌들 사이에서는 오대산 한암 선사 밑으로 갈 것인가 아니면 덕숭산 정혜사 만공 선사 밑으로 갈 것인가를 대단히 궁금하게 생각했다.

청담 스님은 교학만으로는 불법의 이치를 깨치는 것에 무엇인가 부족함을 느끼고 참선을 수행하여 깨달음에 이를 것을 결심하고 만공 선사가 계신 정혜사로 내려갔다."

정혜사 선방에서 3년여를 정진하고 나니 내가 견성했다는 소문이 전국의 선방수좌들 사이에 퍼지게 되었다. 만공 스님은 내가 견성했다는 인가를 알려주었다. 그러나 나는 내 자신을 관조觀照해 봐도 미혹이 너무 많은지라 겸손하게 사양하고, 만공 스님의 간곡한 만류도 뿌리치고 오대산 적멸보궁으로 떠났다. 나는 여기서 퇴락해 가는 불법을 중흥, 전 세계에 불국토를 건설하여 영원한 평화와 안락이 이 사바세계에 깃들기를 발원하면서 백일기도를 시작하였다.

청담 스님은 덕숭산 정혜사 만공 선사 문하門下에서 '조주구자무불성趙州拘子無佛性' 화두를 참구하였다. 오도悟道 후에도 스님은 금강산 마하연·속리산 복천암·사불산 대승사 쌍련선원·희양산 봉암사·문수암 금선대 토굴 등지에서 계속 정진하였다.

네팔에서 열린 제4차 세계불교도 대회에서 효봉·동산 스님과 함께

스님의 정진수행 기간이 길었던 것은 자신의 의지도 있었지만 일제 식민지하의 감시, 6·25 전쟁 등의 사회적인 환경이 작용했던 것으로 보인다. 그러나 마음자리를 찾는 수행정진을 통해 깨달음을 얻어야겠다는 원력도 크게 작용하였다. 대한민국 정부가 들어서고 종단환경이 달라지면서 수행처를 떠나 종단행정의 중심에서 활동하게 되었다지만, 스님은 참선 수행을 정신의 근저에 두고 있었다. 참선 수행에 대해 청담 스님은 다음과 같이 밝히고 있다.

참선參禪이란 바로 이런 마음을 찾는 공부입니다. 이리저리 헤매지 않고, 이 마음을 직접 찾는 지름길이 바로 참선 공부입니다. 그래서 옛날 조사님들께서 선禪을 말함에 사람의 마음을 곧바로 가리켜서 성품性品을 보고 성불成佛하게 한다고 하셨던 것입니다. 이 마음이 생명이고, 참 나이고 절대자입니다. 생명이 있는 중생이면 누구나 다 갖추고 있는 것이므로, 본래부터 성불成佛입니다. 없는 마음을 따로 창조해 내는 것이 아닙니다.

바깥바람에 흔들리지 아니하고 내면에 번뇌망상煩惱妄想이 일어나지 아니하는 것을 앉았다고 하는 것이며, 항상 바깥 사정만을 알고자 하는 미혹한 중생의 살림살이를 정반대 방향으로 돌려서 자심반성自心反省하고 정진精進하여 8만4천 번뇌 망상을 일으키는 그 본체 마음의 근본에 사무친 것을 '선禪'을 닦는다고 하는 것입니다. … 중중첩첩重重疊疊으로 복잡한 차별경계에서 일미평등一味平等으로 차별 없는 자심정自心定에 드는 것을 앉았다고 하는 것이며, 일체 번뇌 망상이 끊어지고 절대 평등하여 두 가지가 아닌 자심지에서 일체 차별만법을 통달한 차별지로 나타내는 것을 '선禪'이라고 합니다.

청담 스님은 참선參禪을 통해 마음을 깨닫고, 자기의 근본 문제에 대한 사유를 통하여 마음을 깨달아야 부처가 될 수 있음을 설하고 있다. 《대지도론大智度論》은 참선에 대해 "산란한 마음을 거두어들이고 어리석고 산란한 행을 여의는 것이다."라고 설명하고 있다. 참선은 욕망과 번뇌를 끊어 지혜가 드러나게 한다. 보고 듣고 하는 그 가운데서 깨닫는 것이 참선하는 방법이다. 그래서 불법을 깨치려면 마음을 깨닫는 공부를 해야 한다.

참선을 하면 그때부터 지혜가 생긴다. 참선을 하면 왜 지혜가 나올까? 맑은 물에 얼굴을 비추면 얼굴이 훤히 비치지만, 탁한 물에 비추면 비치지 않는다. 왜냐하면 탁한 물은 아견我見, 인견人見, 중생견衆生見, 수자견壽者見에 가득

차 있기 때문이다. 그런데 이것을 버리면 청정수가 되어 지혜가 훤히 드러난다. 참선을 하면 지혜를 간직하는 창고가 만들어지고, 삶에서는 보살행을 실천하는 일만 하게 된다. 그래서 참선을 지혜의 창고요, 지혜의 복전福田이라고 한다.

영원불변하고 영원불멸하는 이치를 설하고 있는 경전이 《금강경》이다. 금강金剛은 영원불변하고 영원불멸하여 이 세상에 있는 만물 중에 으뜸이다. 그래서 금강의 깃발을 꽂으면 번뇌가 없어진다. 번뇌가 얼마나 번뜩번뜩 나오는지 화살보다 빠르다. 이 화살보다 빠른 번뇌를 끊을 수 있는 것이 바로 금강의 깃발이다. 이 깃발은 바로 참선에서 나오는 것이다.

청담 스님은 마음을 깨치는 수행법에는 전문적으로 하는 달마선達摩禪과 천천히 닦아 익히는 의리선義理禪이 있다고 설하고 있다. 달마선이란 마음을 곧 깨치는 선법禪法으로 고속으로 가는 방법이고, 의리선은 과학·철학·이론적으로 따져볼 것은 다 따져가며 닦는 행법行法이라 하였다. 스님은 달마선을 다른 격외선格外禪으로 표현하고 다음과 같이 밝히고 있다.

> 마음을 밝히는 공부를 한꺼번에 당장 성취하려는 법이 격외선格外禪입니다. 여기에 말로도 할 수 없고, 생각으로도 따질 수 없는 원리가 숨어 있습니다. 우주와 인생의 근본 문제는 그 의문·의심으로 꽉 차 있습니다. 이 문제를 일시에 해결하는 방법으로 마음을 직접 깨쳐 들어가는 참선법이 격외선格外禪입니다. 어떤 이론을 따지거나 생각하는 것이 아닙니다. 격외선格外禪은 인도에서 달마達磨가 중국에 전하였다고 하여 달마선達磨禪이라고도 하며, 선종禪宗의 선법禪法 가운데서도 최상승선最上乘禪입니다.

부처님께서 깨달은 실상법實相法은 교학의 이론이나 생각으로도 또한 아무 생각도 아닌 적멸무심(寂滅無心, 번뇌를 떠난 깨달음의 경지에서는 아무생각이 없음)으로도 통달할 수 없다. 오직 깨달음으로만 스스로 알 수가 있다. 청담 스님은 가르칠 수도 배울 수도 없는 법이기 때문에 언어로도 문자로도 전할 수 없는 이 법을 교외별전教外別傳, 격외선이라고도 한다고 설했다. 곧 격외선은 사람마다 온전히 다 갖추어져 있기 때문에 지식이 있고 없음을 막론하고 이 마음을 깨치기만 하면 곧 이 몸이 이대로 부처가 될 수 있는 길을 열어서 인도한다는 것이다.

《선관책진禪關策進》에서는 공안公案과 화두를 구별하지 않고 있다. 이런 관점에서 보면 공안, 공안선公案禪, 그리고 간화선看話禪은 모두 동일한 개념이 된다. 화두는 가슴에 살아있는 절박한 과제이고, 의심을 그 본질로 한다. 그것은 깨달음을 얻는 관문이고, 정혜定慧를 일구는 도구이고, 온갖 분별심을 잘라내는 칼날로서 작용한다. 공안公案은 스승과 제자의 선문답으로써 당대에 유행하였다. 이 선문답禪問答을 공안이라 부르고, 그것을 후학들의 교육자료 혹은 수행의 방법으로 활용하고 있다. 청담 스님도 격외선格外禪의 도리로 조주 선사의 무無 자 화두를 강조하였다.

> 조주 스님이 어째서 무無라고 했을까요? 부처님께서 "모든 중생이 다 불성佛性이 있다"고 하였는데, 조주 스님은 왜 무라고 했을까요? 생각이나 이론을 가지고는 이 문제가 풀리지 않습니다. 정신을 바짝 차리고 이 무를 의심하면 일생일대의 큰일을 다 마치게 됩니다. 생사生死를 초월하게 된다는 것입니다.

청담 스님은 밤에 도선사의 뜰을 거닐면서 조주 선사의 무 자 화두에 대해서 이렇게 자문자답하고 있다.

> 스님이 무無라고 대답하셨을 때에는 다만 무無를 의미하는 것이 아니고 그 무

라는 말로 인해서 얻어질, 보다 크고 절대한 것을 의미했을 것인데 그것이 무엇일까? 뒷날 대승大乘들은 그것이 일체 명근明根을 끊어 버리는 칼이라고 했고, 일체一切를 열어주는 열쇠라고 했고, 일체를 쓸어버리는 쇠 빗자루라고도 했고, 나귀를 매어두는 말뚝이라고도 했다. 여기에 모든 정진하는 승려들의 위험이 따르는 법이다. 조주 스님의 무無는 각자의 길로서 보는 수밖에 없다.

이처럼 간화선에서 가장 대표적으로 등장한 것이 곧 구자무불성화狗子無佛性話로서 흔히 무 자 화두라 한다. 무 자 화두는 조주 선사와 그 제자 사이에 있었던 일화에서 유래된 것이다. 한 학인이 조주 선사에게 "개도 불성이 있습니까?" 하고 물으니 "무無."라고 했다고 한다. 모든 중생은 다 불성이 있다고 했는데 개에게는 무라고 함을 의심한 데에서 시작된 것이다. 임제종 양기파楊岐派의 대혜 종고(大慧 宗杲:1089-1163) 선사는 "천만 가지 의심도 결국은 하나의 의심에 지나지 않으며, 화두의 의심이 깨뜨려지면 천만 가지 의심이 일시에 사라진다."고 하여 화두와 정면으로 대결할 것을 역설했다. 특히 많은 화두 가운데 조주 선사의 무 자를 중요시하였다.

간화선으로 선의 황금시대를 연 대혜 종고 선사.

무라는 답변이 아닌 그 글자에 대한 의문을 갖는 것이 무 자 화두이다. 그러나 화두를 드는 데 있어서 반드시 유념해야 할 것이 있다. 그것은 공안에 대해 '왜'가 아닌 '무엇'이라는 관점에서 의문을 가져야 한다는 것이다. 곧 '왜'를 묻는 방식은 화두에 대한 분별심만 키울 뿐이다. '왜'냐고 묻는 것은 과학이고 수학일 뿐이다. 화두는 과학도 아니고 수학도 아니다. 논리를 초월한 소위 초월논리이다. 청담 스님은 화두참구에 대해 다음과 같이 설하고 있다.

선종禪宗에서 말솜씨나 배우고 다니는 사람들에 있어서 말로나 생각으로서는 턱도 닿지 않는, 앞뒤가 뚝 끊어진 이 화두에 대하여 두 가지로 논평하고 있다. 그 하나는 조사들의 공안公案으로 이것이 삼세의 모든 부처님과 역대 조사들의 그 살림살이 전체 내용을 그대로 흠뻑 드러내 놓은 것이라는 것이다. 또 하나는 화두를 일심一心으로 의심하는 바람에 모든 사견邪見과 번뇌 망상을 일어나지 못하게 하여 본래 '마음자리'가 저절로 드러나게 하는 유일한 방법이라고 한다. 그러나 그것들은 모두가 다 천만부당한 소견들이다. 참으로 총명하고 영리한 사람들은 이따위 어리석은 망상妄想을 내지 않고 바로 정직하고 날카로운 판단으로 뜻 깊이 알아차려 화두를 생각해 가되, 마치 큰 바위가 태산 꼭대기에서 굴러 내려오는 것과 같이 점점 가속하며 무섭게 정진해 갈 뿐이다.

청담 스님은 화두참구의 끊임없는 정진과 수행의 중요성을 강조하고 있다. 그러면서 화두에 대해 논평한다거나 역대 불조佛祖의 법을 논하는 것은 천만부당한 소견이라고 주장한다. 그리고 일심으로 화두를 생각해 가되 백척간두진일보의 마음으로 무섭게 끊임없이 정진해야 함을 설하고 있다. 참선 수행에 대해 활구活句를 참구하라고 설하면서 선종禪宗과 교종教宗의 차이를 다음과 같이 설명하고 있다.

활구活句 화두에서 깨달으면 영겁토록 잊어버리지 아니하지만 사구死句 법문에서 깨달으면 자기 공부도 못 마친 것이다. 중국의 청량清凉 국사나 규봉圭峰 선사 같은 큰스님들이 다 같이 말했다. '교가教家와 선가禪家가 서로 그 살림살이의 차림새가 판이한 것이다.'라고, 교종教宗에서는 어디까지나 경론經論에서 배운 이론을 앞세우고 그 이론 아래서 그 이론을 받들어 이고 따라 신수봉행

信受奉行하는 것이요, 선종禪宗에서는 일단 이론을 배워 마치고는 이 이론에서 지적하는 바, 저 이론 밖에 있는 그 무엇인가의 사실인 실재實在를 체험하고자 제2의 싯다르타로서 설산雪山 수도를 해서 이 마음자리의 본연 면목을 발견함으로써 생사生死에 해탈자재하고 이 마음이 본래부터 지니고 있던 일체 공덕功德을 얻게 된다. 온 우주에 자유스런 사람인 부처가 금생에 될 수 있는 길로 오로지 지도 편달하는 것이 달마선종達磨禪宗이다.

청담 스님은 선종과 교종이 이론으로서는 어느 정도 같은 점도 있지만, 교종에서는 이론 아래서 닦아서 올라가는 것인 반면 선종에서는 이론으로써 우주 인생의 근본원리를 철저히 밝힌 다음 이론은 일단 제쳐 놓고 이론 밖에 있는 마음의 실상을 파헤치고자 하는 것이라고 말한다. 즉 선종과 교종이 서로 그 지위가 다른 것이라고 설하고 있다. 이에 대해 화엄 사상에 보다 철저했던 지눌 선사는 "교외별전은 교종보다 한층 더 뛰어나다."고 하였다. 또한 "교외별전이란 교학자만이 믿기 어렵고 들어가기 어려운 것이 아니라, 선종에서도 근기가 낮은 이도 또 얕게 아는 이도 망연하여 알지 못한다."고 하였다. 또한 휴정 대사는 "화엄소에 이르기를 '원돈 위에 따로 한 종이 있다'고 하였으니, 이는 선문禪門을 일컫는 것이다."라고 하였다. 선과 교의 차이가 이처럼 큰 것임을 가르치고 있다.

이상에서 살펴 본 바와 같이, 많은 선지식이 수행하였던 것처럼 청담 스님은 무 자 화두를 통한 간화선을 수행하였다. 또한 선이 교보다 우위에 있음을 설하고 있다. 청담 스님은 철저한 선 수행을 통해 얻은 굳은 의지를 바탕으로 자신만의 영역을 개척하고, 인욕행과 흔들림 없는 정진력을 가질 수 있었다.

간화선관 看話禪觀

선禪이란 본래 말로써 표현할 수 없으며 마음으로 분별하여 알 수 없는 것이다. 선이란 말은, 고대 인도어인 범어의 dhyāna를 발음대로 한자로 표기한 것인데, '선나禪那' '태연나馱衍那'라고도 한다. 팔리어의 jhāna의 어미 모음을 줄여서 jhān로 발음한 것이 선이며, jhāna를 그대로 음역하여 선나라고 했다고도 말한다. 이것을 정定, 정려靜慮, 기악棄惡, 사유수思惟修 등의 뜻으로 번역해서 쓰기도 한다.

정定은 '마음을 한 곳에 모아 흩어지지 않게 한다.'는 뜻이고, 정려靜慮는 '고요히 생각함', 사유수思惟修는 '생각으로 닦음', 기악棄惡은 '시비분별을 떠나 생각함'이란 뜻이다. 이처럼 선禪이란 시공時空을 초월하여 진정한 이치를 고요히 사유하여 마음을 편안하고 자유자재한 적정삼매寂靜三昧의 경지에 소요하도록 하는 일이다. 바꾸어 말하면 '선禪'은 오롯한 집중을 통하여 인간의 존재와 마음의 실상을 파악하는 것이며, 모든 속박으로부터 벗어나 자유로 가는 길이다.

선禪은 인도에서 발생하여 아리아인이 침입하기 이전인 기원전 1천3백 년경부터 있었던 것으로 파악되고 있다. 인도의 전통적인 선은 요가이다. 요가는 심사深思·묵상默想에 의해 마음의 통일을 구하는 방법이다

이와 같은 요가와 함께 불교에서는 불교 고유의 선禪 사상을 태동시켰다. 고타마 싯다르타도 처음에 알라라칼라마, 웃타가라마풋타 두 선인에게 그 당시 최고의 선정을 배웠다. 그러나 이는 육체에 고통을 주어 사후死後의 해탈을 구할 뿐이고, 현세에서 해탈을 이룰 수 없음을 알게 된 싯타르타는 이후 이런 수행을 버리고 홀로 명상에 잠겨 깨달음을 얻었다. 즉 부처님이 택한 선정은 신심일여身心一如의 입장에서 일상생활 속에 해탈을 실현시키는 것

이었다. 이러한 선정설禪定說은 원시불교 이후 매우 중요한 덕목이 되어 왔다.

이와 같은 불교의 선이 중국에 전래되어 새로운 중국 사상의 한 축으로 선 사상이 형성되었다. 선이 인도에서 중국에 처음 전해진 것은 후한시대(25~220)로 보이지만,

북한산에서 방선放禪 중인 청담 스님.

북위시대(386~534)의 달마 선사가 등장하면서 더욱 본격적으로 퍼져나간다. 달마 선사에 의해 전해진 선禪은 《능가경楞伽經》에 따른 이타·능동적 선이었다. 달마 선사의 사상은 그의 저서인 《이입사행론二入四行論》에 나타난 바와 같이 벽관壁觀으로 유명하다. 이것은 외부로부터의 번뇌와 작위적 망념이 침입하지 못하는 것을 벽에 비유한 것으로서, 본래의 청정한 마음을 직관直觀한다는 것이다. 종감(宗鑑:?~1206) 선사는 《석문정통釋門正統》에서 벽관에 대해 "벽관은 마음을 안정함이다. 객진위망(客塵僞妄, 객진이란 밖에서부터 오는 먼지이며, 위망이란 작위적인 것을 말한다. 마치 거울을 덮은 먼지와 같은 것)이 들어가지 않는 것을 벽壁이라 한다. 마치 가옥 외벽이 외부의 풍진을 방지하는 것과 같이 객진위망을 근접시키지 않는 마음의 긴장, 그것이 벽관이다"고 정의하고 있다.

그러나 중국 선불교는 인도불교의 잔재를 털어내기 위한 시도로 인도 재래의 수행을 여래선如來禪, 즉 하근기下根機로 보고 중국선을 조사선祖師禪이라 하여 상대적으로 상근기上根機로 보았다. 그리하여 여래선은 선법의 궁극에 닿지 못한 선이고, 조사선은 교외별전教外別傳하는 지극한 선禪으로 간주했다.

중국에 정착된 선은 중국인의 강한 현실중심주의 위에 지관止觀과 여래선 등을 수용 발전시키면서 일상생활 속에 실현되어야 하는 생활선生活禪으로 전

개되었다. 중국선의 근본 기치인 불립문자不立文字 교외별전敎外別傳 직지인심直指人心 견성성불見性成佛은 이러한 입장에서 발생한 것이다.

또한 선의 체험을 설명하기 어렵다는 점과 선의 지도에 있어서는 개별성이 중시되어야 한다는 점에서 중국 선종에서는 사자상승(師資相承, 스승의 가르침을 제자가 계승하는 것)의 전통이 정착하게 된다. 그리고 조사祖師의 권위는 경우에 따라서 여래如來 이상으로 중시되기도 하는데 이 선禪을 조사선祖師禪이라고 부르게 되었다. 따라서 조사선 입장에서 보면 달마보다도 중국 선사들이 더 수승殊勝한 인물로 인식된다.

중국불교의 또 다른 특징은 교외敎外의 입장에서 조사의 언어와 행동을 금과옥조金科玉條로 하고, 그것을 지표로 하여 선 수행의 목적을 달성하려고 했다는 점이다. 이것이 정형화되어 많은 공안公案 또는 화두話頭을 낳았다. 이를 간화선看話禪이라고 한다. 선은 인도에서 시작되어 발전한 것이지만, 찬란히 꽃을 피운 곳은 중국이었다.

조사선의 사조에서는 일심을 강조한다. 달마 선사가 제2조 혜가 선사에게 전한 안심법문으로 시작하여 제4조 도신 선사와 제5조 홍인 선사의 동산법문東山法門에서는 도신 선사의 수일불이(守一不移, 오로지 한 물건을 응시하면서 마음을 가다듬어 움직이지 않음)와 홍인 선사의 수심守心으로 각각 나타나고 있다. 도신 선사의 선禪은 좌선하여 자신이 본래 갖추고 있는 청정한 본성을 주시하는 일행삼매(一行三昧, 우주의 모든 만물의 현상은 평등하고, 한 모양인 것으로 보는 삼매)와 하나를 응시하면서 마음을 가다듬어 움직이지 않는 수일불이守一不移로 요약될 수 있다.

도신 선사과 홍인 선사는 쌍봉산에 머물렀으나 도신 선사가 입적한 후, 그는 쌍봉산雙峰山 동쪽의 풍무산馮茂山에 도장道場을 만들어 동산사東山寺로 불렀다. 그래서 그의 선학禪學을 '동산법문東山法門' 혹은 '황매선黃梅禪'이라 한다. 홍인 선사의 선법은 본래 자신이 갖추고 있는 청정한 불성을 찾아 잘 지키는 수심守心에 있다. 이 선법이 혜능 선사에 이르러서는 자성청정自性淸淨으로 정착되었다.

다시 말해 조사선은 스스로를 전불심인(傳佛心印, 부처님의 마음을 전하는 것)이라 하여 중생의 불성을 깨닫는 것을 핵심으로 삼아 중국화한 불교의 수행법이다. 그 전법의 계보는 달마 – 혜가 – 승찬 – 도신 – 홍인과 제자 신수 선사와 혜능 선사이다.

혜능 선사는 돈오頓悟를 주장했으며 남쪽지방에서 홍법하고 신수 선사는 점오漸悟를 주장하며 북쪽 지방에서 홍법했다. 그리하여 남돈북점南頓北漸의 양파를 형성하여 남북선종南北禪宗 또는 남북종南北宗이라는 말이 생기게 되었다. 후에 혜능 선사의 남종선南宗禪이 북종선北宗禪을 대신하여 중국 선종의 주류를 이루었다. 그래서 혜능 선사가 선종의 실제 창시자라는 주장이 제기되기도 한다. 대한불교조계종 교육원에서 편찬한 《간화선》, 〈조계종 수행의 길〉에 의하면, 조사선의 시작과 전개를 다음과 같이 서술하고 있다.

> 부처님께서 가섭에게 삼처전심三處傳心으로 마음을 전하였고, 이 법이 전승되어 28번째 보리 달마는 동토東土의 첫 조사가 되었다. 이후 6조 혜능이 실질적으로 조사선을 정착시켰으며 마조와 석두는 조사선을 크게 융성시킨 인물이다. … 이 두 인물에 의해 5가 7종이 생기고, 여기서 묵조선默照禪과 간화선看話禪이 발생하였다. 이후 대혜大慧 선사가 체계화한 간화선은 조사선의 핵심을 가장 잘 간직하고 있는 수행법이다.

위의 서술에서 알 수 있듯이 혜능 선사는 조사선의 실제 창시자로 여겨진다. 혜능 선사의 선 사상이 후대 간화선에 그대로 흘러들어가 큰 영향을 끼쳤기 때문이다. 그러나 조사선의 시작을 마조 도일 선사로 보는 학자들도 있다. 일상생활의 실천적인 선인 평상심과 인간의 본래 면목을 찾는 일을 강조한 것이 마조 선사이기 때문이라는 것이다.

혜능 선사는 직지인심, 견성성불의 종지를 바탕으로 남종선을 꽃피웠다. 하택 신회(荷澤 神會:684~758)·남양 혜충(南陽 慧忠:?~775)·영가 현각(永嘉 玄覺:665~713)·남악 회양(南嶽 懷讓:677~744)·청원 행사(青原 行思:?~740) 선사 등의 뛰어난 제자들은 남종선을 바탕으로 오가칠종五家七宗으로 나뉘어 중국 대륙에 그의 가르침과 사상을 주창하였다.

특히 혜능 선사의 제자인 회양 선사와 행사 선사 계통이 당 말기 이후 선종의 주류가 되었으며, 후에 그 계통이 오가칠종으로 분파하여 각자 저마다의 독특한 종풍宗風을 선양하였다. 이 종풍은 크게 위앙종潙仰宗, 임제종臨濟宗, 조동종曹洞宗, 운문종雲門宗, 법안종法眼宗으로 나누어진다. 이 종파는 모두 직접 혜능 선사의 남종을 계승한 것이지만, 각각 서로 다른 종풍을 형성하였다. 이 다섯 종파에 임제종에서 분파한 황룡파黃龍派와 양기파楊岐派를 합하여 오가칠종五家七宗이라 한다.

우리나라에는 신라 때에 오가칠종 중의 하나인 임제종 계통이 유입되어 구산선문九山禪門을 이루었고 그 후 한국불교의 중심축인 대한불교조계종을 이루게 되었다. 또한 일본에도 오가칠종 중의 하나인 조동종이 전파되어 일본불교의 근간이 되었으니 혜능 선사의 영향력이 대단하였음을 알 수 있다. 이렇게 한국·중국·일본불교에서 혜능 선사의 위치는 매우 중요하고도 확고하다.

오가칠종 가운데 양기파의 대혜 종고(大慧 宗杲:1089~1163) 선사는 간화선看話禪을 제창하였다. 이 간화선은 조사들이 시비是非, 미오美惡를 판단하던 공안 중에 몇 어구를 가지고 화두를 삼아 마음의 성품을 참구하는 것인데, 오랫동안 중국 선가禪家에 영향을 미쳤다.

간화선을 내세운 대혜 선사는 묵조선(默照禪, 조동종曹洞宗의 특징적인 선법으로 묵묵히 좌선坐禪하여 영묘靈妙한 마음의 작용을 일으킨다는 선풍禪風으로 간화선看話禪과 대비됨)을 사선邪禪이라고 비판했다. 이에 반해 굉지 정각(宏智 正覺:1091~1157) 선사는 간화선을 구두선(口頭禪, 말로만 하는 선)이라고 되받아쳤다. 대혜 선사는 간화선에 대해 《대혜어록大慧語錄》에서 다음과 같이 설하고 있다.

> 천만 가지의 많은 의심도 실은 오직 하나의 의심에 지나지 않는다. 하나의 의심이 해결되면 천만 가지 의심도 일시에 해결된다. 그것이 해결되지 않으면 잠시 그 문제에 정면으로 대결하라. 만약에 그 문제를 단념해 버리면 또한 다른 문제에 의심이 생기고, 교설敎說에 의심이 생기고, 고인古人의 공안에 의심이 생기고, 일상의 일 가운데에 의심이 생긴다. 이것들은 모두 깨달음을 방해하는 악마와 한패이다. 무엇보다도 먼저 하나의 문제에 관해서 안이하게 납득해서는 안 된다. 또한 이렇다 저렇다고 사려思慮하고 추량推量해서도 안 된다. 오직 마음을 사려가 미치지 않는 곳에 집중시켜라. 그렇게 하면 사려하는 마음은 움직이지 않게 된다. 그것은 늙은 쥐가 소의 뿔 속에 들어가는 것과 같다. 마침내 이때에 잘못된 견해는 끊어져 버리는 것이다.

이처럼 간화선이란 참구해야만 하는 하나의 화두에 온몸과 마음을 집중시켜, 절대적 진리에 눈뜨는 것을 목적으로 한다. 화두는 조주·임제 선사를 거쳐 대혜 선사에 이르러 대성하게 되었다. 화두참구를 내세워 그것을 최고의 수행법으로 선택한 것이 간화선이다. 간화선은 화두를 참구하면서 자기의 망상을 제거하는 것을 하나의 목표로 삼고 있다. 가령 조주 선사의 무無 자 화두와 하나가 되는 것이 깨달음에 이르는 열쇠가 된다. 대혜 선사는 공안公案과 관련 대의단大疑團을 불러 일으켜 크게 의심하여 크게 깨닫는 것을 제일로 삼았다. 대혜 선사에게 공안은 옛사람의 단순한 일화가 아니라 깨침의 전부였다. 그래서 대혜 선사에 이르러서 선禪 수행의 주류는 간화선으로 자리매김하게 된다.

간화선을 수행 요체로 삼고 있는 대한불교조계종은 1천7백여 년 한국 불교의 역사와 함께 한 청정승가 수행종단이다. 종헌 제1조에는 대한불교조계종 법통法統과 관련하여 다음과 같은 사실을 명기하고 있다.

> 본종本宗은 대한불교大韓佛敎 조계종曹溪宗이라 칭稱한다. 본종本宗은 신라新羅 도의국사道義國師가 창수創樹한 가지산문迦智山門에서 기원起源하여 고려高麗 보조국사普照國師의 중천重闡을 거쳐 태고太古 보우국사普愚國師의 제종포섭諸宗包攝으로서 조계종曹溪宗이라 공칭하여 이후 그 종맥宗脈이 면면부절綿綿不絶한 것이다.

위의 명기를 통해서 대한불교조계종의 법통은 중국 조계산 혜능 선사의 조계선풍을 계승한 것임을 알 수 있다. 우리나라에 선불교가 본격적으로 전래된 것은 남종선 계통의 서당 지장西堂 智藏:735~814 선사로부터 심인心印을 이어받은 도의道義 선사가 신라 헌덕왕 13년(821)에 귀국하여 선법을 펼치게 된 이후의 일이다. 그 뒤 입당승入唐僧들이 귀국하면서 중국의 선 사상을 전하였고, 국내에 많은 선찰禪刹이 창건됨에 따라 선풍진작의 거점을 이루었다. 이에 따라 신라 말기부터 구산선문이 차례로 형성되었다.

한국선종은 구산선문을 바탕으로 선사들에 의하여 전개되면서 교종의 전통적인 권위에 대한 반성을 요구하는 동시에, 교종이 지니는 고대적인 사고방식에 맞설 만한 새로운 체질을 만드는 데 힘을 기울였다. 하지만 기존의 교종과 새로운 선종의 대립은 필연적인 것이었다. 특히 고려 숙종 때의 의천(義天:1055~1101) 대사는 구산선문에 대한 비판적 안목에서 천태종을 세우고 선교회통禪敎會通을 도모하고자 하였다.

한국의 선은 중국의 서당 선사에서 도의 선사로 이어져 한국 선종 시작의 발판이 되었으며, 지눌 선사에 의해 정착되었다. 지눌 선사는《금강경》,《육조단경》,《화엄론》을 강론하였는데 성적등지문(惺寂等持門, 성성적적을 균등하게 가지는 것)·원돈신해문(圓頓信解門, 화엄론에 의한 수행으로 깨달음)·간화경절문(看話徑截門, 화두참구를 통한 돈오의 깨달음)의 삼문三門을 세워 후학들을 가르침으로써 선풍을 크게 떨쳤다.

정화불사에 여념이 없던 가운데 조계사에서 사색에 잠긴 청담 스님.

지눌 선사는 '부처님의 뜻을 전하는 것이 선禪이요, 부처님의 말씀을 깨닫는 것이 교敎라고 믿었기 때문에 선禪과 교敎는 서로 떨어질 수 없는 것'이라고 주장하였다. 따라서 지눌 선사를 선교합일禪敎合一의 주창자요, 정혜쌍수定慧雙修의 구현자로 추앙하고 있다. 지눌 선사의 문하에서는 원진 승형(圓眞 承迥:1171~1221)·진각 혜심(眞覺 慧諶:1178~1234)·진명 혼원(眞明 混元:1191~1271)·원오 천영(圓悟 天英:1215~1286)·원감 충지(圓鑑 沖止:1226~1292) 선사 등 많은 선지식이 배출되어 고려 중기 이후의 불교계를 이끌었다.

지눌 선사의 선풍禪風은 수제자 진각 혜심(眞覺 慧諶:1178~1244) 선사에게 전해졌다. 혜심 선사는 간화선을 선 수행에 있어서 최고의 방법으로 삼으라는 간화일문看話一門을 내세웠다. 점수漸修의 오랜 수행과정을 거치지 않고 화두를 통해 한순간에 깨달음의 경지에 도달할 수 있다는 것이 간화선의 수행 방법이다. 혜심 선사는 송대宋代의《경덕전등록》의 등사체제燈史體制와《암록巖錄》의 염송체拈頌體에서 선가禪家 화두 1,125칙則과 선지식의 이야기를 모아 방대한 화두 염송집을 편찬했는데 그것이 《선문염송禪門拈頌》이다.

　혜심 선사는 화두를 선 수행의 방법으로 하는 간화선을 중시하였다. 특히 무 자 화두를 가장 기본적인 공안으로 강조하였다. 혜심 선사는 근기나 어떤 대상을 상관하지 말고 자신이 곧 부처라는 믿음을 가진 후 화두를 참구하도록 하였다. 간화선 수행 이론의 기본 서적으로《대혜서大慧書》를 채택하게 하여 대혜 선사가 중요시했던 지혜분별심智慧分別心이 선병禪病의 근원적인 문제로 이해했다. 혜심 선사가 지눌 선사와 마찬가지로 무 자 화두의 십병통十病痛을 체계화하여 정리한 것이《구자무불성화간병론狗子無佛性話揀病論》이다. 이렇게 혜심 선사는 스승 지눌 선사가 체계화한 간화선을 실천적인 형태로 정착시켜 우리나라 선종의 수행에 간화선이 주류로 자리 잡는 데 기여하였다.

　고려 후기의 선종을 꽃피운 고승으로는 각진 복구(覺眞 復丘:1270~1355)·태고 보우(太古 普愚:1301~1382)·나옹 혜근(懶翁 慧勤:1320~1376) 선사 등이 있다. 특히 태고 보우 선사는 임제종臨濟宗을 도입하여 새로운 선문禪門의 조류를 형성하였고, 보우 선사는 구산선문을 일문一門으로 통합하고 간화선으로 후학들을 지도하였다.

　나옹 혜근 선사는 우주를 각계覺界로 삼고 만유를 불신으로 보며 천지일월 산천초목을 법法과 심心으로 삼는 독특한 선관禪觀을 보이고 있다. 이밖에도 백운 경한(白雲 景閑:1299~1374) 선사는 무심선無心禪을 제창하였고,《선문보장록禪門寶藏錄》을 저술한 진정眞靜 선사는 조사선 사상을 크게 부각시키는 데 공헌하였다.

　조선 초기의 억불정책 속에서 불교는 산중불교로 전락했으며 그 가치관까지 중생교화 중심에서 은둔과 자기 계발로 바뀌어갔다. 따라서 자연 속에서 일체의 가치를 일단 부정하는 여래선의 흐름보다는 자연과 현실 속에 모든 세계를 그대로 수용하고 긍정하는 조사선이 강세를 보이는 경향이 나타나게 되었다.

조선시대 최고의 고승은 청허 휴정(淸虛 休靜:1520~1604) 대사이다. 선교도총섭禪敎都摠攝의 관직까지 맡았지만 선과 교의 병행보다는 선禪과 교敎의 바탕 위에 조사선을 지향하는 사교입선(捨敎入禪, 일정한 교리 연구를 다 마치고 전적으로 선 수행에 들어감)을 지향하였다. 휴정 대사는 교를 선에 이르는 입문의 가르침으로 파악한 반면, 선은 교와 타협할 필요 없는 독자적인 길이라고 보았고, 그 선은 조사선이 되어야 함을 강조했다. 휴정 대사의 《선교석禪敎釋》은 선이 교와는 비교될 수 없는 우위에 있는 것임을 역설하고 있다.

휴정 대사의 불교관은 선禪 사상이라 할 만큼 선의 입장에서 불교를 이해하였고, 선禪을 설명함에 있어서 반드시 교敎를 상대해서 설명하고 있다. 그러므로 선 사상을 별도로 이해하지 않고 선교관이라 하여 함께 고찰하는 것이 옳다고 본다. 휴정 대사는 지눌 선사의 선교일치禪敎一致의 맥락을 계승하면서 선사다운 호방성도 지니고 있었다.

휴정 대사의 불교관은 분명히 선심교잔禪深敎淺의 사상이며 교리敎理를 해석하여 말한다면, 사교입선의 경향이라 할 수 있다. 그러나 휴정 대사가 무조건 교를 반대하는 궁극적 선종 지상주의자는 아니다. 충분히 교를 살리고 나서 그 위에 선禪을 올린 회교귀선(會敎歸禪, 선禪과 교敎가 둘이 아니고 교敎는 마침내 선禪의 구경에 돌아와서 회통함)적 입장을 취하고 있다.

조선 후기의 백파 긍선(白坡 亘璇:1767~1852) 선사는 임제 선사의 삼구三句 가운데 제1구에 조사선祖師禪, 제2구에 여래선如來禪, 제3구에 의리선義理禪을 적용시켜 《선문수경禪門手鏡》을 저술하였다. 이것은 당시 학승들의 반발을 불러 일으켰다. 그 근본 이유로서 임제 선사의 삼구三句와 삼종선三種禪을 적용시킬 만한 사상적 근거가 없다는 점이 지적된다. 이는 여래선과 의리선은 이름의 차이만 있을 뿐 내용상으로는 크게 다를 바가 없다는 것이었다.

이와 같은 논쟁과 선禪·화엄華嚴·염불念佛이 혼합된 수행으로 조선 후기의 선은 뚜렷한 맥락을 잡지 못하는 혼돈의 시대를 맞이하게 되었다. 이러한 시기에 경허 성우(鏡虛 惺牛:1849~1912) 선사와 용성 진종(龍城 震鐘:1864~1940) 선사가 출현하여 쇠잔해 가던 선풍을 진작시키기에 이른다. 경허 선사와 용성 선사는 모두 태고 보우(太古 普愚:1301~1382) 선사의 10세인 환성 지안(喚醒 志安:1664~1729) 선사의 법맥을 이은 조계曹溪의 적손嫡孫이다. 또한 환성 선사의 문중 설송파雪松派에서는 근대에 성해 남거(聖海 南居:1854~1927) 선사가 출현하여, 통도사에서 선맥禪脈을 이었다. 성해 선사의 문하에서 구하(九河:1872~1965)·경봉(鏡峰:1892~1982) 선사가 등장하고, 송광사에서는 환성 선사의 함월파涵月派에서 석두 보택(石頭 寶澤:1882~1954) 선사의 문손 효봉 학눌(曉峰 學訥:1888~1966) 선사가 보조 지눌 선사의 수행 가풍을 세웠다.

경허 선사는 한국 근세 선종사禪宗史의 달마達磨라는 평을 듣는다. 경허 선사는 결사를 통해 중생들을 제도하려는 원력을 세웠는데 그 목적을 세 가지로 파악할 수 있다. 첫째는 선교의 일치를 통한 선의 중흥과 발전이다. 둘째는 경허선풍鏡虛禪風이 지니고 있는 조사선의 일상화와 대중화로서 그것이 결사의 전개로 나타났다. 셋째는 전통적인 수행법이었던 간화선풍看話禪風의 진작으로서 특히 '시심마是甚麼' 화두를 강조한 것이다.

이처럼 경허 선사는 결사에서 한국불교가 제자리를 찾을 수 있는 개선책을 제시하였다. 경허 선사는 결사의 이념을 지눌 선사의 정혜결사定慧結社에서 찾아 한국 불교 결사의 전통을 계승하고 있다.

경허 선사는 청계사에서 계허桂虛 스님을 은사로 출가하여 동학사의 만화萬化화상을 참문하였다. 그곳에서 경經·논論·소疏를 공부하여 대기의 기상을 키웠다. 동학사에서 오매불망 화두에 전념하던 차 그해 겨울 어느 날 "소가 되어도 콧구멍 뚫을 곳이 없다."라는 기연에 깨달음을 얻고 연암산燕岩山 천장사天藏寺를 오후보임悟後保任 장소로 택하여 일 년이 넘도록 수행하다가 오도송悟道

頌을 읊었다. 이후 전국을 유행하다가 50세 때는 해인사 조실이 되어 수선결사修禪結社를 전개하였다.《선문촬요禪門撮要》를 간행하여 선의 방향을 제시하기도 하였다. 만공 월면(滿空 月面:1871~1946) 선사에게 전법게傳法偈를 주고, 홀연히 사라져 평안도 갑계지방에 이르러 그곳에서 서당을 열어 어린이들을 가르치기도 하였다.

근대선불교의 중흥조 경허鏡虛 선사

경허 선사의 전법 제자로는 흔히 경허의 세 달月로 불리는 만공 월면, 수월 음관, 혜월 혜명이 꼽히며, 또 한암 중원, 남전 광언(南泉 光彦:1868~1936) 선사 등이 경허 선사의 법을 이었다.

만공 선사는 경허 선사의 지도로 선禪 사상을 계승하여 수덕사를 중심으로 40여 년간 선법을 펼치며, 한국불교 근대 선 사상의 체계를 확립한 선승禪僧이다. 만공 선사는 간화선을 통하여 오늘날 한국불교 선문禪門의 사상적인 골격骨格과 선풍禪風의 토대를 마련했다. 만공 선사로 이어진 사자상승師資相承의 법맥관계를 정리하면 아래와 같다.

환성 지안喚醒 志安 – 호암 체정虎巖 體淨 – 청봉 거안靑峰 巨岸 – 율봉 청고栗峰 靑杲 – 금허 법첨錦虛 法沾 – 용암 혜언龍巖 慧言 – 영월 봉율詠月 奉律 – 만화 보선萬化 普善 – 경허 성우鏡虛 惺牛 – 만공 월면滿空 月面

만공 선사가 살던 시대는 왕조 시대를 마감하고 서구의 근대문화를 수용하는 시기였다. 동시에 근대 국가를 형성하는 시련과정의 하나로 일제 36년간의 식민정책의 통치를 받은 쓰라린 아픔의 시기였다.

만공 선사는 깨달음을 얻은 이후 덕숭산에 금선대를 짓고 정혜사를 열어 납자들을 지도했다. 당시 청담 스님은 불교학 최고 강원인 개운사 대원암 불교전문 강원에 입학하여 한영 대강백의 지도 아래 경·율·론 삼장을 두루 섭렵하고 대교과를 마쳤다. 스님은 그곳이 일생을 입지하는 데 크게 도움을 받은 곳이라고 술회했다. 강원을 졸업한 청담 스님은 지눌 선사가 회교귀선(會教歸禪, 선禪과 교教가 둘이 아니고 교教는 마침내 선禪의 구경에 돌아와서 회통함)되는 것을 설한 것에서 알 수 있듯 사람이 태어나서 꼭 해야 할 일과 꼭 가야 할 길은 마음을 깨닫고 마음 찾는 공부라는 것을 인식하고 수행에 전념하며 다음과 같이 남다른 의식을 밝히고 있다.

> 우리가 할 일은 오직 자기 마음을 깨치는 일이다. 이 마음을 깨쳤을 때가 곧 부처이다. 우리는 이 마음을 깨달아서 많은 중생을 바로 이끌어주고, 복 받게 해주고, 잘 살릴 수 있는 부처가 되고자 하는 것이며, 우주를 다 내 마음대로 하자는 것이다.

청담 스님은 정혜사에서 만공 선사의 지도로 사교입선(捨教入禪, 불교의 이치나 원리에 대한 일정한 연구를 다 마치고 전적으로 선 수행에 들어감)을 위하여 세수하는 일, 변소에 가는 일, 그리고 먹는 일을 제외하고는 잠시도 참선하는 자리를 떠난 일이 없이 무無 자 화두를 들고 정진에 몰두했다. 스님은 이에 대해 다음과 같이 술회하고 있다.

> 나는 문 앞에 부동의 자세로 앉아 있었다. 목이 마르고 괴로움과 불편함이 잊혀질 때까지 그러고 있었다. 이윽고 그 괴로움과 불편이 사라져갔다. 점점 '무無'의 경지로 들어갔다. 밥을 먹어도 먹는 것 같지 않고, 앉아 있어도 앉은

것 같지 않고, 오줌을 싸도 싼 것 같지 않았다. 하나의 정좌定座는 밥이고 정좌 이면서 곧 '무無'였다.

이런 위법망구(爲法忘軀, 법을 위하는 사람은 몸이 상하고 목숨을 잃는 것을 피하지 않아야 함)의 마음으로 3년간 정진 수행한 끝에 만공 선사에게서 견성을 인가받았다. 청담 스님은 근대 석학 한영 대강백으로부터 교리를 배우고, 만공 선사에게 선가禪家의 불립문자의 도리를 체득한 후 유심唯心 사상과 마음 철학에 근거한 '마음 선禪'을 형성하여 20세기 한국 근현대 선사로 우뚝 서게 된 것이다. 도의道義 선사를 종조로 하는 조계종의 선맥禪脈을 태고 보우 - 청허 휴정 - 환성 지안 - 경허 성우 - 만공 월면을 거쳐 청담 스님이 계승한 것이다. 특히 청담 스님의 마음 철학은 계보系譜를 통한 한국 전통의 선교겸수禪教兼修를 통하여 형성된 것이다.

이상에서 고찰한 바와 같이 청담 스님은 대한불교조계종에서 수용하고 있는 참선, 간경看經, 염불 등과 간화선 수행법을 수용하고 있다. 한국불교 전체의 역사 속에서 줄곧 취해 왔던 원융圓融의 사상을 따르고 있는 것이다.

현재 한국의 선종의 수행법은 고려 말기 간화선 수행이 정착된 이래 오늘까지 조계종단 내에서 최상승의 수행법으로 자리하고 있다. 이에 대하여서는 깨달음을 성취하기 위해 아직까지 이 이상의 수행법을 발견하지 못했다는 것도 인지할 필요가 있다. 수행에 대한 다양한 논의는 그 자체를 부정할 필요는 없고, 다만 조계종의 역사 속에서 깨달음의 빛을 이어 온 종사들의 존재를 인정하는 인식하에 진행되어야 할 것이다.

청담 스님은 조선 중기에 정비된 수행 및 교학 체계에 따라 선교禪教를 연마하고 간화선에 의지하여 수행한 결과 만공 선사의 선맥禪脈을 이었다. 이후 마음 사상의 전법을 원력으로 후학 양성과 교학 발전, 그리고 정통의 간화선 수행법 실천을 통하여 조계종의 법맥을 계승하였다.

간화선看話禪의 내용

선종禪宗의 종지宗旨를 나타내는 언구言句 가운데 흔히 언급되는 것으로 '불립문자不立文字 교외별전教外別傳 직지인심直指人心 견성성불見性成佛'이 있다. 이 말은 선종이 내포하고 있는 종의宗義로서 다른 종파宗派가 표방하고 있는 소의경전所衣經典에 대한 상대적인 표현으로 이해되기도 한다. 그러나 이 정형화된 사구四句가 나타내고 있는 적절한 의미는 교종教宗에 대한 선종禪宗의 특징이라 할 수 있는, 문자나 말로 설명하지 않는 이심전심以心傳心이 지니고 있는 양태를 언급한 것으로 보는 것이 타당할 것이다. 위의 사구四句는 인도로부터 전해 온 선禪 사상 내지는, 선종사禪宗史가 보여주고 있는 것을 상징적으로 표현한 것으로서 포괄적인 의미를 담고 있다.

불조佛祖의 혜명慧命은 사자師資간에 깨달음의 증심證心을 인가하여 이심전심, 교외별전으로 전해지는 것이기에 문자가 없는 인가印可라고 해서 무문인無文印이라 한다. 부처님이 삼처전심三處傳心 후에 "나에게 있는 정법안장을 마하가섭에게 부촉한다."고 한 것처럼 전법의 등불이 꺼지지 않고 제자에게 전등傳燈되는 것처럼 이어지는 것을 혜명이라고 한다.

간화선은 임제종 양기파의 대혜大慧 선사가 화두에 의해서만 진리를 깨달을 수 있는 힘이 살아난다고 주장하는 화두선話頭禪이다. 화두란 참선 수행을 하는 사람이 깨달음을 얻기 위하여 수행하여 진리를 찾는 것이다. 간화선을 따르는 수행자는 화두를 참구하는 데서 불조의 길이 열리고 혜명을 이을 수 있다. 화두를 참구할 때는 중생의 모든 잘못된 모습을 놓아버리고 오직 일념으로 집중함으로써 자타가 하나로 되었을 때 불조의 혜명을 이어주는 큰 깨달음이 열리는 것이다.

일타(日陀, 대한불교조계종 전계대화상:1929~1999) 선사는 "화두를 드는 법에는 특별한 요령이 없다. 일념으로 간절히 참구하는 방법 외에는 별다른 요령이 없다. '간절 절切'이야말로 화두를 드는 데 있어 가장 요긴한 것이다. 간절한 일념으로 크게 의심해 나가는

전계대화상 동곡 일타東谷 日陀 스님

것이 화두법의 가장 요긴한 점이요, 크게 의심하는 가운데 대오大悟가 있는 것이다."라고 설하였다.

이러한 간화선은 우리나라에 전해져서 고려시대의 지눌 선사와 보우 선사로부터 이어져 휴정休靜 - 지안志安 - 경허鏡虛 - 만공滿空 선사로 내려왔다. 간화선의 출발점은 분별용심分別用心을 제지하고 자기본심自己本心이 어떻게 드러나는가를 공부하는 것이다.

청담 스님은 불조의 혜명을 잇기 위해서 덕숭산 정혜사 만공 선사 문하에서 무無 자 화두를 들고 용맹정진에 몰두해 견성을 했다. 무심의 경지에 들어선 것이다. 선禪은 깨달음을 목적으로 하는 것이 아니라, 깨달음 그것까지도 초월해야 올바른 깨달음의 성찰이 이루어질 수 있는 것이다. 스님은 깨달음을 초월한 경지에서 지혜롭게 살아가는 선의 생활은 무심無心뿐이라고 강조했다.

중생衆生들이 망념妄念·착각錯覺 때문에 모든 것이 마음대로 안 되지만 사실은 마음대로 안 되는 것도 내가 마음대로 안 되도록 해 놓은 것이고, 사물에 얽혀 있는 것이나 부자유한 것도 내가 부자유하게 만들어 놓은 것이므로 결국은 마음대로 되고 있는 셈이다. 그러니 한쪽 신통은 얻은 셈이다. 이렇게 한

쪽 신통만을 고집하다 도리어 구속당하는 중생의 허물을 벗어나는 비밀 방법은 오직 한 길 무심無心뿐이니, 인간은 모든 생각을 비우는 것 밖에는 할 일이 없다. 그런데 중생들은 그 전체를 쓰지 못하고 한쪽 신통만을 고집해서 도리어 구속을 당하는 것이다.

청담 스님은 삶이 뜻대로 되지 않는 것은 차별과 분별심에 떨어진 중생들의 마음 세계에 문제가 있어서라고 지적하고 있다. 이런 것이 모두 중생의 번뇌 망념과 착각 때문이며, 이러한 망견忘見을 벗어나는 길은 오직 무심無心뿐이라고 설하고 있다.

마음 가운데 아무런 일이 없어서 무심하다면 세상사가 아무리 난잡하여도 그 시끄러움에 끌려가지 않는다. 그 상태가 곧 깨달음의 경지라고 할 수 있다. 그 외에는 모두가 유심唯心이 되며, 유심이 되면 생멸변화하기 때문에 온갖 번뇌가 분연히 일어난다. 그렇게 되면 무심의 경지나 부처의 경지와는 멀어지게 된다. 불교에서 무심의 경지가 최상은 아니지만 무심의 경지에만 도달하더라도 자기 자신은 제도하였다고 할 수 있다. 청담 스님은 무심의 경지를 부처님의 무심경계無心境界에 비유하여 다음과 같이 설하고 있다.

> 부처님의 무심경계無心境界에서는 체용體用이 둘이 아니므로 생각이 움직여도 무심히 움직인 것이어서 움직인 게 아니다. 마치 물이 일어나고 꺼지고 해도 물의 본 성질에는 아무 변동이 없듯이, 이 무심히 움직인다고 하는 것은 체용이 둘이 아닌 구경究竟의 자리다. 중생들이 제가 몰라서 그렇지, 이 자리는 부처님뿐 아니라 중생들 자신도 본래는 다 그렇게 되어 있는 것이다.

우리의 본래심本來心은 일체의 번뇌 망심이 없기 때문에 무심이라고 하는데,

청담 스님은 무심의 경지를 체용體用의 논리로서 물의 성질에 비유하여 해설하고 있다. 자성청정한 본래심은 본래 번뇌 망념도 없을 뿐만 아니라, 깨달음의 보리菩提나 열반涅槃도 없는 것이다. 부처님도 이러한 무심의 경지에서 설법하고 중생을 교화하는 것처럼, 깨달음의 생활은 무심으로 작용하고 있는 것이다. 《육조단경》에서 "밖으로 능히 여러 법상法相을 잘 분별하지만, 안으로 근본의 자리에서 동함이 없다."라고 하는 주장과 같다.

부처님은 일체중생을 제도하고 온갖 사바세계의 차별경계에 살고 있다. 마음이 무주심無住心, 무집착無執着이기 때문에 차별경계에 물들지 않는다. 물의 성질에는 아무 변동이 없는 것처럼, 부처님 깨달음의 마음은 무심 경계이기 때문에 일체의 차별 경계에 동요됨이 없는 것이라고 청담 스님은 설하고 있다.

황벽 선사는 "도를 배우는 사람이 만약 당장에 무심하지 못하면 비록 무한한 세월을 지나더라도 성스런 도를 이루지 못한다. 만약 능히 당장에 무심하면 곧 이것이 지극한 경지이다."라며 당장에 무심해야 함을 강조하고 있다.

이는 일체 사건과 사물들은 다 마음으로부터 시작되는 것이기 때문이다. 기쁨과 슬픔도 사람들의 마음으로부터 시작된다. 고통과 즐거움도 역시 우리들의 마음으로부터 존재한다. 지금 이 순간 당장에 무심하다면 사건도 사물도 없다. 따라서 기쁨도 슬픔도 없다. 고통도 즐거움도 없다. 진리를 깨달아 부처에 이르는 것도 모두가 마음이 있으므로 존재하는 문제들이다. 만약 당장에 무심하면 도를 깨달아 부처에 이르는 일도 없다.

청담 스님은 우리 중생들도 모두 부처님과 똑같은 무심의 경지에서 살아갈 수 있다고 강조한다. 하지만 중생들이 차별·분별심의 번뇌 망심과 무지無知와 착각 때문에 이러한 무심의 경지에서 깨달음의 생활을 하지 못하고 있는 것이라고 간곡히 일러주고 있다.

여기서 무심의 행위란 삼업청정(三業淸淨, 몸과 입과 뜻의 삼업을 잘 다스림으로써 청정한 지혜를 얻을 수 있다는 말)의 행위로 살아가는 것을 말하는데, 지금 여기 자신의 일에 무심하고 무사無事하게 삼매의 경지에서 일념으로 몰입하는 것을 뜻한다. 이러한 무심의 생활이 자기 창조의 삶이 되는 것이다. 스님은 선禪은 자신만을 위한 삶이 아니라 위대한 보살행으로 승화해야 한다고 주장하고 있다.

《원각경圓覺經》에 "몸 비록 복이 없어 말세에 태어났으나 이 마음 고요하여 허망함이 없으면, 삼세의 부처님이 일찍이 말하기를 하고 있는 그대로가 보살"이라 했다. 이는 진실한 마음으로 올바른 생활을 하는 사람은 말세末世에 태어나도 정법인正法人이 되어 보살도를 행하게 된다는 것이다.

청담 스님은 무심한 마음으로 보살도를 행해야 하며 이 마음은 글이나 지식으로 분별해서 알아질 수 없는 자리라고 설한다. 다시 말하면 스님은 무심의 경지에서 보살행을 하는데 자기가 희생했다는 생각도 중생을 구제했다는 생각도 없이 하는 것이 "응무소주應無所住 행어보시行於布施"의 진의眞義라고 해석하였다.

무심은 모든 마음 작용이 소멸된 상태이다. 모든 번뇌 망상이 끊어져 집착하지 않는 마음, 모든 분별심이 소멸된 상태 등으로 표현이 된다. 비우지 못한 마음으로 세상을 바라보면 시기와 질투, 모함, 욕심, 온갖 권모술수, 불평 불만 등이 가득 찬 세상에서 벗어나기가 어렵다.

대로大路가 마음이어서 마음 밖에는 아무 법도 없으며, 이 마음 그대로가 법이어서 법 밖에는 어떠한 마음도 없다. 그런데 마음 그 자체는 또한 마음이라 할 것도, 무심이라 할 것도 없는 것이다.

'언어의 길이 끊기고 마음 가는 곳이 없어졌다言語道斷 心行處滅'라는 말이 있다. 이 마음이 본래 청정한 진리이고 사람마다 모두 그것을 지녔다. 인간은 망상 분별 때문에 갖가지 업과業果를 지을 뿐이고 그 과보로 윤회를 할 뿐이며, 이생에 인간은 그 과보로 살 뿐이다.

청담 스님은 선 수행자가 무심을 체득하여 무심한 마음으로 보살행을 하는 것이 불조의 혜명을 잇는 길이라고 설한다. 이런 논리는 불조의 정법을 일으켜 혜명을 잇고자 하는 청담 스님의 마음속의 발원과 일맥상통한다. 특히 보살행은 본래 '상구보리 하화중생'이라고 하여 위로는 부처님 보리菩提·열반涅槃을 구하고 아래로는 중생을 교화한다는 뜻이니, 보리菩提라 함은 생사도 열반도 없는 깨달은 마음이라고 '마음 선禪'에 대해 설하고 있다. 그러면서 마음자리는 말이나 글로 가르치는 것은 오히려 간접적인 방편에 불과하므로 그 본성을 깨우치게 함으로 응무소주이생기심(應無所住而生起心, 어디에도 머물지 말고 그 마음을 내라)하는 도리로 성불하게 하는 법法이 바로 선종이요, 간화선이 주장하는 깨달음이라고 설한다.

간화선看話禪의 요건

간화선看話禪이란 우주와 인생의 근원을 규명해 나가는 데 있어 화두라는 문제를 가지고 공부해 나가는 수행법이다. 글자 그대로 해석하면 간看은 '본다.' 혹은 '참고한다.'는 의미이고 화話는 화두, 즉 말言이다. 여기서의 말의 의미는 보통의 말이 아니라 말 이전의 말이고 말 밖의 말을 의미한다.

이처럼 화두는 부처님과 조사들의 말씀이나 행동, 그리고 문답으로 이루어진 것으로서 논리적으로 풀 수 없고 생각이 끊어진 세계를 나타내는 '말 이전의 말'인 것이다. 이러한 화두를 참구하여 항상 그것을 의심해 나감으로써 궁극에 가서는 의심 덩어리를 타파하여 깨달음에 이르게 하는 수행법이 바로 간화선이다.

흔히 간화선하면 임제종의 선풍을 일컫는 것이다. 간화선은 현재 우리나라 선원에서 행해지고 있는 선법禪法의 주종을 이루고 있다. 청담 스님은 "석가모니 부처님으로부터 전승된 불교는 명상과 참선과 인식을 통하여 이루어졌다."며 다음과 같이 설하고 있다.

> 세존世尊의 설법은 지식을 구하는 자를 위한 설명이 아니고 비애悲哀를 이기려고 하는 자를 위한 힘인 것이다. 그리고 그 법설은 그의 독특한 탐구의 방법인 명상冥想을 통하여, 참선參禪을 통하여, 인식認識을 통하여 이루어졌고 배움을 통하여 이루어진 것이 아니다. 그러므로 나는 이렇게 생각한다. 진리는 인류의 평화와 안식을 배움으로써가 아니고 세존이 그러했던 것과 같이 편력과 인욕忍辱을 통하여 이루어질 수 있는 것이다. 그리고 그 고통苦痛이 관계하는 곳이 바로 우리가 사는 세상인 것이다.

청담 스님은 석가모니 부처님께서 불법을 펼친 것은 모든 중생이 각자의 마음을 깨달아 고뇌를 극복하게 하기 위함이며, 그러한 깨달음을 체득하는 구체적인 방법으로 참선 수행을 하되 간화선을 통한 수행을 해야 한다고 강조하고 있다. 스님은 인간이 꼭 해야 할 일은 마음 찾는 공부로써 생사해탈生死解脫의 대자유인이 되어 주체적인 인간이 되어야 한다고 다음과 같이 주장하고 있다.

> 인간이 다른 동물과 구별되는 것은 종교를 갖고 있기 때문이다. 이 종교는 나를 찾는 마음에서 출발한 것이다. 이 마음이야말로 우주宇宙 속에 있으면서 우주를 포괄하는 핵심임을 깨달아야 한다. 이 마음은 우주에 본래本來한 것이며 자재自在한 것이므로 모든 존재에 앞선 실존實存이다. 또한 만유萬有를 실재實在

케 하는 존재의 의지이다.

따라서 2천억 년 전 생명체 생성 연기의 기원이며, 태초로부터 미래에 또한 영원불멸永遠不滅에서 자유화한 것임을 알 수 있다. 내가 무엇인가를 모르는 데서 온갖 혼돈과 어리석음이 비쳐지니, 먼저 나를 찾아 나의 정체를 파악해야 한다.

진아眞我를 체득함으로써만이 어떤 경지에 처해서도 확고부동한 인간 본연의 자세를 유지할 수 있는 것이다. 이제 전 세계 시민들은 각자 마음으로부터 마신魔神을 추방하고 상실했던 본래의 마음을 찾아 올바른 자아自我를 발견해야 한다. 자신이 만들어 놓은 기계문명과 물질만능의 예속에서 풀려 나와 인생 본연의 영원한 자유와 평화를 향한 전진 자세를 가다듬어야 한다.

우리의 마음을 깨달아 생사자유와 해탈을 얻어 일체의 기계문명과 물질만능에서 벗어나 영원한 자유를 체득하기 위해 참선공부를 해야 한다고 청담스님은 주장하고 있다. 그리고 나를 찾아 나의 실체를 파악해야 한다면서 참나를 찾음으로써 어떤 경지에 처해서도 흔들림이 없는 인간 본연의 자세를 유지할 수 있는 것이라고 설한다.

우리가 참선 공부를 하는 목적은 마음의 번뇌와 망상으로부터 마음을 안정시켜 참된 자아自我를 찾아 부처의 경지에 들어가는 것이다. 이 과정에서 자아의 주체성을 확립시키는 것, 즉 마음의 문을 열어 인간과 만물의 참모습을 보는 것이다. 이로 인해 오욕五慾을 다스리며 나아가 윤회를 벗어나 마침내 불도佛道를 이루는 것이 목적이다. 이런 영원한 자유를 체득하기 위한 수행자의 기본요건으로 계율을 준수해야 한다고 다음과 같이 강조한다.

> 막행막식莫行莫食은 바라밀이 아니다. 이런 걸 모르고 무식한 선지식善知識은 음

어린아이들을 유난히 좋아했던 청담 스님

주식육飮酒食肉은 무방반야無妨般若라고 막 놀아난다. 그래가지고 중생까지 버려놓고 나중에 공부하는 중들 다 버려놓는다. … 대처승들이 생기기 시작하고, 45년 동안에 몇 번씩 공公적으로 사私적으로 웃으면서도 싸우고, 찡그리면서도 싸우고 한정 없이 싸웠다. 수좌들이 마구잡이로 행동하는 것이 도둑질하고 음행하는 게 보리菩提에 무슨 거리낄 게 있으며, 술 먹고 고기 먹는 것이 반야 세계에 무슨 장애가 될 게 있느냐, 반야바라밀이 뭔데 어디가 걸리고 막히느냐, 이러면서 막행막식莫行莫食을 해왔다. 듣고 보면 그 말이 어려운 법담같이 들린다. 그러나 정법正法에 턱도 안 닿는 말이다. … 이제 마음이 약해서 눈물 흘려 가면서 하는 사람도 있겠지만, 정말 발심發心한 사람이면 항복기심降伏其心을 해보려고 하는 그 마음으로 보시布施·지계持戒·인욕忍辱·정진精進·선정禪定·지혜智慧를 닦으라는 것이다.

청담 스님은 불법에 들어가 공부를 할 때, 가장 대표적인 것은 계학戒學과 정학定學 및 혜학慧學의 삼학三學이라고 밝히고 있다. 계학은 계율의 본질과 방법의 이해 및 그 실천을 내용으로 하고 있다. 따라서 계율의 이해와 실천에서 실패한다면 정학과 혜학도 실패할 것이 분명하다.

지계持戒란 수행자가 부처님다움을 보이는 것으로 이해하고 있다. 청담 스님이 문제를 삼고 있는 것은 가장 청정해야 할 선원 수좌의 막행막식莫行莫食이다. 그것은 바라밀이 아니라고 단호하게 말하고 있다. "이런 것을 모르는 무식한 선지식은 '음주육식飮酒食肉이 무방반야無妨般若'라 하고, '행도행음行盜行淫

이 불애보리不礙菩提'라고 하여 막 놀아난다."고 탄식하고 있다. 이런 탄식의 요지는 계율을 어기면서, 막행막식이 화두공부와 참선에 전혀 지장이 없다고 강조하는 풍조에 대한 비판이다. 청담 스님이 불교정화운동의 일선에 나선 것도 이러한 계율수호 정신이 지속되기를 바라는 것으로 볼 수 있다. 간화선은 계율의 기초 위에서 성취된다는 것이다.

청담 스님은 청정한 계율을 바탕으로 마음자리를 찾는 수행을 하여야 한다고 설한다. 우리가 할 일은 오직 자기 마음을 깨달아서 많은 중생을 바로 이끌어주고, 복 받게 해주고, 우주를 다 마음대로 하자는 것이라고 주장했다. 청담 스님에게는 참선도 참회기도도 모두가 잃어버린 참 나의 마음을 찾는 것이었다. 그러므로 누구에게나 진실한 마음을 찾도록 지도하였다. 참 마음을 찾기 위해서는 중생의 잘못을 뉘우치는 참회의 수행을 권하였다. 수행자에게는 참회가 우선되어야 한다면서 다음과 같이 주장했다.

> 우리가 기도를 하고 참회를 한다는 것은 전생이나 금생에 이미 저지른 과오를 씻어내고 갚아 버리는 수행이다. 인과의 과보果報를 다른 방법으로는 벗어날 수 없으므로 오직 마음의 힘을 다해서 지극히 참회하고 마음을 깨쳐서 큰 능력을 갖추신 불보살님께 발원하여 가피를 구하는 수밖에 없다. 그런데 금생에 아무리 기도를 해도 성취되지 않는 사람이 있다. 이것은 전생에 죄가 원체 많아서 그렇다. 이런 사람은 더욱 더 참회하고 기도를 해야 한다.

청담 스님은 중생의 어리석은 마음, 어두운 마음을 밝고 맑은 참 마음으로 바꾸는 데는 참회가 최상의 양약이라고 주장한다. 《화엄경》에 "지난 세상 지은 바 모든 악업은 무시無始이래 탐심, 진심, 어리석음이 몸과 말과 뜻으로 지었음이라, 내가 남김없이 참회한다."고 설하고 있다. 스님은 도선사 석불전을 중심으로 호국참회도량을 개설하여 절을 하는 실참실수實參實修의 수행법을 지도했다. 참회문懺悔門을 열어 중생들로 하여금 스스로 참 나를 찾는 수행을 하도록 이끈 것이다. 청담 스님에게 참회 없는 참선은 무의미한 것이다. 참선은 반드시 참회를 필요로 하며 뉘우침 없는 자성의 회복, 즉 참회 없는 참 나의 발견은 불가능하다는 것이다. 그래서 참회는 영원한 절대자유의 길이라고 다음과 같이 설하고 있다.

> 전 국민이 항상 참회와 기도하는 마음으로 우리 사회에서 불안과 무지와 빈곤을 타파하여 영원한 절대자유 속에서 부유하고 행복하게 살려고 노력해야 되겠다.
> 스스로 악을 행해 그 죄를 받고惡自受罪,
> 스스로 선을 행해 그 복을 받는다善自受福.
> 죄도 복도 내게 매이었거니亦名順熟,
> 누가 그것을 대신해 받으리彼不相代.

청담 스님은 간화선의 또 다른 요건으로 인욕행忍辱行을 강조하고 있다. 이는 깨달음을 체득하기 위해서는 아상我相을 없애는 것이 반드시 필요하다고 봤기 때문이다. 중생은 부처의 마음을 등지고 스스로 아상을 내어서 나와 남을 분별하고 망상을 내어 고통을 받는다. 부처님의 경계에는 고통이란 존재하지 않으며 참을 것이 없다. 따라서 깨달음에 이르는 길은 인욕을 통해서 아상을 여의게 하는 것이 우선 되어야 한다. 이러한 스님의 원력은 다음의 글에서 잘 나타나고 있다.

> 그때 인욕선인 시절의 내가 온 몸을 찢기어 죽어가면서도 그 가리왕에 대하

여 조금도 원망하거나 미워하는 마음을 내지 않았는데, 그것은 그때 이미 나는 아상我相·인상人相·중생상衆生相·수자상壽者相이 없었기 때문이다. … 그래서 육조대사六祖大師께서 말씀하셨다. "깃발이 움직이는 것도 아니고, 바람이 움직이는 것도 아니다. 전부 네 마음이 움직이고 있는 그림자다." 그림자라는 것보다도 있는 채로 내 마음이고 전부 허공虛空이다. 그러니까 약견제상비상若見諸相非相이어서 모든 상이 상 아닌 것이다. 이런 무심無心으로 참는 것이 정말 참는 것이다.

인욕忍辱은 참는다는 뜻도 있지만 욕됨을 용서한다는 뜻도 내포한다. 적극적으로는 다른 사람의 고통을 기꺼이 나눈다는 뜻과, 모든 일에 대하여 희로애락喜怒哀樂함이 없고 동요됨이 없이 사물의 본성이 평등무이(平等無二, 모든 부처의 몸과 중생의 몸이 하나이며 둘이 아닌 상태)함을 깨닫는다는 해탈에까지 확산된다. 즉 인욕 없이는 어떠한 일도 이룰 수 없다는 것이다. 인욕은 대승불교의 수행법인 육바라밀의 하나다. 인욕은 단순히 어려움이나 역경을 참는 수행이 아니라, 보살이 원력을 실현하기 위해 반드시 실천해야 하는 길이라고 청담 스님은 강조하고 있다.

원력願力은 보살의 마음이요, 인욕忍辱은 보살의 행行이 되는 셈이지. 내가 중생제도를 위해 무엇을 어떻게 하겠다 하는 크나큰 원願을 세우는 그것 자체가 보살의 마음이거든. 그럼 보살의 마음만 있으면 되느냐 하면 그것도 아니야. 우리 속담에도 구슬이 서 말이라도 꿰어야 보배라고 하였거든. 그러니까 원력을 세웠으면 행해야 하는데, 행하기가 그리 쉬운 일이 아니야. 누가 눈알을 달라면 뽑아주고, 팔을 달라면 그것도 뽑아주어야 보살행이 되는데, 그렇게 하려면 인욕忍辱선인처럼 돼야 한다 이 말이지. 도할량무심途割兩無心의 인욕

6장 선禪 사상 485

이라야만 인욕다운 인욕이라고 할 수 있거든.

　청담 스님은 무아無我의 경지에서 참는다는 생각 없이 참는 것이 정말 참는 것이라고 인욕의 정신을 설하였다. 이상에서 고찰한 바와 같이 간화선의 기본요건으로 먼저 마음을 잘 살펴 지계持戒· 참회懺悔· 인욕忍辱 이 세 가지를 갖추어야 한다는 스님의 주장은 화두를 참구하는 간화선에서는 필수적인 요건이다.

　청담 스님이 강조하는 간화선의 기본요건을 좀 구체적으로 살펴보면 첫째, 중도정관中道正觀을 확립해야 한다. 이는 자성청정과 같은 말로 중도를 말하는 것이다. 둘째, 계戒· 정定· 혜慧의 삼학등지三學等持를 실천해야 한다. 부처님은 지계청정持戒淸淨해야 선정삼매에 들고 반야지혜를 얻을 수 있다고 설하였다. 즉 계· 정· 혜 없이는 바른 도道에 이르기는 힘들다. 계· 정· 혜를 평등하게 닦아 잘 지키고持, 범하고犯, 열고開, 닫는遮것이 되어야 할 것이다. 셋째, 인과因果와 자비관慈悲觀을 정립하여야 한다. 인과를 믿지 않고 신身· 구口· 의意 삼업三業을 청정히 하기란 있을 수 없다. 인과因果에 충실하다면 견성성불을 위한 수행자는 자연히 자리이타행自利利他行을 할 것이다. 넷째 선교겸수禪敎兼修 해야 한다. 한마디로 교敎에 의거하여 선禪을 깨닫는다는 말이다. 즉 불립문자不立文字는 문자에 집착하지 않을 뿐 두루 선과 겸수兼修해야 함을 옛 조사들은 가르치고 있다. 다섯째는 삼요三要를 갖추어야 한다. 신심信心, 분심憤心, 의심疑心을 갖추어야 한다는 것이다. 신심과 분심이 있다면 의심이 일어날 것이다. 그러하다면 여래의 경계에 들 수 있다. 여기에 참회와 인욕이 함께 해야 한다. 이처럼 청담 스님은 일체 망념이 모두 사라지는 것을 대전제로 화두참선에 들어야 한다고 말한다.

간화선看話禪의 참구법

간화선 참구의 핵심은 간절한 의심을 일으키는 데 있다. 가령 '이 뭐꼬?' 화두를 예로 든다면, '이 뭐꼬?' 하면서 의심을 깊고 간절하게 가져가면 된다.

이렇게 의심을 강조하는 이유는 의심이 간절해야 망념이 달라붙지 못하기 때문이다. 한 생각 한 생각을 단속해 화두를 들고 역력하게 깨어있게 되면 망념이 정지되는 순간이 오게 된다. 이런 상태가 굳건해져 어떤 경우라도 '이 뭐꼬?' 화두를 놓치는 일이 없게 되고, 오고 가는 생각이 단절되어 힘을 얻게 된다. 이것을 일컬어 의심 덩어리 곧 의단疑團이라 한다. 이 의심 덩어리를 타파하면 확철대오(廓撤大悟, 확연히 꿰뚫어 크게 깨우침)하게 된다.

여기에 화두참구의 단계에서 중요한 것이 삼심三心이다. 첫째로 화두에 확실한 믿음을 가져야 하는 대신심大信心이고, 둘째는 화두를 참구함에 있어 자괴감이 치밀어 오는 대분심大憤心이다. 마지막으로 화두에 대해 철두철미 의심하는 대의심大疑心이다. 이 세 가지가 마치 솥의 발처럼 작용해야 한다.

청담 스님에게 불법의 수행은 참선이고, 또 참선은 간화선을 기본으로 하고 있다. 스님은 인류를 구제하는 길은 선禪을 널리 보급하여 자기의 불성을 깨닫고 인간의 참된 가치관을 확립하여 생사의 윤회를 벗어나 안심입명처(安身立命處, 마음을 편안하게 가져 몸을 천명에 맡기고 어떠한 일에 대해서도 태연자약·태연부동하는 것으로 마음의 편안함을 체득하여 생사·이해·득실을 초월한 삶을 살아가는 것)를 얻도록 해야 한다고 주장하고 있다. "참선 수행은 자기의 본성을 발견하고 이것을 일상생활에서 실현하여 참된 인간이 되기 위한 실천인 것이다."라고 설하고 있다. 청담 스님은 〈마음은 곧 나〉라는 법문에서 마음이 부처라고 다음과 같이 설하고 있다.

나는 처음 불교를 우연한 기회에 듣고 대강 불교를 안 뒤부터, 팔만대장경 전부가 이 마음 두 글자로 되어 있기 때문에, 이 마음 두 글자만으로 남에게 불교를 이해시킬 수 있고 가르쳐줄 수 있다고 생각했다. 그래서 나는 근 50년 가까이 이 '마음'이라고 하는 것을 공부해 왔다. 우리말로 마음이라고 하는 것은 무엇을 생각할 수 있는 것을 말한다. 그리고 좀 바꾸어 말하면 살아 있다는 소리다. 즉 생명이 있는 것을 마음이라 한다. 한문 경전에도 '심즉시불心卽是佛' 즉, 마음이 곧 부처라 했다. 선종禪宗도 그러하고, 팔만대장경도 중요 골자가 '심즉시불'이다.

가야총림에서 선방수좌들을 지도하시던 스님. (원내는 청담 스님)

위에서 설하고 있는 것처럼, 50년 간 공부해 온 청담 스님의 선禪 사상은 마음이며, 그 마음은 중생의 마음이 아니라 부처님의 마음을 체득한 것이다. '마음이 곧 부처'라는 주장은 《관무량수경觀無量壽經》에서 설하고 있지만, 마조 선사로부터 유래되어 온 조사선祖師禪의 정신이라고 할 수 있다.

불교에서는 "삼계는 오직 마음에 의해 건립된다. 결국 만법은 오직 하나의 식에서 비롯된다."라고 한다. 이것은 마음밖에 따로 무엇이 존재하지 않는다는 말이다. 그러므로 부처님도 마음이요, 중생도 마음이다. 우주의 삼라만상은 모두 마음의 그림자이다. 중생은 그림자를 떠나 실체의 마음을 발견해야 한다는 것이다. 부처님은 바로 이 마음의 실체를 발견하신 분이다. 청담 스님도 이 마음을 찾는 방법과 마음을 찾아야 하는 이유 등 모든 부분에서 마음으로 평생을 일관했다.

청담 스님이 설하는 마음은 일체의 차별경계나 분별심을 초월한 깨달음의 마음인 불심을 말하는 것이다. 마조 선사가 주장한 평상심과 똑같은 의미로서 우리의 청정한 본래심本來心을 말한다.

청담 스님은 자신 본래의 마음을 찾는 공부를 참선이라고 하고 있다. 영가 현각(永嘉 玄覺:665~713) 선사는 《증도가證道歌》에서 참선에 대해 "스승을 찾아서 불도를 구하기 위해 참선하였다."라고 말하고 있다. 참선은 선지식을 참문參問하여 청정한 마음을 참구하여 깨달음의 생활이 되도록 하는 것이다. 참선 수행에 대하여 청담 스님은 다음과 같이 설하고 있다.

> 참선參禪이란 바로 이런 마음을 찾는 공부입니다. 이리저리 헤매지 않고, 이 마음을 직접 찾는 지름길이 바로 참선 공부입니다. 그래서 옛날 조사님들께서 선禪을 말함에, "사람의 마음을 곧바로 가리켜서直指人心 성품을 보고 성불하게 한다見性成佛"고 하셨던 것입니다. 이 마음은 생명이고, 참 나이고 절대자입니다. 생명이 있는 중생이면 누구나 다 갖추어 있는 것이므로, 본래부터 성불成佛입니다. 없는 마음을 따로 창조해내는 것이 아닙니다.

청담 스님은 참선 공부에서 중요한 것은 좋은 선지식을 만나서 지도를 받는 일이라고 강조하고 있다. 왜냐하면 선지식은 인생 문제를 비롯하여 일체의 문제에 걸림이 없이 바르게 가르쳐 주기 때문이다. 마음을 깨닫도록 하는 참선 수행은 선지식의 점검과 지도가 이정표이며 안내 표지가 되는 것이기 때문이다.

《법화경》에서 설하고 있는 것처럼 선지식은 큰 인연이다. 즉, 불법과의 인연, 깨달음에의 인연, 부처님을 친견케 해 주는 인연을 맺어주는 사람인 것이다. 그래서 이러한 선지식의 말씀을 철저히 믿지 않으면 깨달음의 길로 나아갈 수가 없다. 선지식의 말씀을 언행信行하여야 깨달음의 행선지로 갈 수 있기 때문이다. 만공 선사는 "선지식을 믿는 정도에 따라 자신의 공부가 성취된다."고 말했다.

불법을 배우고 익히기 위해서는 먼저 신심이 있어야 한다는 사실을 여러 경론에서 강조하고 있다. 《화엄경》에 "믿음은 도의 근원이며 공덕의 어머니이며, 일체의 모든 선법을 증장케 한다."라고 설하고 있으며, 《대지도론》에도 "불법의 대해는 믿음으로 능히 들어갈 수 있으며, 지혜로 능히 건너갈 수 있다."라고 설하고 있다. 도道를 성취하는 데 신심은 자아완성의 출발점을 튼튼하고 확고하게 만드는 일이기 때문에 중요하다.

앞에서 살펴본 바와 같이 청담 스님도 고봉 원묘(高峯 原妙:1238~1295) 선사가 《선요禪要》에서 설한 '대신근大信根·대분지大憤志·대의정大疑情'의 간화삼요看話三要를 신심信心·분심憤心·의심疑心으로 계승하고 있는 입장을 취하고 있다. 스님은 또 참선 수행의 목적이 본래의 마음을 찾고 견성성불에 있다는 점을 강조하면서 마음을 깨치고 견성한다는 것의 의미를 다음과 같이 설하고 있다.

> 《금강경》에서 "모든 현상이 다 환각으로 있는 것이지 진실상이 아니며 실재가 아니다. 그런 줄 알고 보면 곧 부처님을 보리라."하셨는데, 부처님을 본다는 소리는 곧 자기 마음을 깨친다는 소리입니다. 마음 깨치면 다 부처니 모두의 마음은 이미 다 부처가 되어 있기 때문입니다. 흔히 견성했느냐 하는 말은 부처님 보았느냐는 말이 됩니다.

처음에 인용된 게偈는 《금강경》의 사구게四句偈로, 반야 600부 전체의 뜻을 표현했다는 뜻에서 '반야제일게般若第一偈'라 한다. 이 게偈는 견성한 사람의 경계를 나타낸 것이다. 견성이란 자기 성품자리, 일체만유의 본성자리 곧 진리인 본심자리를 맑고 청정히 가져 만사만리萬事萬里를 통찰할 줄 아는 혜안慧眼을 얻는 것이다.

도선사 백운정사 앞에서 청담 스님

청담 스님은 참선 수행을 하는 정신과 화두참구로 수행하는 방법 등을 설하면서 참선 수행은 좌선의 기술과 기능에 달린 것이 아니라는 것을 지적했다. 참선 수행자는 화두를 챙기는 일에 몰입해서 오직 화두의 의심을 타파하여 깨달음을 체득하는 수행에 몰두해야 한다고 간곡히 설하고 있다.

간화선의 참구에서 중요한 것은 신심과 의심이라는 점은 일찍이 간화선을 대성한 대혜 선사가 주창했다. 신심과 의심은 반대 개념이다. 순수하고 투철한 확신의 확립은 의심이 완전히 없어진 그 근원에 있는 것이다. 이렇게 신심이 전제로 되고 있는 의심을 간화선에서는 의단疑團이라고 부르는데, 의단이나 의정疑情이나 같은 뜻이다. 대혜 선사는 "의심이 커야 깨달음도 크다"라고 설했다.

청담 스님은 화두를 참구하는 의심이 또렷또렷하고 성성한 본래심本來心의 작용이 전개되는 것이 간화선의 참구법이라고 강조한다. 간화선의 수행이 화두참구에 집약되고 있기 때문이다. 궁극적으로는 자신과 화두가 하나가 되는 체험을 통하여 본지풍광(本地風光, 본래부터 지니고 있는 천연 그대로의 심성을 말하는 것으로 자기 심성의 본분을 형용하는 선문의 말)이 발현되는 것이다. 청담 스님은 고봉 선사의《선요》와 휴정 대사의《선가귀감》그리고 만공 선사의《간화삼요》의 영향을 받아 다시 신심信心·분심憤心·의심疑心의 세 가지로 요약하여 간화선의 참구법參究法으로 제시하고 있다.

이상에서 살펴본 바와 같이 청담 스님은 "인간으로서 태어나서 해야 할 일인 일생일대사一生一大事로 부처님의 정법심인正法心印을 체득하여 일체중생을 제도하리라."는 서원을 세우고 출가하여 역대 조사들의 간화선 영향을 받아 만공 선사로부터 인가印可 받은 후 간화선 사상을 바탕으로 한국불교 선맥禪脈을 견인하였다.

청담 스님의 간화선관 내용은 첫째, 불조의 혜명이다. 선 수행자가 무심을 체득하여 보살행을 하는 것이 불조의 혜명을 잇는 길이라는 것이다. 둘째는 수행자가 간화선의 기본요건으로 지계·참회·인욕을 실천하여야 한다는 것이다. 셋째로 고봉高峯 화상의《선요》와 휴정 선사의《선가귀감禪家龜鑑》그리고 만공 선사의《간화삼요看話三要》를 계승하여 신심·분심·의심을 간화선의 참구법으로 제시하고 있다. 스님은 화두를 참구하는 의심이 또렷또렷하고 성성한 본래심本來心의 작용이 전개되는 것이 간화선 참구법의 요체要諦라 했다.

수행론修行論

선禪은 철저한 자각自覺의 종교이다. 따라서 선禪은 언제나 현재의 자기 자신이 자각적으로 전개하도록 하는 지금, 여기, 현재로부터 시작된다. 자기 자신의 참된 주인인 마음은 자신 밖의 다른 곳에 있는 것이 아니라, 바로 지금 자기의 신심일여(身心一如, 몸과 마음이 둘이 아닌 하나라는 의미) 속 깊이 있는 것이다.

이 마음이 자기를 자기로 만드는 주인이요, 자각의 주체인 것이다. 불교에서는 각자를 참된 인격의 주체임과 동시에 일체만법의 근원을 깨닫는 깨달음의 당체當體로 파악한다. 따라서 만법의 근원인 각자의 참된 불성을 자각하고, 만법의 본질인 지혜를 체득하는 것이 선禪불교다. 즉 인격 완성으로 무한한 가능성의 자기를 발견하게 하는 끊임없는 구도행각임과 동시에 일체중생을 구제하는 보살도를 실천하도록 가르치고 있다.

각자의 불성을 깨닫는 선禪 수행의 기본정신을 선禪불교에서는 견성, 혹은 견성성불이라고 한다. 견성은 자각의 종교인 선불교의 본질을 무엇보다도 잘 대변해주는 실천정신이며, 선불교에서 가장 중요시 하는 대상이다. 견성은 자기의 참된 불성을 본다는 말로 자각을 뜻한다. 본다見는 것은 어떤 실재하는 사물을 자신의 눈으로 직접 보는 것을 말한다. 선은 그냥 무의미하게 자각적인 의식 없이 알고 행해왔던 행동이나 생각을 직접 체험을 통해 확실히 확인해서 아는 것이다. 이것을 선불교에서는 깨달음 혹은 자각自覺이라고 말한다. 자신의 눈으로 보고 직접 확인했기 때문에 조금도 의심할 수 없는 직접 체험을 말한다.

그래서 깨달음은 스스로 느끼고 체험하기 때문에 철저한 자기 확인을 통해 얻어진 확신이라고 할 수 있다. 육안으로 어떤 사물을 직접 보고 확인하는 일은 크게 어려울 것이 없지만, 모양이나 형체가 없는 각자의 불성을 보고 확인하는 일은 그리 쉬운 일이 아니다.

하지만 꿈속에서 헤매는 중생이 번뇌 망념과 무지에서 깨어남으로써 일체의 무명에서 벗어나 현실적인 자신의 삶을 지혜 있는 안목으로 살아가도록 하는 것이 불교인 것이다. 선禪불교에서는 중생의 무지와 번뇌 망념을 선병禪病, 혹은 심병心病이라고 하는데, 청담 스님은 다음과 같이 지적하고 있다.

성불해야겠다. 생사를 해탈해야겠다. 이 세상의 모든 것은 다 무상無常하다고 하지만 이것도 모두 다 쓸데없는 생각일 따름이다. 부처가 된다는 생각도 없어지고, 그것이 없어져야 한다는 생각도, 없어졌다는 생각도 없어져서 온갖 생각이 없어진 자리에 들어가면 "자성自性이 이렇구나! 내가 견성을 했구나!" 하는 생각이 누구나 한 번 생길 수 있다. 이럴 때 "아차!" 하고 곧 그 생각을 돌려서 저절로 끊을 줄 알아야 한다. "이렇구나!" 하는 생각도 망상이기 때문이다.

청담 스님은 수행자가 성불해야겠다는 생각을 일으키는 것도 번뇌 망념이며, 선병禪病이라는 사실을 지적하고 있다. 번뇌를 끊고 생사를 해탈해야겠다는 생각도, 부처가 된다는 생각도 번뇌 망념이며 이러한 착각에서 벗어나지 못하면 올바른 선 수행이 아니라고 설하고 있는 것이다.

올바른 수행이란 심신의 수련을 통하여 마음의 평온을 얻는 것이다. 그러므로 마음을 닦는 일에 관련된 것이라면 다 수행이라고 할 수 있다. 그러나 불교 수행, 선 수행이라고 한다면 무엇보다도 불법과 선의 정신에 맞아야 한다. 그렇지 않다면 그것은 불교나 선에서 말하는 수행이 아니다. 불교 수행은 그 목적이 탐욕貪과 분노瞋, 어리석음癡 등을 제거하여 마음을 깨끗하게 하는 데 있다. 육체·정신적 수련을 통하여 마음에 낀 번뇌 망상 같은 것을 정화하여 부처님과 같은 전인적全人的인 인격체가 되어가는 데 있다. 반야지혜般若智慧로 일체현상은 무자성無自性·공空임을 인식함과 동시에, 중도中道·무집착無執着을 실천하여 번뇌로부터 해탈한 자유인이 되자는 것이다.

선禪 수행을 통하여 정견과 정안正眼을 갖추었느냐, 그리고 번뇌와 욕망, 분노 등에 마음이 동요하지 않느냐가 핵심이다. 수행에도 바른 수행과 잘못된 수행, 건전하게 닦는 것과 건전하지 않게 닦는 것이 있다. 수행을 통하여 아만我慢과 무지無知·욕망慾望·분노忿怒·증오憎惡·어리석음 등을 제거하는 것은 올바른 수행이다. 하지만 자존심을 강화하거나 영적 체험이나 육체·정신적 신비를 추구하는 것 등은 모두 건전하지 못한 수행이다. 그것은 본질을 호도하는 사이비 수행일 뿐, 불교와 선禪에서 말하는 참된 수행이 아니다. 수행에서는 마음의 정화와 함께 인격의 수양이 병행되어야 한다. 몇십 년 수행을 했다면서 분노나 욕망을 극복하지 못한다면 그것은 모두 헛수고인 짓이다.

인격 없는 수행은 무의미하다. 불교에서 말하는 수행은 지혜를 갖추는 과정이어야 한다. 반야지혜를 갖추지 못한다면 그것은 진정한 불교 수행법이 아니다.

청담 스님은 이러한 욕망이 가득한 수행을 선병禪病이라고 했다. 부처가 되려고 하는 생각, 깨달음을 구하려고 하는 생각, 번뇌 망념을 끊으려고 하는 생각이 도리어 번뇌 망념이 되어 본래 청정한 자기 마음을 뒤덮기 때문에 부처가 드러날 수가 없다는 것이다.

《신심명信心銘》에서 "밉다 곱다는 증애憎愛의 차별심이 없으면 그대로 통연히 명백하게 대도大道를 이루는 것"이라 설하고 있다. 이러한 《신심명》의 선禪사상을 체득한 청담 스님도 선악시비善惡是非를 초월한 경지가 깨달음의 마음이라고 강조하고 있다.

참선 수행이 어느 정도 되었다고 자만심이 생긴 사람은 "성품이 이런 것이구나! 내가 견성을 했구나!" 하는 생각을 만든다. 하지만 여기에 얽매이지 않고 곧 생각을 돌려서 끊을 줄 알아야 한다는 청담 스님의 지적은 자각의 종교인 선불교의 본질을 단적으로 제시하고 있다.

중생의 착각은 무지無智에 의한 것인데, 무지와 무명無明을 자각하지 못하는 것이 중생이다. 무지와 무명도 번뇌 망념이며 중생의 착각인 것이다. 무명에서 벗어나 한쪽으로 치우침이 없는 중도中道를 지니면서 어떤 대상에도 치우치거나 구속되지 않는 사람을 지혜 있는 사람이라고 한다. 하지만 중생이 착각에 빠지면 환상이 깨달음이라는 착각을 또 다시 일으키게 된다. 선의 깨달음은 이러한 무지와 착각으로 일으킨 번뇌 망념을 깨닫고 번뇌 망념을 초월하는 것이다. 청담 스님은 "아차! 하고 곧 그 번뇌 망념의 생각을 돌려서 저절로 끊을 줄 알아야 한다. 이렇구나! 하는 생각도 번뇌 망상이기 때문이다."라고 지적하고 있다.

선악善惡, 시비是非, 증애憎愛 등 일체의 상대적인 차별·분별의 마음에 떨어지지 않고 번뇌 망념이 일어나면 번뇌 망념이 일어난 사실을 스스로 깨닫고 자각하는 방법이 참선이다. 번뇌 망념과 착각을 자각하지 못하면 생사윤회에 허덕인다. 온갖 차별경계에 떨어져서 고통을 받는 중생의 생활이 되는 것이다. 그러나 마음의 번뇌 망념을 스스로 깨닫고 자각할 때 번뇌 망념에서 벗어나 저절로 근원적인 본래의 마음으로 되돌아가게 된다.

임제臨濟 선사는 《임제록臨濟錄》에서 다음과 같이 설하고 있다. "밖으로는 범부凡夫나 성인聖人에 취하지 않고, 안으로도 근본에 안주하지 않는다."며 "깨달음의 경지에 집착하거나 미련을 갖지 말고, 다시 깨달음의 자취를 남기지 않는 무한 절대의 허공의 세계에 무애자재(無碍自在, 장애 없고 거침없는 정신세계를 표현한 말)하게 자기를 전개해야 한다."고 설한다.

즉 일체의 사물에 분별·차별심을 일으켜 경계에 매달리거나 집착하지 않고, 깨달음의 경지인 근원적인 본래의 마음에 안주하지도 않아야 함을 가르치는 것이다. 깨달음의 경지인 본래심本來心에 안주하게 되면 본래심이 또한 집착의 대상이 되고 만다. 깨달음 그 자체도 집착의 대상이 된다는 얘기다. 그래서 그 깨달음의 경지까지 놓아버리지 않으면 안 된다. 일체의 모든 대상이나 경지까지도 초월하여 걸림 없는 경지에서 모든 것에 자유로워 지혜로운 자기의 삶을 전개하는 것이다. 이러한 경지에서 자유롭게 사는 사람을 임제 선사는 무위진인(無位眞人, 도를 닦는 마음이 뛰어나 차별을 두지 않는 자리에 있는 참사람)이라고 한다.

《신심명信心銘》에서는 차별·분별이 없는 본래의 마음에 대해 다음과 같이 설하고 있다. "마음에 차별·분별이 없으면 일체의 만법은 하나와 같다. 하나와 같기에 진여 본체가 현묘하여 무심하게 일체의 반연을 잊는다." 근원적인 본래 마음의 경지에서 일체의 망념을 여의면 그대로 만법과 하나가 된다. 이 경지를 만법일여萬法一如라 한다. 일여一如는 불이不二, 불이不異, 여여如如, 여래如來

와 같은 의미의 불교 용어인데, 번뇌 망상을 여읜 본래 청정한 마음인 진여眞如와 같다. 《금강경》에서 "여래란 일체의 모든 만법과 같다는 의미이다如來者 諸法如義."라고 설하는 것과 같은 의미이다.

수행자가 번뇌 망념의 중생심을 자각하고 본래의 청정한 불심으로 되돌아가는 전향적인 구조를 돈오頓悟라고 하며, 중생심의 미혹을 초월하여 마음을 돌려 불심을 체득하는 것을 '깨달음'이라 한다.

청담 스님은 이러한 선 수행의 구조와 실천방법을 정확히 알고, 참선 수행을 통한 올바른 깨달음의 길을 갈 것을 설하고 있다. 선의 가장 중요한 목적을 깨달음에 두고 있으며, 깨달음의 체험은 각자가 실제로 물이나 불에 닿아 차고 따스함을 스스로의 체험으로 파악하는 것과 같다. 이러한 것을 선禪 체험이라고 말한다.

> 이 체험은 자기와 자연, 우주와 하나가 된 자기와 대상이 일체화된 체험이며, 주객미분主客未分의 순수한 경험이다. 이것을 자기의 입장에서 보면 자기가 자기 자신이 되어 버리는 것이다. 그러므로 크게 한번 죽은 후에 소생한다는 말처럼, 자기가 죽어버리고 자기라는 것이 완전히 없어진 데서 참으로 자타일여自他一如의 무상無相의 자기가 작용하게 되는 것이다. 이것이 주객불이主客不二 물아일여物我一如의 경지다. 그러나 이와 같은 주객미분主客未分, 주객일여主客一如의 순수경험純粹經驗이 그대로 선체험이 아니고, 거기에도 깨달음이 있지 않으면 안 된다. 이 각覺은 체험이다. 체험으로 알아차리고 눈뜨는 일이다.

청담 스님은 깨달음의 경지를 객관적이고 논리적으로 잘 표현하고 있다. 자기와 우주, 주관과 객관의 구분이 없어진 하나의 경지가 근원적인 본래의 세계인 깨달음의 세계라고 설명한다. 이러한 주객미분(主客未分, 주관과 객관을 나누지 아니함)이나 주객불이(主客不二, 인식하는 세계와 인식되는 세계가 동일), 물아일여(物我一如, 정신과 형체가 구분됨이 없이 하나로 일치한 상태를 의미), 자타일여(自他一如, 나와 남이 다르지 않고 하나)의 본래의 세계에 들어가기 위해서는 자아의식과 대상적인 차별·분별심이 완전히 없어져야 한다. 스님이 자기가 크게 한번 죽어야 한다는 대사일번(大死一番, 자기의 일체를 포기하고 불법에 전념하는 일)이란 말로 표현하고 있는 것처럼, 아상·인상·중생상·수자상 등이 없는 무상無相을 체득해야 이러한 근원적인 본래의 깨달음의 세계에 들어갈 수가 있다고 강조한다.

깨달음은 세상에서 일어나는 나와의 모든 인연을 자신의 마음에 비추어 자신의 마음을 알아 가는 것이다. 그 결과로 나라고 하는 존재, 자신의 실체를 깨달아 가는 것을 말한다.

이와 같은 수행으로 언어문자, 사량계교(思量計巧, 생각하여 헤아리고 견주어 살펴 봄)에 사로잡히지 않아야 직지인심直指人心 견성성불見性成佛의 경지가 열림으로써 자신의 마음을 아는 것이다. 나의 본래자리, 즉 인간의 기본 된 마음자리를 알아가는 것, 안다는 것이 깨달음이다.

청담 스님은 본래의 세계는 자기가 자기 자신이 되어버리는 것이라고 말하고 있다. 이는 각자의 근원적인 마음으로 되돌아간 경지를 말한다. 불법은 심법心法이다. 마음으로 일체의 모든 만법을 인식하고 깨닫고, 초월할 수 있다. 정법의 안목이나 불법의 지혜도 마음으로 체득하고 실현하기 때문이다. 스님은 깨달음의 당체, 본체자리를 다음과 같이 설하고 있다.

> 무아경無我境이라고 하지만 그것도 하나의 관념觀念이 나타난 것에 불과한 것이지 본체자리는 아닙니다. 이 본체의 실재實在는 있기는 있지만 생각이 일어날 수 없는 사량부도지처思量不到之處고 시간 공간을 초월한 무극이전無極以前, 태극이전太極以前이며, 원자 전자가 성립되기 이전, 우주 생성 이전이며, 유무

有無를 초월하여 선악시비善惡是非가 일어나기 전입니다. 깨치는 방법에는 부득이하게 의지할지언정 그것이 어떤 존재라고 인식한 게 있으면 벌써 착각이 붙은 것입니다.

청담 스님은 생각이 일어날 수 없는 경지를 사량 분별심이 없는 깨달음의 당체라 보고 있다. 또한 시공時空의 인식은 물론, 유무有無나 시비是非의 차별·분별심이 일어나기 이전의 근원적인 본래심의 경지라고 말한다. 대주大珠 선사가 "유有를 생각하고 무無를 생각하는 것을 삿된 망념妄念, 알음알이라고 하며, 유무를 함께 생각하지 않는 것을 정념正念이라고 정의하며, 나아가 선악善惡·고락苦樂·생멸生滅·취사取捨·원친怨親·증애憎愛 등의 일체 상대적인 차별심이 없는 것을 정념正念이라고 하며, 정념이란 보리심을 말한다."고 한 것과 상통한다.

선禪에서 말하는 깨달음은 일을 헤아리고 분별하는 마음이 없어진 바로 그 자리를 말한다. 생사의 대사大事를 일대사一大事라고 한다. 또 생사대사의 일대사를 깨달은 사람을 일을 마친 범부, 요사범부了事凡夫라고 한다. 불법의 대의大義를 체득하여 반야의 지혜로 생사의 고통에 허덕이는 중생심을 소멸하고, 번뇌 망념을 초월한 불심의 지혜가 충만한 경지가 여기에 해당한다.

생사대사를 해결한다는 것은 항상 이 자리에서 자신의 마음에서 번뇌 망상이 일어난 사실을 깨닫는 일이다. 번뇌 망념의 중생심에서 해탈하여 근원적인 본래의 마음으로 되돌아가는 불심의 지혜작용을 깨달음이라고 한다.

생사윤회가 거듭되는 것은 중생심으로 생활하며 항상 자기 자신의 마음속에서 번뇌 망념이 일어나기 때문인 것이다. 생사를 육체적인 생사로 이해하는 것은 잘못된 견해이며, 그리하면 아무리 많은 세월을 수행해도 생사를 넘어설 수 없다.

조계총림 개원식에서. (원내는 청담 스님)

그러므로 부처님의 가르침에 의지하여 반야의 지혜를 체득하지 못한 사람은 올바른 수행을 할 수가 없고, 생사해탈을 할 수가 없으며, 불보살의 원대한 원력을 실현할 수도 없는 것이다. 진정한 선禪의 깨달음은 주객불이主客不二의 근원적인 세계에서 깨달음의 지혜작용이 있어야 한다. 본래 적정의 세계에 침잠하는 고요함과 함께 아둔하고 잠든 상태가 아니라, 체험으로 알아차리는 눈뜸의 상태, 즉 깨어있음의 상태에 있는 것이다. 이러한 입장에서 청담 스님은 선의 깨달음에 대해 다음과 같이 정의하고 있다.

> 선 수행의 입장에서 선의 깨달음을 정의하면, 깨달음은 좌선으로 정력定力을 기르고, 스승에게서 공안公案의 참구를 배우고, 삼매三昧의 경지에 이르러 얻어지는 체험에서 나오는 지혜이다. 그러나 깨달음에는 깊고 얕은 차이가 있으며, 처음에 대오철저大悟徹底하고, 이것을 정념상속正念相續하여 깨달음의 경지를 실제의 생활 속에서 실현해 가는 오행悟行의 수행이 있다. 깨달음에는 충족의 상태는 없다. 이것을 보다 심화하고, 명백히 하고, 인격화하여 생활에 구현하도록 해야 한다.

청담 스님은 선불교에서 말하는 범부나 성인, 선善과 악惡, 더러움과 깨끗함, 아름다움과 추함 등도 모두 상대적인 분별과 차별의 마음에서 시작된다는 입장이다. 차별·분별의 마음을 없애는 선 수행은 번뇌 망념의 중생심을 깨달음의 불심으로 전환하는 수행이다. 그리고 선지식에게서 공안의 참구를 배우고 익히는 것은 불법의 안목眼目을 체득하게 하는 공부인 것이다. 깨달음의 지혜는 좌선과 교학·화두참구를 많이 함으로써 안목이 넓어지고 깊어지는 것이다. 한번 깨닫고 대오철저大悟徹底한 돈오頓悟의 체험을 얻었다고 해서 수행이 완성된 것이 아니라 이것을 깨달음의 마음으로 일상생활에서 지혜롭게 전개해야 한다.

청담 스님은 선禪이 평상심으로 전개하는 일체의 모든 행위와 행동, 위의威儀와 위용儀容에 대한 지혜 작용이며, 생활 종교임을 밝혔다. 사람의 행동 그 모두는 근원적인 본래의 마음으로 전개하는 선의 생활이기 때문에, 밥을 먹고 잠을 자고 차를 마시고 참선을 하는 일이 차별·분별심이 없는 생활에서 이루어질 수 있어야 한다는 것이다. 각양각색의 인간의 모든 행위를 일여一如로 할 수 있는 것은 행위 그 자체가 아니라 근원적인 주체인 본래의 마음으로 전개되는 행위이기 때문이다.

일상생활에서 깨달음의 지혜가 전개되도록 끊임없이 정진하는 것을 청담 스님은 오행悟行이라고 설하고 있다. 이는 깨달음의 실행이라는 의미이다. 깨달음이 구체적인 우리들의 실생활에서 실행되지 않는다면 관념상의 깨달음이며, 철학적이고 이론적인 깨달음에 그치고 만다.

그래서 청담 스님은 깨달음은 충족된 상태가 아니라고 지적한다. 또한 깨달음의 경지를 한없이 깊게 심화하고 넓게 확대하여야 지혜의 안목이 분명해지고 인격적인 삶을 구체적으로 펼칠 수 있다고 설하고 있다.

인간은 일상생활에서 많은 지혜가 필요하다. 그렇기 때문에 많고 깊고, 넓고, 분명하고 확실한 지혜를 가진 사람이 좋은 삶을 살 수 있다. 또한 중생을 위하여도 보다 많은 방편법문으로 깨달음의 경지에 인도할 수 있다.

사홍서원四弘誓願에서 말하고 있는 것처럼, 한없는 중생을 제도하기 위해서는 무량한 법문과 무한한 마음의 깨달음을 체득해야 한다. 그래야 깊이 있고 분명한 지혜로 중생구제를 할 수 있다. 청담 스님은 "성불을 한 생 미루더라도 중생을 제도하겠다."는 대원력을 세웠으며 "중생이 있는 곳이라면 지옥에라도 가겠다."고 서원했다. 이런 뜻이야말로 깨달음의 세계에서만 나올 수 있는 것이다.

무심無心의 활용

선禪이란 지금 여기에서 자신의 일에 깨달음의 세계를 실행하는 것이다. 선禪은 일상생활에서 절대적인 자신이 걸림이 없는 삶을 전개하는 생활 종교이다. 선禪이란 깨달음을 통해 지혜로운 생활로 인도한다. 참선은 본래의 마음으로 지혜롭게 살아가도록 하는 자기 수행인 것이다. 본래의 마음을 상실한 경지에서는 지혜로운 생활도 창조적인 삶도 이루어질 수 없다. 선禪에서 깨달음을 강조하는 이유가 여기에 있다. 내게 있는 실상을 찾고 또 찾아, 밝히고 또 밝혀서, 종국적으로 칭한 것을 마음이라고 한다.

대주大珠 선사는 "밖으로만 찾아다니지 말고, 지금 내게 묻는 그놈, 지금 내 말을 알아듣는 그놈을 찾고 밝히라."고 설하고 있다. 바로 그것이 마음이다. 남에게 전하려고 하다 보니 부득이 마음이라고 이름을 붙인 것일 뿐 마음이라고 할 것이 없다. 본래 마음이라고 할 것 조차 있지 않다는 것이다.

일체경계一切境界가 없는 것이 바로 무無요, 무라고 할 것도 없다는 것이 바로 무심이며 진리이다. 마음이 없다는 무심 즉 주체인 내가 없어지면 못 살 것 같지만, 내가 없어지면 온 우주가 곧 내가 되어서 나의 살림살이를 해 나간다. 즉 내가 있을 때는 소아小我적인 내가 듣고 말하고 행동했다면, 내가 없고 마음이 없는 무심도인無心道人이 되면 소아적인 내가 없는 자리에 대아大我적인 온 우주가 곧 내가 되어서 평소와 다름없이 듣고 보고 행동한다.

이러한 경계에서 볼 때 선은 깨달음을 목적으로 하고 있어서는 안 되며, 깨달음까지도 초월해야 올바른 깨달음의 생활이 이루어질 수 있다. 이것을 깨달음의 초월이라고 하는데, 청담 스님은 깨달음을 초월한 경지에서 지혜롭게 살아가는 선의 생활은 무심無心뿐이라고 강조한다.

> 중생들이 망념 착각 때문에 모든 것이 마음대로 안 되지만 사실은 마음대로 안 되는 것도 내가 마음대로 안 되도록 해 놓은 것이고, 사물에 얽혀 있는 것이나 부자유한 것도 내가 부자유하게 만들어 놓은 것이므로 결국은 마음대로 되고 있는 셈이다. 그러니 한쪽 신통은 얻은 셈이다. 이렇게 한쪽 신통만 고집하다 도리어 구속당하는 중생의 허물을 벗어나는 방법은 오직 한 길 무심無心뿐이니, 인간은 모든 생각을 비울 것 밖에는 할 일이 없다. 그런데 중생들은 그 전체를 쓰지 못하고 한쪽 신통만 고집해서 도리어 구속을 당하는 것이다.

선은 일체 번뇌 망념이 없는 무심의 경지에서 걸림이 없는 지혜로 창조적인 삶을 사는 것이다. 일체의 행위에 대해 삼업(三業, 행동과 말과 생각으로 지은 세 가지 업)이 청정하여 자취나 흔적을 남기지 않는 행行을 전개한다. 즉 텅 빈 공無法의 세계에서 번뇌 망념 없이 무사하게 살아가는 것이다. 청담 스님은 지극히 적절한 비유로 차별과 분별의 마음에 떨어진 중생들의 세계를 지적하고 있다. 중생들이 각자 자기 마음대로 자유스럽거나 부자유스럽게 살아가는 것도 모두 자기 마음대로 하는 것이기에 한쪽 신통이란 말을 사용하고 있다. 그런데 한쪽만을 고집하다 보면 중생의 차별·분별·편견에서 벗어날 수가 없다.

청담 스님은 이러한 중생의 허물을 벗어나는 방법은 오직 무심無心뿐이라고 주장하고 있다. 여기서 말하는 무심은 번뇌 망념의 생각을 비우는 것이다. 번뇌 망념을 깨닫고 근원적인 본래의 마음으로 되돌아가는 것이다. 자성이 청정한 마음은 본래 텅 비어 있는 것이기 때문에 그대로 저절로 비어 버린다. 이렇게 각자의 본래의 마음에서 살아가는 것을 무심이라고 한다. 청담 스님은 무심의 경지를 부처님의 무심경계無心境界에 비유하여 다음과 같이 설하고 있다.

> 부처님의 무심경계無心境界에서는 체용體用이 둘이 아니므로 생각이 움직여도 무심히 움직인 것이어서 움직인 게 아니다. 마치 물이 일어나고 꺼지고 해도 물의 본 성질에는 아무 변동이 없듯이, 이 무심히 움직인다고 하는 것은 체용이 둘이 아닌 구경究竟의 자리다. 중생들이 제가 몰라서 그렇지, 이 자리는 부처님뿐만 아니라 중생들 자신도 본래는 다 그렇게 되어 있는 것이다.

무심無心한 경지는 주관主觀과 객관客觀의 구별이 없고, 차별과 분별이 없는 불이不二의 경지 즉 일행삼매一行三昧의 세계에서 이루어진 지혜작용을 말한다. 따라서 당연히 선과 악, 범부와 성인, 아름다움과 추함 등의 상대적인 분별과 차별의 마음을 초월한 무심의 생활이 되는 것이다. 이러한 무심의 경지에서야말로 반야지혜가 일어나 창조하는 삶이 영위되는 것이다.

자성 청정한 본래의 마음은 본래 번뇌 망념도 없다. 뿐만 아니라 깨달음에는 보리나 열반도 없는 것이다. 번뇌 망념이나 보리, 열반도 모두 방편적인 언설이기 때문에 실체가 없는 것이다. 마음이 고요 적정하다고 하는 말은 이러한 경지를 표현하고 있는 말이다. 부처님도 이러한 무심의 경지에서 설법하고 중생을 교화했다. 깨달음의 생활은 무심으로 작용되는 경지이다. 대승불교는 무심의 근본정신을 사상적인 근거로 하고 있다.

《반야심경》에 '색즉시공色卽是空 공즉시색空卽是色'이라는 말이 있다. 색色이 곧 공空이고, 공空이 곧 색色이라는 주장은 색과 공이 둘이 아닌 하나라는 것이다. 《유마경》에서 '생사즉열반生死卽涅槃 번뇌즉보리煩惱卽菩提'라고 말하는 것처럼, 둘이 아니라 하나이며, 똑같다는 의미로서 불이不二, 혹은 일여一如, 여여如如와 같은 말로 쓴다. 공과 색, 번뇌와 보리, 생사와 열반이 같다고 하는 것은 보는 대상의 경계가 같은 것이 아니라 인식의 주체인 근원적인 본래의 마음에서 같다는 의미이다. 본래의 성품에 깊이 박혀서 마음의 작용

처염상정(處染常淨). 더러운 곳에 머물더라도 항상 깨끗함을 잃지 않는다는 휘호.

처럼 무심하고 자연스럽게 작용되는 행동을 말한다. 이러한 경지에 들게 되면 무슨 일이든지 무심한 경지에서 할 수가 있다.

《육조단경》에 "진여는 생각의 주체이며, 생각은 진여의 작용인 것이다. 자성이 생각을 일으켜서 비록 견문각지見聞覺知하지만 일체의 경계에 물들지 않고 항상 자재하다." 또 "밖으로 능히 여러 법상을 잘 분별하지만 안으로 근본의 자리에서 동함이 없다."라고 설하고 있는 것과 같다.

청담 스님이 물의 성질에는 아무 변동이 없다고 하였듯이, 부처님의 깨달음의 마음은 무심 경계이기 때문에 일체의 차별 경계에 동요됨이 없는 것이다. 스님은 무심은 불보살의 마음자리라며 다음과 같이 밝히고 있다.

말과 이론이 다 끊어진 자리가 무심체無心體이고 불보살의 마음자리입니다.
부처님이 어떻다 하지만 사실 우리도 그 무심체無心體가 움직이는 대로 지옥

으로도 되고, 천당도 나타나고, 사생육도四生六道가 다 나타나고, 그러면서 거기 다른 개념을 하나 더 가진 것, 그게 중생의 허물입니다. 주관 객관이 따로 있고, 육체가 나인 줄 알고 개나 소나 사람이나 중생 노릇밖에 못하는 허물, 그것은 사실 그런 게 아닌데 잘못 안 허물입니다.

청담 스님은 중생들도 모두 부처님과 똑같은 무심의 경지에서 살아갈 수 있는데, 중생들이 차별·분별심의 번뇌 망심과 무지와 착각 때문에 이러한 무심의 경지에서 깨달음의 생활을 하지 못하고 있는 것이라고 지적하고 있다. 사실 무심의 선 사상은 당대 조사선에서 펼친 선의 생활이다. 덕산(德山:782~865) 선사는 "그대들은 단지 마음에는 무사無事하게 하고, 일에는 무심하게 한다면 곧 텅 빈 가운데 묘한 작용이 있으리라."고 설하고 있다. 이렇게 해서 무심은 무사와 함께 새로운 선불교의 실천 사상이 되었다.

유마維摩 거사의 불이不二법문은 일체의 상대적인 분별과 차별을 초월한 근원적인 본래 마음의 경지를 말한다. 불이선不二禪은 자타 주객의 대립이 없어진 무심의 세계이며, 만법일여萬法一如의 경지이다. 이것이 바로 '마음 선禪' 사상이다. 청담 스님도 중생의 차별의 마음과 무지·착각에서 벗어나 깨달음의 마음, 즉 무심의 경지에서 지혜롭게 자신의 창조적인 삶을 살아가는 것이 바로 선禪 사상이라고 주장하고 있다.

청담 스님은 무심의 경지에서 일하는 사람이 올바른 일을 잘 할 수 있다고 말한다. 인간은 일을 통해서 살아가고 있기 때문이다. 인간은 잠시라도 일이 없이는 살아갈 수 없기에, 자신의 일을 마음에 걸림 없이 무사無事하고 무심無心하게 할 수 있는 경지를 제시한 것이 청담 스님의 무심의 선 사상인 것이다.

인간의 일을 행위行爲라고 한다. 몸과 말과 뜻으로 짓는 삼업三業은 인간의 일을 통칭하는 말이다. 시시각각으로 한 순간이라도 삼업의 행위 없이는 살아갈 수 없는 것이 인간이다. 이러한 삼업의 행위를 청정하게 하는 것이 부처라면 번뇌 망념과 차별하는 마음으로 행하는 것이 중생이다.

무심으로 행동하고 일한다는 것은 삼업청정(三業淸淨, 몸의 행동과 입의 말, 마음의 뜻으로 짓는 법이 청정하다는 뜻)의 행위로 살아가는 것이다. 인간은 자신의 일에 무심하고 무사하게 삼매의 경지에서 일념으로 몰입해야 한다. 이러한 무심의 선 생활이 자기 창조의 삶이 되는 것이다. 청담 스님은 깨달음과 선禪 생활에 대해서 다음과 같이 설하고 있다.

> 모레노Moreno, J. L는 지금 여기서here and now 움직이는 것이 자발성이라고 했다. 지금은 불교에서는 즉금卽今. 과거, 현재, 미래를 그 속에 포함한 지금이다. 또한 여기는 전 세계를 포함한 여기이다. 즉금에 산다는 것은 최대한으로 사는 것이다. 선에서는 이 삶의 방식이 인식된다. 자발성이 지금 여기서 가장 현실적인 적절한 행동으로써 나타날 때 이것을 창조성이라고 부를 수가 있다. 따라서 창조활동인 깨달음과 선적 생활은 이러한 창조적 자발성에 입각한 것이다.

청담 스님은 근원적인 본래의 마음으로 무심의 경지로 전개되는 모든 선의 생활이 창조적인 생활이라고 설한다. 이것은 항상 지금 여기서 자기 자신의 주체적인 절대 깨달음의 생활이 되기 때문이다. 차별·분별심의 번뇌 망념이 일체 개입되지 않는 본래의 마음으로 생활하여야 한다며, 일체의 개념과 남에게 의존한 삶이 아니라 자기 자신의 근원에서 작용하는 지혜에 따르는 삶이 바른 삶이라고 강조한다. 지금 여기서 자기 자신이 무심의 경지에서, 지금 여기 자신의 일을 지혜로 전개하는 매사가 그대로 창조적인 삶이 된다.

선禪은 오직 자신만을 위한 삶이 아니라 위대한 보살행으로 승화하도록 해야 한다. 보살이 중생을 위해 하여야 할 일이 많지만 크게 두 가지로 나누어 볼 있다. 하나는 스스로 수행하여 지혜를 갖추어 인격을 완성하는 것이다. 다른 하나는 갖추어진 지혜로 중생을 구제하는 이타행利他行을 실천하는 것이다. 수행하여 열반의 경지에만 머물고 보살행을 실천하지 않는다면 이는 자기위주의 소승행小乘行이다. 청담 스님은 상구보리 하화중생의 보살도의 정신이 바로 무심無心의 선禪 생활이라고 설한다.

부종수교扶宗樹敎의 선기禪機

　청담 스님은 불퇴전不退轉의 원력으로 한국불교의 정통성을 회복하기 위한 일에 진력했다. 이 같은 원력은 깨달음을 증득證得한 후 한 단계 성숙된 경지에서 맹렬히 타오르기 시작했다. 불조의 정법을 수호하고 한국불교의 정통성을 확립하는 것은 스님의 일대사 과제였다. 이 대전제를 마음속에 화두로 삼고 있었기에 한평생 어디에서 무슨 일이든 할 수 있는 신심과 지혜와 용기가 충만할 수 있었다.
　이러한 실천 의지는 철저한 수행력과 무한한 참회로 다져진 인욕忍辱 정신, 그리고 중생구제의 보살심이 바탕이 되었다. 청담 스님에게 수행과 기도祈禱는 하루의 일상이었다. 그리고 만행萬行을 통하여 누구와도 더불어 사는 평등한 마음과 어떤 일이나 할 수 있는 용기를 쌓아 나갔다. 스님에게 있어 이러한 과정은 깨달은 후에 다시 수행을 하는 과정이었다. 스님은 다음과 같이 만행의 모습을 술회하고 있다.

누더기 옷을 걸치고 걸망에는 상비약과 삭발기를 가지고 다니면서 머리가 긴 아이나 어른을 만나면 머리를 깎아주고 부처님의 정법正法을 일러주기도 했으며, 부스럼이나 상처가 난 사람을 만나면 약을 발라주고 치료도 해주었다. 남의 집 처마 밑에서 한밤을 지새우며 인생무상人生無常을 되씹기도 하고 때로는 심해深海에 고요히 가라앉은 무딘 바위처럼 무뚝뚝한 시골 머슴들이 거처하는 사랑방에서 그들의 온갖 놀림을 받아가면서도 오히려 태연자약하게 대꾸해 주며 구석진 곳에 새우잠을 자기도 했다. … 근세 조선 5백 년 동안 천대받던 중놈이지만 언젠가는 신라·고려시대와 같은 찬란한 불교 중흥을 이루어 3000만 겨레 모두에게 숭앙이 될 수 있는 중놈이, 아니 삼계三界의 도사尊師와 사생四生의 자부慈父가 되겠다는 나름대로의 굳은 각오와 결심이 있었기 때문이었다.

불교의 정화를 기원하는 단식 묵언默言 기도를 마치고.
(원내는 청담 스님)

청담 스님이 한국불교 중흥을 위해 쌓아올린 고뇌苦惱와 수행修行, 인욕忍辱과 원력願力을 가늠할 수 있는 대목이다. 그리고 한국불교의 자존심과 대원력을 엿볼 수 있다. 이렇게 단련된 굳은 의지는 누구도 꺾을 수 없었다. 스님은 불조佛祖의 정법수호라면 누구와도 더불어 할 수 있는 보살의 원력을 가졌다. 그렇기 때문에 정말로 어려운 상황에서도 많은 도반道伴과 종도宗徒 그리고 불자와 국민들이 뜻을 같이하고 스님의 외침을 따른 것이다. 청담 스님이 주창한 한국불교의 정통성 회복을 위한 정화운동은 한국불교 5백년의 왜

곡된 현실을 바로 세우는 원력으로 나타났다.

> 한국 불교가 이처럼 부패한 이유가 어디에 있는가? 왜정 이래 근 50년 교단의 문란을 걱정해 왔으나, 날로 쇠폐해가는 오늘날 종파 분립이라니 또 무슨 말인가! 만일 분열을 초래한다면 그 책임은 당신네가 져야 하며 이런 사판事判이라는 이름도 없어질 것이니 잘 생각하라.

청담 스님은 어떤 자리, 어느 누구를 만나던 걸림 없는 선사禪師다운 면모를 견지했다. 청담 스님의 정화 정신은 순교적殉教的 자세에서 다져진 것이다. 이는 노도 같은 임제선풍臨濟禪風의 대기대용(大機大用, 뛰어난 임기응변의 기량을 완벽하게 활용함)의 선기禪機로 이어져 타협과 굴복을 용인하지 않았다. 당시에 이승만 대통령을 찾아가 "처자妻子가 있는 승려들은 사찰 밖으로 물러나고, 한국 고유의 승풍僧風과 불조佛祖의 혜명을 잇기 위해 비구승比丘僧이 사찰을 지키게 하라."는 〈담화문〉을 발표하게 하고 이를 근거로 사회적 공감대를 형성하며 정화 불사를 시작하게 된 것이다.

청담 스님의 교단정화를 위한 활동은 실로 확고한 신념을 기저로 하여 이루어졌다. 이 같은 신념은 정법불교를 바로 세우려는 부종수교(扶宗樹教, 종파宗의 발전을 돕고扶, 가르침教을 수립樹한다는 뜻)의 선기禪機에서 발현한 것이다. 1960년 11월 24일, 스님은 출가 수행자로서는 상상도 못할 일대사건을 주도하게 된다. 당시 법원에서는 1955년 8월 열렸던 제2차 전국승려대회의 유효 여부를 놓고 소송이 벌어지고 있었다. 비구승의 정통성을 확인한 제2차 전국승려대회가 유효인가 무효인가 하는 것은 정화운동의 향방을 가를 열쇠였다. 1심은 대처승 측이 2심은 비구승 측이 이겼다. 그러나 1960년 11월 24일 최종심인 대법원은 2심 판결을 파기 환송함으로써 대처승 측의 손을 들어줬다. 이유는

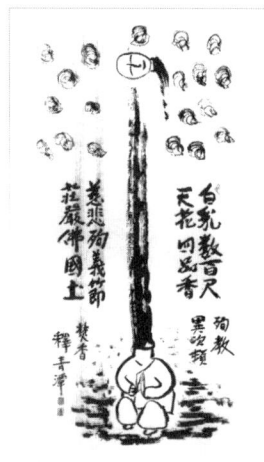

이차돈순교도異次頓殉敎圖. 청담 스님은 정화를 순교의 각오로 해야 한다며 대각국사 의천義天 대사가 읊었던 한시 구절을 인용해 강연했다.

백유수백척白乳數百尺 흰 피가 수백 척 하늘 위로 솟고
천화사품향天花四品香 하늘에서 꽃비가 내리고 향기는 사방에 진동하는구나
자비순의절慈悲殉儀節 자비롭고 옳은 마음으로 순교하니
장엄불국토莊嚴佛國土 불국토를 장엄하는구나

고등법원의 판결에 대해 "당사자 적격에 있어서 법률상 오류를 범하였으므로 원심을 파기하고 또 대법원이 재판할 충분한 자료가 없음으로 이를 환송한다."는 것이었다.

청담 스님을 위시한 비구 측은 결과를 납득할 수 없었다. 조계사 정화기념관에서 강연이 열렸고 청담 스님이 연단에 섰다. 청담 스님은 순교자 이차돈의 묘 앞에서 대각국사 의천(義天:1055~1101) 대사가 읊었던 한시 구절을 인용했다. "불법이 어려움을 당하면 나도 당신처럼 몸을 아끼지 않겠다."는 내용이었다. 청담 스님의 "순교할 사람 나오라."는 말에 "장정월張精月 · 김효림金曉林 · 문성각文性覺 · 김도헌金道憲 · 김지족金知足 · 정성우鄭性愚 · 유월탄柳月誕 · 이마가李摩訶 · 춘추 박효성春秋 朴孝性 · 권진정權眞靜 · 이도명李道明 · 신정래申正來 등은 대법원이 대처승 측의 손을 들어줄 경우 순교하겠다."고 결의했다.

그날 저녁 청담 스님은 순교단殉敎團을 지대방(승려들이 휴식을 취하거나 한담을 나누는 절에 있는 방. 스님들이 참선 수행하다가 잠시 쉬는 시간에 와서 피곤함도 풀고 차도 마실 수 있으며 법담도 나눌 수 있는 곳으로 이용하고 있다. 이곳 지대방에는 등을 땅에 대고 눕지 않을 것, 코를 골지 말며, 큰 소리로 떠들지 말아

야 한다는 3대 금기사항이 있다)으로 불렀다. 그리고 "대법원장 앞에 가서 배를 그어야 한다."며 계획을 설명해 주었다. 화신백화점에서 30cm 정도의 일본도日本刀 7자루를 구입했다. 최종 결행자로 월탄·도헌·성우·진정·도명·성각 스님 등 6명의 젊은 스님들이 나섰고 청담 스님도 할복割腹에

대법원 판결에 항의하여 6비구가 대법원 청사에서 할복割腹했다.

동참할 예정이었다. 검은 작업복과 빵모자 등 변장용품도 샀다. 대법원 판결 당일 조계사를 나서는데, 총무원에 급한 일이 생겼다며 청담 스님을 찾는 호출이 있었다. 스님은 "잠깐 볼일 보고 따라갈 테니. 당신들이 먼저 가 있으라. 내가 올 때까지는 실행에 옮기지 말라."며 일행을 앞세웠다.

인솔자는 숭산(崇山, 대한불교 조계종 원로의원:1927~2004) 스님이었다. 이들은 지금의 덕수궁 대한문 자리 대법원으로 뚜벅뚜벅 걸어갔다. 아무도 눈치 채지 못했다. 청담 스님을 기다릴 시간도 없이 대법원장실까지 무혈입성無血入城하였다. 대법원장실엔 인솔자 숭산 스님도 들어가지 못했다. 최종 결행자는 월탄 스님과 성각·진정·도명·도헌·성우 스님이었다.

비구승들의 대법원 침입 사건이 일어난 것이다. 이는 현대 한국불교사에 있어서 전무후무한 대사건이 아닐 수 없다. 사건의 발단은 대법원이 비구승 측에 승소판결을 내린 고법판결을 파기하고 환송한 데서 비롯됐다. 할복을 한 스님들은 병원으로 실려 갔고, 10분도 못되어 비구·비구니·신도 약 500여명이 대법원을 점거하였다. 337명이 연행되어 133명이 대거 구속되는 초유의 사태였다. 월탄(月誕, 조계종 원로의원) 스님은 "정화는 불교계의 4·19혁명이다. 대처帶妻는 단순한 풍속이 아니라 부조리였고 사찰의 사유화와 권력욕, 승가공동체 파괴 등 모든 악습이 거기서 파생됐다. 정화는 그래서 정직한 사람

6장 선禪 사상 513

들의 도전이었다."고 술회했다. 이 엄청난 사건의 구속자 중에는 '불교정화대책위원회' 지도위원으로 행동을 지휘한 청담 스님이 포함된다. 경찰은 청담 스님을 주동자로 보았다. 당시의 상황을 서운 스님은 다음과 같이 회고하고 있다.

> 이 사건은 대회장도 아니고 총무원장도 아닌 청담 스님이 선두에 서서 대중을 이끌어 일으킨 청담 스님의 작품이었다. 청담 스님의 명연설과 의지와 기백이 아니면 누구도 흉내낼 수 없는 일이었다.

말할 수 없는 희생을 감내하면서 진행되어 가던 정화불사가 물거품으로 돌아가려는 상황에서, 청담 스님의 선기禪機에서 박차고 나오는 파괴력은 가히 대한민국을 뒤흔들었다. 이러한 순교적殉敎的 각오가 없었더라면 대처승 측에게 동정적인 정치적 정서를 반전시키기 어려웠을 것이다. 이는 스님의 수행에서 나온 지혜이며, 참된 용기와 불굴의 정신에 바탕한 것이었다. 월탄 스님은 당시를 회상하며 "청담 스님은 할복사건 직전에 처음 대면했습니다. 그때부터 하늘같이 따랐죠. 스님은 인간이 아니었어요. 살아있는 보살이었습니다. 그날 청담 스님의 정화기념관 명연설이 없었더라면 선뜻 순교단으로 나서 할복을 할 마음을 내지 못했을 것"이라고 회고했다.

순교를 각오하고 대법원 청사에서 경찰과 대치하고 있는 비구 스님들

당시 청담 스님은 대중이 운집한 조계사 대웅전에서 정화가 무엇이며 종단을 지키지

못하면 순교를 각오해야 한다는 요지의 법문을 하고 있었다. 그 중간에 한 젊은 비구가 갑자기 앞으로 나와 청담 스님 뺨을 때렸다. 스님은 그러나 미동도 않고 하던 법문을 마쳤으며 대중들은 동요 않는 청담 스님을 보며 끝까지 법문을 경청했다. 그리고 다음날 목숨을 내놓기로 각오한 6비구가 대법원에 들어가 할복으로 종단을 지켜내고자 했다. 만약 그 자리에서 청담 스님이 그 젊은 비구승을 혼내거나 감정에 흔들렸다면 대중들은 실망해서 자리를 떠나거나 대회는 난장판으로 끝났을 것이다.

하지만 그냥 맞기만 한다면 아무런 의미가 없다. 맞고 참는 데는 이유가 있다. 이것이 바로 청담 스님의 인욕忍辱 정신이다. 바른 법 즉, 정법을 전하기 위해서는 인욕으로 일관했다. 현성玄惺 스님은 다음과 같이 회고했다. "은사 스님은 누가 싸움을 걸어올 때 같이 물리력으로 맞서면 싸움이 된다고 하셨지요. 폭력으로 맞서지 않는 것은 이쪽의 바른 법을 상대방에게 전하기 위함이고, 아무리 때리고 욕을 해도 그대로 당하고 있으면 상대방이 물러난다고 하셨어요."

청담 스님의 부종수교扶宗樹敎의 선기禪機는 '제2차 승려대회' 사건에 대한 종단의 입장을 밝힌 성명서에서 여실히 나타난다.

> '뱁새가 어찌 붕새의 뜻을 알랴'라는 제목의 성명서에서 그는 "이는 위법망구爲法亡軀의 순교하고자 하는 신심의 발로며, 이는 초법적이고 초세간적인 소식이니 세간의 안목으로 평가해서는 안 된다."고 말했다. 이 성명은 많은 종도와 국민들 사이에 공감을 불러 일으켰다.

청담 스님은 이승만 대통령을 설득하는 것부터 데모 단식 등 언제 어디서나 앞장섰던 선봉장이었다. 월탄 스님은 "청담 스님이 안 계셨더라면 정화는 정말 힘겨웠을 것"이라며 "정화하려 이 땅에 태어났다는 청담 스님의 말은 빈말이 아니었다."고 말했다.

1966년 청담 스님은 대한불교조계종 제2대 종정에 추대되었다. 그러나 불교종단이 침체하며 정화정신이 퇴보하고 있는 것을 깊이 상심하였다. 승단 내에 산문 중심 내지 화동파和同派등의 분파현상이 나타났고 지계持戒 관념이 희박해져서 계율을 의식하지 않고 막행막식莫行莫食하는 승려들이 나타나 세인世人의 비난이 곳곳에서 들렸다. 청담 스님은 "정화종단淨化宗團이 망화종단亡化宗團이 되어 간다."고 한탄하였다. 1년 만에 종정宗正자리를 내려놓고 장로원장직에서도 물러나 있으면서 계속 조계종의 정법현창正法顯揚을 위하여 노심초사하였다. 1969년 7월에는 근대화를 위한 '유신재건안維新再建案'을 조계종 중앙종회에 내놓기도 하였다. 하지만 계속되는 무사안일無事安逸과 문중파벌門中派閥 의식은 불교의 현대화와 정화불사의 의미를 퇴색시켜 갔다.

청담 스님은 한국불교의 정통성 회복과 정화의 완성을 위해 순교적 자세를 또 다시 발휘한다. 일종의 극약처방을 동원한 것이다. 1969년 8월 12일 청담 스님은 조계종과의 결별을 선언한다. '조계종 탈퇴성명'이었다. 이것은 누구도 상상할 수 없고 있어서도 안 되는 청천벽력이었다. 당시 모든 언론기관이 일제히 대서특필로 보도하였고, 이 소식에 종도宗徒들뿐만 아니라 모든 국민들도 크게 놀랐다. 이에 한국불교와 조계종을 걱정하는 우려의 소리가 더 높아져 일시적으로나마 승려들이 각성하는 계기가 되었다.

> 떠나기 싫은 조계종을 떠나는 나는 아무런 조건도 없는데 탈퇴만은 아니 할 수 없는, 본의도 아닌 부끄러운 탈퇴요, 죄송스러운 탈퇴였습니다. 종단정화 16년에 승려교육의 현대화, 역경사업의 현대화, 포교사업의 현대화는 대처승측이 제기한 80여 건의 소송에 대응하느라 종단은 빈털터리가 되어 아무

것도 뜻대로 된 것 없고 승단의 대의명분대처불용을 덮어버렸으니, 일체 중생을 몰고 삼악도로 갈 것이라고 자책하며 국민 앞에 참회할 염치도 없습니다.

불교정화의 선봉에서 진두지휘했던 청담 스님

이것은 대한불교 조계종단이 무기력하고 무능할 뿐만 아니라 승려로서의 본분을 망각하고 행동하고 있어 불교의 미래가 없다고 판단한 것이다. 특히 조계종 중앙종회에 제출했던 3대 사업인 교육敎育·역경譯經·포교布敎의 현대화 사업이 담긴 '유신재건안'이 받아들여지지 않고 관심마저 전혀 받지 못했다. 통합종단 출범 후 정화 이념이 퇴색되어 가는 것에 대한 실망이 컸다. 당시 청담 스님의 심정은 〈대한불교〉 신문에 기고한 〈소명서疏明書〉에 잘 나와 있다.

본인이 이번에 조계종에서 탈퇴한다고 한 것은 종도宗徒로서, 소위 한 종단의 원로로서, 또는 정화운동의 횃불잡이로서 근 20년간 심혈을 기울여 보았으나, 나의 무능력과 부덕의 소치와 또는 시운時運의 탓인지, 잘 되어가는 일이 적고 잘못 되어 가는 일이 많으며, 종단은 정화재운淨化在運 되기보다 앞길이 어두워지기만 한다. 그러니 한 종단의 원로라는 입지에서 수수방관袖手傍觀하기는 마음이 괴로운 일이므로, 차라리 그 권외인圈外人이 되는 것이 떳떳하다고 생각되며, 그 권외에서라도 나의 본원本願은 조금도 변함없기에 이번에 탈퇴를 선언하기에 이르렀던 것이다.

이 〈소명서〉에는 당시 청담 스님이 느낀 고뇌가 잘 나타나고 있다. 정화운동의 선봉에서 활동했던 청담 스님은 정화운동의 후유증을 지켜보며, 정화 정신이 사라짐을 애통해 하며 종단 탈퇴를 할 수 밖에 없는 자신이 처한 상황을 고백하였다. 대한불교조계종은 청담 스님의 전심전신全心全身이라 해도 과언이 아니다. 그만큼 스님은 한국불교의 정통성을 찾기 위해 순교적 각오로 정화운동을 주도했던 인물이다.

청담 스님에게 있어 종단의 정화 사상의 퇴조와 일부 승려들의 몰지각한 행동은 도저히 묵과할 수 없는 퇴폐적 현상이었다. 이에 종단탈퇴 선언을 하였지만 본심은 그게 아니었다. 불교정화에 다시 나서겠다는 충격 요법의 하나였다. 이 같은 청담 스님의 뜻은 선언 직후에 작성되어 배포된 〈나의 고백〉에서도 찾을 수 있다.

> 불교정화운동의 그 근본 뜻은 전 세계 어느 나라에서도 그 유례를 찾아 볼 수 없는 고려의 불일佛日 보조국사普照國師께서 창종創宗하신 대한불교조계종의 그 종지宗旨와 종풍宗風을 되살려서 말세정법末世正法을 옹호하며 고해중생을 구제하기 위하여 위로는 부처님께 맹서하옵고 아래로는 전 국민에게 선서하였던 것입니다. 이 위대한 성업완수聖業完遂를 위하여서는 우선 불교 근대화를 위하여 소위 삼대사업이라는 ■ 승려교육의 현대화現代化 ■ 역경사업의 현대화 ■ 포교사업의 현대화 등이 시급을 요하였던 것입니다. 그러나 정화 후에 16년 이라는 세월이 흘러갔음에도 불구하고 이렇다 할 성과를 거두지 못한 것에 대해서는 위로는 부처님과 또한 전 국민 앞에 참회하나이다. 그렇다고 해서 그 누구 한 사람도 원망할 수 없는 것입니다.

청담 스님은 불교정화운동의 근본 뜻과 당시의 심정과 상황을 설명하고 있다. 그러면서 종단 구성원인 승려가 분열, 부패腐敗되어 있었기에 불교정화의 싹이

나올 수 없음을 지적하였다. 그래서 불교정화의 목적과는 거리가 먼 이런 현실에 참회하고, 그런 현실에 대한 절망감이 종단 탈퇴를 가져왔다고 고백하였다.

월산 스님을 총무원장으로 한 새 집행부는 청담 스님을 다시 장로원장으로 모셨다. (원내는 청담 스님)

결국 종단이 청담 스님이 제시한 '유신재건안'을 받아들임으로써 스님은 탈퇴 선언을 철회하게 된다. 현재 대한불교조계종의 3대 지표인 교육·역경·포교는 이런 어려운 난관을 극복하고 정착된 것이다.

청담 스님이 평생의 원력으로 추진했던 한국불교 정통성을 회복하는 정화 불사는 밤낮도 없이 도시와 시골도 없이 남녀도 노소도 없이 종횡무진하며 진행되었다. 그것이 하루아침에 물거품이 되려 하자 스님은 백척간두진일보百尺竿頭進一步의 심정을 담아 선사禪師다운 기질로 이를 극복하였던 것이다. 이같은 청담 스님의 심정은 1970년 다시 총무원장으로 선출되었을 때 "종단만 잘 되게 한다면 조계사 문지기라도 하겠다."라는 말에서 여실히 보여주고 있다. 이렇게 청담 스님은 철저한 자기수행에서 얻어진 지혜와 용기를 바탕으로 시간과 대상 즉 상황에 따라 '할喝'과 '봉棒'으로 또는 대기대용(大機大用, 깨달음의 원숙한 경지에서 나오는 자유자재한 활동력)의 선기禪機로 대응하며 위기를 돌파하고 또는 자비심으로 교화하며 한국불교에 불멸不滅의 업적을 남긴 것이다.

시공초월時空超越의 선기禪機

선禪은 본래 언어도 끊어지고 마음의 갈 곳도 없는 것이다. 그러므로 입을 열면 잘못되는 것이라 가르친다. 이를 선가禪家에서는 개구즉착(開口卽錯, 진리의 세계는 입을 열면 곧 참 모습과 어긋난다)이라 한다. '입을 여는 즉시 그르친다.' '말을 하면 곧 진실에서 멀어진다.'는 뜻이다. 중국 선종의 하나인 운문종雲門宗을 연 운문문언(雲門 文偃:?~949) 선사는 법문을 잘하기로 유명하였는데 혹시라도 제자나 사람들이 기록이라도 하면 야단을 쳤다고 한다. 개구즉착은 진리나 지혜는 말로 표현할 수 없는 경계임을 의미한다. 오직 깨달음을 통해서만 이룰 수 있음을 강조하는 선구禪句다. 이와 짝을 이루는 말로 동념즉괴動念卽乖가 있는데 '마음을 움직이는 즉시 어그러진다.'는 뜻이다. 《선가귀감禪家龜鑑》에 '굳이 여러 가지 이름을 붙여서 마음이다, 부처다, 중생이다, 하였으나 이름에 얽매여 분별을 내지 마라. 모든 것이 다 옳다. 그러니 한 생각이라도 움직이면 곧 어그러진다.'고 했다.

하지만 선사들은 계속하여 법문을 하였고 이는 《어록語錄》으로 남아 전해 온다. 선의 이상적 경지를 일러 '평상심시도平常心是道'라고 하지만 격외도리(格外道理, 이치를 초월한 도리)를 강조한다. 즉 일상의 형식과 격조를 초탈하는 경지다. 이러한 선사들의 언구는 일반인들로선 쉽게 이해할 수 없다. 따라서 해석하려 하고 분석하려 한다. 개구즉착과 등념즉괴는 바로 이를 경계하는 말이다. 참으로 답답할 일이지만 매력에 빠져들면 헤어 나올 수가 없는 것이 또한 선이다.

선사들마다 선기禪機도 다양하게 표출된다. 몽둥이로 내려치기도 하고, 벽력같이 고함을 지르기도 하고, 법상法床을 확 뒤집어엎기도 하고, 불자拂子를 흔들기도 하며, 가만히 묵언默言하기도 한다. 이러한 활활자재活活自在한 선사들의 선기를 청담 스님도 부족하지 않게 구비했다. 특히 스님만큼 강력한 추진력과 끈기 그리고 파격을 가진 선지식도 드물다. 평생을 참회하는 마음으로 살았고, 인욕忍辱보살이라고 불릴 만큼 청담 스님은 한국불교사에 우뚝 선 큰 산이었다. 이러한 청담 스님에 대해 후학들은 "앉으면 절구통 같이 움직일 줄 모르고, 육환장六環杖을 울리며 걸을 때는 비호飛虎 같고, 멈추어 서면 지장보살地藏菩薩 같았다."고 회고한다.

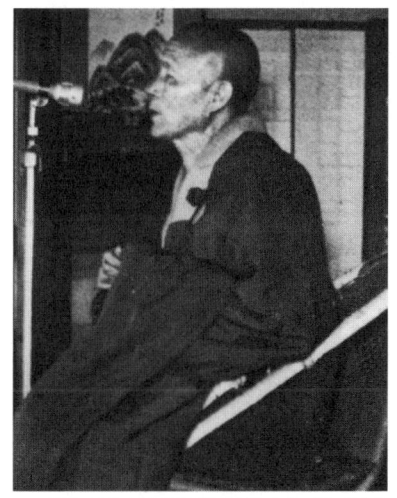

청담 스님의 설법은 부루나 존자에 비유되었다.

청담 스님의 법문은 시간에 구애받지 않았다. 어디든 앉으나 서나 마음법문을 시작하면 두세 시간은 보통이다. 다섯 시간도 꼼짝하지 않고 법문하는 모습은 시간과 공간의 변화도 잊어버리고 설법 삼매에 든 부루나 존자에 비유된다. 스님의 설법에 대해 범행(梵行:1921~2012, 선학원 제13대 이사장) 스님은 다음과 같이 회고했다.

불교도대회에 참석한 외국인 스님과 함께.
청담 스님 뒤에서 밝게 웃으시는 범행 스님.

청담 스님은 법문이 긴 것으로 유명해서 사람들이 진저리를 쳤지. 말씀이 길어지면 심지어 사람들이 꾸벅꾸벅 졸기도 했으니까. 그래서 한번은 내가 스님에게 법문을 왜 그리 오래 하시냐고 물어 보았지. 그랬더니 스님이 "아니 송장을 놓고도 시달림 법문을 하는데 조는 놈 놓고 법문하는 것은 당연한 것이지."라고 하시는 것이야. 말하자면 한 사람이라도 부처님 말씀을 알려주고, 이해시켜 주시겠다는 깊은 뜻에서 나온 것으로 보아.

청담 스님의 법문에 대해 명선(明煊, 대한불교조계종 원로의원) 스님은 〈불교신문〉에서 다음과 같이 인터뷰를 했다. 명선 스님이 청담 스님을 처음 뵌 것은 합천 해인사 강원 시절이었던 1955년 가을 무렵이다. 이때 명선 스님은 강원 입승(반장)이었고 청담 스님은 해인사 주지로 부임했다. 불교정화 운동이 한창이던 즈음 총무원장을 겸직하고 있던 스님은 보름에 한 번 정도 해인사에 내려와 업무 인수인계를 하고 짬짬이 학인들에게 교리를 가르쳤다.

청담 스님의 법문은 기본이 1시간이었다. 길어지면 3시간에 육박했다. "발심을 해야 하고 출가 본분을 잊지 말아야 한다."는 당부가 요지였다. "해가 넘어가면 '오늘도 못 깨쳤구나.' 땅을 치고 통곡하는 심정으로 수행해야 한다."며 다그쳤다. "수행이 잘 되면 금싸라기 서 말을 먹어도 눈 녹듯 소화가 되고,

공부를 안 하면 쌀 한 줌도 소화시키지 못하는 법이다."학인들은 한여름에도 가사장삼을 갖춰야 했다. 더구나 습기를 막기 위해 무더위에도 방에는 군불을 땠다. 아랫목에 앉은 학인들은 그야말로 죽을 맛이었다. 엉덩이를 많이 들 데였다. 결국 더 이상 뜨거움을 못 견디고 몸을 움직이면 불호령이 떨어졌다. 스님은 항상 한 사람만 혼냈다. "그 정도 고통을 못 참고 꼼지락거리느냐. 부처님은 자신의 몸뚱이를 산산이 찢어서 짐승에게 보시했던 분이다. 자고로 수행자라면 위법망구爲法忘軀의 정신을 품어야 하거늘." 청담 스님에게 꾸지람을 들은 학인은 다른 학인들에게서 또 다시 핀잔을 들어야 했다. "너 때문에 법문이 더 길어졌다."고.

한번은 불교에 대해 가르쳐달라는 학생들의 요청에 즉석에서 청담 스님이 법문에 나섰다. 때와 장소를 가리지 않고 사람들이 원하면 언제든 어디든 달려가 설법을 하던 부루나 존자의 면모가 발휘됐다. 명선 스님은 청담 스님의 즉석 포교를 끝까지 지켜봤다.

"청담 스님을 중심으로 둥그렇게 둘러서서 법문을 듣던 청년들의 모습이 인상적이었다." 몇몇 청년들은 후회했을지 모른다. 별 생각 없는 질문에 대한 답변이 몇 시간째 이어졌기 때문이다. 청담 스님이 한창 열변을 토하던 중 점심공양 시간을 알리는 종이 울렸다. 무려 3시간 이상 장광설(長廣舌, 길고 세차게 잘하는 말솜씨)을 펼친 셈이다. 대중생활을 철저히 준수해야겠기에 청담 스님은 아쉬운 대로 청년들과 헤어져 다시 법당으로 돌아왔다. 청담 스님의 손에 들린 화장지는 전혀 줄지 않았다. 해우소(解憂所, 근심을 푸는 곳이라는 뜻으로, 사찰에서 화장실을 이르는 말)에 가려다 우연히 시작된 법문이었던 것이다. 명선 스님은 "청담 스님의 일거수일투족을 모두 지켜봤다"며 "생리적인 욕구를 초월한 분이었다."고 회고했다. 마음이 몸을 지배한다는 이치를 실제로 목격한 것이다.

청담 스님이 조계사에서 《금강경》 강설을 할 때의 이야기다. 한번 입을 떼면 그야말로 멈추지 않는 법문이었기에, 듣다 지친 청중은 하나둘씩 법당을 빠져나갔다. "서넛밖에 남지 않았으니 이제 그만 마무리하시라"는 주변의 귀띔에도 당신은 아랑곳하지 않았다. 오히려 "내가 사람들을 위해서만 설법을 하고 있는 줄 아느냐. 광활한 우주공간의 삼라만상이 모두 내 말을 듣고 있다"고 했다.

청담 스님이 총무원장 소임을 할 당시 교무국장을 역임했던 월주 스님은 스님의 법문에 대해 다음과 같이 회고했다.

> 청담 스님의 법문은 길기로 유명했다. 자기 자랑이 아니라 하나라도 입에 더 넣어주려는 어머니의 마음이었지. 평소에도 누구를 만나면 말씀을 많이 하시던 큰스님이었어. 스님뿐만 아니라 학생 직장인 지식인을 가리지 않았는데 아는 것이 많으니까 누구를 만나더라도 막힘없이 대화해 감응케 하는 능력자였어. 상대방이 듣기를 원하면 시간 가는 줄을 몰랐는데 서너 시간도 모자라 새벽까지 붙들고 계셨다. 간절하게 일깨워주고자 하는 뜻에서 갖가지 비유며 상징적인 의미까지 끌어와 말씀을 하시지만 결론은 언제나 하나였어. 마음의 주인공을 찾으라는 것이었지.

제1군 사령부 창설기념식에서 한신 장군과 함께.

청담 스님은 이처럼 전법傳法의 절박성을 알았고, 마음 사상을 한 중생에게라도 전하고 싶은 심정이었다. 청담 스님은 군승제도軍僧制度를 만들고 군 포교에도 적극적으로 나섰다. 입적하기 전 원주 제1군사령부의 법웅사法雄寺 낙성식에서 법어法語를 하였다. 법문 도중 갑자기 "한신아!" 하고 당시 사령관의 이름을 불렀다. 그 때 사령관이 '예?' 하면서 벌떡 일어났다는데 "너는 누구야?" 하는 일격一擊이 또 날아가자 사령관은 입도 열지 못하고 부동자세였다는 일화가 있다. 이는 마른하늘에 날벼락 같은 '할喝'이며 임제선풍臨濟家風의 상징이었다. "임제 선사가 한 스님에게 물었다. '어디서 왔는가?' 그 스님이 곧바로 '할喝'하고 고함을 쳤다. 그러자 임제 선사가 공손히 인사를 하며 앉게 했다. 그러자 그 스님이 머뭇거렸다. 임제 선사가 곧바로 후려쳤다. 임제 선사가 한 스님이 오는 것을 보고 곧바로 불자拂子를 세웠다. 그러자 그 스님이 절을 했다. 임제 선사가 곧바로 후려쳤다. 또 한 스님이 오는 것을 보고 임제 선사가 불자拂子를 세웠다. 그 스님이 본체만체 했다. 임제 선사가 이번에도 역시 후려쳤다." 이와 같은 임제 선사의 선기禪機를 청담 스님은 보여 주었다.

청담 스님은 달마 선사로부터 시작된 선禪이 임제 선사에 이르러 그 절정을 보게 되었다고 보고 있다. 청천에 벼락을 치고, 맑은 하늘에 폭우를 퍼붓고, 강진을 휘몰고 다니는 임제 선사의 가풍을 계승하고 있는 것이다. 한국불교는 많은 부분에 있어 이러한 임제 선사의 가풍家風을 이어받아 오늘에 이르렀다. 청담 스님은 임제 선사의 문중이며 선사의 후손임을 큰 자랑이며 영광으로 생각하고 있는 듯하다.

이러한 스님의 시공초월時空超越의 선기禪機는 조주 선사의 '구자무불성狗子無佛性' 화두참구에서 갈고 닦은 수행의 결과이다. 서릿발 같은 칼날로써 중생의 간담을 서늘하게 하며 백 천의 망상심妄想心을 단박에 쓸어 내는 법력이었다. 청담 스님은 〈선禪의 넋두리〉에서 다음과 같이 말하고 있다.

조주趙州 스님이 뽑아든 이 칼은 서릿발처럼 번쩍이며 찬바람이 난다. 철모르고 어쩌고저쩌고 하다가는 어느덧 네 몸은 두 동강이가 나고 말리라. 벽력같이 성낸 소리로 "에끼 이놈!" 하고 호령하노라.

임제 선사의 살인검(殺人劍, 사람을 죽이는 칼)·활인검(活人劍, 사람을 살리는 칼)은 조주 선사의 무無 자 관문을 통하여 청담 스님에게 쥐어졌고, 그 예리한 취모검(吹毛劍, 솜털까지 잘라 내는 명검)같은 칼날은 법문을 듣는 이의 간담을 서늘하게 하였다. 하지만 그 속에는 자비심이 담겨 있었다. 뿐만 아니라 한국불교의 썩은 곳을 치유하고 정법을 구현하는 데 크나큰 방편이 되기도 하였다. 청담 스님의 시공초월의 선기禪機는 《신심명》의 "있고 있지 않음이 따로 없어서 시방이 바로 눈앞에 펼쳐 있도다. 옛날과 지금이 아니니 삼세가 다만 한 생각뿐이다無在不在 十方目前 非古之今 三世一念"라는 설법을 통해 무한대의 공간이 바로 눈앞에 있음을 강조하고 있다.

> 시간과 공간을 초월하고 나면 과거·현재·미래라는 3세가 끊어져 버리고, 무한대로 뻗치는 우주의 공간도 바로 우리의 눈앞에 전개되는 세계일 뿐입니다. 무한대의 공간이 나하고 거리가 없다는 말입니다. 육체가 나라고 할 때 거리가 있었지만 마음 하나뿐인 것을 깨치고 나면 전체가 나이면서 동서남북이 나의 눈앞에 전개됩니다. 그러므로 3세가 한 생각 순간적인 것이며 무한한 우주공간도 한순간에 지날 수 있는 것입니다. 이것을 우리의 몸뚱이가 하는 것이라고 생각하면 안 됩니다. 오직 우리의 마음이 할 뿐입니다. 하는 것이 아니라 우리의 마음이 우주이고 과거·현재·미래를 그대로 통하고 있습니다. 이는 온 우주가 꽉 찼다는 말도 되고, 아무 데도 없다는 말도 됩니다.

청담 스님은 멈출 줄 모르고 구르는 수레바퀴와 같은 시간과 넓고 끝없는 벌판 같은 공간도 모두 마음이 만들어 내고 소멸시키는 것임을 설한다. 시방의 공간과 삼세의 시간은 어느 누가 부른 것도 아니며 또한 어느 누가 보내온 것도 아니다. 다만 마음이 할 뿐이다. 청담 스님은 시간과 공간을 초월하는 것은 마음이라며 시공초월時空超越의 선禪 사상을 보여주고 있다. 《화엄경》에 "한 순간 무량겁을 관찰해 보니 감도 없고 옴도 없고 머무름도 없다. 이처럼 삼세의 모든 일을 깨달아 안다면 모든 방편 뛰어 넘어 부처를 이루리라."라고 설하고 있다. 시간은 영원히 지속되어 헤아릴 수 없는 것인데 인위적으로 토막을 지어 과거와 현재, 미래로 분별하는 것이다. 청담 스님은 이처럼 마음을 분별하는 것을 철저히 경계하면서, 주변의 환경 따라 마음이 흔들리는 것을 경책警策하고 있다.

《법구경法句經》에 "폭풍우 거세지만 이 일을 어이하나, 끝없이 후려쳐도 반석은 흔들림 없네. 어진 이 마음가짐 이러히 견고하여, 칭찬과 헐뜯음에 조금도 동요 없네."라는 경구가 있다. 이는 견고한 마음은 어떠한 풍파나 바깥 경계에도 동요되지 않음을 이르는 말이다.

청담 스님은 마음에 동요가 없는 수행자로 널리 알려져 있다. 이러한 초월적超越的 경지는 모든 분별을 쉬어버린 청정한 마음의 경계에서 나온 것이다. 걸림 없이 수행으로 다져진 굳은 의지는 오직 이 마음이 극히 미세하면서 무한한 포용력을 가진 광대무변한 것이기 때문에 가능한 것이다. 이에 대해 《금강경대강좌金剛經大講座》에서 다음과 같이 설하고 있다.

> 무한소가 무한대로 통하는 것은 우리의 전 우주가 다 이것으로 충만해 있기 때문이고 무한소가 무한대로 한계가 없기 때문에 하늘·땅·태양계·은하계 할 것 없이 가득 차 있다는 말입니다.

극소極小와 극대極大를 다 포용하고 미세한 작용까지도 다 파악할 수 있는 것이 이 마음이므로 이 마음을 잘 다스리면 항상 어떤 상황에서든지 두려움과 공포가 없는 밝은 지혜로 사실을 구별할 수 있다. 그러므로 청정한 일심一心은 시공時空에 자유로운 것이다. 즉 모든 것이 마음에서 시작되고 마음으로 끝을 맺는다. 청담 스님은 열반에 드는 그 시각까지 시공초월時空超越한 종횡무진의 선기禪機로 자유자재自由自在한 삶을 살았다.

돈점관頓漸觀

불교는 절대자에 대한 맹목적盲目的 신앙을 통해 구원을 얻는 종교가 아니다. 수행을 통하여 깨달음을 얻는 종교이기 때문에 닦음을 통한 깨달음에 관한 논의는 필연적이다. 초기 불교에 있어서도 사제四諦를 점차로 닦아가야 한다는 점현관漸現觀과 순식간에 닦아가야 한다는 돈현관頓現觀 사이의 문제가 논의되었다.

중국불교사에서는 구마라집(鳩摩羅什:343~413)의 제자인 축도생(竺道生:355~434)이 돈오설頓悟說을 주장하자 동문인 혜관慧觀 선사는 이에 반박해 점오론漸悟論을 주장했다. 또 구마라집의 제자 담무성曇無成이 《명점론明漸論》을 저술하여 축도생의 돈오설을 비난하는 등 논쟁이 시작됐다. 이후 혜능 선사와 신수 선사 사이에 남돈북점南頓北漸의 논쟁이 전개되기도 하였다.

청량 징관(淸涼 澄觀:738~839) 선사는 《화엄경행원품소華嚴經行願品疏》에서 제돈점설諸頓漸說을 분류, 소개하고 오수돈점悟修頓漸을 통한 깨달음을 해오(解悟, 이치적으로 깨달은 것)와 증오(證悟, 올바른 지혜로 진리를 증득하여 깨달음)를 비교하여 교敎와 선禪을 회통시키기도 했다. 징관 선사의 돈점설頓漸說을 이어받은 규봉 종밀(圭峰 宗密:780~841) 선사는 당시에 선·교의 대립과 논쟁이 극도에 달하자 선문현의禪門玄義에 관한 요어구게(要語句偈, 선문의 깊은 이치에 관한 중요한 말과 구절과 게송)를 모아서 부처님의 마음인 선禪과 부처님의 말씀인 교敎가 본래 일미법문一味法門임을 천명하면서 선교일치禪敎一致 사상을 주창하기 위하여 《선원제전집도서禪源諸詮集都序》을 저술하였다.

《선원제전집도서》에서는 7대 돈점頓漸 사상인 점수돈오(漸修頓悟, 차차로 수행해서 문득 깨닫는 것)·돈수점오(頓修漸悟, 닦기는 일시에 닦지만 공행功行이 익은 뒤에 차차 깨닫는 것)·점수점오(漸修漸悟, 차츰 닦아가면서 차츰 깨닫는 것)·돈오점수(頓悟漸修, 단번에 진리를 깨친 뒤 번뇌와 습기를 차차 소멸시켜가는 것)·돈오돈수(頓悟頓修, 일시에 깨치고 더 닦을 것이 없이 공행을 다 이루는 것)·법무돈점(法無頓漸, 진리와 깨달음에는 본래 돈과 점이 없음)·돈점재기(頓漸在機, 돈과 점은 그 근기에 있음) 등과 화엄華嚴 축기돈(逐機頓, 원래 근기가 뛰어나서 한 마디 말씀에 모든 진리를 깨닫는 것)의 돈점관頓漸觀을 세웠다. 이 중에서 돈오점수頓悟漸修가 여래청정선(如來淸淨禪, 부처의 가르침에 따라 집착하지 않는 지혜를 완성하여, 생각을 일으키지 않고 자신의 청정한 성품을 깨닫는 수행)이요, 최상승선最上乘禪이며 달마 선사 문하에 상전하는 선禪이라고 주장했다. 이러한 종밀 선사의 돈점관頓漸觀은 고려의 지눌 선사에게 큰 영향을 미치게 되었다

선학원에서 정화중 하안거를 마치시고. (원내는 청담 스님)

종밀 선사의 사상에 큰 영향을 받은 지눌 선사의 정혜쌍수(定慧雙修, 마음을 한 곳에 머물게 하는 선정과 현상 및 본체를 관조하는 지혜를 함께 닦는 일)·성적등지(惺寂等持, 고요함과 깨어 있음이 함께 균형을 이루어 전개되는 것)·원돈신해(圓頓信解, 원

만한 화엄의 교리를 믿고 이해하여 일순간에 깨달음의 세계로 들어가는 것)·돈오점수頓悟漸修 등의 선禪 사상은 조선시대 벽송 지엄(碧松 智嚴:1464~1534) 선사의 《사집四集》의 편찬으로 계승되고, 오늘날까지 한국불교 출가승가 수행의 지침으로 자리하고 있다.

지눌 선사가 평생 깨침의 대상으로 삼았던 수행자들의 병적인 태도는 지혜 없는 선정과 선정 없는 지혜였다. 이 두 가지 문제점을 치유하기 위해 정혜쌍수·성적등지를 제창하고 여실언교(如實言敎, 언어로 표현되는 불교의 이론적 가르침)를 토대로 한 선지禪旨의 참구를 주장했다. 지눌 선사의 돈점관은 《수심결修心訣》에 잘 나타나 있다.

반면 현대한국불교사에서 중요한 위치를 가지고 있는 성철 선사는 《선문정로禪門正路》를 저술하여 돈오돈수를 올바른 선수증禪修證으로 내세웠다. 돈오점수의 입장에 섰던 하택河澤·규봉圭峰·지눌 선사는 지해종도知解宗徒로서 조계적자曹溪嫡子가 아니라고 신랄하게 비판하고 돈오돈수의 임제선臨濟禪 계통이 한국 선종의 정맥正脈임을 주장하였다.

청담 스님 또한 혜능 선사와 마찬가지로 남종선南宗禪에 있어서 선禪이란 바로 마음의 본체本體와 작용作用이라고 말한다. 본래성불本來成佛에 입각하여 돈오견성頓悟見性하여 즉사이진(卽事而眞, 법계 차별의 현상事과 절대 평등한 본체理는 본래 딴 물건이 아니고, 차별 현상이 그대로 깊고 묘한 진리를 갖추고 있다는 것으로 어떠한 사물이든지 그대로 진리임을 말함)의 삶을 살면서 무위임운(無爲任運, 사량분별의 조작된 작위성이 없고, 생사의 법을 초월하여 일체에 걸림없이 집착없이 본래심으로 살아가는 모습) 수처작주(隨處作主, 어디서나 어떠한 경우에도 얽매이지 않아 주체적이고 자유자재함) 하는 것이 선禪이라는 것이다. 그러면서 달마 선사의 선풍을 따르며 곧바로 깨달음에 이르는 것이 진정한 깨달음이라고 말한다. 이러한 의미로 볼 때 청담 스님은 견성에 있어서는 남종선의 돈오돈수에 바탕을 두고 있음을 알 수 있다.

그러면서 청담 스님은 점수漸修 사상도 수용하고 있다. 점수의 필요성에 대해 청담 스님은 "바람은 그쳤으나 물결은 아직 일렁이고 진리는 나타났으나 헛된 생각은 아직도 침노한다."고 설한다. 바람은 한순간에 멈출 수 있으나 출렁이는 물결이 잔잔해지려면 시간이 필요하다는 것이 청담 스님의 생각인 것이다. 뿐만 아니라 어리석은 망상을 내지 않는 실제의 노력도 필요하다는 입장이다. 출렁이는 물결을 재우고 망념을 대치하는 공들임이 다름 아닌 점수라고 본 것이다. 그러나 이 닦음은 망념을 끊으려는 노력이 아니라 지혜로 닦는 것이며 망념이 일어나면 바로 그 원인을 비추어 알 수 있는 닦음이 필요하다고 강조한다.

비추는 밝음 앞에서 망념은 본래 공空한 성품을 드러내게 된다. 때문에 경계를 따라 망념이 일어날 때마다 지혜로 비추어 살피는 일을 꾸준히 계속하여야 한다. 모든 것을 놓은 경지에까지 이르게 하는 것이 깨친 후에 점차로 닦는 것이다. 크게 쉰 완전한 경지는 무위의 경지며, 그것은 덜고 또 덜어 나아갈 수 없는 궁극의 경지를 말한다. 이처럼 청담 스님은 돈오점수의 사상도 스스럼없이 수용하고 있음을 볼 수 있다.

남종선의 혜능 선사는 단박에 깨치는 돈오의 법으로 자성정혜(自性定慧, 인간의 심성이 본래부터 갖추고 있는 정과 혜)를 말한다. 마음의 바탕에 그릇됨이 없는 것이 자성의 계戒요, 마음의 바탕에 산란함이 없는 것이 자성의 정定이며, 마음의 근본에 어리석음이 없는 것이 자성의 혜慧라고 설한다. 또한 선정과 지혜는 하나이니 선정은 자성의 본체이며, 지혜는 자성의 작용이라고 주장한다.

불교에서는 선정과 지혜라는 말을 자주 사용한다. 참선을 하는데 다른 생각 하나도 없이 화두만 뚜렷한 것을 선정이라 하고 삼매에 들었다고 한다. 이렇게 될 때 지혜가 드러나고 마음의 본처本處를 깨닫게 된다. 이처럼 정과 혜의 두 바퀴가 함께 돌아가야 한다. 청담 스님은 혜능 선사의 단박에 깨치는 돈오頓悟를 바탕으로 지눌 선사의 점차적 수행인 점수漸修의 법을 수용하며 간화선看話禪의 입장에서 정혜쌍수를 바라보는 견해도 보이고 있는 것이다.

청담 스님은 돈오돈수·돈오점수·정혜쌍수 등 여러 돈점관을 수용하여 시간과 공간은 물론 중생의 근기에 따라 자유롭게 활용하는 원융무애圓融無礙한 돈점관을 수용하고 있다. 이러한 청담 스님의 돈점관은 닦음과 깨달음에 대한 불타의 근본정신을 여실하게 드러내고 있으며, 수기설의 연장선이라 할 수 있다. 현재 한국선의 시급한 과제중의 하나는 선禪 사상의 올바른 정립과 여러 갈래로 나뉘어져 혼란을 부르고 있는 수행관의 정확한 방향제시이다. 이를 위해 혜안慧眼을 높이고 선풍禪風을 진작할 다양한 논의와 실증이 활발히 이루어져야 할 것으로 보인다.

돈오돈수관頓悟頓修觀

근·현대 한국 불교계에는 수많은 걸출한 선사들이 출현하였다. 선사들은 각자의 선기禪機를 드러내며 간화선을 새롭게 중흥시켰고, 선종이 중심이 되어 교종을 포섭하는 조계종曹溪宗을 탄생시켰다. 경허 선사를 필두로 용성·만공·한암·학명·효봉·동산·고암·경봉·청담·성철 등 뛰어난 선사들이 출현하여 선풍을 드날리는 한편 많은 제자를 양성하여 오늘의 한국불교를 반석 위에 올려놓았다. 대한불교조계종의 정수精髓는

앞줄 좌측부터 석암·경봉·청담 스님과 불자들

6장 선禪 사상　533

바로 이들 근·현대 선지식들의 수행과 깨침을 바탕으로 이루어진 것이라 할 수 있다.

그렇다면 근·현대 선지식들의 다양한 선풍 속에서 청담 스님의 선禪 사상의 특징을 어떻게 정의할 수 있을까? 청담 스님은 근대 한국 선의 중흥조라 할 수 있는 경허 선사의 제자인 만공 선사로부터 간화선을 통하여 깨침의 인가印可를 받은 선지식이다. 그럼에도 불구하고 스님은 불교정화 운동을 중심으로 한 격동의 한복판에서 삶의 대부분을 보냈다. 불교정화 운동의 기수라는 이름표가 붙여진 것도 격동의 삶을 산 보상이다. 그로 인하여 선승으로서 모습은 잘 드러나 있지 않아 아쉬움을 남기고 있다.

청담 스님만의 독특한 마음 철학에 근거한 선禪 사상을 '마음선禪'이라 정의할 수 있다. 다만 '마음선'이 사상적 깊이만큼 세상에 널리 알려지지 못하고 학계의 주목을 받지 못한 것이 만시지탄晩時之歎이었다. 이제라도 후학들의 관심과 열정을 기울인 노력으로 스님의 '마음선'이 자리를 잡을 수 있기를 간절히 염원하는 바다. 경보(京保:1914~1996, 일붕선교종 종정) 스님은 청담 스님의 선정행禪定行을 이렇게 밝히고 있다.

> 일찍이 산중선원에서 정좌수선靜坐修禪의 수도생활을 거쳐 불교정화 사업에 발 벗고 나선 날로부터 오늘까지 대도시 서울 한복판에 위치하고 있는 조계종 중앙총무원에서 종무행정에 바쁜 시간을 보내시고 각 지방으로 순회전도 하시는 분주한 나날을 지내셨지만, 그분의 선정禪定은 그대로 정적선정靜寂禪定이며 살아있는 선정이었다. 소위 선禪은 앉아서 참선하는 것만이 선이 아니라 '좌역선坐亦禪이요 행역선行亦禪'이라는 시범의 움직이는 선정禪定을 그대로 실천하시고 시범해 주신 것이라고 나는 믿는다.

경보 스님은 청담 스님의 선의 특징을 활동하는 선정으로 정의했다. 이러한 무애자재한 선풍은 한영 대강백에게 대교과를 이수하면서 북만주에 있는 수월 선사를 찾아 서래종지(西來宗旨, 서쪽 땅 인도에서 동쪽 땅 중국으로 불법의 참뜻이 온 까닭에 대해 하나의 종파가 내세우는 교의의 취지)를 묻고, 만공 선사의 지도로 '구자무불성狗子無佛性'의 화두를 들고 수행한 데서 비롯됐다. 이후 묘향산의 설영대, 설악산의 봉정암, 문경 봉암사, 경남 고성 청량산 문수암 등지에서 수선결사修禪結社하는 마음으로 용맹정진하고 보임保任하면서 선기禪機를 가다듬었던 긴 수행의 여정이 녹아 있다.

청담 스님이 만공 선사의 선을 계승했다고 본다면 청담 스님의 선 수행은 간화선이 근본이며, 선 사상의 요체는 돈오돈수(頓悟頓修, 일시에 깨치고 더 닦을 것이 없이 공행을 다 이루는 불교 수행법)의 사상을 따르고 있다고 볼 수 있다. 남종선南宗禪에서는 찰나에 자성을 보아 부처를 이루는 돈교頓敎를 주장한다. 남종선에 사상적 뿌리를 두고 있는 청담 스님이 돈오견성頓悟見性을 주장하는 것은 사상적 필연이다.

> 그런데 우리는 이 허망虛妄한 것들을 무엇 때문에 붙들고서 이러쿵저러쿵 따지느냐는 것입니다. 꿈 옳고 그른 것을 가려서 무엇 하겠습니까? 우리가 반려하는 일체一切 사물에 대하여 옳거니 틀리거니 이익 되느니 손해되느니 따지지 말고 한꺼번에 툭 놓아버리라는 뜻입니다. 가령 누가 나의 코를 물어뜯는다 하더라도 그것은 내 코가 아니니 상관할 게 아니라고 해 버리면 됩니다. 이처럼 대담해야 성불成佛이 빨라집니다.

청담 스님의 관점에서 깨친다고 하는 것은 한 번 깨칠 때 모든 생각을 놓아 버리고, 근본 무명을 완전히 끊고 구경각을 성취하는 것을 말한다. 그것은 또

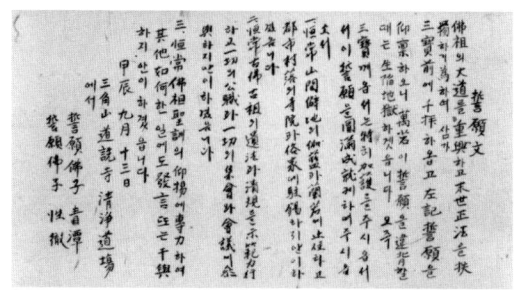

청담·성철 스님이 한 줄씩 번갈아가며
출가수행자 다짐을 적은 서원문

'한순간에 깨친다頓悟'고 하며 그렇기 때문에 '한순간에 닦는다頓修'라고도 한다. 깨달음에 있어서는 모든 것을 다 마쳐졌다는 뜻이니 등각(等覺, 부처의 깨달음과 거의 같은 깨달음)을 넘어서 묘각(妙覺, 모든 번뇌를 끊고 지혜를 원만히 갖춘 부처의 경지), 그리고 구경각(究竟覺, 번뇌를 완전히 소멸시켜 마침내 마음의 근원을 깨달음)을 성취했으므로 그 뒤에 어떤 점오漸悟가 있을 수 없다는 것이다.

성철 스님은 돈頓과 점漸을 세우는 이유는 "법에는 돈頓과 점漸이 없지만 사람에게 영리함과 둔함이 있으니 어리석은 하근기下根機는 점차로 계합契合하고 지혜 있는 자는 단박에 닦아 마친다."는 데 있다고 하였다. 이처럼 청담 스님도 깨달음에 있어서는 '돈오頓悟 사상'과 남종선을 종지宗旨로 삼았다.

대주大珠 선사는 《돈오입도요문론頓悟入道要門論》에서 "돈頓이란 단박에 망념을 없앰이요, 오悟란 무소득을 깨치는 것이니라. 돈자頓者는 돈제망념頓除妄念이오 오자悟者는 오무소득悟無所得이니라."고 말하고 있다. "돈頓이란 단박에 망념을 없앰이요 오悟란 얻을 바 없음을 깨치는 것이다." 여기서 돈頓이란 시간적으로 일찰나一刹那를 의미하며, 망념을 없앤다는 것은 제팔아뢰야식第八阿賴耶識의 미세망념까지 포함해서 모든 망념을 제거한다는 뜻이다. 다시 말하면 돈頓이라 하는 것은 제팔아뢰야식의 무기식(無記識, 지각하는 작용이 나타나지 않는 것)도 완전히 벗어나서 무소득無所得인 진여본성(眞如本性, 주관과 객관이 나뉘어져야 생각하는 나와 대상이 생기는데 자성에는 둘의 모습이 아니기 때문에 번뇌하는 마음이 없음)을 깨친 것, 불지佛智에 이른 것, 성불한 것, 묘각妙覺을 성취한 것을 말하고 있다. 우리가 생멸적인 무심無心을 말해서 망념을 없앤다고 하는데 이것은 전체적으로 망념을 다 없애는 것이 아니다. 그러면 어떻게 해서 돈頓이라고 하는가? 돈頓이란 시간적으로 일찰나를 의미하는 것이다.

망념을 없애는 데 있어서 점차적으로 조금씩 없애는 것이 아니라, 바른 법을 알아서 일찰나에 근본 무명을 완전히 끊고 구경각(究竟覺, 번뇌를 완전히 소멸시켜 마침내 마음의 근원을 깨달음)을 성취할 수 있다는 뜻이다. 그러므로 시간적으로 여유를 두지 않고 눈 깜짝할 사이에 전체 망념이 다 떨어졌기 때문에 돈頓이라고 하는 것이다. 얻은 바 없다고 하는 것은 교敎에 있어서는 등각等覺보살이라도 아직까지 공부의 자취가 남아 있어서 어느 경에서도 등각보살을 무소득無所得이라고 말하지 않았으며 진실로 구경각을 이룬 것을 무소득無所得이라고 한다. 아뢰야식의 근본무명을 끊고 십지十地 등각等覺을 넘어서 구경각을 성취한 것이 돈오頓悟이다.

청담 스님은 성철 스님과 함께 봉암사에서 수행하며 결사를 단행하였다. 그렇기 때문에 성철 스님과 같은 임제선臨濟禪의 종지종풍(宗旨宗風, 종교의 중심이 되는 가르침과 가풍)과 대혜 선사의 간화선看話禪 수행법을 통하여 자신만의 선禪의 정체성을 세우고자 하였다고 볼 수 있다. 그러면서 격외선(格外禪, 말이나 글로써 나타낼 수 있는 이치를 초월한 선법)을 수용하고 있다.

> 이와는 달리 마음을 밝히는 공부를 한꺼번에 당장 성취하려는 법이 격외선格外禪입니다. 여기에 말로도 표현할 수도 없고, 생각으로 따질 수 없는 원리原理가 숨어 있습니다. 우주宇宙와 인생人生의 근본문제는 의문과 의심疑心이 꽉 차서 이 문제를 일시에 해결하는 방법으로 마음을 깨쳐 들어가는 참선법參禪法이 격외선格外禪입니다.

이처럼 청담 스님은 많은 곳에서 돈오돈수를 설하고 있다. 깨달으면 지속적으로 닦을 것이 없기 때문에 돈수頓修이며, 만약 닦을 것이 남아 있다면 이는 진정한 깨달음이 아니다. 그리고 불조의 마음에 이르는 방법도 완전한 무심을 실증實證하여 일념불생(一念不生, 한 생각에 몰입하여 망상과 삿된 마음이 생기지 않는 것으로 불도를 생각하는 일념에 망심이 생기지 않는 경계)의 구경무심(究竟無心, 마지막에는 아무 생각이 없음)을 말하는 달마선達磨禪이라는 것이 스님의 주장이다.

선의 깨달음도 이처럼 순간적으로 포착되는 것이다. 이른바 깨달음의 경험은 이 혜명慧明의 단계에 해당한다. 예컨대 석존釋尊은 12월 8일의 새벽 별들이 동녘 하늘에 반짝이는 것을 보고 견성성불見性成佛하였고 가섭迦葉은 금빛 연화를 보았을 때 깨달았다. 이러한 깨달음은 일생의 일대전기一大轉機다.

청담 스님에게 있어 돈오돈수는 순간적인 깨침을 통한 견성성불을 의미한다. 즉 견성에 대한 분명한 입장을 제시하고 있는 것이 특징이다. 견성은 곧 직관直觀·직각直覺이라고 한다. 문득 새로운 세계를 보고 들어가는 것을 의미한다. 새로운 세계란 깨달음의 세계이다.

그러나 만약에 어떠한 총명한 상근대지上根大智의 기틀이 있어서 도인들이 내세운 공안公案의 앞뒤가 끊어지고 의미도 모르고 아무 재미없는 활구活句를 듣고서 이리저리 따져서 알고자 하는 병통에 빠지지 아니하고 곧 직심直心으로 맹렬히 화두만 붙들고 간다면, 그 사람은 시방삼세十方三世 모든 부처님과 3천 년 동안의 역대 도인들이 말로나 글로 또는 생각으로도 보일 수 없고 전할 수 없는 마음을 단박에 깨쳐서 우주와 인생의 크나큰 살림살이를 한꺼번에 얻어낼 수가 있는 것이다.

청담 스님의 선禪의 기초는 돈오돈수를 통해 닦는 데 있다. 스님이 제시한 선 수행법은 간화선으로 이는 근·현대 많은 선승들의 입장과 동일하다. 성철 선사를 비롯한 근·현대 많은 선승들이 간화선을 근본으로 하는 돈오돈수를 주장하였다. 그 때문에 우리는 선禪을 논할 때 간화선에 경도되는 경향이 있다. 그러나 청담 스님의 남종선의 근본적 관점은 마음에 있다는 것을 되돌아 볼 필요가 있다. 본래면목本來面目의 마음을 찾아 우리가 사는 구체적인 현실 속에서 활발하게 살아야 한다고 가르쳤던 청담 스님의 선 사상은 한국 선이 중심으로 삼을 하나의 지표라 할 수 있다.

청담 스님은 절대의 마음은 누구나 본래부터 간직하고 있는 것이라고 말한다. 본래성불本來成佛, 즉 이미 부처가 되어 있는 것이지, 없는 마음을 따로 창조하는 것이 아니다. 이는 혜능 선사가 본래성불의 입장에서 돈오를 강조한 것과 그 맥을 같이한다. 또한 마조 선사의 홍주종에서 말하는 도불가수(道不可修, 도란 닦을 필요가 없다)와 무위임운(無爲任運, 인위적인 조작과 시비분별을 떠나 자연스러운 불성의 움직임에 순응하는 것을 주장하는 것), 임제 선사의 수처작주와도 그 맥을 같이한다고 볼 수 있다. 청담 스님은 본래성불의 입장을 다음과 같이 설하고 있다.

> 그러니 마음을 닦는다는 것도 말이 안 되고 다시 고칠 것도 없다. 마음 본연 자리에 그대로 들어서면 된다. 마음의 본성本城은 연꽃과 같이 중생세계의 더러운 곳에서도 무서운 업에도 물들어 있지 않기 때문이다. 모든 망상妄想을 털어버리고, 꿈만 깨기만 하면 되는 것이다.

이러한 청담 스님의 입장은 혜능 선사의 입장과 그 궤를 같이한다. 청담 스님에게 있어 이 마음은 중생과 부처의 관념을 뛰어넘고 유有와 무無, 주관主觀과 객관客觀을 뛰어넘는 불이不二의 세계이다. 부처란 바로 이 마음이며, 또한 지위점차地位漸次를 밟아 닦아 나가는 점수漸修도 수용하면서, 단박에 깨닫는 돈오頓悟를 바탕으로 하고 있다.

> 이 마음은 애초에 부처도 중생도 아니어서 아무 분별이 없는 청정한 진리이기 때문에, 만약에 부처의 소견을 일으킨다면 문득 중생의 소견이 앞선 것이오. 유무有無이거나 단상斷想이거나 한 소견의 주관主觀을 일으키면 곧 객관客觀의 세계가 벌어지오. 주관과 객관은 곧 한 물건의 양면인 것이기 때문이오. 선종禪宗의 조사문중祖師門中에서는 바로 일체一切중생들이 본래부터 가지고 있는 이 마음이 부처인 것을 깨닫게 하여 새로 더 닦아서 부처가 될 일도 없으며, 따라서 지위점차를 밟아서 올라갈 것이 없는 이치를 알게 한 것이오.

청담 스님은 남종선의 특징에 대해 다음과 같이 설하고 있다.

> 세상의 지식과 불교의 지식을 다 청산해 버리고 일자무식一字無識의 본래 천진불로 돌아가서 일점의 사심邪心과 곡견曲見이 없고 아무런 욕심도 없는 청정한 발심인發心人으로서, 달마 대사가 문자를 걷어치우고 바로 사람들이 이 마음자리를 깨닫도록 지도하신 바 교외별전敎外別傳에 달마선종達磨禪宗의 종풍宗風이 있는 것이다. 이처럼 선종종사禪宗宗師들의 지도 방침에 따라서 이 한평생 성불하여 생사에 초월하게 하는 것이 바로 선종禪宗의 견성성불見性成佛하는 직통문直通門이다.

청담 스님은 혜능 선사와 마찬가지로 남종선에 있어서 선이란 바로 '마음'의 본체와 작용을 찾는 것임을 말하고 있다. 또한 본래성불에 입각하여 돈오견성頓悟見性하여 즉사이진(卽事而眞, 변화하는 현상 그 자체가 바로 진리라는 뜻)의 삶을 살면서 무위임운(無爲任運, 인위적인 조작과 시비분별을 떠나 자연스러운 불성의 움직임에 순응하는 것), 수처작주하는 것이 선禪이라 주장하고 있다. 달마 선사의 선풍을 따르며 곧바로 깨달음에 이르는 것이 진정한 깨달음이라고 말한다. 이러한 의미로 볼 때 청담 스님의 삶은 이러한 남종선의 정신에 견성은 돈오돈수에 철두철미했다고 할 수 있을 것이다.

돈오점수관 頓悟漸修觀

경허鏡虛 · 용성龍城 · 효봉曉峰 선사를 비롯한 근대의 선지식들은 조선조의 억불 정책으로 인하여 낙후된 불교를 일신하여 정법에 입각하고 간화선 수행을 통하여 깨달음에 이르는 새로운 선풍禪風을 진작시키려고 노력했다. 이들 선지식 가운데는 지눌 선사의 선풍과 휴정 선사의 선풍을 계승하려는 이들도 있었다. 청담 스님은 《원각경圓覺經》에서 "어떤 사람이 애써 공부를 하여 일체의 번뇌 망상이 아주 끊어져서 마음이 청정적멸淸淨寂滅한 지경에 도달하였다 하더라도, 이 사람은 청정해졌다는 소견이 남아 있는 것 때문에 그 마음이 정말로 자유자재치 못하는 것이다."라고 지눌 선사의 말을 인용하고 있다.

그것은 지눌 선사의 목우가풍(牧牛家風, 소 코뚜레처럼 자기 코뚜레를 뚫는다는 의미로 내가 나를 길들인다는 의미)을 거부하지 않고 수용하겠다는 의지로 볼 수 있다. 청담 스님이 지눌 선사의 가풍을 수용하여 한국불교를 재건해야겠다는 원력을 세웠다는 증거는 스님의 저서著書 《선입문禪入門》에서 〈선禪 · 교敎의 합일체合一體 보조普照〉라는 글속에 고스란히 담겨 있다.

고려의 태조는 불교를 경신敬信하였고 따라서 그 보호책에 노력을 쏟았다. 그리하여 구문선종九門禪宗은 고려 중기까지 나날이 융성하였다. 그러나 중기 이후 퇴락하기 시작했다. 이 무렵 보조 지눌이 나타나 선禪, 교敎 두 가지를 뭉쳐서 체계 있는 조계종지曹溪宗旨를 세웠다. 신라의 도의국사道義國師 이래, 우리나라의 선종禪宗은 중국 선학禪學의 연장에 불과하였으나 신종왕神宗王의 대代에 이르러 비로소 지눌은 독특한 한국의 선종禪宗을 이루었던 것이다. 오늘날의 한국 선종은 그 전통을 계승하고 있는 것이다.

목우가풍을 세운
보조 지눌 선사

청담 스님은 한국 선종의 전통 일부를 목우가풍牧牛家風에서 찾으려 하고 있다. 이 사상은 불교정화의 신념으로 자리하여 흔들림 없이 목표를 완성할 수 있었다. 청담 스님의 목표는 부처가 되는 것이고, 부처가 되는 길은 마음에 있다고 주장하고 있다. 지눌 선사는 《수심결修心訣》에서 "삼계의 뜨거운 번뇌가 불타는 집과 같다. 이 속에서 어찌 차마 그대로 머물러 오랜 고통을 달게 받겠는가? 윤회의 세계를 벗어나고자 하거든, 부처를 찾는 길밖에 없다. 만약 부처를 찾으려면 부처란 바로 마음인데, 어찌 멀리서 찾을 것인가?"라고 말했다.

이처럼 마음은 청담 스님에게 있어 출가의 동기이자 깨침의 원천이며 교화와 자비행의 원동력이었다. 출가의 계기가 된 것은 진주 호국사에서 채서응 스님으로부터 마음에 대한 설법을 듣고서이다. 이에 대하여 청담 스님은 다음과 같이 술회한다.

나로서는 너무도 뜻밖이고 처음 듣는 소리였다. 그 마음의 설법을 하여 주신 분은 채서응 스님이었다. 나는 그 말을 들은 뒤부터 마음이란 말에 중치가 막혀 집에서도 학교에서도 벙어리처럼 우두커니 서 있다가 토요일만 되면 다시 호국사로 그 마음을 들으러 갔다. 갈수록 미로와 같은 세계였다.

청담 스님의 삶의 방향이 바뀐 것은 바로 마음에 대한 깊은 의문을 가지게 된 데서 비롯되었다. 선이란 바로 이 마음을 찾는 공부라 할 수 있다. 그런데 마음을 찾는 수행의 근원에 있어서는 지눌 선사의 《수심결》에 나타난 사상과 점수의 방법도 수용하고 있음을 볼 수 있다.

> 생사를 벗어나려면 오직 생사를 밟고, 차고 나가라는 말입니다. 어디를 가는 것도 아니지만 그렇게 하다 보면 부처님께서 별을 보고 깨치셨던 뜻을 필경 알게 되는 때가 있다는 것입니다. 거기에 대해서는 조금도 사심망상邪心妄想이 용납되지 않으므로 다만 화두만을 들어서 저게 어째서 무無가 되는가? 이게 뭔가를 의심해 가는 것뿐입니다. 위에 말한 이치가 옳다는 것을 믿고 다만 화두만 익혀 나가노라면 번뇌 망상도 점차 줄어들 것이고 나중에는 시절이 무르익어서 일종一種을 통달할 때가 있다는 말입니다.

청담 스님은 깨달음에 만족하지 말고 끊임없이 수행할 것을 강조한다. 그러면서 의단疑團과 견성과 성불의 과정 중에 의단의 중요성을 강조하고 있다. 깨달음에 이르기 위한 점수漸修의 과정은 범부凡夫가 변해 성인聖人이 되는 과정으로 이해한다. 청담 스님에게 있어 점수의 구체적인 수행법은 사견邪見을 버리는 것이다. 이러한 돈오점수(頓悟漸修, 부처가 되기 위해서 진심의 이치를 먼저 깨친 뒤에 오랜 습기習氣를 제거하여 가는 수행 방법)의 수증론(修證論, 닦음과 깨달음에 관한 이론)을 스님은 직접적으로 언설하고 있지는 않지만, 화두를 들고 수행을 게을리하지 않는다면 번뇌 망상이 점차 줄어들어 깨달음에 이르게 됨을 강조하고 있다.

6장 선禪 사상

청담 스님에게 있어 돈오점수 사상은 자신의 마음에 대해 확고한 신념과 그의 실현을 위해 가장 기본이 되는 닦음과 깨침으로 구현되었다. 따라서 닦음과 깨침을 밝히고 체계화하는 일에 진력하였다. 닦음과 깨침에 관한 바른 길을 제시하는 것이 청담 스님의 돈오점수관頓悟漸修觀이다. 이렇게 볼 때 청담 스님은 마음을 닦는 방법으로써 먼저 마음의 성품을 확실히 알고, 그 성품에 의거하여 순서대로 닦아 가는 선오후수(先悟後修, 부처님에 대한 이해, 수행법에 대한 이해, 수행의 위차 등에 대해 이해한 후 수행하는 것) 사상을 수용하고 있는 것이다. 다음의 글에서 청담 스님은 선오후수 사상에 대한 입장을 밝히고 있다.

> 보조국사 지눌 선사는 도道에 들어가는 문은 결국 돈오頓悟와 점수漸修의 이문二門 밖에 없다는 것과 모든 성인들이 먼저 깨닫고 뒤에 닦는 선오후수先悟後修를 행함으로써 부처가 된다는 해탈론解脫論을 제시하였습니다. 이것은 깨달은 후에 점수 과정이 있어야 한다는 주장으로 돈오 후에 점수한다는 선오후수先悟後修라는 주장이 있습니다. 당唐나라 하택 신회(荷澤 神會:670~762) 선사의 남종선 계통은 후자를 강력하게 주장하여 이후의 선종은 주로 선오후수의 입장을 취하기도 하였습니다. 고려시대 보조 지눌 선사의 돈오점수론도 신회神會의 영향을 받았는데, 그는 오悟를 햇빛과 같이 갑자기 만법이 밝아지는 것이고, 수修는 거울을 닦는 것과 같이 점차 밝아지는 것과 같다는 비유를 들면서, 만일 깨우치지 못하고 수행만 한다면 그것은 참된 수행이 아니라 하여 선오후수의 입장을 강조하였습니다.

청담 스님은 자성의 참모습을 분명히 깨쳐 아는 돈오를 수행의 궁극이라고 보았다. 돈오란 불과(佛果, 불도 수행으로 얻는 부처의 경지로 수행의 마지막 단계의 결과)를 얻어 부처가 되는 것을 증득한 최후의 완성이지만 처음으로 마음의 실상에 눈뜨는 체험이다. 따라서 깨달음 이후에도 점수가 필요하다고 설한다. 마음의 성품을 확실히 아는 것이 완전한 실천을 의미하는 것은 아닐 수도 있다. 그러므로 돈오는 수행의 완성이 아니라 진실한 닦음의 출발이며 진정한 믿음의 확립이라는 것이 스님의 설명이다.

그렇다면 청담 스님은 점수를 어떻게 보고 있는가? 점수란 비록 본래의 성품이 부처와 다르지 않음을 깨달았으나 오랫동안의 습기習氣는 갑자기 지워지기 어려우므로 수행에 의해 닦아 차츰 공功이 이루어져서 번뇌가 가라앉고 오랜 동안을 지나 맑게 되는 것을 점수라고 설한다. 어린 아이를 처음 낳았을 때 갖추어진 모든 기관은 어른과 다를 것이 없지만 그 힘이 아직 충실하지 못하기 때문에 세월이 지난 뒤에 비로소 완전한 인간이 되는 것과 같다는 것이 점수에 대한 스님의 견해다.

> 뿌연 황톳물을 갖다 놓고 '가라앉아라. 어서 가라앉아라.' 하고 이리저리 흔든다고 쉽사리 가라앉지 않습니다. 그러면 어떻게 해야 가라앉습니까? 가만히 놓아두는 것입니다. 그러면 뿌옇던 황톳물이 차차로 맑아져서 나중에는 밑에 앙금이 가라앉고, 위에는 맑은 물이 드러납니다. 물은 원래 황토와 섞이지 않습니다. 설탕물도 물과 설탕이 섞인 것 같지만 증발시켜 보면 물은 증발하고 설탕은 설탕대로 남게 됩니다.

청담 스님은 깨침은 아는 것이며 닦음은 실천이라고 말한다. 우리의 본래 성품이 부처와 다름이 없음을 한순간에 분명히 깨치는 것이 돈오이다. 그러나 그 깨친 것을 그대로 생활 속에 실현할 수 있는가 하는 것은 닦음과 관련한 중요한 문제이다. 스님은 깨친 이후의 행동이 깨침과 일치하기는 어렵다고 보고 있다. 그러므로 점수가 필요하다는 것이다. 무엇 때문에 깨친 것과 행동하는 것이 일치하기 어려운가? 그것은 우리가 오랫동안 길들어 온 습기 때문이라고 한다. 미혹하여 몸·입·생각으로 익혀온 습성을 돈오로 일시에 완전히 소멸시키기는 어렵다는 것이다. 그러므로 깨친 것을 행동으로 옮기게 하는 닦음이 필요한 것이다. 점수란 바로 이 닦음을 통해 완성으로 구체화하는 과정이며 노력이다.

> 참으로 총명하고 영리한 사람들은 이따위 어리석은 망상妄想을 내지 않고 바로 정직하고 날카로운 판단으로 뜻 깊이 알아차려 화두를 생각해 가되 마치 큰 바위가 태산 꼭대기에서 굴러 내려오는 것 같이 점점 가속하며 무섭게 정진精進하여 망념妄念을 끊으려고 노력하고 본래 깨끗한 성품을 드러낸다.

청담 스님은 점수의 필요성을, "바람은 그쳤으나 물결은 아직 일렁이고 참된 도리는 드러났으나 망념은 아직도 침범한다."는 말로 강조한다. 바람이 그치는 것은 한순간에 될 수 있으나 일렁이는 물결이 잠잠해지려면 시간이 필요한 것이다. 뿐만 아니라 어리석은 망상을 내지 않는 실제의 노력도 필요하다. 출렁이는 물결을 재우고 망념을 대치하는 공들임이 다름 아닌 점수라고 본 것이다. 그러나 이 닦음은 망념을 끊으려는 노력이 아니라 지혜로 닦는 것이며 망념이 일어나면 바로 그 원인을 비추어 알 수 있는 수행이 필요하다.

비추는 밝음 앞에서 망념은 본래 비어 있는 성품을 드러낼 수밖에 없다. 주변의 대상에 따라 망념이 일어날 때마다 지혜로 비추어 살피는 일을 계속하여 모든 것을 놓아버린 완전한 경지에까지 이르게 하는 것이 깨친 후에 점차로 닦는 것이다. 크게 쉰 완전한 경지는 무위無爲의 경지며, 그것은 더 이상 덜어내고 놓아버릴 수 없는 궁극의 경지를 말한다. 이처럼 청담 스님은 돈오를 바탕으로 점수의 사상도 수용하고 있음을 알 수 있다.

정혜쌍수관 定慧雙修觀

일반적으로 정定이란 산란한 마음을 한 곳에 집중하는 것이며, 혜慧는 사물을 있는 그대로 보는 것이다. 청담 스님은 정혜쌍수(定慧雙修, 마음을 한곳에 머물게 하는 선정과 현상 및 본체를 관조하는 지혜를 함께 닦는 일)라 할 때 정과 혜는 마음에 있다고 보았다. 즉, 마음의 본체와 작용을 분리할 수 없듯이, 정과 혜도 항상 함께 해야 한다고 주장한다. 《육조단경》에서는 정과 혜에 대해 다음과 같이 설하고 있다.

> 정定과 혜慧는 무엇과 같은가? 등불과 빛 같아서 등불이 있으면 곧 빛이 있고 등불이 없으면 곧 빛이 없느니라. 등불은 빛의 몸이요 빛은 등불의 작용이니 곧 두 몸이 있으나 두 갈래가 아니니, 이 정定과 혜慧도 또한 이와 같으니라.

혜능 선사는 정과 혜를 구분하는 것은 있을 수 없는 일임을 강조하고 있다. 즉 손과 손가락과의 관계처럼 떼려야 뗄 수 없는 것이 정과 혜라는 것이다. 일반적으로 간화선은 최상근기의 수행법으로써 단박에 깨달음에 들어가는 것으로 인식하고 있다. "나의 이 법문은 정과 혜로써 근본을 삼나니, 먼저 혜와 정이 서로 다르다고 그릇 말하지 말라. 정과 혜가 한 몸이어서 둘이 아니니, 곧 정은 혜의 몸이요 혜는 정의 작용이니라. 곧 혜의 때에 정이 혜 속에 있고 정의 때에 혜가 정 속에 있나니, 이 뜻은 곧 정과 혜가 함께함이니라."라며 정이 없는 혜는 바람 앞의 등불 같아서 꺼지기가 쉽고, 고요한 물에서 일어난 물결 같아서 안정성이 결여된다고 설하고 있다.

서울 대학생불교연합회 수련법회를 격려하시고

그리고 혜가 없는 정은 어리석은 정이기 때문에 정신이 없는 사람과 같고, 불탄 나무처럼 생기가 없는 것과도 같다. 그러므로 한쪽에 치우쳐 정만 닦으면 무명을 증장할 뿐이요, 또 치우쳐 혜만 닦으면 사견邪見을 증장할 뿐이다. 그러므로 정과 혜를 쌍수雙修해야만 대원경지(大圓鏡智, 둥근 거울에 만물의 그림자가 비치듯이 이 세계 만법을 비치는 지혜)를 얻을 수 있다는 것이다.

청담 스님은 점수漸修의 성격과 내용을 밝히는 것이 정혜쌍수라고 말한다. 정과 혜를 같이 닦아야 한다는 것이다.

> 거울 같이 맑고 밝은 이 마음자리를 공연히 허망한 저 바깥 사물에만 팔리지 말 것이다. 이른바 정혜쌍수라는 것은 이 마음이 일체망상一切妄想이 끊어져서 태산과 같이 움직이지 않는 선정력禪定力과 밝고도 고요하고 안락하며 또렷한 이 마음의 본래면목本來面目을 말하는 것이다. 이것은 다 저 객관사물을 대할 적에 조작 없이 그대로를 바로 알되 또한 모르고 있는 것을 말하는 것이다.

청담 스님에게 있어서는 화두를 성성하게 들고 있는 상태가 곧 깨달음의 상태이고 열반의 상태이다. 깨닫기 이전의 화두란 깨달음에 이르는 도구이지만, 깨달음 이후의 화두는 모든 분별망상이 진경眞境의 세계 그 자체이다. 스님은 화두참구에 대해 다음과 같이 설하고 있다.

> 이리하여 화두의 뜻을 진정으로 알고 싶어 하는 의심이 꽉 쏟아져서 일념一念으로 깊게 통일이 되었거나 또는 일체一切 생각을 다 쉬어서 마음에 앞뒤 생

각이 뚝 끊어지고 적멸무위寂滅無爲하여 힘차고 깨끗한 일념정념一念正念이 확연히 드러나서 대천세계가 없어져 버릴 지경이 되면, 이것을 참선하여 선정력禪定力을 얻었다고 하는 것이며, 이때의 몸과 마음이 가뿐하고 상쾌한 것은 그 스스로만 알게 된다. 마치 물에 빠졌다가 건져져 나오는 것과 같고, 목이 졸렸다가 풀린 것과 같으니 무서운 꿈에서 깬 것 같이 무한한 자유해탈의 통쾌함을 느끼게 된다.

청담 스님에게 있어 성성함이란 정신이 힘차고 깨끗하며 맑은 상태를 말한다. 마음의 본체와 작용은 선정禪定에 의해 지혜가 나타난다고 설명하고, 마음의 본체는 적멸寂滅하고 마음의 작용은 정념正念한 것이라고 말한다. 스님은 화두를 의심을 갖고 챙기라고 강조하고 있다. 마음의 본체와 작용이 하나 되어 있는 것이 화두 일념이다. 적멸한 작용은 무위無爲한 체를 바탕으로 일어난 것이니, 일념정념一念正念이 확연히 드러나는 것이 자유해탈을 얻은 성성한 것이다. 그러면서 마음에 대해 이렇게 설명하고 있다.

마음은 본래부터 어둠이 없고 밝은 것이며 허공처럼 막힘이 없이 툭 트여 있습니다. 우리의 마음은 본래 갖추어진 광명으로 온갖 것을 다 비춰 보입니다. 부처님·중생·천당·지옥 등 눈에 보이는 것이나 안 보이는 것이 모두 우리의 마음에 비춰 보입니다. 마음은 원래 전지전능해서 마음먹은 대로 다 되고, 모를 것 없이 훤히 비춰 보고 있습니다. 그렇다고 거울에 무슨 뜻이 있어 비추는 것이 아니듯이, 우리의 마음도 무얼 나타내고 싶어 나타내는 것은 아닙니다. 거울에 때가 묻지 않으면 모든 영상이 그대로 나타낼 수밖에 없습니다. 우리의 마음도 거울과 마찬가지로 온갖 것을 다 비워 버리면 모든 사물을 스스로 훤히 비출 수 있고 볼 수 있는 것입니다.

청담 스님은 본래의 마음자리를 거울에 비유하고 있다. 거울은 원래 밝은 것인데 거기에 먼지가 쌓이면 거울의 환한 빛이 사라지고 어두워져 아무 것도 비추지 못한다. 무엇이 밝은 거울에 끼는 먼지인가? 우리의 번뇌 망상이다. 번뇌 망상을 버리는 것이 거울의 먼지를 닦아내는 것이다.

이처럼 우리의 마음도 선정을 닦아야 지혜가 드러난다. 그렇다면 거울은 무엇인가? 거울은 우리의 무심無心이다. 이 무심이 불성이니 본래면목이니 하는 것이다. 거울에 끼인 먼지를 다 닦아내면 맑은 거울이 나타나듯이, 동시에 말할 수 없이 맑고 밝은 광명이 나타나 만물을 있는 그대로 비추어 낸다. 우리의 마음도 이와 마찬가지로 모든 번뇌 망상이 완전히 소멸되면 크나큰 대지혜의 광명이 나타나게 된다. 그러기 위해서는 정과 혜를 닦아야 한다는 것이다.

달리 비유하자면 마음은 구름 속의 태양과 같다. 구름이 다 걷히면 태양이 드러나고 광명이 온 세상을 다 비춘다. 이처럼 모든 망상이 다 떨어지면 마음의 지혜 광명이 시방세계를 온전히 비추게 된다. 그런데 아무리 광명이 온 세상을 비추는 환한 대낮이라도 눈 감은 사람은 광명을 보지 못한다. 앉으나 서나 전체가 캄캄할 뿐 광명을 못 본다. 청담 스님은 마음의 눈을 뜨고 보면 우주법계가 광명인 동시에 대낮 그대로라고 설한다. 마음의 눈을 뜨고 보면 모든 존재가 부처 아닌 것이 없고 전체가 불국토 아닌 곳이 없는데, 아직 눈을 뜨지 못한 사람은 "내가 중생이다." "여기가 사바세계다."라고 한다. 스님은 《원각경》에서 말하는 선정에 대해 다음과 같이 설하고 있다.

> 《원각경》에 걸림이 없는 청정한 지혜는 다 선정의 힘에서 이루어진다고 하였고 《법화경》에서는 저 조용한 곳으로 가서 그 마음을 거두어 닦되 편히 앉아서 저 태산과 같이 움직이지 말라 하였다. 그러므로 범부나 성인을 다 초월하여 사람의 본래면목을 깨달아서 생사에 자유롭고자 한다면, 반드시 고요한

처소에서 참선 공부를 닦아야 한다.

청담 스님은 선정과 지혜를 함께 닦아야 하지만, 선정력禪定力이 있어야 진정한 지혜가 갖추어진다고 설한다. 모든 반연(攀緣, 어떤 대상에 대해 마음이 움직이고 혼란해지면서 마음에 집착이 일어난다는 말)을 끊고 마음이 장벽과 같이 되는 상태는 적적한 선정의 상태를 말하는 것이다. 그러면서 생사에 자유롭고자 한다면 참선해야 한다고 강조한다. 《수심결》에서는 선정과 지혜를 함께 닦아야 함을 설하고 있다.

선정으로써 어지러운 생각을 다스리고 지혜로써 무기無記를 다스려, 움직이고 고요한 자취가 없어지고 대치하는 공부를 마치면, 어떤 대상을 대하더라도 생각마다 근본으로 돌아간다. 인연을 만나도 마음마다 도道에 계합하여 걸림 없이 선정과 지혜를 함께 닦아야 비로소 무사인無事人이 될 것이다. 이처럼 하면 참으로 선정과 지혜를 고루 가져 불성佛性을 분명하게 본성이라 할 것이다.

청담 스님은 한국 선禪 사상의 핵심으로 정혜쌍수를 주장하는 동시에 화두와 하나가 되는 정력定力을 강조한다. 화두와 하나 되어 있는 삼매의 경지에서 선정은 성성惺惺과 적적寂寂을 동시에 지니고 있다. 이는 남종선의 돈종頓宗 입장에 서 있기 때문이다. 선정에 드는 방법에 대해 다음과 같이 설하고 있다.

선정에서 일어나서 행보行步를 하거나 일을 하거나 할 때에도, 항상 무슨 방법을 써서라도 이 정력定力을 놓치지 말도록 하되 마치 모질게 우는 갓난아기를 달래는 것과 같이 잡도리해 가면 동정動靜이나 생사生死에 끌리지 아니하는 부동대정不動大定을 쉽게 성취한다.

6장 선禪 사상

불교 수행의 핵심을 계戒·정定·혜慧의 삼학三學이라고도 한다. 이것은 부처님의 가르침을 세 가지로 나누어서 불교도의 생활규범戒과 수행定과 교학의 결과에서 얻어진 지혜慧의 세 가지로 단순화한 것이다. 그러나 그것들은 반드시 고립적인 것은 아니고 같은 불교의 내용을 세 가지 입장에서 보고, 보다 높은 생활규범에서 차츰 완성을 이루며, 정화되어 가는 기초적인 생활 체험을 체계화한 것에 지나지 않는다. 일반적으로 계율로 몸과 입의 행위를 다스리고, 선정을 통하여 산란한 마음을 가라앉게 되면, 자연스럽게 지혜가 나타나게 된다. 그래서 깨닫기 위해 수행하는 사람이 마음을 닦기 위해서는 계율이 먼저이고 다음이 선정이며 마지막이 지혜가 된다. 청담 스님은 삼학을 닦는 것에 대해 다음과 같이 설하고 있다.

> 그와 같은 계율은 단순한 생활규범이거나 규제가 아니라 그 배경에는 부처의 지혜가 빛나고 있다. 부처님과 같은 깊은 지혜를 모든 사람이 다 함께 갖추기 위하여 비로소 선정禪定이 있게 되는 것이다. 따라서 불교는 그 전체가 계학戒學이라고 할 수 있으며, 정학定學·혜학慧學이라고도 할 수 있다. 아울러 불교는 그러한 의미에서 전체를 한데 뭉쳐 선학禪學이라고 해도 무방하다.

청담 스님은 보다 높은 생활규범을 통해 완성을 이루기 위해서 정과 혜를 함께 닦아야 한다고 이해하고 있다. 혼침昏沈과 산란散亂이 없는 정력定力이 있어야만 화두를 끊이지 않고 참구할 수 있는 것이다. 이를 통해야만 생사를 벗어날 수 있다고 보고 있다.

간화선에서는 화엄華嚴의 교설에 의지해 수행하는 것은 앎의 장애를 벗어나지 못하는 것으로 이해한다. 즉 알음알이의 병통을 벗어나지 못하는 것이 화엄을 비롯한 교학의 한계라고 지적한다. 화엄의 내용이 진리를 그대로 간직하고 있음에도 불구하고 지적으로 이해하려 하기 때문에 결국 모두 사구死句이다. 반면 간화선은 지적 이해의 병통을 극복하는 활구活句인 것이다.

청담 스님은 견성한다면서 참선만 하고 앉아 있거나, 참선을 왜 하는 줄도 모르고 무조건 해서는 안 된다고 설한다. 철저한 바른 생활을 바탕으로 흔들림 없이 선정을 닦을 때 비로소 지혜가 드러나는 것이다. 거기에 올바른 선지식을 만나야 무위법無爲法에 곧바로 들어갈 수 있다고 강조한다.

선정과 지혜는 마음을 닦는 데 쌍두마차와 같다고 할 수 있다. 북종선(北宗禪, 자신의 청정한 마음을 관조하는 관심觀心으로 요약될 수 있는데, 마음은 일체의 근본이며 일체는 오직 마음의 발현이므로 마음을 깨달으면 일체를 모두 갖추게 되고 무명無明이 제거되어 해탈에 이른다는 청정선淸淨禪을 확립시킴)의 신수 선사 또한 이러한 전통을 따라 선정과 지혜를 함께 점차적으로 닦아 나아가면 어느 순간 깨달음에 이르게 된다고 주장하였다. 이것을 수상정혜(隨相定慧, 수행을 통하여 정과 혜가 얻어지는 것)라 한다.

반면 남종선의 혜능 선사는 단박에 깨치는 돈오의 법으로 자성정혜(自性定慧, 인간의 심성이 본래부터 갖추고 있는 정과 혜)를 말한다. 마음의 바탕에 그릇됨이 없는 것이 자성의 계戒요, 마음의 근본에 산란함이 없는 것이 자성의 정定이며, 마음의 바탕에 어리석음이 없는 것이 자성의 혜慧이다. 또한 선정과 지혜는 하나이니 선정은 자성의 본체이며, 지혜는 자성의 작용이라고 주장한다.

어떤 입장에서 보거나, 정과 혜의 두 바퀴가 함께 돌아가야 깨달음에 이를 수 있다. 청담 스님은 혜능 선사의 단박에 깨치는 돈오의 바탕 위에 지눌 선사의 점차적으로 닦아가는 점수를 수용하여 간화선의 입장에서 정혜쌍수를 바라보고 있다.

마음선禪

청담 스님은 처음부터 마지막까지 모든 일의 근본은 마음임을 강조했다. 모든 일에 있어서 마음이 주인 되어 모든 일을 만들고, 모든 일을 시키며, 마음이 주인이 되어 이 세상을 창조한다고 한다. 이 세상과 우주를 만들고 없애는 것도 마음이며, 나에게 주어진 내 세상을 만들어 낸 것 또한 마음이다. 마음이 없었다면 세상도 없었을 것이다. 이렇게 평생 화두로 삼았던 마음을 간화선의 수행에 접목시켜 새롭게 선禪 사상의 지평을 넓힌 것이 '마음선禪'이다.

마조 선사는 "모든 것은 전부 마음이다. 모든 이름은 전부 마음의 이름이다. 온갖 것들이 모두 마음으로부터 생겨나니 마음이 만물의 근본이다."라고 설한다. 불교의 최종 목표는 부처가 되는 것이고, 부처가 되는 길은 마음에 있다. 이러한 진리는 마음 밖에 있는 것이 아니라 마음 안에 있다. 그러므로 참선을 통하여 자기의 본래 면목인 마음을 찾으면 깨달음을 얻게 된다.

일찍이 지눌 선사는 《수심결》에서 "삼계의 뜨거운 번뇌가 불타는 집과 같다. 이 속에서 어찌 차마 그대로 머물러 오랜 고통을 달게 받겠는가? 윤회의 세계를 벗어나고자 하거든 부처를 찾는 길밖에 없다. 만약 부처를 찾으려면 부처란 바로 마음인데, 어찌 멀리서 찾을 것인가?"라고 말했다. 마음은 청담 스님에게 있어서도 출가의 동기이자 깨침의 원천이며 교화와 자비행의 원동력이었다. 또한 스님에게 선이란 바로 이 마음을 찾는 공부였다.

> 참선參禪이란 바로 이런 마음을 찾는 공부입니다. 이리저리 헤매지 않고, 이 마음을 직접 찾는 것이 바로 참선 공부입니다. 그래서 옛날 조사님들께서는 선을 말함에, "사람의 마음을 곧바로 가리켜서直指人心 성품을 보고 성불하게 한다見性成佛."고 하셨던 것입니다. 이 마음은 생명이고, 참 나이고 절대자입니다. 생명이 있는 중생이면 누구나 갖추어 있는 것이므로 본래부터 성불成佛입니다. 없는 마음을 따로 창조해내는 것이 아닙니다.

참선은 곧 본래의 마음과 참 나를 찾는 작업이다. 본래의 마음과 참 나는 어느 누구에게나 본래부터 갖추어져 있다. 청정무구하여 일찍이 티끌조차도 묻은 일이 없으며, 완전한 것이 마음이다. 참선은 이러한 본래의 마음과 참 나에 대한 확고한 의지와 신심信心에서 이루어져야 한다.

청담 스님에게 있어 선은 마음을 찾는 공부이며, 마음은 생명이고, 참 나이고, 절대자이다. 그리고 그 마음은 본래 누구나 갖추어져 있기 때문에 본래성불本來成佛이다. 즉 마음은 영원히 상주불변하는 것으로 설명된다.

선에서는 마음이 곧 부처이니 부처를 찾고자 하는 사람은 절대로 밖에서 찾아 헤매지 말고 안으로 자신의 마음을 살펴야 한다고 강조한다. 마음이라는 것이 부처의 근본이라고 하고 또 부처의 마음 바탕이나 중생의 근본 바탕이 같다고 말한다. 이것을 불교에서는 '마음의 근본은 불성佛性이며 누구나 불성이 있다.'라고 하는 것이다. 청담 스님은 마음만 깨치면 부처인데 중생들은 마음이 다른 곳에 있는 줄 알고 밖에서 찾고 있으며, 이것은 수고로움과 고통만 더할 뿐 깨달음과는 멀어지게 된다고 설하고 있다. 이를 알고 내 안에 있는 마음을 간화선을 통해 찾아가는 것이 '마음선'이다.

참선 수행을 하는 것은 참 나, 자신의 내면에서 마음을 찾기 위해서이다. 우리가 일상생활에서 생각하며 느끼는 마음 작용들이 바로 부처와 다름없는 마음의 바탕에서 이루어지고 있는 것이다. 그러므로 마음을 깨치면 부처요, 깨치지 못하면 미혹한 중생인 것이다. 중생은 부처가 밝힌 정법의 진리를 믿고 마음을 깨치는 일에 정진하여 윤회에서 벗어나 해탈의 자리에 가야 한다.

마조 선사는 "도道는 닦을 필요가 없다. 다만 더럽히지만 말라. 어떤 것이 더럽히는 것인가? 분별하는 마음으로써 조작하고 추구하는 것들이 바로 더럽히는 것이다."라고 주장한다. 마음은 닦는다고 새로 생기거나 늘어나는 것도 아니고, 닦지 않는다고 줄어들거나 없어지는 것도 아니다. 또한 안다거나 모르는 것에 속하지도 않는다. 알고 하는 것이 마음을 닦는 것이고, 모르고 하는 것도 마음 닦는 일이다. 이해를 해서 얻어지는 것이 아니라 그냥 알아차리면 되는 것이다. 머리로 하는 것이 아닌 온 몸이 알아차리는 것이다.

그 짧은 알아차림의 순간 마치 감전感電이라도 된 것처럼 그냥 몸을 스치는 체험 하나면 충분하다. 이것이 바로 선의

도선사에 있는 청담 스님 사리탑비

요체이다. 선이란 결국 수행을 하여 무엇을 얻으려는 것이 아니라, 분별하지 않고 치우치지 않으면서 다른 무엇을 얻으려는 노력을 멈춤으로 본래 완전하여 더함도 모자람도 없는 이 마음을 확인하는 것이라고 할 수 있다. 청담 스님은 변하지 않는 것이 마음이며 '마음에서 부처가 나온다.'고 설하고 있다.

> 이 가운데 변하지 않는 것이 하나 있습니다. 그것은 마음, 나입니다. 이 마음이 들어서 낮 꿈, 밤 꿈을 만들어 놓았습니다. 이 마음을 내놓고는 현실이 없고, 다른 것은 다 거짓말이고 없는 것입니다. 과거는 지나갔으니 현실이 될 수 없고, 미래는 닥쳐오지 않았으니 현실이 아니며, 현재라고 하는 시간도 없는 것이니 현실이 있을 수 없습니다. 이 마음, 나로부터 부처도 나오고 중생도 나옵니다. 나 이것 밖에는 현실이 있을 수 없습니다.

청담 스님은 모든 일을 지시하고 이 세상을 만들어 내는 주인은 바로 마음이라고 강조한다. 나의 운명은 이미 정해져 있는 것이 아니다. 마음이 주인이 되어 끊임없이 운명을 변화시켜 갈 뿐이라는 가르침이다.

청담 스님에게 있어서 마음은 나와 일체를 초월하고 영원히 변치 않는 실재로 정의된다. 그리고 이 나가 다름 아닌 마음이다. 우리의 모든 현상은 꿈과 같은 것인데 그것은 모두 마음이 만들어 놓은 것이라고 말한다. 마음으로부터 중생과 부처가 나오지만 마음은 그 가운데 변치 않는 하나의 실재라고 한다.

사람들은 마음이란 말을 자주 쓴다. 그러나 마음이란 용어가 모든 현상에 있어서 동일한 의미로 사용되지 않기 때문에 마음을 어떻게 해석하느냐에 따라 그 의미는 천차만별로 달라질 수 있다. 마음은 대표적으로 진심眞心과 망심妄心으로 나뉠 수 있다. 진심眞心이란 본래심本來心, 자성청정심自性淸淨心이라 이해할 수 있다. 다시 말하면 본래의 마음, 즉 불성을 의미하는 것이라 말할 수 있다. 망심妄心이란 번뇌심煩惱心, 생멸심生滅心, 산심散心이라 이해된다. 산란하고 번뇌에 휩싸인 분별심이 바로 망심인 것이다.

진심이란 만들어지거나 생멸하는 법칙이 아닌 만들어지기 이전 세계의 법칙이라 할 수 있다. 진심이란 어느 것도 붙을 것이 없고, 새로 만들어질 것도 없는 일체가 완전히 끊어진 공空의 본래자리이다.

망심이란 유위법有爲法의 근본이 되는 마음으로 유위란 위작爲作 혹은 조작造作으로 '만들어진 법'이란 의미다. 다시 말해 인연의 화합에 의해 만들어진 현상세계의 법칙을 말하는 것이다. 이 유위법 즉 망심이 근본이 되어 현상세계의 모든 것들을 만들어 낸다.

이렇게 볼 때 세상을 만드는 근본은 바로 우리의 마음이다. 즉 마음을 일으켜 세상을 만들고 모든 것을 시킨다는 것이다. 그러면 이 마음을 찾아가는 방법이 무엇인가? 그것이 바로 참선이다. 참 주인공을 찾고, 내가 누구인지 알아 가고, 자기의 참 성품을 보아, 자기 마음을 다스리는 것이 바로 참선이다. 하지만 청담 스님이 말하는 선禪이란 중국불교 종파의 하나인 선종의 종지를 따르려는 의미를 넘어서 있다. 선종과 교종을 뛰어 넘고, 불교 교단마저 뛰어 넘어 있다. 스님은 '선이란 우주 인생의 본연면목本然面目이기 때문에 따로 선이 없다'고 정의하면서 다음과 같이 설하고 있다.

> 선禪은 선이 아니다. 그러므로 선하면 벌써 선과는 거리가 먼 것이다. 왜냐하면 선은 우주 인생의 본연면목이기 때문에 선이 따로 있는 것이 아니고 내외內外·유무有無·시비是非·생사生死·열반涅槃·극락極樂·고락苦樂·허무虛無·영원永遠 그것들 전체가 모두 선인 것이다. … 그러나 그렇다고 해서 또한 그러한 줄로만 알면 그것 역시 선은 아니다. 왜냐하면 선은 유무有無·인생人生의 본연면

목이기 때문에 선은 따로 없다. 시간 공간 할 것 없이 일체 만물은 하나도 선이 아니다. 유정有情·무정無情이 다 선이 아니다. 생사도 열반도 선이 아니다. 중생도 부처도 선이 아니다. 이러하니 선은 쉬울 수도 있고 어려울 수도 있는 것이다. 쉽다면 코로 숨 쉬는 것보다 더 쉬운 일이고 어렵다면 손으로 별을 따기보다도 더 어려운 일이다.

선이란 본래 말로 표현할 수 있는 것이 아니고言語道斷, 마음으로 분별하여 알 수 있는 것이 아니다心行處滅. 이렇게 깊고 묘하며 비밀스러운 뜻이 있고 보니 감히 문자로 희롱할 수 없는 것이다. 같은 맥락에서 청담 스님이 이해하는 선은 깨달음의 도구로써의 선이 아니라, 일체가 모두 선이면서 동시에 선이 아니다. 청담 스님은 일체의 상대적인 세계 그대로가 선이라고 말하며, 일체의 상대적인 세계를 초월해 있다고도 말한다.

청담 스님의 선 사상은 실상선實相禪과 방편선方便禪으로 나뉜다. 그 내용을 다음의 글에서 살펴보자.

> 실상선나實相禪那라는 것은 이 마음자리를 말하는 것이다 이 마음은 생긴 적도 없거니와 또한 없어질 날도 없는 것이다. 더럽지도 깨끗하지도 아니하며 더하지도 줄지도 아니하며 밝지도 어둡지도 아니한 것이다. 도道도 마음도 아닌 것이기 때문에 닦아서 깨칠 수도 없고 번뇌 망상 때문에 더러워지거나 어두워지지도 않아 항상 이러하여 '배고프면 밥 먹고 곤하면 잠자고 일어난다.'
> 방편선나方便禪那라는 것은 실상선을 깨달을 수 있는 방법을 닦는 걸 말하는 것이다. 우리나라에서는 선한다, 선들인다, 참선한다, 좌선한다 하여 이것이 무엇인고? 하고 의심하여 생각에 들어가며 깨칠 때까지 먹지도 자지도 아니하고 돌아앉아서 정진한다. 또는 조주는 어째서 무無라고 했는고? 하고 공안

6장 선禪 사상

화두公案話頭를 생각하고 의심해 가는 것을 참선 또는 정진한다. '공부한다.'라고 말한다. 이러한 선은 이 마음을 깨치기 위한 방법에 불과한 것이기 때문에 이것을 중간선中間禪 또는 유사선類似禪이라고 말할 수 있다.

청담 스님은 선을 실상선實相禪과 방편선(方便禪, 선 수행을 행하기가 너무 힘이 듦으로 조금 쉬운 방법인 방편을 통해 선에 이르는 방법)으로 나누어 이해하고 있다. 선종사禪宗史에서 그리 보편화되지 않은 실상선과 방편선에 대해 설명하면서 많은 사람들이 쉽게 선에 접근할 수 있도록 방법을 제시하고 있는데 마음 사상과 간화선의 수행을 접목시킨 것이 '마음선'인 것이다. 실상선은 언어도단(言語道斷, 말할 길이 끊어졌다는 뜻으로, 곧, 너무나 엄청나거나 기가 막혀서, 말로써 나타낼 수가 없음) 심행처멸(心行處滅, 마음의 작용이 미치지 못하는 경지로 사고 분별이 끊어진 절대 경계의 본체심)의 경지로 바로 일체의 상대의 세계를 떠난 마음의 세계이다. 이에 반해 방편선은 수많은 길이 존재하고 있음을 보여준다.

실상선은 '반야般若' '법화法華'의 공관空觀을 닦는 실상선법으로, 즉 공空, 가假, 중中인 삼제원융(三諦圓融, 모든 현상에는 불변하는 실체가 없다는 공제空諦, 모든 현상은 여러 인연의 일시적인 화합으로 존재한다는 가제假諦, 공이나 가의 어느 한쪽에 치우치지 않는 중제中諦는 서로 걸림 없이 원만하게 하나로 융합되어 있다는 뜻)인 중도실상中道實相을 표방한다. 이는 천태종 수행법으로 천태(天台:538~597) 대사가 정리해서 주창한 선법禪法이다.

방편선은 백파 긍선 선사가 자주 사용한 선법이다. 《선문수경禪文手鏡》이라는 책을 저술하였는데 '수행자가 누구나 손에 가지고 다니는 거울처럼 필요할 때 꺼내 볼 수 있다'는 의미에서 붙인 이름이다. 당시에는 선법에 관한 교의가 체계적이기보다는 인물에 따라서 그리고 근기에 따라서 '케이스 바이 케이스'로 시설된 방편이 주를 이루고 있었다. 백파선사는 이와 같은 상황에서 누구에게나 어디에서나 무슨 상황에서나 보편적이고 타당한 가르침을 제

세계불교 지도자들과 불국사에서
기념 촬영(원내는 청담 스님)

시할 필요성을 느낀 나머지 그 방법을 생각한 것이다.

종밀 선사의《선원제전집도서》에서 선禪을 선나이행禪那理行이라 부르며 선리禪理와 선행禪行으로 구별하였는데, 청담 스님의 실상선은 선리에, 방편선은 선행에 맞추어 이해할 수 있다. 종밀 선사는 "선의 본원本源이 선리이고, 정식情識을 잊고 이 선리에 계합하면 선행이다."라고 밝히고 있다. 선리의 차원에서는 진眞과 망妄을 떠나 있는 진성眞性이며, 법성法性이며, 여래장如來藏의 장식藏識이며, 불성佛性이며, 심지心地라고 할 수 있다. 선행은 선정바리밀과 십육관선十六觀禪과 염불삼매念佛三昧, 반주삼매(般舟三昧, 7일이나 혹 90일로 미리 일정한 기간을 정하고, 그 동안에 몸·입·뜻의 3업으로 마음을 가다듬어 온전히 하고, 정행을 가지면서 조금도 게을리하지 않는 것. 이 삼매를 닦으면 눈앞에 모든 부처님을 뵙고, 교화를 받는다고 함) 등이 다 포함된다고 종밀 선사는 주장한다.

청담 스님은 실상선(實相禪, 실상은 곧 공이므로 실상관은 공관을 말한다. 이 선법은 대승과 소승의 선법을 융합한 것)을 주장하면서도, 소승불교의 4선8정四禪八定과 대승불교에 있어서도 교종의 각기 다른 수행법과 선종의 5가7종五家七宗 수행법을 모두 방편선으로 이해한다. 이처럼 청담 스님의 선에 대한 이해는 실상선의 차원을 추구하면서도 방편선으로 모든 것을 포용하고 있음을 볼 수 있다. 특히 간화선도 방편선의 하나임을 밝히고 있는 것은 스님의 특징이라 할 수 있다.

청담 스님의 선 사상을 항상 강조하는 마음 혹은 마음자리를 통하여 잘 나타내고 있는 것이 '마음선'이다. 불교의 목적이 부처가 되는데 있다면 바로 영원히 상주불변하는 마음을 찾으라는 것이 스님의 일관된 주장이다.

그 마음을 찾기 위한 방편인 선 수행법으로 청담 스님이 일관되게 강조하고 있는 것은 달마선達磨禪의 종지宗旨를 계승한 간화선이다. 청담 스님은 "마음을 깨치는 선법禪法에도 전문적으로 하는 달마선達磨禪과 천천히 닦아 익히는 의리선義理禪이 있습니다. 달마선이란 마음 곧 깨치는 선법으로 고속으로 가는 방법이고, 의리선은 과학·철학·이론적으로 따져볼 것 다 따져 가며 닦는 법입니다."라고 말한다. 스님은 달마선의 특징을 곧장 깨달아 들어가는 선법, 즉, 격외선格外禪이나 혹은 경절직입문(徑截直入門, 일체의 어로語路, 의리義理, 사량 분별의 길을 거치지 않고 직접 마음의 본체에 계합하여 들어가는 문)으로 이해한다. 그리고 달마선을 계승하고 있는 가장 뛰어난 수행법으로 간화선을 권하고 있다.

물론 이러한 주장은 청담 스님 스스로 무 자 화두를 통하여 깨침을 얻고, 스승인 만공 선사로부터 인가印可를 받았던 경험이 바탕이 되었다고 본다. 청담 스님은 만공 선사의 인가에도 불구하고 거기에서 머무르지 않고 지속적인 수행을 계속해 나갔으며 항상 참회를 강조하고 인욕을 한평생 실천했다. 순간의 깨침보다 그것을 삶 속에서 지속시키는 것이 더 중요함을 몸소 보여준 것이다. 이처럼 마음 사상 즉 '마음 닦는 수행법' '마음자리 찾기' 등에 달마선이 계승하고 있는 가장 뛰어난 수행법인 간화선을 접목시키고 이처럼 마음이라는 단어를 간화선 세계에 접목시켜 선사들의 선 사상을 수용하여 정립시킨 것이 '마음선'이다. 이는 청담 스님만의 선 사상 특징으로 전해지고 있다.

유심唯心의 선풍禪風

청담 스님이 불교에 귀의하고 출가한 동기는 마음에 있다. 일체의 분별사량과 번뇌 망념을 떠난 마음, 우주를 주재하고 불생불멸不生不滅하는 마음, 생각의 주체가 되고 업보業報의 주체가 되는 마음을 통하여 수행과 깨달음의 토대를 확고히 하고 있다. 그러기에 《화엄경》에서 말하는 일체유심조一切唯心造 사상을 거론하면서 조造자를 빼고 일체유심으로 해석하였으며, 일체법一切法이 다 불법佛法이며 마음이며 부처라고 밝히고 있다.

> 일체유심조一切唯心造라는 말이 있다. 일체가 모두 마음으로 만들었다는 것인데, 마음으로 만들었다고 하면 만든 마음과 만들어진 객관이 있게 되어, 주관·객관이 또 벌어질 수 있으니 일체유심이라. 지을 조造자 하나를 빼버려야 알기 쉽다. 오직 마음뿐이다. 일체가 마음이다. 그러므로 일체가 불법이다. 전체가 하나란 소리가 다 불법이란 소리와 한 가지이니, 일체 법이 다 불법이고, 일체 법이 다 불법이란 소리는 일체가 다 마음이란 뜻이고, 마음이 부처라는 뜻이다. 그러다 보니 마음대로 변해서 제망중중帝網重重으로 이 '조造' 하나에 한량없는 백성이 들어가 있음이 한 번에 보아도 낱낱이 따로 보인다.

이렇게 볼 때 청담 스님은 《화엄경》의 유심 사상에서 많은 영향을 받은 것으로 보인다. 일체유심조의 경계는 모든 것이 마음을 통찰해 보면 나타나는 경계로, 마음을 통해 생명이 항상 충만해 있음을 깨닫는 경계이다.

《화엄경》에서는 세간世間·오온五蘊·중생衆生·부처 등은 모두 마음이 만들어 낸 것이라고 가르친다. 청담 스님은 선이란 주관과 객관으로 나뉘는 분별심이 없는 상태를 말한다고 설한다. 《임간록林間錄》에 "마음이 일어나면 갖가지

청담 스님은 평생 마음에 대해 설법을 했다. 인간의 인생을 좌우하는 것은 마음이라며 인생관에 대해 설법하고 있는 모습

현상이 생겨나고 마음이 사라지니 해골과 둘이 아니다. 부처님께서 삼계유심三界唯心이라 하셨으니 어찌 나를 속인 것이겠는가."라며 생멸심生滅心이 사라지면 속제俗諦가 바로 진제眞諦임을 설명하고 있다. 삼계는 오직 마음에 의해 건립된다. 결국 만법은 오직 하나의 유심에서 비롯됨을 설하고 있다.

> 마음은 생각도 아니고 지식도 아니지만 마음을 빼놓으면 아무것도 없다. 그러므로 죄나 복이나 착한 일이나 악한 일을 다 마음이 하고, 지옥에서 하는 고생도 천당에서 받는 호강도 마음을 깨치지 못하는 것도 마음을 깨쳐서 번뇌 망상을 없애 버리는 것도 모두 마음이 하는 일이다.

청담 스님은 모든 번뇌와 안락과 행복과 불행, 천당과 지옥도 마음이 하는 것이라고 주장한다. 이러한 마음이 유위有爲의 마음이며 앞에서 설한 일체유심조의 마음이다. 유위의 마음이란 여러 인연과 계합하여 만법을 창조한다는 뜻이다. 이는 범부로 태어나서 깨달음을 이루기까지도 모두 마음이 한다는 뜻이다.

> 만약 사람이 삼세의 모든 부처님을 알고자 한다면 응당 마음이 모든 여래를 조성한다는 것을 관찰하라. 여래를 조성한다는 것은 깨달음을 얻기 이전의 수행과정을 말하는 것으로 깨달음 후에는 조성의 의미가 없어지기 때문에 유위有爲가 아닌 무위無爲의 경지인 것이다.

이처럼 청담 스님은 마음 사상을 분명히 깨달아 무위가 되어야 한다고 주장한다. 간화선에서 주장하는 화두 또한, 이 분별심과 알음알이, 즉 지해知解의 병통, 유위有爲의 마음을 제거하기 위한 것이라는 해석이다. 분별을 떠난 지혜를 반야般若라고 하듯 청담 스님은 오직 마음만이 지혜의 병통이 떠난 '실상선實相禪'이라고 강조하고 있다. 이러한 유심唯心의 선풍禪風이 스님의 마음과 마음자리 철학으로 나타나고 이를 선 사상에 접목시켜 마침내 '마음선'을 정착시키게 된다.

대자유大自由의 선풍禪風

대자유를 어떻게 설명할 수 있을까? 색안경을 벗고 있는 그대로를 마주할 때 드러나는 세계라고 말할 수 있다. 즉 무위無爲의 세계이다. 《아함경》에서는 무위에 대해 다음과 같이 정의한다.

"비구들이여, 무위란 무엇인가. 탐냄의 소멸, 성냄의 소멸, 어리석음의 소멸이다. 비구들이여, 바로 이것이 무위이다."

무위란 탐냄과 성냄과 어리석음이 가라앉은 대자유의 경지임을 알 수 있다. 무위란 말로 나타낼 수 없는 법의 본성으로 다른 사람으로 하여금 깨달음을 성취하도록 하기 위해 명칭을 붙인 용어이다. 진여법성(眞如法性, 바뀌지 않는 일체 만유의 본체)을 설명하기 위해 가설적으로 명명한 말이다. 무위란 인연의 지배를 받지 않는다. 인연에 의해 형성되지 않고 생멸 변화 등의 작용을 갖지 않는다. 생멸변천 현상을 초월한 상주불멸常住不滅하는 절대의 법이 무위無爲다. 이는 탐貪·진瞋·치癡가 소멸돼 온갖 분별망상과 번뇌가 끊어진 상태이며, 윤회로부터 해탈한 열반의 경지, 즉 대자유를 의미한다.

유위법有爲法은 번뇌 속에서 하는 일체 법을 뜻한다. 무위법無爲法이 번뇌가 하나도 없이 하는 일체 법을 뜻하는 것이라면 이에 상대되는 개념이 유위법인 것이다. 유위법으로 사는 사람은 번뇌 때문에 모든 일에 집착과 장애의 괴로움을 받는 중생이다. 반면 무위법으로 사는 사람은 번뇌가 없어서 모든 일에 집착도 없고 근심도 없는 해탈의 삶을 누린다. 그러므로 중생이 괴로움을 소멸시키기 위해서는 유위법에서 벗어나 무위법을 얻어 자유로워야 하며, 유위의 사람인 중생이 무위의 사람인 부처가 되려고 노력하는 것이 곧 수행이다.

초기 불교의 여러 경전에서 탐냄·성냄·어리석음이 소멸된 경지를 열반으로 풀이한다. 따라서 무위란 열반과 동일한 의미를 갖는다. 부처님께서는 "오, 비구여, 조건적인 것이든 비조건적인 것이든 무위가 가장 지고한 것이다. 즉, 거짓을 여의고, 갈애를 파괴하고, 집착의 뿌리를 뽑고, 윤회를 끊고, 갈애를 없앤 이욕, 소멸이 바로 열반이니라."라고 설하였다. 열반과 무위의 실현은 초기 불교의 궁극 목적에 해당한다. 수행의 실천이란 결국 유위로부터 무위로 넘어가는 과정이라고 바꾸어 말할 수 있다. 이것을 닦음으로써 스스로 지어낸 경험세계의 속박으로부터 벗어난다면 그것으로 대자유의 세계에 도달한 셈이다. 청담 스님은 저서나 설법 곳곳에서 대자유의 선풍을 나타내 보이고 있다.

> 만약에 이 마음자리, 이 소식, 이 도리, 이놈, 이것, 이 법을 의논하고자 한다면 어찌 그대가 저 말과 글귀에서 도리를 알 수 있을 것이며, 또한 한 생각에서나 한 가지 사물로써 이 도리를 알 수 있을 것이며, … 이렇게 된 한 소식 문을 아무 일도 저지르지 아니하는 무위법문이라 하오. 만일 이 마음을 깨달아 알고자 한다면 이 마음자리가 본래 무심한 것을 알면 되오.

청담 스님은 무심이 있는 곳에 마음을 두고 적멸을 통해 해탈의 자유를 얻어야 한다고 말한다. 연수 선사는 "모든 번뇌의 근본인 무명을 타파하면 시비 분별하는 나와 그 대상 경계가 사라지니, 대상 경계로 분별하는 유와 무라는 개념조차 존재하지 않는 것"이라고 설한다. 두 선지식은 유와 무를 보지 않는 그 자리가 텅 비고 고요한 참 마음이요 올바른 깨달음이며 대자유의 세계라고 주장하고 있다.

청담 스님은 "대도大道를 닦는 사람은 곧 그 자리에서 모든 생각을 버리고 본래 마음 그대로여서 다만 묵묵히 이러할 따름이다."라고 설한다. 이는 우리의 마음에서 주관과 객관의 상대적인 세계를 떠나는 것이 다름 아닌 걸림이 없는 대자유라는 것이다. 그렇기에 스님은 주관을 쉬라고 주장한다. "주관을 쉰 이 청정한 본래의 마음 법에는 기둥도 기둥 모양도 없다. 그러므로 저 기둥 한 가지를 볼 때 곧 그 기둥이 나타나는 이치와 그 기둥을 나타낸 이 마음의 본연면목을 동시에 깨달을 수 있으리라."라고 강조한다. 일체의 상대적인 세계를 떠나 있는 마음의 본래면목의 자리가 다름 아닌 청정무위淸淨無爲한 마음이기에 무위를 주장하는 것이다. 청담 스님은 청정한 무위의 마음에 대해 다음과 같이 설하고 있다.

> 이 마음은 무심無心한 자리이며, 말이 없는 자리이며, 아무 것도 아는 것이 없는 자리이며, 특별한 불법의 정지견正知見도 가진 것이 없으며, 또한 피차彼此도 없다. … 설사 본의 아니게 파계破戒한 일이 있다 하더라도 그 파계한 것을 뉘우치는 생각이 본래 없었던 도리를 확실히 알고 참회하는 생각까지 버리면, 또한 생사를 초월한 해탈의 본연면목인 청정무위한 마음만 남아서 두루 하리라.

여기서 말하는 청정무위한 마음이란, 있는 그대로를 인식하고 세상을 똑바로 보아 거기에 좋고 나쁜 느낌이 동반되지 않는 것임을 설하고 있는 것이다. 이 마음은 아주 깨끗하고 정확한 판단을 하며 항상 즐거운 삶을 영위한다. 그러한 경지를 불교에서는 무위라고 하며 이렇게 세상을 바로 보고 즐겁게 살 수 있다면 모든 괴로움과 번뇌가 사라진 대자유의 세계인 것이다.

이러한 청담 스님의 대자유의 선풍은 그 사상적 근원을 혜능 선사의 무념에서도 찾을 수 있다. 청정무위한 마음자리로 무위를 강조하고 있는 스님의 선 사상은 주관과 객관의 세계를 떠난 진여본성眞如本性을 주장하는 혜능 선사의 무념과 일치한다고 볼 수 있다.

무념은 마음 작용을 소멸시켜 생각을 일으키지 않는 상태를 말하는 것이다. 모든 분별이 끊어져 번뇌와 망상을 일으키지 않고 부처의 성품을 깨달아 그것을 유지하는 것이다.《경덕전등록景德傳燈錄》에 "무념無念을 종지로 삼고 무작無作을 근본으로 삼으며, 진공眞空을 본체로 삼고, 묘유妙有를 작용으로 삼는다. 대개 진여는 무념이며 상념想念으로 능히 알 수 있는 것이 아니다. 실상은 무생無生이나 어찌 마음을 일으켜서 능히 알 수 있으리오."라고 설한다.

무념무위無念無爲에는 생각도 없고, 조작도 없고, 생겨남도 없고, 머무름이 없고, 소멸함도 없으며, 안팎으로 구함이 없으므로 별다른 수행이 없다. 사람 본래의 고유한 천진자성天眞自性 그대로가 진여眞如며, 실상實相이며, 열반涅槃이며, 피안彼岸인 것이다. 그와 같은 이치가 바른 길이며 근본이며 으뜸인 것이요, 이러한 경지가 대자유의 경지이다.

무위란 아무런 행위가 없는 것이 아니라 일체의 행위를 함에 있어 물고기가 물속을 가듯이, 새가 창공을 날듯이, 걸림이 없이 하는 행동을 말한다. 청담 스님은 시간적인 생멸변화生滅變化를 초월하는 상주常住·절대·진실의 경지인 대자유의 선풍禪風을 견지하고 있다.

이상과 현실융합現實融合의 선풍禪風

현실세계를 융합하는 것을 원융圓融이라고 한다. 우리나라 불교의 모든 사상을 무작정 하나라고 고집하는 것이 아니라 더 높은 차원에서 하나로 엮는 교리통합론이 바로 원융이다. 한국불교에 있어 일찍이 원효 대사와 지눌선사 그리고 보우 선사 등이 원융회통(圓融會通, 원융이란 원만하여 막힘이 없는 것이며, 회통이란 대립과 갈등이 높은 차원에서 해소된 하나의 만남을 말함. 따라서 원융회통 사상은 대립과 갈등의 관계에 있는 사상과 논리를 보다 높은 차원에서 조화롭게 수용하고 무리 없이 통합하면, 그들 사상과 논리가 평화롭게 공존할 수 있다고 보는 조화적인 통일의 논리를 가리킴)한 전통을 세워 놓았다. 청담 스님에게 있어 선禪은 마음이고 불성佛性이자 법法이다. 바로 이 마음이 모든 것을 융합하고 포용할 수 있는 이론적 기초가 된다. 스님은 이에 대하여 다음과 같이 밝히고 있다.

불성佛性자리인 이 마음은 허공虛空과 같아서 아무리 무량 무수한 지혜와 공덕功德으로 꾸며 보려고 하여도 끝내 머물며 있지를 아니할 것이다. 아무 것도 아닌 이 마음이지만 쓰려고 들면 무진장無盡藏의 지혜와 공덕이 쏟아져 나오다가, 그만두면 아무 것도 없는 것조차도 없는 것이다. 구태여 말하자면 이 마음은 절대이며, 고독이며, 청정이며, 자유이며, 안락이며, 자비이며, 일체지혜이며, 절대능력으로 정말로 영원불멸한 실재인 것이다.

원융 사상은 한국 불교의 대표적인 흐름을 형성하여 한국불교를 원융불교라고 까지 지칭하게 되었다. 원융 사상을 주창한 대표적인 고승은 원효 대사이다. 원효 대사는 인도·중국불교에서 논쟁의 대상이 되었던 공空과 유有, 진眞과 속俗, 이理와 사事, 소승小乘과 대승大乘, 아我와 법法 등에 관하여 그의 여러 저술에서 상대적인 것들은 어느 하나 독립적으로 존재할 수 없음을 밝혔다. 그리고 이들은 모두 일一이면서 다多요, 많으면서 하나의 관계를 취하고 있다는 원융 사상을 천명하고 있다. 청담 스님 선풍禪風의 특징 또 하나는 현실과 화합한다는 점이다. 불교정화와 한국불교의 현대화 노력으로 드러나듯이 청담 스님에게 있어 선이란 구체적인 삶의 현실에 화합하고 있다. 선禪과 교敎에 치우치거나 구애되지 않을뿐더러 성聖과 속俗의 구별이 없다. 스님은 이상과 현실의 융합에 대해 다음과 같이 설하고 있다.

여기서는 모든 것이 서로 융합하여서 불이 곧 물이며 물이 곧 불인 것이다. 하늘이 곧 땅이며 땅이 곧 하늘인 것이다. 사람과 짐승이 그렇고 남자와 여자가 그렇다. 나와 너, 유정과 무정, 산 것과 죽은 것이 그렇다. 중생이 곧 부처이고 부처가 곧 중생이다. 아는 것이 모르는 것이며 모르는 것이 아는 것이다. 번뇌가 곧 대각大覺이며 대각이 곧 망상인 것이다. … 이렇게 만물이 서로 융통하여 용납하는 것이다. 1대 1로 서로 용납하는 것이 아니라 1일 그 전체를 다 용납하므로, 하나하나가 다 그렇고 또 이 하나를 만물이 다 각각 용납하므로 하나가 만물에 두루 통해 있다. 낱낱이 다 그렇다. 그러므로 하나가 전체요 전체가 하나인 것이다.

청담 스님은 철저한 원융 사상에 입각하여 수행생활을 하면서 하나가 만물이 되어 두루 통해 있다고 설한다. 의상義湘 대사는 《화엄일승법계도華嚴一乘法界圖》를 통하여 원융 사상을 천명하였다. 그 첫머리에 법성원융무이상法性圓融無二相이라 하여 화엄 사상은 총체적으로 볼 때 원융하여 두 가지 모습이 없음을 밝히고, 하나가 곧 일체一切요 일체가 곧 하나이며, 한 티끌과 시방세계, 한 생각과 무량한 세월, 초발심初發心과 정각正覺, 생사生死와 열반涅槃이 둘이 아니라는 원융 사상을 철저히 규명하였다. 스님은 변하지 않고 그대로인 것이 마음이라고 강조하면서 간화선의 수행을 통해 깨달음으로 가는 과정을 접목시켜 이를 '마음선'이라 주장하고 있다.

내가 마음이란 말을 자주 하는데, 이 마음은 심성心性과 불성佛性이란 뜻으로 하는 말이다. 그리고 이 마음자리는 억만 겁 이전부터 있었고, 억만 겁 뒤에 가서도 옛것이 아니다. 어제도 이렇고 오늘과 내일도 이렇고 항상 이러한 것이 마음이다.

청담 스님의 화엄일승법계도華嚴一乘法界圖. 신라의 의상 대사가 지은 화엄학의 핵심을 7언 30구 210자의 게송으로 요약하여 사각인四角印 속에 새겨 넣은 것

이와 같은 청담 스님의 마음 사상은 심성과 불성에 바탕을 두고 형성되고

있다. 다시 말하면 한국의 선禪 수행은 심성과 불성을 뜻하는 마음을 깨닫는 수행이라 할 수 있다. 하지만 그 마음자리만은 변하지도 옛것도 아닌 원융한 자리임을 밝히고 있다. 청담 스님의 이상과 현실의 융합 선풍에 대해 혜성 스님은 다음과 같이 회고한다.

> 20여 년 동안 수도 고행苦行과 참선參禪에만 정진精進하던 청담 스님이 일단 산을 내려와 불교정화운동에 몸 바친 뒤로는 무서운 호랑이로 돌변하고 말았다. 어릴 때 아버지를 여의고 난 뒤 고독했던 성품이 보통학교에 입학하고 나서는 개구쟁이로 변한 것처럼…

혜성 스님의 회고에서 볼 수 있듯이 산속에서 고행과 수행에 전념하던 청담 스님은 산을 내려와 정화불사에 참여하면서 호랑이와 같은 기개를 보여줬다. 청담 스님에게 있어 삶의 모든 공간은 수행의 공간이요 교화의 공간일 수밖에 없다. 수행과 교화가 둘이 아닌 원융한 세계가 바로 선의 세계이다.

너와 내가 둘 아닌 불이不二 사상이 원융무애圓融無礙의 사상이다. 우리는 세계일화世界一花, 우주일가宇宙一家를 말한다. 세계는 한 송이 꽃이요 하나의 가족이다. 꽃은 뿌리와 줄기, 잎과 가지가 있지만 무엇 하나 필요치 않고 옳고 그르다고 분별할 수 없다. 그 자체가 꽃 한 송이일 뿐 원융의 마음으로 보면 모두가 하나이다.

청담 스님은 "인간으로 하여금 생사에 초월하여 자재하고, 우주의 주인공인 생명의 본연면목으로 돌아가서 불멸의 인간, 자유의 인간으로서 완전한 인간으로 거듭날 수 있다."고 설하고 있다. 청담 스님은 정화와 개혁 등 일에 있어서는 이상과 현실을 원융하고, 삶에 있어서는 고독한 수행자였다. 그렇지만 실천행實踐行에 있어서는 보살이었고, 무소와 같은 불퇴전의 용맹심을 과시했다.

보살도菩薩道 완성의 선풍禪風

청담 스님에게는 인욕忍辱보살의 화신이라는 수식어가 붙어 있다. 스님은 대처식육하지 않고 계율을 잘 지키는 것이야말로 승려의 본분임을 철저히 강조하고 스스로 모범을 보였다. 또 중생교화를 펼치는 데 있어선 무엇보다 업業의 사슬에서 벗어나기 위해 참회를 해야 한다고 강조하였다. 석가모니 부처님의 일부 제자들이 개인 수행에만 몰두하여 중생의 고통을 외면하는 소승적인 모습을 보이자, 유마維摩 거사는 병으로 앓으면서 부처님의 지시에 따라 문병 온 제자들을 하나하나 깨우쳐 주었다.

대승보살도大乘菩薩道는 '상구보리上求菩提 하화중생下化衆生'을 목표로 하는 보살의 길로 사홍서원四弘誓願의 발원과 육바라밀 실천을 근본으로 한다. 청담 스님은 한국의 불자들이 나아가야 할 길을 대승보살도로 보았다. 위로 깨달음을 구하는 것은 바로 마음을 바로 아는 것이라며 마음을 깨친 바탕 위에서 중생을 제도하기 위한 원력을 세워야 함을 강조하였다. 이것이 보살도의 완성이라고 보았다.

청담 스님은 "성불을 한 생 미루는 한이 있더

서울 마포 석불사 대웅전 낙성식. 앞줄 왼쪽부터 인홍 비구니·자운·서운·영암·청담·석주·천일 스님(석불사 주지).

라도 중생제도를 하겠다." "중생제도를 위해서라면 지옥에라도 가겠다." "다시 태어나도 이 길을 가겠다."는 원력을 세웠고 이는 중생제도를 위한 보살심의 발로로 받아들여진다. 그러면서 중생의 마음을 깨우쳐 주기 위해 한평생 마음 사상과 선 사상의 법문을 하였다. 또한 불교정화를 위해 보살행을 실천한 청담 스님의 삶과 실천행 그대로가 대승보살도의 실천이라 할 수 있다. 스님은 "불보살의 마음은 자비의 마음이고, 원력의 마음이다."라고 강조하며 보살도 완성의 경지를 다음과 같이 설명했다.

> 정말 우주와 내가 둘이 아닌 이치를 깨달은 무소득無所得의 경지라면 불쌍한 중생을 보고 불쌍한 마음이 일어나고, 나를 위해서는 할 일이 없지만 중생제도를 위해서는 할 일이 많은 자비심慈悲心이 있게 된다. 오직 남을 위해주는 자비심, 어둠을 밝히는 밝은 지혜, 끝없는 중생들을 모두 괴로움으로부터 건져내고야 말겠다는 위대한 원력願力, 이것이 깨달은 이의 마음이고, 불보살의 마음이며, 무소득無所得의 경지이다.

청담 스님은 보살도의 완성을 위해선 육바라밀을 실천해야 한다고 강조했다. 사람이 자기 마음을 깨쳐 부처가 되는 길이 8만4천 가지이고, 석가모니 부처님이 설한 가르침 또한 8만4천 가지이지만 이를 종합적으로 분류하면 여섯 가지이니 그것이 바로 육바라밀이라는 것이다.

> 첫째는 물심양면으로 남에게 이익을 주는 자비심을 행하는 것이요布施.
> 둘째는 마음을 단속하고 행동을 조심하여 탈선하지 않는 것이요持戒.
> 셋째는 소신을 이루기 위하여 모든 곤란과 애로를 극복하는 것이요忍辱.
> 넷째는 남과 나를 위하여 옳은 일이라고 생각될 때에는 그 일을 위하여 전후

좌우 돌아보지 않고 오직 전진이 있을 뿐, 중지나 후퇴를 모르는 것이요精進.

다섯째는 태산 같은 입지立志와 바다 같은 안심으로 바라는 바 목적 성공을 위하여 그 바깥 일에는 마음을 움직이지 아니하는 일이요禪定.

여섯째는 위의 차례를 따라 쉬지 않고 부지런히 노력하여 인생의 본연면목인 이 마음을 깨쳐서 태어날 적마다 일 초의 틈도 없이 죽음에 쫓겨서 영겁永劫에 헤매던 인생을 해탈의 세계로 인도하여 영원과 자유와 행복을 누리게 하며, 동시에 천상과 인간의 최고의 지도자로 군림하는 것이다智慧.

청담 스님의 선풍은 평소 불자들에게도 보살도를 실천하도록 주문하면서 육바라밀을 강조하는 등 보살행과 깊은 연관을 갖고 있다. 이것이 스님의 대승보살大乘菩薩의 선풍이라 할 수 있다. 바라밀이라는 말은 범어 파라미타를 음역音譯한 것으로 저 언덕에 이른다는 뜻이다. 도피안到彼岸이라고도 하는 이 말은, 생로병사의 고해苦海인 이 언덕에서, 깨달음의 세계인 저 언덕에 이른다는 말이다. 이 육바라밀은 자리이타自利利他를 실천하는 보살과 불자들이 반드시 닦아야 하는 수행덕목修行德目인 것이다.

《유마경》에 "내 마음이 맑고 깨끗하면 온 세계가 맑고 깨끗하다."고 했다. 맑고 깨끗한 마음을 가진 사람은 세상 모두가 맑고 깨끗하게 보이는 것이고, 마음속에 항상 불평과 불만이 가득한 사람은 세상의 모든 것들이 못마땅하게 보인다는 것이다.

맑고 깨끗한 마음을 갖게 되면, 나는 물론이고 내 주변 사람들 모두가 즐겁고 행복한 삶을 누리게 된다. 나 혼자만 잘 사는 것이 아니라 모두가 행복하게 사는 방법이 바로 맑고 깨끗한 마음을 갖추는 것이다. 맑고 깨끗한 마음을 갖추면 저절로 지혜가 생겨나고, 모든 것을 올바르게 볼 수 있게 되어 결국에는 해탈에 들게 되는 것이다. 청담 스님은 이것을 보살도의 완성으로 보았다.

맑고 깨끗한 마음으로 세상을 바라보면 있는 그대로의 진실을 볼 수가 있다. 진실을 보면 진리를 볼 수 있게 되고, 진리를 보면 어떠한 잘못도 저지르지 않게 된다. 잘못을 저지르지 않으므로 악업을 짓지 않고 선업만을 짓게 되어 이상적인 삶을 살 수 있는 것이고, 결국에는 저 피안彼岸의 세계로 가게 되는 것이다.

부처님 가르침의 가장 기본은 "나쁜 짓을 하지 말고 선하고 옳은 일을 하고, 마음을 항상 깨끗이 하는 것이 곧 불교"라고 한다. 불교의 근본은 악을 행하지 않고 선한 일을 받들어 하며, 스스로 마음을 깨끗이 하는 것이 바로 모든 부처님의 가르침이라는 뜻이다.

나쁜 짓 하지 말고 착한 일 하라는 것은 어린아이들도 다 알고 있는 얘기지만, 우리가 실행하지 못하고 악업을 짓고 스스로 지옥의 고苦를 자초하는 것은 우리들의 마음이 탐貪·진瞋·치癡 삼독심三毒心으로 더럽혀져 있기 때문이다. 그러므로 수행을 통해 마음의 번뇌를 벗기고 다 같이 행복하게 사는 길을 찾아야 한다.

육바라밀은 바로 이 마음의 때를 벗기고, 청정본연의 본래 마음을 회복하기 위한 방법이요, 수단이다. 번뇌와 망상이 가득한 삼독三毒의 바다에서 열반의 저 언덕에 도달할 수 있는 뗏목과 같은 것이 바로 육바라밀이며 이의 실천이 보살도의 완성으로 이어진다. 우리에게는 열반이라는 것이 있고, 열반에 이르는 길도 있고, 그 길을 가르쳐 주는 부처님의 법도 있다. 그러나 이 열반을 성취하고 못하고는 각자 자신에게 달려있다. 그러면 어떻게 해야 부처님과 같은 청정본연의 마음을 회복하고 성불의 길을 갈 수 있는가?

부처님께서는 이 열반의 언덕에 이르기 위한 구체적인 방법으로 여섯 가지 길을 말씀했다. 이것이 바로 육바라밀이다. 부처님께서는 이 여섯 가지의 길을 걸으면, 마음이 청정하게 되고, 무량공덕無量功德을 짓게 되어서 마침내 열반에 이르러 성불하게 된다고 하였다.

육바라밀의 실천이 바로 대승보살행大乘菩薩行의 완성이다. 청담 스님은 대승보살의 실천행을 통한 수행을 해야 열반의 경지인 청정본연의 자성自性으로 돌아간다고 보았다. 그래서 육바라밀을 실천하는 방법을 밝힌 수행법으로 대승보살의 선풍을 견지했다.

청담 스님은 주관主觀과 객관客觀, 성聖과 속俗, 출세간出世間과 세간世間, 승려와 신도, 선禪과 교敎를 아우르는 마음 사상의 실천을 강조하고 있다. 철저한 수행과 과감한 현실참여 그리고 대발원의 중생제도는 스님의 대승보살행에서 나온 걸림 없는 삶이었다.

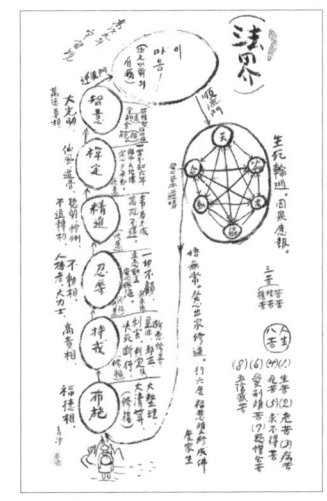

육도법계六道法界.
불교에서는 중생이 살아있는 동안 지은 선악의 행위에 따라 육도六道 즉, 천도·인도·수라·축생·아귀·지옥의 세계를 끊임없이 윤회전생輪迴轉生 하게 된다. 이 육도윤회를 끊고 생사의 고해를 건너 열반의 피안에 이르기 위해서는 육바라밀六波羅蜜을 닦아야 함을 설하고 있다.

인욕과 참회의 강조는 중생의 업장業障을 녹이고 돈오무심頓悟無心의 경지에 들게 하는 것으로 청담 스님의 교화행敎化行이자, 자비행慈悲行이다. 오도悟道 후에도 이에 의거하여 대자유한 보살도를 실천했다.

근·현대 선지식 가운데 청담 스님의 선 사상은 그동안 교계와 학계에서 다루어지지 않았다. 한평생 마음에 대한 법을 설하고 인욕과 참회의 정진을 실천하였으며, 정화불사의 한복판에 서 있었음에도 불구하고 이러한 일들이 청담 스님 몸소 행한 선적 행위라는 사실이 잊혀진 것인지도 모른다.

지금까지 보았듯이 청담 스님의 선의 기초는 마음에 있다. 이 마음을 바탕으로 한 청담 스님의 선풍은 크게 유심唯心의 선풍, 대자유大自由의 선풍, 이상과 현실의 융합融合한 선풍, 대승보살도大乘菩薩道를 완성한 선풍으로 나눌 수 있다. 하지한 우리가 간과해서는 안 될 것은 마음을 바탕으로 간화선 수행을 하여

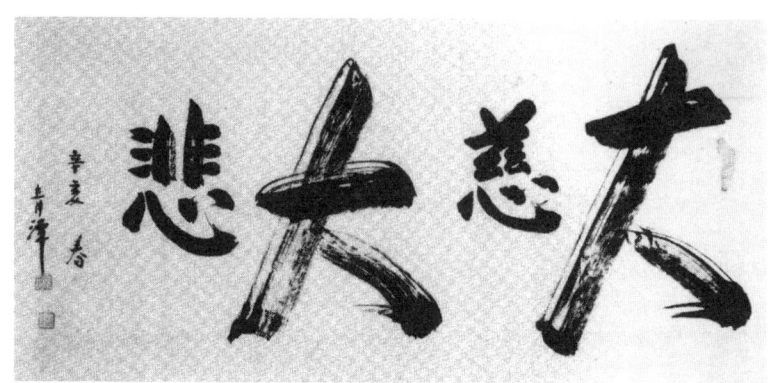
청담 스님의 자비심이 담긴 대자대비大慈大悲 휘호

지평을 넓힌 '마음의 선풍禪風'이 근저에 자리하고 있다는 것이다. 또한 전통과 현실, 이상과 개혁이라는 화두 전체를 융합한 선 사상의 정립이 또 하나의 특징이라면 특징이다.

마음을 지향한 선禪 사상

　불교는 마음을 깨달아 지혜를 체득하는 것이다. 그것은 인생의 고뇌를 영원히 해결하고자 하는 수행의 과정이다. 그러므로 자신의 경험이나 괴로움 등을 불법 안에서 해결을 보아야 한다. 만약 그런 마음이 없다면 불교서적을 아무리 읽고 법문을 몇백 번 들어도 소용이 없다. 그리고 삶에 대한 문제의식을 갖고 하루 한 시간이라도 참선 수행을 하는 생활을 해야 한다.
　선禪에서 '불립문자不立文字'를 강력하게 말하는 것도 바로 이 때문이다. 모든 경전이나 논서의 말은 달을 가리키는 손가락에 불과하다. 그 손가락에 의지해 우리들은 깨달음의 세계를 피상적으로 볼 수는 있어도 거기에 도달할 수는 없다. 이 때 그 손가락이 가리킨 그 부처의 세계에 도달할 수 있는 길이 바로 선 수행이다. 선정수행의 생활이야말로 부처의 세계에 도달해 있는 시간이기도 하다.
　청담 스님은 무無 자 화두를 들고 정진하였다. 깨달음을 얻은 후에도 수행을 계속하였으며 후학들에게도 무 자 화두를 들고 수행토록 지도하였다. 이는 간화선의 입장에서 참선 수행할 것을 강조한 것이다. 평생 마음 법문으로 중생을 교화하고 선 수행을 수행의 근본으로 삼았던 청담 스님은, 마음은 만법의 근원으로 극락도 지옥도 창조된다 하였다. 여기에 간화선의 수행 방법을 접목시킨 '마음선'을 새롭게 정착시키면서 자신의 수행론이 지니는 특성을 자연스럽게 드러냈다.

청담 스님은 깨달음 즉 반야의 지혜를 얻기 위해서는 계戒를 지키고 수행하면서 육바라밀을 실천해야 한다고 강조한다. 스님은 항상 순일한 마음으로 지혜를 체득하고 해탈을 성취할 수 있도록 노력해야 한다고 누누이 주장했다. 원효 대사는 《발심수행장發心修行章》에서 "비록 재주와 배움이 있더라도 계행이 없는 자는 마치 보물이 있는 곳으로 인도하나 나아가지 않음과 같고, 설사 부지런히 수행을 하지만 지혜가 없는 이는 목적지는 동쪽에 두고 서쪽으로 가는 것과 다를 바 없느니라."고 하면서 계행戒行을 지키며 수행해야 깨달음으로 가는 지름길임을 설하고 있다.

청담 스님이 계행을 통한 수행을 강조하는 것은 계戒·정定·혜慧의 삼학에 입각한 구도자의 길을 권하기 위함이다. 스님은 저서 곳곳에서 마음 사상과 선 사상의 중요성에 대해 설하고 있다. 이는 '마음선' 사상이 청담 스님의 생활 전체에 깃들어 있음을 나타내는 것이다. 그중에서도 짧은 게송偈頌으로 되어 있는 《신심명》 강의를 통해 특유의 가풍家風과 선禪 사상을 보이고 있다. 마음을 소재로 일상생활 속에서 자신의 삶을 되돌아보게 하는데 탁월한 기량을 발휘한 것이다. 마음의 격외도리(格外道理, 어떤 일을 도모하는 데 있어 때로는 격식과 형식을 얽매이지 않음)를 제시한 《신심명》 강의를 통해 승찬 선사가 보여준 중도실상中道實相의 불이不二세계와 참 마음의 세계가 어떤 것이며, 어떻게 해야 중도의 삶, 깨달음의 삶, 참다운 행복의 삶을 살 수 있을 것인가에 대해 가르침을 주고

경부고속도로 희생자 위령비에 기도하시는 청담 스님

있다. 특히, 마음 수행이라는 새로운 형식이 널리 퍼지는 계기를 만들었다. 이런 점은 당시 불교를 어렵게 느꼈던 대중들을 불교에 귀의케 하였으면 어렵게만 여겨졌던 선에 대해 관심을 불러일으켰다.

청담 스님은 선에 대해 일반 불자들이 알아듣기 쉽고 접근하기 쉽게 설했다. 마음 법문을 통하여 그 당시만 해도 어렵게만 느껴졌던 간화선에 일반인들이 친근감을 가지고 접근할 수 있도록 하였다. 이는 '마음선' 사상의 대중성을 보여준 것이다.

청담 스님은 간화선을 바탕으로 한순간에 깨달음에 이르는 돈오頓悟에 중심을 두되 지눌 선사의 점수漸修 사상과 휴정 대사의 선교일치禪教一致 사상까지 수용하고 있다. 한국의 선禪이 도의 선사에 의해 처음 받아들여졌지만, 그 원류는 대혜 선사의 간화선을 받아들인 고려의 지눌 선사에게서 찾을 수 있다. 지눌 선사는 《간화결의론看話決疑論》을 통해 간화선 사상을 천명하였다.

청담 스님이 "중생衆生의 보리심菩提心은 보살菩薩의 마음이며 여래如來의 신력

6장 선禪 사상　581

神力이다."라고 설한 것은 중생과 보살과 부처가 모두 마음에 의해 하나임을 말하는 것이다. 즉 부처를 이룰 수 있는 중생의 성품은 일체중생과 일체제불 一切諸佛의 본성이자 근원의 자성이라는 것이다. 이 성품은 원래 고요하고 청정하며 보편타당한 진리성을 지니고 있기에 마음을 잘 닦아 다스리면 자연스럽게 드러난다.

청담 스님은 이 세상의 모든 일들은 마음으로부터 시작되어 마음으로 귀결되는 것이니, 스스로를 낮추고 상대방을 이해해 주는 마음을 가진다면, 곧 부처의 경지인 깨달음을 성취하게 될 것이라고 강조하고 있다. 여기에 간화선 수행과 깨달음, 선 생활 등을 접목시켜 '마음선'을 실행해 보이고 있다.

청담 스님에게 마음을 떠난 사상과 철학은 생각할 수 없을 정도로, 마음에 평생을 할애했다고 해도 과언이 아니다. 이런 스님의 마음에 대한 사상은 생활에서도 이어져 평상심을 자아발견과 중생구제의 회향으로 삼아야 함을 설하고 있다. 보살도의 실천과 자비스런 마음을 가져야 하며 마지막에는 중생에게 회향할 것을 강조한 것이다.

청담 스님은 시대차가 느껴지지 않을 만큼 평범한 일상어를 사용하면서도 파격적인 형식과 내용을 통해 선의 묘리를 전달하고 부처님의 가르침을 삶 속에 구현하는 길을 제시하고 있다. 또한 깨달음의 세계를 표현함에 있어서도 마음과 선에 대한 정체성은 변함 없이 나타내고 있다. 거기에 우주와 생명, 과학적 측면에서 불교와 선의 이치를 풀어내는 안목과 표현에서 시대를 한참 앞서가고 있음을 알 수 있다.

스님은 일반적이면서도 평범하고 누구나 이해하기 쉬운 마음 사상을 설법하고 있다. 그러면서 그 속에는 규격을 탈피한 과감성이 엿보인다. 불법을 표현하기 위해 갖가지 방법을 쓰고 있음을 볼 수 있다. 더욱 현대화된 표현 속에서 요구하고 심오深奧한 불교와 선 사상의 이치를 담아내고 있다는 점도 간과할 수 없다. 청담 스님은 간화선과 돈오돈수, 돈오점수, 선교일치의 사상을 수용하여 마음 철학과 마음 찾기, 마음 법문 등 마음 사상을 접목시켜 '마음선'이라는 새로운 영역을 제시했다.

수행의 실천은 반야와 하나로 결합되는 것이고, 이렇게 수행력에 근거한 지혜가 있을 때 비로소 반야가 되는 것이라고 청담 스님은 주장한다. 반야의 지혜가 구족할 때 깨달음을 얻어 결국 꿈을 깨고 사물과 현상을 바로 볼 수 있다는 것이다. 자신의 실상을 올바로 관조觀照하는 것이 바로 마음을 보는 것이요, 이에 입각하여 성성적적(星星寂寂, 깨어 있지만 번뇌가 없는 상태를 이르는 말)한 마음의 화두를 들고 수행하여야 한다는 간화선의 입장을 견지堅持하고 있다. 이것이 '마음선'이다.

우리가 경계에 얽매여 구속을 받는 것은 중생 놀음이고 육신은 내가 아니고 객관세계는 관념에 의해 이루어지는 것으로 청담 스님은 보고 있다. 이것을 환幻인 줄 깊이 깨쳐서 마음이 밝게 드러나면 이것을 해탈이라 하고 부처라고 설한다. 또한 발심수도發心修道하여 대반야의 해탈을 얻어서 자유자재해야 함을 강조하며 그 방법으로 간화선을 접목시킨 '마음선' 수행을 권하고 있다.

7장

저서著書에 나타난 불교관

    바람과 공기는 서로 다른 물질이 아니다. 공기가 바로 바람이며, 바람이 곧 공기이기에 다름이 아니다. 그렇지만 바람과 공기는 또한 서로 다르다. 만약 흐르는 바람이 우리의 움직이는 마음이라면 흐름을 멈춘 바람, 즉 공기는 우리의 성품이다. 바람이 흐름을 멈추면 온 세계가 평온하듯이 마음이 움직임을 멈추면 바로 우리의 청정한 불성, 곧 부처의 자리가 된다.

    거친 바람이 잠자듯 우리 마음의 온갖 망상시비가 끊어진 것을 일러 선정禪定이라고 하며, 바로 진리의 구경究竟이라고 한다. 이것은 수천 마디의 말이 다 필요 없으며, 오직 스스로 체득함으로써 그 오묘한 진리를 만날 수 있다. 그래서 진리는 바로 언어도단言語道斷이라 하였고, 수많은 선지식들이 마음이 곧 부처라고 하였다.

    그러나 내 마음은 지금 어디에 있는가? 내가 마음이라고 부르는 이것의 실체는 과연 무엇인가? 우리는 오직 이 마음을 바로 알아야 비로소 불법을 안다고 할 수 있다. 중생이 겪는 끝없는 고통도 바로 이것을 알아서 바로 쓰지 못하기 때문이다. 청담 스님이 주창한 '마음선'이란 특별한 것이 아니다. 우리가 본래부터 가진 성품을 깨닫고 마음을 자유롭게 쓰는 일이다.

《화엄경》에 "만약 사람이 과거, 현재, 미래의 모든 부처를 밝게 알려 한다면 세계의 본성本性을 보아야만 하니, 모든 것은 오직 마음이 만드는 것이니라."는 경구가 있다. 마음이 모든 것을 만들어낸다는 일체유심조一切唯心造를 설명한 말이다.

오직 마음이 모든 것을 창조해낸다는 것은 곧 마음이 모든 세계의 본성이요, 마음을 아는 것이 곧 세계의 본성을 아는 것이 된다는 말이다. 마음을 떠나서 어떻게 어떤 세계와 자기 자신을 발견할 수 있겠는가? 지금 이렇게 생각하고 보고 듣고 느끼고 말하고 행동하고 욕망하는 모든 것이 마음을 떠나서 어떻게 가능할 수 있겠는가?

그러나 우리가 지금 모든 것은 마음이 만드는 것이라고 아는 것은 생각이 만들어 낸 분별된 지식일 뿐이다. 생각으로 분별된 지식은 허상일 뿐이며, 모든 세계의 실제 모습인 실상實相은 결코 그것을 통해서는 드러나지 않는다. 왜냐하면 생각과 지식은 실상을 언어와 개념으로 대체한 상징적 모사물模寫物에 불과하기 때문이다.

우리는 실상 대신에 감각과 언어, 생각, 관념으로 허구의 세계를 만들고 그 속에 들어가 살고 있다. 그러나 많은 사람들은 이러한 사실조차도 인식하지 못한 채 살아가고 있다. 더구나 우리는 허구의 세계 속에서 형성된, 자아에 대한 거짓된 정체성을 나로 알고 그것을 유지하고 떠받들기 위해 고통 속에서 일생을 보낸다. 그래서 삶을 꿈이라고 말하는 것이다. 그러나 이와 같은 꿈조차도 마음을 벗어나서 있는 것은 아니다. 범상한 마음은 감각과 지각에 의해 투영된 세계를 쫓아서 내달리지만 그것들은 인연 따라 나타났다 사라지는 그림자임을 알지 못한다. 마음은 자신이 꾸는 꿈에 흠뻑 취해있기 때문이다. 그러므로 생각으로 분별해서도 마음의 실상을 알 수가 없다.

이 상황을 비유하자면 눈이 눈을 볼 수 없는 것과 같다. 감각과 지각은 눈이 대상을 보는 행위이기 때문에 결코 그것들을 통해서는 보는 사람의 눈을 볼 수 없는 것과 같은 이치이다. 이것이 현재 인류가 처해있는 근원적인 딜레마이다. 그렇다면 어떻게 보는 사람이 스스로를 볼 수 있을 것인가? 마음이 마음을 어떻게 알 수 있을 것인가?

마음을 보는 사람은 자각하는 사람이다. 그러므로 마음은 본질적으로 스스로 자신이 누구인지 알고 있다. 마음이 스스로를 알지 못하는 것은 어떤 경계가 마음의 눈을 가로막고 있기 때문이다. 그렇다면 마음의 눈을 가로막아 우리를 환영의 미로 속을 헤매게 하는 장본인은 과연 누구인가? 그것은 바로 생각이다. 마음속에 떠오르는 생각들은 분별을 통해 이원적인 세상을 만든다. 한번 나눠지기 시작한 이원성二元性은 끝없이 분열되면서 원래 하나인 마음을 마치 만화경萬華鏡을 통해서 보는 세상처럼 다채롭게 채색한다. 이것이 지금 우리가 눈앞에 펼쳐지고 있는 세상이다.

그러므로 실상을 바로 보고 마음이 참 마음을 바로 알도록 하기 위해서는 마음의 눈을 가리고 있는 생각을 잠재워야만 하는 것이다. 지금까지 세상의 모든 종교의 수행 방법은 '어떻게 하면 생각을 잠재울 것인가? 즉, 무심의 상태로 있을 수 있을 것인가?'에 포커스가 맞춰져 있었다.

그렇다면 어떻게 하면 생각을 잠재울 것인가? 우리는 1분조차도 생각 없이 있을 수 없다. 아마 이것은 불가능할 것이다. 그래서 세상의 많은 종교와 영적 전통들은 다름 아닌 무심의 상태로 있게 하는 방법을 고안하고 가르치고 있는 것이다. 사람의 근기에 따라 다르겠지만, 이 같은 방편 중에서 가장 보편적이고 효율적으로 활용되는 방편이 바로 선이다. 선은 언제나 바깥 경계에 머물고 있는 우리의 시선을 직접적이고 단도직입적으로 한순간에 180도로 회전시켜 마음이 마음을 보게 함으로써 실상을 드러낸다.

　선지식들이 실상을 찾는 방법으로 개발한 것이 선 수행이다. 마음을 가장 빠르고 정확하고 쉽게 찾을 수 있는 방법이 선이라고 많은 선사들은 강조한다. 평생 마음 법문으로 중생을 교화하고 마음을 수행의 근본으로 삼았던 청담 스님은 "마음은 만법의 근원으로 마음에 의하여 극락정토도 지옥도 창조한다."고 설했다. 그리고 많은 저서와 법문, 강연 등에서도 오로지 마음을 찾으라고 설하고 있다.

《마음》에 보이는 불성관

무無 자 화두는 한 학인學人이 조주 선사에게 "개에게도 불성佛性이 있습니까?" 하고 물으니 "무無."라고 대답한 데서 비롯되었다. 모든 중생은 다 불성이 있다고 했는데 개에게는 없다고 한 의심에 대해 참구하는 것이다. 대혜 종고 선사는 천만 가지 의심도 결국은 하나의 의심에 지나지 않으며, 화두의 의심이 깨뜨려지면 천만 가지 의심이 일시에 사라진다고 하여 화두와 정면으로 대결할 것을 역설했다. 특히 많은 화두 가운데 조주 선사의 무 자를 강조하였다. 청담 스님은 법어집《마음》중, 〈입산入山 50년을 돌아보며〉에서 다음과 같이 무 자 화두에 대해 설하고 있다.

조주 스님이 무無라고 대답하셨을 때에는 다만 무를 의미하는 것이 아니고 그 무라는 말로 인해서 얻어질 보다 크고 절대한 것을 의미했을 것인데 그것이 무엇일까? 뒷날 대승들은 일체 명근名根을 끊어 버리는 칼이라 했고, 일체를 열어주는 열쇠라 했고, 일체를 쓸어버리는 쇠빗자루라 했고, 나귀를 때리는 말뚝이라 했다. 여기에 수행하는 모든 승려들의 위험이 따르는 법이다. 조주 스님의 무는 각자의 길로써 보는 수밖에 없다. 조주 스님의 무의 그 의지意旨는 무에 있는 것이 아니고 다른 곳에 있을 것이다.

청담 스님은 무 자 화두를 들고 정진하여 견성하고 만공 선사로부터 깨달음의 인가印可를 받았다. 깨달음을 얻은 후에도 보임(保任, 불교의 선종禪宗에서 깨달은 뒤에 더욱 갈고 닦는 수행법)을 계속하였으며 후학들에게도 무 자 화두를 들고 수행토록 지도하였다. 위에서 보듯이 무 자 화두에 그 뜻이 있는 것이 아니고 무 자 화두를 통해서 얻어질 그 무엇에 의미가 있는 것이다. 그러면서 어째서 무라고 했는가, 뒷날의 대승불교에서는 어째서 그것을 일체의 명근名根을 끊어 버리는 칼날이라고 했는가를 의구疑求해야 한다고 주장하고 있다.

그렇게 의심하며 밀고 나가면 그 끝에는 온갖 번뇌들이 피어오를 것이다. 그 번뇌들을 두려워해서는 안 된다. 그것들을 버리고 알 수 없는 그 의문 하나만을 간절히 일으키면서 나아가야 한다. 그렇게 의문이 끊어지지 않도록 이어주면서 오래 나아가기만 한다면 견성에 이를 수 있을 것이다. 그러면 견성이란 무엇인가? 자기의 본성을 보는 것이다. 그러면 본성이란 무엇인가? 변할 수 없는 자기의 본체本體 즉 만물의 근원에 자리한 부처佛이다.

무 자 화두 속에서 실제로 무가 되면 입으로만 무, 무하는 것이 아니라, 나의 몸과 마음이 무가 되는 것이다. 화두참선을 하다가 나의 몸과 마음이 100% 무가 되면 온 누리, 온 우주, 온 세상천지가 오직 일체一體, 일성一性, 일상一相으로 통일된다. 이는 결국 일체만물一切萬物이 무가 되어 불이불이일체(不二不異一體, 본래부터 둘이 아니고, 다르지 않으며, 한 몸)가 된다고 볼 수 있다. 또한 일체, 일성, 일상이 될 때에는 체體, 성性, 상相이라는 가시적인 의미는 없고 오직 하나一만

통영 미래사 토굴 앞에서
사색에 잠긴 청담 스님

남는다.

청담 스님은 우리가 화두를 들고 참선 수행하고 정진하는 것은 만물의 근원 자리인 마음을 찾는 데 목적이 있으며 오직 진실된 마음 하나만을 남기기 위해서 정진해야 함을 설하고 있다. 그러면서 참선 수행에 얼마나 철저해야 하고 간절해야 하는가를 자신의 수행 과정을 통해 이야기했다.

> 세수하는 일, 변소에 가는 일, 그리고 먹는 일을 제외하고는 잠시도 자리를 떠난 일 없이 정진에 몸을 맡기었다. 무수한 시간이 지나갔으나 나는 동요 없이 그 자리에 앉아 있었고, 한 목적, 유일한 목적만이 내 앞에 있었다. 해탈하는 일, 그것이 바로 목적이었다. 욕심으로부터, 욕망으로부터, 기쁨과 슬픔으로부터의 해탈이 목적이었다. 모든 나로부터 벗어날 때, 모든 욕심과 욕망으로부터 벗어날 때 비로소 최후의 것, 가장 본질적인 것, 나는 내가 아니라는 큰 비밀을 깨달아 알 수 있었다.

인간사의 모든 것은 마음먹기에 달려 있다. 화두도 진의眞疑를 일으키느냐,

못 일으키느냐, 깨치느냐, 못 깨치느냐는 수선자參禪者의 뜻과 정성, 믿음과 발심에 달려 있는 것이다. 청담 스님은 화두 공부는 '간절 절切' 한 자면 족하다고 했다. 며칠 굶은 사람이 밥 생각하듯이, 심하게 목마른 사람이 물 생각하듯이, 칠팔십 된 노파가 전쟁터에 나간 외아들 생각하듯이, 앉으나 서나 가나 오나 간절하게 의심을 일으켜야만 견성을 할 수 있음을 강조했다.

선지식들은 화두가 간절히 들리면 선악의 망상을 떠나게 되고, 게으름과 방일放逸이 있을 수 없으며 무기無記에도 떨어지지 않으며 마魔가 들어올 틈도 없으며, 분별심分別心이 나지 않아서 외도外道에도 떨어지지 않는다고 했다. 화두가 간절하지 못하면 화두참구가 아니고, 화두의 간절함을 모르면 공부하는 사람이 아니라고도 말한다.

이렇게 간절하게 오직 한마음으로 수행하면 화두가 깊은 잠에서도 없어지지 아니하고 은산철벽(銀山鐵壁, 신심과 서원이 두텁고 철저한 것을 높은 산과 튼튼한 벽에 비유하는 말로 선가禪家에서는 화두를 들 때는 어떤 분별도 들어설 여지가 없어야 함을 비유한 것)과 같을 때도 있다. 이때가 되면 "생사가 둘이 아니구나, 인간의 본성은 죽거나 없어지지 않고 불생불멸이구나." 하는 것을 알게 된다. 이 정도만 되면 죽음을 두려워하고 괴로워하던 사람도 담담해지고 자신만만해진다.

청담 스님의 수행관修行觀은 마음을 찾는 공부가 점점 깊어지고 순숙純熟해지면 크고 뚜렷하게 되어 하나의 의심 뭉치, 의단疑團이 된다는 것이다. 나와 화두가 타성일편(打成一片, 생각과 감정이 하나가 되는 것)이 되면 화두가 모든 생활 속에서도 조금도 어둡지 않고, 하루 종일 화두가 간단 없이 여여如如하며, 깊은 꿈 속에서도 한결같이 들린다. 옛 선사들이 "타성일편을 못 깨칠까 걱정하지 말고 타성일편이 안 되는 것을 걱정하라."고 한 법문이 이것이다. 이렇게 볼 때 청담 스님의 수행에 대한 견해는 성철 선사가 강조한 동정일여(動靜一如, 일상생활에서 깨달음의 의식을 유지하는 것), 몽중일여(夢中一如, 꿈속에서도 화두가 잡히는 상태), 숙면일여(宿眠

一如, 꿈도 없는 깊은 잠 속에서 깨달음의 의식을 유지하는 것)를 통한 구경각(究竟覺, 번뇌를 완전히 소멸시켜 마침내 마음의 근원을 깨달음)의 증득證得이란 수행관과 맥을 같이 한다고 볼 수 있다.

깨달음, 확철대오(廓撤大悟, 확연히 꿰뚫어 크게 깨우침)는 반드시 오매일여(寤寐一如, 깨어 있을 때나 잠잘 때나 평상시에 꿈과 생각이 소멸하여 늘 한결같은 것)의 선정에 들어야 하고, 오매일여가 되어도 은산철벽을 투과透過해서 백척간두에서 진일보해야 드디어 진정한 깨달음에 이르게 된다. 진정한 깨달음에 도달해야 생사자재生死自在, 생사해탈生死解脫을 할 수 있다.

청담 스님은 "불교의 이상은 생사生死 없는 도리를 깨달아서 생사의 굴레에서 벗어난 마음을 깨달은 대자유인이 되는 것이다. 조금 지혜가 생겼다 하더라도 '내가 깨쳤다', '내가 해탈을 마쳤다'는 생각을 절대 말고, 그럴수록 더 지극하게 밀고 나가야 참으로 깊은 경계를 체험할 수 있다."고 설하며, 저서 곳곳에서 착각도인들이 난무하는 오늘날의 수행 풍토에 경책警策이 되는 소중한 법문을 하고 있다. 그러면서 견성을 하여 성품을 바로 보는 일에 대해 다음과 같이 설하고 있다.

> 우리 일체 중생은 이 업안業眼을 해탈하여 진리의 눈心眼으로 세상을 보고 살도록 노력해야 한다. 그런 진리의 눈法眼을 만들려면 어떻게 해야 하는가? 심성수양心性修養 곧 어두운 마음을 밝게 함이니, 견성見性이다. 견성이란 자기 성품의 바탕자리, 일체만유一切萬有의 본성자리 곧 진리를 보는 것이니, 이 진리인 본심자리를 알고 청정해져서 만사만리萬事萬里를 통찰할 줄 아는 지혜의 눈慧眼을 얻는 것이다. 중생의 육안으로는 아니 보이나 이상하고 묘하게도 성품은 각자가 모두 지니고 있으면서도 못 보고 못 찾는 것이 묘한 이치라 할 수 있겠다.

선불교의 실천 사상은 각자 자기의 성스러운 불성을 깨닫고 불도를 이루어 인격 완성을 이룩하는 데 있다. 선불교에서는 이것을 견성見性, 혹은 견성성불이라고 한다. 따라서 견성, 혹은 견성성불이 선불교의 궁극적인 이상이나 목적처럼 강조되고 있다. 청담 스님도 일체만유의 본성자리가 곧 진리이니, 이 진리인 본심자리를 알고 청정하게 가져 만리만사萬里萬事를 통찰할 줄 아는 혜안慧眼을 얻는 것이 수행의 궁극적 목적이라 밝혔다.

선불교에서의 견성은 《열반경》 등에서 강조하고 있는 "일체의 중생은 모두 불성이 있다."라는 불성설佛性說을 토대로 한다. 이는 《화엄경》 등에서 설하고 있는 것처럼 "일체의 중생이 모두 부처님과 똑같은 지혜와 덕성을 구족하고 있다."라는 경전의 말씀에 의거한 것일 뿐아니라 많은 선지식들이 직접 체험하고 깨닫고 주장한 바이기도 하다.

따라서 《육조단경》에서도 혜능 선사가 깨달음을 체험하고 일체의 망념이 없이 반야의 지혜가 구족된 자기의 근원적인 본래심, 즉 불성의 입장에서 설하기 때문에 "나의 법문은 지혜의 작용으로 설하고 있다."라고 자신 있게 말하고 있는 것이다.

청담 스님도 자각된 불성은 부처님과 똑같은 반야의 지혜로써 일체 모든 존재를 비추어 관찰하기 때문에 어떤 사물이나 대상에 대하여 분별심을 일으켜 취取하거나 버리는捨 차별심의 작용도 없고 어떤 일이나 생각, 개념에 집착됨도 없이 무심의 경지에서 자기를 전개할 수 있음을 설하면서, 심성 수양을 통해 어두운 마음을 밝게 하는 것이 견성이라 강조하고 있다.

말하자면 자성이 청정하고 부처님과 똑같은 지혜와 덕성을 구족하고 있는 우리들의 본성을 깨닫고, 우리들의 불성에 구족된 반야의 지혜로 일체의 모든 경계나 대상에 집착하지 않는 공空의 실천으로 자기를 전개하는 것이 불교의 실천정신이라고 하겠다.

청담 스님은 마음의 수행을 통해 영원한 생명을 얻는 방법을 제시하고 있다. 수행이나 깨달음의 중요성을 강조하면서 진리가 마음이요, 마음이 부처요, 불佛이 즉 신神이요, 신이 즉 마음이요, 마음이 우주요, 우주가 즉 심心이요, 심이 즉 진리로 돌고 돌아가는 것이라고 설하고 있다.

> 나는 곧 생명이요, 마음인 것이다. 이 마음의 생명은 물질도 아니요 허공虛空도 아니다. 그러므로 생生 이전에도 사死 이후에도, 또한 생과 사의 중간의 생활 시절에도 나는 항상 이러하다. 순청절점純淸絶點하는 청정무구淸淨無垢로 일여불변一如不變하여 선악善惡도 죄복罪福도 아닌 것이지만 그러나 또한 나는 산 것이기에 모든 것을 저지를 수 있으며, 청산할 수 있다는 것이다. 생명과 마음 또한 나의 자유자재의 권한이기에 천당을 지옥으로도 지옥을 천당으로도 바꿀 수가 있는 것이다. 우리는 유아唯我의 아집에만 사로잡히지 말고 두루 이해의 노력에 부지런하여 하느님이 되며 전능자가 되어야 할 것이다.

모든 것은 무상이라 했다. 우리는 어느 때인가 모든 것은 덧없다는 것을 알게 된다. 인간은 육근六根 동작을 통해서 선악의 행위, 곧 업業을 짓게 된다. 그리고 자신이 선업을 지으면 선과善果를 가져오게 되고, 악업을 지으면 악과惡果를 불러오게 되는 것이다.

그런데 자신이 행하고 있는 것이 선의 과果를 가져올 것인가, 악의 과를 가져오는가를 생각하는 것은 어렵지 않을 것이다. 자신의 상相만 내려놓으면 세상이 편해진다. 그리고 인간 세상의 온갖 차별 현상 곧, 빈부귀천의 모든 차별은 선악의 업을 각자가 어떻게 짓느냐에 따라 결정되는 것이다.

청담 스님은 이 모든 것을 마음이 짓고 마음이 없앨 수 있으며 마음이 참 부처인 줄을 알아야 함을 강조하고 있다. 그러면서 마음을 어떻게 잘 다스리고 수행해 나가느냐에 따라 부처의 성품을 볼 수 있다고 설했다. 인간이 현실 생활 속에서 인연작복因緣作福을 잘 하기 위해서는 텅 빈 마음大空心으로 살아가야 한다. 진리, 곧 우리의 본래 마음은 아무것도 없이 텅 빈 것임을 아는 것이 중요하다.

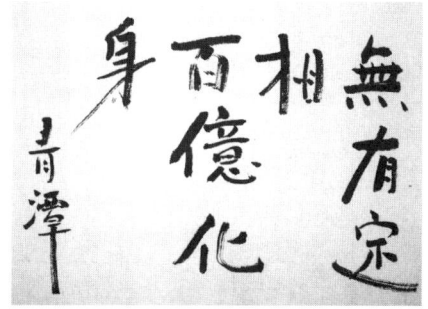

무유정상無有定相 백억화신百億化身.
정해진 모습이 없음에서 천 백억의 부처님이 나툰다.

마음에는 사랑과 미움도 없고, 선악과 죄복도 없고, 염정染淨과 미추美醜도 없고, 시비是非가 없는 것임을 알아야 한다. 이것을 아는 것은 수천 권의 책을 읽는 것보다 나은 것이다. 이렇게 자신의 마음에 아무것도 없는 마음이 곧 자성청정심이다. 텅 빈 마음이라야 참으로 진실하고 정의로운 마음大公心이 된다. 또 복 짓는 직업을 선택해야 한다. 복 짓는 직업은 상연相緣을 맺고 죄 짓는 직업은 상극相剋을 맺게 된다. 그리고 자신이 이미 지은 업은 즐겨 받는 마음이 되어야 한다. 이렇게 될 때 천당을 지옥으로도 지옥을 천당으로도 바꿀 수가 있는 것이다. 마음 밖에 부처가 있고 성품 밖에 법이 있다 믿으며, 그 생각을 고집하고서 불도佛道를 구하고자 한다면 모래를 찧어 밥을 지으려는 어리석음과 같은 것이니 깨달음과는 점점 더 멀어지게 되는 것이다.

스님은 바른 신심을 바탕으로 마음자리를 찾는 일에 정진해야 함을 설하고 있는 것이다. 청담 스님은 깨달음은 마음자리를 찾는 것이고 나라는 육체를 고집하면 깨달음을 얻지 못한다면서 다음과 같이 설하고 있다.

"나我라고 하는 이 인생은 밥만 먹고 똥이나 싸고, 늙고 병들고 죽어서 썩어 없어지는 존재인줄 알았더니 참 나眞我는 그것이 아니구나! 나의 참 면목은 마음이로구나!" 이렇게 깨우쳐진다. 물질도 아니고 허공도 아닌 게 마음이라고 하면 어떻게 늙어 죽을 수 있고, 불에 탈 수 있겠는가? 몸뚱이나 현상계는 모두 다 자기 꿈인데, 그 꿈속에서 무엇을 구하고 무엇을 찾겠는가? 쇠망치로 두들겨도 부서질 것이 없고, 불에 넣어도 탈 게 없다. 그런 것이 생명이며, 이야기할 줄 알고 오고 갈 줄 아는 마음이다. 그래서 지금 이렇게 생각할 줄 아는 주인공은 물질도 아니고 허공도 아니기 때문에, 이 마음은 지식이나 사상이나 생각도 아니다. 이런 줄 알고 나면 "아! 이런 굉장한 내가 있는 줄 모르고 육체를 나라고 고집하여 헤매었구나!" 하고 깨닫게 된다.

청담 스님은 《반야심경》과 《금강경》과 《신심명》을 강설하면 마음은 우주의 근원이며 생명의 뿌리이며 삼라만상을 창조하는 주체라고 하였다. 마음의 도리를 깨달은 스님은 "모든 생활이 마음이며 마음이 모든 것을 이루고 있다."고 생각하였다. 일체는 마음이 창조한다는 것이다. 이와 같은 사상은 《대승기신론》에서 "삼계는 허위로 오직 마음이 만든 것이다." "마음에서 생기면 곧 여러 가지 법이 생기고, 마음에서 멸하면 곧 여러 가지 법도 멸하는 것이다."라고 설명하고 있다. 이는 마음心은 일체법의 근원으로 삼계가 마음을 의지해 있고 생사윤회가 마음으로 인하여 지어졌음을 의미한다. 즉, 마음이 멸하면 생사도 멸함이니 삼계는 마음 작용의 결과인 것이다.

평생 마음 법문을 하고 마음 찾는 것을 수행의 근본으로 삼았던 청담 스님은 "마음은 나이며 나를 살게 하고 선과 악의 인과를 조성하고 삼계육도(三界六道, 삼계는 불교의 세계관에서 중생이 생사유전한다는 3단계의 미망의 세계, 곧 욕계欲界·색계色界·무색계無色界의 세 가지이다. 육도는 욕계의 여섯 세계인 지옥地獄·아귀餓鬼·축생畜生·아수라阿修羅·인간人間·천상天上을 말한다.)에 윤회輪廻하게 한다."고 하였다. 그리고 마음은 본래 청정하여 때와 장소에 구애 없이 때문지 아니하며 진여심眞如心과 불심을 유지시켜 주는 주체임을 강조했다. 마음은 천심이나 여타 어떤 것에 의하여 창조된 것이 아니고, 오히려 만물을 창조하고 범부와 성문과 연각과 보살과 부처까지도 창조하는 근본이 마음이라 하였다. 그러므로 우주 안에 있는 모든 것은 마음을 떠나서 존재할 수 없고 마음에 의거하여 존재하게 된다고 하였다.

청담 스님은 《능엄경》을 가장 깊이 탐구하였고 오나가나 이 경을 수지독송(受持讀誦, 경전을 받아 항상 잊지 않고 읽는 것. 늘 경전을 읽고 공부하며 경전의 가르침대로 살아가기 위해 노력하는 생활로서, 경전을 마음속에 새기며 읽거나 외우는 것) 하였는데, 이《능엄경》이 진아眞我를 찾는 납자로서 반드시 한번은 찾아오는 유혹의 망심을 퇴치하는 데 가장 좋은 길잡이 역할을 하는 경전이라고 생각했기 때문이다. 그러면서《능엄경》사상의 영향으로 "이 우주의 모든 현상은 다만 중생의 꿈이라는 것을 자각할 수 있었다. 자심自心의 환각으로 환생환멸還生還滅하는 꿈에서 깨어나 우주의 생명이요, 만물의 생명인 마음의 눈을 뜰 수 있었다."고 자신의 저서 곳곳에서 술회하고 있다.

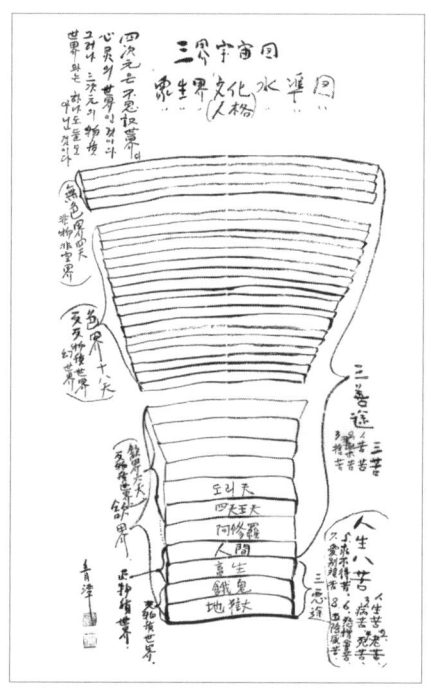

청담 스님의 삼계우주도三界宇宙圖. 삼계란 감각적 물질적 욕망을 추구하는 욕계, 마음의 편안함과 고요함을 추구하는 색계, 마음과 물질이 분리되지 않는 하나인 무색계를 말하며 마음을 깨달으면 삼계를 벗어날 수 있다고 설한다.

이처럼 마음은 만법의 근원으로 마음에 의하여 극락정토도 지옥도 창조하는 것이다. 마음이 부정하면 부정한 세계, 그리고 마음이 청정하면 청정한 세계가 창조될 수 있다.

육체는 마음이 형태를 취한 것이기 때문에 생사를 초월한다는 것은 육체로부터 벗어나는 것이며, 육체로부터 벗어나기 위해서는 마음에서 벗어나지 않으면 안 된다. 이를 위해서는 육체를 어떤 욕망에 내맡기는 것이 아니라 수행으로 마음의 업을 소멸시켜 청정한 경지에 이를 때에 저절로 벗어나게 됨을 알아야 할 것이다.

모든 번뇌와 안락과 행복과 불행 그리고 천당과 지옥의 생활이 모두 마음이 하는 것이라고 하였다. 이러한 마음은 유위有爲의 마음이며 일체유심의 마음이다. 《금강경》에서는 "육신肉身과 법신法身이 둘이 아니고 마음과 현상이 둘이 아닌 것을 깨달아야 마음을 깨친 것이고 아뇩다라삼막삼보리"임을 설하고 있다. 진리를 그대로 보라如理實見는 것이며 "우리가 보는 모든 형상이 모두 허망함을 알 때 비로소 깨달음을 얻을 수 있다."고 설하고 있다. 여기에서 형상이라고 함은 단순히 눈으로 보는 것만 의미하기보다는 모든 경계, 육근六根과 육진六塵이라 할 수 있다.

모든 형상은 원래부터 항상 하지 않고 실체가 존재하지도 않는다. 단지 인연에 따라 잠시 모였다가 인연이 다하면 흩어진다. 이러한 진리를 깨닫지 못하는 어리석음으로 우리는 항상 괴로워한다. 괴로움은 허망한 형상에 대한 집착 때문이다.

돈과 권력과 명예와 욕심에 대한 집착이 우리를 괴롭게 만든다. 그러나 그 집착의 대상이 허망한 것임을 알 때 우리는 비로소 깨달음如來을 얻을 수 있고 마음의 평화와 자유를 얻을 수 있다.

부처님께서 수보리에게 "몸으로 여래를 볼 수 있느냐?"고 물으니 "없습니다."라고 대답한다. 색신色身은 지수화풍으로, 흙·물·불·바람의 4원소로, 자연으로 형성한 부모 몸으로 받은 육신으로 형상이 있어 눈으로 볼 수 있는데, 모양으로 이름으로 눈·귀로 집착하여 안다.

여래如來는 법신法身으로 형상이 없어 혜안으로 볼 수 있고 마음 관찰로 볼 수 있어 시간과 공간을 초월한다. 마음은 색도 없고 모양과 이름도 없으므로 육안으로 볼 수 없고 혜안으로 볼 수 있다.

부처님의 말씀은 적황청백赤黃靑白이 아니므로 법신으로 모양으로 이름으로 육안으로 볼 수 없지만, 경전 말씀으로 가르치고 배운다. 그러나 마음으로 관찰하면 마음 전환으로, 생명 자비심이 용출함으로, 법신으로, 상통하는 상주설법常住說法으로 볼 수 있다. 아름다운 꽃을 보면 아름다운 마음이 일어나므로 본래면목과 다름이 없다.

법신은 상주설법常住說法으로, 시비선악是非善惡의 고정인식에 집착하지 않으면 번뇌 고통 그대로가 진리이고 법신과 다름이 없다. 번뇌를 싫어하는 마음이 일어나면 마음을 관찰하면 번뇌가 진리로 전환하므로 번뇌가 아니고 번뇌가 진리 당처이지만 중생의 마음이 스스로 번뇌가 있다고 집착한다.

공안公案은 아뇩다라삼먁삼보리 발심發心으로 8만4천 번뇌가 있다. 공안을 관觀하여 마음을 전환하면 전화위복하므로 재앙이 재앙이 아니고, 재앙을 관觀하면 마음으로 볼 수 있어 수레바퀴처럼 굴러 아뇩다라삼먁삼보리를 얻을 수 있다.

모양이나 이름으로 집착하면 싫어하는 마음으로 작용하지만 모양과 이름을 마음으로 관觀하면 생명의 소식으로 나타난다. 법신은 하나로 보는 본래면목의 마음이다. 이에 대해 청담 스님은 다음과 같은 견해를 보이고 있다.

> 그래서 아무 생각 없이 무아지경에 들어서 있다고 해도 이런 정도로는 육신을 완전히 자유롭게 하지 못하고, 현실세계를 완전히 초월하지 못한다. 자기 마음 가운데 잠재의식 세계까지 뿌리를 뽑아 없애고, 청정무비의 본래 마음 자리만 남겨서 육신과 법신이 둘이 아니고 마음과 현상이 둘이 아닌 곳에 들

어서야 한다. 그래서 마음으로만 초월한 것이 아니고, 육신까지 완전히 해탈하여 할 일을 다 마친, 즉 아무도 없는 경지에 이른다. 다만 중생제도衆生濟度만이 남아 있지만, 이것도 하는 것이 백억 화신化身을 나누어 제도할 뿐이다 이처럼 더 할 일이 남아 있지 않고 이 이상이 없는 우주에 꽉 찬 내 마음을 남김없이 깨쳐서 완전한 해탈을 이룩한 깨달음이 아뇩다라삼먁삼보리인 것이다.

우리가 수행을 하는 이유는 자기 마음 가운데 잠재의식 세계까지 뿌리를 뽑아 없애고, 청정무비(淸淨無比, 맑은 정신으로만 영원적인 참다운 자기 성품을 아는 것)의 본래 마음자리만 남겨서 육신과 법신이 둘이 아니고 마음과 현상이 둘이 아닌 곳에 들어서기 위해서다. 참선이란 본래 내 마음의 주인공을 찾는 공부이다. 이른바 본체를 여의지 않는 공부이다. 선禪이라는 것은 본체를 떠나지 않아야 진정한 선이다. 아무리 화두를 들어도 본체를 떠나버리면 그때는 선이 아니다. 참선을 바로 하여 본체를 챙기는 공부가 무르익으면 아뇩다라삼먁삼보리를 얻을 수 있는 것이다.

참선을 할 때 화두를 드는 이유는 우리의 산란한 마음을 통일시키기 위함이다. 어떤 화두를 들든 목적은 화두 자체에 있는 것이 아니라 우리의 산란한 마음을 통일시켜 본래 우리 생명이 부처라는 것을 깨닫게 하는 데 있다고 청담 스님은 설하고 있다.

그러므로 화두를 드는 것도 좋기야 좋지만 그 자체가 목적이 아니라는 것을 분명히 알아야 한다. 우리는 화두를 빨리 타파打破해서 의심이 없는 그 자리, 의심 없이 부처님을 확신하는 그 자리로 빨리 가야 한다.

천지우주는 본래 불생불멸이고 참다운 진여불성(眞如佛性, 본래 인간의 마음은 부처가 될 수 있다는 마음으로 다 할 때 누구나 부처인것)의 자리가 바로 내 자성自性이라는 것을 기억하고 있으면 된다. 자성을 볼 수 있는 명확한 안목이 있다면 겉으로 보이는 모습과는 상관없이 다 하나의 마음으로 보인다. 사람이 돼도 마음은 변함이 없고, 무쇠가 돼도 마음은 변함이 없으며, 아주 더러운 오물이 된다고 해도 마음은 변함이 없다. 우리는 심즉시불心卽是佛, 즉 마음이 바로 부처라는 말을 자주 듣고 자주 한다. 우리 중생들은 "이렇게 못나고 좁은 마음이 어떻게 부처란 것인가?"라고 회의를 품지만 그것은 우리 마음의 표면에 불과하고, 우리가 생각하는 나요, 너요, 좋다, 싫다 하는 마음은 빙산의 일각에 불과한 것이다

금생에 지은 번뇌 또는 과거 전생으로부터 잠재의식에 묻어온 번뇌를 다 뿌리뽑아서 참 우주의 본바탕인 마음과 하나로 일치되면 정각성불正覺成佛을 얻을 수 있는 것이요 아뇩다라삼먁삼보리를 성취한 것이다. 이것이 바로 인격의 완성이다.

청담 스님은 깨달음을 얻어, 인격의 완성자가 되려면 계행戒行을 지키고 정진하며 육바라밀을 실천해야 한다고 강조한다.

> 공부하는 사람은 언제나 부처님께서 가르쳐주신 대로 계행을 지키고 정진을 해야 한다. 그래서 반야의 마음자리를 깨치면 하지도 않고 안 하지도 않는 경지에 이르게 되고, 그리고 나면 하면서도 안 하게 되고 안 하면서도 하게 된다는 뜻이다. 이런 도인의 일거일동一擧一動은 모두 중생을 구제해주고 깨닫게 해주기 위한 행동으로만 나타난다.

청담 스님은 깨달음 즉 반야의 마음자리를 깨치기 위해서는 계戒를 지키고 참선 정진하며 육바라밀을 실천하며, 항상 순일한 마음으

회갑을 맞아 도선사에서 사부대중과 함께

로 수행 정진해 지혜를 체득하고 해탈을 성취할 수 있도록 노력하여야 함을 설하고 있다. 《열반경》에서 부처님께서 제자들에게 반복하여 가르치는 가르침의 근본은 계戒·정定·혜慧 삼학三學의 수행이라고 할 수 있다.

수행자는 계戒를 바탕으로 정진해야 반야지혜般若智慧의 자리에 다다를 수 있다. 선 수행에 있어서 지혜를 얻는 기본은 바로 삼학 중에서 가장 먼저 제시되는 계를 중시하는 것이다. 요즈음 한국불교는 선禪이 강하다 보니 계율을 지키고, 부처님의 지혜를 얻기 위한 경전 공부하기를 소홀히 하는 폐단이 있는 것 같다. 모름지기 깨달음이라는 큰 몸통을 받치고 있는 세 기둥이 삼학三學이므로 이중 어느 하나가 부실하면 그 몸통은 반듯하게 세워질 수 없음은 자명한 일이다.

마음에 악한 것이 없으면 계戒요, 산란하지 않으면 정定이고, 맑은 판단을 할 수 있는 것이 지혜智慧이다. 이는 마음을 깨친 것이다. 지혜는 본래의 마음이 대상과 부딪혔을 때 최종적으로 내리는 판단이다. 지혜를 증득했다고 하나 이후의 모든 대상과 부딪힐 때 언제든지 올바른 판단을 할 수 있는가를 보아야 한다. 올바른 판단을 하지 못한다면 아직 지혜는 제대로 발현된 게 아니다. 또한 지혜가 발현됐다면 실천이 따라야 한다. 말 따로 실천 따로라면 이 또한 갈 길이 멀고도 멀었다고 보아야 한다. 결국 계·정·혜는 셋이 아닌 하나이다. 계율로 거친 번뇌를 제거하고, 선정으로 중간 번뇌를 제거하며, 지혜로써 미세한 번뇌를 제거하는 것이 바로 만법의 근원을 깨닫는 지름길이요, 마음을 깨치는 바탕인 것이다.

청담 스님은 "도인의 일거일동一擧一動은 모두 중생을 구제해주고 깨닫게 해주기 위한 행동으로만 나타난다."며 "마음자리를 바로 알아 깨달음에 이르렀으면 중생을 위한 실천을 해야 함"을 강조하고 있다 이는 육바라밀을 통해 보살행을 생활 속에 실천해야 함을 설한 것이다. 매 순간 잊지 말고 자신을 살펴보고 실천해야 할 중요한 여섯 가지 기준인 육바라밀에는 보시布施, 인욕忍辱, 지계持戒, 정진精進, 선정禪定, 지혜智慧가 있다.

먹고 입고 말하고 잠잘 때에도, 기쁘거나 슬플 때에도, 일이 잘 풀려 즐겁거나 잘 안 되어 괴로울 때에도, 남에게 칭찬받거나 멸시를 받을 때에도, 상대가 자신을 따르거나 거스르는 등 다양한 상황 속에서도 항상 육바라밀을 실천해야 한다. 어떠한 상황 속에서도 보시를 실천하고 인욕을 실천해야 하며 지계를 실천하고 한순간도 쉬지 않고 노력하는 정진을 실천해야 한다. 이와 동시에 마음을 고요히 하는 선정을 실천하면 삿된 생각이 사라지면서 밝고 맑은 마음이 드러나 지혜를 증득할 수 있다. 이처럼 일상생활 속에서 자신의 마음을 항복받고 자신의 잘못된 생각과 행동을 고치는 것이 육바라밀을 수행하는 것이다.

남의 돈을 아무리 세어도 자기 돈이 되지 않듯이 육바라밀을 아무리 잘 알고 있어도 현실 속에서 실행하지 않으면 아무런 결실이 없다. 즉 참선을 한다고 앉아 있지만 망상이 가득하면 정진이 되지 않는 것이요, 깨달음을 얻었어도 실천하지 않는 것은 구두선(口頭禪, 몸소 수행은 하지 않고, 선禪에 대해 장황하게 말만 늘어놓음)에 불과함을 청담 스님은 강조하고 있다. 육근六根이 있는 이유는 이것을 움직여서 무엇인가를 하라고 있는 것이다. 눈에 보이지 않는다고 이루어지지 않는 것이 아니므로 조금씩 생활 속에서 육바라밀을 실천하게 되면 차츰 자신이 발전하게 되고 이것이 쌓이면 마음을 모두 항복받아 깨달음에 이를 수 있다는 것이다.

살아가는 이 일상 자체가 지극한 가르침이므로 일상생활에서 부딪히는 모든 상황을 스승으로 삼아 자신의 마음을 들여다보아야 한다. 자신이 어떤 이치를 깨닫지 못해서 바람 앞의 등불처럼 마구 흔들리는지를 깨닫도록 노력해야 한다. 그러기 위해서는 물에 빠진 사람이 사력을 다해 지푸라기라도 잡듯이 그 속에서 목숨을 걸고 육바라밀을 실천하여 자신의 마음을 항복받아야 한다. 그러다보면 항복받은 만큼 마음이 열리게 되어 그만큼 세상의 이치와 그 근본이 공함을 깨닫게 된다. 육바라밀을 통해 자신의 마음을 완전히 항복받으면 우주의 이치를 꿰뚫어 볼 수 있는 경지에 오르게 될 것이다.

《신심명信心銘》 강의의 마음관

　《신심명信心銘》은 승찬(僧璨:?~606) 선사가 지은 글로 알려져 있다. 선지禪旨가 완전하게 드러난 조사祖師법문으로서 선종에서 애송되어 왔다. 4언 절구四言 絶句의 시문형식으로, 148구 592자로 되어있는 간단한 글이다. 선禪과 교教의 핵심 내용을 다 담은 선과 교의 골수법문이다. 다시 말하면, 팔만대장경의 심오한 불법의 진리와 1천7백 공안의 격외도리(格外道理, 보통의 격식이나 관례를 벗어난, 또는 그것을 넘어선 도리)가 이 글 속에 포함되어 있다는 평을 받고 있다.

　《신심명》의 법문은 의리적義理的으로 되어있는 것 같지만, 불교의 근본 사상인 중도中道의 현묘한 뜻이 담겨 있다. 혜능 선사의 《법보단경法寶壇經》과 더불어 선종禪宗 최고의 어록語錄으로 평가받고 있다.

　선종사에 중요한 위치를 차지하고 있는 《신심명》의 근본 핵심은 무엇인가? 그 근본은 중도中道 사상에 입각해 있다. 미워함과 사랑함憎愛, 거역함과 순응함逆順, 옳음과 그름是非, 고요함과 어지러움寂亂, 좋아함과 싫어함好惡 등 우

《신심명》을 쓴 승찬 선사

리가 일상생활을 하면서 겪는 중생의 상대 개념, 즉 편견을 떠난 중도를 간명하게 표현한 보기 드문 명작이다.

이렇듯,《신심명》은 선禪과 교敎를 막론하고 중도 사상이 불교의 근본 사상임을 천명한 중도총론中道總論이라고 할 수 있다.《신심명》에서의 신信, 곧 믿음은 보통의 믿음이 아니라 신해행증(信解行證, 불도수행의 기본과정을 요약해서 이르는 말. 먼저 진리의 법을 믿고信, 이어서 그 법의 의미를 잘 요해하며解, 그에 따른 실천 수행을 철저히 닦아行, 마침내 궁극의 깨달음을 증득하는 것證을 말함) 전체를 통하는 믿음이다. 그러니까,《신심명》에서 말하는 신심은 양변을 버리어 원융무애圓融無碍한 둘이 아닌 세계不二世界 즉, 진여법계眞如法界를 말하는 것이다.

이것을 해탈, 마음, 자성, 무위진인(無位眞人, 도를 닦는 마음이 뛰어나서 차별이 없는 자리에 있는 참사람) 등 여러 언어로 표현하지만 이는 억지로 이름 붙여 본 것이어서 깨우쳐야만 그 내용을 바로 알 수 있다. 물을 마셔 보아야 그 물맛을 스스로 아는 것, 물을 마셔보기 전에는 말로 설명해도 그 물맛을 알 수 없는 것과 마찬가지이다.

《신심명》에서 명銘이란 금석金石, 비석 따위에 새겨놓은 글자처럼 마음에 깊이 새겨 삶의 지침과 좌우명이 되도록 하는 글이라는 뜻이다. 본 장에서는 청담 스님의《신심명》강의를 통해 나타난 마음관을 살펴보고자 한다.

청담 스님은《신심명》의 중요성과 위대함에 대해 설하면서,《신심명》이 전하려는 의미를 한마디로 대답하면 마음이라고 말하고 있다.

혜가 스님은 "이 마음이 곧 불이요, 이 마음이 곧 법이니 곧 둘이 아니니라." 하셨습니다. 이렇게 해서 이조 스님은 삼조 스님에게 마음 법문으로 법을 전하셨습니다. 역대 조사님이 전하신 법이 다 이 마음 법문입니다. 승찬 스님께서 이 마음 법을 얻어서 법문을 지으신 것이 바로 《신심명》입니다. 내가 말하는 마음, 나아가 다 이 마음 법의 해설입니다. 《신심명》37게송이 다 이렇게 저렇게 이 마음을 요약한 법문입니다. 우주가 다 이 속에 있고, 온갖 진리가 다 이 가운데 있습니다. 그래서 옛날부터 선지식님들이 말씀하시기를 "《신심명》 가운데 팔만대장경이 다 들어 있고 대소승大小乘이 다 들어 있다."고 하셨습니다. 동시에 "각종 원리가 다 들어 있고 선종禪宗을 겸해서 전등傳燈·염송拈頌의 뜻이 다 들어 있고 1천7백 화두話頭가 낱낱이 들어 있다."고 하셨습니다.

청담 스님이 마음이란 단어를 누구보다 많이 사용하고 각별하게 생각하는 것은 저서를 읽어본 사람이나 후학들은 누구나 공감할 것이다. 청담 스님하면 마음, 마음 하면 청담 스님이라 할 정도로 생전이나 사후에도 항상 회자되고 있다. 그러면 청담 스님은 마음을 어떻게 이해하고 있는가? 그리고 스님이 말하는 마음이란 어떤 것인가?

내가 마음이란 말을 자주 하는데, 이 마음은 심성心性·불성佛性이란 뜻으로 하는 말입니다. 이 마음자리는 억만겁 이전부터 있었고, 억만겁 뒤에 가서도 옛 것이 아닙니다. 어제도 이렇고 오늘 내일도 이렇고 항상 이러한 것이 마음입니다. … 참선參禪이란 바로 이런 마음을 찾는 공부입니다. 이리저리 헤매지 않고 이 마음을 직접 찾는 지름길이 바로 참선 공부입니다. 그래서 옛 조사님들께서 선禪을 말함에 "사람의 마음을 곧바로 가리켜서 성품을 보고 성불하게 한다."고 하셨던 것입니다. 이 마음은 생명이고, 참 나이고 절대자입니다. 생명이 있는 중생이면 다 갖추고 있는 것이므로, 본래부터 성불成佛입니다. 없는 마음을 따로 창조해 내는 것이 아닙니다.

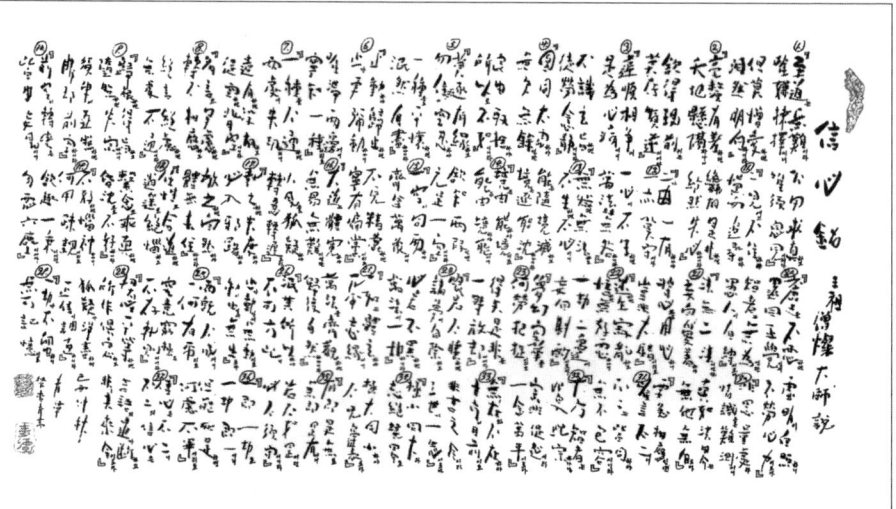
청담 스님이 쓴 신심명信心銘. 3조 승찬僧璨 선사가 지은 것이다. 청담 스님은 선禪의 궁극적 경지를 설한 운문으로, 깨달음은 어렵지 않지만 옳고 그름을 가려서는 얻을 수 없으므로 차별과 분별을 일시에 놓아 버려야 하며, 말이 끊어지고 생각이 끊어진 곳에 깨달음의 세계가 있다고 설함.

청담 스님은 마음을 심성·불성으로 표현하고 있다. 그러면서 이 마음을 찾기 위해 참선을 해야 함을 설하고 있다. 즉 마음은 생명이고, 참 나이고 절대자이다. 생명이 있는 중생이면 다 갖추고 있는 것이므로 우리의 마음이 불성, 여래장이라 설하고 있으며 본래부터 부처임을 주장하고 있다.

이를 《화엄경》에서는 "마음과 부처와 중생은 차별이 없고 다함이 없다. 세간이란 마음이 만든 것임을 아는 이는 참된 부처의 성품을 안다."고 했다. 세간은 일심에서 일어난 법으로, 그때의 마음은 적멸심(寂滅心, 망상과 집착을 다스리는 것)에서 생기生起된 분별심으로 볼 수 있다. 이 분별의 마음을 여의고 나아지만 참 마음을 볼 수 있다. 예를 들어 서리가 낀 유리창을 통해 세상을 본다면 흐리게 보일 것이다. 유리창에 햇빛이 비추어 서리가 녹아 사라지면 산하대지는 선명하게 모습을 드러낼 것이다. 이처럼 마음을 닦는 햇빛과 같은 역할을 하는 것이 참선인 것이다.

청담 스님은 참선에 대해서도 마음자리 찾는 공부라며 선에 대해 일반 불자들이 알아듣기 쉽고 접근하기 쉽게 대중적으로 법문을 했다. 그 당시만 해도 어렵게만 느껴졌던 선을 일반인들이 친근감을 가지고 접근할 수 있도록 마음에 접목시켜 강의한 점에서 스님의 '마음선禪' 사상이 대중성을 지니고 있음을 볼 수 있다.

이 연장선상에서 청담 스님은 《신심명》을 마음의 법문으로 해석하고 있다. 그리고 《신심명》은 '지도무난至道無難 유혐간택唯嫌揀擇'의 여덟 글자가 핵심이며 전체의 강의에서 표현만 다를 뿐 결국은 두 구절의 뜻을 되풀이하고 있다고 설명한다.

> 《신심명》은 처음부터 지도무난至道無難 유혐간택唯嫌揀擇이라 하고 있다. 간택심揀擇心만 버린다면 도를 구함은 어렵지 않다고 하는 것이다. 여기에서 시작해서 문자만 다르게 표현했을 뿐 거의 같은 뜻을 되풀이하여 우리가 깨칠 수 있도록 힌트를 드러내 보이고 있다.

청담 스님은 "부처님께서는 49년 동안 팔만대장경을 설하셨는데 우리 중생들이 쉽게 이해할 수 있도록 법문을 하고 있다. 우리는 그런 법문을 들었을 때 비로소 감탄사가 나오고 그것마저 없어지면 어느 틈엔가 본래의 제자리로 돌아가게 된다. 이때에 이르러 우리는 '이것이 《신심명》이구나' 하고 느낀다."며 《신심명》의 중요성을 강조한다. "우리가 안심입명(安心立命, 천명을 깨닫고 생사·이해를 초월하여 마음의 평안을 얻어 생사의 도리를 깨달아 내세의 안심을 꾀함)을 어떻게 할 것인가? 앉고 설 곳도 없는데 우리는 어디에서 마음을 편안하게 하고 어디에 몸을 맡길 수 있겠는가? 모든 이利와 해害를 떠나 본래의 마음을 편안히 하는 것"만이 방법이라 강조하고 있다.

《신심명》의 가르침은 마음자리를 깨치는 법문이며, 또 그러기 위해서는 간택簡擇이나 시비분별是非分別을 쉬어야 하며, 또 첫 네 구절이 중요하다고 하는 것은 전통적으로 많은 선사나 조사들의 입장과 청담 스님의 입장이 같은 맥락이다. 스님은 선불교의 초조 달마 선사와 혜가 선사의 설중단비(雪中斷臂, 무상의 법을 얻기 위해 눈 덮인 산사, 달마 선사 앞에서 자신의 팔을 잘라 버린 혜가 선사의 비장한 심경을 의미)의 예를 들어 수행에 대해 드러내 보이고 있다.

> 그 때 달마 대사가 혜가 스님을 제자로 삼은 후에 이르기를 "외식제연外息諸緣하고 내심무천內心無喘하라"는 것이었습니다. "밖으로는 모든 인연을 쉬어 없애고 안으로는 마음이 어지럽게 헐떡임喘을 없게 하라"는 말씀이었습니다. … 달마 대사가 또 이르기를 "심여장벽心如牆壁은 가이입도可以入道하리라." 곧 "마음이 장벽처럼 움직이지 않아야 비로소 도道에 들어갈 수 있다."고 하셨습니다. 이는 마음이 요동치지 않아서 모든 망상이 없어져야만 불법佛法을 깨달을 수 있는 마음자리가 잡힌다는 가르침입니다. 이때에 유념할 것은 마음이 움직이지를 않는 것이 곧 불도佛道를 성취한 것이 아니라는 점입니다.

부처님 당시나 제자들 그리고 이후 많은 조사들이 진리를 구하기 위하여 신명을 아끼지 않은 사례는 혜가 선사의 설중단비 이외에도 많이 있다. 예컨대 설산동자雪山童子가 한 구절의 진리를 얻기 위하여 벼랑에서 몸을 던진 것이나, 선혜善慧 선인이 머리카락을 진흙땅에 편 것이나, 전단마제栴檀摩提 태자처럼 스스로 벼랑에서 떨어져 굶주린 호랑이의 먹이가 된 사례 등을 들 수 있다.

청담 스님은 우리가 진리 곧 깨달음, 마음자리를 얻기 위해서는 오로지 구도심求道心으로써 삶의 양식을 삼아야지 다른 생각이 있어서는 도道를 구할 수 없음을 설하고 있는 것이다. 도를 얻고자 하는 사람이 재물이나 명예名譽를 탐낸다거나 대접을 받으려고 한다면 도와는 점점 멀어질 것이다. 승속僧俗을 막론하고 명상名相에 빠져 형식적인 삶을 살지 말고 진실한 마음으로 구할 때 비로소 깨달음에 이를 수 있다.

선禪의 본질은 어떠한 개념이라도 탈피하는 데 있으며, 이렇게 되어야 무애자재無碍自在한 삶을 살 수 있다. 어디에도 걸림이 없는 삶을 살기 위해서는 먼저 불법의 정신을 자기의 것으로 만들어야 한다. 이를 위해서는 반드시 사유를 통하지 않으면 안 된다. 사유에 의하여 체험된 지식은 이제 지식이 아니라 지혜인 것이다. 이 지혜로써 살아갈 때 창조적인 삶과 자비와 이타의 보살행을 갖춘 인격을 완성할 수 있다.

청담 스님이 《신심명》 강의 처음에 달마 선사와 혜가 선사의 예를 들고 있는 것은 부처님 이후 제28대인 달마 선사를 개조로 하여 제6조인 혜능 선사로 이어지는 선 사상을 수용하고 있다는 증거다. 선은 마음을 닦아 깨달음을 자기 것으로 만들고 생활 속에 실현하여 인격화하는 구체적인 실천이자 수행생활이라고 할 수 있다.

선은 당시의 교학이 문자에 얽매여 있는 현실을 비판하고 참선 수행을 통해 부처님께서 깨달으신 세계로 바로 나아가는 방법을 제시하였다. 참선을 통해 깨달음으로 나아갈 수 있다는 자각을 일깨워 준 선은 복잡한 교학 연구와 현학의 풍토를 한 번에 혁신하는 역동적인 가르침이었으며 불교의 일대 전환점이었다.

청담 스님은 한영 대강백으로부터 교학을 배웠다. 학승의 가풍을 바탕으로 만공 선사와의 만남 이후 선을 닦음으로써 선교禪教가 함께하는 가풍을 따르고 있다. 스님은 만공 선사로부터 무無 자 화두를 받고 수행함으로써 간화선의 수행방식을 취하고 있다. 이는 선의 수행과 실천으로 선불교를 완성시킨 남종선의 조사 혜능 선사의 자성청정심自性淸淨心 사상과, 마조 선사의 생활종교로서의 선불교의 입장인 평상심시도平常心是道 사상인 조사선祖師禪의 새로운 경지를 계승하고 있는 것이다. 마조馬祖 - 백장百丈 - 황벽黃檗 - 임제臨濟 선사로 이어지는 남종선의 사상적 전통을 계승해온 선사들과 입장을 같이하는 것이다. 그러면서도 청담 스님은 마음을 무엇이라 이름 지을 수 없음을 강조하며 다음과 같이 설하고 있다.

> 능能이란 곧 주관을 말하며 경境이란 곧 객관 즉 현상계의 환경을 말합니다. 경境이라는 말 대신에 소所 자를 써서 능소能所라고 불러 주관과 객관을 나타내기도 합니다. 불교에서는 이러한 말을 많이 사용합니다. 불교는 이 능소能所로 되어 있고 나중에는 능소가 없는 데로 돌아갑니다. 능은 주관이면서 능동을 말하고 소는 객관이면서 피동被動을 말합니다. 그러므로 주관이 있음으로 해서 자연 객관이 생겨나고 또 주관과 객관은 항상 동시이지만 주관能은 객관境을 따라서 없어지는 것입니다. 객관이 없어지면 주관도 없어지는 것입니다. 객관은 또 주관을 따라서 없어집니다. 여기서 침沈이란 곧 없어진다는 뜻입니다. 생길 때도 주관과 객관이 동시였지만 없어질 때도 또한 어느 것이 먼저 없어지고 어느 것이 나중에 없어지는 것이 아니라 생길 때와 마찬가지로 동시에 없어집니다.

청담 스님은 주관能과 객관所 사이에 간격이 없다면 더 이상 고통이나 두려움이 없다고 설한다. 불교는 이 능소能所로 되어 있고 나중에는 능소가 없는 데로 돌아간다. 능能은 주관이면서 능동能動을 말하고 소所는 객관이면서 피동

被動을 말한다. 《대승유심론서大乘唯識論序》에서는 마음을 관찰자인 능취能取와 관찰대상인 소취所取로 나누는데, 능취는 견분見分이고 소취는 상분相分이다. 견분이 상분을 바라보니, 오직 식識뿐이라는 이론이 성립된다.

물리적 대상이든 정신적 대상이든, 우리가 그 어떤 경계를 보고 그것이 나의 바깥 경계에 존재하는 무엇이라고 생각하지 않고 대하지 않는다면 우리에게 더 이상 문제는 존재하지 않는다. 이것은 문제를 극복하기 위한 묘한 방편을 말하고 있는 것이 아니다. 실상이 그러하다. 모두가 생각만으로 나타난 이런 모습, 저런 모습, 나라는 모습, 고통이라는 모습일 뿐이다. 다시 말해 생각만 그렇다는 것뿐이니, 생각에는 독립적으로 존재하는 주체能도 없고 객체所도 없는 것이다.

그러므로 마음에 능소의 자취가 없으면 곧 정각이니 제대로 된 수행자는 주관도 객관도 없는 관찰을 해야 깨달음을 얻을 수 있다. 이것이 청담 스님이 주장하는 마음 공부의 올바른 첫걸음이요 참선을 통해 얻을 수 있는 요체인 것이다. 그러면서 마음을 어떻게 먹느냐에 따라서 하나가 곧 전체이고, 전체가 곧 하나가 된다며 이 마음은 언제 어디서 어떻게 생겨난 것이 아니며, 또한 어느 때 없어질 것도 아니라고 설하고 있다.

> 하나가 곧 전체이고, 전체가 곧 하나입니다. 우리의 마음은 작다고 하면 극한소極限小이고 크다고 하면 무한대無限大인 것입니다. 한 알의 모래 속에 한강의 모래가 다 들어간다고 해도 그 모래가 더 커지는 것이 아니며, 모든 모래 속에 한 알의 모래가 다 들어간다 해도 모자라지 않습니다. 마음과 마음이 서로 포개어 앉는다 해도 거북스럽거나 방해가 되지 않듯이 한 마음은 헤아릴 수 없이 많은 마음과 통해 있고 또한 모든 중생의 마음은 나의 이 한 마음과 통해 있는 것입니다. 이 마음은 언제 어디서 어떻게 생겨난 것이 아니며, 또한

7장 저서著書에 나타난 불교관

어느 때 없어질 것도 아닙니다. 그리고 언제나 살아 있어서 모든 신통조화를 멋대로 부리고 있습니다.

참선 수행을 통해 깨달으면 연기를 바로 본다고 한다. 연기를 바로 보면 조건 없는 대자유, 해탈이며 마음자리를 찾은 것이다. 청담 스님은 "일― 즉 일체―切요, 일체―切 즉 일―이라는 법문을 통해 연기를 보는 것이 깨달음이다. 전체가 하나이고, 하나가 전체인 상즉상입(相卽相入, 모든 현상의 본질과 작용은 서로 융합하여 걸림이 없다는 뜻) 상태에서 원융무애圓融無碍한 육상원융(六相圓融, 세상의 모든 존재는 여섯 가지 상相으로 총상總相·별상別相·동상同相·이상異相·성상成相·괴상壞相을 갖추고 있고, 그 전체와 부분 또 부분과 부분이 서로 원만하게 융화되어 있다는 말)을 이루어갈 때 조화로운 중중무진(重重無盡, 우주 만유 일체의 사물이 서로 무한한 관계를 가지고 얽히고 설키어 일체화되어 있음을 가리키는 말)의 화엄법계(華嚴法界, 처음부터 끝까지 우주의 본체, 곧 법계의 이理를 밝힌 것), 즉 절대평등의 세계에 들어갈 수 있다."고 설하고 있다.

불행의 씨앗을 행운의 씨앗으로 바꿔 주는 마음 공부는 뼈를 깎는 고행처럼 힘든 게 아니다. 팔만대장경을 달달 외운다고 해서 구원받는 것은 아니다. 오로지 마음의 철저한 수행만이 우리를 구원할 수 있음을 알아야 한다. 항상 마음 수행을 끊임없이 해나간다면, 결국 '번뇌와 망상'이라는 108겹의 두텁고 칙칙한 커튼이 남김없이 다 열려 본래의 행복한 빛을 되찾고 그 빛을 이웃에게도 골고루 나누어 줄 수 있을 것이다. 청담 스님이 강의한《신심명》제14게송에서 주관은 객관에 의지해 생기고 주관 자체가 따로 있는 것이 아니며, 주관과 객관은 둘이 아니고 하나이면서 동시라고 설하고 있다.

경은 능으로 말미암아 경이요境由能境
능은 경으로 말미암아 능이니能由境能

양단된 참뜻을 알고자 하거든欲知兩段

본래로 일공一空임을 알아라元是一空.

청담 스님은 "경계, 다시 말해서 객관적 환경이란 주관으로 인해서 객관의 행세를 하는 것이며 또 주관은 객관으로 인하여 주관 노릇을 하게 되는 것이다."라고 설한다. 또한, "주관이란 객관을 의지해서 생기는 것이므로 주관 자체가 따로 존재하는 것이 아니며 또 주관, 객관이 따로따로 두개가 있는 것도 아니다. 하나이면서도 동시이다."라고 강조하고 있다.

이는 관찰의 대상과 관찰하는 마음과의 관계를 설명하는 것이다. 반연의 대상인 경境과 능히 반연하는 마음인 능能과의 관계는 뗄 수 없는 관계임을 잘 나타내 주고 있다. 능은 마음이 능전변能轉變하는 것을 뜻하며 경은 마음에 의하여 전변되어진 소전변所轉變을 뜻한다.

이처럼 마음의 능전변과 경계의 소전변은 능소能所 관계가 있는데 이를 선정의 입장에서 설명하면 능관能觀과 소관所觀으로 분류할 수 있다. 능관은 마음이 능동적으로 관찰한다는 뜻이며, 소관은 마음에 의하여 관찰되어진다는 뜻이다.

청담 스님은 또 "생시나 꿈속에서나 마음자리는 똑같은 하나다. 지금 생각하는 이 마음이 꿈속에서 재현해서 다시 생각한다. 그렇기 때문에 꿈은 깨었어도 마음만은 오지도 가지도 않는 부동이다. 마음, 그것은 물질도 아니고 허공도 아니다. 허공까지도 초월한 이 마음이 어찌하여 오고 또 가고 움직일 수 있겠는가? 다만 관념이 이 생각 저 생각을 냄으로써 마치 왔다 갔다 하는 것처럼 보일 따름이다."라고 설하고 있다.

능관과 소관의 양단兩段은 본래 공空한 것임을 잘 관찰하는 것이 지혜이다. 우리가 참선을 통해 선정을 수행하면 지혜가 발생하고 지혜가 발생하면 일체의 경계는 실체가 있는 것이 아니며 마음에 의하여 전변된 것임을 깨닫게 된다. 동시에 그 경계는 공한 것이고 마음도 공하다는 것을 알게 된다. 이는 마음의 지혜와 경계의 진여眞如가 평등하기 때문이며 능취와 소취의 상대관계가 없어지기 때문이다. 이처럼 평등한 마음은 능소가 없고 취사도 없다. 이러한 마음은 평등한 마음을 말하며 진실한 마음을 뜻한다. 이러한 경지는 경계와 능변을 서로 의지하여 존재하는 의타기자성依他起自性, 자기 이외의 다른 힘에 의해 생성된 존재)이 공한 것임을 깨닫는데서 전개된다. 그리고 이 경지는 금강삼매金剛三昧의 경지이며 깨달음의 세계이며 참 마음자리인 것이다.

승찬 선사의 《신심명》은 고요한 침묵이면서, 우리를 변화시키는 웅장한 말이다. 침묵이 활짝 피어난 침묵의 언어이다. 승찬 선사는 어떤 철학이나 이념을 말하려고 하는 것이 아니다. 오로지 스스로 깨달음에 이르게 된 것을 알려 깨달음의 장과 한마음의 장에서 함께 춤추고 싶은 것만을 말한 것이다. 승찬 선사는 《신심명》 법문을 통해 자유와 평화, 지혜와 자비의 삶, 참다운 행복의 삶이 먼 훗날 어디 먼 곳에 있게 되는 것이 아니라 나의 신심信心 안에 있음을, 지금 여기 나의 삶의 숨결임을 알려주고 싶었던 것이었다.

청담 스님의 《신심명》 강의는 승찬 선사가 보여준 "중도실상中道實相이 둘 아닌 참마음의 세계가 어떠한 것이며, 어떻게 해야 중도中道의 삶, 깨달음의 삶, 참다운 행복의 삶을 살 수 있을 것인가?"에 대해 그 방향을 제시하고 있다.

《선입문禪入門》의 수행관

선禪은 인도의 옛말로는 선나禪那, 조용히 생각한다는 뜻이다. 진리가 무엇인지 알려고 하는 지혜와 안정된 정신상태, 즉 선정을 일치시켜 정혜를 함께 닦는 것이다. 선이 인도로부터 중국에 처음 전해진 것은 후한 시대(25~220년)였으나, 달마 선사가 활동한 북위 시대(386~534년)에 보다 널리 전해진 것으로 보인다. 이 무렵에 선은《능가경》에 의한 이타적이고 능동적인 선이었다. 달마 선사의 선 사상은 저서인《이입사행론二入四行論》에 나타난 바와 같이 벽관壁觀으로 유명하다. 이것은 외부로부터의 번뇌와 작위망념作爲妄念이 침입하지 않는 것을 벽壁에 비유한 것으로써, 본래의 청정한 마음을 직관한다는 것이다.

석가모니 부처님의 법은 제자 마하가섭 이래 28조가 상승되어 달마 선사에 이르렀는데, 중국에 전래되어 달마達磨 - 혜가慧可 - 승찬僧璨 - 도신道信 - 홍인弘忍 - 혜능慧能 선사로 이어졌다. 중국의 선은 중국인의 강한 현실중심주의

7장 저서著書에 나타난 불교관 **619**

에 지관止觀, 여래선如來禪 등의 영향으로 일상생활 속에 실현되어 행주좌와行住坐臥의 생활선生活禪으로 전개되었다. 중국선의 근본기치인 불입문자不立文字, 교외별전敎外別傳, 직지인심直指人心, 견성성불見性成佛은 이러한 입장에서 생겨난 것이다.

또한 선 체험을 설명하기 어려운 점, 개별성을 중시하는 입장에서 중국 선종에서는 사자상승師資相承의 관계가 매우 중시되었다. 그리하여 조사의 권위는 어떤 경우 여래(부처님) 이상으로 중시되어 조사선으로 불리기까지 하였으며, 조사의 언어와 행동을 금과옥조金科玉條로 삼고 그것을 수단으로 하여 참선의 목적을 달성하려 하였다.

참선은 화두를 들고 깨달음을 얻기 위해 수행하는 선정의 한 방법이다. 말하자면 몸과 마음을 안정시킨 가운데 불법의 대의를 파악하기 위하여 내면적으로 깊이 침잠沈潛하는 수련법이다. 그러므로 참선 수행을 할 때 선지식의 가르침이나 화두는 부처님의 가르침의 핵심을 몇 마디의 말이나 상징적인 게송으로 압축해 대중으로부터 진리에 대한 강한 의심을 내게 하는 것이다.

부처님의 가르침을 따라 수행하는 대중들은 진리가 담겨 있는 화두의 내용에 끊임없이 정신을 집중한다. 불법의 핵심을 직접적이고 끊임없이 파고들어가 본래 갖추고 있는 청정하고 평등한 마음을 찾게 되는 것이 바로 선이다. 참선은 석가모니 부처님께서 보리수 아래에서 고락苦樂의 극단을 피하고 중도中道의 깨달음을 성취한 수행 방법이다.

이러한 수행법은 중국을 거쳐 우리나라의 선 사상에 많은 영향을 주었다. 하지만 당시 선은 난해함으로 일반인들이 쉽게 접근하기가 어려웠다. 청담 스님은 쉽고 생활에 밀착된 마음법문과 선에 대한 법문을 통해 일반인들도 선에 대한 관심을 갖게 하였다. 이번 장에서는 청담 스님의 《선입문禪入門》에 나타난 선 사상과 마음 수행을 어떻게 설하고 있는가를 살펴보고자 한다. 청담 스님은 선에 대한 생각을 《선입문》의 제1장 '선이란 무엇인가?'에서 밝히고 있다.

> 선禪은 선이 아니다. 그러므로 선하면 벌써 선과는 거리가 먼 것이다. 왜냐하면 선은 우주 인생의 본연면목이기 때문에 선이 따로 있는 것이 아니고 내외內外·유무有無·시비是非·생사生死·열반涅槃·극락極樂·고락苦樂·허무虛無·영원永遠 등, 전체가 모두 선인 것이다. … 그러나 그렇다고 해서 또한 그러한 줄로만 알면 그것 역시 선은 아니다. 왜냐하면 선은 유무有無·인생人生의 본연면목이기 때문에 선은 따로 없다. 시간, 공간 할 것 없이 일체 만물은 하나도 선이 아니다. 유정有情·무정無情이 다 선이 아니다. 생사生死도 열반涅槃도 선이 아니다. 중생衆生도 부처도 선이 아니다. 이러하니 선은 쉬울 수도 있고 어려울 수도 있는 것이다. 쉽다면 코로 숨 쉬는 것보다 더 쉬운 일이고 어렵다면 손으로 별을 따기보다도 더 어려운 일이다.

청담 스님은 논리를 초월한 메시지를 전하고 있다. 모든 게 다 선이라고 말한다. 그렇다고 또 그런 줄만 알아도 안 된다고 한다. 그러면 무엇인가? 선은 실상의 소식이라서 영원히 죽지도 않고 오만가지 복덕과 지혜를 갖추고 있다고 한다. 그렇다면 이 실상의 소식은 대체 어떠한가? "해가 막 서산으로 넘어가자 달은 미리 동쪽 숲 위에 떠 있도다."라는 선시禪詩를 통해 은유적으로 표현하고 있다.

청담 스님은 선이란 이런 저런 것이라고 주장한 다음에 얼른 말을 바꿔서 그것만도 아니라고 설한다. 저서의 많은 부분에서 이와 같은 대화법을 통한 설법을 하고 있다. 이는 듣는 사람이 언어나 말에 매이는 것을 방지하고, 말하고자 하는 의미를 강조하기 위해서라고 볼 수 있다. 이처럼 스님은 선이 일반인들에게 쉽고 가슴 깊이 다가오도록 반어와 역설을 써서 설한다는 특징이 있다.

실상을 표시하면서 제시한 게송을 보면 관음시식을 할 때, "해가 서쪽에 지면 달은 동쪽에서 뜨는 법이라네日落西山月出東"라는 구절로 감정을 이끌리게 하는 동시에 선이 아주 쉬운 세상의 이치임을 설하고 있다. 이처럼 청담 스님은 경허·한암·구산·성철 선사 등과 전통적인 설법의 형식이 다르다. 많은 선지식들은 시절인연에 따라 다른 사람의 화두나 게송을 인용한다 하더라도 자신만의 체험을 대어代語·별어別語·평評·송頌 등 다양한 방식으로 나타낸다. 하지만 스님은 중생들이 쉽게 받아들이고 이해할 수 있는 법문과 마음 사상을 통하여 전통보다는 현대적인 마음 법문의 새로운 장을 열어간 선지식이라고 할 수 있다.

> 인도의 보리 달마菩提達磨가 중국에 건너와서 이른바 달마선법을 깨쳐준 데에서부터 선은 처음으로 인도의 풍토성과 요가 행법과 원시불교의 형식을 벗어나서 전혀 새로운 국면을 전개하기 시작하였다. 부처님께서 낡은 질그릇에 감로수를 넣는 일이나, 서역의 제28조 달마 선사가 불교의 시원적인 종자를 옮겨 심는 일은 큰 혁명에 속한다. 중국 고유의 풍토적인 사상의 원전原典격인 노장老莊의 사상에 선禪의 의미를 한갓 추진력이 강한 바닥 깊이 통찰의 힘을 불어 넣어 주었다. 그래서 선은 중국에 와서 중국 특유의 선禪을 발생케 하였다. … 조사祖師가 나타나서 그것을 설명·교시·지도하기에 이르렀다는 것이 특징이다. 그래서 달마의 행법을 가지고 달마선達磨禪이라 이름하고 그 이후부터 조사선祖師禪이라 통칭하게 되었다.

청담 스님은 선이 달마 선사에 의해 중국에 전래되면서 문화성격과 결부

되어 일찍이 인도에서 볼 수 없었던 특색이 나타나게 된다고 설한다. 중국에 있어서 처음 독립적인 한 계통을 이룬 선종은 달마 선사의 서래西來에서 기인한다고 강조한다. 달마 선사는 중국 선종의 초조다. 달마 선사가 전승한 선법을 조사선이라고 하는데 청담 스님은 《선입문》 곳곳에서 조사선에 대해 설하면서 어떻게 수행하여야 하는지 설하고 있다. 이는 조사선을 계승하고 이에 입각한 수행과 지도를 하고 있다는 증거다.

조사선의 가풍은 달마 선사로부터 시작한 것으로 모든 사람이 본래부터 부처님과 같은 성품을 지니고 있음을 알아 그것을 자각하여 일상생활에서 실천하는 것을 내세운다. 청담 스님의 선 사상은 대중선大衆禪을 지향하고 있다는 점에서 달마 선사의 가풍과 그 궤를 같이하고 있다.

달마 선사는 "내가 일부러 이 땅을 찾아온 것은 전법하여 중생을 건지기 위함이다."고 했다. 석가모니 부처님이 오신 뜻이나 달마 선사가 동쪽을 찾아 간 이유나 모두 중생제도의 원력이었다. 청담 스님이 많은 선사들과 달리 선禪 법문을 쉽게 한 것은 평소 주장했던 "성불을 한생 미루더라도 중생을 제도하겠다."는 중생 제도의 원력이 달마 선사의 선 사상과 수행관을 계승하고 있는 것이다. 여기에 마음 사상을 더해 '마음선'을 정착시켰다.

조사선은 일상생활 속에서 선을 실천하는 평범하면서도 소탈한 시골풍의 토착적인 불교로, 그

1961년 캄보디아에서 열린 제6회 세계불교도대회에 참가한 금오 · 청담 스님과 이기영 박사

핵심은 '평상심시도平常心是道'와 '즉심시불卽心是佛'로 요약될 수 있다. 평상심은 평범하고 소박한 일상의 마음이며, 일체의 차별과 분별과 조작이 없는 본래의 마음이다. 인간이 본래 갖추고 있는 청정한 마음이기 때문에, 평상심이 곧 도道이고 그 마음이 곧 부처임을 설하고 있는 것이다. 그러면서 청담 스님은 마음의 안정으로 깨달음을 성취하려면 참선을 해야 한다고 설하고 있다.

> 참선參禪이란 바로 이 마음을 찾는 공부이다. 이리저리 헤매지 않고 이 마음을 바로 찾는 길이 참선이다. 불도佛道를 닦는 사람들도 감히 선법禪法에 들어서지 못하는 것은 모두들 저 아무것도 아닌 허공이 되고 마는 것이 아닌가 하고 겁을 내어 멀리 절벽만 쳐다보다가 물러서 도망치기가 일쑤이기 때문이다. 그러므로 근래 불도를 닦는 사람들 대개가 불교의 지식을 구하고 있을 뿐이고 자심불自心佛의 도道를 깨닫는 이는 흔하지 못한 것이다.

불교에서는 마음을 안정시키고 정신을 집중시켜 깨달음의 세계로 나아가는 가장 좋은 수행법으로 참선을 들고 있다. 청담 스님도 마음을 바로 찾는 길이 선이라고 강조하고 있다. 참선이란 무엇인가? 참선은 도道요, 도는 진리眞理이며, 진리는 자신의 생명을 찾는 일이다. 참선은 우리들의 마음을 안주시킬 최상의 안심입명처(安心立命處, 천명을 깨닫고 생사·이해를 초월하여 마음의 평안을 얻어 생사의 도리를 깨달아 내세의 안심으로 돌아가는 곳)로 돌아가는 수행법이다.

참선 수행을 잘 하려면 우선 삶의 문제를 한번 깊이 있게 생각해 보아야 한다. 그리고 인생의 참된 주인공, 내 삶의 참된 생명을 찾겠다는 결심을 한 다음에 참선 수행을 시작해야 한다. 그렇다면 무엇에 의지하여 참선 공부를 해야 하는가? 참선법에 몇 가지가 있지만, 아주 오래전부터 화두 참구법에 의지하고 있다. 화두를 들고 참선공부를 하는 것이다.

참선의 방법 중 우리나라에서는 화두를 들고 행하는 간화선의 전통이 내려오고 있다. 여기서 말하는 화두란 쉽게 말해서 하나의 문제의식이라고 할 수 있다. 간화선의 수행으로 철저한 문제의식을 마음속에 새겨서 참구하여 마음 사상, 마음 철학, 마음 찾기 등으로 승화시킨 것이 '마음선'이다. 마음속에 오르지 문제의식만 생각하고 다른 어떤 것도 떠올려서는 안 된다. 어떤 상태에 있든지 오직 자신이 문제의식을 갖고 있는 화두만을 생각해야 하는 것이다. 이것은 곧 의심하는 것을 의미한다.

청담 스님은 참선을 할 때는 아주 고요하면서도 맑은 생각으로 몰입해야 하며, 인생의 근본 뿌리를 찾는 일이기 때문에 진지하고 철저히 행해야 한다고 강조한다. 참선은 곧 마음을 밝히는 작업이다. 마음은 어느 누구에게나 본래부터 갖추어져 있으며, 청정무구淸淨無垢하여 세간 속에서도 물든 일이 없으며 완전하다고 한다. 참선은 이러한 마음에 대한 확고한 인식 내지는 신심信心에서 이루어져야 하며, 이는 올바른 참선을 하기 위한 선결조건이기도 하다.

청담 스님은 참선은 결코 특수한 시간에, 특별한 장소에서, 선택받은 사람들만이 행할 수 있는 방법이 아님을 강조하고 있다. 언제 어디서나 누구든지 행할 수 있는 열린 참선이어야만 한다는 것이다. 왜냐하면 마음은 언제 어디서나 누구에게든 갖추어져 있기 때문이다.

참선이란 일체의 형식과 방법에서 벗어나 있다. 굳이 표현하자면 선지식의 지도와 자신의 열려있는 마음이 필요하다. 마음이 열려있는 사람에게는 자연 그대로 두두물물頭頭物物이 선지식 아님이 없을 것이다. 마음이 닫힌 사람에게는 비록 불보살과 달마 선사가 당장 나타난다 해도 크게 얻는 바가 없을 것이다. 스님은 참선은 화두를 참구해 가는 간화선을 통해야 마음자리를 볼 수 있다고 설하고 있다. 이것이 바로 '마음선'인 것이다.

한국불교에서는 전통적으로 간화선 수행을 따르고 있다. 요즘 들어서 일본

조동종이나 남방의 위파사나 등의 수행이 많이 소개되고 있지만 우리나라의 선원에서는 여전히 간화선 수행 방법이 고수되고 있다. 만공 선사로부터 무無자 화두를 받아 참구하여 수행한 청담 스님도 간화선을 통해 오도悟道를 했다.

이러한 간화선 수행의 전통은 일반적으로 대혜 선사의 간화선 주창과 맥을 같이 하고 있다. 지눌 선사와 혜심 선사의 간화선도 물론 마찬가지이다. 간화선 수행은 화두에 의지해서 참구를 하는 것인데, 털끝만큼도 용납함이 없이 수행해야 함을 청담 스님은 강조한다. 이것은 외형적인 좌선의 형태나 방법이 있는 것이 아니고 정형적인 수행의 모습을 따로 설정하는 것도 아니다. 항상 불성이 발현되는 일상적 생활 속에서 수행을 한다는 데 그 의미가 있다. 물론 기본적으로 참선 수행이 선행되어야 하지만, 수행의 외형적 모습에 집착하지 않는 것이 바로 간화선의 특성인 것이다. 좌선 수행은 화두를 간看함으로써 극복하려는 점 또한 간화선의 병폐이자 특징이다.

청담 스님은 화두를 참구함에 있어 항상 또렷하게 깨어있는 채로 해야 함을 설한다. 화두를 들고 공부하는 수행자는 쥐를 잡으려는 고양이처럼 분명하고 또렷하게 깨어 있어야 한다. 그렇지 않으면 망상 속에서 허송세월만 보내게 된다. 짧은 시간을 참구하더라도 항상 성성적적惺惺寂寂하게 깨어서 경계에 흔들리지 않고 절실하게 공부해야 한다고 화두참구의 간절함을 강조한다.

화두는 오직 그 목적이 수행을 통한 참구에 있는 것이지 교리적으로 해석함에 있는 것이 아니다. 여러 화두를 해석하고 여기저기로 옮겨서 참구하는 것은 결국 마음 수행에 도움이 되지 않을 뿐만 아니라, 깨달음을 구하려는 자기의 본래 마음을 가려서 영원히 미혹함을 벗어날 수가 없다. 그러므로 깨달음을 구하는 마음조차도 버려야 한다.

간화선에서는 일체처一切處와 일체시一切時에서 화두를 들어 참구하는 것을 요구한다. 즉 외형에 집착하지 않는 집요한 수행을 요구하는 것이다. 또한 깨달음을 구하려는 마음을 경계하고 있다. 빨리 화두를 타파하여 깨달음을 얻어야겠다는 마음이 앞서면, 그것이 도리어 마음을 가리고 자칫하면 상기병上氣病 같은 것에 걸리기 쉽다. 다만 일체처와 일체시에 화두를 들 뿐이지, 깨달음 같은 것은 잊어버려야 한다. 또한 알음알이를 가지고 화두를 해석하거나, 이리저리 머리를 굴려 생각하는 것도 경계하고 있다. 어쨌든 간화선은 묵묵관조默默觀照의 참선이 자칫 빠지기 쉬운 적막함의 경계를 경계하면서 새롭게 주창된 것을 청담 스님은 본래의 마음자리가 저절로 드러나게 하는 최선의 방법이라고 말하고 있다.

  청담 스님의 수행관은 단박에 깨치고 단박에 닦는다는 돈오돈수를 바탕으로 한다. 그러면서 법문의 곳곳에서 돈오점수도 수용하고 있다. 단박에 깨쳐서 구경각(究竟覺, 궁극적이고 완전한 지혜를 얻는 경지)에 다다름으로써 더 이상 닦을 것이 없는 경지에 도달하는 것인 돈오돈수이다. 이는 중국 선종에서도 혜능 선사 이후 많은 선사들의 가르침 속에 언급되어 있다. 또한 한국 현대불교에 큰 자취를 남긴 성철 스님이 돈오점수를 반박하며 제기함으로써 큰 논쟁을 일으켰다. 하지만 고려 지눌 선사 이래 한국불교 수행법의 주류로 이어져 온 돈오점수도 단박에 깨친다는 점에서는 돈오돈수와 같지만, 깨치고 나서도 점차적으로 수행하여야 깨침의 경지를 유지할 수 있다는 입장이다. 이에 대하여 돈오돈수는 깨치고 난 뒤에도 더 수행할 것이 남아 있다면 진정으로 깨치지 못한 것이라는 입장이다.

  청담 스님은 저서 《선입문》 제4장 '선사禪史와 그 배경'에서 석가모니 부처님 성도成道로부터 시작한 선이 달마 선사를 거쳐 중국에 새로운 문화를 형성하고 도의道義 선사를 통해 한국에 정착되어 간화선이 자리 잡게 되는 과정을 일목요연하게 선사들의 선문답과 선 법문을 통해 쉽고 간결하고 명확하게 설하고 있다.

마음에 떠오르는 잡념과 망상을 일체 제거하고 삼매에 빠져 있었다. 다만 안심安心의 길만 얻기에 전념하였을 뿐이었다. 이는 40일간 계속 되어 12월 8일 금성金星이 동녘하늘을 환하게 밝혔다. 그 순간 석가는 대오성도大悟成道하였다. 그때 석가는 인생의 고뇌를 해탈하고, 폭넓은 기쁨을 맛보게 되었다. 그뿐 아니다. … 새로운 결심을 하고 녹야원鹿野苑에서 처음 오도悟道를 설법하였다. 이것이 초전법륜初轉法輪이다. 석가모니 부처님은 오도를 성취하려면 그 실천방법인 육바라밀을 성실하게 행하는 것이 중요한 일이라고 가르쳤으며, 특히 그중에서도 선정禪定을 강조하였다. 석가의 성도는 근본이 성전에 있었기 때문이다.

1971년 청담 스님이 쓴 설산수행雪山修行 휘호

청담 스님은 "석가모니 부처님께서 선정을 통해 깨달음을 얻었는데 그 깨달음의 당체는 모든 중생이 붓다의 본성을 지니고 있다는 것이었다."고 설하고 있다. "그리고 오도悟道를 성취하려면 그 실천방법인 육바라밀을 성실하게 행하는 것이 중요한 일이라고 가르쳤다."고 강조한다.

이는 참선 수행을 거쳐 마음의 안심을 얻은 것이다. 화두는 생로병사의 해결과 중생구제의 대원력이다. 석가모니 부처님은 깨달음을 얻은 순간에 대해 다음과 같이 설하고 있다. "이제 내 마음은 형성되지 않은 것을 이루었네. 온갖 갈애渴愛는 다 끝내어 버렸네." 우리는 제행무상諸行無常이라는 말을 종종 쓴다. 형성된 것은 다 부서진다. 그러기에 부서지지 않는 고요한 기쁨인 열반을 최고의 목표로 하는 것이다.

우리가 석가모니 부처님처럼 깨달음을 성취하려면 올바른 믿음을 가지고 청정한 수행을 계속하면 윤회에서 벗어나 해탈의 기쁨과 마음의 평화를 이어갈 수 있는 것이다. 이러한 깨달음에 이르기 위해서는 이 몸이 가죽과 힘줄, 뼈만 남고 피와 살은 다 말라서 죽게 되는 한이 있더라도 정등각正等覺을 얻기 전에는 이 자리에서 일어나지 않겠노라는 대원력이 있어야 한다. 석가모니 부처님은 깨침의 세계를 말에 의하지 않으며 문자를 사용하지 않고 이심전심以心傳心으로 마하가섭에게 법法을 전하였다.

> 석가모니 부처님께서 왕사성王舍城에서 전도하고 있을 무렵 영취산靈鷲山의 법상에 오르시어 꽃 하나를 들어 대중에게 보이시자, 다들 의아하게 좌우를 둘러보는데 오직 한 사람, 가섭迦葉존자만이 빙그레 미소를 지었다. 그러나 석가도 카아사파도 아무 말이 없었다. 한참만에 세존께서 말문을 열었다. "내게 정법안장正法眼藏 열반묘심涅槃妙心 실상무상實相無相 미묘법문微妙法門 불립문자不立文字 마하가섭, 교외별전敎外別傳이 있으니 이를 마하가섭에게 부촉하노라."

부처님의 가르침은 올바른 진리를 눈에 담고 깨침의 순수함을 갖고 우주만사의 차별을 끊은 모습을 스스로 얻는 것임을 설명하고 있다. 이것을 상수제자 마하가섭摩訶迦葉에게 전하고 있는 내용이다. 이것이 염화미소(拈花微笑, 말로 통하지 아니하고 마음에서 마음으로 전하는 일로 석가모니불이 마음으로 불법의 진리를 전해준 이야기를 말한다. 선의 기원을 설명하기 위해 예부터 전해오는 이야기로 석가모니가 영산회상에서 연꽃 한 송이를 대중에게 보이자 마하가섭만이 그 뜻을 깨닫고 미소 지음으로 그에게 불교의 진리를 주었다고 하는 데서 유래)의 고사故事인데 선禪의 발상으로 삼고 있다.

청담 스님은 석가모니 부처님께서 무언無言의 상태에서 꽃을 잡고 있었을 뿐인데 마하가섭이 미소로써 스승의 마음을 전부 읽었음은 '불립문자不立文字, 교외별전敎外別傳, 직지인심直指人心, 견성성불見性成佛'의 도리를 깨달은 것으로,

선의 전통으로 이해하고 있는 것이다. 이 말의 참뜻은 "가르침 외에 따로 전했는데 문자로는 세울 수 없기 때문이다. 곧바로 인간의 마음을 꿰뚫어서 본성을 본다면 부처가 될 것이다."라는 구절에 드러나 있다.

청담 스님은 강서江西의 노산盧山 근처에서 대중 속에 파고들어 선禪을 전하는 마조 선사의 선禪을 소개하면서 일심一心의 사상과 수행을 설하고 있다.

> 삼라만상의 모든 자연은 공空으로 돌아간다. 그것은 도리를 설명하기 이전의 문제이며, 우리들이 이것을 알기 위해서는 일심一心으로써만 가능하며 이것이 자기의 주장이며 우리의 종파이다. 우리들의 생활은 진리를 밟고 서는 것이며 절대로 진리에서 멀어져서는 안 된다. 일체의 법칙은 죄다 부처의 마음이다. 여러 가지 법은 죄다 해탈의 길이다. 해탈이란 일체一切의 근원 즉 진리 그 자체다. 이것이 무주無住의 법이다. 일생 동안 보다 많은 지식을 얻기 위해서 배우고 행복을 구하고 머리가 좋아지기를 원하는 것은, 이치를 따져보면 부질없는 일이니 그만두는 것이 좋다.

청담 스님은 "무주無住란 일체의 근원 즉 진리 그 자체를 말한 것으로 연기 중도의 삶이다."라고 설하고 있다. 이는 어느 것에도 걸림이 없는 활활자재活活自在한 경지이면서, 앞뒤가 꽉 막혀 생사번뇌가 끊어진 상태를 의미하기도 한다. 이것을 선禪에서는 깨달음, 해탈, 열반, 반야, 연기, 중도, 공, 무애無碍, 자재自在 등을 나타내는 말이며, 법계의 실상을 가리키는 말이다.

청담 스님은 "공空으로 돌아가기 위해서는 일심一心으로 돌아가야 한다."고 설한다. 이는 하나가 곧 모든 것이고 모든 것이 곧 하나로서, 하나에도 막히지 않고 모든 것에도 막힘이 없다는 것이다. 즉 일즉일체一卽一切요 다즉일多卽一로서 원융무애圓融無碍하여 장애가 없는 것이다. 이것이 바로 이것에도 머물지

1965년 가을에 백운정사에서 청담 스님이 쓴
《임제어록臨濟語錄》개시開示

않고 이것 아님에도 머물지 않아서 머묾 없음에 머무는 무주無住이다. 그러므로 무주는 법계의 실상實相이요, 해탈이요, 열반이다. 깨달음인 것이다.

스님은 평상심시도와 마음의 법문, 민첩한 사변, 날카로운 기봉으로 요약되는 마조선의 후계자임을 자부하고 있는 것이다. 일체의 법칙은 모두 부처의 마음자리임을 강조하며 여러 가지 법은 모두 해탈의 길임을 설한다. 그것은 현상의 어떠한 경계에도 집착하거나 머물지 말고 자신의 청정한 본성대로 행해야 한다는 것이다. 이렇게 어떠한 경계에도 집착하지 않고 청정한 본체대로 행할 때, 번뇌나 망령된 생각은 일어나지 않게 된다.

청담 스님은 수처작주 입처개진隨處作主 立處皆眞, 머무는 곳에 따라서 주인이 돼라. 그러면 서 있는 곳 모두가 참된 것)으로 널리 알려진 임제臨濟 선사의 일화를 소개한다. 이는 중생을 교화하고 깨달음에 이르게 하는 방법은 다양하므로 그 사람의 근기에 맞게 활용해야 함을 주장하는 대중적 선禪 사상을 제창한 증거이다. 임제 선사는 불교의 반야 사상과 노자莊子 사상에 입각한 동양적 '자유선禪'을 실천하는 간화선으로 큰 선풍을 일으킨 선승禪僧이다. 임제 선사는 화두話頭·봉棒·할喝이 매섭기로 유명하다.

임제 의현臨濟 義玄은 출가 후에도 열심히 학문을 하여 끝내는 율律과 학學을 통달하였다. 그러나 학문만으로는 만족할 수 없었다. 황벽黃檗의 문하에 들어섰다. "불법이 어떤 것입니까?"하고 물었다. 그러나 대답 대신 느닷없이 막대기가 되돌아 왔다. 무슨 영문인지 알 수 없어 다시 물었다. 또 막대기의 세례를 받았다. 세 번째도 마찬가지였다. 화가 난 그는 수좌首座 진목주陳睦州에게 부탁하여 마조계의 고안 대우高安 大愚를 소개받았다. 그러나 대우大愚는 임제臨濟에게 간곡히 그 잘못을 설유하여, 황벽의 종풍宗風이야말로 얻기 어려운 선풍禪風임을 가르치고 돌려보냈다. 그는 대우의 활기론을 접하고 황벽의 불법에 회의를 품었다. 드디어 그는 마조계의 선풍, 즉 단도직입적인 선의 기풍을 깨달았다. 그러므로 황벽에게 돌아간 그는 스승의 분노한 꾸지람을 들었다. "이 멍청이 같은 위인이 어디 갔다가 이제 와서 수염이나 쓰다듬고 있어?" 황벽은 의현義玄이 어느 사이 깨달았음을 알아챘다. 임제는 독창적인 이론으로 설법했다.

청담 스님은 임제 선사의 깨달음 과정을 《선입문》에서 인용하면서 중국 전통적 관습과 사회체제의 비판과 함께 이를 통해 인간이 가진 본연의 인간성 회복의 의미를 설하고 있다.

선 사상의 궁극적 모습이자 생활적이고 현장적인 조사선의 세계를 창시한 인물이 마조 선사라면, 그런 조사선을 완성하고 가장 극명하게 발현시킨 인물이 임제 선사이다. 임제 선사의 선 사상은 무위진인(無位眞人, 도를 닦는 마음이 뛰어나 차별을 두지 않는 자리에 있는 참사람)과 불조佛祖라는 두 단어로 요약된다. 무위진인은 어떠한 차별적 위상이나 높고 낮음의 구분이 없다는 것으로 임제선의 핵심이라고 할 수 있다. 불조佛祖는 지금의 현실에서 깨달음을 얻은 각자, 곧 부처와 똑같은 삶을 사는 존재로 임제臨濟 선사의 이상적 존재상이다. 살불살조(殺

佛殺祖, 부처를 만나면 부처를 죽이고 조사를 만나면 조사를 죽여라로 직역되지만, 본뜻은 부처와 조사에 집착하거나 얽매이지 말고 본연의 자세로 수행하라는 준엄한 가르침)는 이런 무위진인無位眞人에서 불조祖佛로 가는 과정에 필요한 하나의 방법론이자 수단이다.

살불살조는 임제 선사의 선기禪機를 나타내는 대표적 용어이다. 그는 부처를 만나면 부처를 죽이고 조사祖師를 만나면 조사를 죽이며, 부모를 만나면 부모를 죽이고, 보살이나 나한 친척권속을 만나거든 대하는 즉시 죽이라고 말한다. 그래야만 비로소 해탈하여 어떤 것에도 구속받지 않고 일체의 모든 것에서 자유로울 수 있다는 것이다. 또한 부처를 구하고 법을 구하는 것은 지옥으로 가는 지름길이며, 심지어는 오무간업(五無間業, 무간지옥의 괴로움을 받을 지극히 악한 다섯 행위를 말함. 아버지를 죽임. 어머니를 죽임. 아라한을 죽임. 승가의 화합을 깨뜨림. 부처의 몸에 피를 나게 함)을 지어야만 해탈할 수 있다고도 한다. 어찌 보면 비종교적이고 비윤리적인 것이라 비판할 수 있다.

하지만 여기에 깃들은 깊은 의미는 절대적 가치관에의 얽매임, 곧 인혹人惑의 경계이다. 그가 말하는 부처는 무형無形, 무상無相, 무주無住의 참된 부처가 아니라 구함의 부처, 생각의 부처, 형상의 부처이다. 이런 부처를 추구하면 그의 말대로 부처라는 마귀魔鬼에 사로잡히게 된다. 가치나 진리, 사상 그 어떤 것에든 절대적 관심을 두게 되면 자연히 거기에 집착할 수밖에 없고 이는 선의 수행론에서 가장 금기시하는 요소이다. 분별을 통해, 격식화되거나 고정화된 사고관념을 가지고는 선의 세계를 결코 올바로 체득할 수 없다.

청담 스님은 우리나라의 선은 선교합일禪敎合一에서 이룩된 조사선이라고 주장한다. 지눌 선사와 휴정 대사에 이어 근세에 와서 경허 선사를 비롯하여 만공·한암·동산·효봉 등 선사들의 참구와 노력으로 조계종의 종지宗旨는 외롭고 기나긴 가시밭길을 헤치며 왔다고 강조한다. 1954년 9월 28일 전국 비구승이 모인 자리에서 청담 스님은 조계종曹溪宗의 종지를 다음과 같이 규정하였는데 여기에 스님의 선에 대한 생각이 집약되어 있음을 볼 수 있다. "본종은 중국 당대의 조계적통曹溪嫡統이며, 신라 선종 암굴산 개조인 통효 범일(通曉 梵日:810~889)대사의 법통을 계승한, 고려 조계산 보조 지눌 선사가 선교제종禪敎諸宗의 진수를 합통合通하여 독립된 조계의 종풍을 창창創唱하고 그 적손嫡嗣인 진각眞覺 국사 등 백천문제白千門弟가 사풍師風을 인양하였다."

《잃어버린 나를 찾아》의 대중관

크리슈나무르티의 명상록 《잃어버린 나를 찾아서》에 보면 이런 글이 있다. "진리眞理는 길이 없는 육지라고 말합니다. 어떤 통로를 통해서도 진리에 접근할 수 없습니다. 그것이 나의 생각입니다. 나는 그것을 절대적으로, 그리고 무조건 믿고 있습니다. 진리는 무한하며 무조건적인 것이며, 또한 어떤 길을 통해서도 접근할 수 없기 때문에, 그것을 조직화한다든가 강제할 수 있는 조직을 만들어서는 안 됩니다. … 아무도 그 열쇠를 가지고 있지 않습니다. 그 열쇠를 가질 수 있는 권위 있는 사람은 한 명도 없습니다. 그 열쇠는 바로 당신 자신의 자기自己인 것입니다." 크리슈나무르티는 자기를 찾는 열쇠는 바로 자기임을 말하고 있다.

청담 스님의 법어집 《잃어버린 나를 찾아》는 많은 대중이 마음을 찾는 길을 제시하고 있다. 스님이 설법한 내용을 간결하게 정리해 편찬한 것으로 일반인들이 불교를 접하는데 좋은 길잡이가 될 책이다. 특히 법문을 비롯하여 사회 각 분야에 기고한 글, 주요 행사나 법회에서 설한 법어法語, 각 언론에 게재된 원고 등을 묶은 것으로 청담 스님이 평소 갖고 있던 불교 사상의 대중관大衆觀을 알아보는 데 중요한 저서이다. 이번 장에서는 청담 스님의《잃어버린 나를 찾아》법어집에 나타난 대중 사상과 마음 법문에 대해 살펴보고자 한다.

> 무엇을 가리켜 산다고 하며, 무엇이 사는 것이고 무엇이 죽는 것이냐? 과연 이것뿐인지 아닌지 진실로 알고자 하는 뜻에서 세상살이에 깊이 무상無常을 깨달아야 한다. 생사거래生死去來를 자유로 하는 일이다. 정력의 힘인 것이다. 일평생에 공부를 다해 마치고 대원大願을 세워 빈틈없이 날뛰더라도 오히려 어긋날까 걱정이 되는 것인데, 하물며 수도를 게을리 하는 사람으로서야 무슨 힘으로 다생다겁多生多劫을, 육신본위肉身本位며 자기 본위로만 저질러 놓은 죄악의 업력을 막을 수 있으랴. 설사 지견知見을 얻은 바 있어서 불법대의佛法大義는 알았다 하더라도 선정력禪定力이 없는 사람은 생로병사生老病死에 자유가 없으므로 병에 끌리면 죽음에 끌려 속절없이 눈만 감았으니, 일생의 노릇이 헛걸음만 하고 죽어가서 가없는 저 고해苦海의 생사 파도에 표류하리니, 이 누구를 원망할 것인가?

청담 스님은 수행이란 힘力을 기르는 일임을 강조하고 있다. 하루 일어나서 눈뜨면 보고 생각하는 나의 모든 것이 밖을 향해 있다. 그 밖의 경계를 보고, 들으면서 화내고, 웃고, 즐거워하는 이 모든 일들이 자기도 모르게 자기의 마음이 움직이는 일이라며 대상이 없는 마음을 부리는 힘을 불법에선 선정력禪定力이라고 한다. 선정력을 기르는 가장 좋은 지름길이 바로 참선 수행이다. 선정력이란 곧 마음心의 힘을 뜻하고 이 선정력을 기르는 지름길은 역시 화두참선임을 설한다. 혜능 선사는 《육조단경》에서 선정에 대해 다음과 같이 설하고 있다. "무엇을 이름하여 선정禪定이라고 하는가? 밖으로는 상相을 떠나는 것이 선禪이다. 안으로는 어지럽지 않음不亂이 정定이다. 밖으로 만약 상相이 있다면 안으로 성품이 어지럽지 않으며 본성本性은 스스로 정淨하고 스스로 정定하다. 그저 경계로 말미암아 접촉하는데, 접촉하면 곧 어지럽다. 상相을 떠나고 어지럽지 않아서 곧 정定하다. 밖으로 상相을 떠나는 것이 곧 선禪이다. 안과 밖으로 어지럽지 않는 것이 정定이다. 밖으로 선禪하고 안으로 정定하기 때문에 선정禪定이라고 이름한다."

혜능 선사는 선정이란 밖으로 상相을 떠나는 것이 곧 선이고 안과 밖으로 어지럽지 않는 것이 정이라고 설한다. 선정은 생각을 쉬는 것을 의미한다. 인간의 생활을 살펴보면 모든 것이 불만과 고통으로 가득 차 있는 듯이 보일 때가 있다. 그 이유는 잡다한 생각을 쉬지 못하고 어리석게 집착하기 때문이다. 누구든지 망념과 사념과 허영심과 분별심을 버리면 이 세상이 곧 극락이고 이 마음이 곧 부처라 하였는데, 이와 같은 경지에 이르기 위해서는 마음을 쉬는 공부인 선정을 닦을 것이 요구된다. 청담 스님은 "본심자리 즉 마음자리가 본래 나이며 집착을 버리고 미련만 없애면 잠재의식은 저절로 사라진다."고 강조하고 있다.

> 이 세상을 탁 내버리고 살아라. 전 세계, 재산 전부 내 것 만들어 놓아도 내 것 아니다. 돈 백만 원 모아 놓으면 돈 한 장 한 장에 내가 구속되는 것이다. 지위가 높으면 높을수록 생명이 구속되는 것이고, 좋은 마누라 얻어 놓으면 그 마누라가 나를 완전히 구속하는 것이다. 본심자리 마음자리 이것이 진짜 나다. 모든 생각이 주체인 자리다. … 그러면 그때에는 이제까지 쓸데없는 생각을 했구나. 엉뚱한 데에 집착을 했구나 하는 것을 알게 된다. 무언가 미련

이 남아 있기 때문에 그것이 잠재의식이 되어 마음의 본연자리가 드러나지 못하는 것이다. 미련만 근본적으로 끊어지면 잠재의식이 완전히 없어진다.

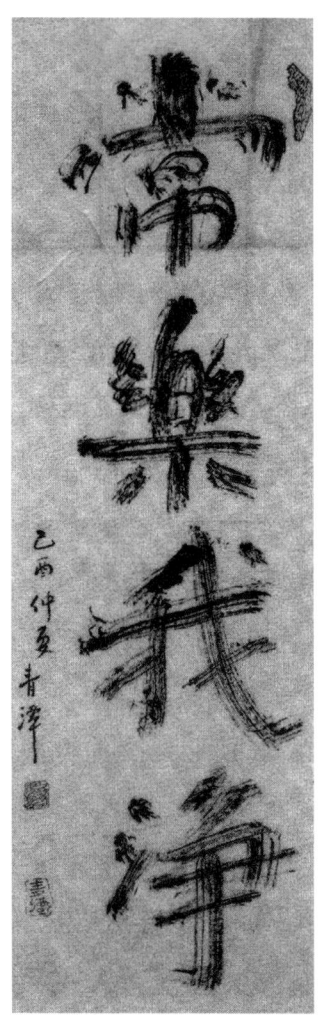

청담 스님이 강조하셨던 대승불교에서 말하는 열반의 네 가지 덕德인 상락아정常樂我淨

나라는 존재를 어떻게 해야 찾을 수 있는가? 모든 생각을 초월했을 때, 아무 생각도 없을 때, 또는 그 이상 더 신선할 수 없을 때, 모든 죄악도 복福도 초월했을 때, 기분을 떠난 때, 이때가 정말 참 자기이니 이때에야 비로소 서로 이해가 되고 모든 것이 다 통할 수 있을 것이다.

따라서 모든 것이 이전이고 동시에 일체를 초월한 것이 나라는 뜻이다. 나는 오직 나일 뿐 나에게 무슨 조건을 붙일 수 없는 신성불가침한 것이며 영원히 살아 있다는 것이다. 중생은 다 제 잘난 멋에 살고 있다.

나란 생각은 본래부터 있는 생각이 아니고 객관을 상대할 때 나온다. 그러나 이 생각이 사람을 대표하는 것은 아니며 우리의 주체가 될 수 없다. 지금은 이 물건을 사랑하는 마음을 내다가도 얼마 안 가면 싫어하고 미워한다. 이처럼 종잡을 수 없는 생각이 자기의 바탕일 수는 없고 그런 것을 좋다 싫다하고 생각해 내는 주체가 나일 수밖에 없다.

《대승기신론》에서 "마음의 생멸生滅은 여래장에 의하여 있는 것이라고 하는데 여래장이 무엇인가?" "여래장은 불佛, 부처, 불성佛性이라고 이름할 수 있는 여여부동如如不動을 시작으로 해서 생生하여 있는 여如와 여여如如, 여如에서 생生하여 있는 법과 진리. 법과 진리에 의하여 생生하여 있는 연기緣起와 인연법因緣法 및 이치와 도리가 난무하는 중생계 전체를 여래장如來藏"이라고 하는 것이다.

다시 말하면 여래장은 여래가 가지고 있는 일체 중생을 두둔하고 보호하는 자비의 마음이며, 일심이라고도 한다. 여여부동如如不動으로부터 생멸하는 모든 작용을 일컬어 일심의 작용이라 한다.

일심一心은 하나의 마음이 아니라 일체의 마음으로 일체가 하나로 물들지 않은 청정한 마음 즉, 무념무상이다. 우리들 저마다 마음의 본체를 일심이라 할 것이다. 일심은 우리들 저마다의 마음이 아닌 우주의 마음이 일심이고 허공의 마음을 일심이라 할 것이며 일심이 곧 여래장이라 할 것이다. 그러면 이 일심을 끌고 다니는 주체가 무엇인가? 이 여래장을 드러나게 하는 방법은 무엇인가? 청담 스님은 번뇌의 잠재의식이 우리의 근본 마음자리를 떠나서 마음으로부터 독립되어 돌아다니는 것은 아니며 본마음 자리가 한 것이라고 설한다.

> 우리는 육체를 나라 하고 오온五蘊을 나라고 하기 때문에 천당, 지옥을 생사 윤회하고 있다. 만날 돌아다녀 봐도, 시집을 천만 번 가 봐도 소용없고 장가 가도 별 수 없고 세계 갑부가 되어도 별 수 없다. 우리가 천당 갔다 지옥 갔다 하고 육도세계六道世界를 돌아다니고 윤회를 하고 그것이 다 번뇌의 업業에 의해서 그렇게 되는 것이지만, 그러나 번뇌의 잠재의식이 우리의 근본 마음자리를 떠나서 마음으로부터 독립되어 돌아다니는 것은 아니며 본 마음자리가 한 것이다.

모든 사람은 마음의 움직임으로 살아가고 있다. 마음의 정의와 작용은 《화엄경》에서 일심법계一心法界로 서술하고 있다. "삼계는 허망하나니 단지 이 마음이 지은 것일 뿐이다."라고 밝히고 있으며, 청담 스님은 "참선을 하든지 염불을 하든지 하여 번뇌를 쉬고 망상을 끊어야 한다. 모든 것이 마음에서 이루어진다."고 설한다.

존재하는 모든 것이 참 나에 비춰진 업식業識의 허상임을 확연히 알면 부처요 모르고 집착하면 중생인 것이다. 본래 허상과 실상은 둘이 아니다. 중생은 업식으로 인해 나타난 허상들을 실상으로 여겨 구하고 집착한다. 그러나 그 허상 또한 텅 빈 참 나의 실상일 뿐이다. 참 나의 실상이 허상으로 느끼게 되는 이유는 그 허상들을 통해서 참 나로 되돌아가려는 진여자성(眞如自性, 마음의 본래 성품·본성을 말하며, 마음은 인간의 마음만을 말하는 것이 아니라 우주를 창조한 그 무엇, 즉 진리를 뜻하는 말)의 작용인 것이다.

마음은 일체법一切法의 근원으로 삼계가 마음을 의지해 있고 생사윤회가 마음으로 인하여 지어졌음을 의미한다. 즉, 마음이 멸滅하면 생사도 멸함이니 삼계는 마음 작용의 결과인 것이다. 마음자리를 찾는 것이 바로 우리가 참선하고 염불하고 하는 궁극의 목표가 되어야 함을 강조한다. 이는 행주좌와行住坐臥 어묵동정語默動靜이 모두 선이라는 사상을 실천하는 것이라 할 수 있다. 망상과 집착을 끊고 본 마음자리를 찾고자 하는 것이 우리가 수행하는 근본이라면 청담 스님의 사상은 마음자리를 찾는 것이라 할 수 있다. 이러한 사상은 동안거 해제 법어에서 한 사자후에

문무대왕 해중 능에서 생각에 잠긴 청담 스님.

고스란히 담겨 있다.

> 마음의 주인공이 되지 아니하면 이 우주의 문제를 해결할 수 없다. 인생과 우주의 주인공이 되기 위하여 우리들 중인衆人은 일시일념一時一念 일법일행一法一行이 모두가 수행修行과 정각正覺의 도정途程에서 자아自我를 참구參究해야 한다. 또한 부처님이 스스로 닦으신 선림禪林의 이취理趣를 밝혀 가며 무구無垢한 지혜智慧를 가지는 자 몇이나 되는지 알 수 없다. … 부처가 부처라고 이름하지 않는데 중생은 어찌하여 중생을 자랑할까. 중생이 부처 속에 살면서 부처의 요요광耀耀光을 증득하라. 중생의 보리심이 보살의 마음이며, 여래의 신력神力이다. 이 평상심을 자아발견과 중생구제에 회향함이 오늘의 해제가 되어야 한다.

청담 스님은 인생과 우주의 주인공이 되기 위해서는 마음을 찾아야 함을 강조한다. 이는 마음을 찾는 것이 수행의 근본이며 깨달음을 얻는 길임을 설한 것이다. 또한 화두참구와 보리심菩提心을 발현하여 보살도를 실천해야 함을 강조한다. 간화선과 대중선大衆禪의 사상을 내보이고 있다. 화두를 들고 열심히 공부를 하되 생명과 바꾸겠다는 마음으로 구법을 해야만 마침내 대오大悟하기에 이른다고 하는 '마음선'을 설한다.

그러면 깨달음이란 무엇인가? 내 마음을 철저하게 보는 것이 견성이며, 내 마음 속의 불성을 깨워 부처를 이루는 것이 견성성불이다. 청담 스님은 "중생의 보리심이 보살의 마음이며 여래의 신력이다."라고 설한 것은 중생과 보살과 부처가 하나임을 주장한 것이기도 하다.

즉 부처를 이룰 수 있는 중생의 성품은 중생과 부처, 둘이 아닌 하나의 성품이며, 일체중생과 일체제불一切諸佛의 본성이자 근원의 자성이라는 것이다.

이 성품은 원래 고요하고 청정하며 보편타당한 진리성을 지니고 있기에 마음을 닦으면 자연스럽게 드러나는데 결국 이 세상의 모든 일들이 한마음으로부터 시작되어 한마음으로 귀결되는 것이니, 스스로를 낮추고 상대방을 이해해 주는 마음을 가진다면 곧 부처님과 같은 깨달음을 성취하게 될 것이라고 설하고 있다. 또한 평상심을 자아발견과 중생구제에 회향으로 삼아야 함을 설하고 있는데 이것이 바로 보살도의 실천이자 자비스런 보살의 마음을 가지는 일이다.

《마음의 노래》에 나타난 문학관

 문학이 모든 사상과 감정을 가장 효과적으로 표현한 언어와 문장이라면, 불교문학은 불교의 진리를 가장 효과적으로 표현한 일체의 언설과 문장이라 할 수 있다. 부처님 이후, 인도·중국·한국·일본 등의 역대 조사·고승들은 불교의 진리와 깨달음의 세계를 가장 효율적으로 언설하고 문장화하여 불교문학의 전통을 형성하고 발전시켜 왔다.
 부처님의 금구옥설金口玉說과 그 문장은 바로 장엄한 불경 전체를 이루고, 각국 역대의 조사나 고승들이 남긴 불교적 언설, 어록, 문집도 역시 고상하고 미려한 표현으로 하여 일체가 불교문학이라 규정되었다. 이러한 전통적 불교문학은 그 주제·내용이 불교적인 특성을 지닐 따름이지, 여타 모든 것은 당시의 일반문학과 다를 바가 없다. 이러한 불교문학은 그 시대에 상응하여 대중적 교화기능이 탁월하므로 그대로 교화·포교문학으로 자리 잡게 되었다.
 청담 스님도 문학에 상당히 조예가 깊었던 것으로 보인다. 현존하는 작품을 볼 때 시적 언어의 표현이 매우 개성적이고 탁월하다. 스님의 수행관과 수행자세, 깨달음의 세계를 시를 통해 진실하면서도 간곡하게 잘 드러내고 있다. 청담 스님은 불교문학의 전통을 계승·발전시키고, 이를 대중교화의 효율적 방편으로 족히 활용하고 있다. 또한 불법의 진리와 그 깨달음의 세계를 대중에 전달하고 교화하는 것이 최선의 방편임을 깨닫고 이를 실천하였다.

그래서 청담 스님은 마음의 대장경大藏經을 자각하고 대중교화에 대원력을 세워, 그 진리를 문학적으로 표현하였다. 전문적 문학인이 아닌데다 문학이라는 관념이라든지 허세가 없어, 순연한 교화문학으로서 값진 시가詩歌와 산문을 남겼다. 그것은 스님의 법력과 권능의 언어·문자적 표현이며, 대중을 향하여 그만한 법력과 권능을 최대한으로 발휘한 것이다.

청담 스님의 시가 모음집인 《마음의 노래》에 실린 작품을 통해 그 속에 나타난 문학관을 살펴보고자 한다. 청담 스님은 오로지 마음을 주제로 법문하고, 시를 짓고, 글을 쓰고, 서도書道를 즐기며 교화와 수행의 방편으로 삼았다. 이는 곧 수준 높은 예술의 세계로 승화되어 대중들을 깨침의 세계로, 또는 안온한 정신적 세계로 이끌어 주었다. 《마음의 노래》에 나타난 소재를 중심으로 분류해 보면 인간 누구나 지니는 마음이라는 보편적이면서도 형이상학적인 주제를 불심佛心, 자심慈心, 비심悲心, 깨끗한 마음, 더러운 마음 등으로 분류하여 노래하고 있다.

먼저 〈불심佛心〉이라는 시에서 마음이 어떻게 형용되고 있는지 살펴보자.

물고기는 물속에서 살면서 / 물을 모르고 / 사람은 불법佛法 가운데 있으면서 / 부처를 모른다 / 사람은 불심佛心 속에서 나고 / 불심 속에서 살고 / 불심 속에서 죽는다.

또한 〈자심慈心〉에서는 마음을 다음과 같이 묘사하고 있다.

내 몸 하나가 살려고 하는 까닭에 / 구원받지 못하는 것이다 / 남과 함께 사는 일이 / 스스로를 살리는 길이다 / 분별시비分別是非로는 / 사람을 움직이는 힘이 없다 / 오로지 사랑만이 / 사람을 움직이는 힘이 있다.

〈비심悲心〉을 살펴보면 다음과 같다.

자비를 가지고 부르는 소리에는 / 하늘도 움직이는 힘이 있다. / 함께 괴로워하고 함께 울고 함께 기뻐하고 함께 웃는 곳에 / 모든 것을 함께할 수 있는 / 영원한 평화가 있다 / 작은 친절이 쌓여서 큰 공덕이 생겨난다. / 꽃을 보고 기뻐하는 것보다도 / 꽃을 피워 놓고 / 남을 기쁘게 하는 마음 / 이것이 곧 자비의 마음씨다.

〈깨끗한 마음〉에서는 마음을 다음과 같이 노래하고 있다.

봄에 꽃이 피고 / 여름에는 시원한 바람 / 가을에는 달빛이 빛나고 / 겨울에는 은빛 산하 / 마음에 번뇌만 없으면 / 사시사철 언제나 좋은 계절이다 / 공기도 물도 다 오염되어 있지만 / 그러나 마음만은 더럽히고 싶지 않다.

〈더러운 마음〉에서는 마음을 다음과 같이 설하고 있다.

사람이 되는 것은 쉽다 / 그러나 / 사람답게 살기는 어렵다 / 어째서 그럴까? / 그것은 남을 상하게 하고 / 자신을 괴롭히는 / 노여움과 질투와 탐욕이 있는 까닭이다.

 청담 스님이 나타내고자 하는 정신세계의 단편을 알 수 있다. 스님은 중생의 본성이 곧 불심인데 착한 자성을 망각하고 원한과 싸움과 비방에 정신을 잃고 있다면서, 원한에는 자비로, 싸움에는 화평으로, 비방에는 협동으로 대처하는 것이 곧 부처님의 가르침이라고 하였다. 스님이 항상 좌우명처럼 붓글씨로 써서 대중들에게 주입시키듯 강조한 뜻은 곧 마음의 '불심佛心'을 찾아 갖게 하기 위한 법문이었다.
 〈자심慈心〉이라는 시에서는 사랑이란 곧 남을 용서하는 것이며, 미워하지 않고 멸시하지 않는 것이라고 하였다. 분별시비는 욕망에서 오는 것이다. 욕망을 버리면 보살의 마음이며 사랑으로 남을 보살피는 마음이 곧 부처님의 사랑이라는 것이다. 〈비심悲心〉에서는 남의 슬픔과 기쁨을 함께 한다는 것은 대단히 힘든 일이며 무엇보다도 내가 꽃을 피워 놓고 남을 기쁘게 한다는 것은 더욱 어려운 일로 보살의 자비심이 아니고는 대단히 불가능함을 설하고 있다. 〈깨끗한 마음〉에서 청담 스님은 모든 일에 확실성을 중요시했다. 자연은 참으로 깨끗한 본성의 자리인데 본성을 찾으려면 번뇌를 끊어버려야 함을 노래한다. 이는 자연의 노래는 곧 깨달음의 노래라는 의미이다. 〈더러운 마음〉에서 스님이 하는 사람의 마음은 본래 더러운 것이 아니다. 다만 객진客塵의 때가 묻어 있을 뿐이다. 더러운 것은 노여움과 질투와 탐욕이라 했다. 이것만 없다면 마

세계고승들과 함께 불국사 방문. (원내는 청담 스님)

음은 깨끗하게 될 것이다. 이 더러운 마음을 깨끗하게 하는 일이 수행이다.

청담 스님은 어느 때 어떤 곳에서도 법문을 하거나 글을 씀에 있어 마음을 찾는 것을 그 주제로 삼았다. 스님은 사람들에게, 모든 사람이 자기의 참마음을 회복하는 것이 일대사에 가장 시급한 일이며 참마음을 회복하였을 때 올바른 진리 속에서 참된 삶을 살 수 있다는 확신을 주었다.

다양한 형태의 마음을 노래했지만 스님이 시를 통해 강조하는 것은 유심唯心 사상이다. 광범한 불법의 바탕으로 그 주제를 마음으로 승화시켜 설하였다. 《화엄경》에 "삼계에 있는 것이 오직 한마음이다. 삼계는 허망하나니 단지 이 마음이 지은 것일 뿐이다"라고 설한다. 이는 유심의 뜻을 한마디로 드러낸 화엄華嚴의 유식학적唯識學的 표현인데 스님이 〈마음〉이라는 시에서 노래한 것도 이와 같다 할 수 있다.

청담 스님의 불교는 마음의 종교이자 철학이다. 그 마음은 생각의 주체이며 생명이기도 하다. 이 마음이야말로 곧 나이고 부처이기도 하다. 그래서 이 마음은 부처의 만능으로 확충된다. 따라서 인간 주체로서의 마음은 육체의 주인이요, 생명이요, 자유이다. 그리고 진리로서의 마음은 바로 부처이며 불법이요, 보리와 열반이다. 마음의 작용은 생각과 행동의 주체로서 우주까지 창조한다. 나아가 수행을 통하여 크게 깨치면 마음은 지혜로 피안에 이른다는 것이다.

스님은 마음을 채우려면 반드시 마음을 먼저 비워야 한다고 가르친다. 청담 스님에게는 중생의 참마음을 일깨우는 일이 일생일대의 과제였다. 그런 종교적 열정을 바탕으로 스님은 대장경 중에서 마음에 드는 것을 골라 시적으로 형상화하게 된다. 대중교화의 열정과 시적 표현의 함축성 사이에서 조화와 중도中道를 강조했다.

스님은 먼저 마음을 내세워 〈불심〉, 〈자심〉, 〈비심〉, 그리고 〈깨끗한 마음〉

과 〈더러운 마음〉을 평범하면서도 절실하게 노래하고 있다. 그리고 불교적 측면에서 이러한 문제를 해결하기 위해서는 믿음이 필요하다고 인식한 것으로 생각된다. 왜냐하면 '참된 믿음'과 '참된 삶' 그리고 '참된 마음'을 강조하기 때문이다. 스님은 〈참된 믿음〉이라는 제목의 시에서 참된 믿음에 대해 다음과 같이 노래하고 있다.

> 바른 믿음은 생활의 등뼈다 / 바른 믿음은 / 인생을 맑게 하고 행복을 얻게 한다 / 믿음이 없는 자의 발걸음은 위태롭다 / 믿음이 이 세상 나그네 길의 양식이다 / 더 이상 없는 재물이다 / 믿음이란 나에게 감사하고 / 자신을 참회하는 일이다 / 백년의 장수를 누리는 것보다 / 바른 믿음에 사는 단 하루가 / 훨씬 값비싸고 거룩하다.

이어 〈참된 삶〉에서는 다음과 같이 노래한다.

> 스스로를 아는 일이 / 부처님을 아는 일이요 / 부처님을 믿는 일이 / 스스로를 믿는 일이다 / 중생이 없이는 부처님도 없다 / 인생의 괴로움 없이는 / 부처님의 대자비도 없다.

〈참된 마음〉에 대한 노래는 다음과 같다.

> 태어나면서부터 / 마음속 깊이 간직하고 있는 / 참마음을 일깨우지 않고 / 그 아무리 애써 봐도 / 참사람이 되지 못한다 / 남을 위해 좋은 일 한 것 같아도 / 곰곰이 반성해 보면 / 자신의 욕망을 채우기 위해서인 / 경우가 많다 / 이 마음을 깨달은 자는 / 본래 지니고 있던 / 부처님의 미덕에 눈뜨기 시작한 증

거다 / 너 나 없이 / 부처님의 진리를 묻고자 하거든 / 스스로의 마음에 물을 지어다.

청담 스님은 〈참된 믿음〉에서 "믿음이란 남에게 감사하고 자신을 참회하는 일이다."라고 강조한다. 이는 믿음이 모든 수행의 근본이며, 깨달음을 얻는 열쇠임을 설한 것이다. 또한 〈참된 삶〉에서 참된 삶은 부처님을 믿는 것이라고 설하는데 자신의 불성, 본심, 일심을 잘 살펴 자신이 본래 부처님을 깨달을 것을 노래하고 있다. 스님은 또 마지막 시 〈참된 마음〉에서 부처임의 진리를 찾고자 한다면 마음에게 반조해 볼 것을 권유하고 있다.

믿음은 도道의 근원이요, 공덕功德의 어머니라는 것을 믿으면 나태해지지 않기 때문에 깨달음을 이루는 근본이라 설한 것이다. 곧 믿음이 수행의 기본이 된다. 심心은 마음이다. 영원한 자기의 마음자리를 의미하는 것이다. 즉, 신심이란 자기 마음, 진실한 자리를 믿는 것이다. 믿는 그 순간에 이미 결과가 내제되어 있는 것이다. 초심初心, 초발심初發心 가운데 믿음이 이미 자리하고 있다. 진정한 믿음을 일으키는 그 순간이 초심이다. 불교적인 삶의 출발이자 불교적인 마음의 첫 시발인 것이다. 그래서 믿음은 도의 으뜸이요 공덕의 어머니가 되는 것이다.

시 〈참된 삶〉에서 스님은 "중생이 없이는 부처님도 없다."고 설하고 있다. 만약 중생과 부처가 다르다고 말한다면, 부처와 중생은 일체가 될 수 없으며 현대적인 개념으로 말하면 구원이 불가능하게 된다. 그러나 부처와 중생이 둘이 아니란 사실을 알게 되면, 그 외의 보살이니 아라한(阿羅漢, 욕계·색계·무색계의 모든 번뇌를 완전히 끊어 열반을 성취한 성자)이니 성문(聲聞, 부처의 설법을 듣고 사제의 이치를 깨달아서 아라한阿羅漢이 된 불제자)이니 연각(緣覺, 불타의 가르침에 의하지 않고 스승도 없이 스스로 깨달아, 고독을 즐기며 설법도 하지 않는 불교의 성자)이니 하는 다른 나머지의 문제들은 저절로 해소된다. 이것을 우리는 손의 앞면과 뒷면으로 설명할 수 있다. 손의 등과 바닥은 다르게 보이지만 한 손인 것과 마찬가지다. 중생에게도 부처님과 똑같은 불성이 있어 깨달으면 부처가 된다는 것이다. 우리가 세상에 살면 중생의 삶이지만 지혜를 얻어서 부처로 살면 부처인 것이다. 중생에게는 부처와 같은 성품도 있고 중생으로서의 성품도 분명 있다. 피나는 정진과 수행으로 내 속의 중생다운 성품을 버리고 불성을 찾아 지혜를 터득하고 부처님의 성품으로 살아가면 부처인 것이다. 여기에는 가능성과 희망이 있으며, 인간의 주체적 자각을 강조하는 불교의 근본 정신이 들어 있다.

우리의 마음속에 있는 부처의 성품과 중생의 성품 가운데서, 우리는 부처님의 가르침에 따라 번뇌 망상을 버리고 불성을 찾아 부처님의 가르침대로 살아야 한다. 부처와 내가 둘이 아니니 부처님의 마음으로 살면 부처요, 중생의 마음으로 살면 중생이요, 도둑의 마음으로 살면 도둑이 되는 것이다. 청담 스님은 나와 남이 둘이 아니고 부처와 중생이 둘이 아니고 반야와 번뇌가 둘이 아니고, 재가와 출가가 둘 아니며, 생사와 열반이 둘이 아님을 철저하게 인식하고 있었던 것이다.

스님은 〈참된 마음〉에서 "마음을 깨달은 자는 본래 지니고 있던 부처님의 미덕에 눈뜨기 시작한 증거이다. 부처님의 진리를 스스로의 마음에 물어보라."고 설한다. 이는 회광반조(廻光返照, 빛을 돌이켜 거꾸로 비춘다는 뜻으로 불교의 선종에서 언어나 문자에 의존하지 않고 자기 마음속의 영성을 직시하는 것을 의미)하라는 것이다. 회광반조는 선종禪宗에서 언어나 문자에 의존하지 않고 자기 마음속의 영성靈性을 직시하라는 의미이다. 회광반조란 말은 본래 해가 지기 직전에 일시적으로 햇살이 강하게 비추어 하늘이 잠시 동안 밝아지는 자연 현상을 의미하기도 하는데, 선종에서는 자신의 내면세계를 돌이켜 반성하고 진실한 자신, 불성을 발견하는 것을 의미한다.

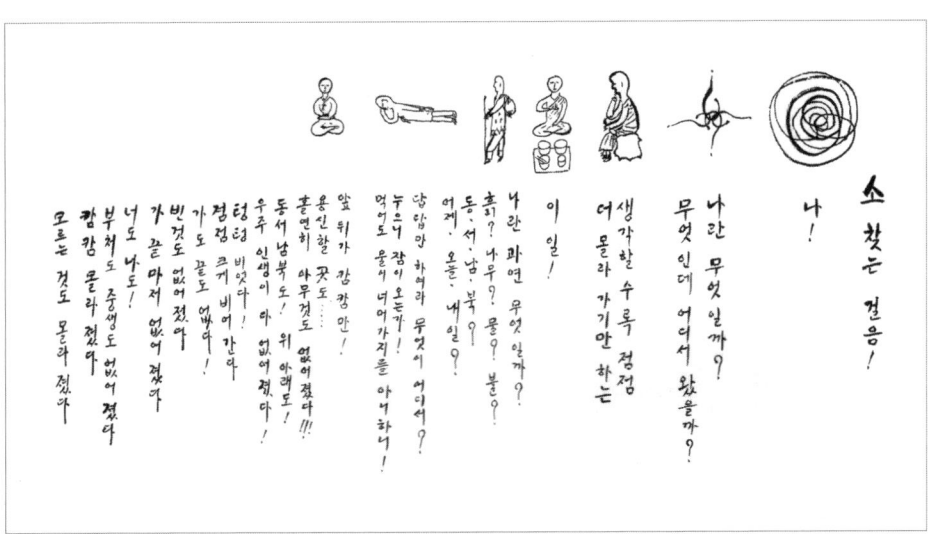

소 찾는 걸음尋牛圖. 진리를 소에 비유하여 나를 찾아가는 구도적인 모습을 청담 스님은 그림과 글로 표현했다.

　　회광반조는 밖으로 찾는 마음을 안으로 돌이켜, 본심 즉 불성을 비춰 보는 것을 말한다. 밖을 향해 찾는 마음을 뒤집어 안으로 자기를 반성해서 자아 즉 본래면목(本來面目, 깨달은 경지에서 나타나는 자연 그대로의 심성으로 가식이나 인위를 일체 더하지 않고 모든 사람들이 갖추고 있는 심성)을 보는 것이다. 그런데 밖을 향해 찾는다는 것은 무엇을 말하는 것인가. 그것은 바로 진리와 자아를 먼 곳에서 찾으려고 하는 것을 말한다. 또 언어나 문자에 의지해 자기를 찾으려고 하는 것을 말하기도 한다. 동일한 맥락에서 청담 스님은 참 나를 찾는 문제를 〈소 찾는 걸음〉이란 시에서 다음과 같이 노래하고 있다.

　　나! / 나란 무엇일까? / 무엇인데 어디서 왔을까? / 생각할수록 점점 / 더 몰라 가기만 하는 / 이 일! / 나란 과연 무엇일까? / 흙? 나무? 물? 불? / 동·서·남·북? / 어제·오늘·내일? / 답답만 하여라. 무엇이 어디서?

청담 스님은 〈소 찾는 걸음〉에서 "나! 나란 무엇인가? 무엇인데 어디서 왔을까?"라고 근원적인 의문을 제시하며 나·인생·부처를 찾으라 말한다. 물음표와 느낌표를 활용하면서 무아無我의 경지에서 거침없이 시를 써 내려가고 있는 듯하다. 이는 말로 표현할 수 없는 진리의 세계를 말과는 다른 표현을 통해 말의 한계를 넘어가고자 하는 것이다. 여기서 청담 스님의 일초직입여래지(一超直入如來地, 사람은 태어나기 전부터 본래 부처임을 스스로 깨달아 일순간에 절대의 경지에 들어가는 것)의 사상과 문학적 경지를 엿볼 수 있다. 스님이 보기에 진리의 세계를 말로 표현할 수 없기 때문에, 참선도 참회기도도 모두가 잃어버린 나를 찾는 것이었고, 누구에게나 이 참마음을 찾도록 지도하였다.

우리 인생에서 가장 중요하고 어려운 일이 단순하고 순수하여 편견 없는 마음, 즉 초심初心을 지키는 일이다. 언제나 열린 마음으로 새로운 것을 받아들일 수 있도록 초심을 유지하는 것이 욕망과 절망으로 머리가 복잡해진 마음을 재충전해준다. 청담 스님은 '나는 무엇인가?' '나는 지금 무엇을 하고 있는가?'라는 첫 물음의 순수함을 지켜야 하듯이, 무한한 가능성을 가진 초심을 잃지 않는 것은 매우 중요하게 여기고 있다. 이는 초심을 지킬 수 있을 때만이 언제나 현재의 위치에서 최선을 다할 수 있고, 열린 마음으로 새로운 것을 받아들일 수가 있기 때문일 것이다. 스님은 〈꿈이냐 생시냐〉에서 나 말고는 진리가 있을 수 없다고 설하며 주관과 객관도 나我가 아니라고 주장한다.

> 전 우주 모든 객관들은 / 이 나의 주관과는 완전히 / 둘이 아닌 것이다 / 그러나 이 나의 주관과 둘이 아니고 / 하나인 저 객관들이 / 나! 이 나와는 둘이 아니지만 / 나는 또한 객관도 주관도 아니다 / 그러므로 나는 우주 이전의 사람이다. / 나는 눈도 코도 몸도 없는 사람이다 / 아무런 주의 주장도 없는 사람이다 / 그래서 나는, 영원하며 완전하며 / 자유하다는 것이다 / 그러므로

나를 앞서서는 / 아무것도 있을 수 없는 것이다 / 나는 산 생명이다 / 곧 우주의 생명이다 / 나다 우주의 핵심이다 / 말고는 진리가 있을 수 없다.

청담 스님은 나我는 모든 존재의 바탕이며, 시간을 초월해 있다고 인식한다. 모든 장소와 모든 시간에 편재해 있으므로 자유자재이다. 달리 말하면 구속으로부터 벗어남, 즉 해탈이다. 여기서 생명의 사상이 곧 자유의 사상으로 연결된다고 스님은 강조하고 있다. 또한 차별과 분별을 넘어선 불이不二 세계를 설하고 있다.

불이不二란 '둘이 아님' 즉 하나一를 뜻한다. 번뇌와 괴로움은 하나一에서는 생기지 않는다. 항상 둘二로부터 문제가 발생한다. 고뇌는 주객의 분열, 나의 것, 너의 것으로부터 싹튼다. 주관과 객관의 분열은 숫자 둘二를 만든다. 중생은 둘이라는 글자에 입각하여 대상을 차례차례 분할하여 차별 세계를 만든다. 비로소 내적, 외적인 투쟁이 전개된다. 그러므로 청담 스님은 불도佛道수행의 가장 큰 과제는 주관과 객관의 분열을 넘어서는 일이라고 〈꿈이냐 생시냐〉라는 시에서 강조하고 있다. 주관과 객관을 넘는 지혜를 무분별지(無分別智, 올바르게 진여를 체득하여 모든 생각과 분별을 초월한 모양 없는 참 지혜)라고 하는데 분별심을 갖지 말라고 하는 것도 이 때문이다.

불이 사상은 함께 어울려 살아야 함을 뜻하는 것이다. 주主와 객客이 없다는 뜻은 아니다. 물론 불이란 말에는 마음이 작용하여 겉으로 표출되기 이전의 본체 자리는 주와 객, 기타 대립되는 것들이 없다는 뜻도 내재하고 있다. 하지만 불이 사상의 주된 교훈은 일체의 대립되는 개념, 즉 너와 나를 구분하여 상대를 배척하지 말고 서로가 대립되는 상대를 통해 자신의 부족함을 보완하여 상호조화를 이루며 살라는 뜻이 강하다.

청담 스님은 '나=생명=마음'은 모든 존재에 우선하는 것임을 강조한다. 진리나 하느님이나 부처님이나 우주조차도 다 '나=생명=마음' 다음에 온다. 모든 개념과 존재에 앞서서 최초의 원인이 되는 존재가 바로 '나=생명=마음'이라는 것이다. 따라서 '나=생명=마음'은 무한하고 완전한 자유이다. 거기에는 더 이상의 이유를 필요로 하지 않는다고 〈나〉에서 노래하고 있다.

> 나는 나다 / 나는 오직 나만으로 만의 나다 / 그러므로 이 나를 앞서서는 / 그 아무것도 있을 수 없다 / 진리도 하느님도 부처님도 우주도 / 다! 나 뒤의 것이다 / 그러므로 나는 영원하며 완전하며 자유로서 / 산 생명! 이대로다. / 그 어느 누구도 / 나를 감히 침범할 수는 없다 / 침해가 받아지지 않는다. / 그래서 위의 어느 아무것과도 / 그 타협을 필요로 아니한다 / 그러므로 인생은 나는 생명은 / 이 마음은 절대로 / 초연한 것이다 / 아무런 이유 없이 그저! / 영원! 완전! 자유를 / 욕구하는 것이다 / 나는 그렇게 되어 있다.

청담 스님은 진아眞我를 찾을 것을 설하고 있다. 세상의 어느 것에도 뒤지지 않고 바꿀 수도 없는 나를 찾는 것이 바른 수행의 길이요, 불자의 최종 목표다. 우리 중생은 각자가 다 부처가 될 성품을 지녔지만, 내가 나를 알지 못하기 때문에 깨달음을 이루지 못하는 것이다. 보고 듣고 얻는 지식으로는 나를 찾아낼 수 없다. 끊임없이 백척간두진일보百尺竿頭進一步의 절박한 마음가짐의 수행정진을 통해서만이 나를 찾을 수 있다. 사람이 만물 가운데서 가장 귀한 이유는 나를 찾아 얻을 수 있다는 데 있다. 스님은, 과거의 참 나는 현재의 참 나이고, 미래의 참 나를 가지고 있음을 설하면서 마음을 잘 다스려 참 행복한 삶을 살기 위해서는 내 안에 들어 있는 진정한 참 나를 찾아야 한다고 강조하고 있다. 부처님께서는 자기가 부처임을 자각하라고 가르치셨는데, 중생들은 자기가 곧 부처라는 생각은 하지 않고 자비하신 부처님 앞에서 간절한 기도에 매달린다. 청담 스님은 "참 나와 따로 있는 것이 아니라, 바로 내 마음, 참 나와 함께 한다."고 설한다.

> 복을 짓는 착한 일을 하는 것도 자기요. 화를 부르는 나쁜 일을 하는 것도 자기다. 참 나를 찾는 중생들에게 선지식이 깨달음의 길 안내는 할 수 있으나, 그 길을 가고 가지 않고는 스스로에게 달려 있을 뿐이다. 복을 짓는 착한 길로 가는 것도 나요. 화를 부르는 나쁜 길로 가는 것도 나다. 참 나를 찾는 수행도 자기가 배우며, 자기가 행해야 할 일이다. 나를 깨닫지 않고는 그 무엇도 이룰 수 없다. 욕심을 버리고 마음을 비웠을 때 내 마음에 자리한 참 나와 함께 한다.

이처럼 나와 너라는 일인칭과 이인칭 표현을 써가며 한 호흡으로 자기 존재의 위대함을 역설하고 있다.

> 쉬고 보면 너는 본래부터 / 저절로 전지! 전능! 자유 만능한 / 지존의 임이시다 / 제발 다 그만두어라 / 자유 인생이여! / 자유하자! 완전하자! 영원하자! / 그리고 저 수많은 깨닫지 못한 / 인생들을 깨닫게 하자 / 중생들이 다할 때까지 / 나! 나 이전의 나! / 나도 아닌 나! / 주체인 나! / 인생이여! / 너는 조물주다 / 주관과 저 객관들은 / 둘이 아닌 것이다 / 네 주관을 / 너 스스로만이 / 객관처럼 착각하는 것뿐이다 / 주객이 둘이 아니므로 / 너는 주관과 객관이 둘일 수 없다 / 우주는 온통 / 너의 산 자유의 표현이며 상징인 것이다.

청담 스님은 전지전능이며, 절대 자유로서의 자기 존재를 조물주의 지위로까지 자리매김한다. 마침내 "우주는 온통 너의 산 자유의 표현이며 상징인 것"이라고까지 표현한다. 생명의 존재, 불멸의 존재인 나가 절대적 자유일 뿐만 아니라, 이 우주 삼라만상조차도 모두 산 자유의 표상임을 부르짖는다. 걸림 없고 거침없는 스님의 호방한 기상을 느끼게 해주는 부분이다.

우리는 모든 관념과 생각, 분별로부터 자유롭지 못하다. 모든 분별과 갈등, 생각으로부터 자유롭게 하는 것이 종교의 근본적인 목적이라면, 수행도 불이不二를 증득하기 위한 하나의 과정이다. 이 세상 그대로가 열반이고 둘이 아닌 자리인데 우리가 지금 주와 객을 나누어 보고, 객도 삼라만상으로 나누어 보기에 중생이라고 하는 것이다. 주객이 둘이 아니라는 것은 불교의 핵심 가르침이다.

우선 객에 대해서 생각해 보면 색, 성, 향, 미, 촉, 법, 즉 색깔의 세상, 소리의 세상 이런 것들뿐만 아니라 수, 상, 행, 식, 즉 생각이나 느낌, 감정, 의지 이런 것들, 즉 심리적인 현상 역시 대상으로 본다. 그런데 불교에서는 주객이 둘이 아니라고 한다. 그것을 《화엄경》에서는 주객합일主客合一이라고 하기도 하고 이사무애(理事無碍, 본체계와 현상계가 둘이 서로 떨어져 있는 것이 아니고 하나의 걸림 없는 상호관계 속에 있음), 사사무애(事事無碍, 본체를 떠난 형상이 없고 형체를 떠난 본체를 말할 수 없음)라고 한다. 눈과 대상이 둘이 아니라는 것이다. '만법萬法이 무자성無自性하다'는 말이 있다. 만법무자성萬法無自性이란 만법에 자성이 없다, 만법에 실체가 없다

청담 스님 일원상一圓相. 일원상一圓相은 우주 만유의 본원 또는 막힘이 없는 법法을 상징한다. 선종에서는 1천 7백 공안公案 중 하나로, 시작도 없고 끝도 없는 일원一圓의 근본을 추구하는 화두로 통한다.

656

는 말이다. 주객主客이 합일合一이라. 주主라는 것이 따로 있지 않고 이름일 뿐이고 객客이란 것도 따로 있지 않고 이름일 뿐이라는 것이다.

> 마음! 마음! 마음! / 마음은 없는 것이다. / 물건은 없는 것이다. / ○? 이것은 없기는 없는 것이다. / 그러나○? 이것이 없는 것으로 없는 것이 아니다. / 그것은 곧 있는 것으로 없는 것이다. / 그러므로○? 이것이 비록 뚜렷이 / 없는 것으로 / 없는 것이지만 / 그것은 생각으로나 말로써 / 알 수는 없는 기기묘묘한 것이다. / 마음! 마음! 마음! / 마음은 있고 없고가 아니다. / 물건은 있고 없고가 아니다.

청담 스님은 현상적 경험 세계에서는 있거나 없거나 둘 중의 하나만이 성립하지만 마음의 세계는 어느 한 쪽이 아닌, 둘 다 아닌 것도 아니라고 노래한다. 그러면서 이 경지는 생각이나 말로써 알 수는 없는 세계라고 설한다. 이러한 세계를 불교에서는 공空이라 하기도 하고, 마음이라 하기도 한다. 그러나 이것이 공이니 마음이니 하는 일반용어로 표현되면서 이미 사용되어지고 있던 기존의 다른 의미가 연상되면서 개념을 전달할 때 오차가 발생한다.

마음은 그런 심오한 경지가 아니라 하더라도 일상 속에서 수없이 경험하는 세계이다. 공空은 일반적으로 텅 비어 아무 것도 없는 상태를 연상시킨다. 이처럼 기존의 언어 사용 맥락과 연관이 되면서 개념의 오염이 발생하고, 이에 따라 이 용어를 쓸 때의 본래 의미가 그대로 온전히 전달되지 못할 위험성도 있다.

이 같은 시적 표현을 위해 도형 '○'이라는 기호를 도입하였다. 어떻게 규정 지을 수 없으며, 없지만 있고, 있지만 없는 세계를 일원상一圓相 기호로 나타낸 것이다. 이렇게 함으로써 일상적으로 사용되는 단어 속에 담겨있는 일반적인 개념과 불교에서 그 단어를 사용할 때에 담고자 하는 개념간의 미묘한 개념 차이에서 발생할 수 있는 오해를 방지하는 효과를 노린 것으로 보인다.

선시禪詩는 파격을 그 중요한 특징으로 삼지만, 파격적 형식 자체가 하나의 전형이 되어 파격이 의미를 상실하고 파격이 주는 신선한 충격이 반감되고 있는 것이 사실이다. 청담 스님의 시는 관습적 표현을 벗어나 기존의 관습과 권위에 의존치 않는 진정한 파격의 모습을 잘 보여주고 있다.

이러한 예가 일원상(○)의 표현이다. 일원상一圓相은 우주 만유의 본원 또는 막힘이 없는 법法을 상징한다. 선종에서는 1천7백 공안公案 중 하나로, 시작도 없고 끝도 없는 일원一圓의 근본을 추구하는 화두로 통한다. 선방에서는 흔히 벽에 이 상相을 그려놓고 참선을 하는데, 이는 언어가 끊어진 선정에 들기 위해서이다. 마음이라고 하거나 도라고 하거나 역시 억지로 이름을 붙인 것이지, 어떤 이름을 붙여도 맞지 않고 무슨 방법으로도 그 참 모양을 바로 그려낼 수 없는 것이다.'라고 설명한다. 위에서 살펴보았듯이 청담 스님은 일원상一圓相, ○의 의미를 알고 시적 언어로 사용한 것이다.

청담 스님은 시 〈생명의 세계〉에서 생명에 대해 상당히 큰 의미를 두고 있다. 청담 스님의 시는 한마디로 생명의 시라고 할 만하다. 생명이란 말이 요즘 와서 환경·생태에 관한 재인식이 이루어지면서 이슈화된 용어임을 감안한다면 참으로 선구적인 지성이었다고 하지 않을 수 없다.

> 세상에는 / 난초와 국화를 가꾸는 일에 / 기쁨을 느끼는 사람은 많지만, / 자신의 몸이나 마음을 / 가꾸는 일에 기쁨을 갖는 / 사람은 드물다.

청담 스님은 자신의 몸과 마음을 닦는 일에 정진해야 함을 설하고 있다. 불교에서는 몸을 욕망의 원천으로서 부정하는 경향이 있다. 몸을 돌아보지 않으면서 마음의 근본자리를 찾고자 한다. 그러나 스님은 생명의 존재로서 몸과 마음을 소중히 여기고 가꾸기를 권유하고 있다. 참으로 참신한 발상이 아닐 수 없다.

밖의 일에는 심혈을 기울이고 관심을 갖지만 안으로 몸과 마음을 닦는 일에는 소홀히 하는 이들을 경책警策하고 있는 것이다. 수행은 몸과 마음을 닦는 일이다. 인간은 세상에 태어나는 순간부터 여러 가지 마음을 일으키게 된다. 욕망이나 분노, 어리석음, 질투, 아만我慢 등 인간의 무지는 숙명적으로 삶을 관통한다고 할 수 있다. 수행은 이러한 문제들을 해결하고자 하는 여러 가지 방편이다. 탄생에서 지금에 이르기까지 탐貪·진瞋·치癡 삼독심三毒心으로 오염되고 상처받은 몸과 마음을 본래의 맑고 밝은 상태로 되돌리고자 하는 일이다.

부귀와 명예, 권력을 소유하기 위한 끝없는 욕망, 그 욕망이 충족되지 않을 때 일어나는 만慢이나 화禍, 이 모든 것들이 어리석고 무지하기 때문에 일어나는 현상이다. 인간은 이러한 삼독심을 바탕으로 수많은 경험, 기억, 생각, 관념, 가치관 등의 쓰레기를 몸과 마음에 쌓아온다. 그 결과 인간의 심신은 어느덧 답답하게 막히거나 탁한 흙탕물 같은 상태가 되어간다. 그러한 것들을 바라보고, 비워내고, 닦아주고, 보듬어 줌으로써 나라고 하는 존재의 본래 모습을 되찾고자 하는 일, 그것이 바로 수행이고 생명을 현창하는 일인 것이다. 청담 스님은 몸과 마음을 닦아야만 기쁨을 느낀다고 설하고 있다. 그러면서 스님은 생명은 물질과 허공보다 먼저 존재하여 결국 시간과 공간을 초월한다면서 이를 시로 표현하고 있다.

생명은 불멸한다 / 생명은 자유하다 / 생명은 천지 만물의 바탕이다 / 생명은 곧 나다 나는 곧 생명이다 / 그러므로 / 나는 불멸의 것이다 나는 자유의 것이다 / 나는 우주의 주인공인 것이다 / 생명은 유무와 선악을 초월하였다 / 그러므로 만 가지! 다 - / 생명으로부터 일어난다 / 왜 나는 선악과 시공과 유무가 아니며 / 또한 천지 만물의 바탕이 / 되어 있기 때문인 것이다 / 그러한 까닭으로 / 나는 영원히 죽지 아니한다. / 나는 절대로 구속할 수 없다 / 그리하여 나는 만 가지를 거두기도 한다.

청담 스님이 바라보는 생명의 출발점은 곧 나이며, 내가 곧 생명임을 강조한다. 하지만 생명은 나만의 생명이 아니라, 천지 만물의 바탕이 된다. 즉 생명은 우주이며, 우주가 생명이다. 따라서 나와 우주도 하나가 된다. 하나이므로 곧 나는 내 생명의 주인일 뿐만 아니라 우주의 주인이기도 하다고 설한다. 결국은 하나의 생명적 근원으로 귀일歸一된다고 보아야 한다는 것이다.

생명은 유무有無와 선악과 시공을 초월한다고 인식한다. 청담 스님에게 있어 생명은 인간의 대상일 뿐 아니라 시의 대상이 되기도 하였다. 이러한 생명적 대상을 불교적 의미로 해석한 것이다. 불교적 인연설과 초월적 해탈론을 포함한 마음으로 귀결시키고 있다.

천지만물의 바탕이 되는 내我가 모든 것을 초월한 중도中道와 무無와 부처님의 세계, 즉 공空에서 생명의 근원을 찾고 진여의 세계, 즉 묘유妙有를 발견하고자 했다. 스님은 유무의 상대성을 초월한 절대 무無와 진공眞空의 경지에 도달하는 것이 시공을 초월한 무無와 부처님의 세계까지 긍정하는 진여로 존재한다고 보았다. 또한 선악과 유무와 시공을 초월했음을 설함은 생명과 하나 됨을 중도의 원리로 해석했다고 유추할 수 있다.

수행의 차원에서 볼 때 중도는 쾌락에 몰두하는 태도와 무익한 고행을 일삼는 태도를 부정하는 실천의 방법이다. 개념의 차원에서 볼 때 중도는 사물과 삶이 불변하는 실체라는 생각과 전혀 존재하지 않는 허무라는 생각을 부정하는 인식의 방법이다. 용수(龍樹:150?~250?)는 생멸生滅, 단상斷常, 일이一異, 출래出來의 네 극단을 부정함으로써 세계가 실체도 아니고, 허무도 아니라는 통찰을 논증하였다. 사물들과 사실들은 일정한 원인과 조건에 따라 생겨나고 변화하며 사라진다는 연기설이 《중론中論》의 바탕이다. 청담 스님은 영원히 죽지 아니하고 절대로 구속할 수 없는 존재인 생명을 마음으로 보았고 이것이 중도의 세계요 깨달음의 세계임을 설하고 있다. 스님은 다음 시에서 몸과 마음의 통합체로서의 생명존재에 대한 놀라운 절대긍정의 자세를 보여주고 있다.

> 뚫어지게 바라보라 / 이 한 송이 꽃이 지닌 / 생명의 거룩함을 / 골똘히 생각하라 / 이 한 송이 꽃이 지닌 / 그 뜻의 심오함을 / 그리고 조용히 자신에게 물어보라 / 단 한번밖에 없는 이 인생을 / 어떻게 살아나갈 것인가를 / 자신에게 허용된 / 오직 하나뿐인 거룩한 생명을 / 그 목숨 있을 때까지 / 다 바쳐 올바른 틀 속에서 / 참마음과 용기를 가지고 / 주어진 사명을 성취하고 / 모두 함께 힘을 합쳐 / 원만한 가정, 명랑한 사회를 / 이루어 가는 최선의 인간이 되고 싶도다.

청담 스님은 꽃을 보면서 생명의 신비와 존귀함을 발견한다. 무상이나 부정을 통해 생명의 유한성을 극복하고자 하기보다는 작은 식물 하나에서 생명의 신성함을 찾고, 그것을 나와 인간에 빗댄다. 생명이란 차원에서는 꽃이든, 나이든 다를 바가 없다. 인식의 능력에는 차이가 있을지라도, 그 인식의 능력차라는 것도 인간의 관점에서 볼 때 우월해 보일 뿐일 수도 있다. 꽃이든 인간이든 주어진 이 생명을 거룩하게 여기고 소중하게 키워나가자는 생각은 불교의 초월적 사유의 전통과는 사뭇 다른 현실적인 감정을 보이고 있다.

불교는 대체로, 미망迷妄에 사로잡힌 뭇 생명중생들의 생사가 고통과 번뇌로 점철된 윤회 세계임을 알리며, 아울러 생사의 고통과 윤회로부터의 해탈 및 열반으로 상징되는 영원한 생명의 깨침과 극락세계에 도달할 방법을 가르친다.

청담 스님은 불교가 뭇 생명을 구제하는 데에 근본적인 목적을 두고 성불과 불국정토 실현을 궁극적 목표로 삼아, 생명을 주체로 하여 완전한 살림살이가 가능한 세계를 지향하고 있음을 노래하고 있다. 그리고 시의 마지막 부분에서 가족의 구성원과 사회 대중에게 동체대비同體大悲의 보살행을 권하고 있다.

생명이 경시되고 갈등과 불화가 팽배한 현대 사회인들에게, 모두 평등하게 공존 상생하는 평화문화를 함께 가꾸어 나아가며 생명의 존귀성을 깨닫기를 청하고 있다. 자연환경과 사회도 우리들 공동업共同業의 결과이며 우리의 의지적 노력으로 기존의 병폐를 치유하고 개선할 수 있다는 불교의 업설業說적 관점에서 현재 우리가 당면한 사회문제들을 주체적으로 풀어 나가고자 한다.

깨달음과 중생의 현실을 동시에 아우르는 상황적 인물인 보살은 중생을 지혜와 방편으로 이끌며 역사의식과 시대정신을 갖고 평화로운 사회를 실현하려는 서원을 갖고 있다. 오늘날 우리 세상에서도 바람직한 인격실현과 이상세계 건설의 주역은 보살이 될 수밖에 없다. 청담 스님은 원만한 가정, 명랑한 사회를 이루어 가는 최선의 인간이 되고 싶다고 보살행 실천을 발원하고 있다.

보살은 모든 생명체들뿐만 아니라 무생물까지도 불성이 내재한 존재로 보고, 그 아름답고 훌륭한 참 모습과 능력을 깨닫고 발현하도록 일깨우며 그 조건을 마련해 나간다. 각각의 보살들이 모두 자신들을 포함하여 모든 중생들의 평안과 해탈을 성취하게 하기 위해, 깨침과 자비와 더불어 특수한 수행

원력과 권능을 보여준다. 생명과 평화에 원력과 권능을 가진 보살이 있다면 우리는 그들을 생명 혹은 평화보살이라고 불러도 무리가 아닐 것이다.

청담 스님이 구사한 구도문학求道文學은 자못 파격적이었다. 제목이 따로 없이 그림과 함께 남아 전하는 한글시가 그 단적인 면모를 보여준다.

> 부처님! / 세배 올립니다 / 새해는 복 많이 받으세요 / 저희 돼지들은 / 복쯤은 빌지 않겠습니다. / 구정물이나 썩은 오물쯤이면 / 만족 대만족! 이니까요 / 좋은 것은 다 남 줍니다 / 주다 주다 모자라면 / 이 몸 통째로 시주도 합니다요! / 우리 부처님도 / 대자대비 하시니까 / 꼭 우리들 / 돼지 닮았군요 / 그래서요 모든 중생들이 / 우리 돼지꿈만 꾸면 / 온갖 소원을 다 성취 한답니다요 / 몸을 통째로 시주하는 공덕인가 봐요 / 여보게 돼지 친구들! 그대들이 / 부처를 돼지로 보는 것이 정말로 / 그럴 성 하도다.

청담 스님이 구사한 형식은 전통적인 가사체를 쓰기도 하였으나, 한글 자유시를 다양하게 활용하였고, 한시漢詩의 형태도 사용하였다. 현재 남아 전하는 작품의 형태로 볼 때에는 압도적으로 한글 자유시가 많고, 그 표현도 매우 자유분방하다. 구어와 문어의 틈을 최소화시키는 강력한 어조의 표현을 즐겨 사용하였다. 그래서 어떤 경우에는 거칠게 느껴지기도 한다.

부처님이 돼지하고 똑같다니, 언뜻 들으면 엄청난 불경죄를 저지른 듯한 느낌이 든다. 그러나 한 줄 두 줄 읽어나가다 보면 무릎을 치며 감탄을 하게 된다. 아, 정말 부처님은 돼지와 같은 존재로구나. 아니, 돼지가 부처님처럼 거룩한 존재라는 것을 깨닫게 된다. 엄청난 역설이 아닐 수 없다. 그러나 정말 그럴 성하다. 좋은 것은 남 다 주고 더러운 것만 골라 먹지만, 그것마저도 모자라면 자기 온 몸을 바치니 얼마나 거룩한가. 더구나, 세상 사람들이 불

1971년 돼지해亥年를 맞아 부처님께 세배 올리는 청담 스님 연하장.

교를 믿으면서 복을 빌기에 바쁜 세태를 꼬집기도 한다. 복을 추구하지 않고, 남이 버리는 더러운 것만 먹으면서도 스스로 늘 만족하고 남도 행복하게 해주는 돼지야말로 부처님의 심성을 그대로 닮은 존재라는 것이다. 여기서 걸림이 없는 자유분방한 문학관을 엿볼 수 있다.

청담 스님은 "견성한 승려들은 대체로 게송을 지어 그의 해탈의 깊이를 나타내는 법인데, 나는 그것을 하지 않았다. 그만큼 철저하게 미혹을 쫓아내려고 버둥거렸다. 그럼에도 불구하고 어느 날 한 동료가 나로부터 게송을 지어 받고 싶다고 어찌나 심하게 조르던지 그것을 짓지 않을 수 없었다."라고 부득이 오도게송을 지었다고 술회한다. 이 게송에는 나·마음·생명·진리 등이 하나로 된 경지와 이를 깨치어 실천하는 삶이 그대로 응축되어 있고, 그로부터 본격화하는 당신의 불교생활이 함축되어 있음을 볼 수 있다.

예부터 모든 불조佛祖는 어리석기 그지없으니

어찌 이쪽 일의 이치를 깨우쳤겠는가?
만약 나에게 능한 것이 무엇이냐고 묻는다면
길가 고탑古塔이 서쪽으로 기울었다 하리.

    청담 스님의 오도게송을 이렇게 읽기는 하나, 그 높은 경지와 깊은 뜻, 그 선언적 의미를 제대로 깨닫지 못하는 게 사실이다. 우리의 지혜와 도심道心의 실상이 그 경지에 이르지 못하였기 때문이다. 스님이 말한 모든 불조佛祖가 어리석다는 것은 실제로 어리석어서가 아니다. 깨달음의 마지막에 도달했다는 가슴 벅찬 선언의 결정체다. 그러면서 이쪽 일의 이치를 깨우치지 못했다는 겸손함을 보이고 있다. 그러면서 누구라도 능한 것을 묻는다면 자신 있게 깨달음 경지를 말할 수 있다는 자신감도 보이고 있다. 마지막 게송에서 오래된 탑신이 서쪽 노을 속에 기울어져 있다고 한 것은 새로운 내 자신이 동트는 하늘 앞에 있다는 것을 내보인 것이라 볼 수 있다. 오도게송에서 청담 스님은 수행자로서의 겸손과 선사로서의 자신감, 그러면서 마지막이 새로운 시작이라는 것을 보여주고 있다. 이는 어디에도 치우침이 없고 걸림이 없는, 막혀 있으면서도 뚫어져 있고 뚫어져 있으면서도 막혀 있는 중도 사상으로서 연기緣起·공空의 도리를 설하고 있는 것이다.
    파격적인 시적 표현은 동산 스님 영결식 법어에서도 찾아볼 수 있다.

    아이고! 아이고! 아이고! / 큰 법당이 무너졌구나. / 어두운 밤에 횃불이 / 꺼졌구나. / 어린아이만 남겨두시고 / 우리 어머니는 돌아가셨구나. / 동산東山이 물위에 떠다니니 / 일월이 무광無光하도다. 억! / 봄바람이 무르익어 / 꽃 피고 새가 운다.

동산 선사가 열반에 들자, 청담 스님은
한국불교의 큰 선지식을 잃음을 안타까워하며
인간으로서의 가장 애통함을 표현했다.

선사로서의 삶을 견지했던 청담 스님이 "아이고! 아이고! 아이고! 큰 법당이 무너졌구나!"로 법어를 시작하는 것은 당연하다. 인간으로서의 가장 애통함을 감정을 넣어 표현하고 있으며 한국불교의 큰 선지식을 잃음을 안타까워하고 있다. 중생들의 어두운 밤길無明에 등불이 되어주었던 동산(東山:1890~1965, 조계종비구승단 제2대 종정) 선사의 열반을 간단명료하게 모든 뜻을 담아 표현하고 있다. 그리고 어린아이들, 어머니라는 단어를 써가며 친근하게 중생들의 공허함을 달래고 있다. 그러면서 "동산이 물 위에 떠다닌다."고 설한 것은 그 마음의 법계法界와 합일合一되어 그 법을 이어 펴겠다는 서원을 함축하고 있는 것이다. 여기서 "일월이 무광無光하도다. 억!"이라고 한 것은 선사로서의 기질과 진면목을 보인 것으로, 동산 선사가 된 청담 스님이 그 광명을 되살리는 파격적 서원이요 선언이다. 그 마무리에 "봄바람이 무르익어 꽃이 피고 새가 운다."라고 한 것은 참된 활구活句로서 무한히 깊고 높은 뜻이 함장函丈되어 있다.

청담 스님이 대중적 설법에서 재미있고 감명 깊은 법화法話를 강설·구연하면서 자작 게송이나 시가를 삽입·가창한 사례가 상당히 있다. 그러기에 《마음의 노래》도 청담 스님의 생전에 다양한 부분에 걸쳐 활용되었던 게 사실이고, 그 열반 후에는 제자·법손들과 뜻있는 신도들이 스님의 유훈에 따라 이를 교화의 방편으로 책으로 묶어낸 것이라 하겠다.

청담 스님은 오늘날 읽어도 조금도 시대차가 느껴지지 않을 만큼 평범한 일상어를 사용하면서도 파격적인 형식과 내용을 통해 선禪의 묘리妙理를 전달하고 불타의 가르침을 삶 속에 구현하는 문학관을 제시하고 있다. 또한 우주와 생명, 과학의 측면에서 불교 문학의 이치를 풀어내는 안목과 표현에서 시대를 한참 앞서가고 있었음을 알 수 있다.

범어사에서 동산 스님과 비구계를 설하시고. (원내는 청담 스님)

많은 승려 시인들이 현란한 수사修辭를 동원하고 있는데 반해 스님은 평범하면서도 더욱 현대화된 표현 속에서 유구하고 심오한 불교와 마음의 이치를 담아내고 있다. 청담 스님의 문학세계는 그 이전의 한글가사의 전통을 살리면서 동시에 한글자유시의 전통을 창의적으로 계승하고 있다. 또한, 불교와 마음의 이치를 현대적이자 일상적이며, 동시에 선사다운 파격적인 표현으로 일구어 내었다는 점에서 크나큰 성취가 있었다고 평가할 만하다.

청담 스님은 불타오르는 마음의 대장경을 시적인 노래로써 펼쳐 보인다. 보살행의 거울이 되는 신앙의 디딤돌을 우리 중생들 가슴마다에 심어주고, 독특한 언어를 통해 쉽고 친근하게 깨달음의 세계로 이끌고 있는 것이다. 스님의 《마음의 노래》에서는 믿음의 길 따라 인간의 진심을 찾는 그윽한 외침과 솟구침을 들을 수 있다. 스님은 시인이 아니다. 말과 글에 걸림이 없는 선사이며, 마음의 도화사道化師이며, 실천불교의 개혁적 수행자이다. 그렇기에 시 이상의 것이거나 그 이하의 것이거나에 관계없이 중생을 깨우치는 연꽃을 피워 보이고 있음을 알아야 한다.

《금강경대강좌金剛經大講座》의 선禪 세계

　《금강반야바라밀경金剛般若波羅密經》은 한국불교를 대표하는 종단인 대한불교 조계종의 소의경전(所依經典, 종교가 신앙과 수행 및 지향할 바 실천 정신의 근본으로 삼는 경전)이다. 중국 선종의 제6조인 혜능 선사가 《금강경》에 의해 깨달았다는 《육조단경》의 기록에 의한 것이며, 조계종曹溪宗이란 명칭 또한 혜능 선사가 주석하던 조계산 보림사의 산명山名을 지칭한 것이다.

　중국 선종이 달마 선사를 초조初祖로 받들지만 실제로 중국 선종의 대표는 혜능 선사라 해도 과언이 아니다. 혜능 선사가 《금강경》에 의해 깨달음을 얻고, 그 깨달음으로 가는 수행방편으로 설한 것이 《육조단경》이므로 《육조단경》의 내용은 《금강경》을 소의所衣로 하였다고 할 수 있다. 한국불교에 있어서 《금강경》이 소의경전이 된 것은 고려 보조 지눌 선사가 조계산 수선사에서 정혜결사定慧結社 운동을 실현할 때부터로 추측할 수 있다.

　이처럼 《금강경》은 한국불교에 있어서 가장 중요한 경전으로 수행의 지침서가 되고 있다.

《금강경》은 반야·공空 사상을, 불성을 깨닫는 방법으로 채용한 남종선南宗禪에 의하여 가장 중시된 경전이다. 직지인심直指人心 견성성불見性成佛이란 곧바로 즉각적으로 사람의 마음을 가리키는 것을 말하며, 이는 돈오頓悟를 말한다. 그리고 불성을 봄으로 인하여 부처가 되는 것이다. 현재 남종선의 종지종풍宗旨宗風을 표방하고 있는 대한불교조계종은 소의경전으로서 《육조단경》과 《금강경》을 가장 중시하고 있다.

《금강경》은 《대반야경大般若經》 600부 가운데 577권에 해당되며, 약 300송頌 정도의 분량이기 때문에 《삼백송반야경三百頌般若經》이라 불린다. 150~200년경의 대승경전 최초기에 만들어진 경전이다.

현재 4종류의 범어본梵語本이 전하며, 중국에서 한역된 것은 구마라집(鳩摩羅什:344~413)에 의하여 최초 번역된 《금강반야바라밀경》 1권(401), 보리류지(菩提流支:535~?) 역 《금강반야바라밀경》 1권(509), 진제(眞諦:499~569) 역 《금강반야바라밀경》 1권(562), 달마급다(達磨笈多:?~619) 역 《금강능단반야바라밀경》 1권(690), 현장(玄奘:600~664) 역 《능단금강반야바라밀경》 1권(660~663), 의정(義淨:635~713) 역 《능단금강반야바라밀다경》 1권(703) 등 여섯 종류가 전한다. 한국에서는 원효 대사의 것을 필두로 10여 종의 주석서가 있다. 현재까지 《금강경》 중 우리나라에 가장 영향을 미치고 있는 것은 조선시대 함허 기화(涵虛 己和:1376~1433) 선사가 중국의 《금강경오가해金剛經五家解》에 자신의 설의說義를 덧붙인 《금강경오가해설의》이다. 해방 이후 국내에서 번역되거나 해설된 《금강경》 관련 서적은 약 200여 종이 넘을 것으로 파악된다. 선종에서 소의경전으로 삼는 것은 구마라집에 의하여 최초 번역된 《금강반야바라밀경》 1권으로 이는 혜능 선사가 깨달음을 얻고 유통시킨 것이 바로 이것이기 때문이다.

《금강경》과 선종과의 관계는 무척 깊다. 반야 사상이 실천적 의미에서 태동된 것이 선禪 수행법이다. 반야의 세계를 부정否定의 논리로 극치를 이루는 공空, 혹은 긍정肯定의 논리로 중도中道라고 표현한다. 그러면 언어와 문자로 더 이상 나갈 수 없는 끊어진 자리에서 뚫고 나가야 할 관문이 나타나게 된다. 그 실현 방법으로 언어도단(言語道斷, 말할 길이 끊어졌다는 뜻으로 너무나 엄청나거나 기가 막혀서 말로 나타낼 수가 없음)하고 심행처멸(心行處滅, 마음의 작용이 미치지 못하는 경지. 사고 분별이 끊어진 절대 경계의 본체심本體心을 말함)한 선禪으로 참구하여 관문을 뚫어야 반야의 참맛을 느낄 수 있다.

특히 《금강경》의 즉비卽非의 논리로 선의 실천적 의미를 담고 있다고 할 수 있다. 이러한 관점과 달마 선사 이후의 선 수행법이 반야바라밀의 실천행이었다고 본다면, 꼭 신회 선사의 설에 의지하지 않더라도 자연적인 변경이 있지 않았을까 하는 추측을 할 수 있을 것이다.

청담 스님의 《금강경》 강의는 청담문도회에 의하여 《금강경대강좌金剛經大講座》 상·하편으로 정리되어 《청담대종사전서》 7권과 8권으로 출판되었는데, 이번 장의 내용은 이를 근본으로 한다. 그리고 깨달음의 세계로 이끄는 《금강경》을 강의하며 나타난 선 사상과, 마음 사상을 설하면서 펼친 '마음선' 사상에 대해 살펴보고자 한다.

청담 스님의 선 사상을 한 마디로 표현한다면 '마음선'이라 할 수 있다. 이는 간화선의 수행 방법에 마음 사상을 접목시킨 것이다. 스님이 이해한 불교의 대의大義가 바로 마음이었고, 팔만대장경의 모든 내용이 모두 마음 하나로 설명되기 때문이다.

> 우리가 언어를 알지 못하므로 어려운 것이지 진리 자체는 어려운 것이 아니다. 예컨대 우리가 '생명이다' '영혼이다' '화엄이다' 하는 그 많은 소리가, 팔만대장경 속의 곳곳에 이름이 달리 나오고, 그 어의語義에 얽매여 해석이 조금

씩 다르다 보니, 불교의 대의大義가 무엇인지 알 수 없도록 현혹眩惑되게 되어 있다. 그런데 그 많은 술어를 우리말로 번역하자면 한마디로 밖에 말할 수 없다. 그것은 곧 마음이다.

청담 스님의 '마음선' 사상은 《금강경대강좌》를 통하여 보다 분명히 드러난다. 스님은 《금강경》에 대한 전통적인 해석과 더불어 현대적인 해석을 꾀하고 있는 것이 특징이다. 현재 국내에서 출판된 200여 종의 《금강경》 관련 해설서 중에서 스님이 펼쳐 보인 《금강경》의 이해에 대한 독자적 특징과 선 사상은 '마음선' 성립의 촉매제 역할을 하고 있다.

청담 스님의 삶과 사상 하면 '인욕보살', '정화 운동', '봉암사 결사', '호국 사상', '참회 사상', '마음 사상', '대한불교조계종' 등을 떠올리게 된다. 현재 대한불교조계종의 탄생과 정착에서 청담 스님을 거론하지 않고서는 말할 수 없을 정도이다. 일제와 해방 후의 한국불교의 혼란기 속에서 위법망구위공망사(爲法亡軀爲公忘私, 법을 위해 몸을 잊고 공을 위해 사를 잊는다는 뜻)의 순교자적 삶 그것이 바로 청담 스님의 삶이었다.

청담 스님의 자취는 모두 철저한 자신의 간화선 수행과 체험을 통한 깨침과 그에 입각한 마음 사상을 접목시켜 자비행으로 실천한 모습이었다. 이처럼 간화선의 수행 방법과 체험은 곧 마음에 대한 깨침이며, 이는 '마음선'으로 자리하게 되었다. 《금강경》이야말로 그러한 깨침의 세계를 분명히 밝혀 놓은 경전이기에 스님은 《금강경》에 대한 강좌를 통하여 불자들을 깨달음의 세계로 이끌기 위해 마음을 깨치고, '마음'의 상相이 없는 실천을 하라고 강조하고 있다.

《반야경》의 상반야, 곧 아공我空, 법공法空, 구공俱空을 깨달았으면, 그런 다음에는 보시를 하라, 그리고 육바라밀을 행하라. 하는 것은 실상반야實相般若만 지키고 있으면 그것이 소승小乘의 나한羅漢 밖에 안 되기 때문입니다.… 아무 것도 없는 경지에 들어가서 아무 것도 하지 않고 다 된 것인 줄로 알고 공空에 떨어질 것을 염려하여 육조六祖 대사께서 나무라신 것입니다.

청담 스님은 반야 사상에 대한 이해를 위해 공空에 머무는 것이 아니라 공空을 깨닫고 나서 '보시布施를 하고 육바라밀을 행하라'는 적극적 실천을 강조한다. 소승小乘의 행行이 아닌 대승大乘의 행을 강조하고 있는 것이다. 스님의 정화와 호국불교의 실천원리가 바로 마음에 대한 깨침이 원천에서 비롯되고 있음을 볼 수 있다.

청담 스님은 종사宗師이면서 선사로서의 삶을 견지했다. 철저한 간화선 수행을 통하여 마음의 깨침을 얻고 당대의 선지식인 만공 선사에게 지도를 받았다. 정화운동을 위시로 하는 스님의 외형적 모습은 '마음' '진아眞我'의 깨침에 의한 자비행이요, 무주無住의 실천행이었다. 인욕보살로 불리는 행화行化의 바탕에는 마음에 대한 실존적 체험이 바탕하고 있다. 정화운동과 호국護國·인욕忍辱 사상 등을 통하여 한국불교사에 끼친 영향을 논할 수는 있다. 하지만 선사로서 체험한 선의 세계가 무엇인지에 대한 진면목을 온전히 밝히지 않음에 아쉬움이 있다.

청담 스님이 평생 대중들에게 강의하였던 대표적인 경전이《금강경》이다. 《금강경》은 깨달음의 세계, 마음의 세계를 여실하게 말하고 있는 경전이자, 스님의 체험과 깨달음의 세계가 그대로 표현되어 있는 경전이다. 제3〈대승정종분大乘正宗分〉에서 대승大乘의 핵심 사상을 다음과 같이 설하고 있다.

부처님께서 수보리에게 말씀하셨다. 모든 보살 마하살은 마땅히 그와 같이 그 마음을 항복시킬 것이니라. 무릇 일체 중생의 종류인 알로 생긴 것, 태로 생긴 것, 습기로 생긴 것, 화하여 생긴 것, 형상이 있는 것, 형상이 없는 것, 생각이 있는 것, 생각이 없는 것, 생각이 있는 것도 없는 것도 아닌 것을 내가 남김없이 다 부처되는 열반에 들게 하여 제도하리라. 하여 이처럼 한량없이 많은 중생을 제도하였지만 실로 한중생도 제도한 바 없느니라. 왜냐하면 수보리야, 만일 보살이 나라는 생각, 남이라는 생각, 중생이라는 생각, 오래 산다는 생각이 있으면 곧 보살이 아니기 때문이니라.

청담 스님은 제3 〈대승정종분〉에서 "대승大乘의 골수骨髓를 말하는 장이라며 열반의 대해탈大解脫을 증득證得했으므로 지구가 깨지거나 우리 민족이 다 죽거나 정치를 거꾸로 하거나 그것은 내가 알 바 아니다. 이 육신 잡아다 마음대로 하라. 나는 그것 때문에 신경 쓸 것 하나도 없다. 말을 안 듣는 중생들한테 타이르고 가르쳐줘 봐야 말 안 들으면 욕하고 야단치고 똑같이 해야 된다."고 설한다. 그러다가 마지막에는 "중생들 시비에 나까지 말려들어서 번뇌 망상이 다시 일어나고 자기 본위로만 생각하게 된다. 중생 구제할 생각을 안 하는 것이 소승불교의 태도이고 나한羅漢님들의 용심用心"이라며 비판하고 있다. 그러면서 "나 혼자 독경을 일 년 내내 또는 평생을 하는 것보다 《금강경》을 한 번 읽고 단 반 시간만이라도 남을 위해 설해주는 공덕이 참으로 비유가 안 될 정도로 크다"고 강조한다.

청담 스님은 "대승불교는 나쁜 중생도 나를 부처로 만드는 좋은 선지식이로구나. 도道가 되는구나

청담 스님이 평생 즐겨 쓰셨던 대자대비大慈大悲 휘호

하고 부처와 중생과 마음을 하나로 보는 것"이라고 설한다. 또한 "내 얘기 안 들으면 못 가게 하겠다. 죽여도 좋다. 죽이려면 죽여라. 하는 식으로 적극적이고 중생과 나는 일심동체一心同體라는 대자비심大慈悲心으로 대원력大願力 수행을 목적으로 하여 마침내 성불하려는 것이 대승불교"라고 강조한다.

중생은 누구나 청정한 자성을 가지고 있으면서도 본래의 성품을 보지 못하고 무시겁래(無始劫來, 비롯함이 없는 겁에서부터 가마득히 오래되어 그 시작을 짐작도 할 수 없는 상태)의 업業으로 자기도 모르게 물든 망상습기(妄想習氣, 이치에 맞지 아니한 망령된 생각과 수많은 생애를 살면서 익힌 습관)와 객진번뇌(客塵煩惱, 번뇌는 본래부터 마음에 있는 것이 아니라 외부에서 들어와 청정한 마음을 더럽힌다는 뜻)로 인한 상相을 형성하고 그 상相에 속박되어 집착한다. 때문에 거듭 갖가지 망심의 업을 짓고 그 업에 의해서 윤회의 고뇌에서 벗어나지 못하고 있다. 즉 우리는 상相을 버리지 못하여 미망迷妄에서 헤매고 있는 것이다.

이 《금강경》은 공空 사상을 표방하는 반야계의 경전이면서 공이란 말은 없다. 하지만 가장 먼저 전제하는 것이 상相인데 곧 아상我相 · 인상人相 · 중생상衆生相 · 수자상壽者相을 말한다. 제3 〈대승정종분〉에서 중요한 문제는 아뇩다라삼먁삼보리심阿耨多羅三藐三菩提心을 발하라는 것이다. 이는 첫째 어떤 중생이든 반드시 멸도滅途하도록 하겠다는 발원을 하고 둘째 무량無量 · 무수無數 · 무변無邊의 많은 중생들이 모두 다 멸滅하도록 하였으나 그 마음에 상相이 없어야 한다는 것이다. 즉 내가 무엇을 한다거나 했다는 상相에 머물거나 집착한다면 진정한 보살이 아니라고 설한다.

사실 여기서 《금강경》의 대전제가 적나라하게 드러났다. 일체중생이 모두 멸도하여 무여열반(無餘涅槃, 온갖 번뇌를 다 없애고 분별하는 슬기를 떠나 육신까지도 없애어 완전히 정적으로 들어선 경지)에 들었다면 무슨 상相이 있을 것이 있겠는가? 모두가 성불했으므로 어떤 상相도 있을 수 없다. 그러나 아직 고뇌에 허덕이는 중생이 있고,

이런 중생은 상相에 얽매여 전도된 길을 가고 있으므로 철저히 어떤 모양의 색상色相일지라도 일시에 싹 버려야 한다. 즉 모두를 방하착(放下着, 집착하는 마음을 내려놓아라, 내 버려라)하여 무거운 업장을 완전히 멸도滅途해야 대열반야大涅槃若을 증득할 수 있다는 것이 《금강경》의 간절한 가르침이다. 그러므로 보살에게 사상四相이 있으면 보살이라 할 수 없다.

중생이 사상四相에 대한 그릇된 집착과 이러한 집착이 없다면 모든 행위는 어디에도 구애됨이 없이 무애자재無碍自在해질 것이라고 청담 스님은 강조한다. 이 세계가 바로 깨달음의 세계이다. 원래 성聖과 속俗은 같은 것이어서 누가 누구를 제도하거나 제도될 바가 없는 것이다. 중생 스스로 제도하는 것이지 부처가 중생을 제도한다면 이것은 아상·인상·중생상·수자상이라는 실상이 있다는 것이다. 청담 스님은 여래가 중생들을 교화하되 평등의 이치로 부처와 중생이 실재로 차별이 없음을 깨닫고 만유가 서로 경계 없이 상통相通할 수 있는 것이 진정한 깨달음이라고 가르치고 있다.

반야 사상을 드러내는 부분인 제5 〈여리실견분如理實見分〉에 나타난 선 사상을 살펴보면 다음과 같다.

> 수보리야. 너는 어떻게 생각하느냐 육신의 몸매로 여래를 볼 수 있느냐. 아니 옵니다. 세존이시여. 육신의 몸매로 여래를 볼 수 없습니다. 왜 그러냐 하오면 여래께서 말씀하신 육신은 곧 육신이 아니기 때문이옵니다. 부처님께서 수보리에게 말씀하셨다. 무릇 있는 바 모든 것은 허망한 것이니, 만일 모든 현상이 진실상이 아닌 줄을 보면 곧 여래를 보리라.

청담 스님은 제5 〈여리실견분〉에서 《금강경》의 핵심이 또 나온다고 설한다. "그 골수骨髓는 소위 인생이라고 하는 것이 무엇을 기준으로 하는 말인지

금강경사구게金剛經四句偈.
범소유상凡所有相 개시허망皆是虛妄
약견제상비상若見諸相非相 즉견여래卽見如來
모든 형상 있는 것은 모두가 허망하니
모든 형상을 본래 형상이 아닌 것을 알면
곧 진실한 모습을 보게 된다는 의미.

도 모르면서 아무리 불교를 믿고 49년 동안 부처님을 모시고 법문을 들어 보아도 아무 필요 없고 헛된 일이다. 이는 불성이 있지만 불성이 무엇인지를 모르기 때문이다. 내가 무엇인가를 알아야 하고 내가 무엇인지를 모르는 사람이 부처님을 따라 다니고 철학자를 따라 다녀도 껍데기가 따라 다니는 것에 불과하다."고 설하고 있다.

청담 스님은 "불교를 피상적으로 보고 현실을 무시하고 살 수 있다. 이 몸뚱이보다 한발 더 앞에 있는 이것이 현실이라며 이것이 곧 마음이라며 몸은 마음을 따라 다니는 그림자라고 강조한다. 그러면서 마음이 만사의 주체이니 남에게 욕을 하거나 때리거나 마음이 먼저 하면 몸이 따라하는 것뿐이니 육체肉體는 항상 뒤에 처져 있고 마음은 어느 곳 어느 때나 현실"이라고 가르친다.

범소유상凡所有相이란 무릇 형상이 있는 모든 것을 의미하는 것으로 일체제법, 일체의 모든 존재와 모든 경계를 모두 포함하고 있는 말이다. 모든 생각과 이론을 초월한 화두인 경절어구徑截語句이다. 개시허망皆是虛妄은 삼세일념으로 일체가 다 허망하다는 것이다. 허망하다는 말은 공空하다는 말이고 고정된 실체가 없어 텅 비어 있다는 것이다. 다시 말해, 불교에서 표현되어지는 현상계의 진리를 표현하는 것으로 무아無我, 무상無常, 고苦, 공空, 인연因緣, 중도中道, 무집착無執着, 무소득無所得으로 표현되기도 한다.

삼라만상 형상 있는 일체 모든 것은 항상 하지 않으며, 고정된 자아가 없고 괴롭다. 그러므로 크고 작은 것도 없고, 많고 적은 것도 없으며, 잘나고 못나고도 없고, 나고 죽고도 없고, 생사와 열반도 없는 그 어떤 극단도 있을 수 없는 중도의 세계를 표현하고 있다.

약견제상비상 즉견여래라는 말은 일체 모든 형상이 실제는 형상이 아니며 공空하여 텅 빈 것임을 바로 깨닫게 되면 곧 여래를 본다, 즉 깨닫게 된다. 이 세상 그 어떤 것도 다 허망하며 텅 비어 있기에 깨달음의 눈으로 본다면 지극히 고요하고 적적하다. 아무런 일도 일어나지 않았고, 아무런 변화도 없으며, 그 어떤 무언가가 나타나지도 않고, 나타나지 않았으니 소멸될 것도 없고, 괴로워 할 아무것도 없다. 선상禪床에 올라가서 한참 동안 말없이 앉아 있거나 상대방을 주장자로 치거나 할喝을 하는 경지이다.

본래자리로 가면 일체 모든 것이 딱 끊이진 적멸寂滅의 자리이다. 아무리 우리가 몇 생을 윤회하고 나고 죽고를 반복하더라도 본래의 입장에서는 아무 일도 없는 것이다. 본질에서는 적멸이고 지고한 평화만이 있을 뿐이다.

다만 우리가 이렇게 삶을 살아가며 나고 죽고, 괴로워하고 즐거워하는 이유는 우리들의 어리석음 때문이다. 어리석음 때문에 우리는 있다고 생각하고, 있다는 생각이 집착을 불러온다. 그리고 집착은 괴로움의 원인이 되고 이것이 우리들 괴로움의 실체이다. 바른 깨달음만 있으면, 바른 지혜와 안목眼目이 열리면 더 이상 괴로움은 괴로움이 아니다.

'범소유상'이 '개시허망'이고, '약견제상비상'이면 '즉견여래'한다는 이 말 앞에 그 어떤 것이 우리를 괴롭힐 수 있겠는가? 일체 모든 것이 허망하다는 것을 바로 보면 바로 여래를 볼 것이다, 다시 말해 바로 대자유大自由의 깨달음인 여래를 볼 것이라고 했는데, 더 이상 여기에서 군더더기가 붙을 수가 없다. 이 게송에서 대자유인의 걸림 없고 여여如如한 삶을 볼 수 있는 청담 스님의 선 사상을 엿볼 수 있다. 스님은 제7 〈무득무설분無得無說分〉에서 아뇩다라삼먁삼보리에 대해 다음과 같이 설하고 있다.

> 수보리야 어떻게 생각하느냐? 여래가 아뇩다라삼먁삼보리를 얻었겠느냐? 또 어떤 법을 설명한 일이 있느냐? 수보리가 여쭈었다. 제가 알기로는 부처님께서 말씀하신 뜻은 결정된 법이 있어서 아뇩다라삼먁삼보리라고 이름한 것이 없사오며, 또한 결정된 법 없는 것을 여래께서 설명해 주셨사옵니다. 왜냐하오면 여래께서 말씀하신 법은 취할 수도 없고 말할 수도 없고 법도 아니고 법 아닌 것도 아니기 때문이옵니다. 그것은 모든 성현께서 함이 없는 법으로 차별이 있기 때문이옵니다.

청담 스님은 제7 〈무득무설분〉에서 "석가여래는 아무 법도 얻은 법이 없고 깨달은 법도 없으며 부처님께서 49년 동안 설법을 하셨지만 꼭 해야 할 말씀은 하나도 없음을 말한다. 이 마음 깨치는 데는 여행하는 것 같은 길이 있는 것도 아니고 8만4천 가지 방편이 있지만 그것도 결정된 법法이 아니다."라고 설한다. 그러면서 "부처님께서는 당신도 아무것도 얻은 게 없고 누구를 얻도록 해줄 방법도 없고, 또 말할 수 있는 어떤 진리도 없고 석가여래 49년 동안 단 한 마디도 말한 적이 없다고 잡아 떼신다."고 설한다. 이는 불법은 이《금강경》에 있는 것이 아니고 글자나 말에 있는 것이 아니기 때문에 어떤 개념으로 규정될 성질이 아니라는 것을 밝힌 것이다.

청담 스님은 "여래께서 아뇩다라삼먁삼보리를 깨달았다고 하고 그것이 무상無上의 정법正法이라고 한다. 그리고 또 그 정법은 우주의 어디에도 없는데, 없이 꽉 차 있는 것이 마음"이라고 강조한다. 스님은 "정법이란 사실 그대로를 보는 것을 뜻하며, 사실 그대로를 아무 조건 없는 마음으로 사물이나 사람을 보고 대할 때 이것이 정각正覺"이라고 가르친다.

따라서 중생들이 생각과 개념은 불완전한 오관五官작용에 의지하여 이루어진 것이므로 모두 다 잘못된 것이라며, 잘못된 착각을 떼어버린, 마음자리만 드러난 부처님에게는 얻은 것도 설명할 법도 없다고 말하고 있다. 만일 얻은 것이 있고 말할 것이 있으면 그것은 오관五官에 의한 착각일 뿐 마음자리는 아니다. 마음만 드러난 자리에서는 주관도 객관도 끊어지고 시간 공간이 벌어지기 이전의 자리이므로 얻은 법도 얻을 주관도 없다는 것이다. 또 마음을 깨쳤다고 하여 새로운 것을 얻은 것도 아니고 본래부터 있던 마음 그대로 이므로 얻은 것이 아니다.

우리가 추구하고 있는 '아뇩다라삼먁삼보리' 즉 깨달음이란 그 어디에서도 구할 수 없고 누구에게서 얻을 수도 없다. 줄 수 없고 받을 수 없는 지혜의 근본 텃밭에서 무득無得의 법에 자리한 지혜를 부처님도 부처가 될 수 있는 근본 텃밭은 줄 수 없고 받을 수 없는 것이었기에 근본적으로 설할 수 없는 무설無說의 근본자리를 말한 것이다.

그러나 얻을 수 없고 구할 수 없으며無得 줄 수조차도 없는無說 깨달음이었건만 다겁多劫의 긴 세월 속에 이 땅에 투현한 부처님의 수효는 항하의 모래알보다 더 많다고 했다. 그렇다면 어떤 방법으로 그 수없이 많은 부처님들이 이 땅에 투현할 수 있었겠는가?

어리석음, 무명만 다 털어 없애면 남는 것이 바로 자신의 본래면목, 누구라도 머무를 수 있는 지혜의 본래 자리다. 그 자리에 머물러 밝음이 작용했을 때에 어두움이 자연스럽게 사라지듯 어리석음無明이 없는 밝은 생각과 그 작용이 살아있는 부처를 이룬다. 언제 어디서나 그리고 나도 이롭고 남도 함께 이로운 그 자리에 맞는 것이 법이다. 이 자리를 찾기 위해 참선 수행을 해야 함을 청담 스님은 강조한다.

여래께서 설한 법法은 취할 수도 없고 말할 수도 없고 법도 아니고 법 아니라는 것은 여래는 법신法身으로 있는 것이 아니므로 모양으로 이름으로 말 할 수 없다는 것이다. 부처覺는 여래로 법신으로 보신報身으로 화신化身으로 하나이므로 인연 따라 나타난다.

여래는 법신으로 가히 말할 수 없고 취할 수 없다. 여래는 한 말씀도 설함이 없다는 말처럼 집착으로 보지 말고 번뇌로 보지 말라는 것이다. 자갈이나 돌을 물에 던지면 가라 앉지만 배에 실으면 물에 가라앉지 않고 목적지에 갈 수 있다. 부처의 목적은 부처님으로 부처님의 배를 타면 삼악도(三惡道, 살아서 지은 죄과로 인하여 죽은 뒤에 간다는 지옥도와 축생도와 아귀도의 세 악도)로 가는 고통을 면하기도 하고 아뇩다라삼먁삼보리를 발심發心하면 부처를 성취한다.

법신法身은 여래이다. 본래면목本來面目을 이름으로, 모양으로 보면 없다는 말은 집착으로, 번뇌로, 문자로, 언어로 하기 때문에 없다. 법신은 반야로, 말 없는 말로, 집착 없는 말씀으로, 부처님께서 49년 동안 하신 말씀을 한마디도 하지 않았다고 한 것은 법신法身으로 집착을 타파한 진실한 말이다.

말 없는 말로 보인 것이 선禪이다. 마음으로, 이심전심以心傳心으로, 삼처전심三處傳心으로 부처님 당시 말 없는 말로 참마음을 보인 것을 알 수 있었던 제자는 마하가섭摩訶迦葉이었는데 전법傳法으로 부촉하고 호념護念했다. 부처의 법신은 거짓으로, 집착으로 번뇌로 말할 수 없고 취할 수도 없고 억압으로, 시기 질투로, 원한으로, 원망으로 싸움 전쟁이 아니므로 가히 취할 수도 없다

법신이 청정이고 참 마음으로 거짓 집착을 인정하면 긍정으로, 번뇌가 순간 진실의 진리로 전환함으로 법신은 참으로 가는 지도이고 안내자이고 나침판으로 반야바라밀이다. 부처의 본성은 삼라만상 두두물물頭頭物物 그대로이다. 이것이 깨달음의 자리이다. 과거의 부정이 현재 긍정으로, 현재의 긍정이 미래의 부정으로, 고정인식으로 집착이 아니므로 항상 부처의 불성, 반야

로 작용함으로 반야를 알면 견성 성품자리를 볼 수 있다. 제10〈장엄정토분莊嚴淨土分〉에서 마음에 머무름이 없어야 함을 다음과 같이 설하고 있다.

> 그러므로 수보리야, 모든 보살 마하살은 마땅히 이처럼 청정한 마음을 낼 것이니, 마땅히 물질에 머물지 말고 마음을 내며, 또 소리·향기·맛·부딪침·법에 머물지 말고 마음을 낼 것이니, 마땅히 머무름 없이 그 마음을 쓸 것이니라

청담 스님은 "우리가 사는 여기는 오탁악세五濁惡世이니 다섯 가지 욕심을 탐내서 죄만 짓고 서로 살육을 안 하면 안 될 환경을 만들어 사는 세상이다. 우리가 남을 위해 희생할 수 있는 마음을 한 번만 돌이켜서 정화를 해 놓으면 그때는 세계가 달라져가고 산천초목까지 달라진다는 것이다. 그러면서 일체 중생의 마음도 정화되어 거룩하게 살고 무심이 이루어진 장엄 아닌 장엄이며, 하는 것 없는 마음으로 중생을 이끌어 제도한다."고 강조했다.

〈장엄정토분〉에서는 객관적 만유萬有의 대상을 색성향미촉법色聲香味觸法의 육경六境으로 인식하지 않는 청정한 마음을 내야한다고 가르친다. 이 육경에 대하여 작용하는 인식 작용인 육식六識 또한 안이비설신의眼耳鼻舌身意의 육근六根이 끝없는 옛 부터 번뇌를 여의고 청정해져서 낱낱의 근根이 서로서로 다른 근根을 갖춘 것이라고 인식하는 것이다. 이렇게 현상적으로 보여 지는 것조차도 그 실체는 자성이 없는 연기적 현상에 불과한 것이라고 인식하는 것이 근원적인 본래심으로 돌아가 일체의 번뇌 망상과 사량 분별로부터 떠난 머무름이 없는 자리인 것이다.

우리 몸의 감각기관인 육근이 그 대상인 육경을 만나 접촉함으로써 좋고 싫은 느낌이 일어난다. 그 좋고 싫다는 느낌의 분별에서 온갖 집착이 생겨난다. 육근이 육경을 접촉할 때 그 사이에서 온갖 시비분별이 생겨나는 것이다.

이 세상의 일체 모든 형상과 소리·냄새·맛·감촉·대상은 모두 무분별, 무차별이다. 우리들의 의식에서 차별을 일으키는 것일 뿐이지 이 세상에는 본래부터 나뉨이란 없다. 일체의 모든 차별과 분별로써 세상의 모든 것들을 나누고 차별하고 점수 매기고 등수를 매기는 따위의 나눔은 오직 인간들만이 한다.

그러니 대상에 대한 일체 그 어떤 분별도 다 우리들의 의식이 만들어 내는 거짓일 뿐이다. 세상은 늘 그 자리에 그대로 있으며 여여如하다. 다만 변화할 뿐 그 어떤 차별도 있지 않다. 본질은 무엇이든 다 부처이며 청정한 것이다. 본질에 있어서는 옳고 그름도, 잘나고 못남도, 미추도, 장단도, 대소도, 그 어떤 나눔도 없다.

나누게 되면 거기서부터 질긴 집착과 그로인한 괴로움의 서막이 오르게 된다. 분별할 것이 없으면 집착할 것도 없고 따라서 괴로울 것도 없다. 그렇기에 머무는 바 없는 마음을 내기 위해서는 어떤 대상도 분별하거나 차별하지 말아야 한다. 양극단을 설정해 놓고 그 가운데 하나를 택해 대상을 분별하지 말아야 한다. 양극단은 세상을 올바로 정견正見으로 보는 눈이 아니다. 오직 중도中道만이 세상을 바로 보게 해 준다.

이 세상 모든 것이 둘이 아니다. 머무는 바 없이 마음을 낸다는 말이나,

응무소주 이생기심應無所住 而生其心.
'응당 그 어디에도 머무는 바 없이 그 마음을 내야 한다'는
뜻으로 우리가 머무는 바 없이 마음을 낼 때,
우리의 몸 안에서 사랑을 품은 공의로움이
가동되기 시작한다. 진정 머무는 바 없이 마음을 낼 때,
우리는 지혜로운 사람이 된다.

집착을 놓아야 한다는 말이나, 분별을 버려야 한다는 말이 둘이 아니다. 또한 이러한 말이 그대로 중도의 가르침이며 연기의 가르침이고, 제행무상諸行無常, 제법무아諸法無我, 열반적정涅槃寂靜인 삼법인三法印의 가르침이다.

우리가 응무소주이생기심(應無所住而生其心, 어느 곳에도 마음을 멈추지 않게 하여 마음을 일으키라고 하는 것) 하기 위해서는 일체의 모든 차별과 분별을 놓아야 한다. 머무는 바가 없으면 차별하는 마음이 생겨나지 않는다. 그 어떤 마음도 일어날 것이 없다. 바로 그 때 일체 모든 분별이 타파되며, 그랬을 때 비로소 이 세상을 있는 그대로 편견 없이 바라보는 정견正見의 눈이 열린다. 청담 스님은 선에서 말하는 아무것도 주착住着하지 않는 상태에 응하여 일어나는 마음, 즉 무주無住에 대해 제14 〈이상적멸분離相寂滅分〉에서는 다음과 같이 보고 있다.

> 설사 마음에 머무르는 것이 있어도 머무르는 것이 아니니 그러므로 부처님이 보살은 마음을 물질에 머무르지 말고 보시하라고 말하느니라. … 수보리야 만일 보살이 마음을 법에 머물러 보시를 행하면 어두운데 있는 사람이 아무것도 볼 수 없는 것 같고, 만일 보살이 마음을 법에 머물지 않고 보시를 하면 밝은 눈으로 햇빛이 밝게 비칠 적에 갖가지의 온갖 물건을 보는 것과 같으니라.

청담 스님은 "적멸寂滅에 들어 적멸을 체득했다는 생각도 없을 때 아뇩다라삼먁삼보리를 체득해야겠다는 발심을 해서 불과佛果가 나타날 때까지 용맹정진해야 한다. 그러기 위해서는 색色에 머물지 말고 성향미촉법聲香味觸法에까지도 머물지 말고 불법까지라도 구공九空까지라도 열반까지라도 어디에도 마음을 두지 말고 이생기심而生其心하라."고 설한다. 그러면서 "법法에는 보리·열반까지도 부처님 법, 중생의 세속 법 할 것 없이 다 들어 있는데 여기에 머물지 말고 보시布施도 하고 지계持戒도 하고 정진精進도 하라."고 강조한다. 스님은 "만일 마음이 어디에 머물든지 그것은 불법이 아니"라며 "열반이 아무리 좋다하더라도 열반이 좋다는 마음에 머물면 그것은 이미 온전한 열반이 아니다."라고 주장한다.

그러면서 아무 생각 없이 무조건으로 무심無心하게 주住하라고 설한다. 그래야 이익이 되고 나중에는 이 중생이 보리심을 발할 때가 있게 되고, 그러면 그 중생도 또 나를 보고 남과 같이 무심히 받을 수 있다는 것이다. 나한테 밥 그릇이나 얻어 먹었다고 나를 보면 그만 황공무지해서 고개를 못 들게 해서야 되겠느냐고 경책한다. 청담 스님은 아무런 생각 없이 보시布施를 하면 똑 떨어진 보시가 된다면서 그야말로 평등하고 청정한 마음으로 깨끗한 보시를 하면 참인간이 생긴다고 설했다.

여기서는 근원적 본래심本來心을 강조하고 있는 것이다. 일체의 망상과 사량분별심(思量分別心, 복잡한 생각으로 헤아리는 것과 사념망상으로 계교하는 마음)을 경계하고 있다. 즉 중생심衆生心의 작용인 망심과 의식으로 대상의 경계를 추구하는 것은 모든 대상이 환영의 경계가 되어 집착이 일어나 업장을 만드는 일이 된다.

집착이 없다는 것은 자아에 대한 집착이 없는 것을 말하는 것으로 어떠한 경계도 없으며 무아無我이면서 무심無心의 경지에서 수행하는 것이 제14 〈이상적멸분〉에서 말하는 머무름이 없다는 것이다. 머무름이 없다는 것은 현상을 보는 것이 아니라 본질에 달관하려는 마음작용을 말한다. 이런 점에서 제14 〈이상적멸분〉에서 설하고자 하는 것은 어디에 머무름이 없는 무심無心의 선 사상과 맥락을 같이한다. 《금강경》에서 선 사상을 여실하게 보여주고 있는 곳은 제18 〈일체동관분─體同觀分〉이다.

부처님께서 수보리에게 말씀하셨다. 저 세계 가운데 있는 바 모든 중생의 갖가지 마음을 여래가 다 아느니라. 왜 그러냐 하면 여래가 말한 모든 마음은 다 마음이 아니고 그 이름이 마음이기 때문이니, 그것은 수보리야 지나간 마음을 얻을 수 없고, 현재의 마음도 얻을 수 없으며, 미래의 마음도 얻을 수 없기 때문이니라.

청담 스님은 "부처님의 자리에서 보면 일체의 현상세계가 다 곧 마음 하나이므로 마음과 객관을 떼어서 볼 수 없다고 설한다. 중생의 마음도 그 근본을 살펴보면 중생이 아니고 알고 보면 다 부처님의 마음에서 나온 한마음이다. 그러므로 부처님의 다섯 가지 신통도 따지고 보면 마음이고 중생의 온갖 번뇌 망상도 과거심·현재심·미래심도 다 한 가지 마음일 뿐이므로 하나로 봐야한다."고 설한다.

그러면서 "과거심불가득過去心不可得은 아까 내가 무엇을 물었을 때 그것이 지나고 나면 그 다음에는 한 가지 지나버린 그 생각을 다시는 거두어 들일 수 없으니 과거는 현실화할 수 없다."는 것이다. "우리 범부가 생각하면 현재심이 있는 것으로 보는데 현재심불가득現在心不可得은 지금 당장 이 마음을 잡아 쥐어 볼 수 없고 챙겨볼 수 없다."는 것이다. 또 "미래심불가득未來心不可得은 마음이 나오기 전이니, 예를 들면 유심有心의 두 글자를 새기는 경우에 지금 위에 있을 유有자를 새기고 있으면 마음 심心은 아직 생각이 없으므로 미래 마음은 생기지 않는 것이다. 하므로 그것도 붙잡을 수 없다."는 것이다.

당나라 때에 덕산 선감(德山 宣鑑:782~865) 선사라는 승려가 있었다.《금강경》에 대한 연구가 매우 깊어 이 선사를 부를 때에는 덕산 선사라는 이름보다는 주금강周金剛이라고 불렸는데 항상《금강경》에 대한 연구서적과 논문을 등에 짊어지고 다녔다고 한다.

그런데 남방에서 용담 숭신龍潭 崇信 선사라는 선사가 나타나 문자文字를 부

덕산 선감선사

정하고 견성성불을 주장하면서 "마음을 깨달아야 부처가 된다."고 설법하고 다녔다. 이 말을 듣고 덕산 선사는 "무슨 말이냐? 삼천위의(三千威儀, 삼천 가지의 단정한 몸가짐)와 팔만세행(八萬細行, 팔만 가지의 찬찬한 행동)과 규율으로 오랫동안 공부를 해야 성불을 할 수 있는 것이지." 하면서 자신이 깨달은 《금강경》의 도리를 가지고 그 스님의 코를 납작하게 만들어 주겠다며 《금강경》을 등에 지고 길을 떠났다.

풍주豊州라는 고을에 이르러서 점심 시간이 되었는데 마침 떡장수 할머니를 만나 떡을 팔라고 하였다. 그랬더니 떡장수 할머니가 "스님, 떡을 파는 것은 어렵지 않으나 등에 지고 있는 것이 무엇입니까?" 덕산 선사가 "아, 이것들은 내가 평생을 연구한 《금강경》에 관한 논문과 책들이지요." "그렇다면 제가 《금강경》에 관하여 한 가지만 묻겠습니다. 대답을 해주시면 떡을 거저 드리고 대답을 못하시면 저뿐만 아니라 이 고을 어디에서도 떡을 잡수실 수 없습니다." 덕산 선사는 "《금강경》이라면 내가 모르는 구절이 없으니 오늘 떡은 공짜로 먹을 수 있겠구나." 하고 "무엇이든지 물어보라"고 큰소리를 쳤다.

떡장수 할머니가 묻기를 "스님, 《금강경》에 보면 '과거심불가득過去心不可得 현재심불가득現在心不可得 미래심불가득未來心不可得이라 하였는데, 스님께서 지금 배가 고파서 떡을 잡수시고자 하는 마음은 어느 마음입니까? 마음에 점點을 찍어 보십시오."하고 결정적인 질문을 하였다.

덕산 선사는 땀을 뻘뻘 흘리면서 대답을 찾았으나 대답을 하지 못하고 결국 그 동네에서는 점심을 먹지 못하고 굶게 되었다. 그 떡장수 할머니는 덕산 선사에게 권하기를 "스님,《금강경》연구만 하지 마시고 용담사의 용담龍潭 스님을 한번 찾아보시지요."라고 하였다.

용담사로 향한 덕산 선사는 "용담에 들어섰는데 못도, 용도 나타나지 않는구나!"하며 짐짓 허세를 부린다. 용담 선사가 있는 회상會上에 올라가, 자기는 《금강경》을 잘 알고 경에 대해서는 아주 잘 안다는 얘길 하니까 용담 선사는 아무 말 없이 그냥 듣고만 있었다. 그날 저녁 두 사람은 밤늦도록 대화를 나눴다. 용담 선사의 법문을 듣고 덕산 선사가 방문을 나서자 깜깜한 밤중이 되었다. 신발을 찾아 신으려 하나 어두워 찾을 수가 없었다. 그때 용담 선사가 시자侍者를 시켜 불을 밝혀 주었다. 신발을 신고 댓돌을 내려오려는 순간 용담 선사는 불을 확 불어 꺼버렸다. 잠깐 사이에 밝은 길이 도로 암흑이 되고 만 것이다. 그 순간 덕산 선사는 홀연히 크게 마음이 열려 용담 선사에게 절을 했다. 그리고 애지중지하던《금강경》에 관한 서적들을 법당 앞에 쌓아놓고 불을 지른 뒤에 말하기를 "천하의 온갖 지식과 재주를 다 가졌다고 할지라도 하나의 터럭을 태허공太虛空에 던지는 것과 같고, 이 세상의 모든 일을 다 안다고 할지라도 물 한 방울을 큰 구렁에 떨구는 것에 불과하다."고 하였다.

그동안 덕산 선사는《금강경》속에서 이 길이 진리다, 이 법이 법이다, 이렇게 해야 한다, 저렇게 해야 한다, 있다, 없다, 무수한 헤아림 속에 헤매면서《금강경》을 다 알았다고 여겼으며 그 길이 곧 진리라고 생각하고 있었다. 그러나 용담 선사는 덕산 선사가 망상과 번뇌를 집으로 삼고 있었던 걸 단번에 깨뜨려 버렸다. 비로소 살아있는《금강경》으로 다시 태어난 것이다. 부처님이 미소 짓는 자리를 본 것이다. "과거심불가득 현재심불가득 미래심불가득"은 선禪의 세계, 마음의 깨달음 세계를 단적으로 보여 주는 실례라고 하겠다.

이 말의 메시지는 과거·현재·미래의 마음을 얻을 수 없기 때문에 분별하지 말고 집착하지 말라는 것으로, 분별과 집착을 떠난 상태인 무상無相·무념無念·무주無住의 상태를 말한 것이다.

우리는 하루에도 수십 번 마음이란 말을 되뇌이며 생활하고 있지만 정작 마음은 찾을 수도 없고 내보일 수도 없다. 우리의 마음자리는 고상하고 귀한 것이어서 찾을 수 없는 게 아니라, 본래가 공적空寂한 자리이기 때문에 찾을 수도 없고 내놓을 수도 없다. 이 마음자리는 너와 나도 없으며, 남녀노소도 없으며, 승속僧俗까지도 다 벗어난 자리이다.

과거·현재·미래라는 시간의 구분을 만들어 지나간 마음이니, 현재의 마음이니, 미래의 마음이니 하는 분별로는 더욱 마음을 잡을 수 없는 것이다. 과거는 이미 지나가 버렸으니 과거의 마음을 잡기란 불가능하다. 현재라고 인식하는 그 순간 그 또한 바로 과거의 마음으로 흘러가 버리므로 현재의 마음도 잡기란 불가능하다. 또 미래의 마음이란 아직 오지 않았으니 자기의 마음이라 할 수 없는 것이다.

불교는 결국 마음자리를 탐구하는 깨달음의 세계이다. 깨달음 세계라 해서 없던 것이 새로 생겨나는 것이 아니라, 있는 그대로에서 새로운 것을 발견하는 것임을 알아야 한다. 마음 밖에서 아무 것도 찾을 수 없고, 있을 수도 없는 도리가 바로 불교의 마음자리, 선에서 말하는 깨달음의 이치이다.

부처의 마음 혹은 진리의 입장에서 보았을 때 마음이라는 것은 과거나 현재, 미래의 구분이 있는 것이 아니고 온 우주가 하나인 것처럼 허공과 같이 열려 있는 것이다. 그러므로 마음을 과거나 현재 혹은 미래로 구분 짓는 것은 중생의 집착과 분별심에서 비롯되는 것일 뿐, 진리의 입장에서 보면 절대로 구별되는 것이 아니다. 청담 스님은 색상을 여읜 법신의 여래를 깨달아야 한다며 제20 〈이색이상분離色離相分〉에서 다음과 같이 설하고 있다.

수보리야 어떻게 생각하느냐. 부처를 구족한 육신으로 볼 수 있느냐. 아니옵니다. 세존이시여. 여래를 구족한 육신으로 볼 수 없사옵니다. 왜 그러냐 하오면 여래께서 말씀하신 구족한 육신이 곧 구족한 육신이 아니라, 이름이 구족한 육신이기 때문이옵니다. 수보리야 어떻게 생각하느냐 여래를 구족한 몸매로 볼수 있느냐. 아니옵니다. 세존이시여. 여래를 구족한 몸매로 볼 수 없사옵니다. 왜 그러냐 하오면 여래께서 말씀하신 모든 몸매의 구족은 구족이 아니옵고 그 이름이 몸매의 구족이기 때문이옵니다.

청담 스님은 "모든 부처님은 다 무위법無爲法을 증득했기 때문에 부처라 하는 것이지 상호相號를 성취했기 때문에 부처라고 하는 것은 아니"라며 "거울에 아무런 티가 없어서 모든 물건을 비출 수 있는 이치와 같이 여래의 법신法身은 필경 육신肉身이 아니기 때문에 상호相好를 알 수 없다."고 설한다. "이는 이 상호 두 가지가 부처가 아닌 것도 아니고, 법신을 여읜 것도 아니므로 여래는 색신이 아니라 법신法身이란 뜻으로 '색신色身이 아니다'라는 것이다. 또한 색상色相이 없는 것도 아니므로 색상의 여읜 법신의 여래가 참 법신"이라고 강조한다.

이 세상의 모든 색신色身과 형상形相은 인연으로 엮어져 있으므로 참으로 구족한 것이 되지 못한다. 그에 따른 모든 인식을 떠나보내야 여래如來를 볼 수 있다. 거울의 먼지와 때를 날려 버려야 사물을 있는 그대로 비추어 주는 것과 같다. 일체의 형색形色과 형상形相에다 인식까지 꽁꽁 잡혀 있다면 무량공덕의 생명인 반야는 드러날 수 없다. 아무리 부처님의 삼십이상(三十二相, 부처가 갖추고 있다는 서른두 가지 뛰어난 신체의 특징)과 팔십종호(八十種好, 불보살의 몸에 갖추고 있는 특수한 용모 형상 중에서 보통 사람과 다른 80가지의 신체적 특색)가 거룩하고 구족하다고 하여도 그것은 현상적이고 일시적인 것이다.

시시각각 변해 버리고 그리하여 결국에는 없어져 버릴 색상色相에 마음을 붙이면 상주불멸하는 참 여래는 보지 못한다. 석가모니 부처님은 과거 오백 생을 닦은 수행의 과보로 길상吉相으로써 삼십이상三十二相과 팔십종호八十種好를 지녔는데 이는 〈이색이상분〉에서 말하는 모든 상을 말한다. 석가모니 부처님만이 갖추신 상호도 결국에는 지수화풍地水火風의 사대四大가 잠시의 인연에 의해 결합되었다가 인연이 다하면 다시 사대로 돌아가는 것일 따름이다. 그러니 우리들의 눈으로 볼 때 아무리 훌륭한 길상吉相이라도 모양을 갖고 있는 한 언젠가는 무너져 버릴 것이므로 구족한 것이 못되고 단지 이름만 구족이라고 한다.

우리는 잠시 순간에 존재하고 있다가 궁극에는 무너질 육신이라는 현상에 자기 자신의 인생 전부를 매달 필요가 없는 것이다. 반야의 안목을 가지고 육신 너머의 실상實相을 알면서 또 지금 인연을 갖고 있는 육신도 잘 가꿀 줄 아는 지혜가 필요한 것이다. 그러기 위해 선 수행을 하여야 하며 현상과 본체 그 어디에도 걸리지 않는 위치에 도달하는 것이 필요하다. 이러한 행위를 무득행無碍行이라고 하는데 차별이 평등에 걸리지 않고 평등이 차별에 걸리지 않는 것을 말한다.

눈에 보이는 현상에만 너무 집착해서도 안 되는 것이고, 또 현실을 무시하고 너무 본체적인 것에만 매달려서도 바람직한 삶이 될 수 없다. 출렁거리는 물결을 버리고 물을 찾지 말아야 하듯이 현실을 수용하면서 그 너머에 있는 실상을 추구해야 하는 것이다. 무상無相으로 위종爲宗을 삼는 《금강경》의 가르침이 우리들에게 다져지면 정말로 인생의 아픔도 한 순간의 찰나刹那적인 것으로 보고 가볍게 넘길 수가 있다. 청담 스님은 제21 〈비설소설분非說所說分〉에서 이러한 육신으로부터 벗어나기 위해서는 생사 번뇌와 일체의 차별·번뇌심으로부터 해탈하는 지혜가 필요하다고 설한다.

수보리야. 너는 말하지 말라. 여래가 나는 마땅히 설한 법이 있다는 생각을 하리라고 말하지 말라는 이런 생각도 하지 말라. 왜인고 하니, 만약 어떤 사람이 여래께서 설한 법이 있다고 말한다면 곧 부처님을 비방하는 것이 되며, 내가 설한 바를 이해하지 못한 이유니라. 수보리야. 설법이라는 것은 법을 설할 수 있는 것이 없으며, 그 이름이 설법이니라. 이때 혜명을 갖춘 수보리가 부처님께 사뢰었다. 세존이시여, 자못 미래 세상에 이 설법을 듣고 신심을 낼 수 있는 중생이 있겠나이까? 부처님께서 말씀하셨다. 수보리야. 중생이다. 중생이다. 하지만, 중생이 아닌 것도 아니니라. 왜냐하면, 수보리야. 중생이라는 것은 중생이 아니요, 그 이름이 중생일 뿐이니라.

청담 스님은 "여래는 육신이 있는 것이 아니므로 어떤 모양으로 볼 수 없고 여래의 법은 생각으로 헤아릴 수 없는 법이다. 말도 아니고 설명할 법도 없는데 중생을 제도하기 위하여 거짓으로 가정으로 팔만사천 법문을 설했으니 중생을 위한 자비심이었다."고 설한다. 그러면서 설법한 주체인 부처님도 공空하고 설하는 내용인 법도 공한 것이니 설법하는 말의 실체가 공한 것이고 설법을 듣는 중생 역시 공한 도리로 이끌어오기 위한 대상이라고 강조한다.

"부처님의 설법은 종일 말씀하셔도 한 말씀 하신 것이 아니며 49년 설한 것이 한 말씀조차 아니라는 것이다. 그렇다고 아무것도 설한 것도 없는 공空한 자리에만 주저앉아서 중생 제도도 안하고, 마음을 찾지 않고 설법도 안하면 소승小乘이고 역시 집착"이라고 스님은 주장한다.

우리가 마음의 정체를 알아보려고 하면 이미 거기에 없는 것이다. 그래서 《금강경》에서는 무념無念을 설하고 있다. 마음의 측면에서 보았을 때 어떤 경계나 장벽障壁이 없는 마음의 무애無碍한 경지를 무념이라 한다. 이 무념의 경지에서 참선을 해야 깨달음, 마음의 본체를 찾을 수 있다. 수행을 통해 번뇌를 제거하고 자아自我에 대한 욕심과 경계를 뛰어넘는다면 본체는 그대로 드러나는데 본래의 청정한 마음자리는 변하지 않는다.

부처님께서는 49년이라는 긴 세월 동안 온갖 중생을 교화하기 위하여 자신의 깨달음의 세계를 팔만대장경으로 남겼다. 전법륜轉法輪을 굴린 것이다. 부처님의 깨달음은 인류사에 있어서 최대의 사건이고 부처님의 설법은 인류사에 있어서 최고의 걸작이다. 그러나 여래如來는 육신에 본뜻이 있는 것이 아니고 부처님의 깨달음마저도 사량분별思量分別로 헤아려질 것은 아니다.

따라서 무엇인가를 설한 사람도 없고 설한 법法도 없다. 부처님이 설하신 일체법一切法은 아무런 실체가 없는 적멸한 그 자리를 굳이 말로 나타내었을 뿐인데 여래가 무엇인가 힘주어 설법했다고 한다면 우리들은 여래의 참뜻을 이해하지 못한 것이 되고 심지어는 부처님을 비방하는 것이 되기까지 한다.

채워 있지도 않고 비어 있지도 않은 평등한 그 자리를 깨치고, 언어라는 수단을 쓰지 않으면 우리들에게 전할 수가 없어서 설법을 한 것이다. 원래로 텅 비어 있어서 말할 것이 없는 것을 가지고 설법이라고 하는 것이고 또 그것에 굳이 이름을 붙여 주자니 설법이라고 한 것이다. 바로 이것은 각각의 실상實相에 대해 언어에 걸리지 말고 차별 없이 보라는 것이다. 청담 스님은 제22 〈무법가득분無法可得分〉에서 본래 본성은 변할 것이 없고 차별이 없으며 여래와 중생을 차별 없이 보는 것에 대해 설하고 있다.

> 수보리 존자가 부처님께 사뢰었다. 세존이시여, 부처님께서 아뇩다라삼먁삼보리를 얻으신 것은 얻는 것이 없는 것이옵니까? 부처님께서 말씀하셨다. 그러하다. 그러하다. 수보리야. 내가 아뇩다라삼먁삼보리 내지 조그만 법도 얻는 것이 없으니 이것을 아뇩다라삼먁삼보리라 이름하느니라.

청담 스님은 "마음의 본성은 지옥을 갔을 때나 천당에 갔을 때나 변한 것이 없고 새로운 것이 없다면서 부처인 때나 중생인 때나 그 본성은 조금도 다르지 않으므로 깨달은 것도 얻은 것도 아니다."라고 설한다. 이는 얻은 것도 아는 것도 다 없애는 공부를 하여 무상정등정각(無上正等正覺, 일체의 진상을 모름이 없고, 세상에서 덮을 것이 없는 부처의 마음 또는 그 지혜)을 증득하여 아무것도 얻음이 없는 경지에 이르는 것이 깨달음이라는 것이다.

우리 모두는 다 부처의 씨앗을 가지고 있기 때문에 중생이라고 할 수가 없다. 다만 부처의 씨앗이 있다는 것을 깨닫지 못하고 있을 뿐이다. 큰 파도는 파도이고 작은 파도는 파도가 아니라고 한다면 이는 어불성설語不成說이다. 이와 마찬가지로 부처만이 부처이고 중생은 부처가 아니다 하는 분별은 맞지 않다.

그러나 지금 현재로는 또 중생의 위치에 있으니 중생인 부처가 매일매일 중생 노릇을 새롭게 만들어 가는 것이다. 중생과 부처를 넘나들되 거기에 걸려서는 안 된다. 그러니 중생이라고 하는 것도 실로는 중생이 아니고 그 이름이 중생인 것이다. 청담 스님은 제26 〈법신비상분法身非相分〉에서 법신法身의 상相에 대해 설하고 있다.

> 수보리야, 너는 어떻게 생각하느냐? 가히 서른 두 가지 상으로 여래라고 볼 수 있느냐? 수보리가 사뢰었다. 그러하옵니다. 서른 두 가지 상으로 여래를 볼 수 있사옵니다. 부처님께서 말씀하셨다. 수보리야, 만일 서른 두 가지 상으로 여래를 볼 수 있다면. 전륜성왕도 역시 여래수보리 존자가 세존께 사뢰었다. 세존이시여 부처님께서 말씀하시는 뜻을 제가 알기로는 서른 두 가지 상으로써 여래를 뵐 수 없사옵니다. 그러자 세존께서 게송으로 말씀하셨다. 만일 형상으로 나를 보려 하거나 음성으로 나를 찾는다면 이 사람은 삿된 도를 행하는 것이니 능히 여래를 볼 수 없으리.

청담 스님은 "우리의 참마음이 곧 여래의 법신인데, 이 참마음 자리는 선이니 악이니 복이니 죄니 하는 차별상이 떨어진 자리이기 때문에 복을 지으면 복된 상相을 받고, 죄를 지으면 추한 세상에 나쁜 모습으로 태어나서 화를 받는다."고 설한다. "그러나 아무리 복을 많이 짓고 아무리 거룩한 선행을 많이 해서 삼십이상 팔십종호를 태어났다 하더라도 그 상相만 보고 여래를 식별한다면 곧 현상계現象界에 떨어진 것이고 생각·지식·망상에 집착된 중생경계衆生境界이다."라고 강조한다. 스님은 "상相도 아니고 생각도 아닌 무상무위無相無爲에 열반적정涅槃寂靜에 가만히 앉아서 복도 짓지 않고 육바라밀을 행하지 않으면 업만 쌓게 된다."고 한다.

청정한 법신은 상相에 머물지 않고 삼라만상에 두루 있는 것이지, 어떤 형상이나 음성으로 법신法身을 찾고자 하는 것은 삿된 도이기 때문에 여래를 볼 수 없다고 한 것이다. 여래를 볼 수 있는 것은 유증상응唯證相應이요, 즉 깨달음의 세계는 다만 깨달음을 얻은 사람에 의해서만 알 수 있다. 이것이 선에서 말하는 적멸의 세계요, 걸림이 없는 삶이 되는 것이다.

진리 그 자체의 몸인 법신은 언제나 그 자리에 여여如如하게 있다. 진여법계(眞如法界, 영구불변하는 만유의 실체)에 충만해 있는 법신은 어떠한 경우라도 형상일 수가 없고, 또 형상을 통해서 이해하려 하면 안 된다. 법신은 모양은 아니지만 나타나지 않은 곳도 없다. 여래가 구족하고 있는 삼십이상을 우리 눈앞에 보이는 대로 그대로 보는 것이 아니고, 그 삼십이상을 꿰뚫어 보고 그것을 통해서 여래의 진실상眞實相을 이해하는 매개체로 삼는다.

전륜성왕轉輪聖王은 우리들이 믿고 바라던 가장 이상적인 군주이다. 전세前世에 복을 많이 짓고 덕을 닦았던 덕분에 생김새가 부처님처럼 삼십이상을 갖추었다. 게다가 수명도 매우 길고 아주 풍족한 부도 누린다. 이렇게 외형적으로는 부처님과 똑같이 길상吉相을 갖추고 있으나 아직 깨달음을 얻지 못했다. 여래와 전륜성왕은 겉모양은 같으나 반야의 광명에 비추어 보면 전혀 다르다. 수보리가 처음에는 "삼십이상을 통해서 여래를 본다."라고 하였다가 부처님의 전륜성왕에 관한 보충 질문을 듣고서야 삼십이상은 하나의 상相이므로 진정한 법신이 아님을 깨닫고 삼십이상을 통해서도 여래를 보지 못한다고 확신을 한다. "상相을 취取하지 아니하고 여여如如하여 부동不動이다."라는 말처럼 모든 집착심과 상을 벗어나 무애 자재한 경지가 부처요 진리요, 반야인 것이다.

모양이나 형상에 매달려 여래를 찾아보려 하거나, 설법을 가지고서 또한 여래를 구하려고 한다면 그것은 미신이나 잘못된 길을 가는 차원을 넘어 삿된 길을 가고 있는 것이다. 그리하여 끝내 진여법체眞如法體인 여래를 보지 못한다는 것이다.

최고로 위대하고 희유稀有한 일을 부처님이 증명해 보여 놓고 자기 자신을 철저하게 벗어나서 말씀하는 것이다. 당신의 설법을 듣는 중생들을 최대한 인정해주고 존중해주는 것이다. 우리가 상相을 통해서 부처를 느낄 수 있고 떠올릴 수 있지만 참 부처의 의미는 아니다. 참선이나 기도, 주력呪力 수행을 통해 불심이 깊어지면 상相에 대한 의미를 파악하게 된다.

이 상相에서 벗어나려면 정성을 다하여 나무를 깎아 부처를 만들어 예배할 수도 있지만, 또 하룻밤 군불을 때기 위하여 얼마든지 목불木佛을 팰 수도 있는 단하 천연(丹霞 天然:739~824) 선사의 경지에 이르러야 한다. 그렇다고 단하 선사가 부처님을 부정한 것은 아니다. 색신色身의 형상形相에 얽매여 참 부처를 보지 못하는 후학들에게 목불을 태워 진불眞佛을 발견할 수 있도록 형식과 틀을 부수어버리던 것이다. 일체의 걸림을 제거하는 데에 해탈이 있고, 진실한 선禪의 세계는 유有와 무無, 선善과 악惡을 초월하는 무심無心에 있다. 제26 〈법신비상분〉에는 이런 걸림이 없는 선禪 사상이 내재되어 있다.

파격은 선종을 설명할 때 자주 등장하는 단어다. 선종의 특징이 파격으로 분류되는 까닭은 단하 선사 같이 상相이나 형식을 벗어난 비상식의 논리로 상식을 설명하기 때문이다. 외물外物에 사로잡힌 형식적인 수양이 아닌 본심에서 우러나는 진리 추구의 자세에서 진정한 법열法悅에 도달할 수 있음을 보여 주는 것이 바로 선이다.

목불은 나무일 뿐 부처가 아니다. 목불을 부처로 여기면 진정한 부처를 깨닫지 못할 것이다. 진정한 깨달음은 목불이 거짓 부처임을 자각할 때 가능할 수 있다. 얼핏 누구나 알고 있는 듯하지만 쉽게 떨쳐버리기 힘든 관념과 습관, 모든 집착에서 벗어나 마냥 자유로웠던 단하 선사는 가르침이 상相을 여읜 선의 세계를 안다. 제27 〈무단무멸분無斷無滅分〉에서도 이러한 선의 사상을 나타내고 있음을 청담 스님은 설한다.

> 수보리야. 네가 생각하기를, 여래는 구족상을 쓰지 않음으로써 아뇩다라삼먁삼보리를 얻으셨도다 하겠느냐. 그런 생각을 하지 말라 여래가 구족상을 쓰지 않음으로써 아뇩다라삼먁삼보리를 얻었다고 하지 말라. 수보리야. 네가 만일 생각하기를 아뇩다라삼먁삼보리심을 낸 이는 모든 법이 단멸하는 것으로 말하는구나 한다면 그런 생각을 하지 말라. 왜 그러냐 하면 아뇩다라삼먁삼보리심을 낸 이는 모든 법에 대해 단멸상을 말하지 않기 때문이니라.

청담 스님은 "부처님은 삼십이상 팔십종호 같은 복된 상相에는 아무 생각도 없고 일체의 법에 대해서 모든 진리는 모두 다 없어지는 것이라는 단멸상斷滅相을 가지기 때문에 무상정등정각을 얻을 수 있다."고 설한다. "이것은 여래의 입장에서 볼 때도 구족한 상호는 진실한 여래와 관계없는 것이 아니라, 상相에 매달리지 않고 청정한 마음으로 인생을 살아야겠지만 반드시 상相이 없어야 한다고 생각해서도 안 된다."는 것이다. 이는 우리들이 부대끼고 매 순간 만나는 모든 현상에서도 얼마든지 보리를 얻을 수가 있다는 것이라며 제대로 아뇩다라삼먁삼보리를 발發한 사람은 형상形相으로도 말하지 않고 꼭 형상 아닌 것으로도 말하지 않는다고 강조한다.

청담 스님은 "상相이 있으면 있는 대로, 상相이 없으면 없는 대로 주저함이 없이 깨달음을 구求해야 한다고 주장한다. 아뇩다라삼먁삼보리는 일체의 상이 끊어진 텅 비어 적멸하기는 하나 아무 것도 없기만 하는 단멸斷滅 또한 아닌 것이다."라고 설한다.

제26 〈법신비상분〉과 제27 〈무단무멸분〉에서 청담 스님은 상相을 없애는 것에 대해 설하고 있다. '있다'는 데에 떨어지거나 매달리지 말라고 하니, 이제는 '없다'에 집착하게 된다. 이것 또한 마찬가지로 상相이다. 이 두 가지 문제를 조화시키기 위해 단멸斷滅이 아닌 것을 설하는데, 상相에 매달리는 그 마음을 고쳐 주자는 것이지, 상相 자체에 문제가 있는 것은 아니다.

어떠한 고정된 법이 있어서 아뇩다라삼먁삼보리를 발하는 것이 아니라고 해서 모든 법이 끊어지고 없어져 아무 것도 없는 무기공無記空에서 깨달음을 얻으려 하면 안 된다. 아무런 보람이나 결과가 없는 무기공에 빠지면 나태하고 무기력한 열반에 머무르게 되는데 무기공에 빠지지 말고 원력을 갖고 열심히 뭔가를 하면서 한껏 자신의 삶을 펼쳐야 한다.

부처님만이 갖춘 삼십이상을 통해서도 여래를 보지 못한다. 그러니 구족한 상相을 쓰지 않아야 여래를 볼 수 있다. 거울에 비친 나의 모습은 실상이 아니다. 그렇다고 해서 내가 거울 앞에 섰을 때 나 아닌 다른 모습이 비치는 것도 아니다. 거울에 비친 나와 실제의 내가 둘이 아닌 것이다. 큰 물결이나 작은 물결이든 수분水粉이라는 성질에서 보면 동일한 것이다.

제27 〈무단무멸분〉에서 말하는 여래의 세계는 어떤 인위적인 조작이나 상

相이 없는 세계를 말한다. 즉 자아에 대한 존재의식이 없고 상대방이나 어떠한 경계라는 차별이나 분별심이 없어진 무아無我·무심無心의 경지다. 근원적인 본래의 마음으로 돌아가 일체의 법法이 끊어지거나 멸滅한 일체의 사량 분별과 번뇌 망념이 없는 선의 세계를 표현하고 있다.

제32 〈응화비진분應化非眞分〉에 "일체 유위법有爲法은 꿈·환상·물거품·그림자와 같으며, 이슬과 같고 번개와 같으니 응당 이처럼 관觀하라."라고 하였다. 이는 일체유위법一切有爲法의 제상諸相은 실상實相이 아니며 무자성無自性임을 관하라는 것이다. 이 관법觀法이 선관禪觀으로 수용되어 깨달음을 체득하는 지름길이 되었다. 일체유위법一切有爲法 응작여시관應作如是觀에서 '건시궐(乾屎橛, 마른 똥 막대기)' '마삼근(麻三斤, 한줌의 베옷)' '정전백수자(庭前栢樹子, 뜰 앞의 잣나무)' 등 격외공안格外公案, 규격에서 벗어 난 선종에서, 오도를 위하여 연구시키는 문제의 화두가 선관의 관문으로 던져질 수 있었다. 이를 깨우쳤을 때 모든 아집의 칠통(漆桶, 옻칠을 하여 암갈색의 윤이 나는 통으로 흔히 무명無明, 또는 불법佛法에 무지한 승려를 비유함)이 파괴되어 캄캄한 밤의 어두움이 등불 하나로 소멸되듯 무아無我의 진리를 체득 할 수 있다. 부처님 가르침의 궁극적인 목적이 이러한 선의 수행으로 무아법無我法을 체득하여 열반의 언덕에 도달하는 것이다.

청담 스님이 설한 《금강경대강좌》는 일반 대중이 쉽게 부처님 가르침이나 깨달음의 세계로 나아가는 방법에 대해 설하고 있다. 선을 접할 수 있도록 하기 위해 마음을 어떻게 깨닫는 것인지에 대해 안내하고 있다. 《금강경》에 대한 이해가 목표가 아닌 모두가 《금강경》의 도리를 깨닫도록 하는 선지식으로서의 자세를 잃지 않는다. 알음알이知解에 떨어지지 않도록 듣는 사람으로 하여금 항상 마음에 관심을 기울이도록 배려하고 있다. 이것이 청담 스님의 《금강경대강좌》가 가지고 있는 큰 장점이다. 청담 스님은 "그러므로 현상계에서 생명을 찾을 수 없고 그것은 다 마음의 그림자이며, 마음이 곧 여래이니 여래는 오직 마음에서 찾아야 합니다."라고 강조하고 있다. 여래는 곧 마음이다. 스님이《금강경대강좌》에서 강조하고자 하는 핵심은 곧 마음을 수행하는 데 있어 간화선을 통해 깨달음의 세계로 나아가는 '마음선' 사상이라 하겠다.

《금강경대강좌》는 청담 스님이 처음부터 저술을 목적으로 하지 않았음에도 불구하고, 수행을 통한 깨달음의 안목과 구체적 현실 속에 행할 수 있도록 일반신도를 향해 쉽게 설명하고 있다. 그리고 이를 통해 깨달음의 세계로 중생을 인도하고 있다. 청담 스님은 한국불교의 초석을 다지고, 선지식의 혜안과 인욕 보살의 구체적인 실천을 한 큰 스승으로서, 수행의 토대로서 마음 사상과 선의 중요성을 강조한다. 그 마음은 진리, 부처, 불성, 신, 우주 등과 하나로 설명했다. 청담 스님은 수행이란 중생들이 본래의 마음을 등지기 때문에 그 본래의 마음을 찾아가는 길, '마음선'의 수행법을《금강경대강좌》곳곳에서 밝히고 있다. 또한 대표적인 수행법으로는 선 수행, 인욕행, 지계와 참회 등을 말한다.

《금강경》의 중심 사상 중에서 가장 대표적인 것이 반야 사상이다. 그리고 그 수행 방법은 선을 통해 마음을 비우는 것이라고 설하고 있다. 깨달음으로 이끄는 선문답을 통한 특유의 역설의 설법으로 궁극의 목적에 도달하는 방법을 제시하고 있다. 예를 들어 "수보리야, 부처가 반야바라밀이라 말한 것은 곧 반야바라밀이 아니기 때문이니라."라고 한 것처럼 강한 부정을 통한 긍정의 효과를 드러내고 있다. 이러한 부정을 통한 긍정은 반야바라밀이라는 어떤 실체적 존재가 있어서가 아니라 언어를 통하여 밝힐 수밖에 없는 바라밀다의 깨달음의 세계를 통해서 스스로 보이라고 한 것이다.

《금강경》은 무집착 무소유로서의 대승불교의 핵심 사상인 공 사상을 설하고 있다. 긍정과 부정 그리고 다시 긍정을 거치면서 부정되고 있는 공空 사상은 철저한 무집착, 무소유, 무주상無住相을 담고 있다. 이는 깨달음의 세계 즉 선 세계의 사상을 내포하고 있는 것이다.

모든 것을 놓아 버리고 모든 속박에서 해탈할 수 있는 선 사상이 바로 이 《금강경》에서 찾을 수 있었기에 청담 스님을 비롯 역대 많은 선지식들이 이 《금강경》을 소의所依로 하여 전수하여 왔다. 그러므로 조사선의 소의경전은 곧 《금강경》인 것이다.

《반야심경般若心經》 강설의 공空세계

　불자라면 《반야심경般若心經》을 직·간접적으로 접해보지 않은 사람은 없을 것이다. 또한 불자가 아니라고 해도 《반야심경》에서 설하고 있는 '색즉시공色卽是空 공즉시색空卽是色'이라는 말을 한 번쯤은 들었을 것이다. 그만큼 《반야심경》은 우리나라뿐만 아니라 불교권의 모든 나라에서 가장 널리 알려져 있는 경전이다.
　《반야심경》에 대한 해설서는 다른 어떤 경전보다 다양하게 그리고 많이 보급되어 있다. 현재 우리나라에서도 수십 종의 강의서가 출판되어 있다. 이렇게 《반야심경》이 중요시되는 이유는 260자짜리 짧은 경전이면서도 불교의 근본 내용을 남김없이 담고 있다는 데 있을 것이다.
　다른 여타 경전이 그러하듯 《반야심경》도 여러 종류의 번역본이 있다. 현재 우리나라 불교계에서 가장 널리 독송되는 《반야심경》은 당나라 때 현장(玄奘:602~664) 법사가 번역한 것이다. 《반야심경》은 수백 년에 걸쳐서 편찬된 반

청담 스님이 쓴 반야심경般若心經.
대승불교 반야般若사상의 핵심을 담은 경전이다.
우리나라에서 가장 널리 독송되는 경으로 완전한 명칭은
'마하반야바라밀다심경摩訶般若波羅蜜多心經'이다.
'지혜의 빛에 의해서 열반의 완성된 경지에 이르는 마음의 경전'으로
풀이할 수 있다.

야경전의 중심 사상을 260자로 함축시켜 서술한 경經이다. 불교의 경전 중 짧은 것에 속한다. 《반야심경》의 중심 사상은 공空이다. 공空은 '아무것도 없는 상태'라는 뜻에서 시작하여 "물질적인 존재는 서로의 관계 속에서 변화하는 것이므로 현상으로는 있어도 실체·주체·자성自性으로는 파악할 길이 없다."는 뜻으로 쓰이고 있다.

사성제四聖諦·팔정도八正道·오온五蘊·십팔경계十八境界·십이연기十二緣起·지智와 득得 일체의 관념과 객관적 존재를 본질적인 관점에서 공무空無라고 갈파하고 있다. 《반야심경》에서 갈파한 반야바라밀다나, 공空은 개개인의 참된 마음이다. 걸림 없는 마음, 공포恐怖가 없는 마음, 교만驕慢하지 않는 마음, 영원히 맑고 마르지 않는 샘물과 같은 마음이며 부정을 겪어 그것을 넘어선 대긍정의 마음이다. 여기서 평화와 통일과 자유와 해탈이 모두 유래됨을 자각할 것을

가르치고 있다.

이번 장에서는 《청담대종사전서》의 《반야심경강설》에 나타난 공空 사상과 마음에 대해 살펴보고자 한다.

청담 스님이 평생 설한 법문과 행, 모든 사상을 한마디로 표현한다면 마음이라 할 수 있다. 《반야심경》 강설에서도 한결같이 마음을 표현하고 있는 만큼 이 마음 사상 속에 내제되어 있는 공空 사상을 찾아보고자 한다. 청담 스님은 《반야심경》의 처음 '마하반야摩訶般若'에 대해 다음과 같이 설하고 있다.

> 사람의 지식 가운데 마지막 지식이고 마지막 슬기이며, 최고·절대의 지식, 완전무결한 지혜가 마하반야摩訶般若인 것입니다. 본래 인도의 원경에는 마하摩訶는 없고 그냥 반야바라밀다심경般若波羅蜜多心經이라고만 되어 있었는데 반야般若를 이해하는데 도움이 되고자 하여 마하 두 글자를 붙인 것입니다. 왜냐하면 반야를 그냥 지혜智慧라고만 해석한다면 법무중생法無衆生들이 일반적으로 말하는 지혜智慧인지, 지능知能인지, 좀 더 높다는 것인지, 아니면 잔꾀를 뜻하는 것인지, 부처님께서 말씀하신 반야의 뜻은 우주의 실체인 마음의 지혜智慧를 가리키는 것인데 그 구별이 어려워질 우려가 있기 때문입니다. 그래서 큰 지혜, 최고 절대의 지혜라는 뜻으로 마하반야摩訶般若라고 한 것입니다.

마하摩訶는 크다大, 수승하다勝, 많다多라는 뜻이 있다. 마하는 우리가 단순히 눈으로 감지할 수 있는 크기를 말하는 것은 아니다. 마하摩訶의 크기 속에는 공간적으로 무한하고, 시간적으로 영원한 것을 말한다. 마하라는 말이 가지는 의미는 절대적인 크기를 상징한다.

《대지도론大智度論》에서 "무엇 때문에 오직 반야바라밀을 칭해서 마하라 하고, 오바라밀五波羅蜜을 마하라고 칭하지 않는가?" 대답하기를 "마하라는 것은 중국말로 대大라고 말하고, 반야를 혜慧라고 말하며, 바라밀을 도피안(到彼岸, 생사의 경계인 차안에서 피안인 열반에 다다르는 일)이라고 말한다. 능히 끝없는 지혜의 피안에 도달케 하고 일체 지혜의 품속에 안기게 해서, 그것을 능가하는 것이 없기 때문에 도피안이라 이름한다."라고 설한다. 《대지도론》에서 마하를 대大라 번역하고 있지만, 이 외에도 광대함, 위대함 등의 여러 뜻을 가지고 있다. 청담 스님은 마하라는 어휘는 언어로 한정시킬 수 있는 것이 아니라고 강조하면서 그렇기 때문에 마하는 언제나 마하로 음역된다고 설한다. 그러면서 마하는 이러한 상대개념을 초월한 절대적인 큼이요 위대함이다. 결코 어떤 것과도 비교될 수 없는 큼이요 위대함이다. 그래서 마하는 언어이전言語以前의 소식을 말해준다고 주장한다.

　반야라는 말은 최고의 지혜 혹은 깨달음의 지혜라는 뜻이다. 그래서 반야를 얻은 사람은 성불하여 부처의 경지에 도달하게 되는 것이다. 반야는 평등, 절대, 무념, 무분별의 경지를 말하며, 반드시 상대의 차별을 관조하여 중생을 교화하는 능력을 갖고 있다. 반야는 한 마디로 깨달음의 지혜를 말한다. 반야는 단순히 세상을 살아가는데 있어서 현명함이나 지식이 높은 것을 말하는 것은 아니다. 반야의 지혜는 우리의 참 모습에 대한 눈뜸이다.

　누구나 수행을 통해 반야의 지혜가 구체화될 수 있으며, 자기 것으로 만들 수 있다. 그러므로 반야는 인생과 우주의 참다운 실상을 깨닫는 일이다. 또한 모든 고통에서 벗어나는 길이며, 해탈을 성취하는 유일한 방법이다. 반야를 통해 삼세제불三世諸佛은 정각正覺을 이루고, 보살은 열반을 얻고, 중생은 당면한 문제와 나아가서 삶과 죽음의 문제까지 해결한다.

　청담 스님은 "우리들의 마음 가운데는 자아自我나 밖의 사물에 대한 집착·탐욕·성냄·질투·교만심·거짓 등의 번뇌가 있다. 이러한 번뇌가 바른 지혜의 활동을 방해하고, 이러한 번뇌가 있는 한 반야의 작용은 충분히 발휘되지 않는다. 이러한 까닭에 번뇌의 힘을 약화시키고, 마침내는 없애기 위한 노력이 수행"이라고 설한다. 여기서 스님의 공空 사상을 엿볼 수 있다. 수행의 실천은 반야와 하나로 결합되는 것이고, 이렇게 수행력에 근거한 지혜가 있을 때 비로소 반야가 되는 것이라고 주장한다. 이런 의미에서 보면 오히려 마음의 본성이 반야라고 해도 무방하다. 불교 수행의 목적이 고통을 여의고 열반의 즐거움을 증득하는 데 있음은 재론할 여지가 없다. 이 고통이 어디에부터 왔는가? 바로 사실을 사실대로 아는 것이 곧 반야를 증득하는 것이다. 청담 스님은 '저 언덕을 건너간다.'는 바라밀다波羅密多에 대해 다음과 같이 설하고 있다.

> 바라밀다波羅密多는 돌아선다는 뜻으로 보아야 합니다. 흔히 도피안到彼岸이라고 해석하는데 그것은 생사生死의 세계가 차안此岸이고 열반涅槃의 세계, 이상의 세계가 피안이라고 가정해서 바라밀다를 도피안到彼岸, 저 언덕으로 건너간다고 이렇게 번역합니다. 그러나 바라밀다의 참뜻을 그렇게 해석해서는 안 됩니다. 저 언덕을 건너간다는 것이 아니라 이 마음으로 돌아선 것입니다. 왜냐하면 우주의 주인이 내가 생사의 객지를 돌아다니는 것을 삼천대천세계에 잠깐 동안 쉬어가는 것과 같다고 해서 여박삼계旅泊三界라고 하는데, 이렇게 천당·아귀·지옥·인간 등의 객지를 돌아다니다가 내 마음을 깨달아 생사를 초월하고 성불成佛하는 것이므로, 이것은 본래 자기의 집으로 돌아온 것이기 때문이다.

바라밀다波羅密多는 범어梵語 Prajñaparamita를 음역한 말로 저쪽의 언덕에 가는 것, 건너간 상태를 의미한다. 보살의 수행을 완성하여 부처가 되는 것이다. 그러나 완성이라고 하는 것은 직선적인 사고이다. 사물을 직선적으로 고찰하면 완성한 뒤에는 어떻게 될까 하는 문제가 생긴다. 바라밀다는 완성의 의미이긴 하지만, 그러나 완성 그대로 어디까지라도 나아가는 것 같은 완성이 없는 완성이라고 생각하지 않으면 안 된다. 여기에서 무한히 향상되어 가는 원상圓相을 순환하는 것 같은 수행이 생긴다.

바라밀다는 도피안到彼岸이니 '저 언덕을 건너간다.'는 뜻이다. 하지만 청담 스님은 마음의 집으로 돌아온 것이라 설한다. 이는 도피안이라고 해서 멀리 있는 것이 아니라 궁극적으로 마음에 지혜의 눈을 뜨는 것이라고 강조한다. 또 이상적 경지인 깨달음의 세계를 피안彼岸이라고 하는 반면에 미혹의 중생 세계는 차안此岸이라고 하면서 차안은 곧 문제가 해결되지 않은 상태를 가리키는 말로 이해해야 한다고 주장한다. 도피안, 곧 바라밀다는 결국 꿈을 깨고 사물과 현상을 바라보는 것이며, 자신의 실상을 올바로 관조하는 것이다. 이는 항상 성성적적星星寂寂한 화두를 들고 수행하여야 한다는 간화선의 입장을 견지하고 있는 것이다.

심경心經은 범어로 hrdayaūstra라고 하는데, 그 뜻은 마음의 경經, 진수眞髓의 경經, 심장의 경經이라고 풀이할 수 있다. 심경이라고 해서 단순히 마음의 경전이란 뜻은 아니다. 부처님의 말씀은 모두 마음의 경전이 까닭에 《반야심경》에서 굳이 마음의 경전이라고 해석할 필요는 없다. 반야부般若部의 가장 중심 되는 경전이 바로 《반야심경》인데 전체 반야부의 경전 중에서 심장과 같이 핵심적인 진수만을 요약한 것이다. 《마하반야바라밀다심경》의 전체 제목이 담고 있는 뜻은 곧 '큰 지혜로써 저 언덕을 건너가는 도리를 밝힌 중심 되는 가르침'이라는 것이다. 제목에서도 알 수 있듯이 《반야심경》은 공空의 도리를 밝히고 지혜로써 깨달음을 이루는 이치를 밝히고 있다.

다른 경문은 여시아문如是我聞, 즉 '나는 이렇게 들었다.'는 말로 시작하는데 《반야심경》은 우리들이 선망先望하는 가장 이상적인 인격자, 지혜의 완성자

서울 장충동 사명대사 동상 제막식에서 스님들과 함께.
왼쪽부터 대의·경봉·청담·고암·구산·석주 스님. 뒷줄 오른쪽부터 숭산 스님.

관세음보살觀世音菩薩을 처음에 등장시킴으로써 관자재보살의 지혜를 통하여 우리의 몸을 위시해서 모든 현상계와 온갖 감정의 세계를 텅 빈 것으로 깨달아 알라고 가르친다. 본래 몸도 마음도 텅 비었기에 일체고난一切苦難과 불행과 문제들은 있을 수 없다. 고난이니, 불행이니 하는 문제는 결국 무엇으로부터 오는가? 두말할 것 없이 내 몸을 중심으로 하여 나라는 것, 나의 것이라는 것 등 많고 많은 감정들로 인하여 생긴 것이다. 관세음보살은 반야의 삶을 통하여 모든 고난과 문제를 해결하였음을 보여주며 반야지혜의 길로 나아가라고 가르치고 있는 것이다. 청담 스님은 마지막 반야에 들어섬을 행심반야바라밀다시行深般若波羅密多時에 대해 다음과 같이 설한다.

> 마음에 다른 것은 다 생각하고, 보고, 애착을 가질 것이 없고, 현상도 적멸寂滅도 아무것에도 미련을 둘 것이 없는 분명히 알아서 모두 집어 던져버리는 그

러한 경지에 다다랐을 때가 바로 심반야바라밀다시深般若波羅密多時이며, 무엇을 수양하고 참선할 것이 남아 있는 도중이 아닌 마지막 반야에 들어섰을 때가 심반야바라밀다시深般若波羅密多時인 것입니다.

깊은 반야바라밀다般若波羅密多를 행할 때에서 '행한다'는 것은 반야를 실천에 옮기는 일을 말한다. 심반야深般若는 깊은 지혜를 말하는 것이니 곧 공空의 실상實相을 꿰뚫어 아는 것을 의미한다. 즉 "깊은 지혜로써 저 언덕을 건너가는 도리를 실천할 때"라는 것이다. 이 말은 곧 깊은 지혜로써 문제가 해결된 상태이다. 청담 스님은 마음에 다른 것은 다 생각하고, 보고, 애착을 가질 것이 없고, 현상도 적멸도 아무것에도 미련을 둘 것이 없는 분명히 알아서 모두 집어 던져 버리는 그러한 경지에 다다랐을 때가 바로 행심반야바라밀다시이며 관자재보살은 깨달은 분이기 때문에 중생의 삶처럼 고뇌와 문제가 가득한 삶이 아니라고 설한다. 지혜로써 문제가 완전히 해결된 인생이며, 저 언덕에 건너간 삶인 것이다.

그렇다면 관자재보살의 그와 같은 지혜와 위신력威神力은 어떻게 하여 얻을 수 있는가?《반야심경》에서는 그것을 깊은 반야바라밀다를 행한 데서 온 것이라 설하고 있다. 즉 관세음보살이 관세음보살로서의 위신력을 갖추게 된 수행법은 다름 아닌 깊은 반야바라밀을 행하는 것이다. 불교의 수행법에는 참선參禪·염불念佛·주력呪力·간경看經 등 여러 가지가 있지만, 관세음보살은 깊은 반야바라밀을 수행하여 일체의 고통과 재앙을 여의고 뭇 중생들을 건지게 된 것이다.

이렇게 깊은 반야바라밀이란 모든 부처님 가르침을 포섭하고 있는 바라밀波羅密이다. 그래서 일체의 불법은 반야바라밀의 인도를 받을 때 비로소 목적지를 향해서 갈 수 있게 되는 것이다. 청담 스님은 "행심반야바라밀다시라는 것은 무엇을 수행할 것이 남아 있는 도중이 아닌 마지막 반야에 들어섰을 때 가능하다."고 강조한다.

관세음보살이 깊은 반야바라밀을 행하여 크신 위신력을 갖추게 되었듯이 우리들도 마찬가지로 다른 수행법이 아닌 이 깊은 반야바라밀을 수행함에 의해서 그러한 위신력을 가질 수 있고, 따라서 오온五蘊이 공空함을 비추어 보고 일체의 고액苦厄에서 벗어날 수가 있게 되는 것이다.

> 내가 중생일 때는 육신이 있고 수상행식受想行識의 정신세계가 있었지만 무엇을 수양하고 참선參禪하는 도중이 아닌 마지막 반야般若에 들어선 후 살펴보면 과거에 있었던 육체적 인간·범부의 인간은 모두 없어졌다는 뜻입니다. 번뇌와 망상, 지식도 다 없어졌고 중생 때 보고 듣던 산하대지가 다 없어졌으며 우주도 없어졌습니다. 오온五蘊이 공空했다고 하면 무엇을 뜻하는 것인지 처음 듣는 사람은 전혀 모릅니다. 물질적인 현상계·육체적인 인간·사고·추리 등의 정신세계가 없는 뜻입니다.

조견오온개공照見五蘊皆空은 오온五蘊이 모두 공空한 것으로 비춰 본다는 뜻이다. 조견照見의 뜻을 좀 더 선명히 번역하면 '밝혀 본다' 또는 '저 먼 곳으로부터 내려다본다'는 것이다. 오온은 '다섯 가지 쌓임'이란 말로 '온蘊'은 화합하여 모인 것을 뜻한다. 오온은 곧 인간을 구성하는 다섯 가지 구성 요소를 일컫는 말로 색온色蘊, 수온受蘊, 상온想蘊, 행온行蘊, 식온識蘊의 다섯 가지이다.

오온의 다섯 가지 중에서 수상행식受想行識의 네 가지 정신작용은 아주 미묘해서 정확하게 선을 그을 수 없는데, 색온色蘊은 인간의 육신에 해당되는 부분이고, 나머지 수온受蘊, 상온想蘊, 행온行蘊, 식온識蘊은 인간의 정신적인 면에 해당된다. 인간의 정신작용은 육체보다 훨씬 복잡하기 때문에 세분을 한다.

오온을 쉽게 풀이하면 몸과 마음이 되는 것인데, 인간은 이 다섯 가지 작용 때문에 인간으로 구성된다.

  청담 스님은 오온은 불교의 인간관을 나타낸 것이라며 불교에서는 인간을 오온으로 관찰한 것이 《반야심경》의 조견오온개공이라고 설한다. 여기서 《반야심경》의 핵심인 공空 사상이 나오는데 공空이라고 해서 아무 것도 없이 텅 빈 것은 아니다. 그렇다고 해서 있는 것은 더욱 아니다. 유와 무를 초월한 존재의 실상이 바로 공空이다. '조견오온개공' 즉, '몸과 마음을 텅 빈 것으로 비춰본다.'는 것은 현상적으로는 나라고 하는 존재가 있는 것처럼 보이지만 그 실상은 자아가 없는 것이라며 인간의 존재를 한꺼풀 벗겨놓고 보면 몸과 마음이 텅 비어 있다고 설한다.

  우리의 인생살이는 각각 다르다. 자기 자신의 안목대로 인생을 살기 때문에 각양각색의 인생이 펼쳐진다. 자만과 아집으로 가득 찬 인생은 시시각각으로 문제를 일으킨다. 하지만 조견오온개공의 안목으로 볼 때 근본적인 문제 해결이 가능하다. 다시 말해서 우리의 몸과 마음을 텅 빈 것으로 바라보는 지혜가 생겨날 때 삶은 더욱 발전되는 것이다. 항상 몸과 마음을 텅 빈 것으로 보고, 궁극적으로 열반의 경지에 도달하고자 한다면 작은 나에 집착하지 말고 큰 나로서의 삶을 살아가야 할 것이다. 이를 위해서 몸과 마음이 텅 비어서 결국 공空한 것으로 비춰봐야 한다. 청담 스님은 조견오온개공의 결과가 도일체고액度一切苦厄으로 나타난다고 다음과 같이 설한다.

  또 도일체고액度一切苦厄이란 말은 모든 생사를 초월해 버린다는 뜻입니다. 오온五蘊이 다 공空했으니 육체가 없는데 감기 몸살이 어디 있고 무슨 고통이 있겠습니까? 배고픔도 배부름도 없고 좋은 것 나쁜 것도 없고 사랑하는 것 미워하는 것도 없습니다. 흔히 사람들은 사랑하는 것을 고통이 아닌 줄 알지만 사랑하는 것도 큰 고통입니다. 사랑이 싹트면 밤에 잠이 잘 안 오고 먹는 것이 소화도 안 됩니다. 사랑한다는 것은 남을 소유했다는 것이요, 구속이요, 고통입니다. 이 모든 탐욕과 고통이 없어진 것을 도일체고액度一切苦厄이라 합니다.

도일체고액度一切苦厄은 일체의 괴로움을 건너간다는 말로 모든 문제가 완전히 해결된 상태를 뜻한다. 도度란 괴로움의 세계에서 즐거움의 세계로 건너가는 도피안到彼岸의 의미로 받아들일 수 있다. 또 고통의 바다에서 허우적거리는 중생들을 건진다는 뜻도 있다.

일체一切는 그 속에 모든 것이 다 들어 있다는 뜻이다. 불교에서는 일체라는 말을 잘 쓰는데 세상에서 일어나는 일체의 문제 속에는 자기 자신도 포함된다는 것이다. 어떤 일을 막론하고 이 세상에서 일어나는 그 모든 일은 일체라고 하는 말 속에 모두 포함되어 있다.

고액苦厄은 바로 문제라고 할 수 있다. 인간에게 있어서 문제는 시시각각으로 일어나는 것이며, 도처에 산재해 있다. 문제란 우리를 힘들고 괴롭게 한다. 이 세상을 살아가는 동안 고액은 넘고 또 넘어야 할 거대한 산과 같으며, 건너고 또 건너야 할 엄청난 강이다. 또 고액은 우리의 기억 속에서 완전히 사라지기 전까지 뇌리에 남아서 괴롭힌다. 이러한 고액을 극복하기 위해서는 지혜가 필요하다. 그 지혜는 몸과 마음이 텅 빈 것이라는 존재의 실상을 꿰뚫어 보는 안목을 말한다. 존재의 실상이 공空하다는 인식에서는 일체의 고통이 저절로 사라진다.

이는 타오르는 번뇌의 불을 완전히 꺼버리고 지혜 즉, 보리를 완성한 경지를 말하는 것으로 불교의 궁극적인 목적이기도 하다. 청담 스님은 "일체의 생사를 초월하는 것이 고액苦厄"이며 "부처님의 가르침이 중생들의 삶을 가꾸어 나가는 자비 자체인 것을 보인 것"이라고 설한다. 왜냐하면 중생의 삶에 가장 심각한 것이 고통과 재난을 없애는 것인데, 관세음보살은 바로 반야바라밀로 이것을 성취하고 일체중생을 제도하기 때문이다.

우리들의 삶 전체를 둘러싸고 있는 일체의 괴로움이나 재난을 극복하여 행복을 얻고자 하는 것은 누구나 바라고 있는 최대의 소망이라며, 이 소망을 관세음보살은 반야바라밀을 행하여 성취하였음을 《반야심경》이 가르침을 주고 있다고 강조한다.

천당도 있고 지옥도 있어서 어떤 중생은 지옥에 살 때도 있고 천당에 살기도 하며 또 사바세계에 있어도 그대로 극락세계가 되고 갖가지 차별의 세계를 제각기 살고 있습니다. 각각 자기의 꿈 세계에서 살고 있기 때문입니다. 또 반대로 육안에 아무것도 안 보인다고 아무것도 없다고만 해서도 안 됩니다. 아무것도 없는 허공인줄 알지만 거기에 온갖 것이 이루어지고 있고 그 가운데 물체를 이룰 수 있는 요소가 포함되어 있습니다. 그러므로 물질과 허공이 다를 것이 없습니다. 이것이 색불이공色不異空 공불이색空不異色인 것입니다. 색불이공色不異空 공불이색空不異色은 '이것과 저것이 다르지 않다'는 뜻으로 다소 거리가 있는 말이지만 색불이공色不異空 공불이색空不異色은 이것을 두고 저것을 이야기하고 저것을 두고 이것을 이야기 한 것이므로 이것은 이 지구가 그대로 공空했다고 하는, 즉 한걸음 더 나아간 뜻입니다.

색불이공色不異空 공불이색空不異色은 '색色은 공空과 다르지 않고, 공은 색과 다르지 않다.'는 뜻이다. 이것은 현상인 색과 존재의 본질인 공과의 관계를 사상적으로 표현한 것으로. 철학적 차원에서 볼 때 유한한 현상인 색과 무한의 본질인 공은 별개가 아니다.

비슷한 말로 색즉시공 공즉시색은 '색이 곧 공이고, 공이 곧 색이다.'는 것이다. 이것은 현상인 색과 본질인 공에 대한 그 체험적 결과를 설명하는 것으로, 현상인 색과 본질인 공은 서로 상반적相反的이며 동시에 상이적相似的인 것이다. 색과 공이 둘이 아니라 하나라는 것은 인생과 우주를 더 넓게 바라는 것으로 색과 공의 관계는 물과 파도의 관계처럼 서로 분리될 수 없는 것이다. 물이 공이라면 파도는 색에 비유될 수 있다.

청담 스님은 "하늘의 공간 속에는 구름과 해와 달과 별들은 모두 한 덩어리"라며 "텅 빈 공간 속에 없는 것 같지만 그 속에는 모든 것이 얽혀 있는 것"이라고 설한다. 공의 본질을 명확히 밝힌 이 대목은 현실에 있으면서 현실에 집착하지 않고, 현실에 집착하지 않으면서 현실을 중요하게 인식한다. 보는 사람의 마음에 따라서 단순히 현실을 부정하거나 현실에 집착하는 것이 아니라 현실을 살아가면서 여실지견(如實知見, 있는 그대로 알고, 있는 그대로 본다는 것이다. 현상을 있는 그대로 주시함을 갖추어야 자유자재한 경지)에 도달하고 이것이 깨달음의 세계다.

불교 수행의 목적은 깨달음이고 그 깨달음을 성취한 부처님은 일체를 있는 그대로 볼 수 있는 여실지견을 갖추었다. 이는 항상 바르게 볼 수 있다는 것이다. 우리 중생은 하나의 물건이 있을 때 모든 주관에게 동일하게 나타나는 것이 아니라, 나라는 인식인 주관과 물건이라는 객관 사이에 성립하는 인연에 의하여 서로 다른 것으로 나타난다. 부처님이 8만 4천의 법문을 펼친 이유도 서로 다른 8만4천의 중생세계가 있기 때문일 것이다. 청담 스님은 항상 마음 사상을 설하면서 물질과 허공이 하나라는 것을 설명하고 있는데, 정신 작용인 "수상행식受想行識도 없다"는 구절에서 다음과 같이 설명한다.

> 수상행식受想行識이 역부여시亦復如是라는 말은 "물질과 허공이 둘이 아니고, 물질 그대로가 허공이며, 허공 그대로가 현상계의 물질이듯이 수상행식, 우리들의 정신작용도 조건부로 그것을 기억할 필요가 없다. 원래 없기 때문이다."

라는 뜻입니다. 공연히 주관과 객관을 나누고, 너니 나니 하고 대립을 시켜서 온갖 조건을 붙여 잠도 못자고 골치를 썩힐 일 아니라는 것입니다. 그것은 모두 참 나가 아니기 때문이며 나와는 아무 관계가 없기 때문입니다.

제25주년 광복절 식장에서 국민훈장 무궁화장을 받으신 청담 스님

수상행식 역부여시는 '느낌과 생각과 의지작용과 의식도 그와 같이 실체가 없다.'는 것이다. 수상행식은 오온 가운데 정신적인 네 가지 양식이다. 우리의 육신을 위시해서 정신작용 또한 텅 빈 것이며, 텅 빈 것 또한 마음의 작용이다. 우리에게 일어나는 온갖 감정들은 수상행식의 영역 속에 모두 포함되어 있다. 잡다하게 일어나는 감정을 텅 빈 것으로 바라보는 것이 필요하다. 청담 스님은 공空에 대한 올바른 인식으로 지혜의 눈을 떠야 한다고 강조한다. 우리가 지혜의 눈만 뜬다면 사물 하나하나, 사건 하나하나가 그대로 진리이며, 지혜는 그 어떤 상황도 극복할 수 있으며, 모든 것을 텅 빈 것으로 보는 일이라고 하는 것이다.

선종에서 본성을 찾는 것을 소를 찾는 것에 비유하여 그린 선화禪畵, 〈심우도尋牛圖〉, 본성을 찾아 수행하는 단계를 동자나 스님이 소를 찾는 것에 비유해서 묘사한 불교 선종의 그림 여덟 번째 〈인우구망人牛俱忘〉을 보면 소도 사람도 실체가 없는, 모두 공空임을 깨닫는다는 뜻으로 텅 빈 원(◯)상만 그려져 있다. 나도 없고 너도 없다. 네가 아니고 내가 너다. 일체개공一切皆空이라고 말한다. 모든 것이 공함으로 하나 된 세상이다. 다른 말도 있다. 불이不二다. 진정한 행복을 얻고자 한다면 돈이나 명예를 통해서가 아니라 공空의 실체를 파악하여 반야의 지혜로써만 가능한데 이것이 참 나를 찾는 것이라는 것이다. 시제법공상是諸法空相에 대해서는 다음과 같이 설하고 있다.

모든 복잡한 사건을 통틀어 법法이라 하는데 철학·과학·종교·예술·정치·문화 등 일체의 현상계의 원리가 그 가운데 다 들어갑니다. 이러한 제법은 일시적으로 있는 것이고 절대 독립성이 없는 가법假法이며 보고 듣고 생각할 수 있는 가짜라는 것입니다. 따라서 이 만법萬法은 다 없는 것입니다.
지금 이렇게 쓰고 읽고 하는 이 마음. 생각으로 미칠 수 없는 참 나만이 실제이므로 온갖 생각이나 인생의 모든 만법이 없어져서 마음만 오롯이 남은 그때의 경지는 언제 생겨난 것도 아니고 어느 때 가서 그것이 없어질 수도 없습니다. 그래서 불생불멸不生不滅. 생겨나고 없어지고 하는 것이 아니라고 한 것입니다. 그러나 나는 생기지도 않을 뿐더러 없어질 수 없는 실제입니다. 그것은 더러울 수도 없고 또 깨끗해 질 수도 없습니다. 가령 부스럼이 곪아 있다든지 싸움을 하고 칼질을 해서 피투성이가 되어 있다든지 하면 더러워졌다고 하겠지만 마음자리는 시비가 없고 애증이 없고 무엇에도 물들 수 없는 곳인데 어떻게 더러워질 수 있겠습니까? 이 마음이 마하반야바라밀다摩訶般若波羅蜜多에 들어서서 모든 법이 없어진 그때의 그 마음은 반야바라밀般若波羅蜜은 더러워질 수도 없고 더러워진 것도 없으며, 깨끗한 것도 아니고 깨끗해질 것도 아니라는 것입니다. 생기지도 않고 생길 것도 없으며 없어지는 것도 없어질 것도 아닙니다. 또 늘어날 수도 없이 우주에 꽉 차 있으면서 반야의 끝에 올라앉기도 하는 것이 이 마음인 것이고 늘고 줄고 할 것 없는 것이 이 마음입니다.

시제법공상是諸法空相. 이 경구經句는 공空에 대한 참모습을 밝히며 공상空相을 설명하고 있다. 제법諸法이란 이 현상계의 모든 존재를 말한다. 제법 속에는 광물, 식물, 생물, 무생물을 비롯하여 인간까지 포함된다. 형상을 가졌거나 자기 자신을 표현하고 있는 모든 것이 제법이다. 여기서 법法이란 진리라는 뜻보다는 그냥 일반적인 사물을 나타내는 말이다.

제법의 본질은 공상空相이다. 제법은 공空한 모양을 하고 있다. 현상계의 모든 존재는 그 자체로서 본질적으로 텅 비어 있다. 공空의 본질 속에는 모든 것을 흡수함과 동시에 표상으로 확산시키는 상반된 작용을 갖고 있다.

불생불멸不生不滅 불구부정不垢不淨은 일체법이 존재하는 모양은 바로 공空이기 때문에 생도 아니고 멸도 아니며, 깨끗함도 아니고 더러움도 아니며, 더함도 아니고 덜함도 아닌 것이다. 불생불멸의 의미는 현상계의 모든 존재는 본질에 있어서 생성과 소멸이 없다는 것이다. 곧 모든 현상은 생할 수도 있고, 멸할 수도 있다. 왜냐하면 본래 공空이기 때문이다.

불구부정不垢不淨의 구정垢淨은 '더럽다, 깨끗하다'의 뜻이지만 그 속에는 '좋다, 나쁘다'고 하는 선악의 의미도 포함되어 있다. 불구부정의 본질은 좋은 것도 아니고 나쁜 것도 아니다. 그렇기 때문에 불구부정은 좋은 것도 되고 나쁜 것도 될 수 있다. 자신의 인식에 따라 모든 것이 다르게 보이는 것이다. 자신의 기준으로 보면 좋은 것도 있고 나쁜 것도 있지만 다른 기준으로 보면 그렇지 않다.

부증불감不增不減은 '더한 것도 아니고 또한 덜한 것도 아니다.'는 뜻인데, 본질에 있어서 더한 것도 아니고, 덜한 것도 아니기 때문에 더하기도 하고, 덜하기도 하다.

청담 스님은 "우리의 마음자리는 생도 아니고 멸滅도 아니고 다만 인연에 따라 생하기도 하고 멸하기도 하는 것이며 미운 생각, 고운 생각, 아픈 생각,

그리운 생각 등 시시각각으로 일어나는 우리의 마음자리를 추적해 보면 그 근본 자리는 텅 비어 없다."고 설한다.

그러면서 마음이란 참으로 불가사의해서 얼마든지 생각을 일으키지만 그 근본은 텅 비어서 찾을 수 없다. 마음만 그런 것이 아니라 제법이 모두 그와 같이 공空한 모습을 하고 있다고 강조한다. 청담 스님은 불생불멸 불구부정 부증불감은 공空의 실상을 파악하는 실마리가 되는 중요한 대목이라며 자신의 입장만을 고집할 때 생이 있고, 멸이 있는 것이지 상대의 입장에서 보면 생도 없고, 멸도 없는 것이다. 결국 현상계의 본질은 공空하다는 불변함을 강조한다. 그러면서 시고是故 공중무색空中無色 무수상행식無受想行識에 대해서 다음과 같이 설한다.

> 아무것도 없는 내 마음 가운데는 이 세상의 모든 만법이 다 없어져서 마음만 오롯이 남아 있고 그 자리에는 물질도, 정신도, 색色도 수상행식受想行識도 없습니다. 앞에서 말한 다섯 가지 색수상행식色受想行識의 오온五蘊이 없다는 것을 되풀이한 것입니다. 그 다음에 다른 것 가지 없다는 것을 설명하는 전제로 되풀이한 것입니다.

여기서는 앞에서 설명한 오온개공五蘊皆空과 같은 맥락이다. 즉 공空하기 때문에 색수상행식은 없는 것이다. 색色은 곧 몸이며, 수상행식受想行識은 정신작용이다. 그래서 색수상행식은 우리의 몸과 마음이 된다. 색色만 존재하면 그것은 시체에 불과하고, 수상행식의 정신만 존재한다면 귀신이 되는 것이다. 육체와 정신이 하나로 결합될 때 비로소 완전한 인간이 된다. 이처럼 인간의 몸과 마음이 분리될 수 있는 것도 오온개공이기 때문에 가능하다.

청담 스님은 "오온의 공空한 모습을 바로 아는 것이 자기 자신의 본래 모습을 올바로 인식하는 것이라며 자기 자신이 엄연히 살아서 움직이는데 없다고 하는 것은 공空한 모양으로 있기 때문이라는 것을 알아야 한다."고 강조한다. 그러면서 우리의 업식業識작용 때문에 우리의 몸과 마음이 영원히 살아 있는 것처럼 보이는 것이지 존재의 본래 모습은 텅 빈 것이며, 그것은 색도 없고 수상행식도 없다. 공 가운데는 색도 없고 수상행식도 없지만, 인연이 결합하는 순간 색도 될 수 있고, 수상행식도 될 수 있다고 설한다.

> 눈, 귀, 코, 입, 몸, 뜻의 이 여섯 가지 육근六根이 주관적인 것이라면 이것에 상대되는 형색, 소리, 맛, 물체, 법이 있습니다. 이것은 객관이므로 육경六境, 육진六塵이라 부릅니다. 육근은 대경對境이라 하는데 거짓이 없고 마음을 가리는 티끌이라는 뜻입니다. 마음은 우주와 인생의 근본원리이므로 헌법이 아닌 헌법인 것입니다. 이처럼 모든 법은 우리에게 구속력을 가지고 있고 모든 법에 걸려서 자유롭지 못하게 됩니다. 이런 법은 모두 불을 질러야 합니다. 불법도 물론 없애야 합니다. 그것은 우리의 마음을 깨칠 때 가능합니다. 깨치고 나면 불법도 소용없습니다. 형색, 소리, 냄새, 맛, 물체, 법이 없다는 말은 결론적으로 모든 객관과 원리를 없앤다. 모든 외부의 조건이 없는 것이라는 뜻입니다.

불교의 근본교리에 해당하는 육근과 육경에 대한 부정을 말하고 있다. 육근은 여섯 가지 주관적인 인식작용을 말하는데 곧 안이비설신의眼耳鼻舌身意이다. 육경은 여섯 가지 객관적인 인식 대상이 되는 것을 말하는데 곧 색성향미촉법色聲香味觸法을 가리킨다. 육근이 있으므로 육경이 존재한다. 육근에 의해 외부로부터 사물을 받아들이는데, 육근의 대상으로서 육경이 있다. 이것은 육근인 눈, 귀, 코, 혀, 몸, 생각의 여섯 가지를 통해서 눈의 대상인 물질, 귀의 대상인 소리, 코의 대상인 냄새, 혀의 대상인 맛, 몸의 대상인 촉감, 생각의 대상인 일체법一切法을 말한다. 즉 빛과 소리와 냄새와 맛과 촉감과 지각하는 여섯 가지 작용은 앞의 육근이 있어야만 비로소 성립되는 것이다.

　육근과 육경을 합하여 십이처十二處라고 한다. 이것은 곧 눈을 통해 시각을 느끼고, 귀를 통해 소리를 듣고, 코를 통해 냄새를 맡고, 혀를 통해 맛을 느끼고, 몸을 통해 촉감을 느끼고, 의식을 통해 지각하는 일을 한다. 십이처를 통해 생존을 영위한다. 육근의 주관적인 인식능력과 육경의 객관적인 인식대상이 만나서 하나의 현상을 이루는 것이 십이처이다. 육근과 육경이 만나지 않으면 아무 것도 인식할 수 없다. 눈이 없다면 볼 수 없고, 귀가 없다면 들을 수 없고, 코가 없다면 냄새를 맡을 수 없고, 혀가 없다면 맛을 느낄 수 없고, 몸이 없다면 감촉할 수 없고, 의지가 없다면 지각할 수 없는 것이다.

　《반야심경》에서는 십이처가 없다고 말한다. 왜냐하면 공空이기 때문이다. 공空은 불생불멸不生不滅이기 때문에 십이처가 따로 존재하는 것이 아니다. 반야바라밀般若波羅密을 실천하는 것에는 육근과 육경, 즉 십이처까지 없다는 것이다.

> 그 다음에 무안계無眼界 내지乃至 무의식계無意識界라고 했는데 무안계는 무안식계로 해서 '알 식識' 자가 하나 더 들어가야 합니다. 왜냐하면 안이비설신의眼耳鼻舌身意는 육근六根이고 색성향미촉법色聲香味觸法은 육진六塵이며 무안계 내지 무의식계는 육식六識을 가리키는 말이기 때문입니다. 그래서 우주와 인생을 전부합치면 십팔계十八界라 합니다. 《반야심경》에서는 이런 오온, 육근, 육진, 육식의 십이처, 십팔계가 다 없다는 것을 강조하십니다. 그런데 육근, 육진, 육식의 십팔계가 없다는 말은 우주·인생을 초월했다는 말이며 물질과 정신계를 초월했다는 말이고 색수상행식色受想行識의 오온을 초월했다는 말과 같은 뜻입니다. 다만 그 표현을 십팔계로 분류해서 나타냈을 뿐입니다. 또 십팔

계를 초월했다는 말은 십팔계에 걸림이 없고 생사에 걸림이 없다는 뜻이 됩니다. 십팔계의 법칙에 얽매여 구속을 받는 것은 중생 놀음이고 육신이 내가 아니고, 객관세계는 관념으로 있는 것이며 환幻인 줄 깊이 깨쳐서 마음이 밝게 드러나면 이것을 해탈이라 하고 도인道人이라 합니다. 이것만이 우리의 할 일입니다. 발심수도發心修道하여 대반야大般若의 해탈을 얻어서 자유자재하게 도인이 된 일은 역사를 통해 보면 얼마든지 있습니다.

여기서는 십팔계(十八界, 인식을 성립시키는 열여덟 가지 요소로 감각하거나 의식하는 여섯 가지 기관·기능인 육근六根과, 그 기관·기능의 대상인 육경六境과, 그 기관·기능에 따라 대상을 식별하는 여섯 가지 마음 작용인 육식六識을 말함)를 부정하고 있다.

불교에서는 색수상행식色受想行識의 오온과 육근, 육경을 합한 십이처와 육근, 육경, 육식을 포함한 십팔계를 삼과三科라고 한다. 과거와 미래를 포함한 현재의 모든 사람들은 누구나 이 삼과설(三科說, 일체 만법을 위의 셋으로 분류한 것으로 일체법의 3가지 분류체계인 5온五蘊·12처十二處·18계十八界를 말함)의 복잡한 심리를 겪으며 살아간다. 공空의 세계에서는 이 십팔계가 본래 없다고 역설하는데 이는 존재의 본질이 공空이기 때문에 십팔계가 본래 없다는 것이다.

《반야심경》에서는 육근과 육경과 육식, 즉 십이처와 십팔계를 모두 무無라고 하여 부정하고 있는데, 그것은 공空이기 때문에 무無이며, 유有가 가능하다. 무無는 현재 존재하는 본질을 공空으로 바로 인식하는 것이다. 《반야심경》에서 공空의 도리를 밝힌 것은 결국 그 무엇이든 다 될 수 있다는 것이다. 공空이기 때문에 연기緣起가 가능하다.

청담 스님은 "우리가 공부를 하면 할수록 공부가 자꾸 쌓이고, 공덕을 지으면 지을수록 복덕을 누리는 이유가 바로 공空과 연기緣起의 법칙이다. 공은 연기와 불가분의 관계에 있다. 아무 것도 없다가도 있게 되며, 있다가도 없어지

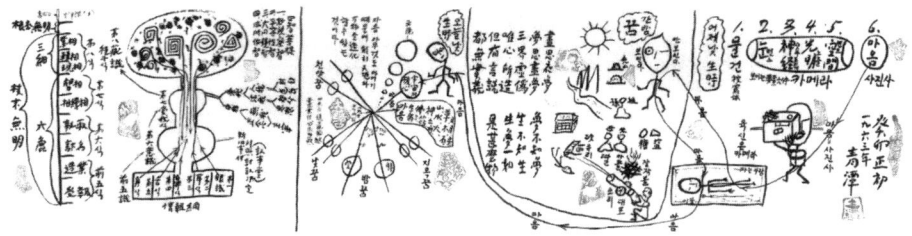

십팔계설법도十八界說法圖.
인식작용認識作用의 6식六識, 보고, 듣고, 냄새 맡고, 맛보고, 촉감을 느끼고, 인식 하는 것등을 열거해 놓고,
청담 스님이 생각하는 사진의 철학이 그림으로 그려진 도표가 진열되어 있다.
실제로 스님은 법문을 할 때 카메라를 인간의 신체 구조로 곧 잘 설명하셨다고 한다.

게 되는 이유도 존재의 실상이 공空이기 때문이다. 그래서 연기의 법칙이 가능하다. 결국 모든 현상은 연기의 측면에서 생성, 변화, 발전, 소멸의 과정을 거친다."고 강조한다.

청담 스님은 공空에 대한 철저한 관조觀照로써 지혜를 얻어 성공적인 삶, 행복한 삶을 누리려면 환幻을 여의는 수행을 해야 한다고 말한다. 그러면서 "무무명無無明 역무무명진亦無無明盡 내지乃至 무노사無老死 역무노사진亦無老死盡"에서 다음과 같이 설하고 있다.

> 이 몸뚱이가 나이고 다른 것은 다 내가 아니다. 이렇게 주관主觀과 객관客觀을 분별하는 최초의 생각, 이것이 근본무명根本無明입니다. 이 허망한 육신을 나라고 생각하는 잘못된 어리석음을 무명無明이란 글자로 뒤집어 놓으니 현대인이 무슨 말인지 잘 모릅니다. 그러므로 무무명無無明 즉 무명이 없다는 말은 허망한 육신을 나라고 믿는 잘못된 생각, 그릇된 믿음이 없어졌다는 말을 뜻하는 표현입니다. 또 무명無明을 다한 것도 없다는 역무무명진亦無無明盡이란 말은 무명이 없다는 생각도 없어졌다는 뜻입니다. "허망한 육신이 내가 아니었구나!" 하는 생각이 남아 있으면 역시 이것도 차원 높은 한 개의 주관이 되므

로 또다시 주관·객관이 벌어지게 되며 그렇게 되면 역시 무명無明이 완전히 없어진 것이 아니라는 것입니다. 따라서 "육신이 내가 아니었구나!" 하는 생각, 일체의 주관, 객관이 다 없어졌다는 생각마저 없어져야 진실로 무명이 없어진 것이 됩니다.

지혜의 눈으로 비춰 보았을 때 모든 것은 텅 비어 없는 것이다. 인간의 생성과 소멸의 모든 과정 또한 텅 비어 없는 것이다. 그러므로 무명이 없으며 무명이 다함도 없다. 행行과 식識과 명색名色과 육입六入과 촉觸과 수受와 애愛와 취取와 유有와 생生과 노老와 사死가 없으며, 그것들의 다함도 없다. 인간이 태어나서 성장하고 늙어 죽어가는 모든 과정이 텅 비어 아무 것도 없는 반야의 도리에서는 일체가 없는 것이다. 그리고 그 모든 과정이 다하고 끝남도 텅 비어 아무 것도 없는 것이다.

여기에서는 십이연기十二緣起를 부정하고 있다. 인간의 생성, 변화, 발전, 소멸의 연결고리를 열두 가지 과정으로 나타낸 것이 십이인연이다. 부처님께서는 이 십이인연을 관찰함으로써 깨달음을 이루었다. 십이인연十二因緣은 태어나기 이전부터 태어나서 일어나는 과정과 살다가 죽고, 죽은 후의 상태를 열두 가지로 분류한 것으로, 우리의 삶은 열두 단계로 탄생과 죽음을 반복하고 있다. 십이인연은 구체적으로 무명無明, 행行, 식識, 명색名色, 육입六入, 촉觸, 수受, 애愛, 취取, 유有, 생生, 노사老死이다. 십이인연은 마치 둥근 고리처럼 연결되어 서로가 서로에게 연속적으로 반응을 계속한다. 서로 영향을 주고받고 상호작용을 하며 인간 생사의 비밀과 나아가 우주의 근원적인 순환 법칙을 가르치고 있다.

무명과 행의 과거 원인 때문에 식과 명색과 육입과 촉과 수의 현재 결과가 나타나고 애와 취와 유의 미래가 생겨난다. 애와 취와 유의 미래가 원인이 되어 생과 노사의 결과가 생긴다. 죽음 후에 육신은 지수화풍의 사대四大로 변하고 영혼만이 남게 된다. 그것이 바로 새로운 생을 시작하기 전 단계로, 죽음은 깊은 잠과 형태가 유사하다. 영혼이 깊은 잠 속에 있다가 다시 움직임을 시작하면 팔식八識, 잠재의식에 잠재되어 있는 무명이 본능을 충족시키기 위해 인연 있는 곳을 찾아 움직인다.

업식業識이 있는 동안 우리는 끊임없이 윤회를 되풀이한다. 자기 자신의 인연을 어떻게 가꾸느냐에 따라 그 사람의 인생이 달라진다. 둥근 고리 모양의 순환 관계를 가진 십이인연은 그 어떤 것도 시작이 될 수 있다. 반드시 무명無明이 첫 시작이 되어야 하는 것은 아니다. 또 노사老死가 끝도 아니다.

불교에서 근본적으로 나이를 인정하지 않는 이유가 거기에 있다. 언제든지 자기가 마음먹는 그 순간이 시작이다. 시작과 끝이 분명히 있는 것이 아니기 때문에 현재 자기가 행한 업業은 미래에 영향을 미치게 된다. 우리가 마음먹고 시작하는 그 순간이 곧 출발점이다. 십이인연의 이치는 모든 사물의 인연을 대표한다고 할 수 있다. 그래서 십이인연의 이치를 관찰함으로써 자기 자신의 본질은 물론 우주의 모든 이치도 한꺼번에 깨달을 수 있다.

부처님께서는 보리수 아래에서 이 십이인연을 관觀하셨다. 인간의 모든 본질을 거울 들여다보듯 환히 깨달은 것이다. 《반야심경》에서는 그러한 십이인연도 모두 텅 빈 것으로 보아 무無라고 표현한다. 인간의 존재 방식을 부정하는 것이 아니라 텅 빈 것이기 때문에 그것은 없기도 하며 있기도 한 것이다. 역무무명진亦無無明盡은 무명이 다한 것까지도 없다고 말하고 있다. 십이인연의 하나하나를 관찰해 보니 무명이 다 끝나 무명의 밑바닥이 드러났는데, 그것마저 없다. 역무노사진亦無老死盡은 노사老死가 다한 것까지 없다는 것이다. 이 말은 결국 십이인연에 매달리지 말라는 것이다. 십이인연이 텅 비어 무無의 상태가 되는 것까지 깨달아야 확연하게 깨닫게 된다.

청담 스님은 "중생들은 이 허망한 것을 알지 못하고 집착하기 때문에 생사에 윤회하므로 무명無明이 생겨나고, 그 맹목적인 삶의 욕구가 바로 무명이고 만약 그 무명심無明心을 바로 볼 수만 있다면 행行은 저절로 없어지고 생사의 고통도 사라진다."고 설한다. 그러나 무명을 확연히 보기는 어렵다. 왜냐하면 무명은 일종의 꿈과 같은 것이어서 꿈을 꾸고 있는 상태에서는 그것이 꿈인 줄 모르기 때문이다. 꿈속에서는 꿈 그 자체가 절대적인 가치를 가지기 때문이다.

이와 마찬가지로 무명에 의해서 마음이 미혹되어 있는 사이에는 무명의 미망성迷妄性을 알 수가 없다. 미혹되어 있는 상태에서는 무명을 보려고 해도 보이지 않는다. 청담 스님은 "우리들이 수행을 하는 이유가 여기에 있다."며 "만약 잠을 깨고 나면 꿈인 것을 알듯이, 우리들이 선 수행을 통해서 무명을 발견한 때에는 무명은 없어지고 만다. 결국 무명이라는 것은 수행을 통해서 없어진다."고 강조한다. 따라서 무명이 무엇을 인연으로 해서 생기는가를 더 추구할 필요가 없고, 십이인연은 무명을 발견하는 것에서 끝나는 것이다.

청담 스님은 무고집멸도無苦集滅道에 대해 다음과 같이 설하고 있다.

《팔만대장경》이 모두 고집멸도苦集滅道. 이 네 가지를 설명한 것입니다. 대승이나 소승이나 선종이나 교종이나 할 것 없이 그 내용은 결국 고집멸도입니다. 그러니까 고집멸도가 없다는 말은 곧 팔만대장경도 필경에는 없는 뜻이 됩니다. 고집멸도란 중생이 어떻게 해서 고통에서 해탈하느냐하는 것을 가르쳐준 부처님의 교훈입니다. 중생의 생활에는 나고 늙고 병들고 죽고 하는 네 가지 고통과 사랑하는 사람과 이별하는 고통, 미워하는 자와 만나는 고통, 무엇을 구해도 이루어지지 않는 고통, 육신을 나로 알고 있기 때문에 오는 온갖 번뇌의 고통이 있습니다.

여기서는 고집멸도苦集滅道의 사성제四聖諦를 부정한다. 사성제는 불교의 중요한 근본 교리이다. 부처님께서 성도 후 맨 처음으로 오랜 세월에 걸쳐 사성제를 설했다. 고제苦諦는 우리의 인생은 괴로움으로 충만 되어 있다는 견해이다. 집제集諦는 고苦의 원인이 되는 것이다. 멸제滅諦는 괴로움이 소멸된 것을 말하고 도제道諦는 괴로움을 소멸시키는 방법을 말한다. 그 구체적인 방법으로 팔정도八正道가 있는데 바른 여덟 가지를 실천함으로써 괴로움을 제거하하는 법이다. 팔정도는 정견正見, 정사正思, 정어正語, 정업正業, 정명正命, 정정진正精進, 정념正念, 정정正定이다. 팔정도는 이 세상에 널려 있는 많고 많은 고통 등을 소멸시키는 데 있어서 가장 올바른 길이다. 팔정도를 실천 수행함으로써 괴로움을 근본적으로 제거할 수 있다.

그런데 《반야심경》에서는 사성제를 무無라고 했다. 사성제의 근본을 따져서 분석해 보면 그 근원이 공空이기 때문에 무고집멸도無苦集滅道인 것이다. 사성제의 가르침이 아무리 좋은 것이라 하더라도 그 본질은 공空이기에 무無이다. 여기서도 결국 존재의 실상을 바로 보라고 가르친다. 즉 일체의 모든 고통을 모두 건너가 버렸기 때문에 무고집멸도이다. 우리는 사성제를 있는 것으로만 볼 것이 아니라 한 차원을 달리해서 그것 또한 텅 빈 것으로 보아야 한다. 결국 사성제에조차 매달리지 말아야 하는 것이다.

부처님이 설한 모든 경전은 고집멸도의 사성제를 수없이 이야기하고 있다. 그러나 《반야심경》에서는 한 순간에 무無라고 표현한다. 그것은 곧 차원을 달리한 경지이다. 이런 경지를 뛰어 넘을 때 공부의 진척이 있는 것이다.

청담 스님은 "《반야심경》에서는 이러한 반야바라밀을 네 가지 성스러운 진리四聖諦와 관련하여 고통苦, 고통의 원인集, 고통을 제거하는 것滅, 고통을 제거하는 것에 이르는 길道도 없다. 반야바라밀인 공 가운데는 고통이 본래 없는 것이기 때문에 온갖 번뇌의 고통이 생겨도 그 번뇌가 실로 있는 것이 아님을 알아 거기에 붙잡히지 않는다. 또한 번뇌의 고통이 멸한 상태가 되더라도 그 소멸이 실로 있는 것이 아님을 알아 거기에도 붙잡히지 않아야 하며 그러한 공空에 머무름에 의해서 번뇌와 깨달음이 본래 둘이 아니고, 생사와 열반이 둘이 아닌 한 모양이 된다."고 주장한다.

청담 스님이 위에서 설한 것처럼 고집멸도를 놓아버리는 그 마음이 중요하다. 남을 위해 순수한 마음으로 자기 일에 정성을 다하거나, 행자라도 자기가 맡은 소임에 최선을 다한다거나, 행정을 보는 스님이 대중을 위해 공심公心으로 소임을 다하는 것이 그대로 수행이 되어 깨달을 수 있다고 강조하고 있다.

여기에 청담 스님이 《반야심경》에서 강설하는 공空 사상이 함축되어 있음을 볼 수 있다. 그러면서 반야바라밀의 삶은 이렇게 일체에 붙잡히지 않는 가운데서 대자유를 얻는다고 강조한다. 무지역무득無智亦無得에 대해서는 다음과 같이 설한다.

> 중생으로 있을 때는 서로 이러주고 배우는 지혜가 필요 없었지만 깨닫고 나서는 자기 마음이 직접 보고 설명하는 경지이므로 따로 지혜가 필요 없습니다. 부처님께서 《팔만대장경》을 배워 가지고 49년 동안 설한 것이 아니라 마음을 깨치고 나면 모두 그렇게 되어 있는 것을 그대로 비추어 보고 아신 것입니다. 중생들이 잘못하는 것을 보고 알게 되고 과학자나 철학자가 잘못하는 것을 보고 바로 압니다. 학사니 박사니 하지만 이들이 모두 잘못되고 오히려 더 많은 망상에 사로잡혀 있음을 그대로 보고 즉시 아십니다. 그러니 그것을 전부 내버리고 불법도 내버렸으므로 자기 하나만 있는데 따로 간직할 지식이 어디 있겠습니까? 그래서 지혜도 없고 얻을 것이 없다無智亦無得고 한 것입니다. 자기 자신을 깨치려고 이때까지 노력한 것이지 어떤 객관적인 불법이

있어서 그 객관을 깨치려고 불법을 공부한 것은 아니기 때문입니다. 가령 나 아닌 불법이 따로 있어서 그것을 깨쳤다고 하더라도 그것은 생사를 면한 것이 아니며 상대의 세계를 벗어난 것이 못 됩니다.

지혜의 안목으로 인생과 세상을 보았을 때 텅 비어 아무것도 없다고 해서 지혜란 어떤 고정된 실체가 있는 것으로 안다면 큰 잘못이다. 그리고 지혜를 통하여 무엇인가 얻을 것이 있다고 여기는 것도 큰 잘못이다. 그러므로 지혜마저 없고, 얻을 것마저 없는 것이 진실이다.

《반야심경》은 지혜의 가르침이다. 앞에서 십이인연도 없고, 사성제도 없다는 이치를 가르치고 다음에 인식의 주체가 되는 지혜도 없고, 인식되는 실체

현대식으로 건립된 천축사 무문관 낙성식을 마치고. 왼쪽부터 관응·서옹·청담·향곡 스님.

가 얻어짐도 없다고 설한다. 오온개공五蘊皆空이라 하여 인식의 주체인 자기 자신의 존재가 텅 빈 것으로 보아 왔다. 그렇기 때문에 깨달음을 성취하는데 있어서 필요불가결한 지혜인 직관지(直觀智, 마음이 평정하고 맑음으로써, 진리를 간직하는 지혜)마저 부정한다.

우리가 잠 속에서 아무리 훌륭한 꿈을 꾼다고 해도 꿈에서 깨는 순간 다 사

라져 버린다. 그와 마찬가지로 깨달음을 향하는 최상의 열쇠가 되는 지혜마저도 의식의 잠을 깨는 순간, 즉 깨달음의 문이 열리는 순간에는 모두 사라져 버린다. 그래서 지智인 것이다. 또한 지혜로써 얻어지는 바가 굉장히 큰 것처럼 생각하는 그것마저 부정해 버리는 것을 무득無得이라 한다.

불교는 마음의 완성이다. 마음이 완성된 상태에서 얻어지는 것마저 부정하는 순간을 가르치고 있다. 참으로 깊이 들어가면 얻는 것마저 없는 순간이 되는 것이다. 그것이 곧 무득이다. 《반야심경》에서 말하는 마음은 곧 얻을 바가 없는 마음이다. 다시 말해서 집착되지 않는 마음을 통해서 오히려 무한의 얻어짐이 있는 것이다. 청담 스님은 이무소득고以無所得故 보리살타의반야바라밀다고菩提薩埵依般若波羅蜜多故 심무가애心無罣碍 무가애고無罣碍故 무유공포無有恐怖 원리전도몽상遠離顚倒夢想 구경열반究竟涅槃을 다음과 같이 설하고 있다.

> 본래부터 이 마음은 완전무결하고 절대적인 것인데 중생들이 스스로 육체를 나라고 하는 무명無明을 생명으로 착각했기 때문에 얻어야 할 일이 없고 자꾸 잘못돼 가는 것입니다. 이것은 더욱 큰 망상이며 자아상실의 허탈이며 어리석음입니다. 정말 우주와 내가 둘이 아닌 이치를 깨달은 무소득無所得의 경지면 불쌍한 중생을 보고 불쌍한 마음이 일어나고 나를 위해서는 할 일이 없지만 중생제도를 위해서는 할 일이 많고 잠도 자지 않는 자비심이 있게 됩니다. 오직 남만 위해주는 자비심, 어두움이 없는 밝은 지혜, 끝없는 중생들을 모두 괴로움으로부터 건져내고야 말겠다는 위대한 원력 이것이 깨달은 이의 마음이고 불보살의 마음이며 무소득의 경지입니다.

무소득無所得을 통해 보살이 궁극적으로 열반을 얻는 것에 대한 내용이다. 무소득이기 때문에 최상의 경지에 도달할 수 있다. 무소득은 얻을 바가 없다는 것이 공空이고, 얻을 바가 없는 깊은 도리 때문에 보살은 깨달음을 성취한다고 설한다.

> 보리살타菩提薩埵가 반야바라밀에 의지한다고 했지만 이것은 말이 안 됩니다. 원문의 뜻은 우리의 이 마음이 반야바라의경지에 들어선 것을 가리킵니다. 그러므로 의반야바라밀다고依般若波羅蜜多故는 반야바라밀이 됐기 때문에로 해석해야 합니다. 물질도 허공도 아니면서 이야기할 줄 알고 이야기 들을 줄 아는 이 마음이 곧 반야般若이기 때문입니다.

보리살타菩提薩埵를 줄여서 보살이라고 부르는데 각유정覺有情 즉 깨달은 중생을 말한다. 보살은 위로는 깨달음을 구하고, 아래로는 중생을 제도한다는 자리이타自利利他를 그 목표로 하고 있다. 대승불교에서는 불교수행을 하는 모든 사람을 보살이라 지칭한다. 《반야심경》에서 보살은 올바른 지혜의 완성자로서 사물의 실상을 관조하고 그 바탕 위에 중생을 제도하는 것이다. 보살은 무소득無所得의 이치를 터득한 사람이다. 또 보살은 반야바라밀을 체득한 사람이라고 설한다.

청담 스님은 의반야바라밀다고依般若波羅蜜多故는 '반야바라밀다에 의지한 까닭에'라는 뜻으로 무소득과 연결시켜 생각할 때 얻을 바가 없는 것 때문에 지혜의 완성에 다다를 수 있다고 본다. 반야바라밀다에 의지하면, 첫째 심무가애心無罣碍하고, 둘째 무유공포無有恐怖하고, 셋째 원리전도몽상遠離顚倒夢想하고, 넷째 구경열반究竟涅槃의 값진 열매를 얻게 된다. 첫째 열매인 심무가애는 마음에 아무 걸림이 없다는 것으로 결국 지혜의 완성은 모든 장애를 없어지게 하는 것이다. 무소득이기 때문에 우리의 마음을 덮는 아무런 장애도 없으며, 마음에 아무런 속박도 없어진다.

육신이나 물질 등의 객관에 대한 번뇌 망상을 다 버리고 마음자리에 돌아왔기 때문에 아무데도 구애가 없다는 것입니다. 마음은 본래 구애가 없습니다. 아무데도 거리낄 것이 없는 진공과 같은 마음은 불법을 닦아야 할 필요도 없고 망상도 없으니 망상을 떼어낼 버릴 일도 없고 아무데도 걸린 데가 없습니다.

무유공포는 두려움이 없다는 것이다. 마음에 아무 거리낌이 없으면 그 결과로 두려움이 없게 된다. 지혜의 완성에 의해 얻어지는 두 번째 열매인 무유공포는 일체의 두려움이 걷히고 밝은 세계의 펼쳐지는 것을 말한다.

그래서 지은 업業을 따라 천당, 지옥, 인간, 축생, 아귀의 세계를 돌고 돌면서 생사를 거듭하는 생사고生死苦를 받아야 하기 때문에 중생세계이고, 마음의 본바탕을 저버리고 객관세계 물질세계가 실제로 있는 것으로 착각하고 육체가 나라고 미迷했기 때문에 이러한 생활을 뒤바뀐 세계, 꿈의 세상이라고 합니다. 전도몽상顚倒夢想의 세계를 완전히 버리고 마음을 깨달아서 마하반야바라밀다摩訶般若波羅蜜多한 것을 원리전도몽상遠離顚倒夢想이라 표현한 것입니다.

청담 스님은 지혜의 완성으로 얻어지는 것은 원리전도몽상이라고 보고 있다. 원리전도몽상은 '뒤집히고 꿈꾸듯 살아가는 것을 멀리 떠난다.'라고 풀이할 수 있다. 꿈꾸듯 살아가는 우리의 삶을 멀리 떠나보내고 올바른 삶을 살아가야 한다는 말이다. 전도몽상은 결국 뒤바뀐 상태, 올바르지 못한 상태, 직관력이 흐려지는 현상으로 존재의 본성을 환상적으로 꿈꾸듯 보거나 집착해서 보는 상태가 되어 버리는 것이다.

나는 육신이 아니고, 나고 죽음이 없는 대자재大自在한 우주의 핵심임을 증득한 보살은 일체에 걸림이 없고 중생을 위해서라면 자기의 창자라도 끌어내 먹여줄 수 있는 대자비심으로만 가득하여 현상계와 육신에 얽매인 이 꿈속의 세상살이, 뒤집힌 관념을 멀리 여읜 분이므로 두려움도 없고 걸릴 것도 없고, 뒤집힌 꿈 세상을 여의고 마지막 마음자리에 들어섰다는 것입니다. 그래서 이것을 구경열반究竟涅槃이라 했는데, 이 구경열반은 바로 부처님의 경지를 말하는 것입니다. 이 모든 것이 우리가 마음자리를 깨달음으로 성취되고 마음으로 완전히 돌아선 것이 구경열반입니다.

자성自性을 보지 못하면 살아도 꿈속에서 사는 것 같아서 살긴 살아도 산 것 같지가 않다는 의미이다. 이것저것 끝없는 욕망의 갈증에 허덕일 뿐이다. 자성을 보지 못하면 진정한 영혼의 만족이 없어 날이 갈수록 욕망의 갈증만 증폭된다. 이런 삶은 암흑의 밤중에 사는 삶이다. 자성은 영혼을 밝혀주는 빛인데 그 빛이 없으니 칠흑 같은 밤인 것이다.

《반야심경》에서는 뒤바뀐 생각을 멀리 떠난 것이 자기의 참모습이라고 가르치고 있다. 존재의 실상을 뒤바뀐 모습으로 보지 말고 깨달음의 눈, 지혜의 견해를 갖고 보라는 것이다. 그렇게 할 때 마침내 마지막 열매인 구경열반을 얻게 된다. 구경열반은 보살이 지혜의 완성으로서 얻게 되는 종착점으로 최상의 경지이다. 인간의 고통 원인이 되는 온갖 탐貪·진瞋·치癡 삼독三毒과 번뇌망상을 불을 끄듯이 완전히 소멸한 상태이다.

청담 스님의 이 대목은 지혜의 완성으로서 보살이 얻게 되는 경지를 밝힌 것이라며 "보살은 지혜의 완성으로서 마음에 걸림이 없고, 마음에 아무 걸림이 없기 때문에 두려움이 없고, 두려움이 없기 때문에 뒤바뀐 삶을 떠나 마침내 열반을 얻는다."고 설한다. 우리는 꿈속에서 도둑이 쫓아온다고 이리 도망치고 저리 쫓기면서 식은땀을 흘리지만 눈을 뜨고 보면 따뜻한 이불 속에 누워 있는 자기 자신을 발견하게 된다. 꿈속의 상황과 꿈을 깬 상황을 바로 아는 것이 지혜이다. 꿈을 깨고 나면 아무런 두려움도, 쫓김도, 걸림도 없어진다. 상처투성이의 뒤바뀐 꿈속에서 깨어나면 우리의 몸과 마음은 아무런 장애도 받지 않아 편안해진다. 꿈을 깨고 지혜의 눈을 뜨면 모든 존재의 실상을 바로 볼 수 있는 것이다. 청담 스님은 삼세제불三世諸佛 의반야바라밀다依般若波羅蜜多 고득아뇩다라삼먁삼보리故得阿耨多羅三藐三菩提 지혜의 완성으로 깨달음의 절정에 이르는 것에 대해 다음과 같이 설하고 있다.

> 삼세제불三世諸佛 의반야바라밀다依般若波羅蜜多 즉 삼세의 모든 부처님이 반야바라밀에 의지했다는 말은 본연의 마음자리에 들어섰다, 마하반야에 들어섰다는 말인 것입니다. 마음을 깨쳐야 인간으로서 하고 싶은 일을 다 마친 것입니다. 알고 싶은 것, 다하고 싶은 것, 모자람이 없이 다할 수 있는 능력이 갖추어 진 것입니다. 그러면 마음은 모두 쉬어집니다. 다만 중생이 꿈을 못 깨고 시비是非하고 싸우는 모양이 안타까워 깨쳐주고 건져주는 일이 남아 있을 뿐입니다.

청담 스님은 "텅 비어 아무 것도 얻을 것이 없는 도리, 즉 반야바라밀다般若波羅蜜多를 통하여 과거, 현재, 미래의 모든 부처님은 무상정각(無上正覺, 더없이 뛰어난 부처의 깨달음)을 성취한 것"이라고 설한다. 모든 보살도, 부처도, 반야로서 인생의 진실을 삼는다. 삼세제불三世諸佛이 지혜의 완성으로서 정각正覺을 이루는 것을 말하고 있다. 삼세제불은 보살보다 차원이 높은 분으로, 과거·현재·미래를 통틀어서 깨달음을 이루신 분이다. 그러므로 삼세제불三世諸佛은 인간으로서 이룰 수 있는 궁극의 경지를 온전히 성취하신 진리의 화현化現이다. 지혜의 완성으로서 아뇩다라삼먁삼보리를 얻은 것이다.

우리가 아뇩다라삼먁삼보리의 마음으로 살면 부처의 마음으로 사는 것이니 버릇과 업業에서 뛰쳐나올 수가 있고 이 세상도 이상 사회를 만들 수 있습니다. 그런데 여기서 아뇩다라삼먁삼보리의 경지를 마음을 깨친 것이라고 했지만 마음을 깨친 것도 깊고 얕음의 차이가 있어서 보살의 경지와 부처의 경지가 구별되고 보살도 오십일위五十一位의 차이가 있음을 알아야 합니다. … 중생 제도만 남아 있지만 이것도 하는 것이 없이 백억 화신을 나투어 제도할 뿐입니다. 이처럼 더 할 일이 남아 있지 않고 이 이상은 없는 우주에 꽉 찬 내 마음을 남김없이 깨쳐서 완전한 해탈을 이룩한 깨달음이 아뇩다라삼먁삼보리인 것입니다.

반야바라밀다에 의지하기 때문에 아뇩다라삼먁삼보리를 얻는다. 반야바라밀다에 의지한다 함은 의지할 바 없는 것에 의지한다는 의미이다. 이렇게 볼 때 반야바라밀다는 원인이요, 아뇩다라삼먁삼보리는 결과이다. 그러면 보살이 성불하기 위해서 어떻게 행해야 하는가? 그것이 바로 육바라밀六波羅蜜이다.

보시布施·지계持戒·인욕忍辱·정진精進·선정禪定·반야般若 바라밀로 《반야심경》에는 오로지 반야바라밀만 나오는데, 나머지 5바라밀은 말하지 않았다 하더라도, 이 반야바라밀에 나머지 5바라밀이 포함하고 있다. 육바라밀에서 가장 중요한 것이 바로 반야바라밀인데 나머지 5바라밀을 행하더라도, 이 반야바라밀을 행하지 못하면 성불을 할 수 없다. 그래서 오로지 반야바라밀에만 마하摩訶가 붙는다.

이 반야바라밀을 닦아 아뇩다라삼먁삼보리를 얻으므로 이 반야바라밀을 부처님의 어머니라고 한다. 그래서 반야바라밀을 불모佛母라고 부른다. 반야바라밀다로 말미암아 부처가 탄생되기 때문에 불모인 것이다.

아뇩다라삼먁삼보리는 범어를 그대로 음역한 말로서 무상정등정각無上正等正覺이라고 번역한다. 그것을 줄여서 무상정각無上正覺, 정각正覺이라고 한다. 아뇩다라삼먁삼보리는 깨달음의 절정을 나타낸 말로서 더없이 높고 충만한 깨달음을 뜻한다. 다시 말해서 깨달음의 완전무결한 상태이다. 한 순간의 깨달음이 아니라 영속적인 위없는 깨달음이 무상정각이다. 결국 지혜의 완성에 의지했기 때문에 모든 부처님도 깨달음을 이루신 것이다. 지혜의 완성으로 말미암아 보살도 생기고, 부처도 생겨난다.

또한 보살의 법法과 삼세제불의 가르침도 지혜의 완성에서 나온 것이다. 이처럼 지혜의 완성은 모든 것을 포함하기도 하고, 모든 것을 발산시키기도 한다. 그래서 지혜의 완성은 심오하며 공덕이 수승하고 가장 훌륭한 가르침이다. 청담 스님은 고지故知 반야바라밀다般若波羅蜜多 시대신주是大神呪 시대명주是大明呪 시무상주是無上呪 시무등등주是無等等呪 능제일체고能除一切苦 진실불허眞實不虛에서 다음과 같이 설하고 있다.

> 석가여래께서 새벽에 문득 별을 보고 마음자리를 깨달았다고 하는 것이 얻음 객관이 있고 깨달음을 인식하는 주관이 있는 그런 식의 마음자리는 아닙니다. 석가께서 깨친 마음자리는 《반야심경》의 대신주大神呪, 대명주大明呪입니다. 그 위에 아무것도 더할 것이 없는 최후의 무상주無上呪입니다. 그러나 그것은 아만我慢이나 법만法慢은 아닙니다. 오직 이것만이 일체의 모든 것 가운데 제일입니다. 그래서 무상주無上呪라 한 것입니다. … 그야말로 유아독존唯我獨尊이란 뜻으로 표현된 것이 무등無等입니다. 등等은 평등하다, 같다는 뜻인데 무등無等하면 같지 않다 일체가 뛰어나다, 그런 뜻입니다. 그러면서 이 마음자리는 일체一切와 둘이 아닙니다. 일체만유의 마음이 둘이 아닌 평등입니다. 그래서 等 자가 한 번 더 들어갔습니다. 무등등주無等等呪, 즉 일체와 같지 않고 모

든 것을 초월했으면서 일체와 둘이 아닌 진리의 주문이란 뜻입니다.

이 부분에서는 지혜의 완성 그 자체를 하나의 주문으로 보는 것이다. 그 주문은 대신주大神呪요, 대명주大明呪요, 무상주無上呪요, 무등등주無等等呪이다. 다시 말해서 크게 신비롭고, 크게 밝고, 최상이며, 비교될 것이 아무것도 없는 주문이란 뜻이다. 청담 스님은 "대신주는 위대한 주문이며, 대명주는 심원한 지혜의 주문이며, 무상주는 최고의 주문이며, 무등등주는 어디에도 견줄 바 없는 높고 심회된 주문이란 뜻"이라고 설한다. 지혜의 완성은 일반적인 언어로서는 표현할 수 없기 때문에 주문으로 나타내고 있다.

주呪는 범어로 만트라라고 하는데 다라니라는 말과 함께 사용하고 있다. 그 뜻은 주문呪文 혹은 진언眞言인데 주문 속에는 아주 많은 내용이 종자로서 함축되어 있기 때문에 그 뜻을 번역하지 않는 경우가 많다. 다시 말해 주문 속에는 수 많은 뜻이 갈무리되어 있다.《반야심경》의 내용은 너무 깊고 오묘해서 그것은 하나의 주문으로밖에 표현할 수 없는 것이다. 그 주문은 지혜의 광명으로 무지를 깨뜨리는 지고한 것이다.

이런 일체의 장애를 해탈하려면 구경열반究竟涅槃에 들어가서 힘을 얻어야 합니다. 정진을 많이 해서 마음의 힘이 커지면 육신의 고통이나 정신의 고통이나 객관의 고통이나 일체의 고통을 벗어나게 됩니다. 능제일체고能除一切苦란 말이 바로 이런 것을 가리킨 말입니다. 삼세三世의 모든 부처님들은 반야바라밀般若波羅密을 다 마쳐서 아뇩다라삼먁삼보리를 성취하신 분이므로 일체의 고통을 해탈하셨는데 이것이 곧 마하반야摩訶般若가 그렇다는 뜻이고 우리의 마음이 그렇다는 뜻이며 우주의 핵심인 내가 그렇다는 뜻입니다.

능제일체고能除─切苦 진실불허眞實不虛는 앞의 조견오온개공照見五蘊皆空해서 도일체고액度─切苦厄하는 내용을 다시 한 번 강조하고 있다. 즉 반야심경의 총결 부분이다. 지혜의 완성은 능히 일체의 괴로움을 제거하고 진실해서 헛되지 않은 것이다. 그 어떤 문제라도 지혜의 완성으로 해결되지 않는 것은 없다. 그래서 능히 일체의 괴로움을 벗어나는 일이 가능하다. 지혜의 완성을 진실불허眞實不虛의 대목에서는 믿음의 차원으로 끌어올리고 있다. 진실되어 헛되지 않는 경지는 믿음의 말씀으로 받아들여야 한다. 믿음 속에는 실천을 내포하고 있다.

청담 스님은 지혜의 완성은 방편의 도리가 아니라 공의 도리를 밝힌 것이기 때문에 진실하여 헛된 것이 아니라며 맨 앞에서 관자재보살이 일체의 고통을 건넌 경지를 설했는데, 이제 마지막 구절로 능히 일체의 고통을 제거하는 경지에 도달케 함으로써 지혜의 완성을 마무리 짓고 있다.

마지막으로 고설故說 반야바라밀다주般若波羅蜜多呪 즉설주왈卽說呪曰, 아제아제 바라아제揭諦揭諦波羅揭諦 바라승아제波羅僧揭諦 모지菩提 사바하娑婆訶를 스님은 다음과 같이 설하고 있다.

> 반야바라밀에 들어서는 주문이 있는데 이것을 외우면 성불한다고 합니다. 부처님께서 다라니多羅尼를 일러주시고 늘 외우기만 하고 뜻을 알려 하지 말라 하셨습니다. 다른 것은 다 견성하고 깨치라며 설명하지만 오직 다라니만은 설명을 안 해 놓으셨습니다. … 그러므로 마음공부는 권위 있는 선지식을 모시고 해야 합니다. 위대한 불타의 가르침에 원願을 세우고 경솔한 마음가짐을 가져서는 결코 안 되며 공부하는 도중에 나타나는 마음의 경계를 멋대로 해석해서는 안 됩니다. …《반야심경》의 주문은 열 세자 밖에 안 되는 아주 짧은 주문에 속합니다. 이 열 세자만 외우면《반야심경》전문을 다 외우는 것과

같은 공덕이 있고 또한 팔만대장경을 다 읽는 것과 같은 공덕이 있습니다. … 이 주문만 외워도 순진무구한 본연의 나를 깨치고 영원절대하고 우주 이전, 차원 이전인 이 '마음' 일체를 초월하면서 일체를 포괄하고 있는 이 마음을 깨치게 됩니다. 그래서 신통神通도 얻고 지혜智慧를 얻는 사람까지 있습니다. 우리는《반야심경》의 진리를 깊이 믿고 실행하는 불교인이 되지 않으면 안됩니다. 그렇게 하면 금생今生이 안 되면 내생來生이라도 필경 마하반야摩訶般若의 큰 지혜를 이루게 되고 큰 복을 짓게 됩니다.

여기서 설해진 주문은《반야심경》의 결론이다. 그것은 곧《팔만대장경》의 결론이며, 불교 전체의 결론이라 할 수 있다.《반야심경》전체의 내용을 이 한 구절의 주문으로 압축하고 있다. 그렇기 때문에 주문은 번역하지 않는 것을 원칙으로 한다. 아제아제바라아제揭諦揭諦波羅揭諦 바라승아제波羅僧揭諦 모지菩提 사바하娑婆訶는 음역한 것으로 아제揭諦는 '가다'의 뜻인데, 호격으로 가는 이여 혹은 청유형으로 '가자', '가세'라고 번역할 수 있다. 바라아제波羅揭諦는 '피안으로 가다'는 뜻이다. 바라아제는 '저 언덕으로 가는 이여 혹은 저 높은 곳으로 가자'라고 의역할 수도 있다.

이것은 도일체고액度一切苦厄 혹은 능제일체고能除一切苦한 상태이다. 승僧은 집단 모두 혹은 총總의 뜻이 있다. 보리菩提는 각覺이다. 사바하娑婆訶는 원만, 성취, 구경 등의 뜻이 있는데, 앞의 내용이 원만히 이루어지도록 기원하는 의미가 담겨 있다. 주문은 "가는 이여, 가는 이여, 저 언덕으로 가는 이여, 저 언덕으로 온전히 가는 이여, 깨달음이여, 영원하여라."로, 또 "가세, 가세, 저 언덕에 가세, 우리 함께 저 언덕에 가세, 깨달음이여, 행복이 있어 지이다."로 풀이할 수도 있다. 이 주문이《반야심경》의 마지막을 마무리 짓고 있다. 이 주문 속의 "가는 이여."는 당신은 어디를 향해 가고 있는지 묻고 있다.

경남과학기술대학교에 조성된
청담 스님 시비 및 흉상

불교는 마음을 닦는 공부이다. 마음을 닦기 위해서는 자신이 과연 어느 방향을 향해 가고 있는지 항상 되새겨 보아야 한다. 어릴 때는 청년을 향해, 청년은 중년을 향해, 중년은 노년을 향해 쉼 없이 가는 인생이지만, 그냥 가게 내버려 두어서는 안 된다. 육신은 죽음을 향해 가고 있지만 마음은 지혜의 완성을 향해 나아가야 한다. 누구나 피안彼岸을 향해 가려고 노력하고 진정한 행복과 평화를 향해 가야 한다. 지혜의 완성은 우리에게 행복과 평화와 자유를 가져다준다는 확신을 갖고 옆길을 돌아보지 말고 온전히 피안을 향해서 앞으로 가야 한다.

《반야심경》은 피안을 향해 가는 것처럼 공덕을 닦기 위해서 삶을 살아가야 한다는 것을 마지막 구절에서는 잘 나타내 주고 있다. 《반야심경》의 주문을 이해하려면 결국 생활 속에서 지혜를 완성할 때, 그것이 진정 살아있는 반야가 된다.

청담 스님이 평생 설한 법문法門과 행行, 모든 사상을 한 마디로 표현한다면 마음이다. 또한 스님이 이해한 불교의 대의가 바로 마음이었고, 《팔만대장경》의 모든 내용이 모두 마음 하나로 설명되어진다고 말하고 있다. 《반야심경》 강설에서도 마음 사상을 표현하고 있다.

수행修行의 실천은 반야般若와 하나로 결합되는 것이고, 이렇게 수행력에 근거한 지혜가 있을 때 비로소 반야가 되는 것이라고 주장한다. 반야의 지혜가 구족할 때 도피안到彼岸, 곧 바라밀다波羅蜜多는 결국 꿈을 깨고 사물과 현상을 바라보는 것이며, 자신의 실상을 올바로 관조하는 것이다. 이는 항상 성성적적(星星寂寂, 깨어 있되 번뇌가 없는 상태를 이르는 말)한 화두를 들고 수행하여야 한다는 간화선의 입장을 견지하고 있는 것이다. 이렇게 될 때 공空을 깨달을 수 있으며, 이것이 《반야심경》이 궁극적으로 추구하는 것이라고 보고 있다.

청담 스님은 우리가 경계에 얽매여 구속을 받는 것은 중생 놀음이고 육신이 내가 아니고 객관세계는 관념으로 있는 것이라 했다. 환幻인 줄 깊이 깨쳐서 마음이 밝게 드러나면 이것을 해탈이라 하고 이 세계가 바로 공空이라고 설한다. 또한 발심수행發心修行하여 대반야의 해탈을 얻어서 자유자재해야 함을 강조하며 선 수행을 권하고 있다.

부록

주요 저서

법어록 法語錄

《마음》

삼육출판사 펴냄. 칠십 평생을 중생을 일깨우고 정통성을 상실해 가는 불교와 종단을 채찍질하는 일에 헌신하였던 청담 스님의 사상을 한눈에 볼 수 있다. 제1장 자화상, 제2장 불교와 인생, 제3장 마음의 사상, 제4장 역사 앞에서 등으로 구성되어 있다. 살아가는 이 일상자체가 지극한 가르침이므로 일상생활에 부딪히는 모든 상황을 스승으로 삼아 자신의 마음을 들여다보아야 한다고 전한다.

그러면서 불성佛性의 중요성을 설하고 있다. 불성은 부처님과 똑같은 반야의 지혜로써 일체의 모든 존재를 비추어 관찰하기 때문에 어떤 사물이나 대상에 대하여 분별의 마음을 일으켜 취取하거나 버리는捨 차별심의 작용도 없고 어떤 일이나 생각개념에 이끌리어 집착함도 없어야 함을 주장하고 있다.

평생 마음 법문으로 중생을 교화하고 '마음'을 수행의 근본으로 삼았던 스님은 "마음은 만법의 근원으로 마음이 극락정토도 지옥도 창조한다."고 설하면서 마음 철학을 정착시키고 있다. 그러면서 법어록《마음》곳곳에서 "깨달음 즉 반야의 지혜를 얻기 위해서는 계戒를 지키고 참선 수행하고 육바라밀을 실천하며, 항상 순일한 마음으로 지혜를 체득하고 해탈을 성취할 수 있도록 노력해야 한다."고 설하고 있다.

《잃어버린 나를 찾아》

휘문출판사 펴냄. 청담 스님의 법어집으로 자기 자신의 마음을 찾는 길을 제시하고 있다. 평소 설법한 내용을 간결하게 정리해 편찬한 것으로, 일반인들이 불교를 접하는데 좋은 길잡이가 될 만하다. 특히 법문을 비롯하여 사회 각 분야에 기고한 글, 주요 행사나 법회에서 설한 법어, 각 언론에 게재된 원고 등을 묶은 것으로 평소 갖고 있던 불교 사상과 선禪 사상을 엿볼 수 있는 중요한 저서이다.

청담 스님은 법어를 통해 부처를 이룰 수 있는 중생의 성품은 중생과 부처, 둘이 아닌 하나의 성품이며, 일체중생一切衆生과 일체제불一切諸佛의 본성本性이자 근원의 자성自性이라고 하였다. 이 성품은 원래 고요하고 청정하며 보편타당한 진리성을 지니고 있기에 마음을 닦으면 자연스럽게 드러난다. 결국 이 세상의 모든 일들이 한마음으로부터 시작되어 한 마음으로 귀결되는 것이니, 스스로를 낮추고, 상대방을 이해해주는 마음을 가진다면, 곧 부처님과 같은 깨달음을 성취하게 될 것이라고 한다. 평상심을 자아발견과 중생구제에 회향으로 삼아야 함도 설하고 있는데 이는 보살도의 실천과 자비스런 보살의 마음을 가져야 한다는 것이다.

《선입문禪入門》

아카데미서적 펴냄. 청담 스님의 선禪수행과 사상에 대해 설법하고 있다. 제1부 선禪의 사상, 제2부 선禪과 인격형성人格形成, 제3부 선禪에의 회귀回歸, 제4부 선사禪史와 그 배경背景 등으로 구성되어 있으며 참선에 대해 화두를 들고 깨달음을 얻기 위해 수행하는 방법을 설하고 있다.

청담 스님은 《선입문》에서도 어김없이 '마음' 찾는 공부를 설하고 있다. 또한 선에 대해 일반 불자들이 알아듣기 쉽고 접근하기 쉽게 대중적으로 법문했다. 그 당시만 해도 어렵게만 느껴졌던 선을 일반인들이 친근감을 가지고 접근할 수 있도록 '마음'에 접목시켜 강의한 점은 스님의 선 사상이 대중성을 지니고 있음을 엿볼 수 있다.

또한 스님은 한영 대강백으로부터 교학敎學을 배웠다. 그렇기 때문에 교학적인 바탕을 토대로 만공 선사와의 만남 이후 선승禪僧의 가풍家風을 따르고 있음을 알 수 있다. 이는 교학적으로는 마음 사상을 바탕으로 수행에 있어서는 간화선의 입장을 취하고 있음을 볼 수 있다.

청담 스님은 《선입문》에서 "우리나라의 선禪은 선교합일禪敎合一에서 이룩된 조사선祖師禪"이라고 주장하면서 "보조 지눌 선사와 서산 휴정 선사에 이어 근세에 와서 경허 선사를 비롯하여 만공·한암·효봉 선사 등 대선사들의 참구參究와 노력으로 조계종의 종지宗旨가 외롭고 기나긴 가시밭길을 헤쳐 왔다."며 대한불교조계종이 선을 위주로 하면서 기도와 의식, 마음 다스리기 등 다양한 불교를 접맥시킨 통불교 종단임도 설하고 있다.

청담 스님은 1954년 9월 28일 전국 비구승이 모인 자리에서 조계종의 종지를 다음과 같이 규정했다. "본종本宗은 중국 당대의 조계적통曹溪嫡統이며, 신라 선종禪宗 사굴산 개조인 통효범일通曉梵日 대사의 법통을 계승한, 고려 조계산 보조 지눌 국사가 선교제종禪敎諸宗의 진수를 합통合通하여 독립된 조계의 종풍을 창창創唱하고 그 적손嫡嗣인 진각眞覺 국사 등 백천문제白千門弟가 사풍師風을 인양하였다." 이 말에는 청담 스님이 주창했던 많은 사상이 함축되어 있다.

이러한 선은 중국을 거쳐 우리나라의 선 사상에 많은 영향을 주었지만 선에 대한 접근성과 난해함으로 일반인들이 쉽게 접근하기가 어려웠다. 이에 청담 스님은 쉽고 생활에 필요한 마음법문과 선에 대한 법문을 통해 일반인들도 선에 대한 관심을 갖게 한다.

《혼자 걷는 이 길을》

문양출판사 펴냄. 전체가 9장으로 구성되어 있으며 청담 스님의 행장기를 비롯 인생의 삶에 대한 문제를 마음의 노래를 통해 설하고 있다. 우리가 인생을 살아가는 데 힘이 되고 거울이 될 만한 잠언을 수록하고 있으며 절망하는 사람에게 희망을 메시지를 전해주고 있다. 또한 좌절하는 사람에게는 용기의 말을, 불의한 삶에게는 정의를 깨우쳐 주고 어리석은 사람에게는 슬기와 용기를 주는 책이다. 이는 청담 스님이 40년 동안 설법한 내용 가운데 잠언을 가려 뽑은 사상의 핵이라고 할 수 있다.

《어둠속에 비친 서광이여》

호암출판사 펴냄. 청담 스님의 유심唯心철학 사상과 구도자求道者로서의 길을 담은 수상록隨想錄으로, 제1장 세속의 인연을 버리고, 제2장 마음을 어디에다 두었기에, 제3장 가깝고도 먼 길, 제4장 향을 싼 마음, 제5장 열린 문 왜 못 보나 등으로 구성되어 있다.

이 세계는 극락세계가 아니고 사바세계임을 알고 고통을 참아내야 한다고 설한다. 지옥은 고통만 있는 세계고, 극락은 즐거움만 있는 세계지만 그에 비해 사바세계는 고통 반, 즐거움 반인 세계라며 마음보기를 해야 한다고 강조한다. 몸과 마음을 관찰하지 않으며 백년을 사는 것보다, 몸과 마음을 관찰하며 하루를 사는 것이 더욱 값지다고 설한다.

우리 모두는 본래 부처이기 때문에 중생이 부처되기는 하늘의 별 따기보다 어렵지만 본래 부처가 부처되는 것은 본래의 모습을 확인만 하면 되니 참 쉬운 것임을 가르치고 있다.

《산사에 심은 뜻은》

범우사 펴냄. 청담 스님의 산문 중에서 열네 편을 뽑아 모은, 스님의 사상을 가장 잘 표현한 책이다. 청담 스님의 산문은 우리의 마음을 찌르는 명문으로 가득하다. 비록 문학을 업으로 하는 문필가는 아니었지만 그의 글은 우리에게 깊은 공감을 불러일으킨다. 그것은 사색하고 체험한 것이 모든 마음의 결정이기 때문이다. 그러므로 청담 스님의 산문은 모두 마음의 시詩요, 감명 어린, 그리고 의미심장한 법문法門이다.

청담 스님의 마음 표현은 독자에게, 혹은 강청자에게 흐뭇한 정신의 경지를 마련해 주었다. 이 책은 설법을 들을 때, 문장을 읽을 때, 우리는 언제나 인간적인 너무나 인간적인 영혼의 소리를 느낄 수 있음을 알게 해준다.

《마음에서 마음으로》

밀알출판사 펴냄. 청담 스님의 법어집으로, 고승이며 구도자의 표상이었던 스님의 주옥같은 법문을 엮어 놓은 것이다. 유심唯心 철학을 뿌리 깊이 간직한 사상가이자 철인哲人이요 석학碩學이었던 청담 스님의 설법 한마디 한마디는 인생의 교훈이자 참 말씀이며 금언金言이다. 행동으로 실천하는 인욕忍辱과 원력의 대보살이었던 청담 스님의 법문집은 마음의 노래이며 영혼을 살찌우는 위대한 말씀의 꽃다발이다.

제1장 조건 없는 마음의 생활, 제2장 마음을 찾는 생활, 제3장 배움도 얻음도 없다, 제4장 일체가 오로지 꿈 등으로 구성되어 있으며 오늘을 사는 지혜와 마음의 등불 같은 법어가 중생들의 흉금을 울린다. 또한 꿈을 가지고 인간의 모든 정신적 작용을 해설한 《술몽쇄언述夢瑣言》에 대한 해설을 하고 있다. 《술몽쇄언》 정신과 골자는 모두 불교 사상에서 비롯된 것이나 전편을 통하여 단 한 글자의 '불佛'자도 사용하지 않았다고 기술하고 있다.

《마음속에 부처가 있다》

화남출판사 펴냄. 청담대종사 탄생 100주년을 맞아 후학들이 법문을 모아 편찬했다. 한국불교 조계종단의 큰 산과 같았던 청담이 40년간 행하신 법문 가운데 청담 스님 사상의 핵심과 일체유심조一切唯心造의 인생철학을 통한 마음 찾기에 관한 법문을 뽑아 수록했다.

불교의 핵심은 마음을 찾는 것이다. 팔만대장경을 한마디로 줄여 말하라면 오직 마음이라는 것밖에는 없다고 말한다. 청담 스님은 칠십 평생을 두고 목 타는 안타까움으로 중생들에게 법문하였던 것도 이 마음을 찾자는 것이었다. 정신의 대공황 시대에 청담 스님의 법문은 마음이라고 하는 마음, 그 마음은 과연 어디에 있는가를 찾는 길라잡이가 되어준다.

청담 스님은 평생을 두고 두 길만을 걸었다. 하나는 교단정화의 길이요, 다른 하나는 중생교화의 길이다. 그 일을 위해서라면 총무원 수위 자리라도 기꺼이 맡겠다고 피맺힌 호소를 한 적도 있다. 또한 교화를 위해서는 중·고등학생들 모임에도 사양하지 않았다. 그리고 불교의 대사회적인 기능을 역설, 그 처소도 가리지 않고 몸소 뛰어 들었다. 이 법문집은 현대의 병든 문명권에서 자기회복에 대한 청담 스님의 사자후獅子吼는 청중의 가슴속 깊이 새겨진 채 오래오래 메아리치고 있다.

《마음의 노래》

청담문도회 펴냄. 청담 스님의 시와 게송, 어록을 묶어 발간한 시집이다. 스님은 문학에 상당히 조예가 깊었던 것으로 보인다. 시詩적 언어의 표현법이 매우 개성적이고 탁월하다. 또한 수행관修行觀과 수행자세, 깨달음의 세계를 시를 통해 진실하면서도 간곡하게 잘 드러내고 있다.

청담 스님이 《마음의 노래》에서 보여준 특징은 재미있고 감명 깊은 법화法話를 대중적 설법에서 강설·구연하고, 자작 게송이나 시가를 삽입·가창하는 사례가 상당히 보이고 있다는 것이다. 그러기에 《마음의 노래》는 스님 생전에 다양한 부분에서 활용되었던 게 사실이고, 그 열반 후에는 제자·법손들과 뜻있는 신도들이 스님의 유훈遺訓에 따라 교화의 방편으로 책으로 엮은 것이라 본다. 청담 스님은 오늘날 읽어도 조금도 시대차가 느껴지지 않을 만큼 평범한 일상어를 사용하면서도, 파격적인 형식과 내용을 통해 선禪과 불교의 묘리妙理를 전달하고 불타의 가르침을 삶 속에 구현하는 길을 제시하고 있다.

이 《마음의 노래》에서도 마음 철학에 대한 정체성은 변함없이 나타난다. 거기에 우주와 생명, 과학의 측면에서 불교와 선禪의 이치를 풀어내는 안목과 표현에서 시대를 한참 앞서가고 있음을 알 수 있다. 많은 승려 시인들이 현란한 수사修辭를 동원하고 있는 데 반해 청담 스님은 파격적이면서도 평범하고, 규격을 탈피한 과감성 있는 표현을 사용했다. 이는 '마음'을 표현하기 위해 갖가지 방법을 쓴 결과물임을 알 수 있다.

청담 스님 주석 당시의 도선사 전경

더욱 현대화된 표현 속에서 추구悠久하고 심오深奧한 불교와 선禪의 이치를 담아내고 있다는 점도 간과할 수 없다. 스님이 《마음의 노래》에서 보여주고 있는 문학세계는 그 이전의 한글 가사의 전통을 살리면서 동시에 한글 자유시의 전통을 창의적으로 계승하고 있다. 또한, 불교와 선禪의 이치를 현대적이고 일상적이며, 동시에 선사禪師다운 파격적인 표현과 강사講師다운 교리에 입각한 내용으로 표현해 냈다는 점에서 크나큰 성취가 있었다고 평가할 만하다.

청담 스님은 불교문학의 전통을 계승·발전시키고, 이를 대중교화大衆敎化의 효율적 방편으로 틈틈이 활용하고 있다. 불법의 진리와 그 깨달음의 세계를 대중에 전달, 교화하는 것이 최선의 방편임을 깨닫고 이를 실천하였다.

그래서 청담 스님은 '마음의 대장경大藏經'을 자각하고 대중교화에 원력을 세우고, 그 진리를 문학적으로 표현하였다. 하지만 전문적 문인文人이 아니기에 문학文學이라는 관념觀念·허세虛勢 없이, 순연한 교화문학으로서 값진 시가詩歌와 산문을 남길 수 있었다. 그것은 청담 스님의 법력과 권능의 언어 문자적 표현이며, 대중을 향하여 그만한 법력과 권능을 최대한으로 발휘한 것이다.

청담 스님의 깨달음의 세계를 표현한 《마음의 노래》는 마음을 주제로 법문하고, 시도 쓰고, 글도 쓰고, 서도書道를 하며 교화와 수행의 방편으로 삼았던 만큼, 수준 높은 예술의 세계로 승화되어 대중들을 깨침으로 또는 안온의 현실로 이끌어 주고 있다.

부처님의 마음이 선禪이고 말씀이 교敎라면 《마음의 노래》는 곧 선지禪旨를 담은 깨달음의 시라고 할 수 있다. 흔히 선사들의 이심전심以心傳心 법문은 말과 글을 온전히 떠난 진리이다, 그러므로 무슨 시적인 우아한 속취俗趣마저도 완전히 벗어나 있음을 깨달을 수 있다. 그리고 아무리 빼어난 선시禪詩라도 그것은 이미 선禪, 그 자리를 떠나 있으며, 잠시 시의 품에 깃들여 있을 뿐이다. 역대 조사나 선사들의 활구活句와 게송偈頌이 선시禪詩이자 깨달음의 노래 아닌 것이 없으면서 속된 문학의 장르에 머물지 않는 것은, 시詩의 세계보다 마음의 세계와 선禪의 세계를 그리고 있기 때문이다.

강의서 講義書

《신심명信心銘》

보성문화사 펴냄. 청담 스님이 1967년 5월부터 1970년 10월까지 승찬僧璨 선사의 《신심명信心銘》을 강의한 내용을 담은 것이다. 인생의 어려움을 해결할 수 있는 마음속 길을 제시하는 청담 스님의 마음의 법문과 만날 수 있다.

청담 스님은 《신심명》 강의를 통해 승찬 대사가 보여준 중도실상中道實相의 불이세계不二世界와 참마음의 세계가 어떠한 것이며, 어떻게 해야 중도의 삶, 깨달음의 삶, 참다운 행복의 삶을 살 수 있을 것인가에 대해 가르침을 주고 있다.

스님은 모든 저서 곳곳에서 마음에 대한 법문을 설하고 있다. 그중에서도 짧은 게송으로 되어 있는 《신심명》에 대해 남다른 관심을 보여 청담 스님 특유의 가풍과 사상을 엿볼 수 있다. 스님은 마음을 소재로 일상생활 속에서 자신의 삶을 되돌아보게 하는 데 탁월한 기량을 발휘했다. 특히 '마음'이라고 하는 새로운 형식이 널리 퍼지는 계기를 만들었다. 이런 점은 당시 불교를 낯설게 느꼈던 대중들을 불교에 귀의케 하였으며, 어렵게만 느꼈던 선禪에 대해 관심을 불러일으켰다.

《신심명》은 사람의 마음을 가리키는 도를 나타내 보이는 명저이다. 청담 스님은 《신심명》 강의을 통해 막힘없는 강의로 불교의 핵심 사상을 그대로 드러내며 가르침을 전하고 있다. 이 책은 올바르게 사는 삶이란 무엇인지 생각할 시간을 전하고 수행자들에게 수행과 도란 무엇인지 깊이 있게 전한다.

승찬 선사의 《신심명》은 선지禪旨가 완전하게 드러난 조사법문으로서 선종

禪宗에서 애송되어 왔다. 사언절구四言絶句의 시문형식으로서 148구 592자로 되어있는 간단한 글이다. 선禪과 교敎의 핵심 내용을 다 담은 선과 교의 골수 법문이다. 팔만대장경의 심오한 불법의 진리와 1천 7백 공안의 격외도리格外道理가 이 글 속에 포함되어 있다는 평을 받고 있다.

《신심명》의 법문은 의리적義理的으로 되어있는 것 같지만, 이 속에 격외도리가 들어 있다. 또한 불교의 근본 사상인 중도中道의 현묘한 뜻이 담겨 있다. 이《신심명》은 혜능 선사의《법보단경法寶壇經》과 더불어 선종 최고의 어록語錄으로 평가받고 있기도 한다.

선종사禪宗史에 중요한 위치를 차지하고 있는《신심명》의 근본핵심이 무엇인가에 대해 청담 스님은 양변을 여읜 중도 사상에 입각해 있다고 강조한다. 미워함과 사랑함憎愛, 거역함과 순응함逆順, 옳음과 그름是非, 고요함과 어지러움寂亂, 좋아함과 싫어함好惡 등 우리가 일상생활을 하면서 겪는 중생의 상대 개념 즉, 편견을 떠난 중도를 간명하게 표현한 보기 드문 명작이다.

이렇듯,《신심명》은 선과 교를 막론하고 양변을 여읜 중도 사상이 불교의 근본 사상임을 천명한 중도총론中道總論이라고 할 수 있다.《신심명》에서의 신信, 곧 믿음은 보통의 믿음이 아니라 신해행증信解行證 전체를 통하는 믿음이다. 그러니까,《신심명》에서 말하는 신심信心은 양변을 버리어 원융무애圓融無碍한 둘 아닌 세계不二世界 즉, 진여법계眞如法界를 말하는 것이다.

청담 스님은 이것을 해탈, 마음, 자성, 무위진인無位眞人 등 여러 언어로 표현하지만 억지로 이름 붙여 본 것이어서 깨우쳐야만 그 내용을 바로 알 수 있다고 설한다. 물을 마셔 보아야 그 맛을 스스로 아는 것처럼, 물을 마셔보기 전에는 말로 설명해도 물맛을 알 수 없는 것과 마찬가지이다.

청담 스님은《신심명》의 중요성과 위대함에 대해 설하면서,《신심명》이 전하려는 의미를 어떻게 파악 또는 해석하는가? 스님은 그 핵심을 한마디로 마음이라고 말하고 있다.《신심명》법문을 통해 자유와 평화, 지혜와 자비의 삶, 참다운 행복의 삶이 먼 훗날, 어디 먼 곳에 있게 되는 것이 아니라 나의 신심信心 안에 있음을, 지금 여기 나의 삶의 숨결임을 알려주고 싶었던 것이었다.

청담 스님이《신심명》강의를 통해 우리는 승찬 선사가 보여준 중도실상의 둘 아닌 세계인 참마음의 세계가 어떠한 것이며, 어떻게 해야 중도의 삶, 깨달음의 삶, 참다운 행복의 삶을 살 수 있을 것인가에 대해 그 방향을 제시하고 있다.

《반야심경般若心經》

보성문화사 펴냄. 청담 스님이 생전에《반야심경》을 주제로 한 설법을 정리한 책으로, 어려운 불교 용어를 이해하기 쉽게 풀이하고 있다.《반야심경》은 팔만대장경 가운데 반야부에 해당하며, 한국불교 사상의 근저를 이루고 있는 경전이다.

불교경전 가운데 가장 많이 알려지고 또 가장 많이 유통되는 것이 바로《반야심경》이다. 불과 260자밖에 되지 않는 짧은 경문이지만, 대·소승 경전의 내용을 간결하고도 풍부하게 응축하고 있어서, 예불이나 각종 의식에는 물론 식사 때에도 지송하고 있을 뿐 아니라 초종파적으로 공통으로 독송하는 경전이다. 불교에 입문하지 않더라도 불교 사상을 이해하기 위해서는 경전이 뜻하는 바를 이해하기에 앞서 외워두는 것이 필수적이라고 할 만큼 불교 입문서로서의 대표성도 가지고 있다.

부처님의 근본정신으로 돌아가는 것을 표방하는 대승불교 운동은 곧 공空 사상, 반야般若 사상, 연기설緣起說, 중도中道 사상, 유심唯心 사상, 열반涅槃 사상, 보살菩薩 사상 등을 그 사상적 배경으로 하고 있다. 그 중에서 공空 사상은《반야심경》을 비롯한 대승경전에서 공통적으로 깔려 있는 중요한 핵심 사상이다.

청담 스님은 《반야심경》 강설에서 중심 사상은 공空이라고 설한다. 공空은 '아무것도 없는 상태'라는 뜻에서 시작하여 "물질적인 존재는 서로의 관계 속에서 변화하는 것이므로 현상으로는 있어도 실체·주체·자성自性으로는 파악할 길이 없다."는 뜻으로 쓰인다고 주장한다.

사성제四聖諦·팔정도八正道·오온五蘊·십팔경계十八境界·십이연기十二緣起·지智와 득得·일체一切의 관념觀念과 객관적 존재를 본질적인 관점에서 공무空無라고 갈파喝破하고 있다. 《반야심경》에서 갈파한 반야바라밀다般若波羅密多나, 공空은 개개인의 참된 마음이다. 걸림 없는 마음, 공포恐怖가 없는 마음, 교만驕慢하지 않는 마음, 영원히 맑고 마르지 않는 샘물과 같은 마음이며 부정을 겪어 그것을 넘어선 대 긍정의 마음이다. 여기서 평화와 통일과 자유와 해탈이 모두 유래됨을 이 경전을 통하여 자각할 것을 가르치고 있다.

청담 스님이 평생 설한 법문과 행, 모든 사상을 한 마디로 표현한다면 마음이라 할 수 있다. 또한 청담이 이해한 불교의 대의大義가 바로 마음이었고, 팔만대장경의 모든 내용이 모두 마음 하나로 설명된다고 말하고 있다. 《반야심경》 강설에서도 한결같이 마음 사상을 표현하고 있는 만큼 이 마음 사상 속에 내재되어 있다고 설하고 있다.

《금강경대강좌金剛經大講座》

보성문화사 펴냄. 일반대중이 쉽게 부처님 가르침이나 깨달음의 세계로 나아가는 방법에 대해 설하고 있다. 《금강경》에 이르기를 "삼세의 모든 부처님이 위없는 바른 깨달음을 성취하는 법이 다 이 경으로부터 나왔다"고 하였고, 또 "이 경 가운데 네 글귀四句偈만이라도 지송持誦한 공덕이 삼천대천세계에 가득 찬 칠보로서 보시한 복보다 몇 만 배나 수승하다"고 하였다.

평소에 《금강경》에 대한 조예가 깊었던 청담 스님은 선禪과 교敎를 함께 체득하여 항상 강조하기를 "이 경은 최상승의 심지법문(心地法門, 마음으로 체득한 진리)으로 삼공(三空, 인간 자신 속에는 실체로서의 자아가 없다고 보는 견해인 아공我空, 존재하는 모든 것은 인연에 의해 생기는 것이므로 실체로서의 자아는 없다는 견해로 깨우침을 증득한 상태 또는 경지인 법공法空, 제법의 본성에 계합하는 것으로 수행에 의해 이러한 경지를 증득하는 구공俱空을 가리킨다)의 진리를 확철廓徹하여 금강불괴(金剛不壞, 금강과 같이 견고하여 파괴되지 않는 것을 말함. 이를테면 법신을 금강불괴의 몸이라 함과 같음)의 구경지증(究竟智證, 일과 사물의 이치를 알아서 깨달음)을 증오證悟케 하는 성불작조(成佛作祖, 부처가 되고, 조사가 됨)의 비전秘典이며, 무상보리의 보장寶藏"이라고 찬탄하였고 또 대중을 위해서 여러 번 강설했다.

청담 스님은 정화불사의 원만성취를 기원하는 사부대중의 청으로《금강경》대법회를 열어 3·7일 동안 사자후를 친설親說하였고, 조계사 법당에서 약 1년 여 50여 회의《금강경》강설을 하였다고 제자 혜성 스님이 회고한다. 그 법문을 보전하기 위하여 이를 빠짐없이 녹음하였고, 편찬위원으로서 혜성慧惺 스님, 조명기趙明基, 이종익李鐘益, 김관호金觀鎬, 심재열沈載烈 박사를 비롯한 인사로 구성하고 6천여 장의 원고가 정리 되었으며, 활자화의 작업을 맡아 온 지 약 1년의 광음이 흐른 뒤에 비로소 이《금강경대강좌》가 햇빛을 보게 되었다고 한다.

청담 스님은《금강경대강좌》에서 일반대중이 쉽게 부처님 가르침을 선禪적인 입장에서 접할 수 있도록 하기 위해 '마음'을 어떻게 깨닫는 것인지에 대해 설명했다. 스님은《금강경대강좌》에서도 처음부터 끝까지 '마음자리'를 찾는 일이 무엇보다 중요하다며《금강경》전체를 한 단어로 표현하면 '마음'이라고 설했다. 청담 스님은《금강경》에 대한 이해가 목표가 아닌, 모두가《금강경》의 도리를 깨닫도록 하는 선지식善知識으로서의 자세를 잃지 않았다. 알음알이知解에 떨어지지 않도록 듣는 사람으로 하여금 항상 '마음'에 관심을

청담 스님 회상에 모인 사부대중 주석처 도선사 백운정사 앞에서. (원내는 청담스님)

기울이도록 배려했다. 이것이 청담 스님의 《금강경대강좌》가 가지고 있는 큰 장점이다. 청담 스님은 "그러므로 현상계에서 생명을 찾을 수 없고 그것은 다 마음의 그림자이며, 마음이 곧 여래이니 여래는 오직 마음에서 찾아야 한다."고 강조했다. 여래는 곧 '마음'이다. 《금강경대강좌》에서 스님이 강조하고자 하는 핵심은 다른 저서著書에서 보여주는 것과 같이 '마음철학'이라 하겠다.

청담 스님이 처음부터 저술을 목적으로 하여 이루어지 않았음에도 불구하고, 《금강경대강좌》는 수행을 통한 깨달음의 안목과 구체적 현실 속에 행할 수 있도록 일반 신도를 향해 쉽게 '마음'을 찾는 방법에 대해 설명하고 있다. 그리고 이를 통해 깨달음의 세계로 중생을 인도하고 있다. 청담 스님은 한국 불교의 초석礎石을 다지고, 선지식의 혜안慧眼과 인욕忍辱보살의 구체적인 실천을 한 큰 스승으로서 수행의 토대로서 마음과 선禪의 중요성을 강조한다. 그 마음은 진리, 부처, 불성, 신, 우주 등과 하나로 설명했다. 수행이란 본래의 마음을 등지는 모든 중생들이 그 본래의 마음을 찾아가는 길이라며, 마음의 수행법을 《금강경대강좌》 곳곳에서 밝히고 있다.

청담법계 青潭法系

青潭門徒 法系

大韓佛教曹溪宗 三角山 道詵寺 山中秩

門長: 振佛獎　慧惺
祖室: 潁霞　　玄惺
會主: 東光
住持: 松山　　道瑞

靑潭門徒秩 上佐

正天 法泉 慧然 慧明 慧淨 慧圓 道圓 慧惺 玄惺 法華 慧雲 慧慈 東光 光福
寶忍 慧德 定慧 慧空 性道 慈月 玄求 慧宗 三淸 慧確 寂光 大忍 慧忍 九光
月天 寶月 慧善 慧日 性德 法輪 慧覺 浩雲 慧峰 慧龍 慧福 無門 普德 慧光
德月 性鉉 寶光 慧學 炫煜 慧一 慧默 三眼 法光 慧善 成道 惠宗

靑潭恩法 上佐

圓明 道雨 雪山 尙悟 一庵 道賢 慧光 妙嚴

靑潭法孫秩

知醒 性慧 鳳來 淨心 道玄 道湖 道雄 道海 道燕 道滿 道峰 道敏 道相 道隱
道光 道徹 道洙 道瑞 道正 道文 道弘 道首 道信 道香 道永 道河 道勳 道性
道權 道法 道觀 道龍 道岩 道流 道燦 道眞 道俊 道基 道潤 道覺 宗宣 法藏
宗明 宗性 宗植 宗昊 性輪 宗烈 宗默 宗錫 泰玄 泰藏 泰元 智弘 觀明 眞性
能山 眞詵 古鏡 法常 普明 智玄 昇旭 白山 默和 南日 勝忍 東曉
(무순)

靑潭 因緣在家弟子

박원순 황정원 박세일 김선근 조종래 이근우 목정배 권기종 김기원 이용부 이진두 김기중 황귀철 이철교 김해근 박경훈 박완일 심재열 오형근 윤청광 이건호 장규상 김용환 이은상 서정주 이종익 박중관 임중빈 박생광 설창수 정양수 임영창 서경수 송만덕화

청담 스님 관련 자료(참고자료)

Ⅰ. 青潭 저서

《青潭瞑想錄》, 世代, 1970.

《잃어버린 나를 찾아》, 徽文出版社, 1972.

《마음》, 아카데미, 1975.

《禪入門》, 삼육출판사, 1977.

《金剛經大講座》, 보성문화사, 1980.

《金剛經五家解》, 법륜사, 1980.

《般若心經講說》, 보성문화사, 1982.

《마음에서 마음으로》, 밀알, 1983.

《영혼의 목소리》, 동천사, 1985.

《信心銘講義》, 보성문화사, 2007.

《마음에 눈을 뜨고》, 어문각, 1990.

《어둠속에 비친 서광이여》, 호암출판사, 1992.

《人生은 無所有》, 삼육출판사, 1993.

《산사에 심은 뜻은》, 범우사, 1994.

《혼자 걷는 이 길을》, 상아, 1994.

《마음속에 부처가 있다》, 화남, 2003.

《마음 꽃다발》, 산마루글방, 2003.

《마음》, 호암출판사, 1992.

《내가없는데 나를 찾으라 하네》, 호암출판사, 1994.

《인생》, 부글북스, 2011.

II. 단행본류

도선사, 《아! 청담조사》, 성적사진첩편집위원회, 1973.
공광규, 《마음동자》, 화남, 2003.
　　　　《청담 스님의 그림자를 찾아서》, 불교문예, 2003.
金龍煥 편, 《靑潭筆影》, 봉녕사승가대학·청담장학문화재단, 2004.
조계종 불학연구소, 《봉암사결사와 현대한국불교》, 조계종출판사, 2008.
妙嚴, 《회색고무신》, 시공사, 2002.
李慧惺 편저, 《혼자 걷는 이 길을》, 상아출판사, 1994.
　　　　엮음, 《내가 없는데 나를 찾으라 하네》, 호암출판사, 1994.
청담문도회, 《靑潭大宗師全書》, 卷1 - 마음, 불교춘추사, 1999.
　　　　《靑潭大宗師全書》 卷2 - 신심명·선입문, 불교춘추사, 1999.
　　　　《靑潭大宗師全書》 卷3 - 잃어버린 나를 찾아, 불교춘추사, 1999.
　　　　《靑潭大宗師全書》 卷4 - 잡언록, 불교춘추사, 1999.
　　　　《靑潭大宗師全書》 卷5 - 마음의 노래, 불교춘추사, 1999.
　　　　《靑潭大宗師全書》 卷6 - 가까이에서 본 청담, 불교춘추사, 1999.
　　　　《靑潭大宗師全書》 卷7 - 금강경1, 불교춘추사, 1999.
　　　　《靑潭大宗師全書》 卷8 - 금강경2, 불교춘추사, 2004.
　　　　《靑潭大宗師全書》 卷9 - 반야심경, 불교춘추사, 2005.
　　　　《靑潭大宗師全書》 卷10 - 정화운동과 한국불교, 불교춘추사, 1999.
　　　　《靑潭大宗師全書》 卷11 - 청담대종사의 생애와 사상, 불교춘추사, 2010.
慧慈, 《빈 연못에 바람이 울고 있다》, 생각과 나무, 2003.
　　　　《현대한국불교의 청담대성사 재인식》, 문예마당, 2008.
　　　　《그대는 그대가 가야 할 길을 알고 있는가?》, 아침단청, 2013.
김광식, 《스님은 속이 탁 트인 어른이었지요》, 여성불교, 2004.
　　　　《아! 청담》, 화남, 2004.
　　　　《열린 스승 열린 종교인 청담큰스님》, 여성불교, 2003.
　　　　《스님은 제게 동문이자 선지식이었습니다.》, 여성불교, 2003.
　　　　《평등한 사상으로 비구니를 대하셨던 어른》, 여성불교, 2003.
인환, 《인간적인 어른으로 기억합니다.》, 여성불교, 2003.
법산, 《스님의 만행이 준 깨침을 간직해 전하고 있습니다.》, 여성불교, 2003.
전경화, 《청담 스님 인터뷰》, 法施, 1969.
불교전기문화연구소, 《다시 태어나도 이 길을》, 불교영상회보사, 1996.
김수환, 《청담대종사 탄신100주년 기념 축사》, 선문화, 2002.
강원룡, 《청담대종사 탄신100주년 기념 축사》, 선문화, 2002.

공종원,《종교간의 대화를 이끈 청담 스님》, 선문화, 2002.
정천,《큰스님은 승려의 자세가 담긴 사미율의를 강조하셨습니다.》, 여성불교, 2002.
김기원,《님의 마음》, 여성불교, 2002.
선문화사,《청담 스님의 마음 사상과 참회정신》, 선문화, 2003.
진관,《청담대종사의 불교실천사상 연구》, 초롱출판사, 2013.
윤청광,《마음속에 타는 불꽃 무엇으로 끄려는고》, 우리출판사, 2002.

III. 논문류

1. 학위논문

방남수,〈靑潭 淳浩 禪師의 마음 사상 연구〉, 東方文化大學院大學校, 博士學位論文, 2013.
임병화,〈靑潭 淳浩 禪師의 禪사상 연구〉, 東方文化大學院大學校, 博士學位論文, 2014.

2. 일반논문

권기종,〈청담의 마음론 연구〉, 청담대종사 탄신 100주년 기념 학술논문집, 청담문화재단, 2002.
김광식,〈이청담과 조계종 유신재건안 연구〉, 도피안사, 2002.
〈鳳巖寺結社의 展開와 性格〉, 청담대종사 탄신 100주년 기념 학술논문집, 청담문화재단, 2002.
〈靑潭스님과 佛敎淨化運動〉, 청담대종사 탄신 100주년 기념 학술논문집, 청담문화재단, 2002.
〈청담의 '나의 告白'과 불교근대화〉,《마음 사상》제2집, 청담사상연구소, 2004.
〈이청담의 불교정화정신과 조선불교학인대회〉,《마음 사상》제2집, 청담사상연구소, 2004.
〈靑潭의 민족불교와 靈山圖〉,《마음 사상》제4집, 청담사상연구소, 2006.
〈靑潭의 불교근대화와 교육문제〉,《마음 사상》제5집, 청담사상연구소, 2007.
〈대학생불교연합회의 求道部와 봉은사 大學生修道院〉,《마음 사상》제6집, 청담사상연구소, 2008.
〈조선불교선종 선회에 나타난 수좌의 동향〉,《마음 사상》제7집, 청담사상연구소, 2009.
〈청담의 나의고백과 불교 근대화〉,《마음 사상》제8집, 청담사상연구소, 2010.
〈청담의 불교정화운동과 정화이념〉,《마음 사상》제9집, 청담사상연구소, 2011.
〈청담의 지계정신과 정화〉,《마음 사상》제10집, 청담사상연구소, 2012.
김선근,〈靑潭스님의 理念과 布敎〉, 청담대종사 탄신 100주년 기념 학술논문집, 청담문화재단, 2002.
〈靑潭대종사의 淨化사상〉,《마음 사상》제2집, 청담사상연구소, 2004.
〈靑潭대종사의 忍辱사상〉,《마음 사상》제3집, 청담사상연구소, 2005.
〈靑潭대종사의 護國사상〉,《마음 사상》제4집, 청담사상연구소, 2006.
〈靑潭대종사의 布敎사상〉,《마음 사상》제6집, 청담사상연구소, 2008.
《金剛經》의 看話禪觀〉, 제47회 한국불교학회 추계학술대회, 2007.
〈靑潭대종사의 수행관〉,《마음 사상》제7집, 청담사상연구소, 2009.
〈靑潭대종사 간화선관〉,《마음 사상》제8집, 청담사상연구소, 2010.

〈靑潭조사의 정화운동의 역사적 의의〉,《마음 사상》제9집, 청담사상연구소, 2011.

〈靑潭대종사의 계율관〉,《마음 사상》제10집, 청담사상연구소, 2012.

〈靑潭조사의 보시관〉,《마음 사상》제11집, 청담사상연구소, 2013.

〈대한불교 조계종의 토대를 형성한 동산스님과 청담 스님의 역할〉,《마음 사상》제12집, 청담사상연구소, 2014.

김영태,〈청담대종사와 현대 한국불교의 전개〉, 청담대종사 탄신 100주년 기념 학술논문집, 청담문화재단, 2002.

김용환,〈靑潭의 마음疏幻과 생명의 試論的 硏究〉,《마음 사상》제1집, 청담사상연구소, 2003.

〈靑潭대종사 晉州시절 年譜조사〉,《마음 사상》제4집, 청담사상연구소, 2006.

김응철,〈청담대종사 정화운동의 근본정신 연구〉,《마음 사상》제2집, 청담사상연구소, 2004.

〈청담 대종사의 지도력 유형 및 포교사상에 관한 연구〉,《마음 사상》제6집, 청담사상연구소, 2008.

〈청담조사의 정화사상의 현대적 활용 방안연구〉,《마음 사상》제9집, 청담사상연구소, 2011.

목정배,〈靑潭의 懺悔精神과 淨化佛敎〉, 청담대종사 탄신 100주년 기념 학술논문집, 청담문화재단, 2002.

〈靑潭스님의 書藝와 思想〉, 법수레 , 2006.

〈불교에서 본 참회 사상〉,《마음 사상》제1집, 청담사상연구소, 2003.

박선영,〈靑潭大宗師의 敎育思想〉, 청담대종사 탄신 100주년 기념 학술논문집, 청담문화재단, 2002.

法山,〈청담 스님의 禪世界〉, 청담대종사 탄신 100주년 기념 학술논문집, 청담문화재단, 2002.

오형근,〈靑潭禪師의 唯心思想에 대한 唯識學的 硏究〉, 청담대종사 탄신 100주년 기념 학술논문집, 청담문화재단, 2002.

〈원효선과 청담선의 관계〉,《마음 사상》제8집, 청담사상연구소, 2010.

〈원효의 一心사상과 청담의 마음 사상〉,《마음 사상》제9집, 청담사상연구소, 2011.

性本,〈靑潭禪師의 禪思想 硏究〉, 청담대종사 탄신 100주년 기념 학술논문집, 청담문화재단, 2002.

신규탁,〈청담대종사의 禪사상 - 신심명 이해를 중심으로〉, 청담사상연구소, 2010.

〈청담 순호의 禪사상〉, 한국근현대불교사상탐구, 세문사, 2012.

月珠,〈靑潭의 救世觀과 韓國佛敎의 比丘僧團再建〉, 청담대종사 탄신 100주년 기념 학술논문집, 청담문화재단, 2002.

유승무,〈청담의 불교정체성과 정화운동의 전개과정〉,《마음 사상》제2집, 2004.

이광준,〈靑潭 큰스님과 道詵寺〉, 청담대종사 탄신 100주년 기념 학술논문집, 청담문화재단, 2002.

〈靑潭 큰스님의 懺悔思想〉,《마음 사상》제1집, 2003.

印幻,〈靑潭스님의 修行과 敎化行〉, 청담대종사 탄신 100주년 기념 학술논문집, 청담문화재단, 2002.

玄惺,〈靑潭 큰스님을 다시 생각하며〉,《여성불교》1987. 11.

慧惺,〈萬海스님과 靑潭스님의 思想的 連繫性〉,《법륜》1979. 11.

慧慈,〈生死를 넘나드는 수행 교단정화로 이어져〉,《선문화》2002.

慧淨,〈靑潭의 救世思想과 願行〉, 청담대종사 탄신 100주년 기념 학술논문집, 청담문화재단, 2002.

〈봉암사 결사와 청담 대종사〉,《마음 사상》제5집, 청담사상연구소, 2007.

〈靑潭대종사 수행사상〉,《마음 사상》제7집, 청담사상연구소, 2009.
李晉吾,〈靑潭선사의 詩세계〉, 청담대종사 탄신 100주년 기념 학술논문집, 청담문화재단, 2002.
吳厚圭,〈靑潭큰스님의 禪書〉, 청담대종사 탄신 100주년 기념 학술논문집, 청담문화재단, 2002.
최병욱,〈사회정화의 이적을 주소서-청담 스님 사리가 주는 교훈〉, 경향신문, 1971.
선원빈,〈불교정화의 기수〉, 법보신문, 1988.
선우휘,〈청담 스님 말씀〉, 조선일보, 1984.
김제원,〈고故 청담대종사 1주기 추모사〉, 경향신문, 1972.
이현섭,〈靑潭의 마음 사상이 人性敎育에 제시하는 敎育的 示唆〉,《마음 사상》제2집, 2004.
사재동,〈靑潭선사의 文藝的 敎化方便〉,《마음 사상》제2집, 2004.
東光,〈청담큰스님의 마음론과 참회 사상〉,《마음 사상》제1집, 2003.
　　〈의사인 아버지가 자식을 치료하듯이〉, 여성불교, 2006.
　　〈禪의 대중화에 초석이 되길〉, 선문화, 2006.
　　〈스님 그림자를 벗고 본질을 보아라.〉, 여성불교, 2007.
　　〈禪의 대중화 초석이 되길〉, 선문화, 2006.
한국선문화학회,〈靑潭대종사의 사상과 한국불교의 나아갈 길〉, 한국선문화학회, 2006.
김준호,〈초기불교의 忍辱정신과 靑潭대종사〉,《마음 사상》제3집, 청담사상연구소, 2005.
김현남,〈육바라밀 실천행을 통해 본 靑潭대종사의 忍辱사상〉,《마음 사상》제3집, 청담사상연구소, 2005.
　　〈靑潭대종사와 도선사의 포교활동〉,《마음 사상》제6집, 청담사상연구소, 2008.
　　〈유교법회를 통해본 석전대종사와 청담대종사의 戒律의식〉,《마음 사상》제11집, 청담사상연구소, 2013.
윤종갑,〈대승불교의 인욕사상과 靑潭대종사〉,《마음 사상》제3집, 청담사상연구소, 2005.
노권용,〈靑潭대종사 선교관 연구〉,《마음 사상》제3집, 청담사상연구소, 2005.
정영식,〈護國불교와 불교의 국가관〉,《마음 사상》제4집, 청담사상연구소, 2006.
박병기,〈靑潭 마음 사상의 도덕적 조명〉,《마음 사상》제5집, 청담사상연구소, 2007.
　　〈불교의 교육철학에 기반한 靑潭의 布敎사상 연구〉,《마음 사상》제6집, 청담사상연구소, 2008.
　　〈한국불교 修行論의 쟁점과 靑潭의 修行정신〉,《마음 사상》제7집, 청담사상연구소, 2009.
　　〈한국불교 戒律전통에서 본 靑潭조사의 持戒사상〉,《마음 사상》제10집, 청담사상연구소, 2012.
안경식,〈교육의 입장에서 본 청담의 삶과 사상〉,《마음 사상》제5집, 청담사상연구소, 2007.
김방룡,〈靑潭대종사의 金剛經 이해〉,《마음 사상》제5집, 청담사상연구소, 2007.
　　〈마음공부와 인욕행을 통한 靑潭대종사의 수행정신 고찰〉,《마음 사상》제7집, 청담사상연구소, 2009.
　　〈靑潭대종사의 간화선과 선풍〉,《마음 사상》제8집, 청담사상연구소, 2010.
　　〈靑潭조사의 정화사상 현대적 구현〉,《마음 사상》제9집, 청담사상연구소, 2011.
　　〈대승경전에 나타난 보시바라밀과 靑潭대종사의 布施사상〉,《마음 사상》제11집, 청담사상연구소, 2013.

박충일, 〈青潭대종사의 마음 사상과 자아정체성 교육〉, 《마음 사상》 제6집, 청담사상연구소, 2008.
이성수, 〈青潭대종사 사상 연구〉, 《마음 사상》 제7집, 청담사상연구소, 2009.
禪應, 〈青潭의 마음과 圓悟의 心要 고찰〉, 《마음 사상》 제9집, 청담사상연구소, 2011.
　　　〈青潭대종사의 布施사상과 대승보살도 연구〉, 《마음 사상》 제11집, 청담사상연구소, 2013.
　　　〈青潭대종사의 청정승가 전통회복 운동〉, 《마음 사상》 제12집, 청담사상연구소, 2014.
권서용, 〈青潭조사의 보시사상〉, 《마음 사상》 제11집, 청담사상연구소, 2013.
임병화, 〈青潭선사의 戒律觀에 나타난 마음 사상〉, 《불교문예》 제1집, 불교문예연구소, 2013.
방남수, 〈마음을 노래한 수행자, 青潭스님의 시문학 세계〉, 《불교문예》 제1집, 불교문예연구소, 2013.
마가, 〈青潭대종사의 보시바라밀관〉, 《마음 사상》 제11집, 청담사상연구소, 2013.
　　　〈대한불교 조계종 출범 50년을 맞아 살펴본 青潭대종사의 6대사업〉, 《마음 사상》 제12집, 청담사상연구소, 2014.
최성렬, 〈青潭조사 행장의 몇가지 문제점〉, 《마음 사상》 제11집, 청담사상연구소, 2013.
　　　〈삼학의 체계로 본 青潭조사의 지계사상〉, 《마음 사상》 제10집, 청담사상연구소, 2012.
禪悟, 〈青潭스님의 대중화운동과 생활윤리의 조명〉, 《마음 사상》 제10집, 청담사상연구소, 2012.
　　　〈青潭대종사의 조계종이 간화선 전통계승과 마음 사상〉, 《마음 사상》 제12집, 청담사상연구소, 2014.
최원섭, 〈青潭대종사의 영산도가 구현하려고 한 거대총림 조계종〉, 《마음 사상》 제12집, 청담사상연구소, 2014.

IV. 잡지 및 신문류

《京鄕新聞》, '합법적인 승려대회를 개최, 비구승 측에 승리', 1955. 8. 13.
　　　　　'비구승 측 전국사찰 장악, 총무원의 신간부 선출', 1955. 8. 14.
　　　　　'불교분규는 다시 일어날 것인가', 1955. 8. 18.
　　　　　'해인사 대처승 관제불교와 싸울 터', 1955. 9. 5.
　　　　　'133명 구속영장, 비구승 난동사건 198명 석방', 1960. 11. 26.
　　　　　'대처 비구 첫 화합', 1962. 1. 18.
　　　　　'불교재건비상회 의원 30명을 선정', 1962. 1. 31.
　　　　　'비구 대처 대립, 문교부서 불교분규 수습에 개입', 1962. 3. 22.
　　　　　'불교조계종 2대 종정 이청담 대선사', 1966. 12. 01.
　　　　　'파벌의식 버리고 10년만의 화해', 1967. 5. 25.
　　　　　'이청담 원장 유임 조계종 임원개선', 1971. 7. 27.
　　　　　'청담 이후의 조계종', 1971. 11. 17.
　　　　　'불교 한국의 큰 별은 지다', 1971. 11. 17.
　　　　　'청담 스님 빈소에 박 대통령이 조화', 1971. 11. 17.
　　　　　'숙연한 청담 스님의 영생의 길', 1971. 11. 19.
　　　　　'청담 스님의 유신적사상과 오늘의 불교계좌표', 1972. 11. 14.

'청담 스님 사리봉안식', 1973. 11. 8.
'청담 스님 4주기 15일 사리탑제막', 1975. 11. 12.
'조계종 종헌 현실에 맞게 개정', 1977. 8. 26.
'도선사서 삼천불봉안三千佛奉安 불사 착수', 1977. 9. 9.

《나라사랑》, '고독한 수련 속의 구도자', 1971.
《多寶》, 靑潭, '有問有答 - 조지훈의 두 번째 글을 읽고', 1996. 3.
　　　　　 靑潭, '조지훈씨의 한국불교를 살리는 길을 읽고', 1996. 3.
《大韓佛敎》, 靑潭, '소명서', 1969. 8. 17.
《東亞日報》, '당국 조정 헛수고, 불교계 분규수습 욕설로 종결', 1955. 1. 29.
　　　　　 '승려대회소집 좌절로 비구승들 단식투쟁', 1955. 5. 17.
　　　　　 '대처승측 정화안淨化案에 국회문교위장 참석제안', 1955. 7. 5.
　　　　　 '양파兩派서 합의, 불교정화위 구성', 1955. 7. 15.
　　　　　 '김일엽, 만공 선사와 불교정화', 1955. 8. 2.
　　　　　 '전국승려대회에 소동극騷動劇', 1955. 8. 3.
　　　　　 '비구 측 접수 개시, 제1차 봉은사와 개운사', 1955. 8. 3 0.
　　　　　 '비구승 대법원 청사에 난입', 1960. 11. 25.
　　　　　 '비구승 등 대량 구속', 1960. 11. 26.
　　　　　 '주모자 24명 구속기소, 이청담 기소유예 처분', 1960. 12. 22.
　　　　　 '문교부, 불교분규 기한부 타협종용', 1962. 3. 19.
　　　　　 '불교분규 수습 위한 최종방안, 비상회의를 개편', 1962. 3. 22.
　　　　　 '돌연한 '결별 48년' 조계종 탈퇴한 이청담 스님', 1969. 8. 13.
　　　　　 '조계종 새 집행부, 난제 안고 출범', 1969. 10. 2.
　　　　　 '현 조계종헌유효, 대처 측의 개정 무효소 기각' 1969. 10. 24.
　　　　　 '청담 스님 영도에 첫 반기, 김상호 감찰원장 탈퇴', 1970. 8. 13.
　　　　　 '중생 밝힌 영원한 등불', 1971. 11.16.
　　　　　 '청담 스님 법구입감', 1971. 11. 17.
　　　　　 '부재중 청담 스님의 입적을 곡함', 1971. 11. 18.
　　　　　 '한국불교를 살리는 길', 1963.8.12.~13.
　　　　　 '하나의 오해', 청담 스님, 1963. 8. 20.~21.
　　　　　 '득선심의 이해', 조지훈, 1963. 8. 30.
　　　　　 '유문유답', 이청담, 1963. 9. 19.~20.
《매일경제》, '불교조계종 총무원장에 이청담 스님', 1970. 7. 18.
　　　　　 '나의편력1 탄생과 참된 의미', 1969. 7. 29.
　　　　　 '나의편력2 사숙私塾과 보통학교 시절', 1969. 7. 31.

'나의편력3 인생항로의 교차로', 1969. 8. 5.
'나의편력4 3.1독립운동', 1969. 8. 7.
'나의편력5 사흘만에 환속還俗', 1969. 8. 14.
'나의편력6 불가 입문을 포기', 1969. 8. 19.
'나의편력7 일본 가서 중되다', 1969. 8. 21.
'나의편력8 불교정화에 앞장', 1969. 8. 26.
'나의편력9 건성과 파계의 사이', 1969. 8. 28.
'나의편력10 춘원을 설법인도', 1969. 8. 30.
'나의편력11 종단과 결별袂別', 1969. 9. 2.

《法輪》, '靑潭스님의 總務院長 취임', 1970. 9.
　　이은상, '청담큰스님', 1972. 11.
　　月珠, '청담시대를 개척한 뛰어난 공적', 1972. 11.
　　서경수, '청담 스님은 自我復權의 길을 보여줬다', 1972. 11.
　　'靑潭스님은 가셨지만 그 뜻 그 자비는 온 누리에', 1972. 11.
　　《法施》, 서정주, '청담 스님과 나', 1973. 9.
　　'청담큰스님 입적 1주기를 맞이하여', 1972.11.
慧惺, '靑潭禪師의 唯心思想', 1974. 1.
　　'청담 큰스님을 기리는 마음', 1976. 11.
《佛敎》, 權相老　韓龍雲, 1호, 30호, 32호, 1946.
《佛敎思想》, 昭菴, '청담대종사', 1885. 11.
《佛敎新聞》, 田岡, '마음을 찾는 공부가 참선법', 1975. 1. 5.
《禪文化》, 靑潭, '佛法은 역사를 초월한다.《금강경》해제', 2001~2003.
　　편집부, '청담선사의 발자취를 되돌아본다.', 2002. 10.
　　靑潭, '육우의 다경' 2001. 11.
　　배희정, '청담대종사 탄신 100주년 행사를 돌아본다.', 2002. 11.
《여성동아》, 靑潭, '나의 불교 현대화 방안', 1969.
《女性佛敎》, 靑潭, '금강경 해설', 1980 ~ 2013.
　　'靑潭祖師 이금강', 1980. 9.
　　이종익, '청담 스님이 남긴 발자취와 그 원력', 1980. 11.
　　김어수, '靑潭祖師를 追慕하면서', 1980. 11.
　　慧惺, '靑潭祖師 行狀記', 1980. 11.
　　목정배, '淨化一念', 1980. 11.
　　임중빈, '〈마음의 노래〉를 되새기며', 1980. 11.
　　심재열, '그 끼친 威業', 1980. 11.

昔珠, '그때 인욕보살', 1980. 11.
      '그때 그 기억', 1980.11.~1985. 11.
최규찬, '청담의 얼이 어린 청담중·종합고등학교', 1981. 6.
박생광, '이 찬호와 청담 스님', 1981. 11.
설창수, '그때 잠시 청담 스님 곁에서', 1980. 11.
오형근, '청담 큰스님의 큰 덕을 회상하며', 1982. 11.
月珠, '그때 그 기억', 1982. 11.
석법우, '東國佛敎의 큰 별', 1982. 11.
정양수, '그 목소리 내 마음에', 1982. 11.
오형근, '청담 큰스님의 큰 덕을 회상하며', 1982. 11.
여성불교회, '사진으로 보는 그때의 청담큰스님', 1984. 11.
임영창, '東國佛敎의 큰 별', 1985. 11.
김어수, '내가 아는 청담 큰스님', 1986. 11.
박생광, '얼마 남지 않은 생에 이 한마디를', 1986. 11.
古庵, '당신의 光明앞에 하나 되게 하옵소서.', 1987. 11.
西庵, '큰스님 정화정신을 다시 한 번 다짐 합시다', 1987. 11.
碧眼, '靑潭 큰스님! 온중생을 지혜와 자비로써 감싸 주소서', 1987. 11.
法眼, '靑潭 큰스님의 마음법문', 1987. 11.
玄惺, '靑潭 큰스님을 다시 생각하며', 1987. 11.
京山, '如如한 法身 앞에', 1987. 11.
송석구, '扶宗樹敎의 횃불 靑潭大宗師', 1991. 12.
靑潭, '마음' 1996. 3.
      '믿음' 1996. 4.
      '소 찾는 걸음' 1996. 6.
      '오늘은 어디까지 왔나' 1996. 7.
      '절대 신은 어떻게 죽었나?' 1996. 9.
      '참선의 넋두리' 1996. 10.
      '나의 유심론' 1996. 12.
      '공과 덕' 1997. 2.
      '저 푸르른 하늘을 보면 저 갈대가 흔들리는 모습이 보이는가.' 1998. 3.
      '석탄일에 떠오르는 청담대종사여', 2002. 5.
      '청담큰스님 탄신 100주년을 맞아', 2002. 7.
      '청담의 구세사상', 2002. 8.~11.
김광식, '청담 스님과 성철스님은 위법망구의 도반', 2002. 11.

　　　　'큰스님의 법력과 계행을 50여 년 간지키고 있습니다.', 2002. 1.
　　　　'스님의 마음법문과 布教像은 저에게 화두입니다', 2002. 2.
　　　　'빨치산을 설득시켜 총살을 면하기도 했지', 2002. 3.
　　　　'철두철미한 일처리 합리적인 사찰운영을 배웠습니다.', 2002. 4.
　　　　'나는 청담 스님을 도인이라 생각해', 2002. 5.
　　　　'스님과 함께한 3일간의 여행을 잊을 수 없습니다.', 2002. 6.
青潭, '도선사의 밤 숲을 지나면서', 2002. 7.
김광식, '인간적인 너무나 인간적이셨던 청담 스님', 2002. 7.
　　　　'큰스님은 진짜스님 이었습니다.', 2002. 8.
이상균, '출생에서 진주농고 시절까지', 2008. 8.
青潭, '육체가 꿈인 줄 몰라서', 2002. 7.
김광식, '큰스님은 제게 지고 사는 법을 가르치셨습니다.', 2002. 9.
이상균, '젊은 날의 방황 그리고 출가', 2008. 9.
青潭, '생시냐 꿈이냐', 2002. 10.
김광식, '큰스님은 주인의식이 있는 불교계의 주인이셨습니다.', 2002. 10.
이상균, '청담 스님 출가하다', 2008. 10.
青潭, '춘원春園과의 대화', 2002. 11.
　　　　'나의 집념', 2002. 12.
　　　　'내생명은 우주의 모든 것', 2003. 1.
　　　　'올바른 생사관', 2003. 2.
　　　　'금강金剛과 반야般若', 2003. 4.
　　　　'밝은 지혜의 마음자리 반야', 2003. 5.
　　　　'깨달음에 이르는 길을 설명하는 문자반야', 2003. 6.
　　　　'묘행무주분妙行無住分', 2006. 1.
　　　　'준 것도 받은 것도 없다', 2006. 2~3.
　　　　'보시의 방', 2006. 4.
　　　　'如是란 무엇인가?', 2006. 5.
　　　　'보리를 깨쳐서 보살행을 실천하자', 2006. 6.
　　　　'무심한 마음으로 오직 남을 위해 봉사하는 생활 ', 2006. 7.
　　　　'마음이 모든 것의 주체', 2006. 8.
　　　　'부처님 상호가 아무리 거룩하다 해도', 2006. 9.
　　　　'있는 것도 아니고 없는 것도 아니다', 2006. 10.
　　　　'마음이 곧 나', 2006. 11.
　　　　'모양으로 있는 것 모든 현상은 허망한 것', 2006. 12.

　　　　　　　　'마음 찾는 생활', 2007. 1.
　　　　　　　　'마음이 만들어 놓은 현실', 2007. 2.
《朝鮮日報》, '불교계 분쟁의 이면', 1954. 11. 28.
　　　　　　　'비구 측 단식 100여 시간', 1955. 6. 14.
　　　　　　　'당국방침에 순응 대처승 5명의 대표선출', 1955. 7. 3.
　　　　　　　'불교정화대책위, 첫 화합 자율적으로 협의키로', 1955. 7. 14.
　　　　　　　'승려대회 강행, 집회 허가 없어서 장내 소연', 1955. 8.3 .
　　　　　　　'승려대회 제2일 임원 개선改善', 1955. 8. 4.
　　　　　　　'불교정화 네 돌, 조계사서 신도들 모여 기념식', 1959. 8. 13.
　　　　　　　'비구냐 대처냐 종권싸움 제자리걸음', 1960. 11. 24.
　　　　　　　'불교분규 할복소동', 1960. 11. 25.
　　　　　　　'비구공판 증인으로 이 청담 채택', 1961. 1. 25.
　　　　　　　'불교분규 8년 만에 화해', 1962. 1. 22.
　　　　　　　'분쟁 8년 만에 화동和同의 악수', 1962. 1. 23.
　　　　　　　'불교계의 오랜 분규에 종지부', 1962. 1. 23.
　　　　　　　'법정으로 번진 불교분쟁', 1962. 10. 5.
　　　　　　　'불교분쟁 또다시 법정으로', 1962. 10. 28.
　　　　　　　'조계종 종정에 이청담 스님', 1962. 12. 1.
　　　　　　　'비구 대처 분쟁 조식, 조계종종단 통합', 1967. 2. 8.
　　　　　　　'오늘 불교도대표자대회', 1967. 5. 25.
　　　　　　　'불교 조계종 새 영도체제 이뤄지기까지 109번뇌', 1967. 8. 3.
　　　　　　　'불교 조계종에 또 내분, 이청담 스님 탈퇴 성명', 1969. 8. 13.
　　　　　　　재연된 불교분규, 다시 술렁이는 종단 안팎', 1969. 8. 24.
　　　　　　　'종헌은 합법, 대법大法 대처승 상고 기각', 1969. 10. 24.
　　　　　　　'신도들 흐느낌 속', 1971. 11.1 6.
　　　　　　　'해동불교의 거봉, 청담 큰스님', 1969. 8. 17.
《宗敎界》, 靑潭, '나의 우주와 그 핵심: 정신문화의 개혁', 1966. 9.
《週刊朝鮮》, '인생은 마음의 환각에서 나타난 하나의 幻相이다', 1969. 8. 24.
《中央日報》, '청담, 고해를 건너 가셨다', 1971. 11. 16.
《신아일보》, '이 청담 스님 입적', 1971. 11. 16.
《코리아라이프》, '불교계의 큰 별 떨어지다.', 1971. 11. 16.
《한국일보》, '대한불교조계종을 탈퇴한 스님 이청담', 1961~1971.
《海印》, 시명, '해인사의 인물열전-청담대선사', 1992. 7.
　　　　　　'청담 스님의 한 말씀', 1994. 11.

안타까운 마음

임병화

정화운동사, 마지막 단락에서
한탄하는 청담青潭을 듣는다.

가식된 삶이 우리를 속일지라도
진실만은 마음 속이지 못하리라

어디에 있나, 진실된 그 마음
붙일 곳 없어 사바를 떠도는가?

한국불교 정화淨化만 된다면
조계사 문지기라도 하겠다던

오직 안타까운 마음만이
또 다른 안타까움을 위로한다.